금융환경 변화와 통화정책

함 정 호 외 지음

지식산업사

금융환경 변화와 통화정책

Changing Financial Environment and Monetary Policy

초판 1쇄 인쇄 2000. 10. 20.
초판 1쇄 발행 2000. 10. 23.

지은이 함정호 외
펴낸이 김경희
펴낸곳 (주) 지식산업사
　　　　서울시 종로구 통의동 35-18
　　　　전화 (02)734-1978(대) 팩스 (02)720-7900
　　　　http:// www. jisik. co. kr
　　　　e-mail: jsp@jisik.co.kr
　　　　　　　　jisikco@chollian.net
　　　　등록번호 1-363
　　　　등록날짜 1969. 5. 8
인 쇄 청림문화사
제 책 (주)세신

책 값 27,000원

이 책을 읽고 지은이에게 문의하고자 하는 이는
지식산업사 편집부로 연락 바랍니다.

책을 내면서

최근 세계적인 금융 자유화 및 국제화, 정보통신기술의 발달 등에 따른 국내외 금융환경의 급속한 변화는 통화정책에도 많은 영향을 주고 있다. 이러한 금융환경 변화는 통화정책의 역할과 전통적 파급경로에 커다란 변화를 초래하고 있을 뿐만 아니라 통화정책의 독자적 운용여지를 줄이고 기존 통화정책 수단의 효과를 제약하는 등 통화정책 운용에 새로운 도전과 과제를 던져 주고 있다.

우선 통화정책의 역할과 추구하는 목적에 불가피한 변화가 나타나고 있다. 얼마 전까지만 해도 통화정책은 물가안정 외에 경제성장, 고용증대, 국제수지 균형, 금융안정 등 상충될 수 있는 복수목표를 가지고 있었지만 물가안정 (price stability)이 통화정책의 최우선목표라는 견해는 이제 상식이 되었다. 그러나 금융환경 변화가 급속하게 진행되고 있는 오늘날에는 비록 일반물가가 안정되어 있는 경우에도 초과수요가 발생하여 경제가 과열되고 자산가격이 급등하는 상황이 발생할 가능성이 커지고 있다. 따라서 통화정책은 소비자물가에 기반을 둔 일반물가뿐만 아니라 자산가격의 움직임에도 깊은 관심을 가질 필요가 있게 되었다.

금융환경 변화는 통화정책의 운용방식에도 커다란 변화를 요구하고 있다. 특히 금융의 세계화, 통합화가 급속히 진전되는 가운데 국가간 자금이동의 확대가 통화정책의 독자성(independence)을 제약하는 요인으로 대두되면서 변동환율제도로의 이행을 불가피하게 하고 있다. 이에 따라 환율을 대신할 새로운 명목기준지표(nominal anchor)의 필요성이 커지게 되었다. 이에 부응하여 1990년대 들어 소규모개방경제를 중심으로 물가안정목표제(inflation targeting)를 도입한 데 이어 최근에는 신흥시장국과 체제전환국들도 이를 통화정책의 새로운 운영체계로 채택하는 흐름을 보이고 있다.

한편 직접금융시장의 발달과 금융의 증권화 추세로 인하여 통화정책의 파급경로에서 은행대출 경로는 약화되는 반면 주식, 채권 등 자산가격 경로의 유효성은 상대적으로 강화되고 있다. 이와 함께 세계의 금융시장이 하나처럼 움직이면서 주가, 채권가격, 환율과 같은 자산가격의 움직임의 동조화 현상이 뚜렷해지고 그 변동성도 매우 커지고 있다.

오늘날 대다수 국가의 중앙은행은 이와 같은 급속한 금융환경 변화에 대응하여 통화정책의 효율성을 확보해야 하는 중차대하면서도 어려운 과제를 떠안게 되었다. 세계금융시장이 급속하게 통합되는 가운데 통화정책의 수행을 둘러싼 불확실성이 더욱 높아지고, 기존 정책수단의 효과가 제약되고 그리고 금융경제활동에서 경제주체들의 기대가 더욱 중요해지는 이러한 상황에서 통화정책의 유효성을 확보하기 위해서는 일반 경제주체와 시장참가자로부터 정책에 대한 신뢰를 높이는 것이 무엇보다 중요해졌다.

통화정책에 대한 신뢰성을 확보하고 이를 계속 유지하기 위해서는 통화정책의 목표, 운용전략, 운용결과는 물론 운용절차 등의 구체적인 내용이 일반국민에게 투명하게 알려지고 이해되어야 하며, 또 공개적으로 토론되고 평가되는 것이 매우 중요하다. 통화정책에 대한 투명성과 공개성 제고는 시장참가자들은 물론 일반 경제주체들의 통화정책에 대한 관심과 기대형성 과정에 영향을 미침으로써 통화정책의 역할을 높이고 효율성을 증진하는 데 크게 기여할 수 있기 때문이다.

이러한 관점에서 필자들은 여러 가지 제약과 무리가 없지 않음에도 불구하고 그 동안 국내외 금융환경 변화에 따른 통화정책의 도전과 과제를 연구하는 과정에서 종합적으로 이루어진 일련의 연구논문을 한데 묶어 감히 하나의 책자로 엮어 내기로 하였다. 개별 연구논문의 내용에 대하여는 보는 관점에 따라 다소 견해를 달리하는 이도 없지 않으리라 생각된다. 많은 질정과 함께 건설적인 대안이 제시될 수 있기를 바랄 뿐이다. 그러나 이 책 전체를 통하여 제시되고 있는 일관된 주제는 그 동안의 급속한 금융환경 변화가 통화정책 수행을 둘러싼 불확실성을 높이고 전통적인 정책수단의 효과를 제약함으로써 통화정책의 전반적인 역할과 유효성이 크게 제약받게 되었다는 점과 어떻게 이에 대응해 가는 것이 바람직할 것인가 하는 점이다.

이 책에 실린 연구결과의 상당 부분은 필자들이 한국은행 조사국에 근무하는 동안 이루어진 연구로서, 《경제분석》, 《조사통계월보》, 《한은조사연구》 등에 게재된 것을 일부 수정·보완한 것이고, 일부는 이번에 이 책을 준비하면서 새로 집필한 것이다. 따라서 필자들은 한국은행으로부터 직·간접적으로 많은 도움을 받은 셈이다. 이러한 점에서 필자들은 한국은행에 특별한 고마움을 느끼고 있다. 다만 여기에 포함되어 있는 모든 주장들은 필자들 개인의 주장일 뿐 한국은행의 공식 견해가 아님을 명백히 밝힌다.

이 책의 발간으로 우리나라 통화정책에 대한 새로운 이해와 객관적인 평가를 통하여 통화정책의 역할과 과제를 다 함께 고민해 보는 계기가 마련되고, 나아가 통화정책의 신뢰성과 유효성을 한층 높일 수 있는 기틀이 마련되기를 바라마지 않는다.

2000년 10월
필자들을 대표하여 함 정 호

제Ⅱ부 금융환경 변화와 통화정책의 과제

표 차례

그림 차례

서 장

함정호

최근 세계적인 금융 자유화 및 국제화 진전에 따른 금융시장의 범세계화, 세계적인 저물가체제로의 진입, 직접금융시장의 발달과 금융의 증권화 추세, 해외자본 유출입의 확대, 은행 사전건전성 규제 및 감독의 강화, 경제주체의 자산구성 변화와 자산가격의 변동, 은행 금융중개 행태의 변화, 그리고 정보통신기술(information technology)의 발달에 따른 다양한 전자지급결제수단의 확산과 새로운 결제시스템의 등장 등 국내외 금융환경의 급속한 변화는 전통적인 통화정책의 파급경로에 변화를 초래함으로써 기존 통화정책 운용방식의 변화를 불가피하게 할 뿐만 아니라 전통적인 통화정책 수단을 무력화함으로써 전반적인 통화정책의 역할과 효과를 크게 제약하는 요인으로 작용하고 있다.

우선 통화정책의 역할이나 추구하는 목적에 불가피한 변화가 나타나고 있다. 얼마전까지만 해도 통화정책은 물가안정 외에 경제성장, 고용증대, 국제수지의 균형, 금융안정 등 복수 목적을 가지고 있었다. 그러나 최근에는 대다수 국가에서 물가안정이 통화정책의 최우선목적으로 단순명료하게 정립되었다.

이와 같이 물가안정이 통화정책의 가장 중요한 목적으로 규정되는 배경으로 다음을 들 수 있다. 첫째, 통화정책이 실물경제의 단기변동을 완화하는 데 효과적이지 못하고 장기적으로 영향을 줄 수 있는 유일한 거시경제변수는 바로 인플레이션이라는 데 합의가 이루어졌으며, 둘째, 최근에는 완만한 인플레이션율조차도 경제효율과 성장에 부정적인 영향을 미칠 뿐만 아니라 낮고 안정적인 인플레이션 유지가 여타 거시경제목적 달성에도 유리하며, 셋째, 중장기 물가안정목표는 통화정책의 수립과 운용에서 매우 중요한 명목기준지표를 제공함으로써 중앙은행이 일반 국민들에게 정책의도를 알리는 등 의사소통을 가능하게 하고 중앙은행에도 정책수행에서 책임과 규율을 부과한다는 점이다.

우리나라의 경우 1997년 12월 외환위기 이전까지는 경제성장, 물가안정, 고용증대, 국제수지개선 등을 통화정책의 목적으로 설정하여 왔으나 1998년 4월 개정 《한국은행법》 시행에 따라 물가안정이 통화정책의 가장 중요한 목적으로 단순명료하게 정립되었다(한국은행법 제1조).

이와 같이 오늘날 통화정책이 추구하는 목적에 대하여는 대체로 공통된 합의가 이루어졌으나 현재와 같이 기술이 급속도로 발전하고 생산성이 빠르게 향상됨으로써 생산비용이 감소하고 있는 세계적인 저물가체제하에서 물가안정을 통화정책의 유일한 목적으로 설정하는 것이 과연 바람직한가에 대한 지적도 만만치 않다. 이는 통화정책이 중장기적인 물가안정 목표를 포기해야 한다는 것이 아니라 소비자물가지수를 기준으로 하는 일반물가의 안정만으로 한 나라 전체의 경제상황을 판단하는 데는 한계가 있다는 지적이다.

현대 신용경제사회에서 지금까지는 물가안정을 도모하게 되면 급격한 경기변동(boom & bust)의 위험을 줄여 금융경제안정을 확보할 수 있는 것으로 인식되어 왔으나 역사적으로 보면 물가안정이 자동적으로 금융경제안정을 보장해 주지는 못한 것으로 나타나고 있다. 소비자물가상승률이 비교적 낮은 수준으로 안정되었던 1920년대의 미국과 1980년대의 일본에서 금세기 최대의 거품이 발생했던 역사적 경험이 잘 말해주듯이 실제로 소비자물가상승률이 낮은 시기에 금융시장 거품이 발생할 가능성이 더 높은 것으로 나타나고 있다. 이는 물가가 상대적으로 안정된 상황에서는 경제주체들이 경제적 도취감(economic euphoria)에 젖어 중앙은행이 금리를 인상할 이유가 없으며, 고성장이 무한히 지속될 것이라고 믿게 될 뿐만 아니라 화폐적 환상(money illusion)에 의해 금리수준이 실제보다 낮은 것으로 인식하는 경향 때문에 차입을 늘리고 고위험·고수익자산에 대한 투자를 확대할 가능성이 크기 때문이다.

이러한 이유로 일반물가가 안정된 시기에도 초과수요가 발생하여 경제가 과열될 수 있고, 특히 자산가격이 급등하는 상황이 발생할 우려가 크기 때문에 통화정책은 소비자물가에 기반을 둔 일반물가뿐만 아니라 자산가격의 움직임에도 관심을 기울여야 한다는 주장이 최근 더욱 설득력 있게 받아들여지고 있다.

그러나 통화정책이 자산가격 변동에 대응하는 방식에 대하여는 아직 일치된 견해가 형성되지 못하였다. 예를 들어 그린스펀(Greenspan) 미 연준 의장은 주가 등 자산가격 상승이 소비자물가 상승의 조짐이 아닌 한 통화정책은 자산가격 변동에 대응하지 않는 것이 바람직하다고 주장하고 있다. 이와 같이 미 연준은 물론 대부분 중앙은행의 경우 통화정책은 상품 및 서비스가격의 안정에 주력해야 하며, 자산가격 상승이 일반물가에 영향을 미칠 때만 자산가격 변동에 대응해야 한다고 보고 있다. 반면에 미국의 경제학자 알챈과 클라인(Alchain and Klein)은 통화정책은 자산가격을 포함하는 광의의 물가지수를 안정시키려는 노력을 해야 한다고 주장하며, 영란은행 통화정책위원회 위원인 굿하트(Goodhart) 역시 통화정책이 일반소비자물가라는 너무 좁은 의미의 인플레이션지표에 의존하는 경우에는 잘못된 정책이 시행될 우려가 없지 않기 때문에 자산가격이 포함된 광의의 인플레이션지표를 예의 주시할 필요가 있다고 주장한다. 한편 IMF는 최근 보고서에서 통화정책 수행시 자산가격을 반영하는 정형화된 방법은 없으나 통화정책은 자산가격 상승으로 신용규모, 대외 및 민간의 채권·채무면에서 경제에 악영향을 미칠 정도로 불균형이 심화될 가능성에 유의하면서 자산가격 변동을 점검할 필요가 있다는 견해를 피력하였다.

다음으로 금융경제환경이 변화함에 따라 무엇보다도 통화정책의 운용전략이나 방식에 커다란 변화가 나타나고 있다. 1970년대 중반 이후 세계적인 물가앙등현상에 대처하기 위해 대다수 국가의 중앙은행은 통화량을 중간목표로 하는 통화량목표제(monetary targeting)를 채택·운용하여 왔다. 이러한 통화량목표제는 경기침체라는 다소 부정적 효과도 없지 않았으나 각국의 인플레이션 진정에 크게 기여한 것으로 평가되고 있다. 그러나 1980년대에 들어 금융자유화와 금융혁신의 진전 등으로 통화의 정의(definition of money)가 모호해지고 통화량과 실물경제활동 간의 관계가 불안정해지기 시작하면서 이와 같은 중간 목표전략에 기반을 둔 통화량 목표관리 정책은 그 유효성이 크게 저하되었다. 이에 따라 각국의 중앙은행은 통화정책 운용목표 및 중간목표 변수의 변경, 통화량 중간목표전략의 수정, 나아가 정보변수전략의 도입 등을 포함한 전반적인 통화정책 운용방식 개편에 대한 논의를 활발하게 진행하여 왔다.

이러한 금융환경 변화에 대처하여 주요국 중앙은행의 통화정책 운용방식에는 대체로 두 가지의 큰 변화가 나타나고 있다.

그 하나는 통화정책 운용의 전술적 측면에서 운용목표를 단기금리로 변경하면서 금리중시 통화정책을 추구하게 되었다는 점이다. 이를 구체적으로 살펴보면, 1980년대 들어 세계적으로 인플레이션에 대한 우려가 상당부분 해소된 가운데 금융자유화와 국제화의 진전으로 통화량과 실물경제활동 간의 관계가 불안정해지고 대신 통화정책의 파급경로에서 금리의 중요도가 높아지게 되었다. 이와 함께 금리는 환율이나 기대인플레이션 등의 기대변수로부터 민감하게 영향을 받게 됨으로써 그 변동폭이 커지는 경향을 보였다. 이러한 상황에서 엄격한 통화량 중간목표 달성은 인플레이션 억제에는 별 효과가 없으면서 금리의 변동성을 높여 오히려 금융시장의 안정을 해치는 결과를 초래하기도 하였다. 이러한 이유로 대다수 국가의 중앙은행은 금리의 변동성을 완화시킬 필요성이 커지게 되었으며, 이에 따라 금리지표를 운용목표로 채택하게 되었다. 이와 같이 주요국 중앙은행이 금융시장의 변화를 반영하여 금리를 통화정책의 운용목표로 설정하고 금융 및 통화상황에 맞게 단기금리 수준을 微調整하는 방식으로 금리안정을 중시하게 됨에 따라 통화정책 운용방식에는 준칙(rule)에 그 이론적 근거를 두고 있는 통화량중시 통화정책이 점점 퇴색되어가는 반면 금융 및 경제상황에 맞게 금리운용목표를 재량적 판단에 따라 수시로 변경하는 금리중시 통화정책이 그 자리를 대신하게 되었다.

또 다른 하나는 통화정책 운용의 전략적 측면에서 기존의 엄격한 통화량 중간목표전략을 포기하고 정보변수전략을 활용하게 되었다는 점이다. 대다수 국가의 중앙은행은 금리를 운용목표로 하는 금리중시 통화정책을 운용하는 과정에서 처음에는 통화량 중간목표를 명시적으로 설정하더라도 목표범위를 확대하거나 1～2년에 걸친 중기목표를 설정하는 등 통화량 중간목표를 느슨하게 관리해 오다가 결국에는 중간목표를 명시적으로 공시하지 않고 다양한 정보변수를 활용하여 통화정책의 최종목표를 직접 달성하고자 하는 정보변수전략을 채택하는 경향을 보였다. 정보변수전략에서 금리중시 정책운용은 다양한 정보변수를 토대로 통화당국의 경제상황 판단에 맞게 단기금리를 조절하게 됨에 따라 점차 재량적인 판단에 의존하는 경향이 커지게 되었다.

특히 중간목표나 최종목표의 목표치가 명시적으로 설정·공표되지 않는 정보변수전략에서 이런 재량적인 정책에 의존한다면 통화정책의 動態的 非一貫性(dynamic inconsistency) 혹은 신뢰성 문제가 대두될 수 있다. 오늘날처럼 금융시장이 지속적으로 변화하는 상황에서는 통화정책 수행시 엄격한 준칙보다는 어느 정도의 재량이 필요하다. 즉 사전에 정해진 준칙을 엄격하게 따르다 보면 구조변화나 새로운 정보, 예상하지 못한 거시경제변화에 대한 적절한 대응이 어렵기 때문이다. 그러나 최근 들어 이러한 재량은 통화정책의 투명성과 신뢰성을 확보하기 위해서 통화정책이 추구하는 명확한 목적에 의해 제약되는 '절제된 재량'(constrained discretion)이어야 한다는 인식이 확산되게 되었다.

이러한 맥락에서 1990년대에 들어서는 물가안정이 통화정책의 최우선목표라는 인식 하에 뉴질랜드, 캐나다, 영국 등 일부 소규모개방경제를 중심으로 물가안정목표제(inflation targeting)를 도입 운용하게 되었다. 물가안정목표제는 금리를 운용목표로 설정하여 금융·경제상황에 대한 판단에 따라 금리를 신축적으로 조절하는 동시에 명시적인 인플레이션 목표치를 공시하는 일종의 준칙을 도입함으로써 통화정책의 투명성, 신축성, 신뢰성, 그리고 책임성을 높이고, 정치적 압력의 여지를 줄이는 동시에 동태적 비일관성 문제도 해결할 수 있는 이점이 있는 것으로 알려지고 있다.

우리나라도 외환위기 이후 IMF와의 협의에 따라 외환시장 안정을 도모할 목적으로 단기금리(콜금리) 수준을 더 중시하여 통화정책을 수행해 오는 과정에서 통화정책 운용방식이 금리중시 통화정책으로 전환되었으며, 새로운 《한국은행법》의 시행을 계기로 1998년 4월부터 물가안정목표제를 도입하여 운용하고 있다. 그러나 외환위기 이후 지금까지 통화정책의 운영체계는 과도기적인 측면에서 전략과 전술에서 상충될 수 있는 요소들이 다소 혼재되어 있는 면이 없지 않았다. 이러한 점에서 앞으로의 과제는 통화정책의 운용여건을 감안하면서 어떻게 이같이 상충될 수 있는 운영체계를 일관성 있는 하나의 체계로 정립하느냐 하는 것이라고 하겠다.

이와 함께 금융자유화 및 금융혁신이 급속하게 진전되는 과정에서 통화의 정의가 모호해지고 통화와 실물경제 간의 관계가 불안정해지는 등 통화량의 정책지표로서의 유용성이 현저히 저하되었다. 이러한 점을 반영하여 미국, EMU 등 대다수의 선진국은 통화정책 운용방식을 종전의 통화량 중간목표전략에서 통화량을 중요한 정보변수의 하나로 모니터링하는 정보변수전략으로 전환하는 동시에 통화의 정의와 통화지표에 대한 연구를 활발하게 진행하고 있다. 특히 이들은 금융기관 구분 없이 금융자산의 유동성을 기준으로 통화지표를 편제하고 있으며, 새로운 금융자산이 도입되는 즉시 이를 통화지표에 반영하고자 노력하는 등 적정하고 의미 있는 통화지표를 작성하기 위하여 매우 세심한 주의를 기울이고 있다. IMF도 최근 〈통화금융통계에 관한 매뉴얼〉(Manual on Monetary and Financial Statistics) 개편안에서 금융기관 구분 없이 금융자산의 유동성을 기준으로 통화의 거래적 기능을 중시하는 협의 통화(narrow money), 통화의 거래적 기능과 함께 가치저장 기능까지 중시하는 광의 통화(broad money), 그리고 경제 전체의 유동성 수준을 반영할 수 있는 최광의 통화(the broadest money)에 맞는 통화지표를 각각 편제할 것을 권고하고 있다.

이러한 점에서 그 동안 금융자산 유동성 중심이 아닌 금융기관 중심으로 통화지표를 편제해 온 우리로서는 더 합리적인 통화의 정의와 이에 일치하는 새로운 적정통화지표를 모색하는 것이 하나의 중요한 과제로 대두되고 있다.

현재와 같이 통화성 혹은 유동성이 서로 다른 수많은 금융자산이 존재하는 상황에서 적정한 통화지표를 편제하기 위해서는 첫째, 어떤 금융자산을 포함시킬 것인가 하는 포괄범위를 결정하는 식별(identification) 문제와 둘째, 이렇게 포괄범위가 결정된 금융자산을 어떤 방식(단순합계 혹은 가중평균)으로 집계해야 하는가 하는 측정(measurement) 문제를 해결해야 한다. 그러나 현실적으로 통화를 식별하고 측정하는 데에는 많은 어려운 과제가 내재하고 있기 때문에 오늘날 기존 통화지표에 비해 모든 면에서 월등하게 우수한 통화지표를 모색한다는 것은 거의 불가능하다. 이러한 관점에서 우리의 경우 새로운 적정 통화지표를 모색하는 데에는 기존의 통화지표가 가지고 있는 문제점을 직시하는 가운데 가급적 이론적 실증적 통화의 정의에 가까울 뿐만 아니라 국제적 기준(global standards)에 합치되는 방향에서 접근하는 것이 바람직할 것이다.

한편 최근 세계적인 금융 자유화 및 국제화 추세와 함께 정보통신기술의 발달에 따라 금융시장의 통합화 추세가 급속하게 이루어지고 있다. 이에 따라 대규모의 국제금융자본이 신흥시장국으로 유입되는 등 국가간 자본유출입이 크게 확대되고 있다. 이처럼 금융시장의 개방과 함께 신흥시장국에 주로 유입되는 대규모의 국제금융자본은 당사국의 금융구조를 한 단계 더 심화 발전시키고 경제성장을 촉진하는 등 긍정적인 효과도 컸던 것으로 평가되고 있다. 그러나 1997년에 시작된 아시아 통화위기를 통하여 경험한 바와 같이 외국인의 주식투자자금을 비롯한 단기유입자본은 자본시장이 잘 발달하지 못한 나라의 경우 예상하지 못한 대내외 충격요인으로 단기간에 대규모 자본유출을 통하여 당사국의 금융외환시장을 교란시키고 또 다른 통화위기를 초래할 수 있는 잠재성을 항상 내포하고 있다.

이와 함께 환율결정요인도 크게 변화하고 있다. 과거에는 상품이나 서비스 등의 거래가 환율을 결정하는 주요인이었고, 이를 반영하는 대표적 이론은 구매력평가설(Purchasing Power Parity ; PPP)이었다. 이후 채권시장을 중심으로 국제간 자본이동이 활발해지면서 채권수익률 차를 따라 이동하는 국제자본이 환율결정에 지대한 영향을 미치게 되었고, 이러한 현상은 금리평가이론(Uncovered Interest Parity ; UIP)으로 설명될 수 있었다. 그러나 최근 들어 신흥시장국을 중심으로 주식투자를 위한 국제금융자본 이동이 채권시장을 통한 자금이동규모를 능가하면서 이러한 조류는 빠른 속도로 변화하고 있다. 이에 따라 기존의 채권시장을 중심으로 발전해 온 금리평가이론은 환율의 변동을 적절하게 설명하지 못하게 되었고 새로운 환율결정이론을 필요로 하게 되었다. 예를 들어 해외자본의 대거 유입에 따른 환율절상 압력을 완화하기 위하여 국내 금리를 낮추는 경우 이는 국내 주식시장의 활황을 가져와 오히려 해외 주식투자 자금의 추가유입을 통하여 또 다른 환율절상압력으로 작용하는 결과를 가져올 수도 있기 때문이다. 이에 따라 환율결정모형도 기존 모형에 주식시장 변수를 고려해야 한다는 주장이 설득력을 얻어가고 있다.

더욱이 현재와 같이 자본시장이 대폭 개방되고 국내외 금융시장이 상호 유기적으로 연결되어 국제금융자본의 유출입이 더욱 확대되어 가고 있는 상황에서는 환율변동압력이 더욱 커지게 된다. 특히 소규모개방경제의 경우에는 금융자유화와 개방화가 진전되면 통화정책과 환율정책 간의 연관성이 점차 증대하게 된다. 예를 들어 경제의 성장세가 급속도로 확대되어 금리가 상승할 것으로 예상되면 통화가치가 즉각 절상되어 환율절상압력으로 나타나면서 국내 물가상승은 억제되는 대신 경상수지는 악화되는 모습을 보이게 된다. 그 결과 금리상승폭이 줄어들어 자산시장에는 거품이 형성될 가능성이 증대할 수 있다.

이러한 경우 변동환율제도에서도 정책당국은 환율수준을 시장메커니즘에만 맡겨둘 수 없게 되고 바람직한 환율수준을 상정하지 않을 수 없게 되는데, 이에 따라 통화정책과 환율정책 간에 상충가능성이 발생하게 되어 통화정책의 독자성(independence)은 제약을 받게 된다. 따라서 앞으로 자본유출입규모가 지속적으로 확대되는 과정에서 통화정책의 유효성을 확보하기 위한 정책방안을 모색하는 노력이 어느 때보다도 중요하다고 하겠다.

한편 우리나라 자본시장은 그 동안 주식·채권시장의 활성화, 뮤추얼펀드의 급성장 등 직접금융시장의 규모가 대폭 확대되었을 뿐만 아니라 하부구조가 점차 정비되고 제도적 기반도 확충되어 가는 등 비교적 빠르게 발전하는 모습을 보이고 있다. 이와 함께 자산담보부증권, 주택저당담보부증권의 출현 등 증권화 추세도 급진전되는 가운데 우량 대기업을 중심으로 은행이탈현상(dis-intermediation)이 심화되고 있다. 이에 따라 금융의 중심이 은행의 전통적인 예대업무로부터 자본시장 관련 상품으로 전환되어 가는 경향을 보이고 있다.

이와 같은 추세를 반영하여 주식, 채권 등 장기금융자산과 통화 간의 대체성이 높아지면서 통화수요의 불안정성이 증대되고 통화총량에 대한 통화당국의 통제력이 약화됨에 따라 통화정책의 파급경로도 은행대출 경로가 상대적으로 약화되는 반면 주식가격 경로의 유효성은 상대적으로 증대되는 등 크게 변화하는 모습을 보이고 있다. 이 같은 자본시장의 급속한 발전은 결과적으로 통화정책의 효과를 제약하는 또 하나의 요인으로 작용하고 있다. 따라서 앞으로 자본시장이 발전하여 금융의 중심이 은행의 전통적인 예대업무에서 증권업무로, 간접금융에서 직접금융 중심으로 전환되는 과정에서 통화정책의 효율성을 확보하기 위해서는 통화정책의 파급경로의 변화상을 정확하게 파악할 필요가 있다.

최근 들어 금융위기가 자주 발생함에 따라 자기자본 규제강화 등 은행에 대한 사전 건전성규제와 감독이 크게 강화되고 있다. 이러한 사전 건전성규제와 감독의 강화는 은행의 금융중개행태의 변화를 통하여 통화정책의 효과를 제약하거나 상쇄시키는 요인으로 작용하고 있다.

이는 한편으로 미시정책의 일환인 사전 건전성규제와 감독정책이 거시경제적 측면에서 가지는 의미가 점점 더 중요해지고 있음을 반영하는 것이며, 다른 한편으로는 금융안정을 위하여 사전 건전성규제 관련 기준을 제정하고 감독정책을 수행함에서도 이의 거시경제적 효과를 충분히 고려하는 것이 매우 중요하다는 것을 시사하고 있다. 이는 또한 중앙은행이 금융시스템의 안정성을 확보하고 위기관리역할을 효과적으로 수행하기 위해서는 개별 금융기관의 자산운용 등 금융중개행태에 관련된 정보를 상시파악하고, 또한 그들의 행태에 영향을 미칠 수 있는 다양한 수단을 보유하고 있어야 한다는 점을 시사한다.

우리나라의 경우에도 1998년 통합 금융감독원 설립과 함께 중앙은행의 금융감독 관련 기능이 크게 약화되었다. 이와 함께 금융감독원의 은행에 대한 독자적인 사전 건전성규제와 감독정책은 통화당국의 거시적 통화정책의 유효성을 제약하는 요인으로 작용하게 되었다. 예를 들면 감독당국이 은행으로 하여금 BIS 기준 자기자본비율 준수를 엄격하게 요구하는 상황에서 통화당국이 경기회복을 촉진시키기 위하여 통화공급을 확대하더라도 은행이 BIS 자기자본비율 준수 때문에 위험자산인 대출을 확대하기보다는 상대적으로 위험도가 낮은 국채, 통화안정증권 등 유가증권 보유를 확대하는 경우 통화정책의 효과는 그만큼 제약될 수밖에 없다.

이러한 이유로 통화당국은 통화신용정책의 유효성을 확보하기 위하여 한편으로는 감독당국과 사전적 정책협조가 절대적으로 필요하게 되었으며, 또 다른 한 편으로는 개별 금융기관의 자산운용 등 금융중개 행태에 대한 믿을 수 있고 시의성 있는 생생한 정보를 필요로 하게 되었다. 이러한 관점에서 통화당국은 무엇보다 먼저 감독당국이 생산한 내부 감독정보를 함께 활용할 수 있는 감독정보 공유체제를 구축하여야 할 필요가 있다. 그러나 금융감독정보 공유체제가 제도적으로 정립된다고 하더라도 통화당국이 개별 금융기관의 재무상황 및 금융행태 등에 관한 주요 감독정보의 상당부분을 감독당국으로부터 적시에 공급받는 데는 기본적으로 한계가 있을 뿐만 아니라 감독당국이 획득하여 구체적인 형태로 공급할 수 없는 비계량적인 감독정보도 있을 수 있을 것이다. 이에 대처하기 위해서는 통화당국이 직접 공동검사나 단독검사를 통하여 믿을 수 있는 정보를 수집하여 적시에 활용할 수 있는 방향으로 관련법이 정립되어야 할 것이다.

한편 세계금융시장의 통합화 추세, 자본시장 발달과 금융의 증권화 추세, 금융·외환위기 발생과 이에 따른 건전성규제 및 감독 강화 등 내외 금융환경의 급속한 변화는 은행의 금융중개행태에도 많은 변화를 초래하고 있다. 다시 말해 전통적인 기업대출은 감소하는 대신 유가증권 보유는 확대되는 방향으로 은행의 자산구성이 크게 변화하는 모습을 보이고 있다.

이러한 은행자산구성 변화는 최근 주요 선진국의 은행뿐만 아니라 우리나라의 경우에도 매우 뚜렷하게 나타나고 있다. 특히 우리나라에서는 금융·외환위기 이후 경기침체로 전반적인 신용불안이 발생하고 BIS 자기자본비율을 엄격히 적용함에 따라 은행이 대출을 기피하고 국채, 통안증권 및 수익증권을 중심으로 유가증권 보유 비중을 급격히 확대시키는 경향을 보이고 있다.

주지하는 바와 같이 통화정책의 파급경로에 대한 신용중시 견해에 따르면 통화량의 변동을 수반하지 않는 은행자산구성의 변화도 실물경제활동에 영향을 미칠 수 있는 것으로 알려지고 있다. 은행이 대출을 줄이고 대신 유가증권 보유를 확대하는 자산운용전략을 선택하면 은행의존도가 높은 중소기업은 금융제약(financial constraint)에 직면하게 되어 당초의 투자계획을 이행할 수 없게 됨에 따라 실물경제가 위축될 수 있다.

이와 같이 통화정책 파급과정에서 실제로 신용경로가 존재하고 또 은행의 자산구성 변화가 어떠한 경로로든 실물경제에 영향을 미치는 것이 사실이라면 은행 금융중개 행태의 변화, 즉 자산구성의 변화는 통화정책의 유효성과 관련하여 매우 중요한 의미를 갖는다. 은행의 자산구성이 통화정책의 본래 의도와 다르게 변하는 경우 통화정책의 효과를 전반적으로 약화시킬 수 있기 때문이다.

또 한편에서는 정보통신기술(information technology ; IT)의 급속한 발전이 금융환경을 변모시켜 중앙은행의 통화정책에도 크게 영향을 미치고 있다. 즉 IT의 현저한 발전은 중앙은행의 통화정책 수단 선택 및 목표달성 등에서 불확실성을 가중시킴으로써 통화정책의 유효성을 저해하는 상황까지 이르게 되었다. 예컨대 다양한 전자지급결제수단 및 결제시스템의 등장은 통화에 대한 정의를 어렵게 만들 뿐만 아니라 전자화폐가 기존 화폐를 대체하는 과정에서 통화수요를 불안정하게 만들고 있다. 특히 전자화폐 이용의 급속한 확산은 중앙은행의 본원통화에 대한 수요를 점진적으로 줄임으로써 금융기관 및 금융시장에 대한 중앙은행의 영향력을 크게 약화시키고 있다. 또한 결제서비스 기능에서 IT 발전은 그 동안 독점적 역할을 수행해 온 은행 이외에 비은행 민간기업들의 사적 결제시스템의 등장을 가져옴으로써 중앙은행-은행간 결제시스템의 안정성(integrity)을 위협할 뿐만 아니라 은행의 금융행태 등에 영향을 미침으로써 전통적인 통화정책 파급경로를 약화시키고 있다. 이 밖에도 정보통신기술의 발전으로 IT 관련 재화나 서비스의 비중이 높아짐에 따라 일반물가 또는 산출량에 대한 정확한 측정이 더욱 어려워짐으로써 중앙은행이 물가안정이라는 정책목표를 달성하기가 쉽지 않게 되었다.

이 책에서는 이러한 관점에서 국내외에 걸친 광범위하고도 급속한 금융환경 변화가 어떻게 통화정책의 유효성과 독자성을 제약할 수 있는가를 심층 분석하고, 이러한 분석을 토대로 앞으로 우리나라 통화정책 운용의 발전방향과 통화정책의 효율성을 확보할 수 있는 방안을 구체적으로 모색해 보고자 한다.

특히 이 책은 IMF 외환위기 전후에 걸친 우리나라 통화정책 운용여건과 통화정책 운용방식, 그리고 향후 발전방향 등에 관한 구체적인 논의와 연구를 포함하고 있을 뿐만 아니라 경기침체기의 신용경색문제에 대한 통화정책의 과제, 은행의 금융중개행태 변화에 따른 과제, 국제금융자본의 유출입 확대에 따른 과제, 직접금융시장 발전과 증권화 추세에 따른 과제, 은행 사전 건전성규제 및 감독정책 강화에 따른 과제, 자산가격변동에 따른 통화정책의 역할과 과제, 그리고 정보통신기술 발달에 따른 중앙은행의 역할과 과제 등 최근의 금융·경제환경 변화에 따라 불가피하게 발생하는 통화정책의 제반 과제와 도전을 심층 분석하고 있다. 이와 함께 금융자유화 및 금융혁신의 진전과정에서 새로운 적정통화지표와 정보지표의 개발 및 활용문제, 통화정책의 파급경로 및 파급시차문제 등도 심도 있게 다루고 있다. 따라서 이 책은 최근 금융환경 변화 과정에서 통화정책이 앞으로 풀어 나가야 할 과제를 종합적 체계적으로 분석하고 있다는 점에서 통화정책에 관한 종합 연구서라고 할 수 있을 것이다.

이 책은 크게 두 부문으로 나누어진다. 제Ⅰ부 '우리나라 통화정책의 이해'는 우리나라 통화정책 전반에 대한 이해를 높이기 위한 목적으로 현행 통화정책체계의 현황과 과제를 살펴보고 통화정책의 새로운 패러다임을 제시하는 한편 금리중시 통화정책, 물가안정목표제, 금리파급경로, 통화정책 파급시차, 그리고 새로운 통화지표 등을 구체적으로 다루는 7편의 연구논문을 포함하고 있다.

우선 제1장은 우리나라의 현행 통화정책 운용체계의 현황과 과제를 살펴보고 금융환경의 변화에 따라 우리나라 통화정책이 장기적으로 발전해 나아가야 할 새로운 패러다임에 대한 전반적인 논의의 틀을 제공해 주는 역할을 하고 있다. 이를 위해 필자들은 통화정책의 기본적인 운용체계인 중간목표전략과 정보변수전략의 이론적 배경과 장단점을 살펴보고, 특히 금융환경 변화에 따라 주요국의 통화정책 운용방식이 전략과 전술적인 측면에서 어떻게 변화되어 왔는지를 일목요연하게 정리하고 있다. 또한 이를 토대로 우리나라 통화정책 운용방식의 현황을 분석하여 통화정책의 효율성을 저해하는 주요 문제점을 적시한 후 새로운 패러다임을 제시하고 있다. 특히 이러한 방향에 맞추어 우리나라의 통화정책 운용방식을 성공적으로 정착시키기 위해서는 운용전략의 공식적인 전환시기를 제반 통화정책 운용여건이 완비될 때까지 기다릴 것이 아니라 먼저 전략과 패러다임을 전환하고 운용여건을 주도적으로 정비해 나가는 적극적인 전략(positive approach)을 택하고, 통화정책 운용여건의 성숙단계에 따라 장기발전방향에 점진적으로 접근해 가는 단계별 개선방안도 함께 제시하고 있다. 이와 함께 통화정책의 효율성과 신뢰성을 확보하기 위해 앞으로 해결하여야 하는 주요 과제들을 구체적으로 논의함으로써 이 책자에 수록된 다른 논문들의 주제를 함축하고 있다.

제2장에서는 앞장에서의 논의를 바탕으로 통화정책 운용의 전술적인 측면에서 단기금리를 운용목표로 하는 금리중시 통화정책의 운용을 위한 정책대안을 더욱 구체적으로 제시하고 있다. 여기서 필자들은 현재의 금융상황이나 제도적 여건이 금리중시 통화정책을 효율적으로 수행할 수 있는 필요충분조건을 충족시키기에는 다소 미흡하더라도 금리중시 통화정책의 이행이 불가능한 것은 아니기 때문에 조속히 실질적인 금리중시로 이행한 후 점차 정책수단 확충 등을 통해 미비점을 보완해 나가는 것이 바람직하다고 주장한다. 또한 운용목표로는 선진국의 경험에 비추어 볼 때 일일물 콜금리가, 운용방식으로는 활용가능한 정보변수 등을 바탕으로 경제상황에 대한 평가를 내리고, 이에 따라 운용목표금리 수준을 변경하는 정보변수전략이 가장 적합하다는 결론을 도출하고 있다. 특히 이 장에서는 금리중시 통화정책의 운용을 위해 해결하여야 할 과제로 통화정책의 운용체계 전환과 함께 은행 지준 수요를 창출하기 위한 지준시장 구조의 개선과 정책수단의 개선방안을 구체적으로 논의하고 있다.

제3장에서는 최근 통화정책의 새로운 대안적 운용전략으로 부상하는 물가안정목표제의 개념과 틀, 도입배경, 도입을 위한 선결조건 등을 구체적으로 살펴보고 제도운용상의 주요 이슈를 최근의 논의를 중심으로 정리하고 있다.

제4장에서는 물가안정목표제 도입에 따라 중요성이 더욱 커지고 있는 금리경로의 파급과정을 실증분석하였다. 여기서는 정책의 출발점인 공개시장조작에서부터 콜금리, 장기금리, 최종수요 및 물가로 이어지는 과정을 다양한 계량모형을 이용 분석함으로써 우리나라에 금리경로가 존재함을 보여주고 있다. 필자는 특히 통화당국에 의한 콜금리의 통제가능성이 점차 높아지고 있으며, 콜금리의 물가파급효과도 단기에는 미미하지만 2차년도 무렵부터 커지기 시작하는 것으로 나타나 금리경로를 토대로 하는 물가안정목표제의 운용 여건이 어느 정도 마련되었다고 밝히고 있다. 이와 함께 앞으로 물가안정목표제도의 효과적인 정착을 위해서는 금리경로의 유효성을 높이는 체계적 노력이 필요함을 강조

하고, 당분간 금리경로에 대한 보완책으로 단기금리를 운용목표로 사용하되 통화량을 구속력 없는 중간목표로 관리하는 방식을 대안으로 제시하고 있다.

제5장에서는 콜금리 등과 같이 통화당국의 정책입장을 포착할 수 있는 통화정책지표의 변동이 실질 GDP나 산업생산 등 실물변수와 인플레이션 등 주요 거시경제변수에 파급되기까지의 시차구조를 실증 분석하고 있다. 분석결과에 의하면 우리나라의 경우 통화정책이 실물생산에는 늦어도 두 번째 분기부터 파급되기 시작하여 그 효과가 4~6분기 중에 최고수준에 달하며 물가상승률에는 세 번째 분기부터 파급되기 시작하여 효과가 8~9분기 중에 최고수준에 도달하는 것으로 나타났다. 이는 통화정책의 효과가 실물생산에 비해 물가상승률에는 다소 늦게 파급되지만 좀더 장기간 지속되는 것으로 나타나는 주요국의 연구결과와 일치한다. 필자는 특히 통화정책의 변경이 물가상승률에 완전히 파급되기까지 약 2년의 시차가 소요됨에 따라 최소한 2년 후에 달성가능한 중기 물가목표를 설정할 필요가 있으며, 단기목표에 집착하여 지나치게 통화당국의 재량에 의존하기보다는 중장기적인 관점에서 준칙에 바탕을 두고 신뢰성 있게 정책목표를 준수하려는 정책의지가 긴요하다는 점을 강조하고 있다.

제6장에서는 새로운 적정 통화지표를 모색하였다. 먼저 금융기관 중심으로 편제되고 있는 현행 통화지표들이 지니고 있는 문제점을 살펴본 후 금융자산의 유동성을 기준으로 새로운 통화지표를 작성하고 이들 지표와 현행 지표 가운데 어떤 통화지표가 정책지표로서 더 유용한지를 실증분석하고 있다. 분석결과 새로운 편제방식에 의한 통화지표가 현행 통화지표보다 물가상승률이나 경제성장률 등 경제의 최종목표와 안정적인 관계를 보일 뿐만 아니라 주요 경제변수들에 대한 설명력이 우월하고 최종목표변수에 대한 정보의 함축성도 뛰어난 것으로 나타났다. 이에 따라 향후 우리나라 통화정책의 효율성을 높이기 위하여 현행 통화지표를 금융자산의 유동성을 기준으로 편제한 새로운 통화지표로 대체하는 것이 바람직하다고 주장한다. 특히 필자들은 우리의 경우 새로운 적정통화지표를 모색하는 데서는 기존의 통화지표가 가지고 있는 문제점을 직시하는 가운데 가급적이면 이론적 실증적 통화의 정의에 가깝고, 또 국제적 기준에 합치되는 방향에서의 접근이 바람직하다는 결론을 내리고 있다.

정보변수전략에서는 통화량 중간목표전략과는 달리 통화정책기조 및 물가상승압력 가능성 등을 더욱 직접적이고 효과적으로 나타내 줄 수 있는 정보변수를 개발하고 이를 적극적으로 활용하려는 노력이 매우 중요하다. 제7장에서는 이러한 인식을 바탕으로 신용 및 부채지표가 우리나라 통화정책에서 유용한 정보변수로서 활용될 수 있는지를 실증분석하여 보았다. 분석결과 은행신용 및 민간부채는 미래의 물가상승률 및 경제성장률에 대한 정보를 제공하는 중요한 정보변수로서 유용하게 활용될 수 있을 것으로 판명되었다.

제Ⅱ부 '금융환경 변화와 통화정책의 과제'에서는 금융자유화와 개방화의 진전 등 금융환경 변화와 함께 통화정책 운용방식이 변화하는 과정에서 통화정책의 파급경로가 어떻게 변화하고 정책효과가 어떻게 제약될 수 있는가를 파악해 보고자 하였다. 특히 세계금융시장의 통합화 추세, 금융위기에 따른 신용경색현상, 은행 금융중개행태의 변화, 해외자본 유출입의 확대, 직접금융시장의 발달과 금융의 증권화 추세, 은행 사전 건전성규제 및 감독의 강화, 경제주체의 자산구성변화와 자산가격의 변동 등 국내외 금융환경의 급속한 변화가 통화정책 파급경로의 변화를 초래하고 기존 정책수단의 효과를 제약함으로써 통화정책의 역할과 효율성을 어떻게 제약할 수 있는가를 심층 분석한 후 이를 토대로 향후 우리나라 통화정책의 효율성을 확보할 수 있는 방안을 구체적으로 모색해 보았다. 여기에는 6편의 본격적인 연구논문이 수록되어 있다.

먼저 제8장은 1997년 12월 외환위기 이후 기업 및 금융구조조정이 진행되는 과정에서 나타난 신용경색현상의 분석을 통해 신용경로의 근원이 되는 은행대출시장의 행태변화가 통화정책에 어떤 영향을 미치는지를 살펴보고 있다. 특히 여기서는 불균형시장 모형을 이용하여 우리나라 은행대출시장의 수급식을 설정·추정함으로써 외환위기 이후 신용경색의 발생여부를 더욱 정확하게 식별함과 동시에 대출자금 수급패턴의 변동추이를 살펴보는 데 초점을 두었다. 분석결과에 따르면 외환위기 직후 은행대출시장에서 대출자금에 대한 수요에 비하여 대출공급이 급격하게 감소하여 초과수요현상이 지속됨으로써 신용경색이 발생하였으며, 고금리정책 등에 따른 기업의 재무구조 악화 및 신용위험 증가, 은행의 부실자산 급증에 따른 자기자본 감소 및 감독당국의 자산

건전성 감독 강화 등의 요인이 신용경색을 상당기간 지속시킨 것으로 나타났다. 따라서 이러한 상황에서는 통화당국이 통화공급을 늘려 은행의 대출여력을 확대하더라도 신용이 증가하지 않을 수 있기 때문에 자금난 해소를 위한 일시적인 유동성 지원보다 은행의 기업대출을 정상화시킬 수 있는 구조적인 조치에 정책의 역점을 두어야 한다는 점을 강조하고 있다.

제9장에서는 최근 금융시장의 범세계화, 자본시장의 발달 및 금융의 증권화 추세, 은행 건전성규제 감독 강화 등 내외 금융환경의 급속한 변화는 은행의 금융중개행태, 즉 은행의 자산구성에도 많은 변화를 초래하고 있음을 보여 주고 있으며, 이러한 은행의 자산구성 변화가 통화정책에 주는 시사점을 정리하고 있다. 필자는 특히 은행자산구성의 변화가 통화정책의 파급경로 가운데 이자율경로와 신용경로의 상대적 중요도를 변화시킬 수 있다는 점에서 통화당국은 통화신용정책 수행과정에서 통화량 및 이자율뿐만 아니라 은행자산구성의 변화에도 적절한 주의를 기울일 필요가 있다는 점을 강조하고 있다.

제10장에서는 자본시장의 개방으로 인한 해외자본 유출입의 확대가 통화정책의 유효성과 독자성에 미치는 영향에 대하여 이론적 실증적 측면에서 더 자세한 분석을 제공하고 있다. 분석결과에 따르면 통화정책의 독자적인 수행을 제약하는 것으로 나타난 자본유출입의 증가에 대처하여 우리나라는 불태화정책의 활용도를 높여온 것으로 나타나고 있다. 필자는 불태화정책을 지나치게 사용할 경우 통화안정증권 발행 누적에 따른 통화정책 운용의 경직성 증가, 이자지급에 따른 새로운 통화증발요인의 발생, 시장금리 상승 등 부작용을 야기할 가능성이 있다고 지적하고 있다. 특히 최근 자본유출입이 환율·금리·통화 등 주요 금융변수에 미치는 영향력이 점차 커지고 있어 통화정책 관련 변수들이 교란을 받을 가능성이 커지고 있음에 따라 통화·외환·재정정책이 조화롭게 운용될 필요가 있으며, 투기적 단기자본의 유출입 등에 대처한 시장친화적 자본이동 조절장치를 강구하고 국제금융시장에 대한 모니터링을 강화하여야 한다는 점을 강조하고 있다.

제11장에서는 최근의 자본시장 발달이 통화정책에 미치는 영향을 체계적으로 분석하고 있다. 필자는 자본시장의 발달로 주식, 채권 등 장기금융자산과

통화 간에 대체성이 높아지면서 통화지표의 유용성이 크게 저하되고 있어 통화지표의 개선이 필요하다는 점과, 통화정책의 파급경로 가운데 은행대출경로와 주가경로의 상대적 유효성이 변화하고 있기 때문에 통화당국은 각 파급경로에 따른 정책효과를 종합적으로 고려하여야 한다는 점을 지적하고 있다. 이와 함께 자본시장의 전면개방으로 자본이동성이 증대됨에 따라 해외부문을 통하여 통화공급에 교란이 발생하고 환율과 통화정책 간에 상충관계가 심화되어 통화정책의 유효성 저하가 예상되므로 향후 통화·환율·재정정책의 상호 유기적 운용이 필요하다고 밝히고 있다.

제12장에서는 은행의 건전성규제 감독 강화가 통화정책에 어떤 영향을 미치는지를 체계적으로 살펴보았다. 먼저 통화정책 수행상 은행감독정보의 필요성과 중요성을 논의한 후 주요국의 통화당국과 금융감독당국 간의 협조체제가 어떻게 구축되어 있는지를 구체적으로 살펴보고 있다. 필자들은 이러한 분석을 토대로 중앙은행이 금융안정 책무를 효과적으로 수행하기 위해서는 개별금융기관 및 금융시장 전체의 움직임에 대한 신속하고 신뢰성 있는 정보의 획득이 대단히 중요하다는 점을 지적하고 있다. 특히 우리나라와 같이 감독기능이 일부 상실되거나 크게 약화된 중앙은행의 경우 최소한의 감독정보를 공유할 수 있는 효율적인 정보공유시스템의 구축이 필요하다는 점을 강조하고 있다. 이와 함께 금융감독정보 공유체제의 제도적 구축에도 불구하고 통화당국이 개별 금융기관의 자산운용 및 금융행태 등에 관한 주요 감독정보의 상당부분을 감독당국으로부터 완전하고 시의성 있게 공급받는 데는 한계가 있을 수밖에 없다는 점에서 통화당국이 직접 공동검사나 단독검사를 통하여 믿을 수 있는 감독정보를 수집하여 제때에 활용할 수 있는 방향으로 관련법이 정립되는 것이 바람직하다는 점을 강조하고 있다.

제13장에서는 자산가격변동이 경제에 미치는 영향을 분석하고 이에 대한 통화정책적 대응방안을 구체적으로 살펴보았다. 먼저 주식 및 부동산 등의 자산가격이 급격히 상승(boom)하는 경우 소비나 투자지출이 과도하게 늘어나 인플레이션 압력이 높아지면서 자산가격 거품이 발생하고, 이러한 거품이 붕괴(bust)되는 과정에서 신용경색 및 부채디플레이션이 초래되어 경기침체가

장기화되는 가운데 금융중개시스템이 크게 불안정해질 우려가 있다는 점을 이론적 측면에서 체계적으로 정리해 보았다. 그리고 미국과 일본의 자산가격 거품 생성·붕괴과정(boom-bust cycle)과 정책대응에 대한 실제 사례의 분석을 통하여 통화정책적 시사점을 찾아보았다. 이러한 분석을 바탕으로 필자들은 우리나라 자산가격변동의 통화정책적 함의를 다음과 같이 정리하고 있다. 첫째, 중앙은행은 금융시장 안정을 위해 자산가격에 버블이 형성되는 것을 방치해서는 곤란하며, 버블의 발생이 우려되거나 인지된 때는 일반물가가 낮은 수준에 머물고 있다 하더라도 금융시장에 사전경고를 하거나 규제감독정책과 함께 효과적인 정책조합을 강구해 나가야 한다. 둘째, 금융구조가 은행중심에서 자본시장중심으로 이행하는 과정에서 주식시장의 확대는 금리 및 환율의 변동성을 크게 할 가능성이 높아진 관계로 주식시장의 안정적 성장이 무엇보다 중요하다. 셋째, 중앙은행은 자산가격 변동성을 감안한 통화정책 수립과정에서 자산가격을 정책목표변수로 택하기보다는 장래인플레이션을 예측하는 데 유용한 정보변수의 하나로 이용하여 일반 상품·서비스의 예상물가상승압력을 사전에 파악하는 데 적극 활용해 나가야 한다. 끝으로 주가 등 자산가격의 변동성은 앞으로 경제주체들의 대차대조표 여건 및 금융안정에 더욱 크게 영향력을 미칠 것으로 예상됨에 따라 통화정책파급경로상 금리채널과 함께 자산가격 및 대차대조표 경로를 면밀히 점검해 볼 필요가 있다.

마지막 제14장에서는 정보통신기술의 발달에 따른 중앙은행의 역할과 과제, 그리고 전자화폐 등 다양한 전자지급결제수단의 출현이 통화정책에 미치는 영향을 체계적으로 분석하고 있다. 필자들은 먼저 정보통신기술의 발달에 따른 중앙은행의 역할과 과제에 대한 논의와 전자지급수단의 급속한 확산이 통화정책에 미치는 영향에 관한 주요 논의를 개관한 다음 우리나라의 경우 아직은 초기단계에 머물러 있지만 앞으로 정보통신기술의 발달이 통화정책에 미치는 영향을 분석하고 통화정책의 유효성을 확보하기 위한 정책적 과제를 이슈별로 제시하고 있다.

우리나라 통화정책의 이해

1 전환기 우리나라 통화정책의 새로운 패러다임

함정호·장민·임철재

I. 머리말

　우리나라의 통화정책은 1997년 12월 외환위기 이전까지는 물가안정, 경제성장 등 최종목표를 달성하기 위하여 대체로 본원통화(지준)를 묵시적 운용목표로, 통화량(M2, MCT)을 명시적인 중간목표변수로 설정하여 통화량증가율목표를 가급적 엄격하게 준수하는 중간목표전략에 기반을 둔 통화정책 운용방식을 채택하여 왔다.

　외환위기 이후 우리나라 통화정책 운용방식은 공식적으로는 물가안정 달성을 위하여 본원통화(지준총액)를 조절하여 M3증가율을 적정수준으로 목표관리하는 통화량목표제(monetary targeting)를 운용해 왔다. 이러한 운용방식은 1997년말 외환위기 이후 IMF와의 합의에 따라 분기별 본원통화 공급한도 및

---

* 이 장은 한국은행 《한은조사연구》 2000-2호(2000. 1)에 실린 논문을 일부 수정·보완하여 전재한 것이다.

M3증가율의 목표를 설정하고 이를 준수해 온 데서 비롯되고 있으며, 1998년 4/4분기 정책협의시부터 본원통화 예시한도 설정이 해제된 이후에도 본원통화(지준총액)를 조절하여 M3증가율을 목표관리하는 통화정책 운용체계는 그대로 유지되고 있다. 따라서 우리나라 통화정책 운용방식은 공식적으로는 아직도 본원통화(지준총액)를 운용목표로 하고 통화량(M3)을 중간목표로 하는 중간목표전략에 근거한 통화량목표제를 채택하고 있다.

그러나 외환위기 이후 통화정책의 실제 운용에서는 단기금리(콜금리)를 더욱 중시하고 있다. 이러한 금리중시 정책운용은 통화당국이 외환위기 이후 IMF와의 협의에 따라 외환시장 안정을 도모할 목적으로 단기금리(콜금리) 수준을 더욱 중시하여 통화정책을 수행해 오는 과정에서 매월 단기금리의 방향을 금융시장에 공시한 데서 비롯된다. 외환위기 이후 외환시장 안정이 통화당국의 주요 관심사가 되었으며, 이에 따라 환율과의 연관성을 감안하여 단기금리를 신축적으로 운영하지 않을 수 없게 되었기 때문이다.

한편 한국은행은 개정된《한국은행법》의 시행을 계기로 1998년 4월부터 물가안정목표제(inflation targeting)를 도입·운용하고 있다. 이는 중앙은행이 중기적인 관점에서 달성해야 할 인플레이션목표를 사전에 설정하고 통화량, 금리, 환율, 기대물가상승률, 자산가격, 원자재가격 등 각종 정보변수의 관찰을 토대로 물가안정목표를 달성하고자 하는 것이다.

이상의 논의를 종합해 보면 외환위기 이후 지금까지의 우리나라 통화정책 운용방식은 전략적 단계에서 보면 개정《한국은행법》에 명시된 물가안정목표의 공표 및 달성이라는 대체로 정보변수전략에 근거하는 물가안정목표제와 그간의 통화량(M3)을 중간목표로 하는 중간목표전략에 기반을 둔 통화량목표제가 혼재되어 있으며, 전술적 단계에서는 단기금리와 본원통화(지준총액)를 동시에 운용목표로 하는 등 통화정책의 전략과 전술에서 서로 상충될 수 있는 체계를 가지고 있는 것으로 지적된다.

이러한 점에서 우리나라의 통화정책 운용방식은 전략적인 측면에서 중간목표전략에 근거하고 있는지 아니면 정보변수전략에 근거하고 있는지, 그리고 전술적인 측면에서는 금리중시정책인지 아니면 통화량중시정책인지가 분명하지 않다는 점이 지적되고 있다. 이는 일반 경제주체나 금융시장 참가자에게 자칫 통화정책방향에 대한 그릇된 신호를 주거나 불필요한 오해를 야기함으로써 결과적으로 중앙은행 통화정책의 효율성과 신뢰성 확보에 부정적인 영향을 줄 가능성도 없지 않다. 그러므로 앞으로 통화정책 운용방식을 설계하고 정립시켜 나가는 데에서 가장 중요한 과제는 통화정책 운용여건을 감안하여 어떻게 이와 같이 상충될 수 있는 운영체계를 분명하면서 효율적인 하나의 체계로 정립하느냐 하는 것이라고 하겠다.

이러한 점을 감안하여 이 장에서는 우리나라 통화정책 운용여건과 현황을 면밀하게 살펴봄으로써 주요 문제점을 적출하고 전반적인 통화정책의 효율성과 신뢰성을 높이고, 나아가 선진 통화정책 운용방식을 정착시키기 위하여 개선되어야 할 과제와 그 개선방향을 다각도로 모색해 보고자 한다.

이 장의 구성은 다음과 같다. 먼저 Ⅱ절에서 통화정책 운용체계에 대한 이론적 접근을 통하여 중간목표전략과 정보변수전략에 기반을 두고 있는 두 가지 운용방식의 장단점을 살펴본 후 금융환경 변화에 따라 주요국의 통화정책 운용방식이 어떻게 변화되어 왔는가를 조망해 본다. Ⅲ절에서 주요국의 통화정책 운용방식과 경험을 구체적으로 고찰한 다음 Ⅳ절에서는 우리나라 통화정책 운용방식의 현황을 분석하여 통화정책의 효율성을 막는 주요 문제점을 살펴본다. Ⅴ절에서는 우리나라 통화정책 운용체계의 장기적인 발전방향을 제시하고 통화정책 운용여건의 성숙단계에 따라 장기발전방향에 점진적으로 접근해 가는 단계별 개선방안을 제시함과 아울러 통화정책의 효율성과 신뢰성을 확보하기 위한 주요 과제를 구체적으로 논의하고자 한다.

II. 통화정책 운용체계에 대한 논의

1. 통화정책 운용체계의 기본구조

통화정책이란 통화당국이 직접 통제할 수 있는 정책수단의 조절을 통하여 국민경제상의 특정 목표를 달성하고자 수행하는 정책을 말한다. 주요국의 중앙은행은 이와 같은 경제목표의 달성을 위하여 매우 유사한 통화정책 운용체계를 채택하고 있는데 그 기본구조는 대체로 통화정책의 최종목표(objectives or goals), 중간변수(intermediate measures) 및 운용목표(operating targets), 그리고 정책수단(instruments)으로 이루어진다.

〔그림 1〕 **통화정책 운용체계의 기본구조**

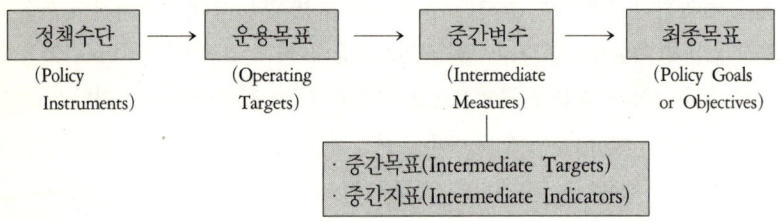

통화정책의 최종목표는 통화당국이 달성하고자 하는 국민경제상의 목표를 말한다. 이러한 목표로는 일반적으로 물가안정, 완전고용, 경제성장, 국제수지 균형, 금리안정, 금융시장안정 등을 들 수 있다. 통화정책의 수단은 통화정책의 최종목표를 달성하기 위하여 통화당국이 직접 통제할 수 있는 정책도구(policy tools)로서 여기에는 재할인금리, 지급준비율, 공개시장조작 등이 있다.

그러나 통화당국은 최종목표에 직접적으로 영향을 미칠 수 없으며 정책수단을 사용하여 단지 간접적으로만 영향을 미칠 수 있을 뿐이다. 더욱이 통화당국이 정책수단을 조절하여 그 효과가 통화정책의 최종목표에 영향을 미치기까지에는 매우 길고 불확실한 경로가 존재한다. 이러한 이유로 통화당국은 정책수단과 최종목표 사이에 중간변수(intermediate measures)를 개입시켜 이를 관찰하거나 조절함으로써 궁극적으로 최종목표를 달성하고자 하는 방식을 택하고 있다. 이러한 중간변수는 최종목표변수와의 관계에 따라 중간목표(intermediate targets)와 중간지표(intermediate indicators)로 나누어진다.

중간목표는 최종목표 달성을 위한 통화정책 운용상의 유용한 지침으로써 통화당국이 일정기간에 걸쳐 어느 정도 정확하게 달성하려고 하는 목표이다. 이러한 중간목표변수는 최종목표와의 관계가 긴밀하고 안정적이어야 하는 동시에 통화당국이 정책수단을 통하여 상당한 정도로 통제할 수 있어야 한다. 이 경우 통화당국이 정책수단을 통하여 중간목표를 성공적으로 달성한다는 것은 곧 통화정책의 최종목표를 의도한 수준으로 비교적 정확하게 달성할 수 있음을 의미하는 것이다. 중간목표변수로는 일반적으로 통화총량, 신용총량, 장기금리, 환율, 그리고 명목 GDP 등이 있다.

중간지표는 통화정책의 기조와 현재 및 장래의 경제상황에 대한 정보를 제공하는 변수로서 때로는 정보변수(information variables) 혹은 정보지표(information indicators)라고도 불리는데, 여기에는 통화총량, 신용총량, 장기금리, 원자재가격지수, 자산가격, 장단기금리스프레드, 그리고 환율 등이 있다.

운용목표는 통화정책 수행의 단기운용지침을 말한다. 운용목표변수는 정책수단과 가장 긴밀하게 관련되어 통화당국이 수단변수의 조작을 통해 직접적으로 그리고 비교적 정확하게 관리될 수 있어야 하며, 중간목표를 두는 중간목표전략에서는 중간목표변수와도 긴밀한 관계를 가지고 있어야 한다. 통화당국이 운용목표를 단기운용지침으로 설정하여 활용하는 것은 중간목표변수 역시 정책수단을 통하여 직접적으로 통제할 수 없다는 데에 그 이유가 있다. 동일한 중간목표를 설정하더라도 어떤 금융변수를 운용목표로 채택하여 어떤 방식으로 조절하느냐에 따라 통화정책 운용방식과 정책효과가 크게 달라질 수 있다.

명시적인 중간목표를 설정하지 않는 정보변수전략의 경우, 운용목표는 통화당국의 최종목표 달성을 위한 지침이 될 뿐만 아니라 통화당국의 정책의도를 나타내는 중요한 역할을 담당한다. 운용목표변수로는 단기시장금리, 본원통화, 지급준비금 등이 있다.

통화당국의 통화정책 운용체계(policy regime) 혹은 운용방식(operating pro-cedures)은 정책수단과 통화정책의 최종목표 사이에 어떠한 중간변수를 개입시키느냐에 따라 기본적으로 다음과 같은 두 가지 방식으로 나누어진다.[1] 하나는 정책수단과 최종목표 사이에 중간목표변수를 개입시키는 중간목표전략 혹은 2계관리전략(intermediate target or two-stage control strategy)이다. 또 다른 하나는 정책수단과 최종목표 사이에 중간목표변수 대신 중간지표 혹은 정보변수(이하 정보변수)를 개입시켜 정책수단의 조작을 통하여 중간목표 대신 직접 최종목표를 바람직한 수준으로 달성하고자 하는 정보변수전략(information vari-able approach) 혹은 1계운용전략(one-stage decision-making procedures)이다.

2. 중간목표전략

가. 중간목표전략의 의의

통화정책 운용방식에서 정책수단변수와 최종목표변수 사이에 중간목표변수를 개입시키는 방식이 바로 중간목표전략(intermediate target strategy)이며, 이는 2계 통화정책 운용방식을 의미한다. 통화정책의 제1단계는 흔히 전략단계(strategy stage)라고도 일컬어지는데, 여기서는 통화정책 최종목표의 바람직한 수준을 정하고 이를 달성하는 데 적절하다고 생각되는 중간목표변수와 그 목표치를 결정한다. 제2단계는 전술단계(tactics stage)이며 여기서는 제1단계에서 결정된 중간목표의 목표치를 달성하기 위하여 단기운용지침인 운용목표를 설정하고 여러 가지 이용 가능한 정책수단을 사용하여 이 운용목표를 적절하게 조절한다. 다시 말해 제2단계는 설정된 중간목표를 달성하기 위하여 정책수단과 운용목표를 어떻게 운영해야 하는가 하는 단기 전술적 계획을 정하

---

1) 통화정책 운용방식이란 통화당국이 정책수단의 조절을 통하여 통화정책의 최종목표인 물가안정, 경제성장, 완전고용, 국제수지 균형 등을 성공적으로 달성하기 위한 최적의 통화정책 운용전략을 설계하고 전술을 채택하는 일련의 과정을 의미한다. Brunner and Meltzer(1967) 참조.

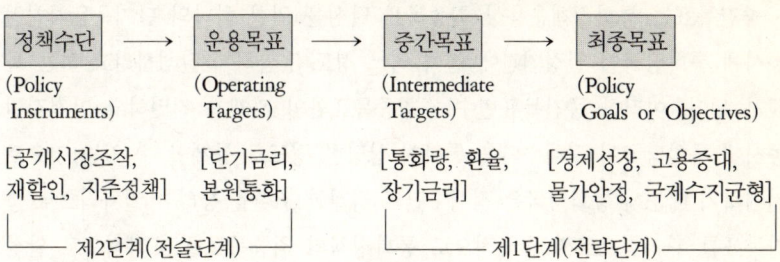

는 단계이다(M. Friedman 1982, Lombra 1993).

　이러한 중간목표전략을 원용하는 통화정책 운용방식에서는 통화당국은 운용목표와 중간목표를 이용하여 통화정책목표에 대한 최종결과를 볼 때까지 기다리지 않고도 정책수행과정이 정상궤도에 있는지 그렇지 않은지를 좀더 신속히 판단하고 필요한 보정조치를 취할 수 있다는 커다란 장점이 있다. 반면에 중간목표를 달성하는 것이 마치 통화정책의 최종목표인 것처럼 중간목표 달성에 지나치게 집착하게 되는 결과를 초래할 가능성도 크다.

　이와 같은 중간목표전략 혹은 2계 통화정책 운용전략에서는 두 가지 중요한 과제가 있다. 첫째는 통화정책운용의 제1단계에서 최종목표와 관련하여 과연 어떠한 금융변수가 바람직한 중간목표인가 하는 중간목표변수 선정에 관한 문제인데, 이는 이론적인 측면에서 통화정책 효과의 파급경로에 관한 견해에 따라 상이하며, 실제 각국 중앙은행의 중간목표 선정은 이론적 견해와 함께 각국의 금융시장 여건과 정책환경에 따라 변천되어 왔다.

　둘째는 제1단계에서 결정된 중간목표를 달성하기 위하여 어떠한 변수를 정책수단 운용상의 운용목표로 선택할 것인가 하는 운용목표변수 선정에 관한 문제이다. 특히 통화당국이 통화를 관리하는 데에서 통화의 수요·공급이 시장메커니즘을 통해 자율적으로 조절되도록 하는 간접통화관리제도 하에서는 동일한 중간목표를 설정하더라도 어떤 금융변수를 운용목표로 선정하여 어떤 방식으로 조절하느냐에 따라 그 효과가 크게 달라질 수 있으므로 이 역시 중간목표 선정에 못지 않게 중요한 과제가 아닐 수 없다.

(1) 중간목표변수 선정

중간목표는 통화정책운용상 최종목표 달성을 위한 하나의 단기운용지침인 동시에 통화당국이 일정기간에 걸쳐 어느 정도 정확하게 달성하려고 하는 목표가 된다. 이러한 중간목표변수는 최종목표와의 관계가 긴밀하고 안정적인 동시에 통화당국이 정책수단을 통하여 상당한 정도로 통제할 수 있는 것으로 전제하기 때문에 통화당국은 정책수단의 적절한 조절을 통하여 일차적으로 중간목표를 관리함으로써 궁극적으로 통화정책의 최종목표를 효과적으로 달성할 수 있게 되는 것이다.

어떤 변수가 바람직한 중간목표변수로 채택되기 위해서는 다음과 같은 몇 가지 요건을 갖추어야 한다.

첫째, 중간목표변수는 최종목표변수와 아주 긴밀하고 안정적인 관계를 유지하고 있어 최종목표변수를 예측 가능하게 해야 한다. 이는 중간목표변수를 관리함으로써 바람직한 최종목표를 효과적으로 달성하는 것이 가능해야 한다는 것과 함께 최종목표변수의 장래 움직임에 대한 유용한 정보를 제공할 수 있어야 한다는 것을 의미한다. 다시 말하면 중간목표변수는 최종목표에 선행적 인과관계의 영향을 미치는 외생변수적 특성을 가지는 동시에 장래의 최종목표를 예측 가능하게 해야 한다.

둘째, 통화당국은 정책수단을 통해서 중간목표변수를 비교적 정확하게 통제 관리할 수 있어야 한다. 통화당국이 중간목표변수를 효과적으로 관리할 수 없을 경우에는 중간목표변수가 목표범위로부터 이탈되더라도 이를 당초 의도한 수준으로 되돌려 놓는 것이 불가능하다. 그리고 중간목표변수는 최종목표 변수로부터 민감한 영향을 받아서는 안 된다. 왜냐하면 중간목표변수에 어떤 변화가 있을 경우 그것이 정책수단의 변경에 의한 외생적인 영향인지 혹은 최종목표변수의 변동에 의한 내생적인 영향인지, 아니면 양자의 복합적인 영향으로부터 기인한 것인지를 분간하는 것이 불가능하기 때문이다.

셋째, 중간목표변수는 통화당국에 의해 가급적 짧은 시차를 가지고 신속하게 계측될 수 있어야 한다.

중간목표변수로는 일반적으로 통화총량, 신용총량, 금리, 환율, 그리고 명목

GDP 등이 있다. 이 가운데에서 중간목표변수로 통화량과 금리간의 선택문제는 오랜 동안 논쟁의 대상이 되어 왔다.[2]

주요국 통화정책 중간목표변수 선정은 그 동안 금융환경과 정책여건의 변화, 그리고 이에 따른 통화당국의 통화정책 파급경로에 대한 견해에 따라 변천하여 왔는데, 장기간에 걸친 호황으로 인하여 세계경제가 비교적 안정되었던 1960년대 이전에는 중간목표변수로 대체로 금리지표가 채택되었다. 그러나 1960년대말 이후에는 높은 인플레이션 하에서 명목금리의 변동을 피하기 위한 지나친 통화증발이 만성적인 인플레이션을 초래하여 전반적인 물가안정을 위협하게 되었으며, 이러한 물가불안이 그 동안의 금리목표 정책의 소산이라는 비판이 제기되었다. 특히 1973년 석유파동 이후 급속한 인플레이션 현상은 통화정책의 중간목표로서 금리지표의 위험성을 크게 부각시킴으로써 1970년대 초반 이후 주요 선진국의 통화당국은 중간목표변수를 양적 지표인 통화총량으로 변경하였다.

통화량을 중간목표로 하는 통화량 중간목표전략은 통화주의 경제학자들의 통화주의 준칙에 그 이론적 근거를 두고 있으며, 정치경제학적인 고려도 아울러 감안한 절충적 내지는 실용적 성격을 지니고 있다고 하겠다. 통화량을 중간목표로 설정하는 방식은 통화당국으로 하여금 낮고 안정된 통화증가율 목표를 고수하게 함으로써 통화당국에게는 통화정책운용상의 하나의 준칙(rule)을 제공하는 동시에 일반 민간에게는 통화정책의 의도와 방향을 알려주는 역할을 하기

---

2) Poole(1970)에 따르면 이론적으로는 금융부문이 실물부문에 비해 더 불안정할 경우에는 금리가 통화량보다 더 우월한 중간목표가 된다. 그러나 실증적으로 실물부문이 금융부문보다 안정적이라는 증거를 거의 발견할 수 없을 뿐만 아니라 금리와 실질생산의 관계는 매우 불안정하다. 이 밖에도 금리를 통화정책의 중간목표로 하는 경우 예상되는 문제점으로는 다음을 들 수 있다. 첫째, 통화당국은 공개시장조작 등을 통해 단기금리는 거의 정확하게 통제할 수 있지만 실물경제와 더 관련이 있는 장기금리에 대한 영향력이 매우 약하다. 둘째, 명목금리를 중간목표로 채택할 경우 경제여건의 변화에 대응하여 목표수준을 적기에 적정수준으로 조정하지 못할 경우 인플레이션 또는 디플레이션을 심화시키는 결과를 초래할 수 있다. 예를 들어 인플레이션 기대로 금리상승 압력이 존재하는 경우 금리 목표수준을 상향조정하지 않고 이를 통화공급량 확대로 대처하게 되면 인플레이션 기대를 확산시켜 인플레이션이 가속화되고 실질금리가 하락하는 결과를 초래하게 된다. 셋째, 실질금리를 중간목표로 채택할 경우에는 명목금리를 채택할 경우에 예상되는 문제점 외에도 기대인플레이션의 계측문제 등으로 실질금리의 관찰 및 통제측면에서 어려움이 가중된다.

때문이다. 이와 함께 통화당국에게는 통화정책운용에 대한 책임소재를 명확하게 하고 정치권으로부터의 외부적 압력을 방지해 주는 수단이 될 수 있다.

이러한 통화량목표제는 1970년대 중반부터 주요 선진국에서 채택되었다. 독일과 이탈리아는 1974년에, 캐나다·스위스·미국은 1975년에, 그리고 오스트레일리아·프랑스·영국은 1976년에 각각 통화량목표제를 채택하고 특정 통화총량지표를 중심지표로 선정하여 그 목표증가율을 공표·관리하기에 이르렀다.

그러나 1980년대 중반 이후에는 세계적으로 물가불안에 대한 우려가 해소된 가운데 금융자유화와 금융혁신의 진전으로 금융부문의 불안정성이 증대되고, 통화와 실물경제 사이에 존재하던 안정적인 관계가 붕괴됨에 따라 일각에서 다시 금리중시론이 대두되고 있다. 최근에는 중간목표 변경과 함께 전반적인 통화정책 운용방식의 개편에 대한 논의가 활발하게 진행되고 있는 중이다.

(2) 운용목표변수 선정

운용목표변수는 중간목표와 마찬가지로 총량변수와 가격변수로 나누어지는데 총량변수로는 본원통화와 지급준비금 등이 있고, 가격변수로는 단기시장금리가 있다. 본원통화와 지급준비금을 통화정책의 운용목표로 활용하는 방식은 대체로 금리의 안정보다는 통화증가율목표를 더욱 엄격하게 준수하려고 하는 반면 단기시장금리를 운용목표로 채택하는 방식은 통화증가율의 신축적인 조정을 허용함으로써 어느 정도 금리의 안정성을 도모하는 데 목적을 두고 있다. 한편 정보변수전략에서 운용목표는 그 자체가 통화당국의 최종목표 달성을 위한 단기운용지침으로서의 역할을 수행할 뿐만 아니라 통화당국의 정책의도에 대한 신호를 보내는 역할을 동시에 수행한다.

대다수의 주요 선진국 중앙은행은 제도적 여건이 서로 다르고 정책목표도 다양하지만 대부분 단기시장금리를 운용목표로 채택하고 있으며, 일상적 정책수행 과정에서 주로 시장원리에 입각하여 은행부문의 지준자금을 조절함으로써 이러한 운용목표의 달성을 추구하고 있다. 이들 국가에서 운용목표는 지준조절활동이 통화정책의 중간목표, 나아가 최종목표와 연결되는 고리 역할을 할 뿐만 아니라 통화당국의 정책의도에 관한 신호를 보내는 데에도 이용되고 있다(Kasman 1992).

주요국에서 운용목표로 채택하고 있는 단기시장금리는 다양하지만 각국 중앙은행은 일상적인 정책수행 과정에서 대체로 일일물(초단기) 금리에 영향력을 행사하려 한다는 점과 잘 발달된 은행간시장을 보유하고 있다는 점에서 매우 유사하다. 이와 같이 중앙은행은 비록 지준조절활동을 통하여 단기 은행간 금리를 상당한 정도로 조정할 수 있으나 경제활동에 영향을 미치기 위해서는 은행간 금리에 대한 영향력이 장기금리로 확대되어 가도록 해야 한다. 만기가 좀더 장기인 금리는 기본적으로 시장에서 결정되기 때문에 이들에 대한 중앙은행의 영향력은 간접적일 수밖에 없다. 좀더 장기의 금리는 재정거래를 통하여 장래의 단기금리에 대한 시장의 예상을 반영하기 때문에 중앙은행은 주로 이러한 예상에 영향을 미침으로써 장기금리에 영향을 미칠 수 있게 된다. 따라서 중앙은행은 운용목표로 활용하는 단기금리가 앞으로 어느 정도의 범위에서 형성되어야 하는가에 대한 명확한 의도를 시장참여자에게 전달함으로써 중앙은행 금리정책의 영향력을 여타 장단기 금융시장의 금리구조에까지 파급시킬 수 있게 된다.

나. 중간목표전략의 유용성과 문제점

중간목표전략에 입각한 통화정책 운용방식은 여러 가지 잠재적 유용성을 가지고 있다. 특히 중간목표변수가 적절하게만 설정될 수 있다면 장기에 걸쳐 통화정책의 전반적 성과를 개선할 수 있는 많은 유용성을 가지고 있다.[3]

이를 구체적으로 살펴보면 첫째, 정책수단의 변화가 최종목표에 효과를 미치는 파급경로가 길고 불확실하기 때문에 중간목표 없이 정책수단과 최종목표를 직접 연결시키는 것은 현실적으로 매우 어려운 일이다. 이와 같은 통화정책 운용상의 현실적인 어려움 때문에 대부분 국가의 중앙은행은 최근까지도 중간목표전략에 입각한 2계 통화정책 운용방식을 운영하여 왔다.

---

3) 이 경우 적절(suitable)하다고 하는 것은 최종목표와 아주 긴밀하고 안정적인 관계를 가지면서 충분히 통제할 수 있음을 의미한다. Davis(1990) 참조.

둘째, 중간목표변수는 한편으로 일반 경제주체에게 통화당국의 정책의도를 전달하는 아주 유용한 지표가 되기도 하지만 또 다른 한편으로는 통화당국이 통화정책 수행에 대하여 정치적으로 책임을 지게 하는 동시에 정치권으로부터의 외부적인 압력을 막아 주는 제도적인 장치가 될 수도 있다(Davis 1990, M. Friedman 1993).

셋째, 적절한 중간목표변수가 설정될 수만 있다면 중간목표는 통화정책 결정에 매우 유용한 명목기준지표(nominal anchor)를 제공한다.[4] 특히 환율제도가 변동환율제도로 전환됨으로써 통화정책의 명목기준지표로서 환율의 역할이 크게 약화된 현상황에서는 중간목표변수가 명목기준지표로서 수행하는 역할이 더욱 중요해질 수밖에 없기 때문이다.

넷째, 중간목표 설정은 장단기 최적정책들 사이에 존재하는 갈등, 즉 동태적 비일관성(time inconsistency problem) 혹은 신뢰성 문제(credibility problem)를 해결하는 데 크게 도움이 된다. 다시 말해 중간목표전략은 통화준칙에 근거하고 있기 때문에 통화당국의 재량권을 일부 제약함으로써 장기적으로 더 높은 인플레이션을 야기함에도 불구하고 단기적으로 생산을 증가시키고자 하는 유혹을 효과적으로 배제할 수 있다는 것이다.[5]

이러한 잠재적 유용성에도 불구하고 중간목표전략에 입각한 2계 통화정책 운용방식은 많은 문제점을 가지고 있다. 중간목표전략에서는 통화당국이 정책

---

[4] 통화정책은 장기적인 관점에서 볼 때 실질성장, 실질금리, 고용 등과 같은 실질변수에는 영향을 미칠 수 없고 단지 명목변수에만 영향을 미칠 수 있는 것으로 알려져 있다. 따라서 통화정책의 실제 운용에는 정책의사결정의 기준이 될 수 있는 어떤 명목지표(nominal magnitudes)가 필요하게 되는 것이다. 이러한 점에서 중간목표변수는 그것이 통화총량지표든 금리지표든 매우 유용한 명목기준지표로 사용될 수 있다.

[5] 장단기 최적정책의 갈등은 통화당국이 통화정책을 통하여 단기에 실질생산을 어느 정도 증가시킬 수 있다는 사실 때문에 일어난다. 통화당국은 실제 일반 경제주체의 예상보다 높은 인플레이션을 야기하는 확장정책을 통해서만 이러한 단기적인 실질생산의 증가를 달성할 수 있다. 그러나 문제는 통화당국이 이같이 인플레이션 충격을 통하여 실질생산 증대를 도모한다고 하더라도 시간이 지남에 따라 일반 경제주체는 이를 인식, 추후의 인플레이션 충격을 예상하게 되고, 예상되는 인플레이션은 더 이상 충격이 되지 않을 것이므로 장기적으로는 실질생산의 증가를 가져올 수 없다는 것이다. 이렇게 되면 단기적으로 최적으로 보이는 경기부양정책은 장기적으로는 실질생산 증가 없이 높은 인플레이션만 야기하는 결과를 가져오게 된다. 따라서 공표된 중간목표를 충실하게 추구하는 경우 적어도 이론적으로는 이러한 결과를 회피할 수 있을 것이다. Kydland and Prescott(1977) 참조.

수단을 통하여 운용목표를 조정하는 경우 최종목표가 아닌 중간목표를 달성하기에 적절한 방향으로 조정하기 때문에 중간목표전략은 기본적으로 준최적(suboptimal) 결과를 가져올 수밖에 없다.[6] 통화정책 입안과정에서 중간목표치 설정이라는 사전적 접근과 통화정책 집행과정에서 중간목표 달성이라는 사후적 접근 사이에는 갈등이 존재할 수 있기 때문이다. 통화정책 입안과 집행 사이에는 시차가 있기 때문에 시간이 경과함에 따라 경제에는 확률적 교란이 발생하고 이러한 교란은 거시경제적 최종목표를 달성하는 데 적절하다고 사전적으로 결정된 중간목표의 값을 변하게 한다. 확률적 교란의 작용으로 중간목표의 값이 변할 수 있음에도 불구하고 사전에 결정된 중간목표치 달성 그 자체가 마치 최종목표인 것처럼 중간목표 달성에 집착하게 되는 것이 바로 중간목표전략에 입각한 2계 운용방식의 근본적인 결점이라는 것이다.

더욱이 중간목표전략의 잠재적 유용성은 중간목표변수의 설정이 적절할 경우 기대할 수 있으나 최근 들어 금융자유화와 금융혁신의 진전으로 중간목표인 통화량과 실물경제 사이의 관계가 크게 불안정하게 되었다. 이러한 점에서 경직적인 중간목표 달성을 추구하는 정책은 최종목표 달성에는 별 도움이 되지 않으면서 오히려 금리의 변동성을 증폭시켜 금융시장의 안정을 저해하는 등 여러 가지 폐해를 불러올 가능성이 있다.

중간목표전략 하에서 엄격한 중간목표 달성을 고수하는 것은 장기적인 측면의 물가안정 달성에는 유리하다. 그러나 이러한 장기적 물가안정은 단기적 측면의 생산감소라는 희생을 대가로 가능하다. 지나치게 경직적인 통화량 중간목표 추구의 폐해는 많은 나라에서 역사적 경험에 의해 밝혀지고 있다. 주요국이 1970년대 중반 이후 통화량목표를 설정하고 공표하는 통화량목표제를 채택한 이래 1980년대 초반과 중반까지는 대부분의 국가에서 인플레이션의 전반적인 하락을 가져왔지만 그 대가로 일부 국가에서는 심각한 경기침체를

---

6) M. Friedman(1990)에 따르면 중간목표전략에서 통화당국은 최종목표와 관련하여 사전적으로 결정된 중간목표변수의 목표치는 일단 주어진 것으로 하고 정책수단을 동원하여 주어진 중간목표변수의 목표치를 달성하고자 하기 때문에 통화당국이 직접 통제할 수 없는 통화량과 같은 내생변수(endogenous variable)를 중간목표로 사용하는 중간목표전략은 효율적이지 못하다고 주장한다.

경험한 바 있다.

다. 통화량 중간목표전략의 공과와 향후 전망

1970년대 중반 이후 주요 선진국 중앙은행은 세계적인 인플레이션 현상을 수속할 목적으로 대개의 경우 통화량을 중간목표로 설정하고 이를 달성함으로써 간접적으로 최종목표를 의도된 방향으로 유도하는 중간목표전략에 기반을 둔 통화정책 운용방식을 채택하고 있었다. 이러한 통화량목표제(monetary targeting)는 각국의 통화당국으로 하여금 더욱 절제된 통화정책을 운용하게 함으로써 결과적으로 1980년대 초반에 이르러 인플레이션의 전반적인 하락을 가져오는 데 결정적인 역할을 하였다. 그러나 일부 국가에서는 심각한 경기침체를 야기하는 등 통화량 중간목표전략의 전반적인 성과는 그렇게 성공적이지 못한 것으로 평가되고 있다.

1980년대에 들어서는 금융자유화와 금융혁신이 급속히 진전되고 금융기법 또한 혁신적으로 발전하면서 통화량과 실물경제의 관계도 불안정해짐에 따라 통화량목표제의 유용성이 크게 저하되었다. 이에 따라 미국을 비롯한 주요국 중앙은행은 중심통화지표를 광의의 통화지표로 변경하거나 통화증가율 목표범위를 확대하고, 또 이러한 목표치를 상회하더라도 이를 허용하는 등 통화목표치 달성에 경직적으로 얽매이지 않는 모습을 보였다. 특히 미국·캐나다·영국에서의 통화량목표제는 인플레이션을 억제하는 데 성공적이지 못하였으며 오히려 경기침체를 초래하는 등 많은 부작용을 가져온 것으로 알려지고 있다.[7] 이러한 이유로 이들 국가는 1980년대 후반 이후 통화량을 중간목표로 하는 통화량목표제를 포기하고 통화량뿐만 아니라 장기금리, 신용총량, 환율, 명목소득 등의 다양한 정보변수를 관찰하여 통화정책의 최종목표를 의도한 방향으로 유도하는 정보변수전략에 기반을 둔 1계 통화정책 운용방식으로의 전환

---

7) 미국·캐나다·영국의 통화량목표제가 인플레이션 억제에 실패한 이유에 대해서는 첫째, 통화와 실물경제의 관계가 크게 불안정해졌으며, 둘째, 정책당국이 통화목표치 달성에 엄격하게 집착할 경우 정책실패가 초래될 가능성을 우려하여 통화목표치 달성에 철저하지 않았다는 견해가 있다. Mishkin(1999) 참조.

을 시도하게 되었다. 반면 1974년 이후 통화목표관리정책을 유지해 온 독일과 스위스는 인플레이션 억제에 대체로 성공적이었던 것으로 평가받고 있으며, 이러한 이유로 물가안정이라는 장기적 목표를 추구하는 경우 통화목표관리정책의 잠재적 유용성을 주창하는 견해가 여전히 존재하고 있다.[8]

그러나 이와 같이 대다수의 중앙은행이 엄격한 통화량목표 달성을 실질적으로 포기하기는 했지만 통화량 수준을 완전히 무시한 통화정책은 극히 위험할 수 있다는 경험적 증거도 제시되고 있다. 예를 들어 1980년대 후반의 인플레이션 가속화 문제는 바로 통화량의 과다증가를 무시한 결과로 분석되고 있다.[9] 즉 통화량의 역할은 여전히 중요하다는 것이다. 통화량지표는 그것이 어떠한 형태로 운영되든 통화정책 결정에 대한 명목기준지표를 제공한다는 점, 그리고 단기 및 중기 목표를 물가목표라는 장기목표와 연결시키는 고리를 제공한다는 점 등에서 대단히 유용한 역할을 하고 있다. 그러므로 중간목표전략의 잠재적 중요성이 특히 분명한 경우는 바로 물가안정이라는 장기적 목표를 추구하는 경우이다. 따라서 중간목표전략의 장래 역할은 물가안정이라는 장기적 목표를 우리가 얼마나 중요시하느냐에 달려 있다고 하겠다.

3. 정보변수전략

가. 정보변수전략의 의의

1980년대 중반 이후에는 세계적으로 물가불안에 대한 우려가 해소된 가운

---

8) 독일과 스위스는 지금까지도 기본적으로는 통화량목표제를 운용하고 있으나 실제 통화량이 목표범위를 상당기간 벗어나더라도 통화목표치에 경직적으로 집착하지 않고 인플레이션 목표 자체에 대하여도 융통성을 보이고 있다. 그럼에도 불구하고 인플레이션 억제에 성공적이었던 이유는 정책목표(인플레이션 억제)를 분명히 설정하고 통화정책방향을 일반국민에게 적극적으로 홍보함으로써 통화정책의 투명성과 중앙은행의 책임성을 높이는 데 크게 노력하였다는 점이다. Mishkin(1999) 참조.

9) Poole(1993)은 최근의 통화 유통속도의 변화는 통화와 물가 간의 전통적 함수관계가 붕괴된 증거라기보다는 통화목표 설정을 통한 중앙은행의 성공적인 통화정책 운용의 결과로 나타난 인플레이션 하락의 징후이며 통화증가율 목표범위의 공표는 통화정책에 대한 하나의 유용한 명목기준지표로서의 역할을 한다고 주장하고 있다.

데 금융자유화와 금융혁신의 진전 등으로 금융부문의 불안정성이 증대되고 통화와 실물경제 사이에 존재하던 안정적인 관계가 붕괴됨에 따라 경직적인 중간목표전략 추구에 대한 여러 가지 비판이 대두하면서 중간목표전략의 유용성에 대해 많은 의문이 제기되었다. 이에 따라 대부분의 선진국 중앙은행은 중간목표전략을 형식적으로만 유지하거나 사실상 폐기하기에 이르렀으며, 통화정책 운용방식 개편에 대한 논의가 활발하게 진행되었다.

일부 학자들과 정책 실무자들은 금융시장의 지속적인 변화로 통화와 실물경제의 관계가 불안정한 상황에서는 중간목표로 사전에 설정된 통화목표치 달성에만 집착할 것이 아니라 다양한 정보변수를 관찰하여 직접 통화정책의 최종목표를 바람직한 방향으로 유도하는 정보변수전략에 기반을 두고 통화정책을 운용할 것을 제시하였다.

〔그림 3〕 　　　　　　정보변수전략 통화정책 운용체계

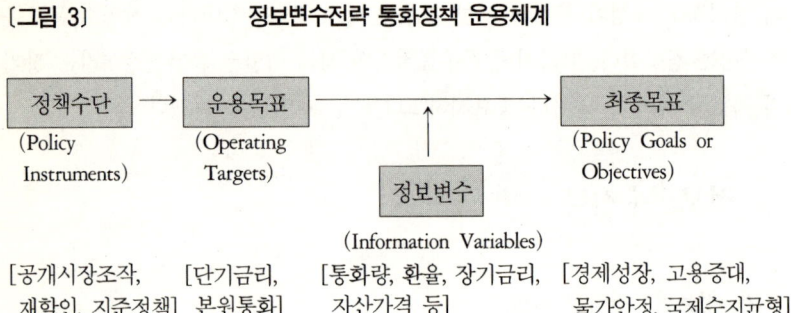

정보변수전략에 의한 통화정책 운용방식은 명시적인 중간목표를 설정하지 않고 최종목표와 긴밀한 관계를 가지고 있는 통화량, 신용량, 장기금리, 환율, 자산가격, 금리스프레드, 원자재가격지수 등 여러 가지 정보변수들을 관찰·분석하여 정책의 변화가 필요하다고 판단될 경우 정책수단을 조작하여 직접 최종목표를 바람직한 수준으로 달성하고자 하는 방식이다.

정보변수전략은 정보변수로 이용되는 내생변수에 내포된 정보를 활용하여 정책수단을 이 내생변수에 최적으로 연결시키는 일종의 피드백 준칙이다(M. Friedman 1993). 이러한 정보변수전략에서는 내생변수가 행태적으로 원인결과의 관계를 가지는가 하는 문제는 부차적인 것으로 간주된다. 예를 들면 통화량이 정보변수로 사용되는 경우 이 변수가 장래의 소득과 물가의 움직임에 인과적 영향을 미치느냐 여부는 그리 문제가 되지 않는다. 단지 통화량 관찰치가 소득과 물가 등의 장래 움직임을 예측하는 데 도움이 되는 정보를 제공할 수 있느냐가 더 중요하다.

정보변수전략에 기반을 둔 통화정책 운용방식에서 통화당국은 단지 어느 하나의 내생변수에만 제한하여 정책대응을 할 필요가 없이 이용 가능한 여러 변수를 정보변수로 사용할 수 있다는 장점이 있다. 그러나 이러한 정보변수전략은 정책수단과 최종목표 사이에 길고 변동적인 파급경로와 불확실성이 존재하기 때문에 정책의 효율성이 저하되는 약점을 피할 수 없다는 점과 통화당국의 재량권이 너무 커질 수 있다는 점 등의 문제점을 내포하고 있다.

그러나 지금까지 안정적인 것으로 알려진 통화와 실물경제활동의 관계가 붕괴되고 금융시장의 변화가 지속적 항상적으로 일어나고 있는 최근의 상황에서 중간목표전략과 같이 사전에 정해진 엄격한 준칙에만 의존하는 통화정책은 성공하기 어렵다. 이러한 점을 감안할 때 중간목표전략에 전적으로 의존하기보다는 여러 가지 정보변수를 종합적으로 관찰·분석하여 판단한 경제상황에 맞게 통화정책을 재량적으로 운용해 감이 바람직하다.

이러한 상황에서 통화당국이 가장 절실하게 필요로 하는 것은 정보, 즉 통화당국의 정책조치에 따른 효과는 물론 현 경제상황과 장래의 방향에 대한 정보인데, 계속적으로 변화하는 금융경제환경에서는 이러한 정보를 입수한다는 것이 전보다 훨씬 어려워지고 있다. M. Friedman(1993)은 이러한 상황에 대처하기 위해서는 앞으로 통화량과 같은 특정 금융변수만을 배타적(exclusive)으로 사용하여 통화정책을 운용할 것이 아니라 다양한 정보변수를 포괄적(inclusive)으로 활용하고, 동시에 한 변수가 제공하는 정보가 의미하는 바를 자주 재검토함으로써 그 정보를 집중적(intensive)으로 활용하는 정보변수전략을 잘 활용할 필요가 있다고 주장하고 있다.

최근 들어 뉴질랜드·영국 등 주요국의 통화당국이 채택하고 있는 물가안정목표제(inflation targeting)는 바로 정보변수전략에 기반을 두고 있다. 이는 중기적인 관점에서 적정한 물가안정목표를 설정하고 다양한 정보변수 관찰을 통하여 장래의 인플레이션 압력을 정확히 파악하고 통화정책의 파급시차 및 파급경로 등을 감안한 다음 각종 정책수단을 이용하여 별도의 중간목표 없이 직접 물가안정목표를 달성하고자 하는 통화정책 운용방식이다. 이 경우 통화정책은 1~2년에 걸친 중기 물가전망을 토대로 장래의 인플레이션을 대상으로 선제적(pre-emptive)으로 수행하는 것이 바람직하다.

물가안정목표제는 첫째, 통화정책의 명목기준지표(nominal anchor)를 제공하며, 둘째, 중앙은행의 목표와 견해를 분명하게 공시함으로써 통화정책의 투명성과 일관성을 높이고, 셋째, 통화정책을 수행하면서 통화당국의 규율(discipline)과 책임감을 고양하며, 마지막으로 예상하지 못한 비상 경제상황에 대응하여 신축적이고 재량적인 정책조치를 가능하게 하는 등 여러 가지 장점을 가지는 것으로 알려지고 있다.

〔그림 4〕 　　　　　　　　 **물가안정목표제의 운영체계**

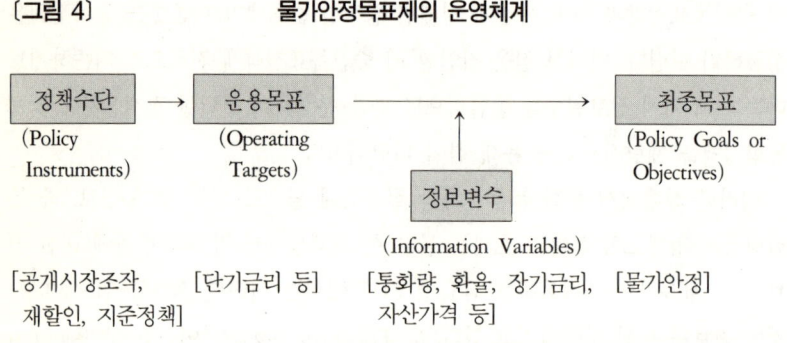

[공개시장조작,　　　[단기금리 등]　　[통화량, 환율, 장기금리,　[물가안정]
　재할인, 지준정책]　　　　　　　　　자산가격 등]

이와 같이 정보변수전략에 근거하고 있는 물가안정목표제는 통화당국으로 하여금 규율과 책임감을 요구하는 동시에 단기적인 측면에서 어느 정도의 재량을 허용하기 때문에 통화량 중간목표전략과는 달리 준칙(rule)보다는 '절제된 재량'(constrained discretion)에 기반을 두고 있다.[10]

---

10) 물가안정목표제에서 중간목표를 설정하는 경우도 있으나 이 경우 중간목표의 역할은 크게 감소된다. 경직적으로 중간목표달성을 엄격하게 고수하는 것은 물가안정목표제와 상충되며 이 경우 물가안정목표가 중간목표에 우선하기 때문이다(Mishkin 1997).

나. 정보변수의 개념과 종류

어떤 정책조치가 취해질 때는 그 정책의 방향과 강도를 알 수 있어야 한다. 다시 말해 한편으로 정책입안자는 그 정책이 경제에 어떠한 영향을 얼마나 미치는가를 스스로 판단할 수 있어야만 하고, 다른 한편으로 일반 경제주체는 정책입안자들이 무엇을 의도하는가를 알아야 할 필요가 있다. 이러한 역할을 수행하는 것이 바로 정보변수이다.

정보변수는 일반적으로 최종목표의 장래 움직임에 대하여 유용한 정보를 가지고 있는 변수로서 최종목표에 대하여 상관관계와 선행성을 가지고 있는 지표를 말한다. 정보변수에는 두 가지 유형이 있다. 그 하나는 통화정책의 기조를 나타내는 지표이다. 이들은 통화당국의 정책이 과거 혹은 현재에 긴축적인가 확장적인가, 아니면 중립적인가 여부를 정책입안자와 일반 경제주체에게 알려준다. 다른 하나는 경제의 상태를 나타내는 지표이다. 이들은 경제의 현재 및 장래 상태를 말해 줌으로써 정책의 변화가 필요한지 아니한지를 판단하는 정보원으로 사용될 수 있다. 물론 통화당국이 정책을 변경할 때에는 어느 한 종류의 지표에만 의존하는 것은 아니고 정책기조와 경제상태를 나타내는 지표 모두를 근거로 하여 정책변경 여부를 결정한다.

정보변수는 1960년대 초반까지는 통화긴축 혹은 완화와 같은 통화정책의 기조를 나타내는 개념으로 주로 사용되었다(Brunner and Meltzer 1967). 그러나 최근의 문헌에서는 정보변수라고 할 경우 정책기조보다는 현재 및 장래의 경제상태를 반영하는 개념으로 많이 사용되고 있다(McCallum 1989, Davis 1990, M. Friedman 1993). 물론 하나의 금융변수가 통화정책의 기조와 경제상태를 동시에 반영하는 경우도 있을 수 있다. 예를 들면 원자재가격지수가 상승하거나 수익률곡선의 기울기가 가파르게 되는 경우는 장래에 인플레이션이 예상된다는 경제상태를 반영하는 동시에 지금까지 통화완화정책이 지속되어 왔다는 통화정책의 기조를 반영한다.

이와 같은 의미의 정보변수를 논의하는 데에 훌륭한 지표적 특성을 보유한 변수가 정보변수로 사용되면서 동시에 중간목표변수로도 활용될 수 있는가 하는 의문이 제기된다. Goodhart의 법칙11)에도 불구하고 일반적으로 금융총량변수(financial aggregates)의 경우에는 이들이 중간목표와 정보변수로 동시에 사용되더라도 커다란 문제는 없는 것으로 알려지고 있다. 그러나 원자재가격지수, 금리, 환율과 같은 시장지표변수(market measures)의 경우에는 분명히 문제가 발생할 소지가 있다. 특정 시장지표변수가 당국의 정책결정에 이용된다는 것이 시장에 일단 알려지면 그 변수의 행태는 틀림없이 변하기 때문이다. 이러한 이유로 원자재가격지수, 금리, 환율 등의 시장지표변수의 활용을 적극 주장하는 이들은 이들 변수들을 중간목표나 정보변수의 한 가지 목적에만 사용할 것을 제시하고 있다. 예를 들어 원자재가격지수와 수익률곡선은 중간지표변수로 사용하는 것이 좋으며, 금리와 환율은 중간지표변수, 중간목표변수 혹은 운용목표변수 가운데 하나로만 사용해야지 이를 정보변수와 중간목표변수로 동시에 사용하는 것은 바람직하지 않다는 것이다.

어떤 변수가 정보변수로 사용될 수 있기 위해서는 대체로 다음과 같은 두 가지 기본조건을 충족하여야 한다. 첫째, 최종목표와 긴밀하고 안정된 관계를 가져야 하며, 둘째, 정책입안자가 현재 또는 장래에 예상되는 진전상황에 대응할 수 있도록 조기에 필요한 정보를 제공할 수 있어야 한다.

이러한 정보변수로는 통화총량, 신용총량, 장기금리, 원자재가격지수(commodity price index), 장단기금리차(spread) 및 수익률곡선(yield curve), 자산가격, 그리고 환율 등이 있다. 이 가운데에서 특히 장단기금리차와 수익률곡선, 원자재가격지수, 자산가격, 그리고 환율은 중간목표로서보다는 통화정책 운용목표의 설정을 유도하는 정보변수로 활용하는 것이 더 바람직한 것으로 알려지고 있다(Laurent 1989, Davis 1990).

---

11) Goodhart(1984)는 통화총량과 같은 금융변수가 양호한 지표적 특성을 보유하고 있다는 이유로 일단 중간목표로 사용되기 시작하면 통화당국이 목표변수로 사용한다는 바로 그 사실 자체 때문에 이러한 특성이 변한다고 주장한 바 있다.

4. 금융환경 변화와 통화정책 운용전략의 변화

1970년대 중반 이후 주요국의 중앙은행은 물가안정을 최우선목표로 삼고 이를 달성하기 위하여 통화량 중간목표전략을 기본전략으로 추구하여 왔다. 이러한 통화량목표제는 다소 부정적 효과도 없지 않았으나 인플레이션 진정에 크게 기여한 것으로 평가받고 있다. 그러나 1980년대에 들어 금융자유화와 금융혁신의 진전 등으로 통화의 정의가 모호해지고 통화량과 실물경제활동의 관계가 불안정해지기 시작하였다. 금융자유화와 금융혁신이 진전되는 과정에서 다양한 금융자산의 등장과 함께 거래목적의 통화잔고를 보유하는 여러 가지 새로운 방법이 도입되면서 전통적인 통화의 개념과 구분이 불분명해졌던 것이다. 이와 함께 자본시장개방과 외환자유화에 따라 자본이동성이 높아진 것도 통화총량의 의미를 모호하게 하는 데 큰 역할을 하였다.

이와 같이 통화량과 실물경제활동의 관계가 불안정해지면서 엄격한 중간목표전략에 기반을 둔 통화정책 운용방식은 그 유효성이 크게 저하되었다. 이에 대처하기 위하여 각국의 중앙은행은 통화정책 운용목표 및 중간목표변수의 변경, 통화량 중간목표전략의 수정, 나아가 정보변수전략의 도입 등을 포함한 전반적인 통화정책 운용전략 개편에 대한 논의를 활발하게 진행하여 왔다.

이러한 금융환경 변화에 대처하여 주요국 중앙은행의 통화정책 운용전략에는 대체로 두 가지의 큰 변화가 나타나고 있다. 하나는 통화정책 운용의 전술적 측면에서 운용목표를 금리지표로 변경함과 동시에 금리중시 통화정책을 추구하게 되었다는 것이고, 또 하나는 전략적 측면에서 일부 국가를 제외하고 대다수의 국가에서 기존의 경직적인 통화량 중간목표전략을 포기하고 정보변수전략을 활용하게 되었다는 점이다.

(1) 전술적 측면 : 금리 중시

인플레이션 억제가 최대의 현안과제였던 시기에는 대부분 국가의 중앙은행은 통화정책의 운용목표 및 중간목표로 은행지준이나 통화량과 같은 양적 지표를 상대적으로 더 중시하였다. 이러한 양적 변수 중시정책은 인플레이션 억제에도 효과가 있었지만 특히 금리상승을 반대하는 정치·사회적 압력으로부터 중앙은행을 보호하는 방책으로 활용되기도 하였다.

그러나 1980년대에 들어 세계적으로 인플레이션에 대한 우려가 상당부분 해소된 가운데 금융자유화와 국제화의 진전으로 금융시장이 급속히 발전하게 되었다. 이러한 과정에서 통화량과 실물경제활동의 관계가 불안정해지고, 대신 통화정책의 파급경로에서 금리의 중요도가 높아지게 되었다. 이와 함께 금리는 환율이나 기대인플레이션 등의 기대변수로부터 민감하게 영향을 받게 됨으로써 그 변동폭이 커지는 경향을 보이게 되었다. 이러한 상황에서 엄격한 통화량 중간목표 달성은 인플레이션 억제에는 별 효과가 없으면서 금리의 변동성을 높여 오히려 금융시장의 안정을 해치는 결과를 초래하기도 하였다.

이에 대응하여 통화당국은 인플레이션 이외의 여타 요소들, 특히 금리의 변동성을 완화시킬 필요성이 커지게 되었으며, 이에 따라 대부분 국가의 중앙은행은 금리지표를 운용목표로 채택하게 되었다. 중앙은행은 금리 운용목표의 공시를 통하여 정책의도를 투명하게 시장에 전달함으로써 시장참가자의 기대형성에 영향을 주어 금리변동성을 가급적 줄이고자 노력하였으며, 시장참가자들도 중앙은행의 정책의도를 명확하게 파악하는 것이 기회비용을 줄이는 데 유리하다는 인식이 확산되었다.

미 연준의 경우 1970년부터 1979년 9월까지는 단기금리인 페더럴펀드 금리를 운용목표로 설정하여 이를 조절함으로써 중간목표인 통화총량(M1)의 목표치를 달성하려는 방향으로 통화정책을 운용하였다. 1970년대 후반 인플레이션 압력이 가중되면서 통화량 목표를 더욱 엄격히 관리해야 할 필요성이 커지면서 1979년 10월 연준은 통화정책의 운용목표를 페더럴펀드 금리로부터 비차입지준(nonborrowed reserves)으로 전환하였다. 비차입지준을 운용목표로 채택하는 경우 페더럴펀드 금리는 커다란 변동성을 보이는 반면 지준과 통화총량의 움직임은 상당히 안정적인 것으로 나타났다. 비차입지준을 운용목표로 채택한 기간 동안에는 엄격한 통화관리로 인플레이션은 크게 낮아졌지만 심각한 경기침체와 함께 금리는 급격한 변동성을 보였다. 1980년대에 들어와서는 인플레이션이 진정되는 가운데 비차입지준 운용목표, 통화량 중간목표 방식이 단기금리의 급격한 상승과 이로 인한 경기침체를 초래하였다는 반성이 제기되었다. 이와 함께 금융혁신과 금융자유화로 금융자산 간의 대체성이 높아져 엄격한 통화량목표제의 유효성이 크게 저하됨에 따라 연준은 1982년 10월 중간목표도 종래의 M1에서 M2로 전환하고 운용목표를 비차입지준에서 차입지준으로 변경한 후 오늘날까지 계속하고 있다. 차입지준을 운용목표로 채택하는 경우 페더럴펀드 금리는 다소 안정적인 움직임을 보이는 반면 지준과 통화총량은 심한 변동을 보이는 것으로 나타났다. 이러한 점에서 차입지준을 운용목표로 사용하는 것은 사실상 페더럴펀드 금리를 운용목표로 사용하는 것과 아주 유사한 것으로 알려지고 있다.

독일·영국·캐나다의 경우는 은행간 금리나 단기금융시장 금리를 안정시키기 위하여 단기금융시장에 적극적으로 개입하고 있지만 일반적으로 만기가 비교적 긴 단기금융시장 금리에도 영향을 미치려고 노력하고 있다. 독일은 1~2개월 만기의 환매채(RP)금리를, 영국은 경우에 따라서는 3개월 만기 은행 대출금리를, 그리고 캐나다에서는 3개월물 재정증권 발행금리를 운용목표로 사용하여 오다가 최근에는 일일물 금리를 운용목표로 채택하고 있다. 한편 일본의 경우 일본은행은 1960년대 이후 고도성장기부터 지금에 이르기까지 은행간시장 금리를 운용목표로 사용해 오고 있다. 스위스의 경우는 1980년대 이후 은행지준을 운용목표로 채택하였으나 지준을 신축적으로 운용하여 금리의 바람직하지 않은 급격한 변동을 완화할 목적으로 지준목표수준을 공표하지 않았다. 일상적인 통화정책 수행에서는 주로 은행간금리의 변동을 완화하고자 노력하여 왔는데, 금리수준에 대한 목표치도 설정하지 않았으며 금리를 정책기조를 알리기 위한 수단으로도 이용하지 않는 등 다소 투명성이 결여된 정책수행을 지속해 왔으나 1980년대 후반에 금융시장에 큰 교란이 일어나는 상황에서는 일시적으로 이러한 투명성 없는 정책수행을 포기하고 금리목표치를 공시하는 경우도 자주 발생하였다.

위에서 살펴본 바와 같이 단기금리를 통화정책의 운용목표로 활용하고 중간목표로는 통화총량을 채택하는 통화정책 운용체계에서는 운용목표인 금리를 비교적 안정적으로 유지하고자 하면 중간목표인 통화량의 변동성이 커지는 반면 통화량 중간목표를 엄격하게 달성하려고 하면 금리의 변동성이 확대될 수밖에 없다. 가급적 금리의 움직임을 안정적으로 유지하려고 하는 경우에는 어느 정도의 통화량 중간목표의 변동성을 허용하는 것이 불가피하다.

이와 같이 1980년대 초반 이후 대다수의 주요국 중앙은행들은 금융시장의 변화를 반영하여 금리를 통화정책의 운용목표로 설정하고 그때 그때의 금융 및 통화상황에 대한 판단에 따라 단기금리 수준을 미조정하는 방식으로 통화정책을 운용하게 되었는데 이것이 바로 금리안정을 더 중시하는 금리중시 통화정책이다.[12]

주요 선진국에서 이러한 금리중시 통화정책을 본격적으로 운용하게 되면서 통화정책 운용전략에는 두 가지 중요한 변화가 나타나게 되었다. 하나는 중앙은행이 통화정책을 수행하는 과정에서 금융 및 통화상황에 관한 재량적 판단에 의존하는 경향이 점점 커지게 되었다는 점이고, 또 하나는 통화량 중간목표의 변동성을 허용하기 위하여 통화증가율 목표범위를 확대하고 이러한 목표범위를 웃도는 경우에도 이를 묵인하고 또 통화증가율 목표를 1~2년에 걸친 중기로 늘려 잡는 등 통화목표를 느슨하게 관리할 수밖에 없게 되었다는 점이다. 이를 반영하여 통화정책 운용전략에서 준칙(rule)에 그 이론적 근거를 두고 있는 '통화량중시 통화정책'이 점점 빛을 잃어 가는 반면 금융 및 경제상황에 맞게 금리 운용목표를 수시로 변경하는 재량적 판단에 의존하는 '금리중시 통화정책'이 그 자리를 차지하게 되었다. 이러한 흐름은 독일과 스위스 등 일부 국가를 제외한 대부분 국가의 중앙은행이 수용하고 있다.

---

12) 중간목표를 설정하는 중간목표전략이건 중간목표를 명시적으로 설정하지 않는 정보변수전략이건 간에 단기금리를 운용목표로 설정하고 이를 금융경제상황에 대한 판단에 맞게 조절함으로써 통화량보다는 금리의 안정을 더 중시하는 운용방식이 바로 금리중시 통화정책이다. 일부에서는 '금리중시 통화정책'을 금리를 통화정책의 중간목표로 하는 통화정책 운용방식으로 인식하고 있는 경우가 있다. 미국의 경우 한때 중간목표로 통화량 대신 실질금리를 고려해 봄직하다는 견해가 있었으며 우리나라도 과거 통화총량과 금리 가운데 어느 것을 중간목표변수로 선택하는 것이 바람직한가에 대한 논의가 한때 있었다. Poole(1970)의 연구결과에서 보듯이 이론적으로는 통화량과 금리 모두 통화정책의 중간목표로 이용될 수 있으나 실제로 금리를 통화정책의 중간목표로 활용하는 데는 여러 가지 현실적 제약이 많다. 이러한 이유로 실제로 통화정책의 중간목표로 금리를 채택한 나라는 없다.

(2) 전략적 측면 : 정보변수전략

금융자유화와 금융혁신의 진전으로 통화량과 실물경제의 안정적인 관계가 붕괴되고 금리를 운용목표로 하는 금리중시 통화운용방식을 채택하게 됨에 따라 오늘날 대다수 국가의 중앙은행은 통화량 중간목표전략에 기반을 둔 2계 통화정책 운용방식에서 벗어나고 있다. 대신에 실물·금융 관련 다양한 정보변수를 관찰·분석한 후 재량적인 판단을 가미하여 정책의 변화가 필요하다고 판단될 경우 정책수단을 조작하여 운용목표를 조절함으로써 직접 최종목표를 바람직한 수준으로 달성하는 1계 운용방식인 정보변수전략을 채택하고 있다.

대다수 국가의 중앙은행은 금리를 운용목표로 하는 금리중시 통화정책을 운용하는 과정에서 처음에는 통화량 중간목표를 명시적으로 설정하더라도 목표범위를 확대하고 이를 준수하지 못하더라도 묵인하고, 혹은 1~2년에 걸친 중기목표를 설정하는 등 통화량 중간목표를 느슨하게 관리해 오다가 결국에는 통화량 중간목표를 명시적으로 설정하지 않음으로써 통화량 중간목표전략을 포기하기에 이르렀다. 지금까지 통화량을 중시해 온 독일과 스위스의 경우도 통화량 중간목표를 계속 설정하여 통화정책의 명목기준지표(nominal anchor)로 유용하게 활용하되 지나치게 엄격하고 경직적인 중간목표전략 추구에서 탈피하고 있다. 중간목표로 사용되는 통화총량지표를 광의의 통화지표로 변경하고 통화증가율 목표범위도 확대하였으며, 비록 목표범위를 이탈하더라도 단기적으로 이를 허용하고 또 이를 1~2년에 걸친 중기로 늘려 잡는 경향을 보이고 있다.

이와 같이 오늘날 대다수 국가의 중앙은행은 단기금리를 운용목표로 설정하고 명시적인 중간목표 없이 다양한 정보변수를 활용하여 직접 통화정책의 최종목표를 달성하고자 하는 정보변수전략을 채택하게 되었으며, 정보변수전략에 따른 통화정책을 운용하는 과정에서 통화당국은 그때 그때의 통화상황에 맞게 운용목표를 조절함에 따라 점점 재량적인 판단에 의존하는 경향이 커지게 되었다.

명시적인 중간목표가 설정·공표되지 않는 상황에서 이같이 재량적인 정책에 의존하는 경우 통화정책의 동태적 비일관성 문제가 제기된다. 따라서 이러한 문제를 해결하고 통화정책의 투명성과 신뢰성을 확보하기 위해서는 어느 정도 재량이 불가피하나 지나친 재량은 통화정책이 추구하는 명확한 목적 (objective)에 따라 제약되어야 한다는 인식이 확산되고 있다. 다시 말해 오늘날과 같이 금융시장이 지속적으로 변화하는 상황에서는 통화정책 수행시 엄격한 준칙보다는 재량이 필요하나 그것은 '절제된 재량'(constrained discretion) 이어야 한다는 것이다.13)

이러한 맥락에서 1990년대에 들어서는 물가안정이 통화정책의 최우선목표 라는 인식이 확산되면서 뉴질랜드·캐나다·영국 등 일부 소규모 개방경제를 중심으로 명시적인 중간목표 설정 없이 인플레이션 목표를 설정하고 각종 정책수단을 활용하여 운용목표인 금리를 조절함으로써 이를 직접 달성하도록 하는 물가안정목표제(inflation targeting)가 도입되었다. 물가안정목표제는 뉴질랜드가 1990년 처음 도입한 이후 캐나다(1991), 영국(1992) 등 소규모 개방경제를 중심으로 확산되어 현재는 스웨덴·핀란드·오스트레일리아·스페인·이스라엘·칠레 등 10여 개국이 채택하고 있다. 이를 도입하게 된 배경은 나라마다 다소 차이가 있는데, 뉴질랜드·캐나다·오스트레일리아·스페인 등은 통화량목표제의 유용성 저하에 대한 대안으로, 영국·스웨덴·핀란드 등은 유럽 환율조정메커니즘(Exchange Rate Mechanism) 위기 이후 변동환율제로의 이행을 계기로 각각 도입하였다.

물가안정목표제는 별도의 중간목표를 설정하지 않기 때문에 통화정책수단 과 인플레이션 사이의 시차가 길고 이에 따라 인플레이션 목표가 단기정책방향에 관한 신호를 제공하지 못한다는 문제점이 있을 수 있다. 그러나 최종목표인 인플레이션 목표치의 공시를 통하여 중앙은행의 정책의도를 금융시장과 일반에게 알림으로써 금융시장의 불확실성과 불안정성을 줄이는 데 크게 기여

---

13) 현실에는 재량적 요소가 전혀 포함되지 않는 순수준칙이나 준칙적 요소가 전혀 없는 완전재량 이란 존재할 수 없다. 따라서 실제 정책을 수립하고 집행하는 데서는 순수준칙과 완전재량 가운데 하나를 대립적으로 선택하는 것이 아니라 그 중간의 어떤 것을 선택할 수밖에 없다. Bernanke and Mishikin(1997)에 따르면 물가안정목표제가 바로 이러한 중도적인 방법, 즉 절제된 재량(constrained discretion)에 해당된다고 주장한다. 이들에 의하면 이러한 절제된 재량은 완전 재량보다는 순수준칙에 더 가까운 것으로 보고 있으며, 중앙은행은 명시적으로 공표된 인플레이션 목표치에 제약(준칙)을 받으면서 이자율을 조절(재량)하는 것이 바람직하다는 것이다.

한다. 이러한 점에서 물가안정목표제는 통화정책의 투명성(transparency), 탄력성(flexibility), 신뢰성(credibility), 그리고 책임성(accountability)을 높이고 정치적 압력의 여지를 줄이는 동시에 동태적 비일관성 문제를 해소할 수 있다는 장점이 있는 것으로 평가되고 있다.

최근 들어 이러한 통화정책운용 전략은 금리를 운용목표로 설정하여 금융·경제상황에 대한 판단에 근거하여 금리를 재량적 신축적으로 조절하는 동시에 명시적인 인플레이션 목표치를 공시하는 '일종의 준칙'(rule-like)을 도입하여 중앙은행으로 하여금 '절제된 재량'을 요구함으로써 통화정책의 투명성, 신축성, 신뢰성, 책임성을 확보할 수 있는 전략으로 평가받고 있다.

독일과 스위스는 1970년대 중반 이후 물가안정중시 통화정책을 수행해 왔는데, 이들 국가는 통화증가율을 중간목표로 설정하는 대신 물가안정목표를 명시적으로 공시하지 않고 있다는 점에서 순수한 물가안정목표제와는 다소 상이한 체제를 가지고 있다. 특히 독일 연방은행은 지금까지도 통화정책의 규율과 투명성을 확보하는 방법으로서 통화량 중간목표제를 더 우월한 전략으로 간주하고 있다.

한편 최근 들어 미국의 경우 환율, 통화량, 인플레이션과 같은 변수를 통화정책의 목표변수로 명시적으로 설정하지 않고 있으나 미 연준이 장기적인 관점에서 인플레이션 억제에 지속적으로 노력하고 있다는 점에서 인플레이션을 묵시적 정책목표로 볼 수 있다는 견해가 있다. 그러나 미국의 통화정책 운용체계는 통화정책의 목표변수를 명시적으로 설정하지 않기 때문에 정책의 투명성 부족, 중앙은행의 책임 불명확, 통화정책 장기목표 부재, 개인적 특성에 의존하는 비민주적 정책결정방식 등의 문제점을 내포하고 있어 정책의 동태적 비일관성 문제를 야기할 가능성이 있다는 지적이 있다. Mishkin(1999)은 이러한 점에서 현시점이 미국 연준이 물가안정목표제로 이행할 최적기라고 주장하고 있으며 또 다른 학자들은[14] 명목GDP증가율목표제(nominal GDP targeting)를 도입함으로써 중앙은행에 규율을 부가하여 과도한 재량을 절제할 필요

---

14) Hall and Mankiw(1994) 참조.

가 있다고 주장하고 있다.[15]

Ⅲ. 주요국의 통화정책 운용방식

1. 개 관

역사적으로 보면 중앙은행은 통화정책의 최종목표로서 물가안정뿐만 아니라 고용증대, 경제성장과 환율, 금리 및 금융시장의 안정에도 많은 관심을 기울여 왔는데, 이들 목표간 상대적 중요성은 그 나라의 금융경제 여건과 역사적 경험에 따라 달라져 왔다. 중앙은행법뿐만 아니라 통화정책 운용에 관한 각종 보고서 및 학자들의 연구를 토대로 5개 중앙은행(미국, 일본, 영국, 캐나다, EMU)이 통화정책의 최우선목표를 어디에 두고 있는지를 살펴보면 대체로 다음과 같다.

먼저 미국은 물가안정 및 고용안정을 함께 고려하는 복수목표제를 채택하고 있다. 나머지 4개 중앙은행은 통화정책의 최우선목표를 물가안정에 두고 있는데, 이들 외의 많은 국가에서도 이제 보편적으로 물가안정이 통화정책의 최우선목표로 되어 있다. 이처럼 오늘날 많은 국가에서 통화정책의 최종목표로 물가안정이 중시되고 있는 것은 인플레이션과 생산 사이에 장기적으로 상충관계가 존재하지 않는다는 합의(consensus)가 이루어진 데다 高인플레이션은 低인플레이션에 비해 생산 및 고용의 변동성을 증폭시켰다는 지난 30여 년 동안의 경험에서 비롯된 것으로 보인다.

중간목표는 최종목표와의 관계가 긴밀하고 안정적인 동시에 중앙은행이 상당한 정도로 통제할 수 있다고 생각하여 일정 기간에 걸쳐 관리하는 목표변수

---

15) 명목GDP증가율목표제는 물가안정목표제의 한 대안이지만 일반적으로 명목GDP증가율목표제에 비해 물가안정목표제가 더 선호되고 있다. 이에 대한 자세한 논의는 Mishkin(1997) 참조.

이다. 즉 중앙은행이 중간목표를 설정하는 것은 정책수단의 조절을 통하여 일차적으로 중간목표를 관리함으로써 궁극적으로는 통화정책의 최종목표를 효과적으로 달성할 수 있다고 보기 때문이다.

중간목표변수는 금융경제 여건의 변화와 중앙은행의 통화정책 파급경로에 대한 견해에 따라 변경되어 왔다. 이들 5개 중앙은행은 세계경제의 장기간 호황으로 실물경제가 비교적 안정되었던 1960년대에는 금리지표를, 높은 인플레이션 수속이 현안으로 대두된 1970년대에는 통화총량지표를 중간목표로 관리하였다. 그러다 이들 중앙은행은 1980년대 이후에는 통화총량을 중간목표로 엄격히 관리하기보다는 정보변수로 활용하는 경향을 보이고 있다. 물가안정목표제(inflation targeting)를 채택하고 있는 영국 및 캐나다는 중간목표 대신 명시적인 인플레이션 목표를 설정하고 있다. 또한 통화량 증가율 목표를 공표하고 있는 미국 및 일본도 실제로는 통화총량을 중간목표로보다는 정보변수의 하나로 활용하고 있다. 한편 명시적으로 통화총량 관리를 중시하고 있는 유럽통화동맹(EMU)도 통화총량을 중간목표로 경직적으로 운영하기보다는 경제상황에 따라 신축적으로 운용한다는 입장을 취하고 있다. 이처럼 1980년대 이후 중간목표를 설정하지 않거나 설정하더라도 이를 엄격히 관리하지 않는 것은 세계적으로 물가불안에 대한 우려가 어느 정도 해소된 데다가 금융자유화 및 금융혁신으로 중간목표와 최종목표의 관계가 불안정해지고 중앙은행의 통화총량 조절능력이 약화된 데 주로 기인한 것으로 보인다. 또한 경제의 불확실성이 증대됨에 따라 중간목표전략으로는 내외충격에 대응한 탄력적인 정책운용이 어려워진 것도 중간목표전략의 퇴조를 가져오게 한 주된 요인이 된다.

이와 함께 금융자산간 불규칙적인 자금이동으로 통화지표가 왜곡됨에 따라 중심통화지표도 광의의 지표로 변경되는 추세에 있다. 미국은 1982년 10월 중심통화지표를 M1에서 M2 및 M3로 변경하였고, 일본은 1978년부터 M2＋CD를 중심통화지표로 하고 있으나 1992년부터 광의의 유동성지표를 보조지표로 함께 활용하고 있으며 EMU도 M3를 중심통화지표로 운용하고 있다.

중앙은행은 정책수단의 변경을 통하여 최종목표를 달성하고자 하는데 최종목표나 중간목표를 직접 통제하기 어려운 경우가 많으며, 정책집행과 정책효과간 시차가 나타날 수 있다. 이에 따라 중앙은행은 정책수단의 조작을 통해 용이하게 통제할 수 있는 전술적 목표인 운용목표를 두고 이를 정책방향에 따라 조절하려 한다. 운용목표로는 중간목표 또는 최종목표와 연관성이 높은 총량변수(지급준비금) 또는 가격변수(단기금리)가 이용되는데, 이들 5개 중앙은행뿐만 아니라 대다수 국가에서 가격변수인 단기금리를 운용목표로 하고 있다. 이처럼 금리를 운용목표로 채택하고 있는 것은 금융자유화 이후 통화정책의 파급경로에서 금리의 역할이 더 중요하게 된 데다, 통화총량 조절 위주의 통화정책 운용은 금리의 변동성을 높여 금융시장의 불안정성을 초래하는 폐단이 있기 때문인 것으로 풀이된다.

한편 금리 가운데에서도 영국을 제외하고는 모두 초단기금리(일일물 콜금리)를 운용목표로 채택하고 있는데, 이는 이 금리가 중앙은행이 가장 효과적으로 통제할 수 있는 지준시장에서 결정되기 때문이다. 이와는 달리 영국에서는 30~90일 만기의 단기금리를 운용목표로 채택하고 있는데, 이는 초단기금리보다 단기금리가 경제활동과의 연관성이 높다는 생각에서 비롯된 것이다. 이 경우 중앙은행은 운용목표 달성이 저해되지 않는 범위 안에서 초단기금리의 변동성 증대를 어느 정도 용인하겠다는 입장인 것이다.

운용목표의 선택은 그 나라의 단기금융시장 구조 및 운용상의 차이를 반영하여 결정되기도 하나 한편으로는 중앙은행이 어느 특정금리를 운용목표로 선택하게 되면 그 금리가 시장에서 중요한 기준금리로 취급되기도 한다. 예를 들어 미국의 경우 은행들의 일일물 자금에 대한 차입의존도가 매우 높다는 점과 페더럴펀드 금리가 대출금리 결정 기준이 된다는 점을 감안하여 운용목표로 일일물 페더럴펀드 금리를 선택하고 있다. 또한 캐나다에서도 은행의 우대금리는 중앙은행의 운용목표 금리와 밀접하게 연관되어 왔는데, 캐나다 중앙은행이 일일물 금리를 운용목표로 선정한 이후 최근 수년간에는 은행우대금리가 단기재정증권보다는 일일물 금리와 연관성이 더욱 높아지는 추세를 보이고 있다.

이들 국가에서는 통화정책지표로서 금리의 중요성이 커지면서 공개시장조작이 통화정책의 주된 수단으로 자리잡고 있다. 공개시장조작은 일일 유동성

조절수단인 환매(RP)거래와 기조적인 유동성 조절시 활용되는 단순매매를 통해 이루어지는데, RP거래가 주로 이용되고 있다. 이처럼 RP거래가 활발해진 것[16]은 의무지준예치제도의 폐지 또는 필요지준(reserve requirements)의 축소로 일일물 콜금리의 변동성이 증대[17]됨에 따라 중앙은행의 적극적인 일일 유동성 조절이 매우 중요해진 데 주로 기인한 것이다.

반면 유동성 조절 및 성장통화 공급을 목적으로 하는 전통적 의미의 재할인제도의 역할은 크게 퇴조하고 있다. 이에 따라 중앙은행 대출은 최종대부자로서의 역할 및 금리시그널링[18]과 관련된 대기성 여신(standing facilities)[19]을 중심으로 주로 운용되고 있는 실정이다.

한편 지급준비제도는 통화정책의 기조를 변화시킬 때 주로 이용되어 왔으나 최근에는 의무지준제도가 폐지[20]되거나 필요지준의 규모가 점차 축소됨에 따라 통화정책수단으로서의 역할이 크게 저하되고 있다. 지준적립방식은 초단기금리의 변동성 완화를 위해 대체로 이연적립방식[21]이 채택되고 있다.

---

16) 이 밖에 중앙은행이 RP거래를 선호하는 것은 (1) 대상증권의 유통시장이 충분히 발달되지 않아도 되며, (2) 대상증권의 유통시장 발달을 촉진시킬 수 있으며, (3) 대상증권 가격에는 직접적인 영향을 주지 않고서도 유동성 조절이 가능하고, (4) RP거래의 만기를 채권의 잔여만기에 구애받지 않고 동 만기 이내에서 임의로 결정할 수 있기 때문이다.
17) 은행의 지준자금은 금리완충 기능을 지니고 있는데 이는 은행이 지준자금을 이용하여 활발하게 금리재정거래를 하게 되면 금리의 변동성을 완화시킬 수 있기 때문이다.
18) 예를 들어 EMU의 경우 참가국 중앙은행이 자국내 금융기관의 예상치 못한 유동성 과부족을 조절하는 수단으로 초단기(일일물) 여수신제도를 운영하고 있는데, 무제한의 차입 및 예치가 가능하므로 동 여수신금리는 일일물 콜금리의 상하한을 결정하는 역할을 수행하고 있다.
19) 대기성 여신은 (1) 통상 당일마감 임박시의 시장불균형에 대비한 안전판, (2) 초단기금리의 상하한 제시를 위한 시그널링, (3) 특수상황하에서 실세금리보다 낮은 금리로 제공하는 유동성 공급 등의 목적으로 활용되고 있다.
20) 영국과 캐나다는 금융혁신 진전으로 지준제도가 유동성 조절수단으로서 실효성이 저하된 것으로 판단하여 각각 1981년 및 1992년에 지준제도를 폐지하였다.
21) 지준적립기간이 지준계산기간보다 후행하지 않을 경우에는 중앙은행과 은행들이 지준적립기간 초에 필요지준 규모를 정확히 파악하기 어려워 은행이 적극적인 금리재정거래를 하기가 어려워지고 중앙은행도 이에 탄력적으로 대처하기 어렵다.

2. 주요국별 통화정책 운용방식

가. 미 국

(1) 최종목표

미국의 경우 통화정책의 목표가 《연방준비은행법》에는 고용 극대화, 통화가치 안정 및 장기금리 안정으로, 그리고 1978년에 제정된 《완전고용 및 균형성장법》(일명 Humphrey-Hawkins법)에는 물가안정 및 완전고용으로 규정되어 있음에 비추어 통화정책의 최종목표는 물가안정과 함께 고용안정이라는 복수목표로 되어 있는 것으로 본다([표 1] 참조).

(2) 중간목표

미국 연준은 《완전고용 및 균형성장법》에 의거 매년 M2 및 M3의 증가율 목표범위를 공표하고 있으나 실제로는 통화총량을 목표범위 내로 엄격하게 관리하지 않고 있으므로 중간목표가 없는 것으로 볼 수 있다. 그 대신 M2 및 M3는 실질금리, 실업률, 경제성장률, 원자재가격, 환율 등과 함께 정보변수(information variables)로 활용되고 있다.

과거에는 1970년대 중반 이래 통화총량을 중간목표로 채택하여 매년 증가율 목표범위를 설정하여 관리하였다. 처음에는 중심통화지표를 M1으로 하다가 M1과 경제활동의 관계가 불안정해지고 예측력도 저하되자 1982년 10월에 중심통화지표를 M2 및 M3로 변경하는 동시에 목표달성에서도 신축적인 입장을 취하고 있다. 그리고 1988년부터는 M2 및 M3의 목표범위를 확대하고 그 범위도 신축적으로 해석하고 있다.

(3) 운용목표

운용목표는 1982년 11월부터 비차입지준(non-borrowed reserves)에서 연준 대출인 차입지준(borrowed reserves)으로 변경하였는데, 이는 사실상 페더럴펀드 금리를 운용목표로 하는 것과 동일하다. 왜냐하면 연준이 전체 지준 가운데 비중이 매우 작은 차입지준을 운용목표로 일정 범위 내에서 관리하는 경우 은행의 전체 지준수요를 공개시장조작을 통해 맞추어 주게 되므로 통화총량의

[표 1]   주요국별 통화정책 운용전략

국 가	주 요 내 용

미 국	· 최종목표 : 물가안정과 고용안정
	· 전략 : 정보변수전략
	· 전술 : 운용목표 → 페더럴펀드 금리
	* 통화량증가율 목표범위를 매년 공표하고 있으나 통화총량을 목표
	  범위내로 엄격하게 관리하지 않고 있으므로 중간목표보다는 정보
	  변수의 하나로 활용

일 본	· 최종목표 : 물가안정
	· 전략 : 정보변수전략
	· 전술 : 운용목표 → 일일물 콜금리
	* 다음 분기중 통화량(M2+CD)의 전망치를 공표하고 있으나 엄격
	  히 관리하지 않으며, 따라서 이를 중간목표보다는 정보변수의 하
	  나로 활용

영 국	· 최종목표 : 물가안정 · 전략 : 물가안정목표제(1992. 10) · 전술 : 운용목표 → 단기금리(30~90일 만기) * M0 및 M4의 감시범위를 설정
캐나다	· 최종목표 : 물가안정 · 전략 : 물가안정목표제(1991. 2) · 전술 : 운용목표 → 일일물 콜금리

유럽통화연맹	· 최종목표 : 물가안정
	· 전략 : 중간목표전략(통화량목표제)과 정보변수전략(물가안정목표
	  제)을 병용
	· 전술 : 운용목표 → 콜금리
	* M3 증가율목표를 공표하고 있으나 이를 엄격하게 관리하지 않는
	  다는 입장

변동성은 커지고 페더럴펀드 금리의 변동성은 작아지기 때문이다. 한편 1994
년 2월부터는 페더럴펀드 금리 목표를 공표함으로써 운용목표를 명확히 밝히
고 있다. 이와 같이 연준이 금리를 운용목표로 선택한 것은 1970년대말 이후
의 통화수요 불안정에 따른 광의의 중심통화지표 선택, 목표범위 확대 및 정
보변수 활용과 같은 배경 때문이다.

(4) 통화정책수단

현재 자유경쟁입찰에 의한 공개시장조작이 주된 통화정책 수단으로 이용되고 있는데 조작대상 증권은 시장규모가 크고 거래가 활발한 국채가 주종을 이루고 있다. 국채매매는 주로 RP방식에 의해 이루어지는데, 이는 단순매매방식에 비해 거래비용이 저렴하고 지준포지션의 일시적 조절을 위해 신축적으로 이용할 수 있는 데 기인한 것으로 보인다. RP기간은 통상 1일이며 대부분 7일을 초과하지 않고 있다. 단순매매는 기조적인 지준조절 필요시 실시하므로 그다지 빈번하게 이용되지 않고 있다.

연준 대출은 주로 예금금융기관의 예상치 못한 일시적인 자금부족을 보전하는 대기성 신용조절 수단으로 주로 이용되고 있다. 그러나 연준이 금융기관의 차입빈도를 평가하고 증권담보[22]를 요구할 뿐만 아니라 감독(surveillance)을 강화하기 때문에 금융기관은 연준대출을 최종적인 자금조달수단으로 간주[23]하고 있다.

지급준비제도는 현재 일상적인 유동성 조절수단으로 활용되지 않고 있으며 지준율은 지준대상 금융기관의 경쟁력 강화 및 비용감소를 통한 대출 활성화를 도모하기 위해 낮은 수준을 유지하고 있다.[24] 지급준비금은 1998년 8월 이후[25] 지준 계산기간(computation period)을 2주일로 하고 적립기간(maintenance period)은 1개월 이연시키는 이연적립방식(lagged reserve accounting ; LRA)으로 운용되고 있다.

---

22) 적격담보증권으로는 정부 및 정부대행기관 증권, 우량기업증권, 주택저당증권, 지방정부증권 등이 있다.

23) 금융기관은 연준에서 차입하면 금융시장에서 근본적인 유동성 부족으로 차입이 있었다는 평판이 있을 수 있으므로 가급적 연준차입을 억제하고 있다.

24) 1990년 저축성예금의 지준율을 3%에서 0%로 인하하였으며 1992년에는 요구불예금의 지준율을 12%에서 10%로 인하하였다.

25) 1984~1998년 7월 중에는 동시지준계산(contemporaneous reserve accounting ; CRA) 방식을 채택하고 2주일 평잔을 기준으로 계산된 의무지준액을 2일 이연하여 적립하고 있다.

나. 일 본

(1) 최종목표

1998년 4월에 개정된《일본은행법》은 물가안정을 통한 국민경제의 건전한 발전과 금융기관간 원활한 자금결제 및 건전한 신용질서 유지를 일본은행의 설립목적으로 규정하고 있음에 비추어 통화정책의 최종목표로 물가안정을 우선시하고 있음을 알 수 있다. 한편 1942년 제정된《일본은행법》에서는 일본은행의 설립목적을 국가경제의 총력을 도모하기 위하여 국가정책에 부응하여 통화·금융의 조정 및 신용제도의 유지·육성에 두고 있었다.

(2) 중간목표

일본은행은 1978년 3/4분기부터 다음 분기중 M2＋CD의 전망치를 발표하고 있으나 엄격히 관리하지 않고 있으므로 중간목표가 없는 것으로 볼 수 있다. 따라서 통화총량은 가장 중요한 정보변수의 하나로서만 역할을 하는데 1980년대 후반 이후 금리자유화에 따른 금융자산간 대규모 자금이동 등으로 M2＋CD와 실물경제변수의 관계가 불안정해짐에 따라 1992년 8월부터 광의의 유동성26) 및 최광의의 신용량27)도 총량지표로 적극 활용하고 있다.

한편 1978년 3/4분기 이전에는 일본은행은 은행의 민간신용을 중간목표로 하여 엄격히 관리하였다.

(3) 운용목표

일본은행은 운용목표로 일일물 콜금리를 활용하고 있다. 콜금리의 구체적인 목표치를 공표하고 있지는 않으나 1995년부터 일본은행이 바람직하다고 생각하는 콜금리의 개략적 수준을 공표하고 있다. 예를 들어 1995년 7월 일일물 콜금리를 공정할인율 수준 이하로 유도하겠다고 발표한 바 있다.

(4) 통화정책수단

현재 일상적인 금융시장 조절은 공개시장조작을 통해 이루어지고 있다. 공

---

26) 광의의 유동성＝M2＋CD＋우체국, 농협, 어협, 신협 및 노동금고의 예·저금＋국내은행신탁계정의 금전신탁 및 대부신탁원금＋환매채＋금융채＋국채＋투자신탁＋외화표시채권.
27) 최광의의 신용량은 자금순환계정의 법인기업, 개인 및 공공부문의 자금조달잔액을 말한다.

개시장조작은 여타 국가와는 달리 은행간 거래시장인 콜·어음시장에서의 어음매매조작 방식에 많이 의존하고 있다. 조작대상 증권으로는 금융기관 발행 표지어음, 기업어음(CP), 정부단기증권(FB), 할인단기국고채권(TB) 및 장기 국채 등을 주로 활용하고 있다.

재할인정책은 1995년 이전까지 일상적인 금융시장 조절수단으로 많이 이용 되었으나 일일물 콜금리가 공정할인율을 밑돌도록 유도[28]하는 정책을 추진하 면서 일본은행 대출에 대한 수요가 감소함에 따라 양적 시그널링 및 통화정책 의 기조변화를 나타내는 역할을 수행하고 있다.

지급준비제도는 기조적인 금융조절시에만 이용되고 있는데 1991년 10월에 변경된 지준율[29]이 현재까지 유지되고 있다. 지급준비금은 1개월 간의 평균예 금잔액 기준 의무지준을 당월 16일부터 익월 15일까지 적립토록 하는 준이연 적립방식으로 적립되고 있다.

다. 영 국

(1) 최종목표

영국의 경우 통화정책의 최종목표가 명시적으로 규정되어 있지 않다. 그런 데 영란은행은 낮은 인플레이션의 달성이 경제번영과 고용안정을 이룩하기 위 한 경제정책의 요체라는 인식 아래 1992년 10월부터 물가안정목표제를 실시 하고 있음에 비추어 물가안정을 최종목표로 볼 수 있다.

(2) 중간목표

1993년 초부터 중간목표를 두지 않고 있으며 통화총량에 대해서는 감시범 위(monitoring range)만 설정하고 있다. 과거에는 통화총량 또는 환율을 중간 목표로 관리한 바 있다. 1976년 6월부터 중간목표로 관리되어 오던 £M3[30]

---

28) 종래에는 공정할인율을 일일물 콜금리보다 낮은 수준으로 유지하면서 콜금리가 공정할인율에 연동하여 움직이도록 조정하였다.
29) 현행 지준율은 요구불예금에 대하여는 0.05~1.2%, 저축성예금에 대하여는 0.1~1.3%가 적용 되고 있다.
30) £M3(스털링 M3)=민간화폐보유액+거주자의 파운드화 표시 예금.

에 대한 수요가 불안정해짐에 따라 1982~83년 중에는 M1 및 광의의 유동성 (PSL2),[31] 그리고 1984년부터는 M0[32]를 £M3와 함께 중심통화지표로 관리 하였다. 이 지표를 채택한 후 M0는 증가율 목표범위 내에서 계속적으로 유지 되었으나 £M3는 증가율 목표범위를 지속적으로 상회하고 통화유통속도가 불안정해짐에 따라 1987년부터는 M0만이 중심통화지표로 관리되었다. 1990년 10월에는 영국이 유럽통화제도(EMS) 내의 환율조정메커니즘(ERM)에 가입하 면서 환율목표제를 공식화하였다. 그러나 1992년 9월 ERM 위기가 발생하자 영 국은 ERM을 탈퇴하면서 물가안정목표제를 도입하고 M0의 목표범위(target range) 외에 M4[33])의 감시범위를 설정하였다. 1993년 초부터는 M0도 목표범위 에서 감시범위로 변경되고 중기적 인플레이션 관리목표(1~4%) 아래 중기적 통화증가율 감시범위(M0 : 0~4%, M4 : 3~9%)가 설정되어 있다.

(3) 운용목표

운용목표는 30~90일 만기[34)]의 단기시장금리로 하고 있으며, 금리의 목표 수준은 앞으로 2년간 근원 인플레이션의 전망치에 대한 평가[35)]를 바탕으로 결정되고 있다. 그리고 1998년 6월부터 영란은행의 통화정책위원회(monetary policy committee)에서 기준금리(영란은행 RP금리)를 공표[36)]하고 있다

---

31) PSL2=민간보유스털링 M3－만기 2년 이상의 민간보유예금＋단기금융시장증권[TB, 은행인수 어음, 지방공공단체·금융회사의 예금(공공부문·금융기관 보유분 제외)]＋비은행 금융기관의 예금[주택금융조합의 예금 및 출자금, 국민저축은행의 예금, 국민저축증서(공공부문·금융기 관 보유분 제외)]＋납세예금증서.
32) M0=화폐발행액＋은행의 자금결제용 영란은행 예치금.
33) M4=민간화폐보유액＋파운드화 표시 민간 요구불예금＋파운드화 표시 민간정기예금(CD 포 함)＋민간보유 주택대출조합 주식, 예금 및 CD－주택대출조합보유 은행예금, CD 및 현금.
34) 30~90일 만기의 단기금리를 중시하는 것은 운용목표 달성이 저해되지 않는 범위 내에서 초단 기금리(일일물 콜금리)의 변동성을 어느 정도 용인하겠다는 것을 의미한다.
35) 이 평가에는 (1) 협의 및 광의의 통화지표, 환율과 자산가격의 변동, 미래 인플레이션에 대한 기대 등 통화금융관련지표, (2) 가동률, 소매판매액, 노동력부족률 등의 실물지표와 재정정책 기조, (3) 임금, 원자재가격 등의 비용지표와 같은 다양한 정보변수를 참고하고 있으며 전망의 불확실성을 감안하여 예측치의 범위도 제시하고 있다.
36) 종전에는 금리결정권한이 재무부장관에게 있었으나 1998년 6월 영란은행법 개정으로 영란은 행이 금리결정권을 보유하게 되었다.

(4) 통화정책수단

영란은행은 공개시장조작을 주된 정책수단으로 이용하는 한편 중앙은행 대출제도(standing facilities)를 긴급시의 안전장치로서 보완적으로 사용하고 있으며 지급준비제도[37]는 통화정책수단으로 이용하지 않고 있다.

공개시장조작의 방식으로는 (1) 영란은행의 재량 하에 1일 최대 3회까지 실시하는 재정증권, 적격 지방정부채권 및 적격 은행인수어음[38](eligible bank bill)의 RP거래 또는 단순매입, (2) 주간 재정증권 입찰, (3) 월 2회 실시하는 정부채권 RP거래, (4) 비정기적인 재정증권 매각 등이 있다.

영란은행 대출은 통상 오후 3시까지 행해지는 재정증권의 단순매입 방식으로 이루어지고 있으나 마감시간에 임박하여 긴급자금이 필요할 경우 오후 2:45~3:30 중 정부채권을 담보로 하는 오후 긴급대출(late lending)이 이루어지기도 한다.

라. 캐나다

(1) 최종목표

캐나다 중앙은행은 경제가 안정성장을 지속하기 위해서는 낮은 인플레이션의 유지가 긴요하다는 인식 하에 1991년 2월부터 물가안정을 최종목표로 설정하고 있다. 이에 따라 물가안정목표제가 도입되었는데 목표대상은 식품, 에너지 및 간접세를 제외한 소비자물가지수이며 중앙은행은 통화정책 파급효과의 시차를 감안하여 6~8분기 후의 인플레이션율을 목표범위 내로 유지하기 위해 통화정책을 수행한다.

(2) 중간목표

1982년 11월 이후 중간목표를 두지 않고 통화총량은 정보변수로만 활용하

---

37) 모든 은행의 적격부채(eligible liabilities)의 0.35%를 영란은행에 무이자로 강제 예치하는데 조달자금을 전액 영란은행의 운영에만 사용하고 있기 때문에 실질적인 통화정책수단인 지준제도가 존재한다고 볼 수 없다.
38) 상업은행이 인수한 상업어음(commercial bills)으로서 영란은행의 재할인대상이 되는 우량어음을 말한다.

고 있다. 과거에는 1975년 이후 중간목표로 M1이 채택되어 운용되었으나 M1
과 경제활동의 관계가 불안정해짐에 따라 1982년 11월부터 M1의 목표설정이
중지되었다. 이후 중앙은행은 여타 통화총량지표의 중간목표 설정 가능성을
검토하였으나 대부분 신뢰성이 떨어지는 것으로 판명되어 중간목표를 두지 않
고 운용목표로 단기금리(3개월 재정증권 금리)를 중시하여 오다가 1991년에
명시적인 인플레이션 목표를 채택하였다.

　한편 캐나다 중앙은행은 통화총량지표의 유효성이 떨어짐에 따라 통화상황
지수[39](Monetary Condition Index ; MCI)를 중간목표로 사용하려고 시도하였
으나 이 또한 유용성이 크지 않은 것으로 보아 현재는 정보변수로만 활용하고
있다.

　(3) 운용목표

　운용목표는 현재 일일물 콜금리로 하고 있다. 1994년 6월부터 콜금리의 운
용목표범위(상하 0.5%포인트)가 공표되고 있으며 목표금리(목표범위의 중간)
의 달성을 위해 RP[40] 금리는 운용목표범위의 상하한에서 적용되고 있다

　(4) 통화정책수단

　캐나다에서는 여타 국가와는 달리 국고자금(조세납부, 재정지출, 외환시장
개입 등)의 불규칙한 유출입이 시중자금을 급변시켜 금융시장에 불필요한 변
동성을 초래하므로 지급결제제도 가맹은행이 중앙은행에 개설한 결제계정과
중앙은행의 국고계정간 정부예금 이체조작을 주된 통화정책수단으로 활용하
고 있다. 예를 들어 日中 재정순지출이 발생하여 은행의 결제계정 잔액의 증
가가 예상되는 경우 중앙은행은 이 결제계정에서 정부예금을 인출하여 국고계
정으로 이체하는 것이다. 또한 정부예금 이체조작은 결제계정 잔액의 공급을
조정함으로써 콜금리(일일물)를 희망 목표범위 내로 유지하고 이를 통해 간접

---

39) 변동환율제하에서는 통화정책이 금리와 환율의 두 경로를 통해 총수요에 영향을 주게 된다는
　　점을 감안하여 통화상황지수를 개발하였는데, 이 지수는 단기금리와 실효환율을 총수요에 미
　　치는 상대적인 영향의 크기로 가중평균하여 산출된다.

40) 콜금리가 이 목표범위 내에서 안정되도록 하기 위해 특별RP매입(Special Purchase and Resale
　　Agreements ; SPRAs)시 운용목표범위의 상한금리를 적용하고 RP매도(Sale and Repurchase Agree-
　　ments ; SRAs)시 하한금리를 적용하고 있다.

적으로 MCI를 희망수준으로 유도하는 수단으로도 활용되고 있다.

공개시장조작은 결제계정 잔액 이체조작의 보완수단으로 활용되고 있는데, 1994년 6월부터는 콜금리의 목표범위가 공표되어 RP거래에 적용되고 있는데 이 금리가 목표범위에 들어오도록 환매조건부 특별매입(Special Purchase and Resale Agreements ; SPRA) 및 환매조건부 매각(Sale and Repurchase Agreements ; SRA)시 각각 콜금리 목표범위의 상한 및 하한이 적용되고 있다. 단순매매는 MCI를 희망수준으로 유도하기 위해 주로 3개월물 재정증권[41]을 대상으로 이루어지고 있는데 매입보다는 매각이 빈번히 실시되고 있다.

지급준비제도는 1994년 7월 이후 법정지준율을 폐지함에 따라 현재는 통화정책수단으로 이용되지 않고 있다. 다만 법정지준율은 폐지되었으나 은행들은 캐나다 중앙은행에 무이자 결제계정을 보유하고 正의 잔액을 유지하여야 할 의무가 있는데 이를 어기면 잔액 부족분에 대해 중앙은행 대출금리(운용목표 범위의 상한금리)를 적용하여 벌칙금이 부과되고 있다.

마. 유럽통화동맹(EMU)

(1) 최종목표

유럽중앙은행(European Central Bank ; ECB)은 마스트리히트조약(Maastricht Treaty)과 유럽중앙은행제도[42](European System of Central Banks ; ESCB) 정관에 의거 물가안정을 통화정책의 최우선목표로 채택하고 있다. 또한 이 조약 및 정관에는 물가안정을 저해하지 않는 범위 내에서 회원국들의 일반 경제정책을 지원하는 것도 통화정책의 목표로 규정하고 있다.

1998년 10월 정책이사회(Governing Council)는 물가안정의 개념을 유로지역 종합소비자물가지수(Harmonized Index of Consumer Prices ; HICP)[43]의 연간 상

---

41) 3개월물 재정증권 금리가 실물경제와의 연관성이 가장 높다는 판단에서 MCI 산출시 이 금리를 적용하고 있다.

42) 유럽중앙은행과 EMU 참가국의 중앙은행들로 구성된다.

43) 종합소비자물가지수는 단일통화 도입에 따라 국가간 물가수준 비교를 용이하게 하기 위하여 EU 통계청(Eurostat)과 각국 통계청이 공동 개발한 것으로서 바스켓 항목은 통일시키되 항목별 가중치는 경제여건에 따라 각국이 자의적으로 부여하고 있다. 유로지역의 종합소비자물가지수

승률 2% 이하로 정의하고 이를 중기(medium term)에 걸쳐 유지토록 하였다.

(2) 중간목표

ECB의 통화정책 운용방식은 물가안정목표를 달성하기 위하여 통화목표 증가율을 설정·관리함과 아울러 각종 경제·금융지표들을 종합적으로 활용하여 미래의 물가전망에 대해 평가한다는 점에서 통화량목표제(monetary targeting)와 물가안정목표제(inflation targeting)를 혼용한 것으로 볼 수 있다. 물가안정목표를 달성하기 위해 통화총량에 중요한 역할(prominent role)을 부여하고 M3목표 증가율을 공표하고 있으나 이를 엄격히 관리하지는 않는다는 입장을 취하고 있다. 한편 ECB는 통화총량과 함께 물가전망 및 물가안정 위험에 대한 평가를 중요한 정책 판단정보로 활용하여 통화정책을 운용하고 있다.

(3) 운용목표

운용목표는 공식적으로 설정되어 있지는 않지만 대기성 신용조절수단인 초단기 여수신금리의 수준을 매월 2회 발표하여 콜금리를 목표수준대로 유도하는 방식[44]으로 통화정책이 수행되고 있음에 비추어 실질적으로는 금융기관간 콜금리를 운용목표로 볼 수 있다.

(4) 통화정책수단

공개시장조작은 금융시장에 통화정책 방향을 알리는 가장 중요한 수단으로서 그 목적과 거래빈도 등에 따라 주자금공급조작(main refinancing operations), 장기자금공급조작(longer-term refinancing operations), 미조정조작(finetuning operations) 및 구조적 조작(structural operations)으로 구분할 수 있다. 주자금공급조작은 시중유동성 조절, 금리조절, 금리시그널링 등을 위한 가장 중요한 정책수단으로 매주 화요일에 정기적으로 RP거래방식으로 실시되며 2주 만기의 단기자금을 공급하기 위해 주로 활용되고 있다. 장기자금조작[45]은 매월 24일 이후

는 EMU 참가국들의 소비자물가지수를 각국 민간소비지출 비중으로 가중평균하여 산출한다.

44) 유럽중앙은행의 초단기 여수신제도는 여신금리를 높게 하고 수신금리는 낮게 하여 운용되는데(현재 초단기 여신금리는 3.5%, 초단기 수신금리는 1.5%), 통상 무제한의 차입 또는 예치가 가능하므로 콜금리는 초단기 여수신금리 범위에서만 변동한다.

45) ECB는 재할인제도를 도입하지 않는 대신 장기자금공급조작을 도입하여 기존의 재할인대상 상

첫째 수요일에 한번씩 정기적으로 RP거래방식으로 실시되며, 이 조작은 3개월 만기의 자금을 공급하기 위해 주로 활용되고 있다. 한편 미조정조작은 금리안정과 시중유동성 조절을 위해 금융시장에 수시로 개입하는 수단으로, 구조적 조작은 금융기관의 구조적인 자금과부족을 조정할 필요가 있을 때 사용되는 수단인데 현재까지 활용실적은 거의 없는 것으로 알려져 있다.

초단기 여수신제도는 참가국 중앙은행이 자국내 금융기관의 예상치 못한 유동성 과부족을 익일만기자금으로 조정해 주는 수단으로서 초단기 여신제도 (marginal lending facilities)와 초단기 수신제도(marginal deposit facilities)가 있다. 초단기 여신제도는 금융기관이 단기유동성 부족을 해결하기 위하여 참가국 중앙은행으로부터 1일간 차입할 수 있는 제도로서 RP대상으로 제공되는 적격증권 요건만 갖추면 한도제한 없이 이용할 수 있다. 초단기 수신제도는 금융기관이 여유자금을 참가국 중앙은행에 1일간 예치할 수 있는 제도로서 예치한도에 제한이 없다. 따라서 무제한의 차입 또는 예치가 가능하므로 초단기 여수신금리는 각각 익일만기 시장금리의 상하한을 결정하는 역할을 하게 되고, ECB는 매월 2회 정책이사회에서 이 여수신금리의 변경을 통하여 향후 통화정책 방향에 대한 신호를 보내고 있다.

지급준비제도는 단기금융시장 금리의 안정과 구조적 유동성 부족을 창출시킬 목적으로 도입[46]되었다. 지급준비금은 매월말 월 단위로 산출되며 적립기간은 매월 24일부터 익월 23일까지 1개월이며 금융기관이 예치한 지급준비금에 대해서는 주자금 공급조작 금리에 해당하는 이자가 지급[47]된다. 현재 지준율은 2%이며 지준부과대상 부채는 일일물 예금, 만기 2년 이내의 예금, 만기 2년 이내의 통지예금, 만기 2년 이내의 채무증서, 단기금융상품이다.

업어음을 참가국 중앙은행이 매입하거나 담보로 수취할 수 있도록 함으로써 금융기관이 이를 통하여 장기자금을 조달할 수 있게 하고 있다.
46) 대상금융기관은 유로지역에서 일반대중으로부터 부채성자금을 받아서 자신의 계정으로 신용을 공여하는 금융기관이다.
47) 지준부족시에는 요지준 부족액에 대해 ECB의 초단기여신제도 금리+5%포인트 또는 초단기 여신제도 금리의 2배로 벌칙금리가 부과되거나 지준부족액의 3배를 지준부족 기간만큼 무이자로 ECB 또는 참가국 중앙은행에 예치하여야 한다.

IV. 우리나라의 통화정책 운용방식

1. 현 황

우리나라의 통화정책은 외환위기 이전까지는 물가안정, 경제성장 등 최종목표를 달성하기 위하여 대체로 M2 및 MCT를 중간목표변수로 설정하고 이를 엄격하게 준수하는 중간목표전략에 기반을 둔 통화정책 운용방식을 채택하여 왔다.

1997년말 외환위기 이후에는 IMF와의 합의에 따라 M3를 감시목표변수(monitoring target variable)로 하여 이에 상응하는 본원통화 공급규모를 예시한도로 설정하였으며 1998년 4/4분기 정책협의시부터 본원통화 예시한도 설정이 폐지된 이후에도 M3를 감시목표로 하는 통화량목표제의 체계를 그대로 유지하고 있다. 따라서 우리나라 통화정책 운용방식은 공식적인 측면에서 보면 통화량 중간목표전략에 기반을 두고 있다고 할 수 있다.

그러나 외환위기 직후에는 외환시장안정 유지에 최우선목표를 두고 적정외환보유고의 확보와 경제구조조정의 촉진, 물가안정 등을 도모하기 위하여 콜금리를 대폭 인상하여 고금리를 유지하였다. 그 후 경상수지 흑자지속, 국제금융기구로부터의 자금지원, 외평채발행 등으로 외환시장이 어느 정도 안정을 되찾게 된 이후에는 경기회복을 위하여 콜금리의 하향안정화를 추진하였다. 이와 같이 통화당국이 외환시장 안정을 도모할 목적으로 단기금리(콜금리) 수준을 더 중시하여 통화정책을 수행해 오는 과정에서 매월 단기금리의 방향을 공시하면서부터 우리나라의 통화정책은 실제 운용측면에서 볼 때 금리중시 통화정책과 유사한 형태를 가지고 있다.

선진국의 경험에서 보듯이 단기금리를 운용목표로 설정하여 금리를 중시하는 경우에는 통화량 중간목표의 변동성을 허용해야 하기 때문에 통화당국은 통화증가율 목표범위를 확대하고 이러한 목표범위를 웃도는 경우에도 이를 묵인하고 통화증가율 목표를 1~2년에 걸친 중기로 늘려잡는 등 통화목표를 신축적으로 관리하는 것이 불가피하다. 이러한 이유로 일단 금리중시 통화정책을 채택하는 경우에는 엄격한 통화량 중간목표전략과는 다소 거리가 있게 마련이다.

한편 1998년 4월 1일 시행된 개정 《한국은행법》은 한국은행이 매년 정부와의 협의를 거쳐 물가안정목표를 정하고 이를 포함한 통화신용정책 운영계획을 수립·공표하도록 규정하고 있다(법 제6조 2항). 이 같은 법규정에 따라 한국은행은 1998년 4월부터 물가안정목표제(inflation targeting)를 도입·운용하고 있다. 한국은행은 1999년중 물가안정목표 중심치를 연평균 소비자물가상승률 기준 3%로 설정하였으며, 경제전망의 불확실성, 환율 등 대외요인의 변동가능성 등을 감안하여 상·하 1%포인트의 변동폭을 두고 있다.

이러한 물가안정목표제는 (1) 중앙은행이 중기적인 관점에서 달성해야 할 물가안정목표를 사전에 설정하고, (2) 통화량, 장기금리, 환율, 기대물가상승률, 자산가격, 원자재가격 등 각종 정보변수를 활용하여 장래의 인플레이션을 예측한 후, (3) 인플레이션 압력이 현재화하지 않도록 단기금리 등 운용목표의 조절을 통하여 물가안정목표를 달성하고자 한다. 따라서 물가안정목표제는 명시적인 중간목표 없이 다양한 정보변수를 관찰하여 직접 최종목표를 바람직한 수준으로 달성하고자 하는 정보변수전략에 근거한 통화정책 운용전략이다. 이러한 점에서 보면 우리나라 통화정책 운용방식은 법제적인 측면에서 정보변수전략을 이미 도입·운용하고 있는 것으로 되어 있다.

아래에서는 우리나라 통화정책의 최종목표, 중간목표, 운용목표 등과 함께 실제 통화정책 운용절차를 더 구체적으로 살펴본다.

가. 최종목표

우리나라 통화당국은 그 동안 통화정책을 수립·집행하는 과정에서 기조적으로 통화정책의 최종목표를 물가안정에 두고 이를 위해 통화를 안정적으로 공급하는 데 역점을 두어 왔으나, 때에 따라서는 경제여건 변화에 신축성 있게 대응하기 위하여 물가안정 이외에도 실물경제성장의 뒷받침, 금융시장의 안정, 금리 및 환율의 안정 또는 조화적 운용, 국제수지균형 유지 등을 주요

정책목표로 채택하여 왔다. 그러나 이처럼 복수 정책목표를 추구함에 따라 진정한 정책목표 설정을 위한 통화당국의 입장이 다소 불분명하게 전달되어 왔을 뿐만 아니라 정책목표 간의 단기적인 상충관계로 인하여 물가안정 및 여타 목표도 당초 의도한 수준으로 달성하기 어려운 상황에 직면하는 경우도 없지 않았다.

그러나 1998년 4월 1일 시행된 개정 《한국은행법》에는 우리나라 통화정책의 최종목표가 물가안정임을 명시하고 있다(법 제1조). 이 같은 법규정에 따라 한국은행은 1998년 4월부터 물가안정목표제를 도입하게 되었다.

나. 중간목표

우리나라는 1979년 이후 최근까지 통화량목표제(monetary targeting)에 입각하여 총통화(M2)를 중간목표변수로 채택하여 왔으며, 이른바 EC방식에 의해 총통화의 연간 공급목표를 설정·공표하고 이를 달성하는 데 중점을 두고 통화정책을 수행하여 왔다.[48]

연간 총통화(M2)증가율 목표가 결정되면 한국은행은 연간 M2증가율 목표를 더 효율적으로 달성하기 위하여 실제 운용면에서 分期 및 月中으로도 M2 공급목표를 설정하고, 이를 토대로 부문별 통화대책을 수립·집행하게 된다. 한편 월중 또는 每半月(上·下半月 : 매월 1일~15일과 16~말일) 통화증가율 목표에 대해서는 금리 및 시중 자금사정 등을 감안하여 다소 탄력적으로 관리하고 있으나 연간 M2증가율 목표에 대해서는 은행에 대한 사후 여신관리를 통해 이를 엄격히 준수하도록 노력하여 왔다.

분기 및 월중 M2증가율 목표가 설정되면 해당기간의 M2증가율 목표를 통화승수 예측치로 나누어서 본원통화증가율 목표를 설정한 다음 본원통화의 부문별 증감요인 중에서 외생적 요인(정부부문, 해외부문, 정책금융 등)에 의한 본원통화 증감요인을 감안하여 해당기간 중 통화당국이 자율적으로 조절할 수

---

48) 연간 M2공급 목표치는 다음과 같은 교환방정식에 의해 산출된다. 적정 M2증가율 목표($\Delta M2$)
=실질 GNP성장률(Δy)+물가상승률 목표(ΔP)-통화유통속도 하락률(Δv).

있는 본원통화 규모(소위 본원통화의 要調節規模)를 예측한다. 분기 및 월중 은행지준관리목표는 해당기간중의 본원통화목표에서 현금통화수요 예측치를 차감하여 설정하여 왔다.

그러나 1996년 5월 신탁제도 개편 이후에는 M2의 움직임이 매우 불안정해 짐에 따라 1997년부터는 M2와 함께 제도개편에 따른 자금이동효과가 상쇄되는 MCT(M2＋CD＋금전신탁)에 대해서도 증가율목표를 설정하여 관리하는 복수 중간목표체제로 전환하였다.

1997년말 외환위기 발생 이후에는 IMF와의 협의에 따라 통화당국은 M3 및 본원통화의 증가율목표를 설정하여 이를 달성하고자 노력하였다. IMF 프로그램의 기본내용은 대체로 다음과 같다. 즉 EC방식에 의해 M3목표를 정한 후 이를 통화승수로 나누어 본원통화 공급한도를 책정하여 이를 준수하고자 하였으며, 본원통화 항목별로도 대외순지급자산(Net International Reserves ; NIR)과 대내순자산(Net Domestic Assets ; NDA)으로 구분하고 각각의 하한 과 상한을 정하여 이를 반드시 준수해야 하는 이행기준으로 정하였다. 1998년 10월 IMF와 4/4분기 정책협의에서 종전까지 예시한도로 설정되었던 본원통화 공급한도를 폐지하기로 합의한 이후에도 M3를 감시목표로 설정하여 이의 증 가율목표를 관리하는 방식의 통화량목표제의 체계를 유지하고 있다.[49]

다. 운용목표

우리나라의 통화정책 운용과정을 보면 통화당국이 통화정책의 운용목표를 명시적으로 제시한 바는 없다. 그러나 그 동안 연간 통화량 목표를 설정·공표 하고 분기별·월별로 계절적 불규칙적 통화수요 변동요인을 고려하여 지준관 리를 하는 과정에서 운용목표를 본원통화 혹은 지준총액을 기준으로 월별로 설정하여 왔다.

현재 IMF와 협의 하에 시행되고 있는 통화정책 프로그램도 기본적으로는

---

49) 1999년도에는 M3증가율목표를 연말월 평잔기준 13~14%, 2000년도에는 7~10%로 각각 설정 하여 공표한 바 있다.

본원통화-통화량(M3) 운영체계를 유지하고 있다. 다만 외환위기 직후 외환시장의 안정유지에 최우선목표를 두고 적정 외환보유액의 확보와 경제구조조정의 촉진, 물가안정 등을 도모할 목적으로 금리를 대폭 인상한 후 최근까지 금리를 환율안정과 연계하여 운용하여 왔다. 특히 한국은행은 최근 IMF와 협약에 의해 RP 및 통안증권발행 금리 등 공개시장조작 금리를 통해 콜금리수준을 안정시키고자 노력해 왔다. 이와 같이 단기금리의 움직임을 중요하게 고려하는 통화정책을 수행해 오는 과정에서 현행 우리나라 통화정책 운용방식은 주요 선진국의 단기금리를 운용목표로 하는 금리중시 통화정책 운용체제와 유사한 형태를 유지하고 있다.

라. 정책수단

우리나라는 1982년 종래의 직접규제방식에 의한 통화관리의 주된 수단이었던 은행별 민간신용한도제를 폐지하고 공식적으로 공개시장조작, 재할인 및 지준율정책 등 간접조절수단에 의한 통화관리방식을 채택·운용하여 왔다. 특히 1990년대 들어 금리자유화를 배경으로 공개시장조작의 활용도를 꾸준히 확대하여 왔으며, 최근에는 지준제도와 재할인제도도 크게 개선하여 간접조절에 의한 통화관리기반을 크게 확충하였다.

(1) 대출제도

한국은행의 대출제도는 주로 금융기관의 정책금융취급을 유도할 목적으로 자동대출방식으로 운용되어 왔다. 1994년 3월부터 정책금융지원방식을 종래 건별 자동재할지원 방식에서 한도배정지원 방식인 총액대출한도제로 전환하고 최근 은행의 지급준비율 인하와 함께 이 한도를 단계적으로 축소해 나감으로써(1996년 11월 : 9조 2천억원→6조 4천억원, 1997년 2월 : 6조 4천억원→3조 6천억원) 한은대출제도의 유동성조절 기능을 확충하고 정통적 통화정책수단의 효율적인 운용여건을 마련하였다.

그러나 외환위기 이후 자금난을 겪고 있는 중소기업에 대한 금융기관 자금지원 확대를 적극 유도하기 위하여 1997년 12월, 1998년 2월 및 9월 세 차례에 걸처 총 4조원을 증액하여 총액대출한도는 현재 7조 6천억원으로 늘어났다.

과거 통화당국이 RP조작시기 및 규모를 일방적으로 결정하는 등 직접규제 방식으로 통화를 관리하는 과정에서 지준자금확보를 위한 일시대출(B2)자금 차입을 제한함으로써 단기금리(콜금리)가 급등하는 현상을 초래한 경험이 있다. 따라서 은행자금관리에서 예측가능성을 높이고 단기금리(콜금리)의 안정을 도모하기 위하여 그 동안 일시적으로 자금부족이 발생한 은행에 대하여 벌칙성금리(콜금리＋2%)로 지원해 오던 B2자금을 은행 스스로의 판단 하에 언제든지 차입할 수 있도록 개편하였다(1997. 2).

이와 같이 그 동안 통화당국의 지속적인 노력에도 불구하고 한국은행의 대출은 아직도 정책금융지원 수단으로 활용되고 있어 유동성조절 기능이 약한 실정이다. 예를 들어 선진국의 경우 중앙은행 대출금리가 금융시장의 단기금리수준과 비슷할 뿐만 아니라 시장금리결정에서 기준금리로서 역할하기 때문에 통화당국은 이의 조절을 통하여 시장금리에 영향력을 미치는 등 공시효과를 이용한 유동성조절이 가능하다. 그러나 한국은행의 대출금리(재할인금리)가 시장금리나 금융기관 대출금리에 비하여 지나치게 낮아 공시효과의 활용 등을 통한 유동성조절 기능이 크게 약하다.

(2) 지준제도

한국은행의 지준제도는 유동성 수준을 기조적으로 조절하기 위한 수단으로서, 정책금융 확대에 따른 과잉유동성을 흡수하기 위한 보완적 수단으로서 최근까지 계속 높은 수준을 유지하여 왔다. 우리나라의 은행예금지급준비율은 대만보다는 낮으나 미국, 일본 등 주요 선진국에 비해 크게 높아 은행의 국내외 경쟁력을 약화시키는 요인으로 작용해 왔을 뿐만 아니라 은행예금에만 부과되어 금융권간 공정경쟁여건도 저해하는 요인으로 작용하여 왔다.

이에 따라 통화당국은 제1·2금융권간 공정경쟁여건을 조성하고 은행자금운용의 자율성을 높이는 한편 은행수지를 개선하기 위하여 최근 들어 은행의 예금지급준비율을 세 차례(1996. 5, 1996. 11, 1997. 2)에 걸쳐 평균 9.4%에서 3.1%로 6.3%포인트 인하함으로써 현재 우리나라의 지급준비율은 선진국 수준에 근접하고 있다.[50]

(3) 공개시장조작

우리나라의 공개시장조작은 과거 중앙은행 대출을 통해 늘어난 총통화를 환수하기 위해 통화안정증권 발행 및 환매조건부 국공채매매(RP) 중심으로 이루어져 왔으나 시장실세금리보다 낮은 금리로 할당 배정됨으로써 은행자금 운용의 자율성을 크게 제약하는 요인으로 작용해 왔다.

통화안정증권의 경우 정책금융의 한국은행 자동대출 등으로 늘어난 본원통화를 흡수하기 위하여 발행규모가 과도하게 확대되었다. 특히 유동성 환수를 위한 주수단인 통화안정증권의 발행금리와 유동성 공급수단인 한국은행 대출금리 간의 격차가 큰 가운데 통화안정증권 발행 확대에 따른 이자지급액 증대는 또 다른 본원통화 증발요인이 되어 왔다. 국공채 RP거래의 경우 통화흡수를 위해 RP를 경쟁입찰방식으로 판매한 뒤 미낙찰분은 강제로 배정하여 왔으며 RP조작의 시기 및 규모가 통화당국에 의해 일방적으로, 그것도 거의 매도 일방적으로 이루어지고 있어 금융기관의 자율적 자산운용을 어렵게 할 뿐만 아니라 금융시장을 왜곡시키는 요인으로 작용하여 왔다.

이에 따라 통화당국은 시장원리에 입각한 공개시장조작의 정착을 위해 1997년 2월부터 RP거래 및 통안증권 발행시의 금리를 시장실세화하고 공개시장조작방식도 완전 공개경쟁입찰 방식으로 전환하였다.

그러나 공개시장조작 대상증권이 크게 부족할 뿐 아니라 장단기 금융시장이 제대로 발달하지 못해 최근까지도 공개시장조작이 활성화되지 못하고 있는 실정이다. 더욱이 외환위기 이후 외자도입 등으로 해외부문을 통하여 늘어난 본원통화를 흡수해야 하는 일방적 유동성환수구조 하에서 통화안정증권의 발행규모가 과도하게 확대됨에 따라 공개시장조작의 신축성이 크게 제약받고 있다.

2. 현행 통화정책 운용방식의 과제

우리나라 통화정책 운용방식은 앞에서 살펴본 통화정책 운용체계, 운용전

---

50) 1997년 2월 현재 예금종류별 지준율은 가계장기저축 등 목적부예금은 1%, 정기예·적금과 부금은 2%, 요구불예금 등은 5%이며 CD의 경우 2%의 지준율을 새로 부과하였다.

략, 그리고 각국의 경험 등에 비추어 평가해 보면 다소간의 문제점을 내포하는 것으로 지적되고 있다. 이를 정리해 보면 대체로 다음과 같다.

가. 외환위기 이전의 통화정책 운용방식

앞서 본 바와 같이 우리나라 통화정책은 외환위기 이전까지는 물가안정, 경제성장 등 최종목표를 달성하기 위하여 통화량(M2 및 MCT)을 중간목표변수로 설정하고 그 증가율목표를 대체로 엄격하게 준수하는 중간목표전략에 기반을 둔 통화정책 운용방식을 채택하여 왔다. 이러한 운용방식은 대체로 다음과 같은 문제점을 가지고 있는 것으로 알려지고 있다.

첫째, 우리나라 통화정책의 최종목표는 과거 대부분 국가의 중앙은행과 마찬가지로 경제성장과 물가안정 등 단기적으로 상충될 수 있는 복수목표를 추구하여 왔으며, 장단기 목표 간의 구별이 없고 어느 것이 가장 우선적인 목표인지도 분명하지 못했다.

둘째, 과거 통화정책 운용방식을 전략적인 측면에서 보면 일견 통화량을 중간목표로 하는 중간목표전략에 입각하고 있는 것으로 보이나 중간목표전략의 기본틀인 정책수단, 운용목표, 중간목표, 그리고 최종목표의 체계가 상호 유리되어 있어 선진국의 2계 운용방식인 중간목표전략과는 커다란 차이가 있다. 제1단계(전략단계)는 나름대로 기본틀이 갖추어 있으나 제2단계(전술단계)는 그 체계가 제대로 갖추어 있지 않다. 즉 선진국의 경우 제2단계에서 정책수단을 통하여 운용목표를 조절함으로써 중간목표인 통화증가율목표를 달성하고자 하는 데 반하여 우리나라의 경우는 운용목표가 명시적으로 설정되어 있지 않기 때문에 통안증권 및 RP매매를 통하여 중간목표인 통화량을 직접관리하고자 하는 방식을 이용하였다.

셋째, 중간목표 관리방식도 시장지향적인 정책수단에 의존하는 선진국의 간접통화 관리방식과는 달리 주로 직접규제방식에 의존하여 왔다는 점이다. 특히 정책금융 등 중앙은행의 준재정적 활동을 통하여 적정통화량에 비해 과다한 본원통화공급이 자동적으로 이루어지고, 이에 따른 과잉통화량(M2)을 사후적으로 목표범위 내로 관리하기 위하여 여신한도규제, 예대상계, RP나 통화안정증권 강제배정 등의 직접규제방식에 크게 의존하여 왔다. 그 결과 통화량 중간목표전략 하에서 가장 심각한 문제점으로 우려되는 통화목표관리의 경직성이 그대로 드러났을 뿐만 아니라 이에 따라 통화정책 수행의 場으로서 기능해야 할 콜시장과 국공채시장 등 단기금융시장의 발전을 저해하는 결과를 초래하기도 하였다는 지적도 없지 않다.[51]

넷째, 중간목표로 채택하고 있는 M2(MCT)가 최종목표와 긴밀하고도 안정적인 관계를 유지하지 못하고 있는 등 중간목표로서 M2(MCT)의 유용성이 크게 저하됨으로써 엄격한 통화량증가율목표 관리는 적지 않은 부작용을 초래하였다.

다섯째, 통화정책 운용시계(time horizon)가 너무 짧은 관계로 통화정책이 전반적으로 지나치게 경직적인 성격을 지니고 있었던 것으로 지적되고 있다.

나. 외환위기 이후의 통화정책 운용방식

1998년 4월 시행된 개정 《한국은행법》에는 우리나라 통화정책의 최종목표가 물가안정임을 명시하고 있다(법 제1조). 이러한 점에서 외환위기 이후 우

---

51) 선진국의 경우 공개시장조작을 비롯한 간접관리수단을 통하여 운용목표를 조절함으로써 중간목표인 통화증가율목표를 달성하고자 하는 데 반하여 우리나라의 경우는 시장지향적인 간접관리수단과 제도가 아직 정착되지 못한 관계로 정통적 정책수단을 통하여 운용목표를 조절하지 않고 주로 직접규제에 의해 중간목표인 총통화량(M2)을 직접 관리하여 왔다. 이러한 직접규제방식에 의한 중간목표관리는 나름대로의 이점이 없지 않으나 통화량 중간목표전략의 통화정책 운용에서 가장 우려되는 통화목표관리의 경직성 문제를 그대로 드러내게 된다. 선진국의 경우와 같이 통화증가율목표를 시장지향적인 간접통화관리방식에 의하여 달성하고자 하는 경우 정확한 목표달성은 어렵지만 대신 금융기관을 포함한 민간경제주체에게 정책변경에 따른 자산선택재조정을 위한 충분한 시간적 여유를 주게 된다. 따라서 비록 통화와 실물경제활동 사이의 장기적 관계가 흐트러지거나 또는 중간목표변수 자체가 적절하지 않은 경우라도 중간목표 달성을 추구하는 데서 오는 왜곡의 정도는 비교적 작을 수 있다. 그러나 우리나라와 같이 직접규제방식에 의해 중간목표 달성을 추구하는 경우 비교적 짧은 시일 안에 정확한 목표치 달성은 가능하지만 금융기관을 포함한 경제주체의 자산선택조정의 여지가 크게 제약되기 때문에 중간목표변수 자체가 적절하다고 하더라도 직접규제에 따른 왜곡과 충격의 정도는 상대적으로 크다. 더구나 중간목표변수가 적절하지 않을 경우 이러한 방식에서 오는 충격과 왜곡의 정도는 훨씬 더 커진다.

리나라 통화정책의 최종목표는 물가안정이라는 단일목표로 명료하게 정립되었다고 볼 수 있다. 그러나 외환위기 이후 지금까지 우리나라 통화정책의 운용방식에는 여러 가지 운용전략이 혼재되어 있어 중장기적으로 서로 상충될 요소가 없지 않다는 지적이 있다. 이와 같은 통화정책 운용체계는 경제주체나 금융시장 참가자에게 통화정책 방향에 대하여 잘못된 신호를 주거나 불필요한 오해를 야기함으로써 결과적으로 통화정책의 효율성과 신뢰성을 일부 훼손할 가능성도 없지 않다. 현행 우리나라 통화정책 운용방식을 구체적으로 살펴보면 대체로 다음과 같은 세 가지 요소를 포함하고 있다.

첫째, 현행 우리나라 통화정책 운용방식은 물가안정 달성을 위하여 본원통화 혹은 지준총액을 조절하여 M3증가율을 적정수준으로 목표관리하고 있다. 이러한 운용방식은 앞에서 이미 살펴본 바와 같이 1997년말 외환위기 이후 IMF와의 합의에 따라 M3를 감시목표로 하여 이에 상응하는 본원통화 공급규모를 예시한도로 설정·관리해 온 데서 비롯되고 있다. 따라서 우리나라 통화정책 운용방식은 공식적인 입장에서 보면 본원통화 혹은 지준총액을 운용목표로 하고 통화량(M3)을 중간목표로 하는 통화량목표제(monetary targeting)를 채택하였다고 볼 수 있다.[52]

이러한 통화정책 운용체계는 운용전략으로 보면 2계 관리전략인 중간목표 전략에 속한다. 이 경우 통화당국의 정책판단과 정책의도의 전달은 중간목표를 통해서 이루어지게 된다. 이러한 운용전략이 효과적으로 작동하기 위해서는 두 가지 중요한 문제가 전제되어야 한다.

하나는 우선 제1단계(전략단계)에서 통화량의 움직임과 통화정책의 최종목표 간에 긴밀하고 안정적인 관계가 유지되고 있어야 한다는 점이다. 그러나 통화량과 실물경제의 안정적인 관계가 크게 약화되었다는 것은 잘 알려진 사실이다. 앞에서 살펴본 바와 같이 최근 들어 인플레이션이 크게 진정되어 저물가시대에 접어들면서 대다수의 주요국 중앙은행은 본원통화 혹은 지준총액을 운용목표로 사용하면서 통화량을 중간목표로 채택하는 방식의 경직적인 통

---

52) '1999년 7월중 통화정책방향 관련 기자간담회 자료'(정책기획국) 참조.

화량 중간목표전략을 거의 채택하고 있지 않다. 경직적인 통화량 중간목표전략은 물가안정 달성에는 별 효과가 없으면서 단기금리의 변동폭을 크게 하여 오히려 금융시장의 교란을 야기할 우려가 있기 때문이다. 우리나라의 경우 역시 통화정책의 중간목표로 관리되고 있는 M3와 실물경제의 관계가 크게 약화된 것으로 실증 분석되고 있으며, 이에 따라 M3와 최종목표인 물가안정과의 관계도 의문시되고 있다.

또 하나는 제2단계(전술단계)에서 통화량 중간목표를 달성하기 위하여 어떤 변수를 운용목표로 활용하느냐 하는 문제이다. 즉 본원통화 혹은 지준총액과 같은 양적 변수와 단기금리와 같은 가격변수 가운데 어느 지표를 운용목표로 사용하느냐 하는 문제이다. 우리나라 통화정책의 운용목표는 IMF 프로그램에 따라 본원통화를 예시한도로 관리하다가 1998년 10월 정책협의 때부터 본원통화 예시한도설정이 폐지된 이후에도 본원통화 또는 지준총액을 중시하면서 최근에는 단기금리(콜금리)도 중시하고 있다. 이러한 점에서 현행 통화정책 운용목표가 본원통화(지준총액)인지 아니면 단기금리인지가 불분명한 실정이다.

둘째, 실제 통화정책 운용수준(제2단계 또는 전술단계)에서는 단기금리를 중요하게 고려하는 금리중시 통화정책을 운용하고 있다. 이러한 금리중시 운용전략은 앞서 살펴본 바와 통화당국이 외환위기 이후 IMF와의 협의에 따라 외환시장 안정을 도모할 목적으로 단기금리(콜금리) 수준을 더 중시하여 통화정책을 수행해 오는 과정에서 매월 단기금리의 방향을 공시한 데서 비롯된다.

따라서 우리나라의 통화정책 운용방식은 실제 운용 측면에서 볼 때 이미 금리중시 통화정책으로 전환된 것으로 인식되고 있다. 이러한 금리중시정책은 통화정책수행에서 지금까지 중시하였던 통화량 중간목표 달성이라는 준칙을 자연스럽게 퇴색시키고 금융·경제상황의 재량적 판단에 의존하여 통화당국이 금리운용목표를 수시로 미조정하는 것을 의미한다. 이러한 정책운용방식은 주요 선진국 경험에서 보듯이 통화량 중간목표변수에 많은 변화를 초래하게 된다. 즉 단기금리수준을 안정시키고자 하는 경우에는 통화량 중간목표의 변동성을 허용해야 하기 때문에 통화당국은 M3의 증가율 목표범위를 확대하고 이러한 목표범위를 달성하지 못하는 경우에도 이를 허용해야 하고, 통화증가율 목표를 1~2년에 걸친 중기로 늘려 잡는 등 통화목표를 신축적으로 관리하는 것을 불가피하게 한다. 다시 말하면 실제로 금리중시정책을 운용하는 경우에는 M3목표는 반드시 달성해야 하는 중간목표로서보다는 정보변수로서의 역할을 수행하고 있는 것으로 봄이 타당하다.

이러한 점에서 보면 외환위기 이후 우리나라 통화정책 운용방식은 환율안정을 위하여 단기금리를 조절(운용목표 : 콜금리, 중간목표 : 환율)하는 동시에 거시경제목표(물가안정)를 달성하기 위하여 통화량(M3) 증가율을 적정수준으로 목표관리[운용목표 : 본원통화(지준총액), 중간목표 : M3]하는 이원적인 통화정책을 운용하고 있는 실정이다. 그러나 이와 같이 단기금리 안정을 중시하면서도 통화총량 관리에 별다른 어려움이 발생하지 않고 있는 것은 외환위기라는 특수상황에서 본원통화의 공급확대를 통한 단기금리 인하에도 불구하고 경기침체와 신용경색 심화로 시중자금수요가 대폭 감소하여 본원통화가 늘어나지 않았기 때문이다. 따라서 앞으로 경기가 회복되어 실물경제와 금융시장이 정상적인 상황으로 전환되면 단기금리와 본원통화의 상충문제뿐만 아니라 단기금리 안정과 통화량목표 사이의 상충문제가 현실화될 것이므로 현재와 같은 이원적 통화정책 운용은 근본적으로 불가능해질 것이며, 따라서 우리의 통화정책 운용방식도 재고되어야 할 것이다. 예를 들어 단기금리를 중시하는 금리중시 통화정책 운용방식을 그대로 지속하는 경우 M3의 증가율 목표범위를 더 확대하거나 이러한 목표범위를 달성하지 못하는 경우에도 이를 허용해야 하며, 통화증가율목표를 1~2년에 걸친 중기로 늘려 잡는 등 통화목표를 신축적으로 관리하는 것을 수용해야 할 것이다. 단기금리를 운용목표로 사용하는 경우 은행의 자금수요에 맞추어 지준을 공급해야 하는 관계로 단기적으로 금리는 안정될 수 있으나 통화량 목표수준 달성은 어려워지기 때문이다.

그러나 어떠한 방식을 택하든 우리의 금융·경제여건을 감안할 때 금리와 통화량 가운데 어느 한 변수를 절대적으로 고정시키고 다른 변수는 대폭의 변동을 허용하는 그러한 접근방식을 택할 수는 없을 것이다. 다만 대부분의 주요 선진국 중앙은행이 그렇게 하듯이 금리와 통화량을 모두 중요하게 고려하되 두 변수 가운데 어느 한 변수를 상대적으로 더 안정시키고 어느 한 변수에 대하여는 다소 신축적인 변동을 허용할 것인가 하는 문제로 접근해야 할 것이다. 이와 같은 접근방법을 택한다면 대체로 결론은 분명하다. 주지하는 바와 같이 최근 들어 통화량과 실물경제의 관계가 크게 불안정한 가운데 세계적인 흐름도 전반적으로 금융시장의 가격지표, 즉 금리를 안정시키는 것을 중시하는 방향으로 전환된 지 오래이기 때문에 우리나라의 통화정책도 금리와 통화량을 모두 중요하게 고려하되 단기적인 측면에서 금리의 안정을 상대적으로 더 중시하는 반면 통화량의 변동성은 어느 정도 허용하는 방식으로 방향을 잡아가야 할 것으로 보인다.

셋째, 한국은행은 새로운 《한국은행법》의 시행을 계기로 1998년 4월부터 물가안정목표제를 도입·운용하고 있다. 한국은행은 정부와 협의하여 연간 물가안정목표를 1999년도에는 연평균 소비자물가상승률 기준 3±1%, 2000년도에는 2.5±1%로 정하고 이를 공표하였다.[53] 이러한 물가안정목표제는 중앙은행이 중기적인 관점에서 달성해야 할 물가안정목표를 사전에 설정하고 통화량, 장기금리, 환율, 기대물가상승률, 자산가격, 원자재가격 등 각종 정보변수 관찰을 토대로 운용목표인 단기금리 조절을 통하여 물가안정목표를 달성하고자 한다. 이러한 통화정책 운용방식은 명시적인 중간목표 없는 1계 운용전략인 정보변수전략에 그 근거를 두고 있다.

이와 같이 물가안정목표제는 정보변수전략이기 때문에 통화량 중간목표전략과는 원리적으로 양립할 수 없는 운용체제이다. 따라서 유럽중앙은행(ECB)과 같이 통화량을 중간목표로 설정하여 그 증가율 목표를 관리하고자 하는 경우에도 통화량은 반드시 달성해야 할 중간목표변수로서보다는 정보변수나 참고지표의 하나로 간주될 수밖에 없다.[54]

---

53) 특히 금년에는 연간목표 외에 중기목표도 동시에 공표하였으며, 대상지표도 일반소비자물가에서 농산물 및 석유류 가격변동분을 제외한 근원 인플레이션율(underlying rate of inflation)을 채택하였다.

54) 우리나라의 물가안정목표제 자체도 나름대로의 문제점을 내포하고 있다. 즉 《한국은행법》에 따르면 매년 정부와의 협의를 거쳐 물가안정목표를 정하도록 규정하고 있어 한국은행은 매년 그 다음해의 물가안정목표를 설정하는 방식을 택하고 있으나 통화정책의 인플레이션 파급시차(대체로 2년)를 감안할 때 이와 같은 목표설정방식으로는 체계적이고 일관성 있는 통화정책

결론적으로 말해 현행 우리나라 통화정책 운용방식은 전략적 단계에서 보면 개정 《한국은행법》에 명시된 물가안정목표의 공표 및 달성이라는 물가안정목표제(1계 정보변수전략)와 그간의 통화량(M3)을 중간목표로 하는 통화량목표제(2계 중간목표전략)가 혼재되어 있으며, 전술적 단계에서는 단기금리와 본원통화(지준총액)를 동시에 운용목표로 하고 있는 등 통화정책의 전략과 전술에서 중장기적으로 서로 상충될 수 있는 체계를 가지고 있다. 따라서 앞으로 과제는 우리나라 통화정책 운용여건을 감안하여 어떻게 이와 같이 상충되는 운영체계를 분명하면서 일관성 있는 하나의 체계로 정립시켜 나가느냐 하는 것이라고 하겠다.

V. 우리나라 통화정책의 새로운 패러다임

1. 통화정책 운용체계의 전환

앞에서 이미 살펴본 바와 같이 현행 우리나라 통화정책 운용방식은 (1) 전략적 단계에서 정보변수전략에 기반을 둔 물가안정목표제(inflation targeting)와 중간목표전략에 근거한 통화량목표제(monetary targeting)가 혼재되어 있으며, (2) 전술적 단계에서는 단기금리와 본원통화(지준총액)를 동시에 운용목표로 하고 있다. 이러한 이유로 우리나라의 통화정책은 통화량중시정책인지 아니면 금리중시정책인지에 대한 의문이 제기되고 있으며, 이는 통화정책방향에 대하여 잘못된 신호를 주거나 불필요한 오해를 야기함으로써 결과적으로 통화정책의 효율성과 신뢰성 확보를 어렵게 하고 있다. 그러므로 이와 같이 상충될 수 있는 운영체계를 어떻게 하나의 일관성 있는 체계로 통일시키느냐

을 수행하기가 어려운 실정이다. 예를 들어 1999년도의 경우 연간 물가안정목표가 3±1%로 설정되어 있는 상황에서 소비자물가상승률이 대체로 1% 수준에 머물고 있었으나 이를 통화정책에 반영할 여지가 없었다.

하는 것이 앞으로 가장 중요한 과제이다.

가. 장기적 발전방향

금융환경 변화, 세계적인 흐름, 그리고 우리 금융의 발전단계 등을 감안해
볼 때 우리나라 통화정책 운용방식은 장기적으로는 '물가안정목표제 하의 금
리중시 통화정책'으로 전환해 가는 것이 바람직하다. 이러한 방식은 대체로
(1) 물가안정목표를 사전에 설정하고, (2) 장기금리, 환율, 자산가격, 금리스프
레드 등의 가격지표와 함께 통화총량, 신용총량 등의 양적 지표 등의 다양한
정보변수를 관찰·분석하여 인플레이션 압력을 평가하고, (3) 장래의 인플레이
션을 선제적으로 수속하기 위해 운용목표로 설정한 단기금리를 금융·경제상
황에 대한 중앙은행의 재량적 판단에 맞게 미조정함으로써, (4) 최종목표인 물
가안정을 달성하고자 하는 통화정책 운용방식이다. 여기서 통화총량은 정보변
수로서 뿐만 아니라 통화정책의 명목기준지표로서 여전히 중요한 역할을 가지
고 있다.

이러한 통화정책 운용방식은 재량정책인 금리중시 통화정책에 일종의 준칙
인 물가안정목표제를 가미함으로써 통화정책의 신축성을 확보하는 동시에 규
율을 부가하는 '절제된 재량'에 기반을 두고 있다. 이를 전략적 측면에서 보면
명시적인 중간목표를 설정하지 않고 정책수단의 조절을 통하여 인플레이션 목
표를 직접 달성한다는 점에서 정보변수전략을 채택하는 것이며, 통화정책 운
용의 전술적 측면에서는 단기금리를 운용목표로 설정한다는 점에서 금리를 중
시하는 운용방식이다.[55]

따라서 이러한 방식은 개정 《한국은행법》 시행을 계기로 도입·운용되고
있는 물가안정목표제,[56] 주요 선진국의 보편적인 추세인 금리중시정책, 그리
고 정보변수로서의 통화총량의 역할을 하나의 일관된 체계로 통합·흡수함으
로써 현재 우리나라 통화정책 운용방식이 내포하고 있는 전략 및 전술과 관련

---

55) 금리중시 통화정책의 실제 운용절차에 대한 구체적 내용은 이 책 제2장을 참조.
56) 물가안정목표제(inflation targeting)에 대한 더 자세한 논의는 이 책 제3장을 참조.

된 여러 가지 갈등과 혼선을 모두 해소하는 동시에 분명한 통화정책 운용체계를 제시하고 있다.

이상에서 제시한 통화정책 운용방식이 효과적으로 작동하기 위해서는 (1) 장단기 금융시장이 잘 발달되어 있고, (2) 단기금리→장기금리→실물경제로 이루어지는 금리파급경로가 안정적으로 구축되어 있으며, (3) 물가안정기반이 확립되어 인플레이션 기대심리가 만연해 있지 않고, (4) 실물 및 금융경제에 대한 정확한 판단이 이루어질 수 있도록 각종 정보변수의 활용이 가능하고, (5) 통화당국이 본원통화를 능동적 신축적으로 조절할 수 있는 능력을 확보하고 있는 등 통화정책 운용여건(infrastructure)이 마련되어 있어야 한다.

그러나 이와 같은 운용여건이 충분할 정도로 갖추어지기 위해서는 앞으로 제도적인 측면에서 체계적인 노력이 필요할 뿐만 아니라 무엇보다도 오랜 시간이 필요하다. 따라서 이상에서 제시한 통화정책 운용의 장기적 발전방향에 맞추어 우리나라 통화정책 운용방식을 개선하기 위해서는 공식적인 전환시기를 제반 운용여건이 완비될 때까지 기다릴 것이 아니라 먼저 전략과 패러다임을 전환하여 운용여건을 주도적으로 정비·개선해 나가는 적극적인 전략(positive approach)을 택하고 이를 단계적으로 추진해 나감이 바람직하다. 아래에서는 먼저 왜 이러한 적극적인 전략이 바람직한지에 대하여 논의한 다음 여러 통화정책 운용여건이 정비되는 정도에 따른 통화정책의 단계별 개선방안을 모색해 보고자 한다.

나. 적극적 전략이 필요한 이유

최근 들어 세계적으로 인플레이션이 크게 진정되어 저물가시대에 접어들면서 대다수의 주요국 중앙은행은 본원통화(지준총액)를 운용목표로 사용하는 동시에 통화량을 중간목표로 채택하는 방식의 경직적인 중간목표전략을 폐기하였다. 그 이유는 금융혁신의 진전과 금융시장의 급속한 발전 등으로 통화량과 실물경제의 관계가 크게 불안정해짐에 따라 경직적인 통화량 중간목표전략은 물가안정 달성에는 별 효과가 없으면서 오히려 단기금리의 변동성을 크게 하여 금융시장의 교란을 야기할 가능성이 크다는 점 때문이다. 대신에 각국의 중앙은행은 금융·경제 관련 다양한 정보변수를 관찰·분석하여 정책의 변화가 필요하다고 판단될 경우 운용목표의 조절을 통하여 직접 최종목표를 바람직한 수준으로 달성하는 정보변수전략을 채택하고 있다.

우리나라의 경우에도 그 동안의 중간목표전략에 기반을 둔 경직적인 M2증가율목표관리는 유동성관리에는 별 효과가 없으면서 오히려 은행권 위축, 시장왜곡 등 많은 폐해를 가져왔다는 점이 지적되고 있다. 현행 M3증가율 목표관리의 경우도 최종목표와의 불안정한 관계, 속보성, 통제성 등 M3통화지표가 내포하고 있는 여러 가지 문제점 때문에 M3목표치가 실제로는 별 구속력이 없는 것으로 인식되는 등 그 유효성이 크게 낮아지고 있는 것으로 평가된다. 더욱이 우리는 1998년 4월 이후부터 정보변수전략에 기반을 둔 물가안정목표제를 이미 도입하여 운용하고 있는 것으로 공표하고 있다. 그러므로 현시점에서 우리나라의 통화정책 운용전략을 그간의 통화량 중간목표전략에서 정보변수전략에 기반을 두고 있는 물가안정목표제로 전환시키지 못할 뚜렷한 명분과 이유를 찾기 어렵다. 다만 현시점에서 통화정책 운용전략을 정보변수전략으로 전환하는 경우 어떤 금융변수를 운용목표로 사용하여야 할 것인가 하는 중요한 문제가 남아 있으나 우리나라는 외환위기 이후 외환시장 안정을 도모하는 과정에서 실질적으로 단기금리(콜금리)를 중시하고 있다.

이러한 점에서 단기금리를 통화정책의 공식적인 운용목표로 설정하는 것이 바람직하다. 그 이유로는 대체로 다음과 같은 점을 들 수 있다.

첫째, 1980년대 초반 이후 인플레이션에 대한 우려가 다소 진정되면서 대다수 주요국 중앙은행은 금융시장의 교란방지와 금리변동성 완화를 위해 단기금리를 통화정책의 운용목표로 사용해 오고 있다는 점을 들 수 있다. 최근 들어 직접금융시장의 발전, 증권화의 급속한 진전 등으로 과거에 비해 금융자산(부)의 축적과 거래규모가 크게 확대되고 있기 때문에 금리의 급격한 변동은 (금융)자산가격의 변동을 통해 자칫 금융시장 전체의 불안을 야기할 수도 있게 되었다. 따라서 통화정책 수행에서 금리의 안정은 자산가격 안정과 금융시장 안정을 위해 절대적으로 중요한 관심사가 되었다. 이에 따라 주요국 중앙은행들은 금리를 중시하는 가중치를 지속적으로 높여 나가면서 단기적으로 지준수요를 수용해 나가는 경향을 보이고 있다. 즉 단기금리의 상대적 안정성을 확보하기 위해 본원통화의 변동성을 어느 정도 수용하는 방향을 택하고 있다.[57]

둘째, 우리나라도 외환위기 이후 IMF와의 협의에 따라 외환시장 안정을 도모할 목적으로 단기금리(콜금리) 수준을 더 중시하여 통화정책을 수행해 오는 과정에서 매월 단기금리의 방향을 공시하면서 실제로 단기금리(콜금리)를 운용목표로 활용해 오고 있다. 이에 따라 금융시장에서도 단기금리를 통화정책의 운용목표로 인식하고 있으며 그 공시효과의 중요성을 인정하고 있다.

셋째, 우리나라도 최근 들어 주식시장 규모의 확대, 채권시장의 활성화, 그리고 뮤추얼펀드의 급속한 성장 등으로 직접금융시장이 크게 발전하고 있다. 특히 자산담보부증권(Asset Backed Securities), 주택저당담보부증권(Mortgage Backed Securities)의 출현 등으로 자산증권화 추세가 진전되고 있는 가운데 IMF협약에 따라 2000년 7월부터 채권시가평가제가 시행되는 것으로 예정되어 있다. 이러한 상황에서 금리의 안정은 자산을 거래하는 금융기관 및 투자자에게 뿐만 아니라 금융시장 전체의 안정을 확보하는 데 매우 중요한 사안이 아닐 수 없다. 이와 같이 금리를 중시하기를 원하는 이해관계자의 세력이 크게 변화됨에 따라 중앙은행 역시 금리의 안정을 중시하는 것이 불가피한 상황이다.

넷째, 금리와 통화량은 표리관계에 있기 때문에 어느 한 변수만을 절대적으로 중시할 수는 없다는 점이다. 현재의 우리나라 금융·경제여건을 감안할 때 어느 한 변수를 절대적으로 고정시키고 다른 변수는 대폭의 변동을 허용하는 그러한 접근방식을 택할 수는 없을 것이다. 그러므로 현재 대다수의 주요 선

---

57) 미국 연준의 경우 과거에는 경기과열이 나타날 우려가 있으면 금리를 선제적으로 인상하여 미래의 인플레이션에 대처하여 왔으나 최근 들어 주가가 급등하고 높은 성장률을 시현하고 있음에도 불구하고 인플레이션 징후가 뚜렷하게 나타나기 전에는 금리인상을 보류하는 등 금리조정을 극도로 자제하는 기회의존적(opportunistic) 혹은 절충적(ecletic)인 금리운용방식으로 변화하는 경향을 보이고 있다. 이는 금리변동으로 주가가 폭락하는 등 자산시장이 큰 충격을 받아 금융시장이 불안해짐으로써 미국 경제의 선순환구조가 종식되는 사태를 방지하기 위한 면과 시장위험이 높은 자산시장에 노출되어 있는 계층이 주로 중산층 투자자라는 점 등에 기인하는 것으로 보고 있다(Taylor 1998).

진국 중앙은행이 그렇게 하듯이 금리와 통화량을 모두 중요하게 고려하되 단기적인 측면에서 금리의 안정을 상대적으로 더 중시하는 대신 통화량의 변동성을 어느 정도 허용하는 방식으로 방향을 설정하는 것이 바람직하다.

다섯째, 본원통화를 운용목표로 사용한다고 하더라도 현실적인 측면에서 통화당국의 본원통화 조절능력이 제약되어 있을 뿐만 아니라 본원통화의 변동이 실제로 중간목표인 M3에 어떤 영향을 미치는지, 그리고 최종목표인 물가안정에 어떠한 영향을 미치는지가 단기금리의 변동이 실물경제에 미치는 영향만큼이나 불투명하다는 점이다. 반면에 본원통화의 목표관리는 금리의 변동성만을 확대시킬 뿐이다. 이러한 금리변동은 오늘날 자산시장에서 자산가격변동을 통하여 금융시장의 안정에 심대한 영향을 줄 수 있다.

여섯째, 오늘날 중앙은행은 일일물 단기금리(콜금리) 조절능력만을 보유하고 있다는 점이다. 중앙은행이 은행지준의 독점적인 공급자의 위치에서 금융시장의 단기유동성을 의도하는 금리수준으로 공급 및 흡수함으로써 단기금리에 대한 조절능력은 확실하게 확보하고 있다. 그러나 금융시장이 거래규모나 참가자의 다양성 면에서 크게 발전해 감에 따라 일일물 이상의 금리나 통화량과 같은 그 외의 금융변수에 대한 영향력을 보유하고 있지 못하다.

일곱째, 정보변수전략에 근거한 금리중시 통화정책 운용전략을 채택하는 경우 중앙은행은 명시적인 중간목표를 설정·공표하지 않고 금융·경제상황에 대한 판단에 근거하여 금리를 재량적으로 조절함으로써 통화정책의 동태적 비일관성 문제가 제기될 수 있다. 이런 문제를 해결하기 위하여 주요 선진국 중앙은행은 물가안정목표제라는 일종의 준칙을 도입함으로써 절제된 재량정책을 도모한다는 것을 앞에서 살펴보았다. 우리나라의 경우 이미 도입·운용되고 있는 물가안정목표제는 금리중시 운용방식을 지속하는 경우 제기될 수 있는 동태적 비일관성 문제를 해결하는 데 매우 적절한 체제를 제공해 주고 있다.

다. 단계별 개선방안

아래에서는 통화정책 운용여건이 정비되는 정도에 따른 단계별 통화정책

개선방안을 모색해 본다.

(1) 제1단계

o 통화정책 운용여건
· 초기 구축단계
o 전략
· 절충적 정보변수전략 : 물가안정목표제(inflation targeting)와 묵시적 통화량
목표제(implicit monetary targeting)를 병용
o 전술
· 금리중시 : 단기금리를 운용목표로 설정·관리
단, 단기금리와 본원통화(지준) 간에 일정한 관계를 유지

현재 우리나라 통화정책 운용체계는 이상에서 제시한 장기적 발전방향으로
나아가는 과도기적 단계에 있다. 즉 전략적인 측면에서는 통화량목표제라는
중간목표전략과 물가안정목표제라는 정보변수전략이 혼재되어 있으며, 전술
적인 측면에서는 단기금리(콜금리)와 본원통화(지준총액)을 동시에 운용목표
로 중시하고 있다.

따라서 제1단계에서는 이러한 전략 및 전술의 비일관성과 갈등을 해소하고
통화정책체계를 하나의 일관된 체계로 통일시키는 것이 가장 큰 과제이다. 그
러나 경기가 본격적으로 회복세를 보이는 금년과 내년에는 실물경기의 회복,
금융시장안정 및 금융산업 구조조정을 지원된 유동성과 외자도입, 경상수지
흑자 등으로 해외부분에서 공급되는 유동성을 적절하게 관리할 필요가 있기
때문에 통화량을 적정수준으로 관리하는 것이 절대적으로 중요하다.

이러한 점을 감안할 때, 제1단계에서는 전략적인 측면에서 통화량증가율 목
표범위를 중기(1~2년)에 걸쳐 설정하되 이를 현행과는 달리 대외적으로 발
표하지 않고 내부 목표로만 관리하도록 하고 목표범위도 가급적 여유있게 설
정한다. 여기서 통화량 목표는 구속력이 약한 중기적 내부관리목표로서 통화
증가율목표의 단기적 이탈은 허용하되 기조적으로 목표치를 크게 벗어나지 않
도록 하기 때문에 이러한 방식은 일종의 묵시적(implicit) 통화량 중간목표전
략에 속한다.

이는 현행 M3 중간목표 관리방식과 크게 다르지 않으나 시계가 더 중기라

는 점과 통화량 목표범위를 대외적으로 공표하지 않고 내부관리지침으로만 사용한다는 점, 그리고 중심통화지표가 현재 속보성 등 일부 문제점을 드러내고 있는 M3가 아닌 새로운 적정통화지표여야 한다는 점에서 다소 상이하다.[58] 이러한 묵시적 통화량 중간목표 관리방식은 개정된《한국은행법》시행을 계기로 도입·운용되고 있는 정보변수전략에 기반을 둔 물가안정목제와는 별다른 갈등요소가 없다. 통화량 중간목표는 반드시 달성되어야 하는 목표가 아닌 내부관리목표로서 단기적으로는 큰 구속력이 없기 때문이다.

한편 전술적인 측면에서는 단기금리를 운용목표로 공식적으로 설정하되 단기금리와 본원통화(지준) 간에 일정한 관계를 유지하는 원칙을 정립한다. 금융시장의 교란을 방지하고 단기금리의 상대적 안정성을 확보하기 위해 단기적으로 금융기관의 지준수요 변동을 수용하되 중기적으로는 단기금리와 본원통화 사이에 일정한 관계를 유지하도록 할 필요가 있다.

제1단계에서는 통화정책 운용의 전략과 전술을 전환하는 과정에서 단기금리를 단일 운용목표로 공식화하고 물가안정목표제를 본격적으로 운용하는 데 따르는 각종 통화정책 수단 및 운용여건을 정비해 나가는 작업이 필요하다. 여기에는 물가안정기조 정착, 장단기 금융시장 발전, 금리파급경로 구축, 본원통화조절능력 제고 등의 중장기적 선결과제 이외에도 기존 통화정책수단의 개선, 새로운 적정통화지표 개발, 정보변수 개발, 근원 인플레이션율 추정 등 단기적 과제의 해결이 필요하다.

(2) 제2단계

---

o 통화정책 운용여건
　·중간발전단계
o 전략
　·정보변수전략 : 물가안정목표제
　　단, 통화량을 가장 중요한 정보변수로 활용
o 전술
　·금리중시 : 단기금리를 운용목표로 설정·관리
　　단, 단기금리 운용목표경로에 상응하는 통화총량의 경로를 고려

제1단계 과제가 마무리되고 물가안정기조가 정착되고 금융시장이 발전하면서 금리파급경로가 서서히 구축되어 감에 따라 통화정책 운용방식을 제2단계로 전환할 필요가 있다. 이 단계에서는 여러 가지 다양한 정보변수를 활용하여 물가안정목표를 달성하고자 하는 본격적인 정보변수전략을 채택하되 통화총량을 가장 중요한 정보변수로 고려한다. 통화총량이 정보변수로 활용되지만 단기금리 운용목표경로에 (비록 1 대 1 대응은 아니지만) 상응하는 통화총량의 경로를 설정할 필요가 있다. 왜냐하면 장기적으로 볼 때 통화총량과 인플레이션 사이에는 긴밀한 관계가 존재할 뿐만 아니라 통화총량은 통화정책의 중요한 명목기준지표가 되며 물가안정과 관련된 통화의 역할은 여전히 중요하기 때문이다.[59]

한편 전술적인 측면에서는 단기금리를 실질적인 단일 운용목표로 하여 금리를 중시하는 가중치를 제1단계에서 한층 높여 나간다. 따라서 단기금리의 상대적 안정성을 확보하기 위해 단기적으로 금융기관의 지준수요 변동을 수용하되 중기적으로는 단기금리 운용목표 경로에 상응하는 통화총량의 경로를 고려한다.

제2단계에서는 물가안정기조 정착, 장단기 금융시장 발전, 금리파급경로 구축, 본원통화조절능력 확보 등의 중장기적 과제를 지속적으로 추진해 나가면서 인플레이션 압력에 대한 전망과 추정을 위한 중앙은행의 정보능력과 예측능력을 높이는 것이 핵심과제가 된다. 또한 통화정책에 대한 정치권의 영향을

---

58) 유럽중앙은행(ECB)은 유로지역 종합소비자물가지수(Harmonized Index of Consumer Prices)의 연간상승률을 2% 이하로 목표관리하는 동시에 통화량(M3) 목표치를 대외에 공표하고 있다. 그러나 ECB는 통화량 목표치를 엄격히 관리하지 않는다는 입장을 취하고 있기 때문에 이는 묵시적 목표로 볼 수 있으며, 이러한 점에서 ECB의 통화정책 운용방식은 절충적 정보변수전략에 기반을 두고 있다고 볼 수 있다.

59) 최근 들어 단기적으로는 통화총량과 실물경제의 관계가 대단히 불안정해졌기 때문에 통화총량은 가까운 장래 인플레이션에 대한 충분하고 신뢰성 있는 정보를 제공해 줄 수 없다는 문제가 있음은 잘 알려진 사실이다. 그러나 장기적으로 통화총량과 물가수준 간에는 正의 상관관계가 존재한다. 지속적인 물가상승, 즉 인플레이션은 통화량의 증가 없이는 일어날 수 없기 때문이다. 따라서 통화량은 중요한 통화정책의 명목기준지표(nominal anchor)가 되며 물가안정과 관련된 통화의 역할은 여전히 중요하다. 더욱이 최근 들어 BIS 자기자본규제 등의 규제감독이 강화되면서 신용경색 등과 같이 이자율 변동에 직접 관련되지 않는 큰 규모의 지출변동이 발생할 수 있게 되었다. 이러한 점에서 통화당국은 통화총량이나 은행대출의 동향을 면밀하게 파악해야 할 필요가 있다.

배제하는 관행을 정착시키는 노력과 통화신용정책의 신뢰성 확보를 위한 노력
도 이 단계에서 주요한 과제가 된다.

(3) 제3단계

○ 통화정책 운용여건
　·성숙단계
○ 전략
　·정보변수전략 : 물가안정목표제
　→ 통화량을 포함한 다양한 정보변수를 활용
○ 전술
　·금리중시 : 단기금리를 운용목표로 설정·관리
　　단, 단기금리 운용목표경로에 상응하는 통화총량의 경로를 고려

　물가안정기조 정착, 금융시장 발전, 금리파급경로 구축 등 통화정책 운용여
건이 어느 정도 정비되어 가면 제3단계의 통화정책 운용방식은 장기적 발전방
향인 물가안정목표제 하의 금리중시 통화정책 운용체계로 자연스레 발전되어
간다. 이 단계에서는 (1) 먼저 물가안정목표를 설정·공표하고, (2) 환율, 장기
금리, 자산가격, 장단기금리간 스프레드 등의 가격지표와 함께 통화총량, 신용
총량, 부채규모 등의 양적 지표를 정보변수로 활용하여 인플레이션 압력을 정
확히 평가하고, (3) 이를 토대로 통화당국의 판단에 따라 장래 인플레이션을
사전 수속하기 위하여 단일 운용목표인 단기금리를 선제적으로 조절함으로써,
(4) 최종목표인 물가안정목표를 달성을 도모하게 된다.

　이러한 통화정책 운용방식은 재량정책인 금리중시 통화정책에 일종의 준칙인
물가안정목표제를 가미함으로써 통화정책의 신축성(flexibility)과 규율(disci-
pline)을 동시에 가능하게 하는 '절제된 재량'에 기반을 두고 있는 우리나라 통화
정책 운용방식의 장기적 발전방향과 일치한다.

〔표 2〕 　　　　　　　　　　단계별 통화정책 운용방식

	운용여건	전 략	전 술	비 고
1단계	초기 정비단계	**절충적 정보변 수전략** · 물가안정목표제 와 묵시적 통화 량목표제를 병용 단, 통화량 증가 율목표는 중기 (1~2년)에 걸쳐 설정하되 내부 감시목표로 활용	금리중시 · 단기금리와 본 원 통화(지준)간 에 일정한 관계를 유지	**통화정책수단 개선 및 운용여건을 정비** · 장기 여건 : 물가안정기 조 정착, 장단기금융시 장 육성·발전, 금리파급 경로 구축 등 · 단기여건 : 기존 통화정 책수단 개선, 새로운 적정 통화지표 및 정보변수 개 발, 근원 인플레이션 추정 등
2단계	중간 발전단계	**정보변수전략** · 물가안정목표제 단, 통화량을 가 장 중요한 정보 변수로 활용	금리중시 · 단기금리를 운용 목표로 설정·관리 단, 단기금리 운 용목표경로에 상 응하는 통화총량 의 경로를 중시	제1단계 과제가 마무리 되어 물가안정 기조가 정착되고 장단기 금융시 장이 발전하면서 금리파 급 경로가 서서히 구축 되는 등 통화정책 운용 여건이 호전되어 가는 이행단계
3단계	성숙단계	**정보변수전략** · 물가안정목표 제 →통화량을 포함 한 다양한 정보변 수를 활용	금리중시 · 단기금리를 운용 목표로 설정·관리 단, 단기금리 운 용목표경로에 상 응하는 통화총량 의 경로를 중시	물가안정기조의 정착, 금 융시장의 발전, 금리 파 급경로 구축 등 통화정책 운용여건이 성숙단계에 접어들면 제3단계는 장 기적 발전 방향인 물가안 정 목표제 하의 금리중시 통화정책 운용체계로 자 연스럽게 발전

2. 통화정책 운용여건의 정비·개선

앞에서 제시한 우리나라 통화정책 운용방식의 단계별 개선방안의 성공적인 추진을 통하여 궁극적으로 장기적 발전방향인 '물가안정목표제 하의 금리중시 통화정책 운용방식'이 효과적으로 정착되기 위해서는 여러 가지 선결되어야 할 과제가 있다. 특히 이러한 선진화된 통화정책 운용방식이 제대로 작동되기 위해서는 (1) 장단기 금융시장의 발전, (2) 통화정책 효과의 파급경로 및 파급시차의 규명과 금리파급경로의 구축, (3) 물가안정기반의 확립, (4) 각종 정보변수의 개발 및 활용과 정책수단의 효율성 확보, (5) 본원통화 조절능력의 확보, 그리고 (6) 새로운 적정통화지표 개발 등 장단기 과제가 해결되어야 한다.

다음에서는 그 중에서도 가장 중요하다고 생각되는 몇몇 운용여건의 정비 및 개선에 대하여 구체적으로 살펴본다.

가. 장단기 금융시장의 육성·발전

통화정책을 효율적으로 운용하기 위해서는 중앙은행이 능동적으로 그리고 신축적으로 통화량이나 금리를 시장조절수단을 통하여 간접적으로 조절할 수 있어야 한다. 이러한 점에서 콜시장, 국공채시장, 회사채시장 등 장단기 금융시장은 통화정책 운용의 場으로서 매우 중요한 의미와 역할을 가진다. 금융시장이 잘 발달되어 있지 않고 따라서 중앙은행이 통화와 금리를 시장수단을 통하여 간접적으로 조절할 수 있는 능력을 확보하지 못하고 있다면 효율적인 통화정책수행이 불가능하게 된다. 예를 들어 금융시장이 제대로 발전되어 있지 못해 시장금리가 일정 수준 이상으로 지나치게 변동할 경우 이를 시장원리에 입각한 간접수단을 사용하여 안정시킬 수 있는 방법이 없는 경우 창구지도, 행정지시 등의 직접규제방식에 의존하게 될 수밖에 없기 때문이다.

우리나라 금융시장은 그 동안 경제발전과 더불어 금융시장의 종류가 다양해지고 거래규모가 확대되는 등 외형상으로는 급속한 발전을 보여왔으나 금리규제를 비롯한 각종 경쟁제한적 규제와 초과자금수요 압력이 지속됨으로써 금융시장의 발전이 지지부진한 실정이다. 특히 단기금융시장의 경우 경제주체의 자금과부족 조절이라는 금융시장 본연의 기능보다는 저축자금의 동원과 기업의 부족자금 지원에 치중하게 되어 금융기관의 여수신시장과 유사한 역할을 수행하고 통화당국에 의한 일방적인 유동성 흡수대상 시장으로 이용되어 왔다. 더욱이 단기금융시장의 구조를 보면 통화당국의 통화량조절을 위한 통화안정증권시장 및 기업어음시장의 비중이 압도적으로 높은 반면 순수한 단기정부증권시장이나 금융기관의 단기자금조달시장인 콜시장, 정기예금증서(CD)시장의 비중은 매우 낮은 것으로 나타나고 있다.

1997년 7월에 제4단계 금리자유화가 완료되었으나 아직까지도 통화정책수행의 장인 콜시장, 국공채시장 등의 단기금융시장이 제대로 정착되지 못해 통화당국이 시장원리에 의한 간접조절수단을 이용하여 통화 및 금리를 조절하는 데서는 아직까지도 커다란 제약이 존재한다. 우리나라의 금융시장은 주요 선진국에 비해 금융시장의 발전이 더디고 그 깊이도 얕은 편이며, 각 시장이 분할되어 있어 장단기 금융시장 간의 연계성도 취약하며 금리의 기간구조도 제대로 정립되어 있지 못하다. 특히 금융기관간 단기자금시장인 콜시장과 기업어음(CP)시장, 양도성예금증서(CD)시장, 환매조건부채권매매시장 등의 여타 단기금융시장이 현재로서는 상호 연계성이 약한 관계로 신축적인 금리변동에 의해 경제주체간 단기과부족자금의 조절 및 통화당국의 일상적인 유동성 조절효과의 파급경로로서 단기금융시장 본연의 기능을 제대로 수행하지 못하고 있는 실정이다. 또한 장단기금융시장간, 금융상품간 발행금리 격차의 지속 및 유통시장의 미발달 등으로 금융시장 및 금리가 다단계적으로 단절, 분리됨으로써 효율적인 금리재정이 이루어지지 못하고 있다.

1997년 12월 외환위기 이후 외환시장 안정을 위하여 단기금리를 중시하여 통화정책을 수행해 오는 과정에서 단기금리(콜금리)에 대한 통화당국의 통제력이 크게 강화되었으며 단기금융시장 여건도 크게 개선되었다. 그리고 기업어음(CP), 회사채 금리 등 중장기금리도 어느 정도 시차를 두고 초단기금리의 변동에 비교적 정확히 반응하는 등 단기금리에서 장기금리로 파급되는 금리경로도 상당히 개선되는 것으로 나타나고 있다. 또한 부실 종금사가 대폭 정리됨에 따라 그 동안 콜시장 왜곡의 주요 요인으로 지적되던 종금사의 영업자금조달 관행이 상당히 시정되었으며, 콜금리가 단기유동성 사정을 비교적 정확히 반영하는 등 콜시장도 크게 개선되었다.

이러한 사실은 통화정책 운용전략과 관련하여 대단히 중요한 시사점을 던져 주고 있다. 즉 단기금리를 운용목표로 설정하여 관리하는 금리중시 통화운용전략은 금리재정거래의 활성화, 금리파급경로의 개선 등을 통해 장단기 금융시장의 발전과 금융시장간 연계성 강화에 대단히 효과적이라는 점이다. 이러한 점에서 통화정책 운용방식을 금리중시전략으로 실질적 공식적으로 전환하여 금융시장발전과 금리파급경로를 주도적으로 구축해 나가는 적극적인 전략이 금융시장이 완비된 후에 금리중시 통화정책으로 전환하는 것이 더 바람직하다고 생각하는 소극적 전략보다 훨씬 효과적인 전략일 수 있다.[60]

나. 통화정책 파급경로의 규명

통화정책이 어떤 경로를 통하여 어느 정도의 시차를 두고 실물경제활동에 영향을 미치는가 하는 문제는 거시통화이론에서 가장 기본적이고 오래된 과제 가운데 하나이다. 일반적으로 통화정책효과 파급경로에는 이자율경로, 환율경로, 자산가격경로 등의 가격경로와 함께 이를 보완하는 신용경로(은행대출 경로와 기업대차대조표 경로)가 있다.[61]

최근 들어 내외에 걸친 금융환경의 급속한 변화는 우리나라 통화정책의 파급경로에서 많은 변화를 초래하고 있다. 따라서 통화정책의 효율성을 확보하기 위해서는 정책파급경로에 대한 더욱 면밀한 분석과 파악이 요구된다.

---

60) 과거 경직적인 통화량목표제(M2)는 그 동안 금융시장의 발전을 크게 제약해 온 것으로 지적되고 있다. 정책금융 등 중앙은행의 준재정적 활동을 통하여 적정통화량에 비해 과다한 본원통화 공급이 자동적으로 이루어지고 이에 따른 과잉통화량을 사후적으로 목표범위 내로 관리하기 위하여 여신한도 규제, 예대상계, RP나 통화안정증권 강제배정 등의 직접규제방식에 의존한 결과 통화정책수행의 장으로서 기능해야 할 콜시장과 국공채시장 등 단기금융시장의 발전을 저해하는 주요 요인이 되어 왔다.

61) 우리나라의 경우 통화정책 파급과정에 신용경로가 존재하고 있음을 뒷받침하는 분석결과에 대하여는 이 책 제8장을 참조.

첫째, 최근 들어 우리나라의 자본시장은 시장규모가 크게 확대되었을 뿐만 아니라 제도적 기반도 확충되는 등 빠른 속도로 발전하는 모습을 보이고 있다. 이러한 자본시장의 발전은 통화정책 효과의 파급경로에 적지 않은 영향을 미쳤을 것으로 보인다.[62] 한편 자산(특히 주식)시장의 규모가 확대됨에 따라 자산가격의 변동성이 커지고 있다. 자산가격이 지나치게 상승하는 경우 통화정책은 이에 어떻게 대응하는 것이 바람직한가에 대한 논의가 최근 큰 이슈로 대두되고 있다.[63]

둘째, 최근 금융·외환위기의 발생에 따라 은행에 대한 사전 건전성규제 및 감독이 크게 강화되고 있다. 이러한 은행 건전성규제 감독의 강화는 통화정책의 효과를 상쇄할 수 있다. 이는 건전성규제 및 감독정책이 거시경제적 측면에서 가지는 의미가 점점 중요해지고 있다는 현상을 반영하는 것이며, 금융시스템의 안정성을 위하여 건전성규제 관련 기준을 제정하고 감독함에서도 거시경제적 효과를 충분히 고려해야 한다는 중요한 시사점을 주고 있다. 이는 또한 중앙은행이 금융시스템의 안정성을 확보하고 위기관리 역할을 효과적으로 수행하기 위해서는 개별 은행의 자산운용 등 금융중개행태에 관련된 정보를 상시 파악하고, 또 그들의 행태에 영향을 미칠 수 있는 다양한 수단을 보유하고 있어야 한다는 점을 말해 주고 있다.[64]

셋째, 직접금융시장의 발전과 금융증권화의 진전, 그리고 은행 건전성규제 감독정책의 강화 등은 다른 한편에서 은행의 금융중개행태에 큰 변화를 요구하고 있다. 이는 결과적으로 은행자산구성에도 많은 변화를 초래하고 있다. 이

---

62) 자본시장발전과 금융증권화 추세의 진전이 통화정책의 파급경로에 미치는 영향에 대하여는 이 책 제11장을 참조.

63) Bernanke and Gertler(1999)에 따르면 통화정책은 자산가격변동에 대하여 직접적인 대응조치를 취하지 않는 것이 바람직하다고 본다. 이들은 주식 등의 자산인플레이션은 통화정책의 직접적인 목표가 될 수 없으며 따라서 통화정책은 소비자물가상승에만 초점을 두어야 한다고 주장한다. 다만 자산가격상승이 초과수요를 과도하게 확대시킬 우려가 있을 때만 자산가격상승을 억제하기 위하여 금리를 선제적으로 상향조절할 필요가 있다고 본다. 반면 Charles Goodhart는 소비자물가지수는 인플레이션을 너무 좁게 보는 것이기 때문에 부동산 및 주식 등의 자산가격도 인플레이션지수에 포함시켜야 하며, 따라서 통화정책은 이러한 자산가격의 움직임에도 관심을 가져야 한다고 주장하고 있다. Bernanke and Gertler(1999)와 Greenspan(1999) 참조. 자산가격 변동의 거시경제적 효과와 대응에 대한 자세한 논의는 이 책 제13장을 참조.

64) 은행에 대한 건전성 규제감독정책이 통화정책에 미치는 영향에 대하여는 이 책 제12장을 참조.

러한 변화는 기존 통화정책수단의 유용성을 크게 낮추어 통화정책의 효과가 경제에 파급되는 메커니즘의 원활한 작동을 제약하는 요인으로 작용하고 있다.65)

넷째, 우리나라는 1992년 이후 외국인주식투자를 허용하는 등 자본자유화를 단계적으로 추진해 왔다. 그러나 1997년말 외환위기 발생 이후에는 외자도입 필요성이 커지면서 주식, 채권 및 단기금융시장이 대폭 개방되었고 1999년 4월 1일부터는 새로운 외국환거래법이 시행되어 기업 및 금융기관의 대외영업 활동과 관련된 대부분의 외환·자본거래가 전면 자유화되었다. 이와 함께 환율제도는 1990년 시장평균환율제도로 이행한 이후 환율변동폭을 계속 확대하여 오다가 1997년 12월에는 완전자유변동환율제도로 전환되었다. 이와 같이 자본시장이 대폭 개방되고 내외 금융시장이 상호 유기적으로 연결되어 자본의 유출입이 확대되어 가는 경우 환율변동 압력이 더욱 커지게 되므로 정책당국은 바람직한 환율수준을 상정하지 않을 수 없다. 따라서 자유변동환율제도 하에서도 통화정책과 환율정책 간에는 상충이 발생하고 그 결과 통화정책의 독자적인 운영은 상당한 제약을 받게 된다.66)

다섯째, 통화정책의 최종목표인 물가안정을 효과적으로 달성할 수 있기 위해서는 중앙은행이 실물경제활동 수준에 대한 신속하고 정확한 정보 생산능력과 예측능력을 보유하고 있어야 한다. 특히 금리중시정책을 채택하는 경우, 운용목표인 단기금리(콜금리)의 조절이 실물경제활동에 미치는 영향을 정확히 판단할 수 있어야 한다. 특히 금리변동이 최종목표인 인플레이션에 미치는 효과를 정확히 예측할 수 있어야 한다. 우리나라의 경우 상당기간 동안 통화량목표제를 운영해 왔기 때문에 단기금리→장기금리→실물경제로 이어지는 금리의 파급경로가 제대로 구축되지 못했다. 현실적으로 보아도 콜금리는 통화당국이 RP금리를 변경함에 따라 신축적인 움직임을 보이고 있으나 최근 대우사태 이후 금융시장 상황에서 보듯이 회사채나 국고채 수익률은 정책적 요인보다는 정책외적 요인에 의해서 더 큰 영향을 받고 있어 장기시장금리에 대한

---

65) 은행자산구성이 통화정책에 미치는 영향에 대하여는 이 책 제9장을 참조.
66) 자본유출입의 확대가 통화정책의 유효성에 미치는 영향에 대하여는 이 책 제10장을 참조.

통제력이 매우 취약한 실정이다.[67]

그러나 최근의 여러 실증연구에 의하면 외환위기 이후 우리 경제가 신용경색현상 등을 경험하면서 통화와 인플레이션의 관계는 크게 불안정해졌으나 단기금리를 중시해 온 결과로 금리와 인플레이션의 관계는 그 유의성이 높아지면서 금리의 파급경로가 점차 활성화되고 있는 것으로 분석되고 있다.[68]

여섯째, 통화정책 변동은 시차를 두고 생산과 물가에 영향을 미친다. 최근에 들어서는 직접금융시장이 크게 확대되고 중층화됨에 따라 과거 장기간에 걸쳐 나타나던 정책 기대효과가 현재의 시장가격에 즉각 반영됨으로써 과거에 비하여 전반적인 정책효과의 파급시차가 상대적으로 축소되는 경향을 보이고 있다.

우리나라의 경우도 외환위기 이후 통화와 인플레이션의 관계는 크게 불안정해진 대신 금리와 인플레이션의 관계는 점차 유의해지면서 그 효과의 파급시차도 짧아지는 경향을 보이고 있다. 특히 최근 직접금융시장의 발달과 함께 정책의 기대효과가 공시효과 등을 통하여 시장에 즉각적으로 반영되는 경향도 뚜렷하다. 따라서 통화정책의 유효성을 높이기 위해서는 금리파급경로를 구축하고 정책파급 시차가 짧은 기대인플레이션 경로를 적극 활용할 필요가 있다.[69]

다. 물가안정기조의 정착

통화량 중간목표를 명시적으로 설정하지 않는 정보변수전략 하에서 단기금

---

67) 물가안정목표제 하의 금리 파급경로에 대하여는 이 책 제4장을 참조.
68) 이러한 점에서 보면 현재 통화정책 파급경로가 어떻게 구축되어 있느냐가 통화정책 운용방식을 결정한다고 보기보다는 효율적인 통화정책 운용전략의 선택이 효과적인 파급경로의 구축을 가능하게 한다고 보는 것이 타당하다. 그러므로 금리의 파급경로를 조속한 시일내에 구축하여 통화정책의 효율성을 확보하기 위한 첩경은 바로 단기금리를 공식적인 운용목표로 설정하여 금리를 명실공히 중시하는 적극적인 전략이 아닌가 한다. 이와 같이 금리중시 통화운용방식에 따라 실제 금리의 변동성을 줄이는 방향으로 통화정책을 수행해 가는 과정에서 장단기금리간의 기간구조가 점차 정립되어 갈 것이고, 이에 따라 단기금리→장기금리→실물경제로의 파급경로가 효과적으로 구축될 수 있을 것이다.
69) 통화정책 효과의 파급시차에 대한 구체적인 논의와 실증분석은 이 책 제5장을 참조.

리를 운용목표로 하는 금리중시 통화운용전략을 택하는 경우 금리안정을 중시하는 과정에서 자칫 통화량이 과다공급되어 인플레이션을 자극할 가능성이 없지 않다. 이러한 점에서 금리중시 통화정책 운용전략을 채택하기 위해서는 먼저 물가안정기조가 정착되어 있는 것이 바람직하다고 알려져 있다.

우리나라의 경우 외환위기를 극복하기 위한 구조조정과정에서 공적자금 투입 등에 따른 재정지출 확대 및 외자유입 증가에 따른 해외부문의 통화공급 확대, 민간부문의 신용경색 완화를 위한 통화공급 등으로 통화가 많이 공급되는 가운데 경기회복세가 빠르게 진행되고 있음에도 물가는 대체로 보합세를 유지하고 있다. 이는 급등했던 환율이 하락하고 구조조정과정에서 수요가 위축된 데 주로 기인하는 것으로 분석되고 있으며, 아직까지 기업의 부채가 과다하고 만성적인 인플레이션 기대심리가 상존하고 있어 물가안정기조가 완전히 정착되었다고 하기는 어려운 상황이다. 특히 최근 들어 경기가 빠른 속도로 회복되면서 그 동안 부진을 면치 못했던 건설 및 설비투자가 늘어날 경우 구조조정 및 경기부양을 위해 넉넉하게 공급되었던 유동성이 물가상승 압력으로 현재화할 가능성이 높다. 더욱이 우리나라의 경우 인플레이션은 수요측 요인뿐만 아니라 유가, 공공요금 등 공급측 요인에 의해서도 큰 영향을 받는데, 최근 국제원유가가 크게 상승하였고 공공요금도 그 동안 물가안정을 명분으로 인상이 억제되어 왔기 때문에 공급측면의 불안요인도 잠재되어 있다고 할 수 있다.

그러나 다른 한편에서 보면 1980년대 중반 이후 세계적으로 인플레이션에 대한 우려가 상당부분 해소되었고, 특히 최근 들어 일부 국가에서는 디플레이션에 대한 우려가 제기되면서 저인플레이션 하에서의 통화정책 파급메커니즘에 대한 관심이 대두되고 있다. 그리고 우리나라의 경우에도 구조조정 및 경기부양을 위해 유동성이 넉넉하게 공급된 가운데 경기회복세가 빠르게 진행되고 있음에도 현재로서는 물가가 대체로 안정을 유지하고 있다.

이러한 점에서 우리나라의 통화정책 운용방식을 현시점에서 물가안정목표제 하의 금리중시 통화정책 운용방식으로 공식적으로 전환한다고 하더라도 물가안정기조를 크게 훼손시킬 개연성은 그리 크지 않을 것으로 판단된다. 그러므로 물가안정목표제 하의 금리중시 통화운용전략으로 사실상 전환하여 통화당국이 직접적으로 통제할 수 있는 단기금리 운용목표 조절을 통해 실제로 물가안정기조를 공고히 다져 나가는 노력을 기울여 가는 적극적 전략이, 물가안정기조가 정착된 후에 물가안정목표제 하의 금리중시 통화정책으로 전환하는 것이 바람직하다고 주장하면서도 실제로는 통화량 조절을 통해 물가안정을 기할 수 없는 상황에서 별다른 노력을 투입하지 못하는 소극적 전략보다 더 좋은 전략이 아닌가 한다.

라. 정보변수의 개발과 활용

통화량 중간목표전략 대신 정보변수전략의 중요성이 상대적으로 높아지면서 통화정책기조와 장래 경제상황을 판단할 수 있는 정보변수의 역할이 대단히 중요하게 되었다. 특히 물가안정목표제 하에서 경제상황의 판단에 맞게 금리를 선제적으로 조절하여 물가안정목표를 달성하기 위해서는 각종 정보변수의 관찰을 통하여 장래의 인플레이션 압력을 정확히 파악하는 것이 무엇보다도 중요한 과제로 등장하게 되었다.

우리나라에서도 그 동안 장단기금리차, 환율, 생산갭률 등 금융경제변수들과 물가, 생산 등의 관계를 분석하여 실물경제활동과 긴밀한 관계를 가지는 정보변수를 찾아내기 위한 연구가 나름대로 진행되어 왔으나 장단기금리차 등 일부 연구를 제외한 대부분의 경우 엄밀히 말해 통화정책의 정보변수로서 활용하기 위한 차원에서 이루어진 연구라고 보기는 어렵다. 이는 그 동안 우리나라의 통화정책이 통화량 중간목표전략에 의존해 온 관계로 통화량 이외의 여타 정보변수에 대한 관심이 미약했던 데에도 일부 원인이 있었던 것으로 보인다.

앞으로 통화정책 운용방식을 정보변수전략에 기반을 두고 있는 물가안정목표제 하의 금리중시 정책운용체계로 전환하게 되면 통화량 중간목표전략에서와는 달리 통화정책기조와 경제상태를 더욱 직접적이고 효과적으로 나타내 줄 수 있는 정보변수의 필요성과 중요성이 그 어느 때보다도 크다. 그러므로 다

양한 정보변수를 개발하고 이를 적극적으로 활용하기 위한 많은 노력이 있어야 하겠다.[70]

마. 본원통화 조절능력의 확보

과거 한국은행 대출이 정책금융 및 상업어음 재할인을 통하여 수동적으로 이루어지기 때문에 통화당국은 적정통화량과 부합하는 본원통화의 공급을 사전적 능동적으로 조절하기 어려운 점이 많았다. 더욱이 한국은행의 대출금리도 시장금리보다 지나치게 낮은 수준으로 운용되어 왔다. 이와 같이 통화당국이 본원통화 조절능력을 확보하지 못하고 있는 상황 하에서 자동적 사전적으로 공급되는 본원통화 증발에 따른 과잉 총통화량을 사후적으로 수속하기 위하여 통화당국이 개별 금융기관에 대해 여신한도를 규제하고 預貸相計를 통해 대출창구를 지도하거나 시장금리수준 이하로 통화안정증권을 강제인수시키는 등 직접규제수단에 의존할 수밖에 없는 실정이었다.

통화당국은 1997년 2월부터 공개시장조작 개선방안의 일환으로 RP거래 및 통안증권 발행시의 금리를 시장실세화하고 공개시장조작 방식도 시장원리에 바탕을 둔 공개경쟁입찰 방식을 활용하고 있다. 기조적인 유동성조절은 통안증권발행·상환 및 국공채 단순매매로, 일시적인 지준과부족은 RP매매로 조절하고 있다. 그러나 공개시장조작 대상증권이 크게 부족할 뿐만 아니라 장단기 금융시장이 제대로 발달되지 못한 가운데 일방적인 유동성 환수구조 때문에 공개시장조작이 활성화되지 못하고 있는 실정이다.[71]

최근 들어서는 외환위기 이후 우리 경제의 비효율적인 구조를 조정하는 과정에서 중앙은행을 통한 부실채권정리기금 채권 및 예금보험기금 채권 등의 공적채무 인수, 총액대출한도 확대, 그리고 외자조달 등에 따른 본원통화의 과다공급을 수속하기 위하여 통화안정증권을 지속적으로 발행해 옴에 따라 이

---

70) 정보변수의 개발 및 활용에 대하여는 이 책 제7장을 참조.
71) 개정 《한국은행법》에서는 '금융통화위원회가 정한 유가증권'이 RP대상증권으로 포함될 수 있음으로써 현재는 금통위 결정에 따라 통화안정증권도 RP대상증권으로 포함되고 있다.

증권의 발행잔액이 누적적으로 증가하여 왔다. 1999년 10월말 현재 통화안정 증권잔액은 약 53조원에 이르고 있어 본원통화 잔액의 2배를 웃돌고 있다. 특히 유동성 환수를 위한 주수단인 통화안정증권의 발행금리(364일 만기기준, 연 6.82%)와 유동성 공급수단인 한국은행 대출금리(연 3%) 간의 격차가 큰 가운데 통화안정증권 발행 확대에 따른 이자지급액 증대는 또 다른 본원통화 증발의 주요 요인이 되고 있다.

이러한 이유로 통화당국은 아직도 적정통화량과 부합하는 본원통화의 공급을 사전적 능동적으로 조절할 수 있는 능력을 확보하지 못하고 있다. 이 같은 상황에서 통화당국이 각 부문에서 늘어나는 과잉유동성을 수속할 목적으로 통화안정증권을 계속 발행하게 되는 경우에는 이에 따른 금리상승 압력으로 금리의 안정적 운용이 어려워질 것으로 예상된다. 통화당국이 통화량과 금리, 환율 등을 시장원리에 입각하여 간접적으로 관리하기 위해서는 적정통화량과 부합하는 본원통화의 공급을 능동적 신축적으로 조절할 수 있어야 한다. 이를 위해서는 먼저 정책금융과 연계된 총액대출한도를 재정으로 이관하든가 아니면 별도기금으로 전환시키고, 중앙은행 대출금리도 실세화하여 중앙은행 대출의 유동성조절 기능을 확보할 필요가 있다. 통화안정증권의 경우 현재 발행되어 있는 이 증권의 만기가 도래하는 대로 국채로 대체인수시키는 방법 등을 통하여 이 증권 발행잔고를 줄이면서 국채공급을 확대하여 공개시장조작의 기반을 확충해야 할 것이다.

이와 함께 통화정책의 유효성을 더 한층 높이기 위해서는 중앙은행 대출제도와 지준제도가 시장금리의 변동성을 완화하는 제도적인 장치로 활용될 수 있도록 하는 등 기존 통화정책 수단을 개선해 나갈 필요가 있다.[72]

마. 적정통화지표의 개발

우리나라는 1979년부터 최근까지 총통화(M2)를 중간목표로 채택하고 M2

---

[72] 본원통화 조절능력확보 방안 및 통화정책 수단의 유효성 제고방안에 대하여는 이 책 제2장 참조.

의 연간 목표증가율을 설정·관리하여 왔다. 통화총량을 중간목표로 하는 통화량목표제는 나름대로의 장점이 많지만 이러한 통화량목표제의 장점은 최종목표와 긴밀하고도 안정적인 관계를 갖는 적절한 중간목표를 선택할 수 있을 때 더욱 증대된다. 그러나 우리나라 총통화(M2)지표는 편제상의 문제점을 내포하고 있을 뿐만 아니라 최근 금융혁신 및 금융자유화의 진전 등으로 금융환경이 급변함에 따라 중간목표로서의 유용성이 현저히 저하되었다. 무엇보다도 M2지표는 실제의 유동성을 기준으로 하지 않고 기관분류방식에 따라 편제되기 때문에 은행금융기관이 취급하는 모든 예금은 통화자산으로 포함되는 반면 비은행 금융기관의 유동성 금융자산은 포함되지 않기 때문에 경제의 총유동성을 효과적으로 반영하지 못하고 있다.

1996년 5월 신탁제도 개편 이후 M2와 신탁 간의 자금이동효과로 M2가 매우 불안정해짐에 따라 통화당국은 1997년초 M2와 함께 MCT의 목표증가율도 설정하여 관리하는 복수 중간목표체제를 채택하였다. 1997년말 외환위기 이후에는 IMF와의 협의에 따라 M3의 증가율을 설정·관리해 오는 과정에서 지금까지 M3를 중심통화지표로 계속 관리하고 있다.

그러나 M3는 중심통화지표로서의 역할과 유용성에서 많은 제약이 있는 것으로 알려지고 있다. 우선 M3는 결제자산과 투자자산, 만기가 있는 자산과 없는 자산 등 은행권과 비은행권의 거의 모든 금융자산을 포함하고 있기 때문에 경제 내의 유동성을 제대로 반영하지 못하고 있다는 점 외에도, 본원통화와의 관계가 안정적이지 못하고 다분히 내생적인 요소가 강하며 속보성에도 문제를 가지고 있다. 더욱이 M3는 최근 들어 실물경제와의 관계가 불안정하게 나타남으로써 최종목표인 물가안정과의 관계도 의문시되고 있다.

더욱이 1980년대에 들어 금융자유화, 금융혁신의 급속한 진전과 자본이동성이 높아짐에 따라 통화총량과 실물경제의 관계가 불안정해지면서 통화정책 수행에서 통화총량의 역할은 전반적으로 저하되었다. 특히 통화총량은 단기적으로는 장래 인플레이션에 대한 충분한 정보를 제공해 주지 못한다는 한계가 있다. 즉 통화량은 중요하지만 단기와 중기에 걸쳐 통화정책수행에서 정확하고 설득력 있는 정보를 제공해 줄 수 없다는 문제가 있다. 이러한 이유로 주요국의 중앙은행은 일찍부터 단기금리를 운용목표로 설정·관리하면서 통화량 중간목표전략을 폐기하기에 이르렀다.

그렇다고 해서 통화총량의 역할이 완전히 소멸된 것은 아니다. 통화와 금리는 불가분의 관계에 있기 때문에 금리가 변동하면 통화량도 변하게 된다. 예를 들어 실질경제성장률을 크게 상회할 정도로 통화공급량이 증가한다면 이는 분명히 물가안정과는 상당히 괴리가 있는 금리수준을 의미할 수밖에 없다. 특히 장기적인 측면에서 보면 통화총량과 물가 사이에는 분명히 正의 관계가 존재한다. 지속적인 물가상승, 즉 인플레이션은 통화공급의 증가 없이는 일어날 수 없기 때문이다. 이러한 의미에서 통화총량은 장기적인 측면에서 통화정책 수행에서 중요한 명목기준지표가 될 수 있다.

이와 같이 비록 오늘날 통화량의 역할이 전반적으로 많이 저하된 것은 사실이지만 아직도 통화총량의 역할은 대단히 중요하다. 따라서 우리 경제의 유동성을 잘 나타낼 수 있으면서 정책지표로서 유용성이 있는 새로운 적정통화지표를 찾아내는 데 많은 노력을 기울일 필요가 있다.[73]

---

73) 새로운 적정통화지표의 모색에 대하여는 이 책 제6장을 참조.

김시담, 《통화금융론》, 박영사, 1999.

김현의, 〈외환위기 이후 신용경색 현상에 대한 분석〉, 《경제분석》 제5권 제3호, 한국은행, 1999.

김현의, 〈通貨政策의 波及時差〉, 《조사통계월보》, 한국은행, 2000. 2.

박종석, 〈資本流出入 擴大가 通貨政策에 미치는 影響〉, 《조사통계월보》, 한국은행, 1999. 11.

박천일·박상원, 〈주요선진국의 통화정책 운용경험〉, 《조사연구자료》 97-9, 한국은행, 1997.

안세일·오수남, 〈정통적 통화정책 수행을 위한 금리활용방안〉, 《경제분석》 제4권 제1호, 한국은행, 1998.

장민, 〈情報變數의 開發 및 活用 : 信用 및 負債指標를 중심으로〉, 《조사연구자료》, 한국은행, 1999. 12.

장민·함정호, 〈새로운 適正通貨指標의 摸索〉, 《한은조사연구》 2000-1, 한국은행, 2000. 1.

최원형·박완근, 〈最近의 資本市場 發展이 通貨政策에 미친 影響〉, 《조사통계월보 월》, 한국은행, 1999.

한국은행, 《7월중 通貨政策方向 관련 記者懇談會 資料》, 정책기획국, 1999. 7.

함정호, 《通貨金融經濟 : 理論과 政策에 관한 최근 論議》, 비봉출판사, 1996.

──, 《우리나라 通貨金融經濟의 理解》, 비봉출판사, 1996.

함정호·정용국, 〈銀行資産構成 變化와 通貨政策〉, 《조사통계월보》, 한국은행, 1999. 8.

Bernanke, Ben and Mark Gertler, "Monetary Policy and Asset Price Volatility", presented at *the symposium sponsored by the Federal Reserve Bank of Kansas City*, Jackson Hole, Wyoming, 27 August 1999.

Bernanke, Ben S. and Frederic Mishkin, "Central Bank Behavior and the Strategy of Monetary Policy : Observation from Six Industrialized Countries", *NBER Working Paper*, No. 4082, May 1992.

Bernanke, Ben S. and Frederic S. Mishkin, "Inflation Targeting : A New Framework for Monetary Policy?", *Journal of Economic Perspectives*, Vol. 11, No. 2, 1997.

Borio, Claudio E., "Monetary Policy Operating Procedures in Industrial Countries", *BIS Working Papers*, No. 40, March 1997.

Brunner, Karl and Allen H. Meltzer(1967), "A Credit Market Theory of the Money Supply and an Explanation of Two Puzzles in Monetary Policy", in T. Bagiotti ed., *Investigations in Economic Theory and Methodology*, *Essay in Honour of Macro Fanno*, Vol. 2, 1967

Davis, Richard G., "Intermediate Targets and Indicators for Monetary Policy : An Introduction to the Issues", *Quarterly Review*, Federal Reserve Bank of New York,

Summer 1990.

Fischer, S., "Rules Versus Discretion in Monetary Policy", in *Handbook of Monetary Economics*, Vol. 2, eds. by B. M. Friedman and F. H. Hahn, Amsterdam : North-Holland, 1990.

Friedman, Benjamin M., "Targets and Instruments of Monetary Policy", in *Handbook of Monetary Economics*, Vol. 2, ed. by B. M. Friedman and F. H. Hahn, Amsterdam : North-Holland, 1990.

Friedman, Benjamin M., "The Role of Judgement and Discretion in the Conduct of Monetary Policy : Consequences of Changing Financial Markets", in *Changing Capital Markets : Implications for Monetary Policy, A Symposium Sponsored* by The Federal Reserve Bank of Kansas City, Jackson Hole, Wyoming, 19~21 August 1993.

Friedman, Milton, "Monetary Policy : Theory and Practice", *Journal of Money, Credit, and Banking*, Vol. 14, Feb. 1982.

Goodhart, C. A. E., *Monetary Theory and Practice*, London : Macmillan, 1984.

Greenspan, Alan, *Testimony Before Several Subcommittees of the House Committee on Banking, Finance, and Urban Affairs*, Washington, July 1993.

Greenspan, Alan, "Opening Remarks", of *the symposium sponsored by the Federal Reserve Bank of Kansas City*, Jackson Hole, Wyoming, 27 August 1999.

Hall, Robert and N. Gregory Mankiw, "Nominal Income Targeting", In Mankiw, N. G., ed., *Monetary Policy*, Chicago : University of Chicago Press for NBER, 1994.

Kasman, Bruce, "A Comparison of Monetary Policy Operating Procedures in Six Industrial Countries", *Quarterly Review*, Federal Reserve Bank of New York, Summer 1992.

Kydland, F. E. and E. C. Prescott, "Rules Rather Than Discretion : The Inconsistency of Optimal Plan", *Journal of Political Economy*, Vol. 85, 1977.

Laurent, Robert D., "An Interest Rate-Based Indicator of Monetary Policy", *Economic Perspectives*, Federal Reserve Bank of Chicago, 1989.

Lombra, Raymond E., "The Conduct of U. S. Monetary Policy", *Monetary Policy in Developed Economies*, eds. by Michelle U. Fratianni and Dominick Salvatore, Greenwood Press, Westport, Connecticut, 1993.

McCallum, Bennett T., "Targets, Indicators, and Instrument of Monetary Policy", *NBER Working Paper*, No. 3047, July 1989.

Mishkin, Frederic S., "International Experiences with Different Monetary Policy Regimes", *NBER Working Paper*, No. 2 7044, 1999.

Poole, William, "Monetary Policy Implication of Recent Change in the Financial Systems in the United States and Europe", *Financial Stability in a Changing Environment*, The

Sixth International Conference sponsored by Bank of Japan, Oct. 1993.

Poole, William, "Optimal Choice of Monetary Policy Instruments in a Simple Stochastic Macro Model", *Quarterly Journal of Economics*, Vol. 84, May 1970.

Svensson, Lars E. O., "Monetary Policy Issues for the Eurosystem", *IIES Seminar Paper* No. 667, May 1999.

Taylor, J. B., "Monetary Policy and Long Boom", *Review*, Federal Reserve Bank of St. Louis, 1998.

2 금리중시 통화정책 운용방안

임철재·함정호

I. 머리말

우리나라의 통화정책은 금융·외환위기 이전까지는 물가안정, 경제성장 등 최종목표의 달성을 위하여 M2, MCT 등의 통화량증가율을 중간목표로 하고 은행지준을 운용목표로 하는 방식으로 운용되었다. 그러나 금융·외환위기 이후 통화정책 운용방식은 M3를 참고지표(monitoring variable)로 하여 이에 상응하는 본원통화를 예시한도(indicative limit)로 설정하고 이를 달성해 나가는 한편 외환시장 안정을 위해 콜금리를 중시하는 방식으로 전환되었다. 이와 아울러 1998년 4월 개정 《한국은행법》이 시행됨에 따라 한국은행은 물가안정목표를 설정·공표하게 되었다.[1]

현재 우리나라 통화정책의 운용체계는 물가안정목표와 더불어 M3 증가율

---

[1] 《한국은행법》 제6조 (통화신용정책 운영계획의 수립) ① 한국은행은 정부와 협의하여 매년 물가안정목표를 정하고, 이를 포함하는 통화신용정책 운영계획을 수립하여 공표하여야 한다. ② 한국은행은 제1항의 규정에 의한 물가안정목표의 달성에 최선을 다하여야 한다.

목표가 설정되고 있어 외형적으로는 물가안정목표제(inflation targeting)와 통화량목표제(monetary targeting)의 요소가 혼재되어 있다. 한편 콜금리가 운용목표로 채택[2])되어 통화정책의 운용에서 중심적인 역할을 하고 있으며 정책방향을 나타내는 중요한 수단으로 자리잡게 되었다. 이렇듯 우리나라의 통화정책 운용방식은 금융·외환위기 이후 IMF와의 정책협의, 한은법 개정, 금융기관 구조조정 등 정책적 법적 제도적 제약에 따라 여러 가지 요소가 섞여 있는 실정이다.

이러한 가운데 최근 우리 경제는 실물경제가 빠르게 회복되는 등 점차 금융·외환위기의 충격에서 벗어나 정상궤도로 복귀하고 있어 향후의 통화정책 운용방식에 대한 관심이 높아지고 있다. 앞으로 우리나라의 통화정책 운용에서 금리의 중요성이 더욱 높아질 것이라는 데는 별 이견이 없는 듯하다. 이러한 가운데 단기금리를 운용목표로 하는 금리중시 통화정책을 본격적으로 시행하여야 한다는 주장이 제기되는 반면 아직까지는 금리중시 통화정책을 시행하는 것은 시기상조이며 통화량목표제의 유효성이 높다는 견해도 있다.

통화정책 운용방식을 바꾸는 것은 통화당국이나 시장참가자 모두에게 어느 정도의 비용을 수반하며 어려운 과제이다. 그러나 통화정책 운용방식의 혼선으로 통화정책의 신뢰성이 상실되는 더 큰 비용을 초래할 가능성도 배제할 수 없다. 따라서 새로운 금융경제 환경에 걸맞는 통화정책 운용방식을 정립하는 것은 늦출 수 없는 과제라 할 것이다.[3])

이 장에서는 전술적인 측면에서 단기금리를 운용목표로 하는 새로운 통화정책 운용방식에 대하여 논의해 보고자 한다. 현재의 금융경제상황이나 제도적 여건이 금리중시 통화정책이 매우 효율적으로 수행될 수 있는 필요충분조건을 충족시키기에는 다소 미흡하다 하더라도 금리중시 통화정책으로 이행하

---

2) 외환위기 이후 한국은행의 통화정책 운용에서 콜금리가 은행지준과 함께 운용목표로 채택되어 활용되고 있다 (Kim and Kim 1991).

3) 영란은행의 설문조사 결과에 따르면 통화정책 운용체제의 변경에는 사회경제적 비용이 수반되기 때문에 정책당국은 가능한 한 체제변경 시기를 늦추려는 경향이 있으며, 이에 따라 전환시기를 놓치고 더욱 큰 비용을 부담하는 경우가 많다. 따라서 통화정책 운용방식을 변경할 필요가 있을 경우에는 가급적 빨리 추진하되 단계적이고 점진적인 방식을 택하는 것이 바람직하다 (한국은행 1999a).

는 것이 불가능하지 않으며 정책수단 확충 등을 통해 미비점을 보완해 나가는 것이 바람직하다고 본다.

이하에서는 Ⅱ절에서 통화정책의 운용방식을 개관하고 우리나라 및 주요국의 통화정책 운용방식을 운용목표의 활용 경험을 중심으로 살펴보도록 하겠다. Ⅲ절에서는 금리중시 통화정책의 운용방안을 살펴보고, Ⅳ절에서는 통화정책 운용체계의 전환 방향과 단기금리를 운용목표로 효율적으로 활용하기 위한 정책수단 등의 개선방안을 제시해 본다.

Ⅱ. 통화정책 운용방식

1. 통화정책 운용방식의 개관

가. 통화정책 운용체계

통화정책 운용방식은 정책수단과 통화정책의 최종목표 사이에 어떠한 중간변수를 개입시키느냐에 따라 기본적으로 다음과 같은 두 가지 방식으로 나눌 수 있다. 하나는 정책수단과 최종목표 사이에 중간목표변수를 개입시키는 중간목표전략이며, 또 다른 하나는 정책수단과 최종목표 사이에 중간목표변수 대신 중간지표 혹은 정보변수를 개입시켜 정책수단의 조작을 통하여 직접 최종목표를 바람직한 수준으로 달성하고자 하는 정보변수전략이다.

중간목표전략은 제1단계에서 최종목표를 정하고 이를 달성하는 데 적절하다고 생각되는 중간목표변수와 그 목표치를 결정한다. 그리고 제2단계에서는 중간목표의 목표치를 달성하기 위한 운용목표를 설정하고 정책수단을 이용하여 운용목표를 적절하게 조절한다. 반면 정보변수전략은 중간목표의 개입 없이 정책수단을 통해 운용목표를 조절하여 최종목표를 직접적으로 달성하고자 한다.

우리나라를 비롯한 대부분 국가의 중앙은행은 1970년대 중반 이후 통화량을 중간목표로 하는 중간목표전략을 채택하여 왔다. 그러나 1980년대 중반 이후 금융자유화와 금융혁신의 진전으로 중간목표로서 통화량의 유효성이 저하됨에 따라 중심통화지표를 광의의 통화량으로 변경하거나 통화량증가율 목표범위를 확대하고 통화량증가율이 목표를 상회하더라도 이를 용인하는 등 중간목표전략의 효율성을 높이려고 노력하였다. 그러나 1990년대 초반 이후 독일을 제외하고는 중간목표전략을 포기하고 금리, 신용, 명목소득, 환율 등의 다양한 정보변수를 관찰하여 최종목표를 달성하고자 하는 정보변수전략으로 전환하였다.

한편 통화정책 운용체계를 최종목표나 중간목표, 정보변수, 정책기조지표 등의 선택과 같은 전략적 측면과 정책수단과 운용목표의 선택 등의 전술적 측면으로 나누어 볼 수 있다. 그런데 통화정책의 최종목표나 중간목표 등 전략적 측면에 대한 논의에 비해 운용목표 등에 관련한 전술적 측면의 논의는 활발하지 못한 편이다. 통화정책 운용체계와 관련된 학계 및 통화당국자들의 주요한 관심은 주로 통화정책의 최종목표로 물가안정, 경제성장 등 가운데 어떤 것을 선택해야 하는지, 중간목표의 선정과 관련해서 최종목표와의 관계, 통제가능성, 계측성 등의 선정기준에 비추어 어떤 변수가 더 나은지 등에 초점이 맞추어져 왔다.[4]

이렇듯 상대적으로 논의가 부진한 가운데 운용목표는 단순히 중간목표와 통화정책 수단 사이에 위치하고 있는 중간목표의 달성을 위한 전제적 목표로 해석되곤 한다. 그러나 이는 중간목표의 설정을 전제로 했을 때만 타당하기 때문에 매우 불충분하다고 할 수 있다. 통화정책 운용목표의 의의는 통화정책 운용체계에 따라 다르게 해석되어야 할 것으로 보인다.

먼저 중간목표전략 하에서 운용목표는 중간목표 달성을 더 쉽게 해주는 보조 목표변수에 불과하여 그 선택도 중간목표가 무엇이냐에 따라 좌우되는 것

---

4) Borio(1997)에 따르면 학자들이나 일반인들은 통화정책의 최종목표나 중간목표 선택과 같은 전략적인 측면에 주로 관심을 기울이는 반면, 매일 또는 매월의 통화정책 운용방식과 운용목표 선택 등에 관한 전술적인 측면은 중앙은행 직원과 금융시장 참가자들 외에는 별다른 관심을 끌지 못하고 있다고 한다.

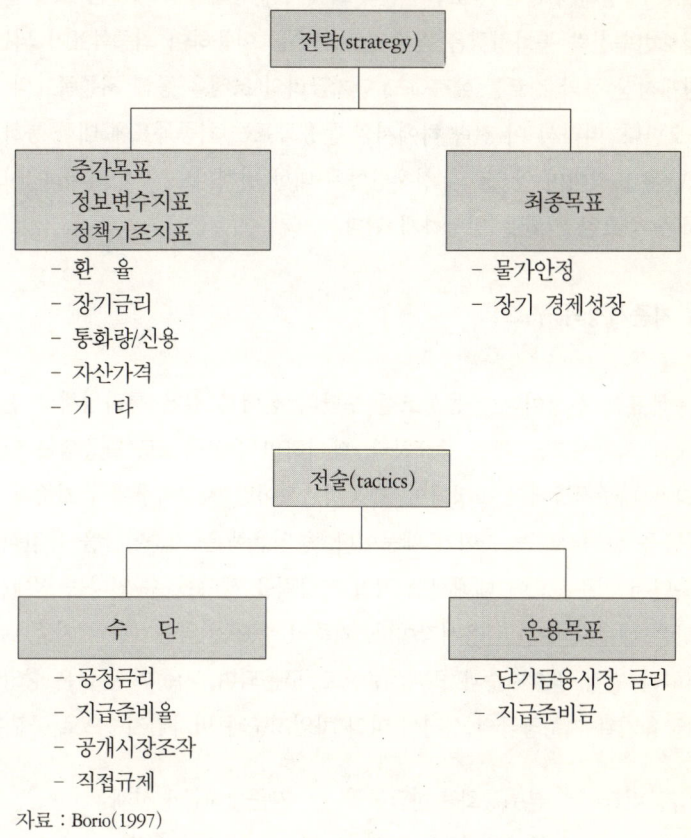

자료 : Borio(1997)

이 보통이다.[5] 따라서 운용목표는 정책수단과 가장 긴밀하게 관련되어 통화당
국이 수단변수의 조작을 통해 직접적으로 비교적 정확하게 관리할 수 있어야
하는 동시에 중간목표변수와도 긴밀한 관계를 가지고 있는 변수가 선택된다.
즉, 중간목표전략 하에서는 운용목표는 중간목표와의 안정적 관계가 중시되며
운용목표변수를 통한 중간목표의 달성에 초점을 두는 것이 보통이다.

---

5) 운용목표의 선택은 중간목표의 선택에 달려 있어서 중간목표가 금리라면 운용목표로는 금리
　가 선호되며 중간목표가 통화총량일 경우 본원통화 등이 선호된다(Mishkin 1995).

그러나 중간목표변수와 최종목표의 안정적인 관계가 불확실해짐에 따라 중간목표를 설정하지 않는 정보변수전략 하에서 운용목표의 역할은 크게 달라진다. 정보변수전략 통화정책은 각종 정보변수를 이용하여 최종목표가 되는 물가, 경제성장 등의 경로를 예측하고 단기금리의 조정을 통해 최종목표의 달성을 도모한다. 따라서 이 전략 하에서의 운용목표는 최종목표에 대한 통화당국의 판단을 드러내며 앞으로의 정책방향에 대한 정책의도를 전달(이하 '시그널링')하는 중요한 역할을 담당하게 된다.

나. 지준시장의 구조

운용목표의 선정이나 유동성조절 수단의 선택과 같은 통화정책의 전술적 측면에서 지준시장은 매우 중요하다. 왜냐하면 운용목표로 활용되는 일일물 콜금리가 지준시장에서 결정되며, 유동성조절이란 지준시장에서 지준의 수요와 공급을 균형시키는 것이기 때문이다. 중앙은행은 지준자금을 독점적으로 공급하면서 지준수요에 대해서도 직접 영향력을 행사할 수 있다는 점에서 지준시장은 매우 특수한 금융시장이다. 지준의 수요는 금융기관의 지준보유 동기에 따라 법정 필요지준과 초과지준으로 구분되며, 지준의 공급은 중앙은행의 대금융기관 지준공급의 성격에 따라 차입지준과 비차입지준으로 구분된다.

$$\text{지급준비금} = \text{본원통화} - \text{현금통화} = \text{지준예치금} + \text{시재금}$$
$$= \text{필요지준} + \text{초과지준} \quad (\text{지준의 수요측면})$$
$$= \text{차입지준} + \text{비차입지준} \quad (\text{지준의 공급측면})$$

지준수요곡선의 형태는 필요지준과 초과지준의 금리탄력성에 의해 좌우되는데, 필요지준의 금리탄력성은 지준적립방식에 의해 결정된다. 이연적립방식에서 필요지준은 이연기간 전의 지준대상 예금잔액에 의해 사전에 결정되므로 지준적립기간에는 현재의 금리에 완전히 비탄력적이 되지만 동시적립방식에서 필요지준은 현재의 금리에 대하여 어느 정도 탄력적이다. 한편 초과지준은 보유에 따른 기회비용이 금리이므로 금리수준이 높으면 감소하게 된다. 따라서 총지준수요곡선은 우하향하는 모습을 보인다.

[그림 2]   지준수요곡선의 도출

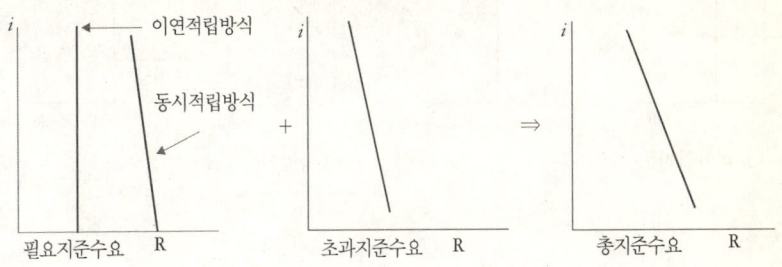

지준공급곡선의 형태는 차입지준과 비차입지준의 공급방식에 의해 결정되는데 먼저 비차입지준의 공급곡선을 보면 중앙은행의 공개시장조작은 시장금리와 무관하게 중앙은행의 정책적 판단에 의해 이루어지므로 수직선이 된다.

한편 차입지준의 공급곡선은 중앙은행 차입에 대한 주도권이 어느 쪽에 있는가와 중앙은행 차입에 대한 제한 여부에 따라 다른 모습을 나타낸다. 차입지준의 공급이 금리수준과 무관하게 중앙은행의 재량인 경우 차입지준의 공급곡선은 수직이 된다. 반면에 은행이 차입지준의 이용에 재량을 가지면서 차입량에 대해서는 제한이 있는 경우 시장금리수준이 재할인금리보다 낮으면 차입지준은 0이 되며 재할인금리보다 높을 경우 차입지준 공급이 증가하므로 재할인율을 기준으로 우상향하는 형태를 가지게 된다. 한편 은행 차입지준의 이용에 재량을 가지면서 차입량에 대해서 제한이 없고 초단기 여수신제도가 있는 경우 시장금리수준이 초단기 여신금리보다 낮으면 차입지준은 0이 되며 초단기 여신금리보다 높으면 차입지준은 무한대가 되므로 초단기 여신금리 수준에서 수평이 된다. 또한 시장금리수준이 초단기 수신금리보다 높으면 차입지준은 0이 되며 초단기 수신금리보다 낮으면 음(-)의 차입지준은 무한대가 되므로 초단기 수신금리 수준에서 수평이 된다

〔그림 3〕 지준공급곡선의 도출

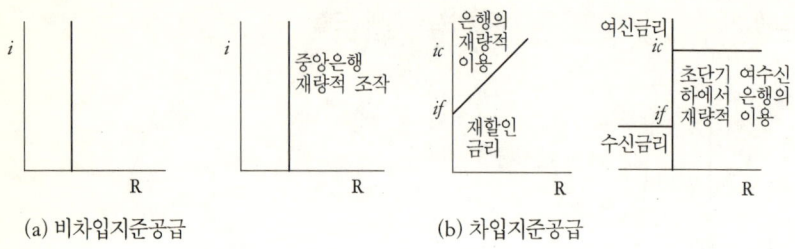

(a) 비차입지준공급   (b) 차입지준공급

2. 주요국의 통화정책 운용방식

가. 미 국

미국은 통화정책의 최종목표가 연방준비은행법에 고용극대화, 통화가치 안정 및 장기금리 안정으로 규정되어 있고 《완전고용 및 균형성장법》(일명 Humphrey-Hawkins법)에는 물가안정과 완전고용으로 규정되어 있는 등 복수목표로 되어 있다. 그러나 물가안정이 연준 통화정책의 가장 우선목표라는 것이 널리 인정되고 있다. 한편 연준은 《완전고용 및 균형성장법》에 의거 매년 M_2 및 M_3의 증가율 목표범위를 공표하고 있으나 실제로는 통화총량을 목표범위 내로 엄격하게 관리하지는 않는다.

연준은 1970년부터 1979년 9월까지는 단기금리인 페더럴펀드 금리를 통화정책의 운용목표로 설정하여 이를 조절함으로써 중간목표인 M_1의 목표치를 달성하려는 방식으로 통화정책을 운용하였다. 이러한 운용목표 하에서 연준은 이 금리가 목표범위를 이탈하려는 경향을 보일 경우에 자동적으로 비차입지준량을 조절하였다. 그리고 중간목표인 통화의 증가율이 목표치를 상회할 경우 운용목표 범위 내에서 페더럴펀드 금리의 상승을 유도하였으며 또 과도한 통화증가 경향이 지속되면 통화수요를 감축시키기 위하여 운용목표 범위 자체를 상향조정하였다. 이와 같이 페더럴펀드 금리를 통화정책의 운용목표로 사용할 경우 금리는 상대적으로 안정적인 반면, 통화 또는 지급준비금은 단기적으로 불안정하게 나타난다.

[그림 4] (a)에서 지준수요가 D_0에서 D_1으로 증가하면 페더럴펀드 금리가 FFr_1으로 상승하려는 압력을 받게 되므로 연준은 비차입지준을 NBR_0에서 NBR_1으로 증가시켜 당초의 페더럴펀드 금리를 목표수준(FFr_t)으로 유지한다. 은행의 차입지준에 대한 선호가 바뀌는 [그림 4] (b)의 경우 차입지준의 선호가 감소하여 지준공급곡선이 S_0에서 S_1으로 바뀌면 연준은 차입지준이 감소하는 만큼 비차입지준을 증가시켜 총지준과 페더럴펀드 금리를 종전수준으로 유지한다.

〔그림 4〕   페더럴펀드 금리를 운용목표로 하는 통화정책 운용방식

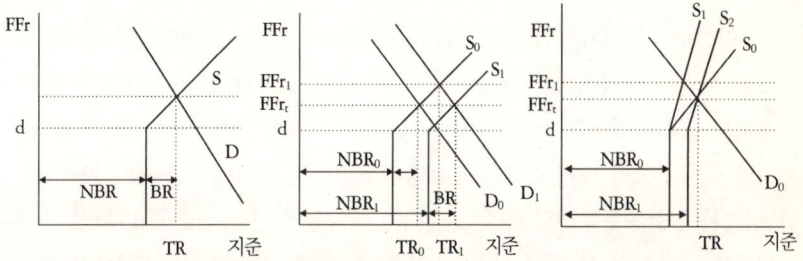

NBR : 비차입지준, BR : 차입지준, TR : 총지준, FFR : 페더럴펀드 금리, d : 재할인금리

(a)   (b)

한편 1970년대 후반 들어 인플레이션 압력이 가중되면서 통화량목표를 더욱 엄격하게 관리해야 할 필요성이 커지게 되었다. 따라서 연준은 1979년 10월 통화정책의 운용목표를 페더럴펀드 금리로부터 총량지표인 비차입지준으로 전환하였다. 비차입지준을 운용목표로 채택함에 따라 페더럴펀드 금리는 큰 변동을 보이는 반면 지준과 통화량은 상당히 안정적인 것으로 나타났다. 비차입지준을 운용목표로 채택한 기간 동안에는 엄격한 통화관리로 인플레이션은 현저히 낮아졌지만 심각한 경기침체와 함께 금리는 급격한 변동을 보였다.

[그림 5] 비차입지준을 운용목표로 하는 통화정책 운용방식

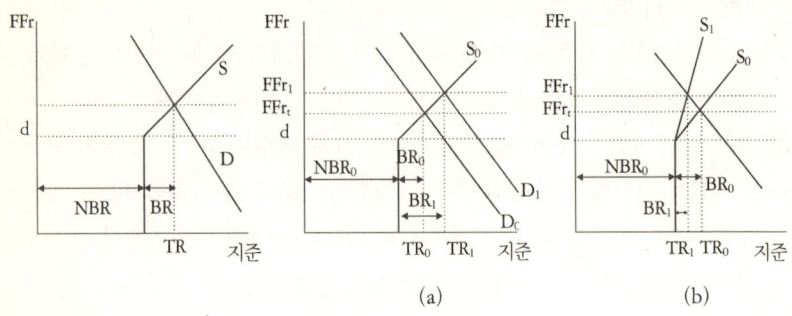

[그림 5] (a)의 지준수요 변동이나 [그림 5] (b)의 은행의 차입지준에 대한 선호가 바뀌는 경우에 연준이 비차입지준을 당초 목표치에서 유지하면 차입지준이 변동하여 총지준이 변동되고 페더럴펀드 금리가 변하게 된다.

1980년대에 들어와서 인플레이션이 진정되는 가운데 엄격한 통화총량목표 달성을 위한 비차입지준 목표방식이 단기금리의 급격한 상승과 이로 인한 경기침체를 초래하였다는 반성이 제기되었다. 또한 금융혁신의 급격한 진전으로 새로운 금융상품이 대거 등장하여 금융자산끼리의 대체성이 현저히 높아지는 등 엄격한 통화총량관리의 유효성이 크게 제약됨에 따라 연준은 1982년 10월 중간목표도 종래의 M_1에서 M_2로 전환하고 운용목표를 비차입지준에서 차입지준으로 변경한 후 오늘날까지 계속하고 있다. 이와 같이 차입지준을 운용목표로 채택하는 경우 페더럴펀드 금리는 다소 불안정한 변동을 보이지만 비차입지준을 목표로 했을 때보다는 훨씬 안정적인 것으로 나타나고 있다. 연준은 운용목표를 차입지준으로 변경하면서 실제 운용면에서 중간목표인 통화총량지표의 목표증가율 범위를 전보다 넓게 확대하고 신용총량, 명목소득, 페더럴펀드 금리를 포함한 단기금융시장금리는 물론 시장지표로서 장단기금리격차(스프레드), 수익률곡선, 상품가격지수 및 환율의 움직임도 주시하여 이들을 통화정책에 반영하고 있다.

[그림 6]　　　차입지준을 운용목표로 하는 통화정책 운용방식

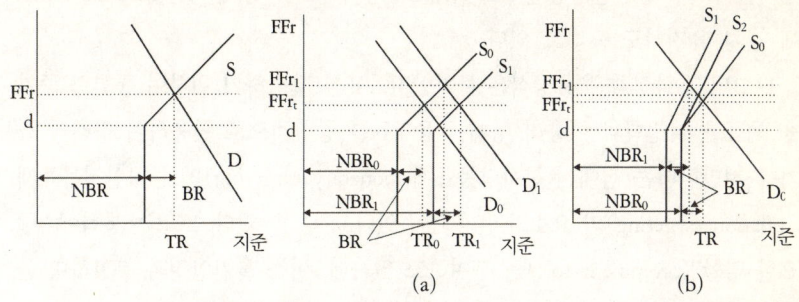

(a)　　　　　　　　　　(b)

　지준수요가 증가하는 [그림 6] (a)에서 연준이 차입지준을 일정하게 유지할 경우 비차입지준이 증가하여 총지준이 증가하고 페더럴펀드 금리도 종전수준을 유지하게 된다. 그러나 [그림 6] (b)에서처럼 은행의 차입지준에 대한 선호가 감소하는 경우 페더럴펀드 금리가 상승압력을 받게 되는데, 연준이 차입지준을 유지하려고 하면 오히려 비차입지준의 공급을 줄여야 하고 금리는 더욱 상승하게 된다. 따라서 이 경우 연준은 차입지준목표를 조정하고 비차입지준을 증가시켜 금리를 안정시키는 것이 보통이다.

나. EMU[6]

　유럽중앙은행(European Central Bank ; ECB)과 유로지역[7]의 각국 중앙은행들로 구성된 유럽중앙은행제도(European System of Central Banks ; ESCB)는 물가안정의 유지를 최우선목표로 하고 있으며 물가안정을 저해하지 않는 범위 내에서 회원국들의 일반 경제정책을 지원토록 하고 있다.
　1998년 10월 ESCB 정책이사회는 통화정책의 최우선목표를 물가안정으로

---

6) ECB의 통화정책에 대한 내용은 ECB(1998b)를 주로 참고하였으며 통화정책 대상금융기관, 통화정책 수행절차에 대한 구체적인 내용은 ECB(1998b)에 상세히 기술되어 있다.

7) 유로지역(Euroland)은 15개 EU 회원국 가운데 현재 독일·프랑스·이탈리아·스페인·네덜란드·벨기에·오스트리아·포르투칼·핀란드·아일랜드·룩셈부르크 등 11개국이 참가(영국·덴마크·스웨덴·그리스는 불참)하고 있다.

설정하고 통화정책의 기본전략을 확정하였는데 물가안정을 "유로지역 종합소비자물가지수의 연간상승률 2% 이내"로 정의하고 이를 중기간(medium term)에 걸쳐 유지하도록 하고 있다.

ECB의 통화정책 운용방식은 물가안정목표를 달성하기 위하여 통화량 증가율 목표를 설정함과 아울러 경제·금융지표를 종합적으로 활용하여 장래의 물가를 전망한다는 점에서 통화량목표제(monetary targeting)와 물가안정목표제(inflation targeting)의 요소가 혼용되어 있다고 볼 수 있다. ECB는 통화에 "중요한 역할"(prominent role)을 부여하고 있는데, 이는 물가안정과 부합하며 물가안정 달성에 도움이 되는 광의의 통화총량 증가율의 기준치(reference value)를 공표8)하고 현재의 통화증가율이 정상적인 상황에서 목표치를 벗어날 경우 물가안정의 위험신호로 간주한다는 의미이다. 그러나 통화량 증가율의 기준치를 엄격히 달성해야 하는 중간목표로 보지 않는다는 점을 강조하고 있다. 이와 아울러 광범위한 경제 금융변수를 활용한 물가에 대한 전망과 물가안정의 위험요소에 대한 종합적 평가도 통화정책의 운용에서 "큰 역할"(major role)을 수행하는 것으로 본다.

통화정책의 전술적 측면을 보면 ECB는 운용목표의 목표치를 공표하는 방식대신 공개시장조작시의 정기입찰금리를 사전에 공표하여 운용목표인 콜금리를 목표수준으로 유도하는 방식을 활용하고 있다. ECB는 통화정책 운용수단으로 공개시장조작9)을 주로 활용하는데, 공개시장조작은 그 목적과 거래빈도 등에 따라 주자금공급조작(main refinancing operations), 장기자금공급조작(longer-term refinancing operations), 미조정조작(fine-tuning operations), 구

---

8) ECB는 통화총량 증가율 기준치를 다음과 같이 설정하였다. 우선 기준이 되는 통화총량은 M3를 선정하였고, M3 증가율 목표치는 물가안정목표치(2% 이하)와 실질 GDP 성장률 중기적 추세치(2~2.5%) 및 유통속도변동의 추세치(-0.5~1%)에 대한 가정에 근거하여 도출하였다. 한편 목표치를 범위로 발표할 경우 통화증가율이 범위를 벗어나게 되면 자동으로 금리가 변할 것으로 일반 국민들이 잘못 해석할 것을 우려하여 범위가 아닌 수준(4.5%)으로 발표하였다. 이렇게 도출된 기준치는 전년동월대비 월 M3 증가율의 3개월 이동평균과 비교되어 모니터된다.

9) 공개시장조작은 역거래(reverse transactions), 단순매매(outright transactions), 채무증서발행(issuance of debt certificates), 외화스왑(foreign exchange swaps), 정기예금수취(collection of fixed-term deposits) 등 다섯 가지 수단을 표준입찰(standard tender), 간이입찰(quick tender) 및 상대매매(bilateral procedures) 등의 거래방식을 활용하여 수행한다.

조적 조작(structural operations)으로 구분된다. 주자금공급조작은 매주 2주 만기의 정기적 자금공급을 위한 것으로 회원 중앙은행이 사전에 공표된 금리수준에 따른 금액입찰 방식으로 수행한다. 장기자금공급조작은 매월 3개월 만기의 정기적 자금공급을 위한 것으로 금융기관에 대한 장기자금공급을 목적으로 회원 중앙은행이 원칙적으로 금리입찰방식으로 수행하는데, 이 경우 ECB는 입찰에서 결정된 금리를 수용(acts as a rate taker)한다. 미조정조작은 주로 예상치 못한 유동성 변동이 금리에 미치는 효과를 중화시키기 위해 회원 중앙은행이 비정규적으로 수행하며 구조적 조작은 ECB와 금융부문의 구조적 자금과부족을 조정하기 위해 수행하는 것이다.

ECB는 공개시장조작 가운데 가장 주요한 자금공급수단인 주자금공급조작(main refinancing operation) 때의 정기입찰금리(tender rate)를 정책지표금리로 하고 있으며, 초단기 여수신제도[10]를 통해 콜금리의 변동을 제한하고 있다. ECB는 주 1회의 주자금공급조작을 통하여 사전에 공표된 입찰금리로 필요한 유동성을 공급한다. 즉 정책지표 금리수준과 부합하는 목표지준을 산정한 다음 외생적 요인의 변동을 감안한 지준공급을 전망하여 그 차이만큼을 주자금공급조작을 통하여 공급하는 것이다. 한편 시그널링은 한 달에 두 차례 열리는 정책이사회에서 정기입찰금리 및 초단기 여수신금리의 결정을 통해 이루어진다.[11]

---

10) 초단기 여수신제도는 초단기 여신제도(marginal lending facility)와 초단기 수신제도(deposit facility)로 이루어지는데 초단기 여신제도는 금융기관이 일일만기 유동성을 회원 중앙은행으로부터 차입할 수 있는 제도로서 정상적인 경우 충분한 적격증권을 담보로 제공하는 한 제한없이 이용이 가능하기 때문에 초단기 여신금리는 일일만기 시장금리의 상한으로 작용하게 된다. 한편 초단기 수신제도는 금융기관이 일일만기 예금을 회원 중앙은행에 예치할 수 있는 제도로 제한 없이 이용 가능하므로 초단기 수신금리는 일일만기 시장금리의 하한으로 작용하게 된다. 초단기 여수신제도는 일일만기 시장금리의 상하한을 결정하는 역할 이외에도 일일만기 유동성(overnight liquidity) 조절과 시그널링 등의 역할을 담당하고 있다.

11) ECB는 매월 두 차례 정책이사회 회의를 통해 주자금공급조작시 적용되는 입찰금리와 초단기 여신금리 및 초단기 수신금리를 공표한다. ECB가 출범할 당시인 1999년 1월 1일의 금리는 각각 3%, 4.5%, 2%였고, 4월 8일에는 각각 2.5%, 3.5%, 1.5%로 인하되었으나 11월 5일 각각 3%, 4%, 2%로 인상된 데 이어, 2000년 2월 3일 3.25%, 4.25%, 2.25%로 인상되었다.

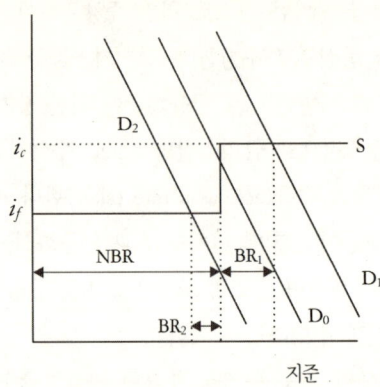

지준

　ECB는 정기적인 자금공급조작을 통해 사전에 정해진 금리수준에서 금융기관의 지준수요 등을 감안하여 비차입지준을 공급한다. 지준수요가 D_0의 경우처럼 나타나면 금융기관은 초단기 여수신을 이용하지 않지만 지준수요가 D_1으로 증가하면 i_c의 초단기 여신금리로 BR_1만큼 초단기 여신을 이용하며 지준수요가 $D2$로 감소하면 i_f의 초단기 수신금리로 BR_2만큼 초단기 수신을 이용한다([그림 7] 참조).

다. 일 본

　일본은행이 추구해 온 통화정책의 목표는 물가안정 이외에도 경제성장의 지원, 환율 안정 등 금융경제환경에 따라 변천을 겪어 왔으나 1998년 4월 일본은행법의 개정[12]에 따라 명시적으로 물가안정이 최우선목표가 되었다.

　일본은행은 1978년까지는 은행의 민간신용을 중간목표로 관리하였으며 그 이후에는 분기중 M2＋CD의 전망치를 발표하고 있으나 엄격히 달성해야 하는 중간목표는 아니다. 따라서 통화총량은 중요한 정보변수의 하나로 간주되고 있다.

　한편 유동성조절과 운용목표와 관련해서 보면 일본은행은 1995년 7월까지

---

12) 물가안정을 통한 국민경제의 건전한 발전과 금융기관간 원활한 자금결제 및 건전한 신용질서 유지를 일본은행의 설립목적으로 규정하고 있다.

는 재할인창구를 주요 유동성관리수단으로 이용하였다. 즉 재할인금리가 시장금리보다 낮아 일본은행 대출에 대한 지속적인 초과수요가 존재하였기 때문에 일본은행은 재할인창구를 통해 제공하는 여신의 규모, 만기, 중도회수 여부를 재량으로 결정하는 방식으로 유동성을 관리하였다.

그러나 1995년 7월 이후에는 공개시장조작을 유동성 관리수단으로 적극 활용하고 있다.[13] 일본은행은 공개시장조작에서 초단기금리(일일물 콜금리)를 운용목표로 하고 있는데 초단기금리의 목표치를 공표하지는 않으나[14] 유동성 조절규모 조정 등을 통한 양적 시그널링[15]을 하는 이 외에 정책당국이 바람직하다고 생각하는 일일물 콜금리수준의 개략적인 수준을 공표하고 있다.

〔그림 8〕　　　　　　　　　일본의 통화정책 운용방식

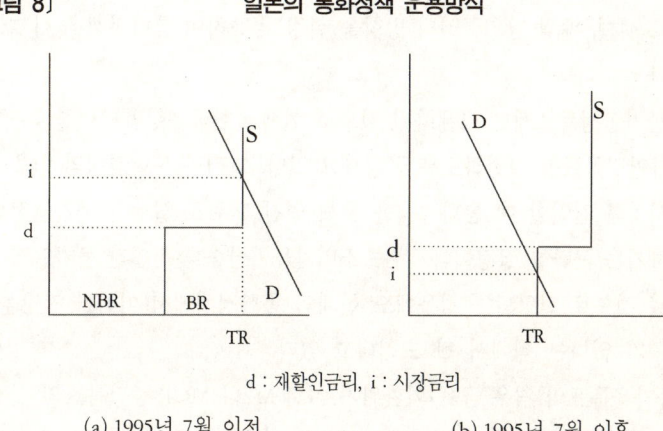

d : 재할인금리, i : 시장금리

(a) 1995년 7월 이전　　　　　　　　(b) 1995년 7월 이후

[그림 8] (a)에서 일본은행은 중앙은행 대출제도(BR)를 재량적으로 이용하여 유동성을 조절하고 목표금리 수준을 달성하였으나 [그림 8] (b)에서는 콜

---

13) 일본은행이 콜금리를 경기진작을 위해 사상 처음으로 재할인금리를 하회하는 최저 수준으로 인하함에 따라 일본은행 대출에 대한 의존도가 감소되었다.

14) 대부분의 선진국과는 달리 운용목표의 구체적인 목표치 공표나 유동성 조절용 입찰 등을 통해 주요 정책신호를 전달하는 방식을 사용하지 않고 있다.

15) 일본은행은 다음날 순유동성 포지션의 예측치를 전일 금융시장 마감 후(17 : 30)에 발표하고 당일자 유동성 조절규모를 오전에 공표함에 따라 시장참가자들은 순유동성 포지션 예측치와 유동성 조절규모 사이의 격차를 통해 일본은행이 추구하고자 하는 금융긴축 또는 완화의 정도를 추측하게 된다. 또한 재할인금리 변경을 통한 금리 시그널링도 보조적으로 병행하고 있다.

금리가 재할인금리보다 낮을 만큼 유동성을 공급함으로써 공개시장조작에 의한 유동성 조절을 통하여 운용목표 금리 수준을 달성한다.

3. 우리나라의 통화정책 운용방식

가. 통화정책 운용방식의 전략적 측면

우리나라 통화정책의 운용방식은 다음과 같은 세 가지 요소를 가지고 있다. 첫째, 한은법에 따라 연간 물가안정목표를 설정·공표[16]하고 있으며, 둘째, 물가안정목표를 포함하는 통화신용정책 운영계획에서 M3 증가율목표를 설정[17]하고 있고 셋째, 매월 단기금리의 방향을 설정·공표하여 통화정책을 시그널링하고 있다.

우선 물가안정목표제는 법제화된 것으로 현행 《한국은행법》은 한국은행이 매년 물가안정목표를 설정하도록 규정하고 있다. 그러나 통화정책의 인플레이션 파급시차를 감안할 때 통화정책을 통해 연간 단위로 설정한 물가안정목표를 달성하기는 곤란한 실정이다. 이는 소비자물가상승률이 연간 물가안정목표를 벗어날 것으로 전망되는 경우에도 현재의 통화정책에서 이러한 전망을 반영할 여지가 없다는 점에서 잘 드러나고 있다.

M3 증가율목표의 경우 금융·외환위기 이전 M2나 MCT 중간목표의 설정과 마찬가지로 EC 방식에 의해 목표치를 설정하고 있는데, 그 설정방식의 타당성은 논외로 하더라도 일반적으로 중간목표의 선정기준인 최종목표와의 안정적인 관계나 통제성 및 속보성 어느 측면에서도 M3가 적절한 중간목표로서 기능한다고 보기 어렵다.[18] 따라서 M3 증가율목표는 목표변수(target variable)

---

16) 금년도 물가안정목표는 연평균 소비자물가상승률 기준 2.5±1%이다. 다만 자연재해나 국제유가 급등과 같은 일시적 단기적 요인으로 가격이 크게 변동할 가능성이 높은 곡물 이외의 농산물 및 석유류 가격 변동분은 제외된다.

17) 2000년중 M3 증가율 목표를 물가안정목표와 경제성장 및 통화유통속도 전망을 토대로 연평잔 기준 7~10%로 설정하였다.

18) 기존 통화지표의 문제점에 관한 자세한 내용은 장민·함정호(2000) 참조

로서 적극적 역할을 하기보다는 경제 전체의 유동성 수준에 대한 '의사소통 수단'(communication device)으로서의 역할에 한정되고 있다.

한편 금융통화위원회는 매월 단기금리의 방향을 설정·공표하여 통화정책의 방향을 제시하고 있다. 단기금리의 조정이나 폭에 대한 구체적인 수치를 제시하기보다는 단기금리와 본원통화에 대한 개략적인 방향만을 언급하고 있다.19) 한편 '월중(분기중) 통화신용·정책방향'에서의 대상금리는 1998년 10월 이후 콜금리로 정착된 것으로 보이나 그 이전에는 공개시장조작금리(RP금리)와 콜금리가 혼용되었다.

이처럼 현행 우리나라의 통화정책 운용방식은 통화량목표제, 물가안정목표제, 명시적인 정책목표가 없는 미국식 방식의 요소를 포함하고 있다고 할 수 있다.20)

〔표 1〕　　　　　　　　金融通貨委員會 議決 통화신용정책방향

	금　　　　　리	통　　　　화
2000. 2	콜금리를 현재의 4.75% 내외에서 5.00% 내외로 운영	-
2000. 1	콜금리를 현 수준에서 안정적으로 운용	-
1999.12	콜금리를 현 수준에서 안정적으로 운용	유동성을 신축적으로 공급
1999.11	콜금리를 현 수준에서 안정적으로 운용	유동성을 신축적으로 공급
1999.10	콜금리는 현재의 수준을 유지	은행지준을 여유있게 운용하고 시장상황에 따라 공개시장조작을 탄력적으로 실시
1999. 9	콜금리는 현 수준에서 안정적으로 운용	필요시 유동성을 신축적으로 공급
1999. 8	콜금리는 현 수준에서 안정적으로 운용	유동성을 신축적으로 공급

---

19) 2000년 1월부터 통화에 대한 언급이 없어졌으며 2000년 2월에는 단기금리의 구체적인 수치를 제시하였다.
20) Mishkin(1998)은 각국의 통화정책 운용체계(policy regime)를 환율목표제, 통화량목표제, 물가안정목표제, 명시적인 정책목표가 없는 미국식 방식으로 구분하고 있다.

	금 리	통 화
1999. 7	콜금리는 현 수준을 중심으로 안정적으로 운용	통화의 안정적 관리에 더욱 유의
1999. 6	콜금리는 현 수준을 중심으로 안정적으로 운용	본원통화는 외환부문의 통화증발압력에 대처하여 적정수준에서 유지
1999. 5	콜금리는 현 수준을 중심으로 안정적으로 운용	본원통화는 재정 및 외환부문의 통화증발 압력에 대처하여 적정수준에서 유지
1999. 4	콜금리는 시장금리의 하향안정과 은행대출금리의 꾸준한 하락을 뒷받침할 수 있도록 탄력적으로 운영	본원통화는 은행의 지준수요에 맞추어 신축적으로 공급
1999. 3	콜금리는 장단기 시장금리의 안정을 뒷받침하는 방향으로 운영	본원통화를 은행의 지준수요에 맞추어 신축적으로 공급
1999. 2	콜금리는 하향안정화 기조를 견지	M3가 연간 목표증가율(13~14%)을 유지하는 범위 내에서 본원통화를 공급
1999. 1	콜금리를 약간 하향조정된 수준에서 안정되도록 운영	본원통화를 은행의 대출자금수요에 맞추어 공급
1998.12	콜금리의 하향안정화 기조 유지	본원통화를 전월보다 확대 공급
1998.11	공개시장조작금리는 시장금리안정을 뒷받침할 수 있는 방향으로 운영	본원통화는 은행대출의 확대를 유도할 수 있도록 신축적으로 운영
1998.10 (4/4분기)	금리의 하향안정화 기조 유지	본원통화는 IMF와 합의한 예시한도내에서 금리의 하향안정화를 위해 최대한 탄력적으로 공급
1998. 9	공개시장조작금리를 인하하여 콜금리 하락을 유도	본원통화는 콜금리의 점진적 하락을 유도할 수 있는 방향으로 공급
1998. 8	본원통화 수급상황 하에서 금리의 지속적 안정을 도모	본원통화는 금융기관의 자금수요에 맞추어 신축적으로 공급
1998. 7 (3/4분기)	금리를 점진적으로 인하하는 현재의 정책기조 유지	통화는 IMF와 합의한 예시한도 내에서 탄력적으로 운용
1998. 6	공개시장조작금리는 외환시장의 안정을 저해하지 않는 범위 내에서 점진적으로 인하	본원통화는 신용경색을 완화하고 금융기관의 중소기업대출 확대를 지원하기 위하여 신축적으로 운용
1998. 5	-	-
1998. 4 (2/4분기)	환율이 기조적으로 안정세를 보이는 경우 RP금리를 점진적으로 인하	본원통화는 예시한도 내에서 보다 신축적으로 운용

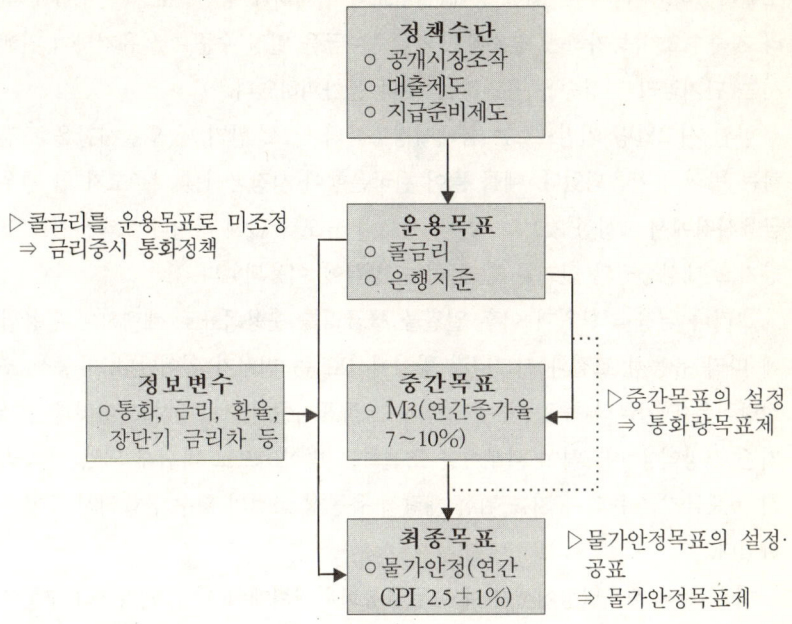

나. 통화정책 운용방식의 전술적 측면

우리나라는 금융·외환위기 이전까지 은행지준을 운용목표로 채택하여 유동성 조절을 해온 것으로 볼 수 있는데, 이는 금리에 중점을 둔 유동성조절을 하기에는 금융환경이 성숙되지 못했다는 인식[21]에 따른 것이었다. 통화량을 중간목표로 하는 운용방식에서 유동성 조절은 통화량 목표 달성에 필요한 목표지준액(지준수요)을 추정하고 이것과 실제지준전망액(지준공급)을 비교하여 은행의 지준을 조절하는 방식[22]으로 이루어졌다. 즉 통화당국이 목표로 하는

---

[21] 즉 부채비율이 높은 기업부문이 금리의 변동에 매우 민감하였고 콜시장이 은행과 비은행금융기관 사이에 사실상 분할됨에 따라 금융시장의 단기적인 자금사정을 충분히 반영할 수 있는 대표성을 가진 단기금리가 없었다.

통화량을 달성하기 위하여 지준을 일정 수준으로 유지하는 방식으로 유동성을 조절하였다. 따라서 이 기간 중에는 비교적 엄격하게 중간목표를 준수함에 따라 지준수요가 증가하는 경우에도 지급준비금을 일정 수준으로 유지하기 위해서는 단기금리의 상승을 용인하는 것이 불가피하였다.[23]

한편 시그널링 기법으로는 공개시장조작의 규모, 만기 및 입찰시간을 조정하는 방식이 활용되었다. 예를 들어 한국은행이 시장금리를 낮추고자 할 경우 금융시장에서 예상한 것보다 공개시장조작 규모를 많게 하거나 조작시기를 앞당기고 대상증권의 만기를 길게 하는 방식이 이용되었다.

그러나 금융·외환위기 이후 일일물 콜금리를 운용목표로 채택하여 활용함에 따라 유동성 조절과 시그널링 방식에서도 큰 변화가 일어났다. 유동성 조절방식은 단기금리 목표수준에 부합하는 목표지준액을 추정하고 이것과 실제 지준 전망액을 비교하여 과부족을 조절하는 방식[24]으로 바뀌게 되었다. 따라서 목표금리 수준의 유지를 위한 재량적 유동성 조절의 횟수가 급격히 증가[25]하였다.

한편 정책 시그널링에서는 매달 금융통화위원회에서 월중 단기금리 수준에 대한 정책방향을 공표하는 것이 가장 중요한 수단이 되었다. 또한 단기금리를

---

22) 월별 통화량 목표에 따라 반월중 적정통화량을 전망하고 이를 지준승수(추정치)로 나누어 목표지준을 산정한 다음 반월중 외생적 요인의 변동을 감안하여 실제지준을 전망한다. 실제지준 전망액(지준공급)이 목표지준(지준수요)에 미달될 경우 유동성을 공급하고 초과하는 경우에는 유동성을 환수한다.

23) 그러나 1995년 제3단계 금리자유화가 실시된 이후 은행지준을 운용목표로 하여 유동성을 조절하면서도 통화정책의 파급경로에서 금리의 역할이 중요해지고 있다는 인식하에 단기금리의 지나친 급변동을 완화시키고자 노력하였다.

24) 월중 금리정책 방향에 따라 금리수준에 부합하는 반월중 목표지준을 산정한 다음 반월중 외생적 요인의 변동을 감안하여 실제지준을 전망한다. 실제지준 전망액(지준공급)이 목표지준(지준수요)에 미달될 경우 유동성을 공급하고 초과하는 경우에는 유동성을 환수한다.

25) RP 매매조작 추이

단위 : 10억원, 회

	1996	1997	1998	1999
매 입	38,902 (31)	72,786 (80)	9,065 (18)	93,790 (73)
매 각	32,350 (37)	30,784 (42)	471,253 (261)	204,414 (130)
합 계	71,252 (68)	103,570 (122)	480,318 (279)	298,204 (203)

주 : 괄호 안은 조작횟수

운용목표로 활용하기 시작한 이후부터는 낙찰금리의 공표도 중요한 시그널링 수단이 되었다. 한국은행이 입찰시의 내정금리나 규모를 조정함으로써 낙찰금리를 변경시키고 낙찰금리의 공표를 통해 단기금리에 대한 정책의도를 전달하게 된다. 예를 들어 한국은행이 단기금리를 상승시키고자 할 경우 흡수조작의 규모를 늘리고 내정금리를 높임으로써 낙찰금리를 인상시키면 시장이 이를 한국은행이 단기금리를 상승시키려는 것으로 해석하게 되는 것이다.

〔표 2〕 　　　　　우리나라의 통화정책 수단별 운용방법
(2000년 2월말 현재)

통화정책	거래형태		만기	빈도	거래방식
	유동성 공급	유동성 흡수			
공개시장조작					
단기자금 조절	RP매입	RP매각	1~15일물	수시	경쟁입찰
	통안증권 환매	통안증권 발행	단기(14일)	수시	경쟁입찰
장기자금 조절	통안증권 환매	통안증권 발행	364일물 2년(이표채)	매주(금요일), 격주(화요일)	경쟁입찰, 일반매출
	국공채단순매입	-			
대출제도					
총액한도 대출	증권담보대출 재할인	-	30일 (3개월 이내)	중앙은행의 재량	
일시부족 자금대출	증권담보대출 재할인	-	1일	금융기관의 재량 (한도 이내)	
지급준비제도					
필요지급 준비금	-	당좌예금 예치	1주일 이연 2주일 평잔적립		
초과지급 준비금	-	당좌예금 예치			

III. 금리중시 통화정책 운용방안

1. 운용목표의 선정

주요 선진국들은 서로 다른 제도적 여건 하에서 통화정책을 수행하고 있지만 공통적인 것은 단기금리를 운용목표로 하여 통화정책을 운용하고 있다는 점이다. 선진국들이 이와 같이 단기금리를 중시하게 된 것은 양적 조절 위주의 통화정책운용은 중장기적으로 중간목표를 달성하는 데 별로 효과가 없으면서 오히려 단기금리의 변동성을 높이는 결과만을 초래할 수 있다는 경험적인 사실과 금융시장의 자유화 등으로 통화정책의 파급경로에서 금리의 역할이 더 중요해진 사실을 반영하고 있다.[26]

아울러 선진국의 경우 운용목표로서 금리를 중시하게 된 것과 함께 목표금리의 만기도 단기화되는 경향이 나타나고 있다. 이에 따라 일일물 금리가 가장 공통적인 운용목표로 등장하게 되었다. 통화정책 수행에서 목표금리의 만기가 단기화되는 경향은 자산가격의 결정에서 시장의 영향력이 커졌기 때문에 중앙은행이 직접적으로 이에 영향을 주기 어려운 반면 일일물 금리에 대해서는 중앙은행이 은행지준의 독점적인 공급자의 위치에서 금융시장의 단기유동성을 의도하는 금리수준으로 얼마든지 공급 또는 흡수함으로써 일일물 금리에 대한 조절능력을 보유하고 있다는 사실을 반영하고 있다.

이와 같은 선진국의 경험에 비추어 보면 우리나라의 경우 일일물 콜금리가 운용목표금리로서 가장 적합한 단기금리임을 짐작할 수 있다. 일일물 콜금리에 대해서는 한국은행이 은행지준시장의 독점적 공급자로서 통제력을 가지고 있으며, 실제로도 금융·외환위기 이후 단기금리를 중시하여 통화정책을 수행하는 과정에서 자연스럽게 콜금리에 대한 통제력이 크게 강화되었다.[27] 한편

---

26) Borio(1997) 참조
27) 오금화·이환석(1998a)에 따르면 이는 실증의 대상이기보다 지준시장의 특성으로부터 비롯되는 것이다. 통제 가능성의 실증분석은 오정근(1998) 참조

금리의 파급경로는 아직까지 제대로 확립되어 있다고 보기는 어렵지만 콜시장 왜곡의 주요인이었던 제2금융권의 영업자금차입 관행이 시정[28]됨에 따라 콜금리가 단기유동성 사정을 비교적 정확하게 반영하게 되는 등 금리파급경로도 점차 개선되고 있다.

그러나 금융시장이 발달되어 금리의 파급경로가 확립되어야 단기금리를 운용목표로 활용할 수 있다는 전제하에 우리나라의 경우 아직은 금리의 파급경로가 확립되어 있지 못하기 때문에 당장 단기금리를 운용목표로 하는 금리중시 통화정책으로의 이행이 어렵다는 견해도 있다. 그러나 금리의 파급경로가 다소 불완전하더라도 금리중시 통화정책으로의 이행이 불가능한 것은 아니라고 생각된다. 지금까지 우리나라에서 금리의 파급경로가 제대로 확립되지 못한 것은 통화량을 중간목표로 하는 통화정책을 수행함에 따라 금리가 상대적으로 중시되지 않았던 것에도 원인이 있기 때문이다. 즉 금리의 파급경로는 금리를 중시하여 통화정책을 운용하면서 생성되어 피드백 과정을 반복하면서 확립된다고 할 수 있다. 따라서 금리중시 통화정책을 수행하면서 거시경제변수와 경제주체의 반응을 통한 금리변동의 효과 및 시차 등을 파악해 나가는 것이 바람직해 보인다.

또한 물가안정기조가 완전히 정착되었다고 보기 어려운 상황에서 금리중시 통화정책으로 전환하는 경우 통화량의 변동성이 커지고 물가상승압력이 현재화될 가능성을 우려하기도 한다. 그러나 이는 금리중시 통화정책을 운용목표인 단기금리 수준을 경제여건에 관계없이 고수하는 것으로 오해하는 데서 비롯된 것으로 여겨진다. 경제여건의 변화에 따라 자금수요가 증가하여 단기금리의 상승압력이 지속됨에도 불구하고 단기금리를 고수할 경우 지준수요의 증가를 수용하는 것이 불가피하므로 통화량이 증가하여 인플레이션 압력이 현재화될 가능성이 높아진다. 그러나 단기금리를 운용목표로 하는 금리중시 통화

---

28) 금융·외환위기 이후 콜시장의 수급구조가 크게 변화되어 콜머니의 경우 콜시장을 통해 초단기자금을 조달하여 CP를 매입하거나 주식·채권에 투자하는 관행이 시정되면서 종금사 및 증권사의 비중이 축소되고 콜론에서는 투신사의 비중이 단기수신 증가를 배경으로 큰 폭으로 확대되었다. 앞으로는 금융·외환위기 이전과 같이 금융기관이 콜시장을 통해 영업자금을 조달하는 행태는 유동성 부족사태 발생시 퇴출이 불가피해짐에 따라 재현되기 어려울 것으로 전망된다.

정책은 경제여건에 비추어 운용목표인 단기금리 수준 자체를 신축적으로 변경하는 것을 전제로 하고 있다는 점에서 '통화량 중심→물가안정, 금리중시→인플레 우려'의 도식적 관계가 성립한다고 보기 어렵다.

또한 지금까지의 통화량 중심의 중간목표전략의 유효성이 약화되어 있다는 점에는 동의[29]하면서도 그 이유만으로 금리중시 통화정책으로 이행해야 한다는 논거가 되지는 못한다는 견해를 제기하기도 한다. 그러나 통화정책 운용방식의 변화가 필요하다는 인식의 공감대가 어느 정도 마련되어 있고 변화의 최소요건도 갖추어졌다고 생각된다. 또한 금융시장에서 금리의 안정이 무엇보다도 중요하다는 인식 하에 각국의 중앙은행이 금리를 중시하는 방향으로 통화정책을 운용하고 있는 등 금리중시 통화정책은 세계적인 추세라 할 수 있을 것이다. 따라서 금리중시 통화정책으로의 이행은 통화정책의 투명성을 높이는 동시에 중앙은행의 탄력적인 정책운용을 가능하게 한다는 점에서 전향적으로 검토되어야 할 것이다.

2. 목표금리의 운용

금리파급경로가 확립되지 않은 상태에서 운용목표금리 수준을 정하는 것은 쉬운 일이 아니다. 우선은 활용 가능한 정보변수 등을 바탕으로 경제상황에 대한 평가를 내리고 이에 따라 현재의 운용목표금리 수준을 변경함으로써 운용목표금리 수준에 대한 시장의 반응과 경제주체들의 행태를 관찰하여야 할 것이다. 그런 다음 다시 이를 감안하여 운용목표금리 수준을 조정하는 방식을 반복함으로써 운용목표금리 수준과 최종목표 사이의 금리파급경로에서 시장 및 경제주체들을 포괄하는 메커니즘이 형성될 수 있을 것이다.

이와 같은 목표금리의 운용을 가정할 때 초기값으로 현재의 시장금리, 피드

---

29) 한편 현재에도 물가안정기조가 정착되었다고 보기 어렵기 때문에 물가상승압력을 억제하는 데는 통화량 관리가 중요하며 정치적인 논리로 통화공급의 확대를 요구하는 외부압력 가능성에 대해 통화량을 중간목표로 하는 엄격한 준칙적 정책이 이를 차단하는 수단이 된다는 점에서 통화량 중심 통화정책의 유효성을 주장하기도 한다.

백 금리준칙을 이용한 추정금리 등을 활용할 수 있을 것이다. 그러나 우리나라는 그 동안 통화량 중심 통화정책을 장기간 운용해 옴에 따라 금리와 여타 경제변수 사이에 안정적인 관계가 형성되어 있지 않기 때문에 금리준칙을 활용한 목표금리 산정 모형도 초기에는 그 유의성이 높지 않을 것으로 보인다. 이보다 더욱 중요한 것은 재량적 운용이 강조되는 금리중시 통화정책에서 준칙을 가정하여 도출된 금리수준을 도식적으로 적용하는 것은 근본 취지에 부합하지 않는다는 점이다.

따라서 금리준칙을 이용한 추정금리 등을 목표금리 수준 산정에 참고로 활용하되 당분간은 특정 금리수준에 얽매이지 않고 시장에서 형성된 금리수준을 바탕으로 피드백 과정을 통해 금리조절의 폭과 시기를 결정하는 것이 바람직할 것이다.

한편 금리중시 통화정책에서 운용목표는 중앙은행의 경제상황에 대한 판단과 정책의도를 나타내는 역할을 담당하는데, 이는 금리수준 자체보다는 금리수준의 변동과 크기를 통해서 드러난다.[30] 통화당국이 목표금리수준을 조정하는 메커니즘에 대해 상세히 밝혀야 할 필요는 없지만 통화당국의 종합적 판단에 활용되는 정보변수에 대해서는 통화당국의 해석과 입장을 명확하게 밝힘으로써 시장참가자들에게 통화당국의 정책변경 여부에 대한 판단을 가능하게 해주는 것이 좋을 것이다. 또한 조정의 폭은 처음에는 작게 하는 것이 시장에 주는 충격을 줄이는 데 도움이 되겠지만 정책신호를 강하게 보낼 필요가 있을 경우에는 다소 큰 폭의 조정을 하는 것도 한 방법이 될 수 있다.

3. 정책의도의 전달(시그널링)

통화당국이 시장에 정책의도를 전달하는 방법은 각국마다 매우 다양하다. 앞에서 살펴본 것과 같이 미국의 경우 연준이 페더럴펀드 목표금리 수준을 명

---

30) 이는 통화상황지수(Monetary Condition Index ; MCI)를 운용목표로 활용하는 경우에도 마찬가지인데 MCI를 해석하는 데 그 수준 자체가 아니라 일정기간 동안의 변동추이가 중요하다.

시적으로 공표하는 비교적 단순한 방법을 이용하며 ECB의 경우는 정책금리 수준과 초단기 여수신금리 수준을 공표하는 방법을 이용한다. 일본의 경우는 단기금리를 운용목표로 활용하고 있으나 명시적인 목표치를 공표하지는 않고 개략적인 수준만을 발표하면서 유동성조절을 통해 정책의도를 전달하고 있다. 이 밖에도 각국은 다양한 시그널링 방법을 이용하고 있다.

이러한 시그널링 방법은 나름대로의 장단점을 가지고 있는데 운용목표를 명시적으로 공표하는 미 연준의 방법은 정책신호의 전달방법이 일원화되어 정책의도를 해석하기가 용이하고 단기금리의 변동폭이 적을 수 있다는 장점이 있는 반면 중앙은행의 정책의도 전달기능이 운용목표 금리에 집중되어 있어 실제 시장금리(페더럴펀드 금리)가 목표치를 지속적으로 이탈할 경우 통화정책의 신뢰성이 상실될 우려가 있으며 목표금리 수준의 유지를 위한 통화당국의 유동성조절 빈도가 잦을 수밖에 없다. 또한 시장의 영향력이 큰 경우 시장 참가자들이 정책당국의 의지를 시험해 보려 할 수 있다는 단점이 있다.[31]

반면 유동성 조절시의 입찰금리(정책금리)를 통해 시그널링을 수행하는 ECB 방식은 일상적 유동성 조절(운용목표 금리)과 정책신호의 전달(정책지표 금리)을 명확하게 분리할 수 있으며 초단기 여수신금리에 의해 시장금리의 상하한이 제약되므로 목표금리 수준 달성을 위한 중앙은행의 비정기적인 유동성 조절 빈도가 적다는 장점이 있다. 반면 은행의 지준관리 능력이 확보되지 않을 경우 단기금리의 변동폭이 증대되고 중앙은행의 초단기 여수신에 대한 의존도가 커질 우려가 있다. 또한 정기입찰 기간중의 정책기조 변경이 필요한 경우 시그널링이 제약되는 단점이 있다.

우리나라의 경우 Ⅱ절에서 살핀 바와 같이 금융·외환위기 이후 시그널링에서 단기금리의 역할이 더 중요해졌다. 금융통화위원회가 매달 통화신용정책방

---

31) 미 연준 공개시장조작위원회(FOMC)는 2000년 1월 19일 FOMC 정책결정 공표방식을 변경하였다(2000년 2월 2일 시행). 종전에는 목표금리의 변경 또는 경제전망을 변경하는 경우에만 보도자료를 통해 변경 내용을 공표하던 것을 정책결정의 변경여부와 관계없이 모든 FOMC 회의의 결과를 발표하기로 하였다. 또한 경제전망에 대한 표현 방식을 목표금리의 인상 또는 인하 가능성에 대하여 언급하던 방식에서 물가안정과 경제성장에 대한 '균형', '인플레이션 압력이 가중', '경제의 취약성 노정'의 세 가지 표현 가운데 한 가지를 선택하는 것으로 변경하였다.

향을 통해 콜금리의 개략적인 수준과 방향을 공표하는 것이 가장 중요한 수단이 되었으며 공개시장조작 입찰금리를 통해서도 시그널링이 이루어지고 있다.

우리나라의 경우 운용목표금리 수준을 명시적으로 공표하는 경우 금융시장이 충분히 발달되지 못한 상태여서 사전에 공표한 단기금리 수준을 엄격히 관리하게 되면 금리결정에서 시장의 힘이 발휘될 여지를 줄이게 되고 결과적으로는 시장의 발전을 지연시키는 결과를 초래할 우려가 있다. 또한 금융시장 환경도 금융·외환위기 이후 변동성이 아직도 크기 때문에 사전에 공표한 목표치를 달성하지 못하는 경우 통화정책의 신뢰성을 상실할 가능성이 있다. 따라서 당분간은 운용목표금리 수준을 명시적으로 공표하기보다는 콜금리의 개략적인 수준과 방향을 제시하는 것이 좋을 듯하다. 이와 아울러 단기시장금리의 변동을 완화하는 초단기 여수신제도를 보조적인 시그널 수단으로 활용할 수 있을 것이다. 초단기 여수신제도를 도입함으로써 단기시장금리의 상하한으로 작용하는 초단기 여수신금리의 조정을 통해 기조적인 금리정책의 변경을 공시할 수 있게 된다.

운용목표금리의 목표수준을 달성하고 변동성을 줄이는 데에서 유동성 조절을 통한 방식에 못지 않게 시그널링이 중시되고 있는 만큼 향후 시그널링이 좀더 투명하고 명시적이 될 수 있도록 시그널링 방법을 개선할 필요가 있다고 하겠다. 예를 들어 ECB의 경우[32]에서처럼 중앙은행의 정책의도가 투명하게 전달될 수 있는 입찰기법을 활용하는 방안도 검토해 볼 필요가 있다. 입찰기법[33]을 활용하는 경우 금리를 응찰하는 방법은 시그널의 투명도가 상당히 모호할 수 있으므로 시그널의 투명도가 높은 금액입찰방식을 활용하는 것이 바람직할 것으로 보인다.

---

[32] ECB의 경우 주자금공급조작은 금액입찰방식에 의해 실시되며 장기자금공급조작의 경우 금리입찰방식을 통해 시장유동성 사정에 관한 시장의 견해를 획득하기 위하여 ECB는 금리수용자가 된다.

[33] 낙찰금리결정은 복수금리 방식(conventional auction)과 단일금리 방식(Dutch auction)으로 구분할 수 있는데 복수금리 방식은 각 낙찰자가 입찰시 제시한 금리를 매매금리로 하는 방식이며 단일금리 방식은 각 낙찰자가 제시한 금리 가운데 낙찰자에게 가장 유리한 금리를 모든 낙찰자에게 일률적으로 적용하는 방식으로 현재 일반적으로 매각시에는 단일금리 방식, 매입시에는 복수금리 방식을 적용한다.

4. 유동성 조절과 운용목표금리

지준수급의 균형은 기본적으로 중앙은행의 유동성 조절 규모를 바탕으로 금융기관의 적극적인 지준자금 조절을 통해서 이루어진다. 자금 여유가 있는 금융기관은 금리수준이 낮은 중앙은행 예금보다는 가급적 시장에서 자금을 운용하고자 하며 자금이 부족한 금융기관도 중앙은행에서 높은 금리로 차입하기보다는 금리면에서 유리한 시장에서 자금을 조달하고자 한다. 이렇게 자금과부족 금융기관들은 자금을 더 유리하게 조달·운용하기 위해 최선을 다하게 되며, 이 과정에서 시장금리는 중앙은행이 마련한 초단기 여수신금리, 평잔적립방식[34] 등의 제도적 장치에 따라 정책금리 수준을 반영하게 되는 것이다. 평잔적립방식 지준제도가 시장금리의 급변동을 제어하는 기본적인 안전판 역할을 하게 되며, 금융기관이 정해진 금리로 일일물 자금을 제한 없이 조달·운용할 수 있는 초단기 여수신제도가 일일 시장금리의 상하한을 결정하게 된다. 따라서 금융기관의 금리민감도나 금리예측 능력 등을 높이는 것이 매우 중요해지므로 중앙은행의 정기적인 유동성 조절은 지준 적립시기에 맞추어 실시함으로써 금융기관의 지준적립에 재량성을 부여할 필요가 있다. 또한 중앙은행의 비정기적 유동성 조절의 필요성은 크지 않지만 일시적인 지준변동으로 시장금리가 지나치게 급변할 우려가 있을 경우에 한해 실시될 수 있을 것이다.

한편 초단기 여수신금리에 의해 제한되는 시장금리의 상하한은 제도 시행 초기에는 가급적 좁게 운영하는 것이 바람직할 것으로 보이며,[35] 중앙은행과 금융기관의 제도에 대한 적응과 유동성 조절 및 금리결정의 메커니즘이 안정

---

34) 금융기관의 지준적립 의무가 일정기간 동안 평잔 기준으로 필요지준을 적립토록 하는 평잔적립방식으로 부과됨에 따라 금융기관은 적립기간 중에 아무 때나 지준을 적립할 수 있으므로 금융기관의 재량적인 지준적립 행태가 시장금리를 안정화시키는 역할을 하게 된다. 즉 금리가 상승하면 금융기관들은 수익을 극대화하기 위하여 지준적립을 늦추고 자금을 시장에서 운용함에 따라 시중에 자금공급이 증가하여 금리를 하락시키게 된다. 반면 금리가 하락하면 금융기관들은 자금을 운용하기보다 지준을 적립하고자 함에 따라 지준수요가 늘게 되어 금리는 상승압력을 받게 된다.

35) 1999년 1월 ECB 출범 당시 초단기 여수신제도에 의한 금리의 상하한은 주자금공급조작 금리 3%를 중심으로 각각 4.5%, 2%로 설정되었는데 출범직후 2주일 동안은 시장참가자들의 새로운 제도의 적응을 감안하여 그 폭을 3.25%와 2.75%로 좁게 설정하였다.

화되면 점차 변동폭의 허용범위를 다소 확대할 필요가 있다고 생각된다.

Ⅳ. 금리중시 통화정책을 위한 정책과제

1. 통화정책 운용체계의 전환

가. 장기적 발전방향

우리나라의 통화정책은 장기적으로 단기금리를 운용목표로 하고 장기금리, 환율, 자산가격 등의 가격변수와 함께 통화총량 및 신용총량 등의 양적지표와 실물경제지표 등을 정보변수로 활용하여 최종목표인 물가안정목표를 달성하는 체계로 전환되어야 할 것이다. 즉 전략적 차원에서 통화정책의 최종목표인 물가안정을 중기적 관점에서 달성하되 전술적 차원에서는 금리를 운용목표로 하는 금리중시 통화정책으로 이행하는 것이다.

다만 이와 같은 장기적 발전방향으로 전면적으로 이행하기에는 물가안정기조가 아직 확립되었다고 보기 어렵고, 금리의 파급경로에 대한 파악도 충분하지 못하다. 또한 통화정책에 대한 정치적 간섭이 배제되는 관행이 정착되지 못했으며, 금융시장의 발전정도나 활용 가능한 정보변수의 개발 측면에서 부족한 점이 있는 것으로 보인다. 따라서 전면적으로 이행하기보다는 단계적 이행방안을 상정하여 전환해 나가는 것이 바람직할 것으로 보인다.

나. 단계적 전환방안

앞에서 살펴보았듯이 우리나라의 통화정책 운용체계는 현재 장기적인 발전방향으로 나아가는 과도기 단계에 놓여 있다고 하겠다. 즉 단계적 전환의 제1

단계로 단기금리를 운용목표로 하고 통화량 증가율 목표를 중기에 걸쳐 설정하되 구속력이 약한 감시지표로 활용할 필요가 있다. 여기서 구속력이 약한 감시지표의 의미는 통화증가율 목표의 일시적 이탈은 허용하되 기조적으로 목표치를 벗어나지 않도록 하는 암묵적 통화량 중간목표관리를 말한다. 현단계에서 필요한 과제는 단기금리를 운용목표로 하는 데 수반되는 각종 통화정책 수단 및 제도를 정비해 나가는 것이다.

제1단계의 과제가 마무리되고 금리의 파급경로가 더욱 확립되면 2단계로 나아가게 되는데, 제2단계에서 통화량증가율은 비중 있는 정보변수로서만 활용된다. 즉 통화량 변수의 역할이 크게 줄어들면서 인플레이션 압력에 대한 전망이 통화정책 수행의 핵심적인 과제로 자리잡게 된다. 또한 물가안정 기조를 확립하고 통화정책에 대한 외부의 영향을 배제하는 관행을 정착시키는 것도 제2단계에서의 주요 과제가 된다.

〔표 3〕 　　　　　　　　　　　통화정책 운용체계의 단계적 전환방안

	제1단계	제2단계	제3단계
최종목표	물가안정	물가안정	물가안정
중간목표	통화량(구속력이 약한 암묵적 중간목표)	-	-
운용목표	단기금리	단기금리	단기금리
정보변수	가격변수, 실물경제지표 등 활용 가능한 정보 변수 개발	기존 정보변수와 더불어 통화량은 주요 정보 변수 가운데 하나로 활용	장기금리, 환율, 자산 가격, 통화총량, 신용 총량, 실물경제지표 등
정책수단의 정비	공개시장조작의 조직화 초단기여수신제도 도입 지준적립방식의 변경	총액한도대출 한도 대폭적 감축	
기타	금리의 파급경로 확립	물가안정기조 확립, 중앙은행의 독립성 확립	

제3단계는 장기적 발전방향과 일치하는 단계로 우리나라의 통화정책은 단기금리를 운용목표로 하고 장기금리, 환율, 자산가격 등의 가격변수와 함께 통화총량 및 신용총량 등의 양적 지표와 실물경제지표 등을 정보변수로 활용하

는 물가안정목표제 하의 금리중시 통화정책으로 자리잡게 된다.

2. 지준시장구조의 개선

우리나라의 지준시장을 살펴보면 먼저 지준수요 가운데 필요지준은 법적으로 강제되는 부분이므로 콜금리와 무관하게 결정되며 초과지준은 콜금리가 초과지준 보유에 따른 일종의 기회비용이 되므로 負의 관계가 성립한다. 우리나라의 경우 콜금리 수준이 높았고 초과지준의 차기이월이 허용되지 않고 있어 초과지준을 거의 보유하지 않는 것이 일반적이다. 따라서 지준수요는 필요지준규모에 의해 거의 결정될 뿐만 아니라 지준적립도 일주일 이연적립방식을 채택하고 있기 때문에 지준수요곡선은 금리에 대해 매우 비탄력적인 모습을 가지게 된다.

다음 지준공급을 보면 총액한도대출은 한국은행이 매월 금융기관별 한도를 배정하면 한도 전액이 즉시 대출로 실행되고 있어 금융기관의 지준과부족이나 시장금리 수준과 무관하게 공급된다는 점에서 비차입지준에 가깝다고 할 수 있다. 금융기관에 대한 대출 가운데 일시대출(B2자금)이 순수한 차입지준에 해당하지만 일시대출의 금리는 콜금리에 연동되고 있어 금리탄력성이 미약하며 그 이용실적이 거의 없기 때문에 지준은 사실상 전액 비차입지준이라고 할 수 있으며 따라서 지준공급곡선은 수직선이 된다.[36] 한편 지준의 공급을 중앙은행의 입장에서 유동성 조절 목적에 따라 나누어 보면 중앙은행이 조절 가능한 항목(정책적 지준)과 중앙은행이 조절할 수 없는 항목(외생적 지준)으로 나누어 볼 수 있다.

우리나라의 경우 1980년대 이후 한국은행 대출을 통한 지준공급과 해외부

---

[36] 지급준비금 = 정부부문 + 금융부문 + 해외부문 + 기타부문 - 현금통화
　　　 = 비차입지준(정부부문 + 금융부문중 대출금 제외 + 해외부문 + 기타부문 - 현금통화) + 차입지준(금융부문중 대출금)
　　　 = 외생적지준(정부부문중 국채제외 + 해외부문 + 기타부문 - 현금통화 + 금융부문의 대출금, 예탁) + 정책적지준(정부부문중 국채 + 금융부문의 통안증권, RP순매도, 외 평채)

문을 통한 지준공급이 필요지준 규모를 크게 상회하여 왔기 때문에 공개시장
조작 등을 통해 초과공급된 지준을 흡수하는 행태가 지속되었다.

〔그림 10〕 우리나라의 지준시장

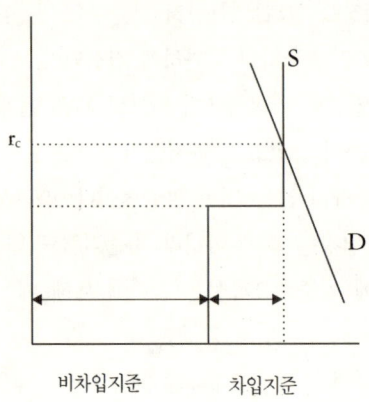

한국은행의 금융기관에 대한 대출은 1994년 3월 총액한도대출제도 도입 이
전까지는 금융기관의 대출실적에 따라 일정비율을 자동적으로 대출해 주는 일
종의 자동지원 성격의 재할인제도로 운용되었다. 총액한도대출제도 도입에 따
라 금융기관대출 취급실적에 따라 한국은행 대출이 일정비율로 자동적으로 증
감하는 연계성은 차단되었으나[37] 금융기관의 중소기업 대출을 유도하기 위한
정책금융의 성격은 계속 이어지고 있다. 또한 금융·외환위기 이후 금융시장
안정을 위한 대출이 크게 증가하기도 하였다.[38]

---

37) 제도시행 초기에는 상업어음할인, 무역금융, 소재부품생산자금 등 대상자금의 금융기관 대출
   취급예상액의 일정비율(제도변경 전 지원비율 수준)과 지방중소기업자금대출의 합계액을 총
   액대출한도로 설정하였기 때문에 금융기관의 대출취급실적에 따라 한국은행의 자금지원액이
   일정비율로 증감하는 문제점은 여전히 지속되었다. 1996년 1/4분기 이후 금융기관의 대상자금
   별 대출취급예상액의 일정비율로 한도를 설정하는 방식을 폐지하고 통화목표수준을 감안, 전
   체 총액한도만을 설정하여 총액한도대출이 금융기관대출 취급실적에 따라 일정비율로 자동적
   으로 증감하는 연계성을 차단할 수 있게 되었다.
38) 한국은행이 종금사 영업정지로 콜자금이 동결된 13개 은행에 지원하였던 6조 2370억원의 금융
   시장안정대책자금은 1999년 3월에 전액 회수하였다.

한편 해외부문을 통한 지준공급은 1988∼1989년 중에는 경상수지의 대규모 흑자로, 1990∼1996년 중에는 자본자유화 조치의 영향으로 자본수지가 크게 늘어나면서 큰 폭으로 증가하였다. 1997년 중에는 자본수지 흑자폭이 감소하고 경상수지가 큰 폭의 적자를 기록함에 따라 해외부문에서 본원통화의 환수요인이 발생하기도 하였다. 1998∼1999년 10월 중에는 경상수지가 대규모 흑자를 나타내면서 해외부문의 통화공급이 크게 증가하였다. 이와 같은 해외부문에서의 대규모 통화공급에 따른 초과지준을 흡수하기 위한 통화안정증권의 발행이 급격히 증가하여 1999년 10월말 현재 통화안정증권의 잔액이 53조 3천억원에 달하고 있다.

[표 4]   **외생적 지준 및 필요지준 추이**
(기간중 증감액 기준)

단위 : 10억원

	외생지준						정책지준	지급준비금
	(A)	정부부문[1]	해외부문	기타부문	민간부문[2]	현금통화(-)	(B)	(A+B)
1988	7,347.3	-2,817.7	6,064.7	2,159.2	2,631.7	690.7	-5,778.8	1,568.5
1989	3,159.4	-2,393.3	1,915.1	291.9	4,352.1	1,006.2	-1,075.4	2,084.0
1990	317.0	-667.3	252.7	-2,265.7	3,868.7	871.5	-195.9	121.1
1991	1,548.5	1,787.8	-169.7	-2,224.9	3,057.3	902.0	60.0	1,608.5
1992	8,902.5	1,242.0	3,094.9	1,832.6	3,400.5	667.5	-7,784.4	1,118.1
1993	3,841.3	-529.0	2,865.6	334.3	4,699.0	3,528.5	-2,397.3	1,444.0
1994	2,967.3	-1,434.3	3,907.7	908.0	604.0	1,018.1	-1,861.1	1,106.2
1995	2,602.6	-460.3	5,116.1	49.1	-169.0	1,933.3	-434.6	2,168.0
1996	-4,788.7	33.0	2,729.2	-4,101.5	-3,056.9	392.6	813.1	-3,975.6
1997	-5,411.5	1,293.7	-12,907.3	-29,818.9	36,015.6	-5.4	2,213.8	-3,197.7
1998	20,742.8	-77.0	22,897.5	17,297.8	-21,152.8	-1,777.3	-20,781.8	-39.0
1999[3]	4,545.3	-8,406.6	26,271.2	3,391.2	-16,416.3	294.3	-2,192.8	2,352.5

주 : 1) 국채 제외   2) 대출금, 외화예탁 등   3) 1∼10월

중앙은행의 유동성 관리는 은행의 유동성 잉여 또는 부족시 모두 동일하게 적용될 수 있으나 대분분의 중앙은행은 유동성에 대한 초과수요가 발생하도록 하고 유동성을 공급하는 대여자로 참여하는 것을 선호한다. 왜냐하면 유동성 부족상황에서는 금융기관이 반드시 유동성을 확보하여야만 하므로 유동성 잉

여상황에서보다 지준수요의 금리탄력성이 낮아져 중앙은행이 금리조작 목표
를 달성하기 용이하기 때문이다. 따라서 우리나라의 경우 중앙은행이 제어할
수 없는 외생적 지준의 과다공급으로 공개시장조작을 통해 일방적으로 지준을
흡수해야 하는 지준시장구조를 개선해 나가는 것이 중요한 과제가 된다.

한편 그 동안 지준적립 의무가 없고 결제기능을 가지지 않은 제2금융권이
콜시장에 참여하고 있어 콜시장의 자금수급이 이들 기관의 자금사정이나 자금
조달행태에 의해 영향을 받는 등 지준시장으로서의 성격을 흐리게 하는 문제
점이 지적되어 왔다. 그러나 일부 제2금융권의 비정상적인 자금조달 및 운용
행태가 금융·외환위기를 겪으면서 상당히 시정되고 있고 종전에는 명확한 근
거규정이 없어 고객으로부터의 수신 수단으로 국한되었던 RP거래가 관련제도
의 개선방안이 마련39)됨에 따라 향후 금융기관간 자금조절 수단으로서 금융
기관간 RP거래가 활성화될 것으로 기대된다. 따라서 앞으로는 콜시장이 금융
기관의 지준과부족을 조절하는 지준시장으로서의 성격이 더욱 분명해질 것으
로 보인다.

3. 정책수단의 개선

가. 중앙은행 대출제도의 개편

중앙은행의 대출제도40)는 각국의 금융여건, 통화정책 운용방식 등에 따라
다르지만 일반적으로 금융기관 유동성조절, 성장통화의 공급, 정책금융 지원,
최종대부자 기능, 금리의 공시기능 등을 수행한다. 금융기관 유동성조절 기능

---

39) RP거래의 안전성 제고를 위하여 표준화된 RP거래약관(Global Master Repurchase Agreement ;
GMRA)을 도입하여 RP거래를 표준화(모든 RP거래에 적용)하고 증권예탁원을 통한 3자간 RP
거래를 활성화 하는 한편 채권자기매매업을 허가받은 증권회사 및 증권업겸영금융기관에게는
채권의 보통결제(익일영업일 결제)를 허용하는 등 채권의 공매도(익일영업일 결제)를 허용할
예정이다. 또한 중개거래의 활성화를 위하여 현재 독점적 RP중개기관인 한국자금중개(주) 이
외에 신설되는 Inter-Dealer Broker에 RP중개를 허용할 예정이다.

40) 중앙은행 대출제도의 기능에 관한 설명은 임호열·김현기(1997)와 기타 한국은행의 내부자료를
참조하였다.

은 중앙은행이 대출규모 및 금리를 조절함으로써 금융기관의 자금가용성 및 자금조달 비용에 영향을 미쳐 통화량 또는 시장금리를 조절하는 것을 말한다. 성장통화의 공급은 중앙은행이 실물거래를 뒷받침하기 위한 산업자금을 공급하는 것으로 진성어음주의(Real Bills Doctrine)에서 비롯되었고, 정책금융 지원기능은 성장주도부문 또는 중소기업 등 정책적 지원이 필요한 부문 등에 금융자금이 적절히 지원될 수 있도록 선별적 금융수단으로 활용되는 것을 말한다. 또한 최종대부자 기능은 금융위기 발생시 경제의 최종대부자로서 자금을 공급하는 것이며, 결제자금 등의 일시적인 자금부족시 해당 금융기관에 대해 부족한 자금을 일시적으로 공급함으로써 결제시스템이 원활히 유지되도록 하는 기능을 말한다. 한편 금리의 공시기능은 중앙은행의 대출금리의 변동을 통하여 정책기조의 변경을 시장에 전달하는 기능을 말한다.

대부분의 선진국은 중앙은행 대출제도를 최종대부자 기능과 금리공시 기능 위주로 운용하고 있다. 현재 성장통화의 공급이나 정책금융 지원을 위해 중앙은행의 대출제도를 운용하는 선진국은 없으며 금융기관 유동성조절 기능도 금융시장 발달에 따라 공개시장조작이 주요한 유동성조절수단으로 자리잡으면서 그 역할이 크게 축소[41]되었다.

현행 한국은행의 대출제도는 총액한도대출과 일시대출의 두 가지로 이루어져 있다.[42] 총액한도대출은 금통위가 정한 한도 내에서 주로 금융기관별 한도 대상 대출실적 등에 따라 시장금리보다 낮은 수준의 금리가 적용되고 있어 외형상으로는 전통적인 재할인제도에 해당하지만 실질적으로는 금융기관의 중소기업대출을 유도하기 위한 정책금융 성격의 대출이라고 할 수 있다. 한편 일시대출은 일시적으로 자금이 부족한 금융기관이 일정한도[43] 내에서 스스로

---

41) 주요 선진국 가운데 일본은행이 유일하게 중앙은행 대출을 주요한 유동성 조절수단으로 활용하였으나 현재는 거의 사용하지 않고 있다.

42) 한국은행은 2000년중 유동성 조절을 위한 대출제도 및 일중당좌대출제도의 도입을 추진하고 있다. 유동성 조절을 위한 대출금리는 콜금리와 함께 단기금융시장의 기준금리 역할을 할 수 있도록 통화정책기조 변경시 동 금리를 인상 또는 인하하는 방식으로 운용할 예정이다. 동 대출의 총한도는 분기별로 정하고 총한도 내에서 개별 금융기관의 대출신청을 받아 차입사유, 경영상황 등을 심사한 후 실행한다. 한편 일중당좌대출제도는 일중 일시적으로 발생하는 금융기관의 지급결제 부족자금을 일정한도 내에서 무이자로 실시각 자동지원하고 업무마감시각에 회수하는 제도이다.

의 판단에 따라 차입할 수 있는 대출로서 금리는 콜금리에 연계된 벌칙성금리
가 적용되고 있다.

이와 같이 대출제도의 근간인 총액한도대출이 대출금리가 시장금리보다 낮
은 수준에서 운용됨에 따라 금리의 공시기능이 발휘되지 못하고 있고 정책금
융 성격으로 인해 대출한도44)의 신축적 조정이 어려워 통화정책수단으로 거
의 활용되지 못하고 있는 실정이다.

따라서 현행 총액한도대출제도의 골격을 유지하면서도 통화정책의 효율성
을 높일 수 있는 제도개편 방향을 모색할 필요가 있을 것이다.45) 총액한도대
출 금리를 실세화해야 한다는 주장은 크게 두 가지 이유에서이다. 대출금리
자체의 신축적 조정이 가능해야만 공시기능이 작동될 수 있다는 것과, 이렇게
신축적으로 조정되는 총액한도대출 금리가 시장금리의 하한으로서 기능할 수
있도록 해야 한다는 것이다. 그러나 이러한 두 가지 기능은 정기적 입찰금리
를 통한 통화당국의 정책방향 공시와 중앙은행 초단기 수신제도의 도입을 통
해서도 발휘될 수 있다.46)

무엇보다 중요한 것은 중앙은행 대출제도가 시장금리의 변동을 완화하는
제도적인 장치로 활용될 수 있도록 하는 것이다. 금리중시 통화정책 운용방식
에서는 금융기관이 자발적으로 지준자금 수급을 조절함으로써 중앙은행이 의
도한 시장금리 수준으로 단기금리가 유지되도록 하는 것이 핵심이다. 그러나
예상치 못한 지준수급의 변동으로 운용목표인 콜금리의 변동성이 다소 커질

---

43) 일별한도 : 필요지준 평잔의 50%
　　반월별한도 : 필요지준 평잔의 100%
44) 총액대출한도 변경 추이는 다음과 같다.

단위 : 억원

	96.10.1	96.11.8	97.2.24	97.12.12	98.3.2	98.9.1
금통위설정한도	92,000	64,000	36,000	46,000	56,000	76,000

45) 중장기적으로는 총액한도대출의 규모를 대폭 축소하고 금리도 상향조정할 필요가 있다.
46) 이러한 방식 이외에 금년중 도입예정인 유동성 조절 대출제도를 통해서도 중앙은행 대출제도
　　의 유동성 조절기능 및 금리공시기능을 활용할 수 있다. 그러나 중장기적으로는 유동성 조절
　　기능은 공개시장조작을 통해 수행되는 것이 더 바람직하다. 우리나라의 경우 설, 추석 등 계절
　　적 요인으로 예수금 규모의 변동이 크므로 이러한 계절적 요인에 의한 지준수요를 중화시킬
　　수 있는 계절대출제도를 운용하는 것이 더 현실적 대안이라 할 수 있을 것이다.

가능성이 있으므로 시장금리의 변동을 완화하는 제도적인 장치로 초단기 여수신제도를 도입할 필요가 있다.

초단기 여수신제도는 일일만기 유동성 조절, 통화정책 기조의 신호, 일일만기 시장금리의 상하한 결정 등의 기능을 할 수 있을 것이다. 우선 초단기 여신제도는 금융기관이 일일만기 유동성을 한국은행으로부터 차입할 수 있는 제도로 정상적인 경우 충분한 적격증권을 담보로 제공하는 한 제한 없이 이용토록 함으로써 초단기 여신금리는 일일만기 시장금리의 상한으로 작용하게 된다.[47] 초단기 수신제도는 금융기관이 일일만기 예금을 한국은행에 예치할 수 있는 제도로 제한 없이 이용 가능하며, 초단기 수신금리는 일일만기 시장금리의 하한으로 작용하게 된다. 한편 초단기 여수신제도는 시장금리의 상하한으로서의 역할뿐만 아니라 정책금리를 통한 시그널링을 보완하는 기능을 수행할 수 있다. 즉 초단기 여수신금리의 변경을 통해 중장기적인 통화정책기조를 공시할 뿐만 아니라 상하한의 폭을 통해서도 시그널링이 이루어질 수 있게 된다. 또한 일일만기 유동성 조절이 초단기 여수신을 통해 자동적으로 이루어지므로 공개시장조작을 통한 유동성 조절의 부담이나 횟수를 크게 감소시킬 수 있을 것이다.

나. 지급준비제도의 기능 제고

지준제도의 기능은 일반적으로 통화량 조절기능, 유동성 관리기능, 금리변동 완충기능 및 조세기능 등으로 나누어진다.[48] 선진국의 경우 통화량 조절기

---

47) 이 경우 현재의 일시대출제도는 폐지해도 무방할 것이다.

48) 통화량 조절기능은 지준율 조정을 통해 본원통화 또는 지준과 통화량 사이의 관계를 나타내는 승수의 크기를 변경시킴으로써 통화량을 조절하는 기능을 말한다. 유동성 관리기능이란 중앙은행이 유동성을 관리해 나가는데 이를 더 용이하고 효율적으로 수행할 수 있도록 제반 여건을 조성해 주는 기능으로, 여기에는 안정적인 지준수요를 창출하는 기능, 외부적인 충격에 의한 지준변동을 완화시켜 주는 기능, 지준적립 행태를 이용하여 유동성을 조절할 수 있도록 해주는 기능 등이 있다. 금리변동 완충기능은 결제자금수요의 불규칙한 변화에 따른 금리의 급격한 변동을 방지하는 기능과 평잔적립방식 하에서 금융시장에 일시적인 교란요인이 발생했을 때 지준적립의 시기와 규모를 조절함으로써 금리의 과도한 변동을 방지하는 기능이다. 조세기능이란 지준예치금에 이자를 지급하지 않음으로써 중앙은행 또는 정부가 수입을 얻게 되

능은 전혀 활용되고 있지 않으며 유동성 관리기능도 몇몇 나라에서만 중시되고 있을 뿐이지만 대부분의 나라에서 금리변동 완충기능이 지준제도의 가장 중요한 통화정책적 기능으로 간주되고 있다. 또한 부수적인 조세기능도 대부분 활용되고 있다.

미국·독일·일본 등 주요 선진국이 1980년대 이후 지준율을 지속적으로 인하해왔던 배경은 지준율 규제로 야기되는 금융시장에서의 자원배분 왜곡현상을 시정하고 금융기관간 불공정경쟁을 해소하려는 데 있었다. 또한 금융시장의 범세계화로 자국 금융산업의 경쟁력을 높일 필요성이 커짐에 따라 일종의 규제비용으로 간주되어 온 지준율을 낮추게 된 것이다.[49] 영국·캐나다·오스트레일리아·뉴질랜드 등 일부 국가에서는 지준제도 자체를 폐지하기도 하였으나 소규모 개방경제로서 해외자본 유출입의 변동성이 높은 오스트리아·이탈리아·네덜란드 및 대만 등에서는 아직도 높은 지준율 수준을 유지하고 있는 등 지준제도의 기능은 통화정책의 여건 등에 따라 그 상대적 중요성이 달라져 왔다.

우리나라의 경우 간접조절수단이 미비하였던 1960년대 중반 이후부터 지준제도가 통화관리의 유용한 수단으로 활용되었으나 높은 지준율이 금융기관 수지악화의 원인이 되고 자금운용의 경직성을 초래한다는 비판에 따라 1984년에는 4.5%까지 대폭 인하되었다. 그러나 1980년대 후반 국제수지의 흑자폭 확대로 인한 본원통화 증가 압력을 흡수하기 위하여 지준율은 다시 높아졌다.[50] 1990년 2월 한계지준율의 폐지와 함께 지준율은 11.5%로 인상되었으며, 그 후 장기간 고정되었다가 1996년 4월 이후 세 차례에 걸쳐 지준율을 인하함으로써 평균지준율이 3.1% 수준으로 낮아져 있다.

이와 같이 지준율이 낮아지고 있는 것은 세계적인 추세라고 할 수 있으나 아직도 지준제도는 결제자금의 불규칙한 변화에 따른 금리의 급격한 변동을

는 부수적인 기능을 말한다. 지준제도의 기능 및 우리나라에서 지준제도의 역할 등에 관한 여기서의 논의는 김홍달·이정욱·오금화(1997)를 주로 참고하였다.

49) 이 외에도 금융산업발전과 금융중개 부문의 효율성을 도모하는 과정에서 지준제도의 역할이 감소하였다 (Giorgio 1999).

50) 지준율은 1988년 10%로 인상되었으며 1989년 5월부터는 예금증가액에 대해 30%의 지준을 부과하는 한계지준제도가 실시되었다.

방지하는 중요한 역할을 담당하고 있다. 또한 매우 낮은 지준율로 인해 유동성관리에서 공개시장조작의 부담이 지나치게 커지는 문제점도 발생하고 있는 점 등을 감안할 때 지준율을 현수준보다 낮게 하는 것은 바람직하지 않아 보인다.[51]

이와 함께 금융기관 지준 적립의 재량성을 높여 지준제도의 금리변동완충 기능을 확충하기 위한 방안으로 지준의 적립기간과 이연기간을 현행 반월평잔 1주일 이연적립 방식에서 1개월 평잔 1개월(또는 2주일) 이연적립 방식으로 전환하는 등의 제도적인 보완도 검토할 필요가 있다.[52]

아울러 금리자유화의 실질적인 정착과 금융시장에 대한 규제의 철폐로 금융기관의 금리민감도와 금리의 예측능력을 높여 나가는 동시에 중앙은행으로서도 시중자금사정과 외생적 지준변동에 대한 예측의 정도를 높이기 위한 능력과 시스템을 구축해 나가는 것도 중요하다고 하겠다.

다. 공개시장조작의 효율성 제고

금리중시 통화정책에서 공개시장조작이 주된 통화정책수단으로 사용되고 있음은 주지의 사실이다. 금리중시 통화정책은 공개시장조작의 조직적 시행을 필요로 한다고 할 수 있다. 따라서 공개시장조작에 대한 금융기관의 예측가능성 및 적응력을 높이고 정책당국의 의지가 시장에 효율적으로 전달될 수 있도록 공개시장조작을 정례화하고 공개시장조작의 투명성을 높일 필요가 있다.

이를 구체적으로 살펴보면 공개시장조작을 정기조작과 임의조작으로 구분하여 정기조작은 지준적립기간에 맞추어 특정일에 실시하고, 임의조작은 본원통화나 금리가 급격한 변동을 보일 경우에 한해 예외적으로 시행하는 미조정

---

51) 오히려 지준에 대하여 이자를 지급하면서 지준율은 일정 수준으로 유지하거나 필요한 경우 상향조정하는 방안도 고려해 볼 수 있다. 이와 함께 파생통화 창출기능에서 예금은행과 사실상 큰 차이가 없는 일부 비통화금융기관에 대하여도 지준을 부과하는 방안도 긍정적으로 검토되어야 할 것이다.

52) 미국은 1998년 8월부터 종전의 동시적립방식(계산기간과 적립기간을 2일 이연시키는 방식으로 지준대상예금의 계산에 소요되는 시간을 고려할 때 동시적립방식임)에서 1개월 이연적립 방식으로 변경하였다.

〔표 5〕 공개시장조작의 조직화 방안

공개시장조작	거래형태		만기	빈도
	유동성 공급	유동성 흡수		
정기조작(단기)	RP거래	RP거래	1~2주	매주
정기조작(장기)	RP거래	RP거래	1~3개월	매월(또는 격주)
임의조작(미조정)	RP거래	RP거래	불특정	비정기
	단순매입	단순매각	–	비정기
임의조작(구조적 조작)	RP거래	통안증권발행	특정·불특정	정기·비정기
	단순매입	단순매각	–	비정기

조작[53])과 정기조작을 통한 유동성 조절이 원활히 이루어질 수 있도록 지준시장 구조를 조성하기 위한 구조적 조작으로 나누어 시행할 수 있다.

또한 현재 국공채, 정부보증채, 한국은행 통화안정증권 등으로 제한된 적격증권의 대상을 민간부문의 채무증서까지로 확대하는 방안도 검토할 필요가 있다. 이 경우 대상증권의 부실화 등에 따른 손실발생 가능성을 방지할 수 있도록 현재 ECB 등에서 활용하고 있는 개시증거금(initial margin) 부과,[54] 대상증권 가치의 할인(valuation haircuts),[55] 일정 수준의 증거금유지의무 부과(marking to market)[56] 등의 리스크 방지장치를 도입하여야 할 것이다.

---

53) 물론 한국은행 대출제도를 개편하여 초단기 여수신제도를 도입하게 되면 미조정조작의 필요성은 크게 줄어든다.

54) RP금액의 일정 비율에 해당하는 금액을 증거금으로 추가적으로 부과하여 담보를 징구하는 것으로 ECB의 경우 일중 또는 일일물 거래시 1%의 개시증거금을, 1영업일 이상 만기 거래시 2%의 개시증거금을 각각 부과하고 있다.

55) RP거래시 제공한 담보물의 가치를 시장가치에서 일정비율을 차감하여 평가하는 것으로 ECB는 증권의 잔존만기 등의 특성을 반영하여 차감하고 있다.

56) 대상증권의 시장가치를 정기적으로 평가하여 정산하는 것으로 ECB는 대상증권의 시장가치가 일정수준에 미달하는 경우 거래대상 금융기관에게 추가적인 자산 또는 현금의 납부를 요구(margin call)하고 대상증권의 가치가 일정수준을 초과하는 경우 초과분을 반환하여 준다.

〔표 6〕 통화정책 수단의 개선방안(종합)

통화정책	거래형태		만기	빈도 등
	유동성 공급	유동성 흡수		
공개시장조작				
정기조작(단기)	RP거래	RP거래	1~2주	매주
정기조작(장기)	RP거래	RP거래	1~3개월	매월(또는 격주)
임의조작(미조정)	RP거래	RP거래	불특정	비정기
	단순매입	단순매각	–	비정기
임의조작(구조적 조작)	RP거래	통안증권 발행	특정·불특정	정기·비정기
	단순매입	단순매각	–	비정기
대출제도				
총액한도대출	증권담보 대출재할인	–	30일 (3개월 이내)	중앙은행의 재량
초단기 여수신	증권담보 대출	당좌예금 예치	1일	금융기관의 재량
지급준비제도				
필요지급준비금	–	당좌예금 예치	1개월 평잔 1개월(2주일) 이연 적립방식, 지준이자 지급	
초과지급준비금	–	당좌예금 예치	지준이자 미지급	

김성화, 〈외생적 요인에 의한 지준변동의 추이와 영향〉, 《조사통계월보》, 한국은행, 1993. 10.

김홍달·이정욱·오금화, 〈지급준비제도의 통화정책적 역할〉, 《조사통계월보》, 한국은행, 1997. 9.

신현열·양성우, 〈우리나라 콜금리의 결정요인 분석〉, 《98 행내 현상논문집》, 한국은행 인사부, 1998. 8.

안세일·오수남, 〈정통적 통화정책 수행을 위한 금리활용방안〉, 《경제분석》 제4권 제1호, 한국은행, 1998. 3.

오금화·이환석(a), 〈금리중시 통화정책 도입방안〉, 《경제분석》 제4권 제4호, 한국은행, 1998. 12.

──(b), 〈금리중시 통화정책전략 운용방안〉, 《98 행내 현상논문집》, 한국은행 인사부, 1998. 8.

오정근, 〈물가안정목표와 금리의 파급경로〉, 《경제분석》 제4권 제4호, 한국은행, 1998. 12.

이승복·한희준, 〈유럽통화동맹(EMU)의 출범과 유럽중앙은행의 통화정책〉, 《조사통계월보》, 한국은행, 1998. 12.

임호열·김현기, 〈주요국 중앙은행 대출제도의 현황과 시사점〉, 《조사통계월보》, 한국은행, 1997. 4.

장민·함정호, 〈새로운 적정통화지표의 모색〉, 《한은조사연구》 2000-1, 한국은행, 2000. 1.

한국은행 금융시장국, 〈주요 선진국의 통화정책 운용방식〉, 1999. 7.

한국은행(a), 〈각국의 통화정책에 대한 영란은행의 설문조사결과 내용〉, mimeo, 1999. 6.

──(b), 〈공개시장조작 운용방식〉, 한국은행 경제교실 자료, 1999. 1.

함정호·서병한·김현의, 〈금융자유화의 진전과 통화정책〉, 한국은행 금융경제연구소, 금융경제연구총서 94-01, 1994. 6.

홍승제, 〈우리나라의 적정금리수준에 대한 검토〉, mimeo, 1999. 8.

BIS Committee on the Global Financial System, "Implications of repo markets for central banks", March 1999.

Borio, Claudio E, "Monetary Policy Operating Procedures in Industrial Countries", *BIS Working Papers*, No. 40, March 1997.

Cohen, Benjamin H., "Monetary policy procedures and volatility transmission along the yield curve", *Market Liquidity : Research Findings and Selected Policy Implications*, BIS Committee on the Global Financial System, No. 11, May 1999.

Deuche Bundesbank, "The restructuring and lowering of the minimum reserves", *Deuche Bundesbank Monthly Report*, February 1994.

──, "Taylor interest rate and Monetary Conditions Index", *Deuche Bundesbank Monthly Report*, April 1999.

Duisenberg, Willem F., "The single European monetary policy", ECB Web Site http : //www.ecb.int/key/sp990209en.htm, February 1999.

ECB(a), "Euro area monetary aggregates and their role in the Eurosystem's moneatry policy strategy", *ECB Monthly Bulletin*, February 1998.

———(b), *The Single Monetary Policy in Stage Three-General documentation on ESCB monetary policy instruments and procedures*, September 1998.

———(c), "The operational framework of the Eurosystem : description and first assessment", *ECB Monthly Bulletin*, May 1999.

———(d), "The Stability-oriented monetary policy strategy of the Eurosystem", *ECB Monthly Bulletin*, January 1999.

Federal Reserve Board, "Highlights of Domestic Open Market Operations during 1998", *Federal Reserve Bulletin*, April 1999.

Giorgio, Di Giorgio, "Financial development and reserve requirements", Journal of *Banking & Finance* 23(1999).

Ishida, K., "Recent developments in the implementation of monetary policy in Japan and its operating procedure", *BIS Conference Papers*, Vol. 3, March 1997.

Kasman, Bruce, "A Comparison of Monetary Policy Operating Procedures in Six Industrial Countries", *Quarterly review* 1992 Summer, FRB NY(한국은행 자금부 譯, "주요국의 통화정책 운용방식", 1993. 5)

Kim, Sungmin and Kim, Won-Tai, "Recent developments in monetary policy operating procedures : the Korean case", *Monetary Policy Operating Procedures in Emerging Market Economies*, BIS Policy Papers, No. 5, March 1999.

Kneeshaw, J. T. and Van den Bergh, P., *Changes in Central Bank Money Market Operating Procedures in the 1980s*, BIS Economic Papers, No. 23, January 1989.

Madigan, Bfian F. and Trepeta, Warren T., "Implementation of US Monetary Policy", *Changes in Money-market Instruments and Procedures : Objectives and Implications*, BIS, March 1986.

Mishkin, Frederic S., *The Economics of Money, Banking, and Financial Markets*, Fourth Edition, Harper Collins College Publishers, 1995.

———, "International Experiences with Different Monetary Policy Regimes", *IIES Seminar Paper*, No. 648, August 1998.

Svensson(a), Lars E. O., "Monetary Policy Issues For the Eurosystem", *IIES Seminar Paper*, No. 667, May 1999.

———(b), Lars E. O., "Eurosystem Monetary Targeting : Lessons form U.S. Data", *IIES Seminar Paper*, No. 672, June 1999.

3 물가안정목표제와 통화정책

함정호

I. 머리말

1970년대 중반 이후 주요 선진국 중앙은행은 세계적인 인플레이션 현상을 수속할 목적으로 대개의 경우 통화량이나 환율을 중간목표로 설정하고 이를 달성함으로써 간접적으로 최종목표인 물가안정과 경제성장 등의 최종목표를 의도된 방향으로 유도하는 중간목표전략에 기반을 둔 통화정책 운용방식을 채택하였다.

그러나 1980년대에 들어서는 세계적으로 인플레이션에 대한 우려가 상당부분 해소된 가운데 금융자유화와 금융혁신의 진전으로 통화량 또는 환율과 실물경제활동의 관계가 불안정해지고, 대신 통화정책의 파급경로에서 금리의 중요도가 높아지게 되었다. 이에 따라 대다수 국가의 중앙은행이 단기금리를 운용목표로 설정하여 금리중시정책을 운용하는 과정에서 명시적인 중간목표 없이 다양한 정보변수를 활용하여 통화정책의 최종목표를 직접 달성하고자 하는 정보변수전략을 채택하게 되었다. 그러나 정보변수전략에 의한 통화정책을 운용하는 과정에서 통화당국은 그때 그때의 통화상황에 맞게 운용목표인 단기금리를 조절하게 됨에 따라 점점 재량적인 판단에 의존하는 경향이 커지게 되었다.

명시적인 중간목표가 설정·공표되지 않는 상황에서 이같이 재량적인 정책에 의존하는 경우 통화정책의 동태적 비일관성 문제가 제기된다. 따라서 이러한 문제를 해결하고 통화정책의 투명성과 신뢰성을 확보하기 위해서는 어느 정도 재량이 불가피하나 지나친 재량은 통화정책이 추구하는 명확한 목적에 의해 제약되어야 한다는 인식이 확산되고 있다. 다시 말해 오늘날과 같이 금융시장이 지속적으로 변화하는 상황에서는 통화정책 수행시 엄격한 준칙보다는 재량이 필요하나 그것은 '절제된 재량'(constrained discretion)이어야 한다는 것이다.

이러한 맥락에서 1990년대에 들어서는 물가안정이 통화정책의 최우선목표라는 인식 하에 뉴질랜드·오스트레일리아·캐나다·영국 등 일부 소규모개방경제를 중심으로 물가안정목표제(inflation targeting)를 도입한 바 있으며, 최근에는 브라질·칠레 등 중남미 국가, 체코·슬로바키아·폴란드 등의 동유럽국가, 아시아의 인도네시아 등 체제전환국과 신흥시장국가들이 이를 통화정책 운용전략으로 채택하는 움직임을 보이고 있다.

물가안정목표제는 물가안정을 통화정책의 최우선목표로 규정하고 중기적인 관점에서 인플레이션 목표를 설정하여 이를 공시하고 통화량, 금리, 환율, 자산가격, 기대 인플레이션 등 다양한 정보변수를 활용하여 장래의 인플레이션 압력을 예측한 후 금리를 선제적으로 조절하여 인플레이션 목표를 직접 달성하고자 하는 통화정책 운용전략이다. 이 제도는 중앙은행이 인플레이션 목표를 사전에 명시적으로 공표하고 이를 달성하기 위해 노력함으로써 실제 및 기대 인플레이션을 안정시킬 수 있다는 점 외에도 아래와 같은 여러 가지 이점을 보유하고 있다. 즉 이 제도는 (1) 자유변동환율제도 하에서 통화정책에 대한 대안적인 명목기준지표(nominal anchor)를 제공하며, (2) 신축적 환율제도를 상정하기 때문에 통화정책이 국내경제균형에 관심을 집중할 수 있도록 하며, (3) 통화정책수행에 이용 가능한 모든 정보를 활용할 수 있기 때문에 통화량과 인플레이션의 관계가 불안정하더라도 큰 문제가 없으며, (4) 인플레이션

뿐만 아니라 디플레이션을 피하는 데도 도움이 되며, (5) 경제주체와의 대화를 통하여 통화정책의 투명성과 신뢰성을 높이며, (6) 통화당국에 목표달성에 대한 책임(accountability)과 규율(discipline)을 제공하며, (7) 경제적 의사결정에서 불확실성을 줄일 수 있으며, (8) 물가안정이 통화정책의 최우선목표라는 제도적 및 법적 환경설정이 중앙은행의 독립적 기반을 강화함으로써 확장적 통화정책의 요구에 대한 정치적 압력을 완화시킬 수 있으며, (9) 통화정책 수행 시 어느 정도의 재량을 허용함으로써 단기 경기조절정책으로서의 신축성이 크다는 이점 등이 있다.

반면 단점으로는 (1) 물가안정목표제는 기본적으로 준칙에 가깝기 때문에 재량적 정책에 비하면 지나치게 경직적일 수 있으며, (2) 전통적 준칙에 비하면 지나치게 재량적인 요소가 있으며, (3) 물가는 안정되나 환율 및 산출량 등 여타 변수의 변동성을 심화시킬 가능성이 크며, (4) 지나치게 물가안정을 강조하다 보면 경제성장을 희생시킬 수 있으며, (5) 통화정책에는 긴 시차가 있어 정책수단을 통하여 인플레이션에 영향을 미치는 것이 어렵기 때문에 중앙은행에 실질적인 책임을 부과하는 것이 어렵다는 점이 있으며, (6) 물가안정목표제에서 재정지출에 규율을 부과하는 제도적 장치가 없는 관계로 재정우위현상(fiscal dominance)을 방지하기가 어려우며, (7) 물가안정목표제는 기본적으로 환율의 신축성을 전제로 하기 때문에 환율변동을 피할 수 없으며 지나친 환율변동은 금융불안정을 초래할 가능성도 있다는 점 등이 지적되고 있다. 그러나 이러한 단점들은 모든 대안들이 공유하는 근본적인 문제이거나 물가안정목표제를 세밀하게 잘 설계하고 효율적으로 운용하는 경우 대부분 해소될 수 있는 것으로 그리 큰 문제는 아니라는 인식이 널리 확산되고 있다.

뉴질랜드·캐나다·오스트레일리아·영국 등 물가안정목표제를 실제로 도입하여 운용하고 있는 대부분의 국가에서는 이 제도 도입 이후 물가가 안정되었으며, 통화정책에 대한 국민의 신뢰도가 높아져 기대 인플레이션을 낮추는 데 상당한 정도의 성과를 거두고 있는 것으로 평가되고 있다. 특히 물가안정목표제는 물가안정이 통화정책의 가장 중요한 목표이며 통화당국의 독립성, 통화정책의 투명성과 책임성을 부각시키는 데 크게 기여한 것으로 평가되고 있다.

이 장에서는 물가안정목표제에 대한 이해를 높이기 위해 이 제도에 관련된 여러 가지 개념, 도입배경, 도입을 위한 선결조건 등을 더 자세하게 고찰해 보고 이 제도 운용상의 주요 이슈를 최근의 논의를 중심으로 살펴본 후 정책적 시사점을 정리해 보고자 한다.

II. 물가안정목표제에 대한 이해

1. 물가안정목표제의 개요

가. 물가안정목표제란 무엇인가?

물가안정목표제(inflation targeting)란 그 이름이 말해 주듯이 물가안정을 통화정책의 최우선목표로 규정하고 통화당국이 인플레이션 목표(official target for inflation rate)를 설정·공표하여 이를 달성하고자 노력하는 것이다.[1]

Mishkin(2000)에 의하면 통화정책 운용전략이 물가안정목표제이기 위한 제도적 혹은 법규적 측면(institutional or legal framework)의 필요조건은 대체로 다음과 같은 다섯 가지 기본요소를 포함한다. 즉 (1) 물가안정이 통화정책의 최우선목표이며 여타 목표는 부차적임을 명시적으로 인정하고, (2) 통화당국이 일정기간에 걸친 인플레이션 목표를 설정하고 이를 일반에 공표하며, (3) 정책수단을 운용하는 데서는 통화량, 환율을 비롯한 여러 가지 정보변수를 집약적으로 활용하며, (4) 대화를 통하여 통화정책 목표, 운용계획, 의사결정절차 등을 일반 경제주체와 시장참가자에 알림으로써 통화정책 운용의 투명성 (transparency)을 높이고, (5) 공표한 인플레이션목표 달성을 위하여 최선을 다

---

1) 통화량목표제(monetary targeting)란 바로 통화증가율 목표를 설정·공표하고 이를 달성하고자 노력하는 것이라고 정의할 수 있다.

하고 이에 대하여는 책임을 지는 것 등이다.

따라서 어떤 나라가 제도적 법규적 측면에서 실제로 물가안정목표제를 채택하고 있는지 여부는 그 나라가 바로 위에서 언급한 다섯 가지 기본조건을 대체로 충족하고 있느냐를 점검해 봄으로써 판단할 수 있다. 예를 들어 독일과 스위스는 1970년대 중반 이후 물가안정을 가장 중요한 통화정책의 목적으로 중시하면서 통화정책을 수행해 왔는데, 이들 국가는 통화증가율을 중간목표로 설정하는 가운데 물가목표를 명시적으로 공시하지 않고 있다는 점에서 순수한 물가안정목표제와는 다소 상이한 체제를 가지고 있다. 특히 독일 연방은행은 지금까지도 통화정책의 규율과 투명성을 확보하는 방법으로서 통화량목표제를 더 우월한 전략으로 간주하고 있다. 미 연준의 경우 장기적인 관점에서 인플레이션 억제에 지속적으로 노력하고 있다는 점에서 인플레이션을 묵시적 정책목표로 볼 수 있다는 견해가 있다. 그러나 미국의 통화정책 운용체계는 통화정책의 목표변수를 명시적으로 설정하고 있지 않기 때문에 정책의 투명성 부족, 중앙은행의 책임불명확, 통화정책 장기목표 부재, 개인적 특성에 의존하는 비민주적 정책결정방식 등의 문제점을 내포하고 있어 정책의 동태적 비일관성 문제를 야기할 가능성이 있다는 지적이 있다. 특히 물가목표를 명시적으로 설정하여 공표하지 않는다는 점에서 미국 역시 물가안정목표제를 채택하고 있는 나라로 분류되지 않고 있다.[2] 한편 신흥시장국이나 체제전환국의 경우 때에 따라서는 인플레이션 목표를 정부의 경제운용계획에 단순히 포함시켜 공표하는 경우도 있으나 나머지 기본요소를 고려해 볼 때 이들 국가가 물가안정목표제를 통화정책의 운용전략으로 채택하고 있다고 주장하는 것은 옳지 않다.

한편 중앙은행이 정책목표를 설정하고 공표하는 절차를 보면 물가안정목표제를 도입한 국가 가운데 뉴질랜드와 영국을 제외한 거의 모든 국가가 정책목표를 결정하고 공표하는 구체적인 절차를 중앙은행법에 규정하지 않는 가운데 독자적으로 혹은 정부와의 협의를 거쳐 인플레이션 목표를 설정하고 이를 대

---

2) Mishkin(1999)은 이러한 점에서 현시점이 미국 연준이 물가안정목표제로 이행할 최적기라고 주장하고 있으며 또 Hall and Mankiw(1994) 등은 명목GDP 증가율목표제(nominal GDP targeting)를 도입함으로써 중앙은행에 규율을 부과하여 과도한 재량을 절제할 필요가 있다고 주장하고 있다.

외에 공표하는 방식(public statement)을 취하고 있다.3)

나. 물가안정목표제는 정보변수전략인가

통화정책 운용체계 혹은 운용전략은 통화정책수단과 최종목표 사이에 어떤 중간변수를 개입시키느냐에 따라 중간목표전략과 정보변수전략의 두 가지 방식으로 크게 나누어진다.

통화정책 운용시 정책수단과 최종목표 사이에 중간목표를 개입시키는 방식이 바로 중간목표전략이며 이는 2계(two-stage) 관리전략을 의미한다. 제1단계는 전략단계(strategy stage)로서 통화정책 최종목표의 바람직한 수준을 정하고 이를 달성하는 데 적절하다고 생각되는 중간목표변수와 그 목표치를 결정하는 단계이다. 제2단계는 전술단계(tactics stage)이며, 여기서는 제1단계에서 결정된 중간목표변수의 목표치를 달성하기 위하여 단기운용지침인 운용목표를 설정하고 여러 가지 이용가능한 정책수단을 사용하여 이 운용목표를 적절하게 조절한다. 다시 말해 제2단계는 설정된 중간목표를 달성하기 위하여 정책수단과 운용목표를 어떻게 운영해야 하는가 하는 전술계획을 정하는 단계이다.

중간목표전략으로는 (1) 통화량을 중간목표로 하는 통화량목표제(monetary targeting), (2) 장기금리를 중간목표로 하는 금리목표제(interest rate target-ing), (3) 환율을 중간목표로 하는 환율목표제(exchange rate targeting), (4) 명목GDP를 중간목표로 하는 명목GDP목표제(nominal GDP targeting) 등이 있다.

중간목표전략에 입각한 통화정책 운용전략은 여러 가지 잠재적 유용성을 가지고 있다. 특히 중간목표변수가 적절하게만 설정될 수 있다면 장기에 걸쳐 통화정책의 전반적 성과를 개선할 수 있는 많은 유용성을 가지고 있다.4)

---

3) 뉴질랜드의 경우 정책목표를 설정하여 공표하는 절차가 《준비은행법》(제9조)에 규정되어 있으며 구체적인 정책목표의 내용은 정책목표협약(Policy Targets Agreement)에 의거 재무장관과 중앙은행 총재가 협의하여 정하도록 되어 있다. 1990년 3월 중앙은행 총재와 재무장관이 최초의 정책목표협약을 체결할 당시 인플레이션 목표(0~2%)를 정책목표로 설정하였다. 영국은 재무장관이 매년 물가안정의 구체적 내용을 정하여 영란은행에 통보하도록 《영란은행법》(제12조)에 규정되어 있다. 1992년 10월부터 재무장관은 이 조항에 따라 인플레이션 목표를 영란은행에 통보해 오고 있다.

1970년대 중반 이후 주요 선진국 중앙은행은 세계적인 인플레이션 현상을 수속할 목적으로 대개의 경우는 통화량을 중간목표로 설정하고 이를 달성함으로써 간접적으로 최종목표를 의도한 방향으로 유도하는 중간목표전략에 기반을 둔 통화정책 운용방식을 채택하고 있었다. 이러한 통화량목표제(monetary targeting)는 각국의 통화당국으로 하여금 더 절제된 통화정책을 운용하게 함으로써 결과적으로 1980년대 초반에 이르러 인플레이션의 전반적인 하락을 가져오는 데 결정적인 역할을 하였다. 그러나 일부 국가에서는 심각한 경기침체를 야기하는 등 통화량 중간목표전략의 전반적인 성과는 그렇게 성공적이지 못한 것으로 평가되고 있다.

1980년대 중반 이후에는 세계적으로 물가불안에 대한 우려가 해소된 가운데 금융자유화와 금융혁신의 진전 등으로 금융부문의 불안정성이 증대되고 통화와 실물경제 사이에 존재하던 안정적인 관계가 붕괴됨에 따라 경직적인 중간목표전략 추구에 대한 여러 가지 비판이 대두하면서 중간목표전략의 유용성에 대해 많은 의문이 제기되었다. 이에 따라 대부분의 선진국 중앙은행은 중간목표전략을 형식적으로만 유지하거나 사실상 폐기하기에 이르렀으며, 전반적인 통화정책 운용전략의 개편방안에 대한 논의가 활발하게 진행되었다.

일부 학자들과 정책 실무자들은 지금까지 안정적인 것으로 알려진 통화와 실물경제활동 간의 관계가 붕괴되고 금융시장의 변화가 지속적으로 그리고 항상적으로 일어나고 있는 최근의 상황에서 중간목표전략과 같이 사전에 정해진

---

4) 중간목표전략의 유용성을 보면 대체로 다음과 같다. 첫째, 정책수단의 변화가 최종목표에 효과를 미치는 파급경로가 길고 불확실하기 때문에 중간목표 없이 정책수단과 최종목표를 직접 연결시키는 것은 현실적으로 매우 어렵다. 둘째, 중간목표변수는 일반 경제주체에게 통화당국의 정책의도를 전달하는 아주 유용한 지표가 된다. 셋째, 통화당국이 통화정책 수행에 대하여 정치적으로 책임을 지게 하는 동시에 정치권으로부터의 외부적인 압력을 방지해 주는 제도적인 장치가 될 수도 있다. 넷째, 적절한 중간목표변수가 설정될 수만 있다면 중간목표변수는 통화정책 수행에 매우 유용한 명목기준지표(nominal anchor)를 제공한다. 특히 환율제도가 변동환율제도로 전환됨으로써 통화정책의 명목기준지표로서 환율의 역할이 크게 약화된 현상황에서는 중간목표변수가 명목기준지표로서 수행하는 역할이 더욱 중요해질 수밖에 없기 때문이다. 다섯째, 중간목표 설정은 장단기 최적정책 간에 존재하는 갈등, 즉 동태적 비일관성(time inconsistency problem) 혹은 신뢰성 문제(credibility problem)를 해결하는 데 크게 도움이 된다. 다시 말해 중간목표전략은 준칙(rule)에 근거하고 있기 때문에 통화당국의 재량권을 일부 제약함으로써 장기적으로 더 높은 인플레이션을 야기함에도 불구하고 단기적으로 생산을 증가시키고자 하는 유혹을 배제하는 데 유효하다.

엄격한 준칙에만 의존하는 통화정책은 성공하기가 어렵다는 점에서 여러 가지 정보변수를 종합적으로 관찰·분석하여 판단한 경제상황에 맞게 통화정책을 재량적 신축적으로 운용해 가는 정보변수전략(information variable approach)의 채택을 제시하였다.

정보변수전략에 의한 통화정책 운용전략은 중간목표를 명시적으로 설정하지 않고 대신 최종목표와 긴밀한 관계를 가지고 있는 통화량, 신용량, 장기금리, 환율, 자산가격, 금리스프레드, 원자재가격지수 등 여러 가지 정보변수들을 관찰 분석하여 정책의 변화가 필요하다고 판단될 경우 정책수단을 조작하여 직접 최종목표를 바람직한 수준으로 달성하고자 한다는 점에서 1계(one-stage) 통화정책 운용전략을 의미한다.

정보변수전략에 기반을 둔 통화정책 운용방식에서 통화당국은 정책대응을 단지 어느 하나의 내생변수에만 제한하여 정책대응을 할 필요가 없이 이용가능한 여러 변수를 정보변수로 사용할 수 있다는 장점이 있다. 이러한 점에서 정보변수전략은 모든 것을 다 보는 전략(a "look at everything" strategy)이라고도 불린다. 그러나 이러한 정보변수전략은 정책수단과 최종목표 사이에 길고 변동적인 파급경로와 불확실성이 존재하기 때문에 정책의 효율성이 저하되는 약점을 피할 수 없다는 점과 함께 통화당국의 재량권이 너무 커질 수 있다는 점 등의 문제점을 내포하고 있다.

물가안정목표제는 중기적인 관점에서 적정한 물가목표를 설정하고 다양한 정보변수 관찰을 통하여 장래의 인플레이션 압력을 정확히 파악하고 통화정책의 파급시차 및 파급경로 등을 감안한 다음 각종 정책수단을 이용하여 명시적인 중간목표 없이 직접 물가안정목표를 달성하고자 하는 통화정책 운용방식이다. 이러한 점에서 보면 물가안정목표제는 통화정책 운용전략상 정보변수전략에 기반을 두고 있음이 분명하다.

다. 물가안정목표제에서 중간목표는 어떤 의미를 갖는가

물가안정목표제의 경우 중간목표를 설정하여 공표하는 것이 가능한 것인지,

그리고 만약 가능하다면 이 경우 통화량 목표는 과연 어떤 성격과 의미를 가지는 것인지에 대하여는 좀더 구체적으로 논의해 볼 필요가 있다.

물가안정목표제에서 환율이나 통화량과 같은 중간목표를 설정하여 이를 대외적으로 공표하는 것은 반드시 불가능한 것은 아니다. 그러나 물가안정목표제에서 일단 통화당국이 물가안정을 최우선목표로 규정하고 연간 물가목표를 설정·공표하게 되면 물가목표 달성이 통화정책의 가장 중요한 목표가 되며, 나머지 목표는 부차적인 성격을 갖게 된다. 따라서 물가안정목표제에서 환율이나 통화량과 같은 중간목표를 설정하고 이를 엄격하게 달성하고자 하는 것은 물가안정목표제의 근본취지와 상충될 가능성이 크다. 예를 들어 환율을 중간목표로 설정하는 경우에는 환율목표와 최종목표인 물가목표 사이에 갈등이 발생할 가능성이 매우 크며 물가목표가 환율목표에 우선할 수밖에 없다. 그러므로 중간목표로 설정된 환율목표는 부차적인 성격을 가지게 된다. 만약 통화증가율이 중간목표로 설정되는 경우에는 통화량과 물가 사이에 신뢰할 수 있는 안정적인 관계가 존재하면 갈등이 발생할 가능성이 작다. 그러나 통화량과 물가 사이의 관계가 안정적이지 못한 경우 중장기적으로 갈등이 발생할 가능성이 크며, 이 경우에도 최종목표인 물가목표가 중간목표인 통화증가율 목표를 우선한다. 이에 따라 중간목표로 설정된 통화증가율 목표는 반드시 달성되어야 하는 중간목표가 아닌 부차적인 성격을 갖게 된다. 이와 같이 물가안정목표제에서 비록 환율이나 통화량과 같은 중간목표를 설정·공표한다고 하더라도 이러한 중간목표의 역할과 중요성은 자연스레 감소하게 되어 그 성격이 정보변수나 참고지표(reference value)로 변화되어 가는 것이 불가피하다(Mishkin 1997). 그러므로 물가안정목표제에서 비록 환율이나 통화량과 같은 중간목표를 설정·공표한다고 하더라도 이러한 통화정책 운용전략을 중간목표전략에 기반을 두고 있는 환율목표제(exchange rate targeting)나 통화량목표제(monetary targeting)라고 부르지는 않는다는 점에 유의할 필요가 있다.

유럽중앙은행(ECB)의 경우도 물가안정목표제를 채택하고 있으나 통화량의 역할이 매우 중요하다는 인식하에 통화증가율 목표를 설정하여 대외적으로 공표하고 있다. 그러나 물가목표가 통화정책의 최우선목표이기 때문에 통화증가율 목표는 반드시 달성되어야 하는 중간목표로서보다는 정보변수 혹은 참고지표의 성격을 가진다는 점을 분명히 하고 있다.

특히 물가안정목표제에서 통화증가율 목표를 설정하여 대외적으로 공표하고자 하는 경우에는 통화증가율 목표와 최종목표인 물가목표 사이에 안정적인 관계가 존재하는지, 그리고 대외적으로 공표되는 통화증가율 목표산정에 사용되는 통화총량이 통화지표로서의 적정한지 여부를 신중하게 고려해 볼 필요가 있다.

라. 물가안정목표제는 준칙인가 재량인가, 아니면 '절제된 재량'인가

통화정책을 준칙(rules)에 입각해서 운용하는 것이 바람직한가 아니면 재량(discretions)에 따라 운용하는 것이 바람직한가에 대한 논의는 실로 오래된 이슈 가운데 하나다.

준칙에 따른 통화정책은 사전에 정해진 일정한 원칙에 따라 통화정책을 수행하는 것이다. 준칙은 통화당국이 정해진 준칙을 엄격하게 준수함으로써 인플레이션 편의를 초래하는 기회의존적인 정책이나 권력남용을 방지하여 규율과 신뢰성을 확보할 수 있다는 장점이 있는 반면에 근본적인 경제구조변화나 예상하지 못한 경제변화에 신축적으로 대응할 수 없다는 결점을 지닌다. 한편 재량은 통화당국이 사전공약 없이 현 경제상황의 판단에 따라 통화정책을 운용하는 것이다. 재량정책은 새로운 정보나 예상하지 못한 경제상황변화에 신축적으로 대응할 수 있다는 이점이 있는 반면 통화당국의 규율과 신뢰성을 훼손함으로써 불확실성과 인플레이션 편의를 가져올 가능성이 크다는 단점이 있다.

준칙 대 재량에 대한 논의를 좀더 구체적으로 살펴보면 다음과 같다. 프리드먼(M. Friedman)의 k% 준칙의 기본전제를 보면, 정책당국은 통화정책 효과의 크기와 시기에 관한 지식이 부족할 뿐만 아니라 통화정책이 실물경제에 미치는 효과는 길고 불규칙한 시차를 두고 나타나기 때문에 현재의 경제여건 변화에 대응하여 통화당국이 통화량을 재량적으로 관리할 경우 그 효과는 당초 의도한 시기에 발생하지 않기 때문에 재량적인 미세조정정책은 오히려 경기변동을 증폭시킬 수 있다는 것이다. 또한 프리드먼이 준칙의 중요성을 강조한 것은 통화정책이 준칙에 의해 운용될 경우 통화당국이 정치적 압력에 영향을 받지 않고 정책을 수행할 수 있으며 아울러 준칙이 통화정책의 성과를 평가할 수 있는 기준이 될 뿐만 아니라 민간의 통화정책에 대한 신뢰성을 높일 수 있다고 보았기 때문이다.

정책의 동태적 비일관성(dynamic inconsistency)에 관한 Kydland and Pre-scott(1977)의 논문이 나오기 전까지는 대체로 재량적 통화정책이 준칙에 의한 정책보다 우월하다는 것이 지배적인 견해였다. 이는 당시 각국이 대체로 재량적 정책을 중시하는 케인지언 경제원리를 신봉하고 있었을 뿐만 아니라 통화정책에 관한 어떠한 준칙도 통화당국의 재량에 의해 채택될 수 있다고 보았기 때문이다. 이와 같이 그 동안 준칙이 재량보다 우월하다는 측면의 이론적 기반이 약한 면이 없지 않았는데 정책의 비일관성 개념이 등장하면서부터 재량보다는 준칙에 입각한 정책이 더 바람직한 결과를 가져올 수 있다는 점이 이론적으로 설득력 있게 설명 되었다.

여기서 정책의 동태적 비일관성이란 합리적 기대 하에서 현재 시점에서 설정된 모든 최적계획은 새로운 정보가 출현하지 않는다고 하더라도 미래의 시점에서 볼 때는 더 이상 최적일 수 없다는 것이다. 이에 의하면 합리적 기대 하에서 통화당국이 재량에 입각하여 정책을 수행하는 경우 동태적 비일관성 때문에 실질생산에는 아무런 영향이 없으면서 근원적으로 통화가 과잉공급되어 높은 인플레이션이 유발된다는 것이다. 따라서 준칙주의자들은 통화당국이 국민에게 사전적으로 공약(pre-commitment)한 통화준칙을 신뢰성 있게 준수함으로써 재량적 정책에 비해 사회적 비용을 최소화할 수 있다고 주장하고 있다. 재량에 의하는 경우 기회의존적으로 정책을 결정하는 것이 가능하기 때문에 매번 단기적으로 최적이라고 판단되면 처음에 정해진 준칙을 지키지 않고 재량적으로 정책을 결정하게 되며, 이에 따른 결과는 준칙에 의한 정책으로 기대할 수 있는 효과보다도 바람직하지 못하다는 것이다. 따라서 이들은 정책당국이 준칙에 따라 정책을 수행할 때 일관성이 유지되고 이렇게 함으로써 사전 공약된 결과를 달성할 수 있으며, 이러한 결과는 비록 최선은 아니지만 재량적 정책의 결과보다는 더 우월하다는 것이다.

그러나 현실에는 재량적 요소가 전혀 포함되지 않은 순수준칙이나 준칙적 요소가 전혀 없는 완전재량이란 존재할 수 없다. 실제 통화정책을 수립하고 운용함에서는 준칙과 재량 가운데 하나를 대립적으로 선택하는 것이 아니라 그 중간의 어떤 것을 선택할 수밖에 없다. 그러므로 통화정책의 운용전략을 준칙과 재량으로 이원적으로 나눈다는 것은 현실적인 측면에서는 아무런 의미가 없다. 사실 모든 통화정책 운용전략에는 재량적이지 않은 것이 없으며 문제는 재량의 정도 문제로 귀결된다. 따라서 통화당국은 실제 통화정책을 운용함에서 참을성을 갖고 정책의 신뢰성을 유지하려고 노력한다는 평판을 얻는 것이 중요하다. 왜냐하면 이처럼 통화당국이 정책의 신뢰성을 확보하는 경우 민간경제 주체는 통화당국이 예상치 못한 인플레이션을 야기하지 않을 것이라고 믿게 되므로 정책의 비일관성 문제를 해결할 수 있기 때문이다.

통화당국으로 하여금 사전공약(pre-commitment)을 신뢰성 있게 준수함으로써 평판을 유지하도록 유도하기 위해서는 단기적인 관점에서 기회의존적인 행동을 사전적으로 제어할 수 있는 제도적 장치가 필요하다. 다시 말해 통화당국이 인플레이션 편의와 같은 장기적으로 바람직하지 않은 결과를 초래하는 기회의존적인 정책을 펴지 않도록 제약하는 동시에 예상하지 못한 상황에 신축적인 대응을 가능하게 하는 (경직적인 준칙이 아닌) 준칙과 유사한(rule-like) 정책운영체계를 설계할 필요가 있다. 이러한 중도적인 접근방법은 중앙은행으로 하여금 절제된 재량이라는 정책운용틀을 제공한다.

이러한 점에서 물가안정목표제는 하나의 경직적인 정책준칙이기보다는 통화당국에 개념적 구조(conceptual structure)와 내재적 규율(inherent discipline)을 부여하되 신축성을 허용하는 '절제된 재량'의 형태로 준칙(rule)과 재량(discretion)의 이점을 결합한 통화정책의 운용틀 혹은 운영체계로 보는 견해가 있다 (Bernanke 1997, Bernanke et al. 1999).

물가안정목표제를 준칙으로 볼 수 없는 이유를 보면, 첫째는 물가안정목표제는 다른 준칙들과는 달리 단순·기계적인 운용지침을 제시하지 않는다는 점이다. 따라서 중앙은행은 물가목표를 달성하기 위해 다양한 정보변수를 관찰

하여 경제상황을 판단해야 하며 그에 상응하는 정책조치를 취해야 한다. 둘째
는 중앙은행은 중·장기에 걸친 물가안정목표 하에서 실업률, 환율변동이나 기
타 예상하지 못한 단기적 경제상황에 대응할 수 있는 상당한 정도의 재량을
발휘할 수 있는 여지를 가지고 있다는 점이다.

이와 같이 물가안정목표제를 준칙이 아닌 '절제된 재량'을 발휘할 수 있는
정책운영체계로서 파악할 경우 이는 몇 가지 잠재적 이점을 보유하고 있는 것
으로 알려지고 있다. 물가안정목표제는 첫째로 통화정책과 경제에 대한 명목
기준지표를 제공하며, 둘째로 통화당국의 목적과 의도를 일반 경제주체에 명
확하게 알림으로써 통화정책의 투명성을 높이고, 셋째로 통화정책에 규율과
책임성을 부여하여 동태적 비일관성 문제를 해결하는 데 도움이 되며, 마지막
으로 무엇보다도 중요한 것은 예상하지 못한 경제상황변화에 신축적으로 대응
할 수 있는 충분한 재량도 있다는 점이다.

마. 물가안정목표제는 반드시 금리중시인가

인플레이션 억제가 최대의 현안과제였던 시기에는 대부분 국가의 중앙은행
은 통화정책의 운용목표 및 중간목표로 은행지준이나 통화량과 같은 양적 지
표를 상대적으로 더 중시하였다. 이러한 통화량 중시정책은 인플레이션 억제
에도 효과가 있었지만 특히 금리상승을 반대하는 정치·사회적 압력으로부터
중앙은행을 보호하는 방책으로 활용되기도 하였다.

그러나 1980년대에 들어 세계적으로 인플레이션에 대한 우려가 상당부분
해소된 가운데 금융자유화와 국제화의 진전으로 금융시장이 급속히 발전하게
되었다. 이러한 과정에서 통화량과 실물경제활동 간의 관계가 불안정해지고
대신 통화정책의 파급경로에서 금리의 중요도가 높아지게 되었다. 이와 함께
금리는 환율이나 기대 인플레이션 등의 기대변수로부터 민감하게 영향을 받게
됨으로써 그 변동폭이 커지게 되는 경향을 보이게 되었다. 이러한 상황에서
엄격한 통화량 중간목표 달성은 인플레이션 억제에는 별 효과가 없으면서 금
리의 변동성을 높여 오히려 금융시장의 안정을 해치는 결과를 초래하기도 하

였다. 금융시장에 금융자산이 대규모로 축적되어 있는 가운데 금리의 급격한 변동은 금융자산가격의 급등락을 의미하였고 이에 따라 금리의 안정을 희구하는 세력들이 대거 등장하게 되었다.

이에 대응하여 통화당국은 인플레이션 이외의 여타 요소들, 특히 금리의 변동성을 완화시킬 필요성이 커지게 되었으며, 이에 따라 대다수 국가의 중앙은행은 금리지표를 통화정책의 운용목표로 채택하게 되었다. 중앙은행은 금리 운용목표의 공시를 통하여 정책의도를 투명하게 시장에 전달함으로써 시장참가자의 기대형성에 영향을 주어 금리변동성을 가급적 줄이고자 노력하였으며, 시장참가자들도 중앙은행의 정책의도를 명확하게 파악하는 것이 기회비용을 줄이는 데 유리하다는 인식이 확산되었다.

이와 같이 1980년대 초반 이후 대다수의 주요국 중앙은행들은 금융시장의 변화를 반영하여 단기금리를 통화정책의 운용목표로 설정하고 그때 그때의 금융 및 통화상황에 대한 판단에 따라 단기금리 수준을 미조정하는 방식으로 통화정책을 운용하게 되었는데 이것이 바로 금리안정을 더 중시하는 금리중시 통화정책이다.

주요 선진국에서 이러한 금리중시 통화정책을 본격적으로 운용하게 되면서 통화정책 운용전략에는 두 가지 중요한 변화가 나타나게 되었다. 하나는 중앙은행이 통화정책을 수행하는 과정에서 금융 및 통화상황에 관한 재량적 판단에 의존하는 경향이 점점 커지게 되었다는 점이고, 또 하나는 통화량 중간목표의 변동성을 허용하기 위하여 처음에는 통화증가율 목표범위를 확대하고 이러한 목표범위를 상회하는 경우에도 이를 묵인하고 또 통화증가율 목표를 1〜2년에 걸친 중기로 늘려잡는 등 통화목표를 느슨하게 관리하다가 결국에는 2계 중간목표전략을 포기하게 되었다는 점이다. 대신에 실물·금융관련 다양한 정보변수를 관찰·분석한 후 재량적인 판단을 가미하여 정책의 변화가 필요하다고 판단될 경우 정책수단을 조작하여 운용목표인 금리를 조절함으로써 직접 최종목표를 바람직한 수준으로 달성하는 1계 운용방식인 정보변수전략을 채택하게 되었다.

위에서 살펴본 바와 같이 물가안정목표제는 기본적으로 정보변수전략에 그

기반을 두고 있다. 따라서 물가안정목표제에서는 대체로 단기금리를 운용목표로 하는 금리중시체제를 유지하고 있다. 여기서 금리중시란 통화정책의 운용목표인 금리를 주로 조절하여 통화정책의 최종목표를 달성하되 금리의 변동성을 (본원)통화에 비해 상대적으로 작게 하자는 것으로 이해해야 할 것이다. 즉 금리와 통화는 표리관계에 있기 때문에 금리가 변동하면 통화도 변동하나 금융자유화와 금융혁신 등의 진전으로 인하여 통화량과 실물경제의 관계가 불안정하기 때문에 단기적으로 금리의 변동성은 완화시키고 통화의 변동은 어느 정도 신축적으로 허용하는 방식의 상대적인 개념으로 인식할 필요가 있다.

우리는 여기서 물가안정목표제의 두 가지 중요한 특성에 주목할 필요가 있다. 하나는 물가안정목표제에서는 장래의 인플레이션 압력을 정확하게 판단하는 것이 무엇보다도 중요하다는 점이며, 또 하나는 장래의 인플레이션 압력에 대응하여 금리를 선제적으로 조절할 필요가 있다는 점이다. 그 이유는 물가안정목표제는 미래지향적이기 때문이다. 즉 인플레이션에 대한 통화정책 효과의 시차를 감안할 때 중앙은행이 사전에 정해진 인플레이션 목표를 달성하고자 하는 경우 장래 인플레이션을 정확하게 예측할 필요가 있으며, 인플레이션 예측치가 목표로부터 벗어나는 것으로 판단되면 정책을 앞서 조정해야 하기 때문이다.

이러한 관점에서 '금리중시정책'이란 정책수단인 금리를 전혀 변동시키지 않고 일정 수준에서 고정시키거나 안정시키는 것이 아니라 금리를 선제적으로 조절하되 통화의 변동폭에 비해 금리변동폭을 상대적으로 완화하는 것으로 이해되어야 할 것이다.

바. 물가안정목표제는 물가안정만 중시하는가

물가안정목표제는 물가안정을 통화정책의 가장 중요한 목표로 하고 있다. 특히 여기서는 인플레이션 변동성을 완화하는 것이 대단히 중요한데 그 이유는 과도한 인플레이션 변동성은 통화정책의 신뢰성을 훼손하기 때문이다. 만약 신뢰성을 상실하게 되면 기대 인플레이션율이 목표치를 상회하여 상향이동

(drift upwards)하게 되고 이는 인플레이션율을 정해진 목표치로 되돌리는 데 드는 비용을 증대시킨다. 일반적으로 인플레이션 변동성이 크면 인플레이션율 수준도 높다는 실증적 증거가 많다.

이러한 점 때문에 물가안정목표제는 생산과 고용수준은 무시하고 오로지 인플레이션 목표 달성에만 관심을 가지고 있다는 비판적 견해도 있다(Friedman and Kuttner 1996). 그러나 이 제도는 인플레이션뿐만 아니라 생산에도 마찬가지의 관심을 가지고 있다. 왜냐하면 이 제도는 낮은 수준의 인플레이션과 낮은 변동성을 달성하고자 하는 과정에서도 생산의 변동성을 완화하기 위한 여러 가지 제도적 장치를 가지고 있기 때문이다. 즉 물가안정목표제 하의 통화정책 운용체계는 중기적 물가안정목표 달성을 기하면서도 단기적으로는 생산과 고용변동을 완화하기 위한 충분한 신축성을 확보하고 있다. 실제로 물가안정목표제 국가의 경우 통화정책의 운영체계로 이 제도를 채택한 이후 평균적인 인플레이션율은 낮고 생산증가율은 높게 나타났으며, 인플레이션과 생산의 변동성도 상대적으로 낮게 나타나고 있다. 1990년대에 들어 평균적으로 낮은 수준의 인플레이션율을 시현하고 있는 현상은 선후진국을 포함한 거의 모든 국가에 공통되는 현상이지만, 높은 생산증가율과 낮은 변동성은 물가안정목표제 채택국가에만 해당되는 현상으로 분석되고 있다. 아래에서는 물가안정목표제에서 생산 및 인플레이션 변동성이 어떻게 연관되어 있으며 생산변동성 완화를 위한 제도적 장치로는 어떤 것이 있는지를 구체적으로 살펴보기로 한다.[5]

통화정책 수행에서 인플레이션 목표달성에만 집착하는 경우(inflation only targeting)에는 생산의 과도한 변동을 유발하게 된다. 그러나 물가안정목표제는 생산과 인플레이션의 단기적 상충관계를 허용하는 신축성을 가지고 있다. 물가안정목표제 국가에서 운용하고 있는 인플레이션 목표범위, 목표달성기간, 근원 인플레이션율과 같은 개념은 생산의 변동성을 완화하기 위한 제도적 장치라고 볼 수 있다. 이러한 제도적 장치는 감내할 수 있는 정도의 인플레이션

---

5) 이에 대한 자세한 논의는 Debelle(1999)를 참조.

변동성을 허용함으로써 생산변동성을 크게 낮출 수 있는 여지를 제공하여 중기적 물가안정을 유지하고자 하는 것이다.

물가안정목표제에서 생산안정의 역할은 아래 모형6)을 이용하여 설명할 수 있다.

(1) 필립스곡선 : $\pi_t = \pi_{t-1} + \alpha(y_{t-1} - y^*_{t-1}) + \varepsilon_t$

(2) 총수요함수 : $y_t = y^*_t + \beta(y_{t-1} - y^*_{t-1}) - \gamma(r_{t-1} - r^*) + \eta_t$

(3) 목적(손실)함수 : $L_t = E_t \sum_{s=t}^{\infty} \delta^{s-t}[(1-\lambda)(\pi_s - \pi^*)^2 + \lambda(y_s - y^*_s)^2]$

(4) 정책반응함수7) : $r_t = r^* + \sigma_1(\pi_t - \pi^*) + \sigma_2(y_t - y^*_t)$

여기서 π는 인플레이션, π^*는 목표 인플레이션율, y는 생산, y^*는 잠재생산이다. 그리고 r은 통화정책수단인 단기금리이며 r^*는 중립적인 실질금리수준이다. 금리(r)는 1기의 시차를 두고 생산에 영향을 미치고 인플레이션에는 생산갭($y-y^*$)을 통하여 간접적으로 영향을 미치는 것으로 하여 2기의 시차를 가정한다. 중앙은행은 정책수단인 실질이자율의 조절을 통해 인플레이션과 생산갭의 가중합계로 나타나고 있는 중앙은행의 손실함수를 최소화하는 것으로 본다.

중앙은행 목적(손실)함수에서 $\lambda=0$이면 생산의 변동성은 전혀 고려하지 않고 오로지 인플레이션 목표달성만 고려하는 순수 인플레이션 준칙(inflation-only rule)이 된다(Svensson 1997b).8) 한편 $\lambda > 0$이면 단기적으로 어느 정도의 인플레이션 변동성을 수용하는 대신에 생산의 변동성을 완화하고자 하는 신축적 물가안정목표제(flexible inflation targeting)가 된다. 현재 대다수의 물가안정목표제 국가의 중앙은행은 최근 들어 정도의 차이는 있지만 이러한 신축적 물가안정목표제를 운용하고 있는 것으로 알려지고 있다.

---

6) 이 모형에 대한 자세한 설명은 Taylor(1994), Svensson(1997a), Ball(1997) 등을 참조.

7) Taylor(1993)는 중앙은행 정책반응함수에서 생산과 인플레이션갭에 대한 가중치를 모두 0.5로 주었을 때 이 함수가 그간의 연준 통화정책을 가장 잘 반영하고 있는 것으로 분석하였다. 이러한 점에서 이 함수는 테일러 준칙(Taylor Rule)으로 알려져 있다.

8) Mervyn King(1997)은 이와 같이 오로지 인플레이션 목표달성에만 집착하는 목적함수를 가지는 정책수립가를 인플레이션 광신자(inflation nutter)라고 지칭한 바 있다.

순수 인플레이션 준칙에서는 생산갭의 가중치인 λ가 0이기 때문에 생산을 전혀 고려하지 않는다.[9] 이러한 점에서 순수 인플레이션 준칙[10]은 엄격하게 인플레이션 목표달성을 준수하고자 하는 엄격한 물가안정목표제(strict inflation targeting)와는 다르다. 엄격한 물가안정목표제에서도 중앙은행 정책반응 함수의 생산갭에 대한 가중치가 正일 수 있기 때문이다($\lambda > 0$). 엄격한 물가 안정목표제와 신축적인 물가안정목표제의 차이는 바로 중앙은행 정책반응함수의 생산갭에 대한 가중치인 λ의 크기에 달려 있다.

결론적으로 말해 물가안정목표제는 인플레이션과 생산의 안정성을 동시에 고려하는 통화정책 운용체계이다. 신축적인 물가안정목표제는 인플레이션 변동성을 어느 정도 허용하는 대신에 생산의 변동성을 크게 완화할 수 있다. 더욱이 생산갭은 장래 인플레이션의 주요 결정요소이기 때문에 생산변동성을 완화시킬 목적에서 중앙은행의 정책반응함수의 생산갭에 正의 가중치를 부여하게 되면 이는 그러지 않을 경우에 비하여 인플레이션 변동성도 크게 완화할 수 있다.

물가안정목표제에서 생산의 변동성을 완화하는 방법으로는 중앙은행의 정책반응함수의 생산에 正의 가중치를 주는 방법 이외에도 몇 가지 제도적 장치가 있다. 생산변동성을 완화하기 위한 첫번째 방법은 인플레이션 목표를 설정할 때 단일목표치(point target) 대신에 목표범위를 설정하는 것이다. 통화정책의 시차가 길고 변동적이라는 점과 장래 인플레이션을 정확하게 예측하는 것이 불가능하다는 점을 감안할 때 인플레이션 변동성을 특정(최저)수준 이하로 낮추는 것은 불가능하다. 이같이 더 이상 낮출 수 없는 수준의 인플레이션 변동성을 감안하여 목표범위를 넓게 설정하게 되면 이는 생산의 변동성을 줄이

---

9) 엄밀하게 보면 중앙은행 목적(손실)함수에서 생산에 대한 가중치가 0이라 하더라도 생산갭이 장래 인플레이션의 결정요소이기 때문에 사실은 생산이 여전히 고려되고 있다고 볼 수 있다.

10) de Brouwer and O'Regan(1997)은 오스트레일리아 경제모형을 원용하여 상이한 통화정책 준칙의 성과를 평가한 바가 있는데, 특히 인플레이션 및 생산변동성을 함께 고려하는 테일러 준칙 (Taylor rule)이 인플레이션만 고려하는 순수 인플레이션 준칙(inflation-only rule)보다 우월한 것으로 분석하고 있다. 즉 테일러 준칙은 생산변동성을 완화할 뿐만 아니라 전반적인 인플레이션 변동성도 크게 완화하는 것으로 나타나고 있다. 이는 바로 생산갭(y - y*)이 인플레이션의 주요 결정요소임에도 불구하고 순수 인플레이션 준칙은 생산을 전혀 고려치 않기 때문이다.

는 데 크게 유리하다. 그러나 목표범위를 설정하는 데서는 신뢰성과 신축성의 상충문제가 존재한다. 목표범위가 좁으면 인플레이션 목표달성에 대한 높은 신뢰성을 보장하지만 신축성은 그만큼 낮아진다. 반면에 목표범위가 넓을수록 목표범위를 이탈하는 경우가 줄어들어 신축성은 높아지나 물가안정목표제에 대한 신뢰성은 그만큼 낮아진다.

생산변동성을 줄이기 위한 두 번째 방법은 목표달성기간(policy horizon)을 길게 잡는 것이다. 목표달성기간을 길게 설정한다는 것은 목표이탈시 목표로 복귀하는 기간이 길다는 것을 의미하고, 따라서 생산안정을 위하여 더 큰 가중치를 부여한다는 것이다. 목표달성기간의 설정에서도 신뢰성과 신축성의 상충문제가 존재한다. 즉 목표달성기간이 길면 생산안정을 위한 신축성은 높아지는 반면 인플레이션 목표달성에 대한 신뢰성은 낮아지게 된다.

생산변동성을 줄이기 위한 세 번째 방법은 인플레이션 목표 대상지표로 실제 소비자물가지수 대신 근원 인플레이션을 사용하는 것이다. 근원 인플레이션은 비통화적 요인의 인플레이션에 대한 직접적 영향을 배제하기 위한 것이다. 대다수 물가안정목표제 국가는 오늘날 비록 실제 소비자물가지수를 인플레이션 목표로 사용하고 있더라도 운용목표로는 근원 인플레이션을 활용하고 있는데, 이는 생산의 변동성을 완화하는 데에도 목적이 있다.

마지막으로 중앙은행이 일반 국민들과 의사소통을 통하여 정책조치에 대하여 분명하게 설명함으로써 투명성을 높이는 방법이 있다. 이는 통화정책에 대한 국민들의 이해와 신뢰를 높임으로써 생산과 인플레이션 변동성의 상충관계를 크게 개선할 수 있다. 인플레이션 목표는 물가책정과 임금체결을 위한 기준지표로서 중요한 역할을 수행하기 때문에 인플레이션 목표에 대한 신뢰성이 높으면 기대 인플레이션이 하향안정화될 수 있고 따라서 생산의 변동성도 크게 완화될 수 있다. 이러한 점에서 인플레이션 목표는 명목소득목표(nominal income target)에 비해 많은 이점이 있다. 특히 명목소득목표는 인플레이션 항목과 생산항목이 명확하게 분리되지 않기 때문에 기대 인플레이션에 대한 기준지표를 제공하지 못한다는 단점이 있다.

현재 물가안정목표제를 도입하고 있는 대다수 국가의 중앙은행은 최근 들어 이 제도를 더욱 신축적으로 운용하는 경향을 보이는데 이는 인플레이션과 생산변동성의 상충문제를 완화하기 위한 것으로 보인다. 일반적으로 물가안정 목표제를 채택하는 초기에는 이 제도를 엄격하게 운용(λ의 크기가 대체로 작음)하다가 물가가 서서히 안정되어 감에 따라 인플레이션 변동성을 어느 정도 허용하는 대가로 생산변동성을 완화하고자 하는 방향에서 더욱 신축적으로 운용(λ의 계수를 크게 함)해 나가는 전략을 택하고 있다. 그러나 우리가 유의해야 할 것은 신축성과 신뢰성 사이에는 상충관계가 존재한다는 점이다. 즉 지나치게 신축적인 운용은 물가안정목표제와 통화정책 전반에 대한 일반 국민들의 신뢰를 저하시킬 우려가 있는 반면 지나치게 경직적이고 엄격한 운용은 불필요할 정도로 큰 생산변동성을 야기할 수 있다.

사. 물가안정목표제의 실제 운용절차

'물가안정목표제 하의 금리중시 통화정책'의 실제 운용시나리오를 보면 먼저 (1) 중장기 물가안정목표를 사전에 설정하고, (2) 장기금리, 환율, 자산가격, 금리스프레드 등의 가격지표와 함께 통화총량, 신용총량 등의 양적 지표 등 다양한 정보변수를 관찰·분석하여 장래의 인플레이션 압력을 평가하고, (3) 장래의 인플레이션을 수속하기 위해 운용목표로 설정한 단기금리를 금융·경제상황에 대한 중앙은행의 재량적 판단에 맞게 선제적으로 미조정함으로써, (4) 통화정책의 최종목표인 물가안정을 달성하고자 한다.

운용목표로 설정된 단기금리의 선제적 조절과정을 좀더 구체적으로 보면 다음과 같다. 현재의 목표 단기금리의 변동이 없다는 전제 아래 통화당국이 판단한 장래의 인플레이션 예측치가 12개월 내지 24개월의 시계에 걸친 중기 물가목표범위 내에 있으면 통화정책기조는 적절한 상태에 있다고 판단되기 때문에 목표 단기금리를 변경시킬 필요가 없다. 그러나 만약 인플레이션 예측치가 중장기 물가목표를 상회[하회]하는 것으로 나타났다면 현재의 통화정책기조는 지나치게 확대적[긴축적]인 것으로 판단되기 때문에 목표 단기금리수준을 즉시 혹은 가까운 시일 내에 상향[하향]조절해야 할 것이다. 이와 같이 통화정책의 파급시차가 존재하기 때문에 금리조절은 장래의 인플레이션 압력을 수속하기 위해서 선제적으로 이루어져야 하는 것이다.

2. 물가안정목표제의 등장배경

1990년대에 들어 뉴질랜드·오스트레일리아·캐나다·영국 등 일부 소규모개방경제를 중심으로 물가안정목표제를 도입한 바 있으며, 최근에는 브라질·칠레 등 중남미국가, 체코·슬로바키아·폴란드 등의 동유럽국가, 아시아의 인도네시아 등 체제전환국과 신흥시장국가들이 물가안정목표제를 통화정책 운용전략으로 채택하는 사례가 늘고 있다.

이와 같이 많은 국가에서 물가안정목표제를 새로운 통화정책 운용체계로 채택하고 있는 배경에는 대체로 다음과 같은 논거가 있다. 첫째, 물가안정목표제는 통화정책이 할 수 있는 것과 할 수 없는 것, 즉 통화정책의 능력과 한계에 대한 현대적인 시각과 정합성을 가지고 있으며 둘째, 통화정책의 입안과 운용에 대한 안정된 정책지침 혹은 명목기준지표를 제공하며 셋째, 통화정책에 대한 투명성을 높이고 통화당국의 책임성과 규율을 강화함으로써 통화정책의 신뢰성을 높인다는 점 등이다.

가. 통화정책의 능력과 한계

물가안정목표제의 핵심적 요소는 물가안정이 통화정책의 가장 중요한 장기목표라는 점이다. 이 제도가 경제성장, 고용증대, 금융안정, 국제수지 균형 등 여타 거시경제목표를 제치고 물가안정만을 강조하는 논거는 다음과 같다. 첫째, 통화정책은 장기적으로 실물변수에는 아무런 영향을 주지 못하고 인플레이션에만 영향을 미칠 수 있으며, 둘째, 온건한 인플레이션율조차도 경제성장과 효율에 치명적일 수 있으며 낮고 안정적인 인플레이션율의 유지는 여타 거시경제목표를 달성하는 데에도 중요하다는 것이다.

통화정책을 생산과 고용수준을 완전고용상태로 유지하기 위한 수단으로 활용해야 한다는 개입주의자(activist)는 통화당국이 어느 정도의 인플레이션을 수용하는 경우 낮은 수준의 실업률을 영구적으로 유지할 수 있다는 견해를 신봉해 왔다. 그러나 이러한 견해는 그 동안의 경험과 이론적 발전을 통해 논거가 크게 약화되었다. 여기에 큰 영향을 미친 요인은 대체로 다음과 같다. 첫째는 통화정책은 길고 변동적인 시차를 두고 작용하기 때문에 정확성을 추구하기 어렵고 따라서 개입주의 통화정책의 성공 가능성은 희박하다는 프리드먼(M. Friedman)의 주장이다. 이에 대해 개입주의 입장에서는 '최적제어'(optimal control)를 통해 정책시차의 문제를 해결할 수 있으므로 개입주의 통화정책은 수동적인 정책에 비해 여전히 유효하다고 주장하였다. 그러나 Lucas(1976)는 정책이 바뀔 때 장래에 대한 경제주체의 기대도 변할 가능성이 있다는 점을 고려하지 않는다면 최적제어기법은 별 소용이 없다는 점을 명백히 하고 있다(Lucas' Critique). 즉 장래 정책조치에 대한 기대와 함께 경제주체의 장래에 대한 기대형성은 현재의 경제행위에 영향을 미칠 수 있기 때문에 정책결정자가 경제를 일정수준 이상 통제하는 것은 불가능하다는 것이다. 특히 현대 민주사회에서 정치인과 일반 경제주체는 공공정책이슈에 대해서 근시안적 견해를 지니는 경향이 있어 정치적 시계(political horizon)는 짧은 반면 정책시차는 길기 때문에 개입주의 통화정책이 절제된 정책에 비하여 더 바람직하지 못한 결과를 야기할 가능성이 있다는 것이다.

둘째는 인플레이션과 실업 사이에 장기적인 상충관계가 존재하지 않는다는 M. Friedman(1968)과 Phelps(1968)의 새로운 연구결과이다. 이들에 의하면 인플레이션율의 상승을 감수하는 경우 확장적 통화정책은 단기적으로 실업을 줄일 수 있지만 장기적으로는 인플레이션만을 유발시켜 경제의 성장과 효율성을 저해하여 오히려 실업을 늘릴 것이라고 주장한다. 장기적으로 확장적 통화정책은 인플레이션율에만 영향을 미치고 생산과 고용은 원래 수준으로 돌아온다는 것이다. 따라서 인플레이션율 상승을 감수함으로써 장기적으로 실업률 하락을 가져올 수 있다는 것은 잘못된 주장이며 인플레이션과 실업률 사이에는 장기적인 상충관계가 존재하지 않는다는 것이다. 이를 다르게 말하면 장기적인 측면에서 중앙은행이 체계적으로 영향을 줄 수 있는 유일한 거시경제변수는 인플레이션율이라는 것이다.

셋째는 중앙은행 정책의 신뢰성 문제(policy credibility problem) 혹은 동태적 비일관성 문제(time inconsistency problem)가 통화정책의 유효성에 큰 영향을 미친다는 Kydland and Prescott(1977)의 연구결과이다. 정책 신뢰성 문제란 중앙은행이 인플레이션율을 낮게 유지하기를 원하더라도 개입주의적 통화정책을 펴는 중앙은행은 단기적으로 경제를 활성화시키기 위하여 경제주체가 예상치 못한 인플레이션을 유발하려는 강한 동기를 지니고 있다는 것이다. 그러나 이러한 중앙은행의 의도와 동기를 경험적으로 체득하여 알게 된 노동자와 기업 등 경제주체가 인플레이션 기대(임금계약과 가격설정 등)를 재조정할 경우 결국 생산과 고용수준에는 큰 변화 없이 인플레이션율만 높이는 인플레이션 상향편의(inflation bias) 결과를 초래한다는 것이다.

이상에서 논의한 바와 같은 통화정책의 가능성과 한계에 대한 인식은 장기적인 물가안정을 통화정책의 최우선목표로 규정하게 하는 중요한 논거가 되고 있다. 그러나 물가안정을 가장 중요한 통화정책의 목표로 규정하는 가운데 물가안정목표제를 채택하고 있는 중앙은행일지라도 장기적인 물가안정 틀 안에서 단기적인 정책목표를 달성하기 위하여 통화정책을 적극적으로 활용할 여지는 여전히 존재한다. 다시 말해 개입주의 통화정책을 통해 고용과 산출수준을 완전고용상태에 이르게 할 수 있다는 전통적 견해는 더 이상 유효하지 않지만 물가안정목표의 달성을 위해 새로운 정보에 대해 다양한 정책변수를 재량적으로 조절해야 한다는 넓은 의미의 개입주의 통화정책은 여전히 의미가 있다고 할 것이다.

나. 통화정책의 명목기준지표

물가안정목표제를 채택하는 가장 중요한 논거는 중장기 물가목표의 설정이 통화정책 운용에서 매우 중요한 명목기준지표를 제공한다는 점이다. 기준지표 없이도 통화정책을 수행하는 것이 가능은 하지만 이는 매우 위험한 일이다. 통화정책에 대한 기준지표가 부재하는 경우(즉 양적인 제약이나 가격제한이 전혀 존재하지 않는 경우) 어떤 이유로 경제주체들의 인플레이션 기대가 급격히 높아지는 인플레이션 스케어(inflation scare)가 발생하게 되면 통화당국은 매우 어려운 딜레마에 봉착하게 된다. 이러한 경우 경제주체들의 기대변동을 수용하는 방향으로 통화정책을 수행하게 되면 통화당국은 결국 이러한 기대변화를 인정하게 되어 인플레이션의 상승을 허용하는 결과를 가져올 뿐만 아니라 인플레이션율의 추가상승을 제어할 수 있는 의지도 수단도 없다는 것을 일반 경제주체에게 알리는 결과가 된다. 반면 통화당국이 통화긴축을 통하여 인플레이션 기대의 상승을 방지하고자 하면 심각한 경기침체를 야기할 가능성이 있다. 이와 같이 명목기준지표가 부재하는 경우에는 여러 가지 복합적인 요인으로 인하여 인플레이션 기대의 급격한 변동이 발생할 수 있고, 이는 거시경제적 전망과 통제를 매우 어렵게 할 가능성이 있다. 따라서 양적 지표든 아니면 가격지표든 간에 확고한 명목기준지표가 설정되어 있고 그것이 일반 경제주체들에게 잘 이해될수록 통화정책은 더 효과적일 수 있다.

오늘날 금융자유화와 금융혁신의 진전으로 인하여 통화량과 실물경제의 관계가 불안정해짐에 따라 통화량의 명목기준지표로서의 역할이 크게 저하되고, 또 환율제도가 변동환율제도로 전환됨으로써 환율이 더 이상 명목기준지표로서 기능하지 못하는 상황에서 물가안정목표제는 변동환율제도에서 물가안정을 유지하기 위한 매우 유용한 명목기준지표를 제공한다. 이와 같이 물가목표가 장기적으로 한 나라의 물가수준에 대한 명목기준지표를 제공할 수 있다는 점이 바로 물가안정목표제를 통화정책의 운용체계로 채택해야 한다는 데 대한 가장 중요한 논거의 하나로 인식되고 있다(Bernanke et al. 1999).

통화정책의 명목기준지표를 제공한다는 측면에서 보면 물가안정목표제는 통화량목표제(monetary targeting), 명목환율목표제(nominal exchange rate targeting), 명목GDP목표제(nominal targeting)에 비하여 상대적으로 우월한 것으로 평가받고 있다. 통화량목표제는 경제여건 변화에 대한 탄력적 대응, 인플레이션 억제에 대한 정책당국의 책임성 제고, 통화정책의 동태적 비일관성 문제 완화 등 많은 장점이 있으나 최근 들어 금융자유화와 금융혁신의 급속한 진전으로 통화량과 실물경제, 특히 인플레이션 간의 관계가 불안정해지고 통화당국의 통화량 조절능력이 약화되면서 유용성이 크게 저하된 것으로 평가받고 있다.

환율목표제는 환율안정을 통한 인플레이션의 억제, 일반국민의 이해, 정책의 투명성 확보의 용이, 정책의 동태적 비일관성 문제 완화 등의 장점이 있어 영국, 프랑스, 캐나다, 이스라엘, 아르헨티나 등에서 채택된 바 있다. 그러나 환율목표를 달성하고자 하는 경우에는 통화정책의 독자성 상실, 대외충격에 대한 노출, 환투기공격의 가능성, 특히 신흥시장국의 경우 금융위기 발생가능성, 외환시장의 정책신호 전달기능 상실 등 심각한 문제점을 내포하고 있다. 이와 함께 특히 소규모 개방경제의 경우 자본시장의 개방으로 인하여 해외자본 유출입이 확대되는 추세에 따라 환율제도를 불가피하게 변동환율제도로 전환하게 됨에 따라 환율목표제를 포기하기에 이르렀다.

한편 명목GDP목표제는 물가뿐만 아니라 생산에도 일정한 가중치를 부여한다는 점 외에 통화당국에 신축성을 부여하는 동시에 규율을 부과하여 지나친 재량을 절제할 수 있다는 장점을 가지고 있다. 그러나 명목 GDP는 물가수준과 실질 GDP에 대한 정보가 동시에 필요하기 때문에 이에 대한 자료의 수집과 측정이 CPI에 대해 상대적으로 어렵고 늦다는 문제가 있다. 따라서 명목 GDP 개념은 일반 국민들이 이해하기 어렵고 친숙하지 않다는 점에서 일반국민과의 의사소통이나 투명성 면에서 CPI에 비해 다소 불리하다는 문제점을 가지고 있다.

그러나 물가안정목표제는 통화정책과 인플레이션 사이의 시차가 길고 이에 따라 인플레이션 목표가 단기정책방향에 대한 정책지침을 제공하지 못한다는 단점이 없지 않으나 위에서 살펴본 여러 가지 장점과 그간의 금융환경 변화와 운영성과 등을 감안할 때 여타 통화정책 운용전략보다 우월한 것으로 평가받고 있다. 특히 물가안정목표제는 통화당국의 통화정책운용에 규율과 책임을 부과하여 동태적 비일관성 문제를 야기하지 않으면서도 단기적 충격에 대한 통화당국의 탄력적 대응능력의 확보(constrained discretion)와 중앙은행의 독립성과 통화정책에 대한 국민적 지지의 확보도 가능하다는 이점을 가지고 있다.

다. 통화정책의 투명성과 책임성 제고

물가안정목표제를 채택하는 또 하나의 논거는 이 제도가 통화정책의 투명성을 높이고 정책수립자의 책임성을 강화한다는 점이다. 물가안정목표제 국가의 중앙은행은 일정한 기간에 걸쳐 달성해야 할 구체적인 인플레이션 목표치를 일반에 공시하기 때문에 경제주체에게 통화정책에 대한 명확한 신호를 전달하게 된다. 이와 같이 목표가 명확할수록 중앙은행이 이 목표를 달성하는지 여부를 판단하는 것도 그만큼 용이해진다. 중앙은행이 사전에 정한 목표를 달성하지 못하는 경우 정책입안자는 그 이유를 설명해야 한다. 이는 결과적으로 통화정책의 투명성을 높이는 데 기여한다.

물가안정목표제는 정책입안자의 책임성을 강화한다. 앞에서 언급한 바와 같이 만약 목표를 달성하지 못하게 되면 정책입안자는 그 이유를 설명해야 한다. 예를 들어 에너지가격이 급격하게 그리고 예상하지 못하게 상승하는 경우 정책입안자는 인플레이션율의 일시적 상승을 방지하는 것이 불가능해진다. 원유가상승에 따른 전반적 인플레이션율 상승이 일시적인 것으로 예상된다면 일시적으로 높은 인플레이션율을 수용하는 수밖에 없을 것이다. 중앙은행은 이 경우에도 이러한 사유를 구체적으로 명확하게 설명할 책임을 진다. 만약 통화정책을 잘못 수행한 결과로 목표를 달성하지 못하는 경우에는 중앙은행은 목표를 달성하지 못한 데 대하여 책임을 져야 할 것이다. 정부와 의회는 중앙은행이 목표달성에 실패하는 경우 그 책임을 물어 총재를 해고하거나 중앙은행을 구조조정할 수 있다. 아니면 여러 가지 제재수단을 통하여 중앙은행의 성과를 개선하는 방법을 취할 수도 있을 것이다.

이러한 투명성과 책임성은 중앙은행의 신뢰성을 강화하는 데 기여한다. 한편 신뢰성은 일반 경제주체들이 장래 인플레이션에 대한 기대를 형성하는 데 중요한 역할을 함으로써 통화정책의 효과를 높여 물가안정 달성에 기여한다.

3. 물가안정목표제 도입의 선결조건과 적정시기

물가안정목표제를 어떤 시기에 어떤 상황에서 도입하는 것이 바람직한가에 대해서는 많은 논의가 있어 왔다. 어떤 국가가 통화정책 운용전략으로 물가안정목표제를 새로이 도입하고자 하는 경우 이의 성공적인 추진과 정착을 보장받기 위해서는 먼저 충족되어야 하는 몇 가지 중요한 선결조건이 있다. 일반적으로 널리 인정되고 있는 선결요건으로는 다음과 같은 두 가지를 들 수 있다. 하나는 중앙은행이 통화정책을 독립적으로 수행할 수 있어야 한다는 조건이다. 여기에는 적어도 세 가지의 과제가 있다. (1) 우선 중앙은행이 통화정책을 독립적으로 수행할 수 있기 위해서는 수단을 자유롭게 선택할 수 있는 수단의 독립성(instrument independence)이 확보되어야 한다.[11] (2) 통화정책이 정부의 재정조달수요에 의해 제약받거나 일방적으로 지시받는 등의 재정우위 현상(fiscal dominance)이 없어야 하며 상당수준의 환율탄력성도 확보되어야 한다. 재정정책이 통화정책을 제약하지 않도록 하기 위해서는 정부가 필요로 하는 재정자금을 중앙은행이 아닌 자본시장으로부터 조달할 수 있어야 한다. 그러나 일반적으로 재정적자규모가 큰 국가의 경우에는 자본시장이 잘 발달되어 있지 않다는 문제가 있다. (3) 중앙은행에 우발채무(contingent liabilities)가 없어야 한다. 중앙은행 대차대조표상에 우발채무가 발생하게 되면 통화정책을

---

11) 이와 같은 법적 제도적 측면의 중앙은행 독립성은 중앙은행이 정책목표를 독립적으로 설정할 수 있는 목표의 독립성(goal independence)과 정책적 합의에 의해 도출된 목표 하에서 수단을 자유롭게 선택할 수 있는 수단의 독립성(instrument independence)으로 구분 지울 수 있다. 먼저 목표설정의 독립성은 중앙은행이 인플레이션 목표 또는 여타 목표를 설정할 수 있는 능력을 가지는 경우이며, 수단적 혹은 운용측면의 독립성은 비록 정부가 직접 혹은 중앙은행과의 협의 하에 목표를 설정하더라도 정해진 목표를 달성하기 위하여 단기이자율수준과 같은 정책수단을 독립적으로 선택할 수 있는 능력을 가졌다는 것을 의미한다. 이렇게 보면 수단 독립성은 통화정책의 최종목표는 민주적 절차에 따라 정부에 의해 결정되도록 하면서 중앙은행의 성과책임을 극대화하고 정치권의 기회의존적 정책개입을 최소화하는 형태로 간주된다(Debelle and Fischer 1994). 일반적으로 정치적 개입이나 재정정책이 통화정책을 지배하기 쉬운 신흥시장국의 경우에는 목표독립성과 수단독립성을 함께 확보하는 것이 유리하다. 핀란드·스페인·칠레 등은 법제상 목표설정의 독립성을 가지고 있으며 뉴질랜드·이스라엘·영국·브라질 등은 정부 등에 의해 정해진 목표를 달성하기 위한 정책수단을 독립적으로 선택하고 조절할 수 있는 수단독립성을 보유하고 있는 것으로 알려지고 있다(Schmidt-Hebbel 1999).

독립적으로 수행할 수 있는 여지를 제약할 수 있기 때문이다. 이러한 중앙은 행 우발채무는 여러 가지 이유로 발생하나 주로 중앙은행이 은행제도의 건전 성을 확보하기 위해 부실은행에 구제금융을 지원하는 과정에서 많이 발생한 다. 따라서 금융구조개혁을 통하여 국내은행의 안정성과 건전성을 확보하는 것이 물가안정목표제의 도입을 위한 하나의 중요한 선결조건이 된다고 할 수 있다. 은행부문이 불안정한 경우 안정성과 건전성 확보를 위한 중앙은행의 구 제금융지원은 종종 물가안정과 갈등이 있을 수 있기 때문이다.

두 번째는 물가안정이 통화정책의 가장 중요한 목표여야 한다는 조건이다. 정책목표 간의 갈등이 없도록 물가안정이 통화정책의 최우선인 목표라는 정책 당국의 강한 의지 천명과 합의가 이루어져야 한다. 이는 물가안정만이 유일한 통화정책의 목표이어야 하고 여타 목표를 설정할 수 없다는 것을 의미하는 것 은 아니다. 중요한 것은 경제성장이나 국제수지 균형 등 여타 복수목표를 설 정하는 경우라도 정책목표 간에 상충현상이 발생하는 경우 물가안정을 최우선 목표로 규정하는 한 복수목표설정은 물가안정목표제의 기본취지를 벗어나는 것은 아니기 때문이다. 다시 말해 물가안정목표제를 성공적으로 운용하기 위 해서는 갈등이 발생할 수 있는 복수목표를 설정하더라도 물가안정이 최우선목 표이며 여타 목표는 물가안정에 후순위이라는 점을 명백히 할 필요가 있다는 것이다. 그러나 물가안정목표제에서 부차적인 환율안정목표를 설정하는 경우 에도 이것이 물가목표와 상충되는 경우 이 목표가 물가안정목표제의 효율성을 크게 저해할 수 있음을 유의할 필요가 있다.

이 밖에도 물가안정목표제 도입의 선결조건으로 두 가지를 더 들어본다면 세 번째는 통화당국이 통화정책 파급경로의 분석 및 인플레이션 예측모형을 잘 활용할 수 있는 기술적 역량을 확보하고 있어야 한다는 조건이다. 이와 함 께 파급경로분석과 인플레이션 예측을 위한 거시모형이 구축되어 있는 것이 바람직하나 신흥시장국의 경우에는 물가안정목표제를 도입할 시기에 이러한 거시모형이 꼭 완비되어야 할 필요는 없다. 물가안정목표제를 도입하게 되면 통화정책 운용체계가 전환되기 때문에 기존 모형의 파라미터나 구조의 변화가 발생할 수밖에 없기 때문이다. 그러므로 새로운 정책운영체계에 적응해 나갈 수 있도록 중앙은행 직원의 능력을 배양하는 것이 무엇보다도 중요하다.

네 번째는 물가안정목표제 도입시 인플레이션 수준이 대체로 낮고 하락하고 있어야 한다는 조건이다. 예를 들어 인플레이션율이 만성적으로 30~40% 수준을 보이고 있는 국가에서 물가안정목표제를 도입하는 경우에는 디스인플레이션 비용이 너무 클 수 있기 때문이다(Blejer 1999). 그러나 낮은 인플레이션 수준이 물가안정목표제 도입에 필수적인 선결요건은 아니라는 주장도 만만치 않다. 예를 들어 물가안정기조가 정착되지 않은 상황에서도 일단 여타 중요한 선결요건이 충족되어 물가안정목표제를 도입하여 잘 운용한다면 이스라엘과 칠레의 경험에서 볼 수 있듯이 물가안정목표제는 낮은 수준의 인플레이션율을 달성하는 데 유리할 수 있기 때문이다(Schmidt-Hebbel 1999).

물가안정목표제를 처음 도입하고자 할 때는 이상에서 살펴본 여러 가지 선결조건이 먼저 충족되는 것이 바람직하나, 무엇보다도 중요한 선결조건은 바로 정책당국의 강한 실천의지이다(Sherwin 1999). 사실 모든 선결조건을 완비한 후에 물가안정목표제를 도입한다는 것은 현실적으로 거의 불가능하다. 그 동안 물가안정목표제를 도입하여 운용해 온 많은 나라의 경험에서 보듯이 최소한의 기본조건을 마련하여 이 제도를 도입하여 운용해 나가는 학습과정을 통하여 시간을 두고 차근차근 여타 나머지 조건을 구축해 갈 수 있기 때문이다.

물가안정목표제에는 이를 채택하는 나라에 따라 순수한 형태의 것도, 다소 느슨한 형태도, 그리고 그 중간 형태도 존재할 수 있다. 따라서 정책당국의 강한 실천의지만 있다면 물가안정목표제를 완벽한 상태가 아닌 다소 느슨한 형태로 출발하더라도 아무런 문제가 없다.

Ⅲ. 물가안정목표제 운용상의 주요 논점

물가안정목표제의 채택을 통해 중앙은행은 정책의 투명성과 신축성을 동시에 높이는 것이 가능하다. 투명성이란 정책의 목표 및 전략 등을 명확하고 시의적절하게 시장참가자들에게 공개하는 것을 의미하며, 신축성이란 단기적인 경제상황 변동에 효과적으로 대응할 수 있는 중앙은행의 능력을 의미한다. 통화정책의 투명성과 신축성은 장기적으로 보면 상호보완적인 관계에 있으나 단기적으로는 상충 가능성이 있으므로 물가안정목표제 도입·운용시 이 두 가지 요소의 조화문제는 매우 중요한 이슈가 된다.

1. 인플레이션 목표의 설정

가. 목표대상지표의 선택

이론적인 측면에서 보면 통화정책의 투명성을 위해서는 목표 인플레이션의 측정지표로 일반 경제주체들에게 친숙하고 정확하며 신속한 속성을 지니는 실제 소비자물가지수(headline CPI)를 채택하는 것이 바람직하나 정책수행의 신축성을 위해서는 일시적 공급측 충격요인에 의한 가격변동분을 제외하는 근원 인플레이션율(underlying rate of inflation)을 사용하는 것이 바람직하다.

실제 물가안정목표제를 채택하고 있는 대다수의 국가는 최근까지 소비자물가지수에 단서조항(caveats)을 두거나 아니면 실제 소비자물가지수에서 식료품 및 에너지 가격, 간접세, 주택저당금리 등의 공급측 충격요인을 제외한 근원 인플레이션율을 기준으로 인플레이션 목표를 설정하여 왔다. 이는 석유파동이나 간접세율변경 등 공급측 충격은 가격수준의 일시적인 변동을 초래하는 데 그치는 것이므로 통화정책적 대응을 하지 않는 것이 더 합리적이라고 보기 때문이다.

그러나 실제 소비자물가에서 제외되는 공급측면 항목의 비중이 과다하게 크거나, 실제 소비자물가지수와 근원 인플레이션율 사이에 큰 괴리가 발생할 때 통화당국이 국민들이 잘 이해할 수 없는 근원 인플레이션을 기준으로 인플레이션 목표를 설정하는 경우 일반 국민으로부터 통화정책에 대한 신뢰를 확보하기 어렵다는 문제가 있다. 따라서 물가안정목표제 선진국 중앙은행은 이러한 근원 인플레이션을 기준으로 목표를 설정하는 경우에도 국민으로부터 투

명성과 신뢰성을 확보하기 위해 이 인플레이션율의 측정방법 및 소비자물가지
수와의 관련성 등을 시장참가자에게 이해시키는 노력을 게을리하지 않고 있으
며 이 인플레이션율의 편제도 정부의 공신력 있는 통계기관에서 담당하도록
함으로써 정책의 객관성과 신뢰도를 높이고 있다.

　최근 들어 소규모 개방경제 국가를 중심으로 근원 인플레이션율보다는 실
제 소비자물가지수를 대상으로 인플레이션 목표를 설정하는 경향을 보이고 있
다. 다만 예기치 못한 일시적인 공급측 충격을 수용하기 위하여 목표범위를
종전에 비해 다소 넓게 잡고 있다. 물가안정목표제 선진국인 캐나다의 경우에
도 인플레이션 목표는 실제 소비자물가로 설정하고 실제 운용에서는 에너지가
격 등 특정 품목을 제외한 근원 인플레이션율을 활용하고 있다. 이러한 점에
서 실제 소비자물가 목표는 최종목표에 해당되고, 근원 인플레이션율은 일종
의 단기 운용목표에 해당되는 것으로 볼 수 있다(Berg 1999).

　이러한 경향을 반영하여 최근 새로이 물가안정목표제를 채택하는 신흥시장
국가의 경우는 특정품목 제외 방식인 근원 인플레이션율보다는 실제 소비자물
가지수를 인플레이션 목표로 활용하는 것이 일반적인 추세이다. 더욱이 선진
국의 예에서와 같이 일체의 단서조항을 두지 않는 대신 상하변동폭을 넓게 설
정함으로써 통화정책 운용의 신축성을 확보하고 있다. 단서조항을 둘 경우 정
부와 중앙은행이 목표이탈시 이에 대한 책임을 회피하는 것으로 인식될 우려
가 있어 통화정책의 신뢰성을 확보하기가 어렵기 때문이다.

나. 인플레이션 목표의 최적수준

　통화정책의 장기목표는 물가안정(낮은 수준의 인플레이션율의 유지)이라는
점에서는 통념적인 합의가 이루어졌으나 어느 수준의 인플레이션율이 적정한
가에 대하여는 아직 이렇다 할 합의가 이루어지지 않고 있다. 이는 인플레이
션이 거시경제에 미치는 긍정적인 영향의 정도 등을 고려하여 결정할 문제로
서 경제상황에 따라 각국별로 그 기준이 달라질 수 있기 때문이다.

　중앙은행이 인플레이션율의 구체적인 목표치를 결정할 때에는 일반적으로

중장기적 물가안정을 보장하는 낮은 수준의 인플레이션율을 지칭하고 있으나, 이 경우 중장기적 물가안정을 보장하는 낮은 수준의 인플레이션율이 구체적으로 어느 정도 수준의 수치를 의미하는지는 개별국가에 따라 상이할 수 있다.[12]

엄격한 의미의 물가안정은 인플레이션율을 0에 가깝게 유지하는 것을 의미하나 실제 물가안정목표를 0 혹은 0에 가까운 인플레이션율로 정하는 것은 바람직하지 않다. 이에 대한 이유로는 첫째, 인플레이션 지표로 널리 사용되는 소비자물가지수는 대다수 국가의 경우 측정상의 어려움으로 인하여 물가상승률을 상향평가(upward bias)하는 경향이 있다. 특히 품목별 가중치가 고정된 소비자물가지수는 소비자의 수요가 가격이 낮은 새로운 대체품으로 이동하는 것을 반영하지 못할 뿐 아니라 상품의 품질향상에서 오는 가격상승분마저 그대로 물가상승으로 반영되는 단점이 있음은 널리 알려져 있다. 따라서 실제 중앙은행이 0의 인플레이션율을 추구할 경우에라도 측정된 인플레이션율 목표는 0 이상일 필요가 있다. 둘째, 흔히 그러하듯이 명목임금이 하방경직성을 보이는 국가의 경우에는 지나치게 낮은 수준의 인플레이션 목표는 거시경제 조정능력 측면에서 심각한 문제를 초래할 수 있다. 주지하는 바와 같이 실질임금의 하락은 인플레이션에 의해서만 유발되는데 지나치게 낮은 인플레이션 목표는 실질임금의 신축성을 제약함으로써 오히려 실업을 늘리거나 노동의 효율적 재배분을 저해할 수 있기 때문이다(Akerlof, Dickens and Perry 1996). 셋째, 지나치게 낮은 인플레이션 목표는 낮은 명목이자율 수준의 유지를 가능케 함으로써 불황기에 중앙은행이 경기를 부양시키기 위해 이자율을 낮출 수 있는 여지를 축소시킨다. 이는 최근 일본의 경험에서 보듯이 자칫 심각한 경제 불황과 물가하락을 가져와 디플레이션을 야기할 위험도 없지 않다. 예상하지 못한 디플레이션 현상은 금융시스템의 정상적인 작동을 저해함으로써 금융기

---

12) 연준 의장 그린스펀은 한때 물가안정을 보장하는 인플레이션은 기업과 가계 등 경제주체가 매일 매일의 의사결정을 하는 데 별 신경을 쓸 필요가 없을 정도로 낮은 수준이라고 언급한 바 있으나 이러한 정의는 인플레이션목표치를 설정할 때 실제적인 도움을 주지는 못하고 있다(Bernanke et al. 1999). Crow(1988), Freedman(1991) 등은 零의 인플레이션율 목표를 주장한 반면 Summers(1991)는 2~3%, Fischer(1994)는 1~3%의 인플레이션율이 적정하다고 주장한 바 있다.

관과 기업의 동반부실을 가져와 종국에는 심각한 경기침체를 초래할 수 있다(Bernanke and James 1991).

이에 따라 각국에서는 가급적 낮은 수준의 正의 인플레이션율을 인플레이션 목표로 설정함으로써 자국경제를 인플레이션뿐만 아니라 디플레이션의 위험으로부터 방어하고자 한다(Bernanke et al. 1999).

특히 최근에 물가안정목표제를 도입하는 신흥시장국의 경우 목표 인플레이션율 수준은 선진국의 목표치 평균(0~3%)보다는 다소 높게 하고 그 목표범위도 더 넓게 설정하는 것이 바람직한 것으로 알려지고 있다. 그 이유로는 (1) 선진국과 마찬가지로 소비자물가지수(CPI) 산정에 상향편의적인 측정오류가 있을 수 있으며, (2) 신흥시장경제는 일반적으로 빠른 성장추세를 보이는 가운데 상대가격도 빠르게 변하는 경향을 보이며, (3) 재화의 질은 물론 생활수준이 개선됨에 따라 소비 바스켓이 선진국에 비해 더 빠르게 변화함에 따라 인플레이션 상향편의를 악화시킬 가능성이 크며, (4) 교역재와 비교역재 사이의 생산성 격차 때문에 상대가격 격차가 선진국에 비하여 더 확대될 가능성이 있으며, 특히 (5) 명목임금 등의 하방경직성 때문에 인플레이션 목표치가 지나치게 낮아지면 거시경제 조절능력이 크게 제약될 수 있기 때문이다(Ito 1999).

다. 물가수준목표와 인플레이션율 목표

물가안정목표제에서 목표를 물가수준으로 할 것인지 아니면 물가수준의 상승률인 인플레이션율로 할 것인지를 결정해야 한다. 물가수준을 목표변수로 하는 방식은 장기적으로 물가수준 자체를 일정하게 유지하는 것이기 때문에 어떤 충격으로 인해 물가수준이 일시적으로 상승하는 경우 이를 일정기간 후에는 다시 이전의 수준으로 낮추고자 한다. 이러한 방식은 실제 물가수준이 목표수준으로부터 과소(undershooting) 혹은 과도(overshooting)하게 이탈하는 것을 조정함으로써 장기 물가수준 예측치의 변동성을 줄여 일반 경제주체로 하여금 물가수준이 장기적으로 안정될 것이라는 기대를 갖게 하여 통화정책에 대한 신뢰를 높이는 이점이 있으나 단기적으로는 통화정책과 실물경제의 변동성을 크게 증가시키고 정책운용상의 신축성이 크게 제약되는 등의 단점이 있다.

한편 인플레이션율 목표(inflation rate target)는 물가수준이 아닌 물가상승률을 안정시키는 것이기 때문에 어떤 충격으로 물가수준이 상승하더라도 이를 다시 원래 수준으로 낮추는 것이 아니라 일단 높아진 물가수준에서 그 상승률, 즉 인플레이션율을 안정시키려는 것이다. 이같이 인플레이션율을 목표변수로 할 경우 통화정책 운용상의 신축성을 높여서 외부충격에 효과적으로 대응할 수 있는 이점이 있으나 예기치 못한 충격이 물가수준에 미치는 영향을 그대로 수용하게 되어 장기적으로는 물가수준이 지속적으로 상승할 뿐만 아니라 물가수준의 변동성이 커지는 단점이 있다.

이론적인 측면에서 보면 물가안정목표제에서는 물가수준을 목표변수로 하는 것이 타당하나 현실적인 측면에서 해외충격 등의 예기치 못한 외부충격이나 국내 경기변동에 대응하여 통화정책을 신축적으로 운용할 수 있는 이점이 있기 때문에 대다수 물가안정목표제 국가들은 인플레이션율을 목표변수로 설정하고 있다.

라. 단일목표치와 목표범위

물가안정목표제를 도입한 중앙은행은 인플레이션 목표를 설정하여 공표할 때 그 목표치를 단일목표치(point target)로 나타낼 것인가 아니면 목표범위(range target)로 할 것인가를 결정해야 한다.

인플레이션 목표를 단일목표치로 나타낼 경우 정책목표를 분명히 제시함으로써 통화정책의 신뢰성을 높일 수 있으나 정책의 신축성이 줄어든다는 문제가 있다. 그러나 목표치를 단일목표치로 설정하더라도 실적치가 정해진 목표치를 이탈하는 경우가 빈번하게 되면 정책의 신뢰성이 오히려 손상될 수도 있다.

한편 인플레이션 목표를 일정범위로 나타낼 경우에는 단일목표치 설정방식에 비해 정책의 신축성이 높아지는 이점이 있다. 그러나 중앙은행이 최선의 노력을 기울였음에도 불구하고 불가피한 요인으로 인해 목표범위를 이탈하게 되는 경우, 목표치를 단일목표치로 설정한 경우보다 중앙은행의 신뢰성에 대한 손상이 상대적으로 더 클 수 있다.

일반적으로 통화정책이 지니는 불확실성이 클수록 목표치를 범위로 설정하는 경향이 있으며, 이 경우 범위의 폭 혹은 허용한도가 클수록 시장참가자들은 중앙은행의 목표치 달성 능력과 의지에 대한 의문을 가질 수 있기 때문에 그만큼 통화정책에 대한 신뢰성이 저하되는 단점이 있다. 따라서 목표치를 범위로 설정하는 경우라도 좁게 설정된 목표범위는 넓게 설정된 경우보다 중앙은행의 목표 달성 의지를 부각시키는 장점이 있으나 예상치 못한 상황에 대처하는 중앙은행의 능력을 약화시키는 상충관계를 지닐 수 있다.

신흥시장국이 물가안정목표제를 처음 도입하는 경우 정책의 신뢰성을 중시하거나 목표범위의 상한치에 대한 상향편의를 피하고자 하는 경우에는 목표치를 단일목표치로 설정하는 것이 바람직하다. 그러나 목표를 단일목표치로 설정하는 경우에는 예상치 못한 상황에 대처하는 신축성을 확보하는 데 불리하며, 목표치를 이탈하는 경우 오히려 정책의 신뢰성을 크게 손상할 수 있다. 이러한 이유로 현재 물가안정목표제를 도입한 국가 가운데 영국[13]을 제외한 거의 모든 국가는 인플레이션 목표를 단일목표치보다는 범위로 설정하되 일반국민들로 하여금 통화정책의 목표가 목표범위의 중간점에 있다는 기대를 갖도록 중간수치도 함께 제시함으로써 단일목표치 설정방식과 목표범위 설정방식의 이점을 함께 살리려고 노력하고 있다.[14]

일단 인플레이션 목표가 정해지면 어느 범주 내에서 목표달성이 이루어지도록 할 것인가 하는 목표달성 허용범위를 결정할 필요가 있다. 이는 선진국의 경우 통화정책의 시차를 감안할 때 바람직한 목표달성기간이 대체로 1년반 내지 2년인 것으로 본다면 불확실성 등으로 인하여 특정한 목표치를 이 기간 동안에 정확하게 달성한다는 것이 사실상 거의 불가능하기 때문이다. 또한 단일목표치나 혹은 좁게 설정한 목표범위를 달성하기 위해서는 이자율을 빈번

---

13) 영국의 경우 단일목표치 설정방식이 (1) 목표의 대칭성, (2) 목표상한에 대한 상향편의 회피, (3) 통화정책에 대한 사전적인 지침의 역할 등을 통하여 정책의 신뢰성 제고와 인플레이션 기대에 대한 확실한 앵커를 제공할 수 있는 장점을 가지고 있다는 점을 감안하여 2.5%의 단일목표치를 설정하여 운용하고 있다(Haldane 1999).

14) 인플레이션 목표범위는 대체로 연평균 인플레이션율 0~4% 사이에서 정해지고 있다.

하게 조절해야 되는 관계로 이자율 변동폭이 커져 금융시장이 불안정해질 우려도 있다. 따라서 대부분의 물가안정목표제 국가들은 이자율 변동성을 가급적 줄이고 금융시장의 안정성을 확보하기 위하여 목표달성의 허용범위를 설정하고 있는데 이를 설정하는 방법은 다음과 같이 다양하다.

첫 번째는 특정 단일목표치(point target)의 이탈이 용인될 수 있는 면책조항(exemption) 혹은 단서조항(caveat)을 두는 방법이다. 예를 들어 뉴질랜드는 에너지 등 공급충격이 발생하는 경우에는 중앙은행이 이를 수용하는 등 어떤 조건하에서는 목표치 이탈을 허용한다.

두 번째는 인플레이션이 특정 수준을 상회하지 않도록 상한(ceiling)을 두는 방법이다. 이는 어떤 의미에서 보면 특정 목표수준 아래쪽에서는 목표달성 허용한도가 아무런 단서조항 없이 매우 넓게 설정되어 있는 것으로 볼 수 있다. 그리고 만약 상한이 통화당국의 내부적 인플레이션 목표치보다 더 높다면 사실상 위쪽으로도 목표달성 허용한도가 존재하는 것으로 볼 수 있다.

세 번째는 목표중심영역(thick point)을 두는 방법이다. 예를 들어 오스트레일리아와 같이 특정 목표범위(2~3%)를 목표범위로 보지 않고 인플레이션 목표가 실현되는 중심영역 혹은 중심경향으로 해석하는 것이다. 이 경우 특정 목표달성기간 동안의 평균 인플레이션율이 2.XX로 나타나면 목표달성에 성공한 것으로 간주할 수 있다.

마지막으로 목표범위(target band or range)를 설정하는 것이다. 이는 목표를 설정할 때 인플레이션이 벗어나서는 안 되는 위쪽 한도(upper bound)와 함께 아래쪽 한도(lower bound or band floor)도 함께 두는 방법이다. 목표범위의 위쪽 한도는 두 번째 방법의 인플레이션 상한과 기본적으로 동일하다. 그러나 목표의 아래쪽 한도를 보는 견해에는 두 가지가 있다.[15] 하나는 목표범위의 하한을 하나의 지침으로 해석하는 것이다. 다시 말해 목표의 하한은 특별한 의미가 있는 것은 아니지만 중앙은행이 목표범위의 중간치를 달성하는 데에 지침을 제공하는 역할을 한다. 예를 들어 중앙은행이 생각하는 적정 인플레이

---

15) 이에 대한 더 자세한 논의는 Clifton(1999)을 참조.

션율이 3%이고 목표달성 허용범위가 ±2%라고 하면 목표범위는 1~5%가 된다. 목표하한 1%는 특별한 의미는 없고 단지 시장의 기대 인플레이션이 3% 방향으로 형성되도록 하는 지침을 주는 역할을 할 뿐이다. 이 경우 인플레이션 예측치가 목표하한 1%를 벗어나더라도 정책당국은 금리를 하향조정하는 등의 보정조치를 취할 필요가 없으며 시장참가자들도 통화정책이 완화되리라고 기대해서는 안 될 것이다. 또 다른 하나는 목표의 하한도 상한과 마찬가지의 대칭적인 의미를 가지는 경우이다. 이는 목표하한을 이탈해서는 안 되는 전기울타리(electric fence)로 해석하는 것이다. 이 경우 목표의 하한은 중앙은행의 적정 인플레이션율을 의미하는 것으로 해석할 수 있다. 따라서 인플레이션 예측치가 목표하한 1%를 하회하는 경우 시장참가자들도 통화정책이 곧 완화될 것으로 예상하게 된다.

그러므로 여기서 중요한 것은 물가안정목표를 범위로 설정하는 경우 목표하한의 의미, 즉 중앙은행은 어떤 견해를 가지고 있는지 그리고 어떤 경우에 목표하한의 이탈을 허용할 것인가를 가능한 한 투명하게 시장에 밝힐 필요가 있다. 인플레이션 예측치가 목표하한을 밑도는 경우 인플레이션 목표범위의 하한을 하나의 지침(guidepost)으로 볼 것인가 아니면 이탈해서는 안 되는 전기울타리로 볼 것인가에 따라 통화정책 방향이 달라질 수 있기 때문이다. 중앙은행이 목표하한의 의미를 분명하게 시장에 전달하지 않는 경우 시장의 불확실성을 야기할 우려가 있으며, 이는 투명성과 신뢰성 제고라는 물가안정목표제의 제1차적 목표와 직접적으로 상치될 수 있다.

오늘날 뉴질랜드, 오스트레일리아 등을 비롯하여 대다수 물가안정목표제 국가들은 인플레이션 목표범위를 설정하되 상하한의 이탈을 허용(soft edges)함으로써 중심영역목표를 지향하는 경향을 보이고 있다. 이는 목표범위 상하한의 단기적인 이탈을 허용하면서도 중장기에 걸쳐 인플레이션을 목표범위의 중간치로 달성하는 것을 목표로 하고 있음을 의미한다.

2. 목표달성기간 선정

인플레이션 목표의 달성을 위한 목표달성기간(time horizon)을 단기로 할 것인가 중장기로 할 것인가 하는 문제가 있다. 물가안정목표제를 채택하고 있는 국가의 경우 목표달성기간은 대체로 1~4년 사이에서 결정되고 있다. 시계가 1년보다 짧은 경우에는 통화정책의 시차 때문에 목표달성이 사실상 불가능하며 4년을 넘게 되면 정책의 신뢰성을 확보할 수 없다는 문제가 있기 때문이다.

1~4년 범위라 하더라도 중앙은행이 어떤 범위의 시계를 결정하느냐에 따라 정책의 투명성과 신축성 사이에 갈등이 있을 수 있다. 예를 들어 목표달성기간을 짧게 할수록 정책의 투명성과 신뢰성은 높아지지만 정책운용의 신축성은 그만큼 제약받게 되며 생산의 변동성이 커지게 된다. 반면 목표달성기간이 길수록 정책운용의 신축성은 확보되지만 정책당국의 목표달성의 의지가 희석됨으로써 투명성과 책임성의 강도가 약해지는 양태를 보이게 된다. 이러한 이유로 이스라엘과 같은 국가에서는 단기목표와 함께 중기목표를 설정하고 있다.

목표달성기간의 선택문제는 어떤 시점에서 인플레이션이 정해진 목표범위를 벗어났을 때 어느 정도의 기간 안에 목표범위 내로 복귀해야 하느냐 하는 문제로서, 이는 목표범위의 폭(tolerance interval or range width), 목표달성 책임의 강약(strict target versus flexible target), 그리고 정책대응의 빈도 및 강도와 매우 밀접한 상관관계를 가진다. 아래에서는 이들 간의 관계에 대해서 개략적으로 살펴본다.

인플레이션 목표범위의 폭을 좁게 할 것인가 아니면 가급적 넓게 할 것인가? 그리고 인플레이션이 정해진 목표범위를 단기적으로 벗어나는 것을 허용할 것인가 아니면 엄격하게 목표범위 안에 머물도록 할 것인가에 따라 목표달성기간과 정책대응의 강도 및 빈도가 다르게 나타난다.

예를 들어 인플레이션이 목표범위를 단기적으로도 벗어나는 것을 허용하지 않고 엄격하게 목표범위의 상하한 내에 머물도록 하는 방식은 흔히 엄격한 목표달성(strict target)제도로 일컬어진다. 이는 고압전류가 흐르는 전기울타리에 비유하여 경성목표(hard edge)라고도 불리어진다. 이 경우에는 정해진 목표범위를 절대 이탈하지 않도록 하기 위한 목적에서 목표달성기간을 1년 이내로 가급적 짧게 정하고 정책수단을 자주 강하고 적극적으로 조정하는 것이 일반적인 경향이다. 어떤 일이 있어도 인플레이션이 정해진 목표범위 내에 머물도록 함에 따라 인플레이션율은 안정될 수 있으나 금리, 환율, 생산 등의 변동성은 상대적으로 크게 나타난다. 이러한 엄격한 목표달성방식은 중앙은행의 인플레이션 목표 달성의지를 부각시키고 정책의 신뢰성을 높이는 장점이 있으나 통화정책의 시차나 불확실성의 존재로 인하여 예상하지 못한 상황에 대처하는 중앙은행의 신축성을 크게 제약한다. 또한 불가피한 요인으로 인해 목표범위를 이탈하는 경우 통화정책의 신뢰성이 오히려 더 크게 손상될 수 있다.

이러한 경성목표제도는 뉴질랜드나 브라질과 같이 물가안정목표제의 도입 초기에 고인플레이션 경험으로 인하여 통화정책에 대한 국민의 신뢰가 낮은 수준에 머물고 있는 경우 물가안정기조를 정착시키기 위한 중앙은행의 강한 의지를 나타내는 하나의 방편이 되기도 하였다. 그러나 최근에는 대다수 국가의 중앙은행은 예기치 못한 공급충격이 발생하는 경우 단기적으로 목표범위의 이탈을 허용하는 연성목표(soft edge) 혹은 신축적인 목표달성(flexible target) 제도를 운영하고 있다. 이는 예상하지 못한 공급충격이 발생할 경우 이에 대처하는 중앙은행의 신축성과 능력을 강화할 뿐만 아니라 단기적으로 어느 정도 인플레이션 변동성을 추가적으로 허용하는 대신 금리와 생산의 안정을 도모하는 장점이 있다. 그러나 이와 같이 인플레이션이 정해진 목표범위를 이탈하는 경우 중앙은행은 목표범위 달성에 실패한 이유, 목표수준으로의 복귀를 위해 필요한 정책적 조치, 이 조치의 효과가 가시화되는 데 소요되는 기간 등을 의회와 일반 경제주체들에게 설명해야 할 책임이 있다. 비록 목표범위를 벗어난다고 하더라도 이러한 설명을 통하여 중앙은행이 국민과 정부를 충분히 이해시킬 수 있게 된다면 중앙은행의 신뢰성은 유지될 수 있다.

이와 같이 목표달성기간의 길이는 목표의 성격(경성 혹은 연성)과 중앙은행의 설명책임(accountability)과 관련된다. 예를 들어 목표범위를 엄격하게 준수해야 하는 경성목표제도에서 목표달성 결과에 대해 엄격한 책임을 요구하는 경우 중앙은행은 1년 이내의 짧은 시계를 선호하게 될 것이며, 정책수단을 더 적극적으로 조절하고자 하는 강한 동기를 가지게 된다. 반면 정해진 인플레이션목표 범위를 단기적으로 이탈하는 것이 허용되는 연성목표제도에서는 인플레이션이 목표로부터 이탈되더라도 그 이유를 설명만 하면 되기 때문에 1년보다 긴 중장기 목표달성기간을 가지는 것이 가능하며, 정책수단을 자주 적극적으로 조절할 필요성은 그만큼 줄어들게 된다(Sherwin 1999). 그러나 목표달성기간이 길어지면 목표범위를 자주 이탈하게 되는 경향이 있게 되고, 이렇게 되면 통화정책의 신뢰성을 훼손할 위험성이 그만큼 커지게 된다.

환율변화가 물가에 미치는 직접적 영향을 중시하여 이를 상쇄하고자 하는 경우에는 즉각적인 정책대응을 하는 것이 필요하고 이에 따라 목표달성기간이 짧아지게 된다. 그러나 최근에는 환율변화는 명목(portfolio)변화가 아닌 실질(real)변화로 인식되기 때문에 물가에 대한 직접적인 영향은 일시적 혹은 간접적 성격으로 인식되고 즉각적인 정책대응은 불필요하다. 이와 같이 환율 변화의 간접적 영향을 중시하는 경우에는 목표달성기간이 길어진다.

한편 설정된 목표이탈 허용범위를 좁게 설정하는 경우(예 ±1%)에는 넓게 설정하는 경우(예 ±2%)에 비하여 인플레이션 목표를 달성하기 위해 더 적극적인 정책수단의 조절이 필요하게 된다. 즉 목표범위이탈 허용범위가 좁을수록 더 적극적인 통화정책이 실시되어야 하며, 이에 따라 인플레이션 변동성은 작아지나 금리, 환율, 생산의 변동성은 커지게 된다. 이를 정리하면 인플레이션 기대가 낮을수록, 그리고 목표이탈 허용범위가 넓을수록 목표달성기간이 길어지며 적극적인 통화정책의 필요성은 그만큼 작아진다.[16]

물가안정목표제의 본래 취지는 통화당국의 인플레이션 목표달성에 대한 공약을 사전에 분명하게 밝힘으로써 일반 경제주체의 인플레이션 기대심리를 안정시키고자 하는 데에 일차 목적이 있다. 물가안정목표제 도입 초기의 엄격한 목표달성제도는 중앙은행의 목표달성책임 완수에 상당한 부담을 주는 것이 사실이다. 따라서 이러한 제도는 중앙은행의 영향권 내에 있는 근원 인플레이션

---

16) Lars Svensson(1997)은 물가안정목표제를 인플레이션 예측치 타겟팅(inflation forecast targeting)이라고 명명한다. 그에 따르면 통화정책운용에는 시차가 존재하기 때문에 물가안정목표제의 핵심은 신뢰성 있는 장래 인플레이션 예측치가 사전에 설정된 목표범위 내에 머물 수 있도록 하겠다는 공약으로 본다.

을 정확하게 추정하고자 하는 노력을 강화시키고 환율변동의 직접물가효과를 상쇄하기 위하여 목표달성기간을 가급적 짧게 하는 가운데 적극적인 통화정책의 필요성을 크게 한다.

그러나 최근 들어 경제주체의 인플레이션 기대가 진정되면서 전보다 신축적인 목표달성제도로 전환하고 있다. 따라서 인플레이션율이 단기적으로 목표범위의 상하한에 근접하거나 심지어 목표범위를 벗어나더라도 통화당국은 이에 대해 적극적으로 대응할 필요가 없다. 통화당국은 인플레이션율이 단기적으로 목표범위 내에 머물러야 한다는 것을 강조하지 않고 1년 내지 2년 후의 인플레이션 예측치가 사전에 정해진 목표범위의 중간점에 머물 수 있도록 하는 데 관심을 가지고 있기 때문에 통화정책의 단기적 변동성이 작아지고 있다.

3. 인플레이션 예측능력 확보

물가안정목표제는 물가안정을 달성하기 위하여 장래의 인플레이션을 예측하여 인플레이션 압력이 존재하는지 여부를 판단하고 이에 맞게 통화정책수단을 선제적(pre-emptive)으로 조절하는 통화정책 운용방식이다. 따라서 물가안정목표제가 성공적으로 운용되기 위해서는 (1) 장래의 인플레이션을 정확하게 예측할 수 있어야 하며, (2) 정책수단의 변경이 정책목표로 파급되는 통화정책효과의 파급메커니즘을 정확하게 파악하고 있어야 하며, (3) 정책목표에 직·간접적으로 영향을 미칠 수 있는 효과적인 정책수단을 확보해야 하고 또 이를 통화당국이 독자적으로 적시에 활용할 수 있어야 할 뿐만 아니라 정책수단을 정책목표와 연결하는 일련의 정책준칙(policy rule)을 가지고 있어야 한다.

먼저 장래 인플레이션을 정확하게 예측할 수 있는 능력을 확보하기 위해서는 먼저 인플레이션 압력을 상시 모니터링할 수 있는 체제를 구축하고 인플레이션 압력과 기대 인플레이션을 정확하게 측정할 수 있는 기법을 개발해야 한다. 특히 인플레이션 예측과 경제전망, 그리고 정책효과분석이 가능한 정교한 계량경제모형을 개발하여 활용할 필요가 있다. 그러나 본격적인 계량모형의 개발과 활용은 상당한 정도의 기술적 능력과 조사연구역량의 축적을 필요로 하기 때문에 신흥시장국가로서는 상당한 비용과 오랜 학습과정이 필요하다. 그러므로 물가안정목표제 도입초기에는 인플레이션, 경상수지, 잠재 GDP, 금리평가 등 주요 변수 간의 관계를 중심으로 하는 소규모 모형으로 시작하여 시간을 두고 본격적인 모형을 구축하는 전략을 채택할 필요가 있다. 다행스러운 것은 물가안정목표제를 운용하고 있는 대다수의 국가는 거의 비슷한 계량모형을 활용하는 경향을 보이고 있다. 그러나 신흥시장국의 경우 계량모형을 개발하고 활용하는 기술적 능력을 배양하는 데에는 아직도 많은 시간과 노력과 도움이 필요하다. 한편 인플레이션 예측을 위한 계량모형의 활용은 불가피하게 여러 가지 다양한 금융 및 실물변수의 모니터링을 필요로 한다. 금리, 환율, 통화량, 자산가격, 장단기금리차, 시장의 기대 인플레이션 등은 물론 수출입물가, 가동률, 건축허가면적, 저축, 투자, 경상수지 등 인플레이션에 영향을 주는 요인들을 집중적으로 모니터링하여 이들의 정보를 인플레이션 예측의 오차를 줄이는 데 최대한 활용해야 한다.

선진국의 경우에도 현실적으로 1~2년 후의 장래 인플레이션을 예측하는 데는 적지 않은 어려움이 있기 때문에 계량모형에 의한 예측결과에만 의존하지 않고 인플레이션과 관련된 금리, 환율, 통화량, 자산가격, 장단기금리차, 시장의 기대 인플레이션 등의 다양한 정보변수를 모니터링함으로써 인플레이션 예측오차를 줄이고자 노력하고 있다. 특히 영국의 경우에는 인플레이션 예측의 불확실성을 감안하여 사전적으로는 예측치의 확률분포를 발표하고 있으며 사후적으로는 목표범위를 달성하지 못하는 경우 목표를 이탈하게 된 이유와 대응조치를 설명하는 공개서한을 재무장관 앞으로 송부하는 것을 요구하고 있다. 스웨덴의 경우 1998년부터 정규분포를 상정한 불확실성 구간(uncertainty interval)을 구축하고 인플레이션 예상치가 이 구간의 특정구간에 있을 확률을 공표하는 확률분포예측치목표제(distribution forecast targeting)를 실시하고 있다(Berg 1999).

둘째, 통화, 금리 등 통화정책수단의 조절이 최종목표인 물가에 영향을 미치는 정책파급경로에 대한 이해가 없이는 인플레이션 압력이 발생하는 경우 이의 현재화를 사전에 차단하는 정책대응이 불가능하기 때문에 통화정책의 파급메커니즘을 정확하게 파악할 필요가 있다. 이를 위해서는 금리경로, 신용경로, 자산가격경로, 환율경로 등 파급경로를 면밀하게 파악할 필요가 있다. 특히 금융구조변화에 따른 여러 가지 경로의 상대적 유효성을 구체적으로 점검해 볼 필요가 있으며 이와 동시에 금융환경변화가 기존의 정책수단에 미치는 영향도 면밀하게 파악해야 할 것이다. 선진국의 경우에도 최근 금융환경의 급격한 변화로 통화정책 파급경로의 변화가 일어나고 있으며, 신흥시장국가나 외환위기를 겪은 국가의 경우는 급격한 금융구조변화와 가격경직성 때문에 각종 파급경로가 제대로 작동되지 못하고 있는 실정이다. 따라서 기존 정책파급경로의 파악과 함께 효과적인 파급메커니즘의 구축을 위한 노력도 아끼지 말아야 하겠다.

통화정책의 파급메커니즘을 잘 파악하기 위해서는 역시 계량모형의 개발과 활용이 절대적으로 필요하나 신흥시장국의 경우 외환위기 극복을 위한 구조조정으로 인하여 전반적으로 시계열자료가 짧을 뿐만 아니라 불안정하다는 문제를 가지고 있다.

셋째, 물가안정을 효과적으로 달성하기 위해서는 우선 정책목표에 직·간접적으로 영향을 미칠 수 있는 효과적인 정책수단을 확보해야 한다. 어떤 충격이 인플레이션 예측치(따라서 실제치)와 목표 인플레이션 사이의 괴리를 야기했을 때, 그것도 허용범위를 벗어나게 했을 때 이 충격이 일시적인지 아니면 영구적인지를 판단해야 한다. 만약 충격의 성격이 영구적인 것으로 판별이 되는 경우 이를 상쇄하기 위한 정책조치를 취해야 한다. 그러므로 충격에 따라 목표로부터 벗어난 인플레이션에 직·간접적으로 영향을 미칠 수 있는 유효한 정책수단을 확보하는 것이 중요할 뿐 아니라, 또 이러한 정책수단을 중앙은행이 독자적으로 활용할 수 있는 정책수단의 독립성을 보유하고 있어야 한다. 이러한 정책수단의 독립성은 곧 어떤 충격이 인플레이션에 영향을 미칠 때 이를 상쇄하기 위하여 정책수단을 정책목표와 연결하는 정책준칙을 중앙은행이 독자적으로 구축할 수 있다는 정책준칙의 독립성을 의미한다.

4. 통화정책의 투명성과 책임성 제고

물가안정목표제는 물가안정기반을 구축하는 데에 가장 중요한 목적이 있으며 정책파급시차 때문에 장래의 인플레이션을 정확하게 예측하는 것이 필수적이다. 그러나 장래의 인플레이션, 특히 1~2년 후의 인플레이션을 정확하게 예측한다는 것은 매우 어려운 과제이다. 정책대응조치와 그에 따른 인플레이션의 반응 사이에 긴 시차(5~8분기)가 존재한다고 볼 때 인플레이션에 대한 예측능력이 낮다는 것은 결국 인플레이션 목표를 정확하게 달성한다는 것이 대단히 어렵다는 것을 의미한다.

이와 같이 인플레이션 예측이 매우 어렵고 결과적으로 인플레이션을 정확하게 통제하는 것이 어렵다면 이는 결국 통화당국이 인플레이션 목표를 달성하기 위해 최선의 노력을 기울였는지 여부를 판단한다는 것이 어렵다는 것을 의미한다. 이는 중앙은행의 신뢰성을 크게 훼손할 수 있다. 중앙은행이 인플레이션을 예측할 때 주관적 판단을 할 수 있는 요소가 많다면 인플레이션 목표를 달성하지 못했을 때 그 실패이유를 여러 가지로 설명하더라도 그것을 반박하기가 어려워진다. 이는 결국 독립적으로 통화정책을 수행하는 통화당국의 책임성을 약화시킬 가능성이 있다. 이러한 이유로 중앙은행은 통화정책의 운용과 결과 및 방향을 정기적으로 국회와 언론, 그리고 일반국민에게 투명하게 공개함으로써 정책의 투명성과 공개성을 높여야 한다. 통화정책에 대한 투명성과 공개성 제고는 통화정책에 대한 신뢰를 높이고 시장참가자들의 통화정책에 대한 관심과 기대형성과정에 영향을 미쳐 통화정책의 효율성을 증진시킬 수 있기 때문이다.

투명한 정책이란 명확하고 간단하면서도 설득력이 있는 정책을 의미하며, 정책의 투명성을 높이기 위해서는 의회, 정부, 언론 및 일반 국민과의 정규적인 대화가 필수적이다(Bernanke et al. 1999). 물가안정목표제를 채택하고 있는 국가의 중앙은행은 여러 가지 방법으로 의사소통을 한다. 중앙은행은 우선 정부와는 물가목표의 설정이나 수정을 위한 상호협의 등 법에 정해진 바에 따라 혹은 비공식요청에 따라 자주 대화를 하게 되어 있다. 이와 함께 중앙은행간부직원들이 정책방향과 경제전망에 대한 강연을 하기도 한다. 또한 중앙은행은 인플레이션 보고서(inflation report)를 발행하는데, 이 보고서에는 현재의 인플레이션 동향, 인플레이션 전망, 통화정책의 목적과 운용계획, 최근의 정책 결정내용 및 앞으로의 정책대응방향 등 광범위한 정보를 포함시키고 있다. 이 밖에도 통화정책의 투명성을 높이기 위한 조치로는 여러 가지가 있는데, 통화정책 최고의사 결정기관의 의사록(board meeting minutes) 공개, 목표달성 실패시 재무장관 앞 공개서한 송부 등이 있다. 이러한 의사소통경로를 통하여 중앙은행은 시장참가자와 일반 국민들에게 (1) 물가안정목표제의 논거를 비롯해 통화정책의 목표와 한계, (2) 인플레이션 목표치와 결정방법, (3) 인플레이션 목표의 달성방법, (4) 현재의 인플레이션율이 목표치를 이탈하는 경우 그 이유, (5) 필요한 정책대응조치 등을 설명하고 설득하고자 노력한다.

이와 같이 물가안정목표제를 운용하고 있는 국가의 중앙은행이 투명성을 높이고 의사소통을 원활히 하고자 노력하는 이유는 바로 투명성과 의사소통이 바로 물가안정목표제의 성공적 운용에 대단히 중요하기 때문이다. 물가안정목표제는 투명성과 의사소통을 통하여 통화정책, 이자율, 그리고 인플레이션의 불확실성을 완화함으로써 민간부문의 의사결정을 용이하게 하였으며, 중앙은행의 능력과 한계를 이해시킴으로써 통화정책에 대한 토론을 활성화시켰다. 그리고 인플레이션 기대에 대한 역효과 없이 일시적인 목표이탈을 가능하게 함으로써 장기적인 측면에서는 중앙은행의 운신의 폭을 넓히는 역할을 하였다. 결국 이렇게 함으로써 통화정책 수행에 대한 중앙은행과 정치권의 책임 한계를 명확히 하는 데도 기여하였다.

한편 통화정책의 결과는 사회 전체 복지 수준에 중대한 영향을 미치기 때문에 중앙은행이 독립적이고 재량적으로 통화정책을 수행하는 경우 중앙은행은 통화정책의 운용과 결과에 대해서 책임을 진다. 따라서 중앙은행이 정책 결과에 어느 정도 책임을 져야 하는가는 중앙은행의 독립성을 어디까지 허용해야 하는가와 밀접하게 관련되어 있다. 물가안정목표제는 단기적으로 정치적 간섭을 배제하고 중앙은행의 책임성을 극대화시킬 수 있는 수단의 독립성과 관련되어 있지만 이 제도를 채택한 중앙은행은 정책 수행의 결과가 초기 목표에 얼마나 부합했는가보다는 정책결정의 논리에 대해 시장참가자들이 충분히 납득할 수 있게 했는가에 따라 그 책임을 평가해야 할 것이다.

물가안정목표제에서 정책의 투명성과 의사소통은 중앙은행의 통화정책수행에 대한 책임성을 크게 강화하였다. 책임성은 운용적인 측면에서나 정치적인 측면에서 나름대로 몇 가지 중요한 이점을 가지고 있다. 무엇보다도 중앙은행이 인플레이션 목표를 성공적으로 달성하는 등 통화정책을 성공적 효율적으로 수행한다는 것은 결국 중앙은행의 독립과 정책에 대한 일반국민들의 지지를 확보하는 하나의 방편이 된다는 점이다. 국민의 지지와 신뢰를 받는 중앙은행은 정책을 장기적인 비전을 가지고 독립적으로 수행할 수 있게 될 것이고, 이는 결과적으로 더 좋은 경제적 성과를 가져 올 것이다. 국민으로부터 신뢰와 존경을 받는 중앙은행은 리더십 구축을 통하여 인플레이션 목표 달성을 저해할 수 있는 정부의 과다한 재정지출에 대하여도 규율을 제공할 수 있다.

물가안정목표제는 민주사회의 중앙은행의 역할과도 정합성을 가지는 이점이 있다. 통화정책을 수행하는 중앙은행은 단기적으로는 이자율 결정 등에 대한 정치권의 간섭으로부터 자유로워야 하지만 장기적으로는 중앙은행의 정해진 목적달성에 대하여 정치적 과정에 책임을 져야 하기 때문이다. 이는 중앙은행은 수단에 대해 독립적일 뿐이지 목표에 대해서는 독립적이 아니라는 것을 의미한다. 통화정책의 목표와 중앙은행의 목표달성 성과가 일반 국민들에게 투명하게 밝혀질 때 사회 전체의 이해와 상충되는 정책을 장기간 추구하기는 어렵기 때문이다.

IV. 물가안정목표제의 성과

일부 선진국의 중앙은행이 물가안정목표제를 도입하여 운용해 온 지도 이제 10년이 다 되어 가고 있다. 따라서 지금까지의 운용경험에 비추어 물가안정목표제의 거시경제적 성과를 실증적으로 평가해 볼 시기가 되었다고 생각된다. 한편에서는 이들 국가 가운데 대부분이 1990년대 초 경기침체 등으로 인플레이션이 대체로 낮고 하락하는 시기에 물가안정목표제를 도입하였고, 이러한 운영체계를 공식적으로 채택하지 않았던 국가에서도 1990년대 들어 물가가 현저히 안정되었다는 점에서 물가안정목표제의 거시경제적 성과는 분명하지 않다. 더욱이 물가안정목표제의 운용경험이 기껏해야 10여 년에 불과하다는 점에서 이의 도입이 물가안정기반 구축에 어느 정도의 성과가 있었는지를 정확하게 판단할 수 있는 통계적 증거도 충분히 축적되지 못하였다.

그러나 그럼에도 불구하고 물가안정목표제를 도입한 대다수의 국가에서는 이 제도 도입 이후 과거 물가안정목표를 설정하지 않았던 시기에 비해 실제로 물가가 안정되었을 뿐만 아니라 통화정책에 대한 국민의 신뢰도 높아지는 등 상당한 정도의 성과를 거두고 있는 것으로 스스로 평가하고 있다.

여하튼 물가안정목표제는 재정개혁, 구조조정과 함께 물가안정기반 구축을 통하여 장기적으로 경제성장과 경제효율의 개선에 크게 기여할 수 있는 것으로 평가되고 있다(Bernanke et al. 1999). 더욱이 물가안정목표제는 인플레이션의 통제뿐만 아니라 잘만 운영하면 디플레이션을 예방하는 데에도 크게 유리한 것으로 알려지고 있다. 물가안정목표제는 전향적인 성격을 가지기 때문에 인플레이션이 문제가 된 후에 대응조치를 취하는 순경기적인 통화정책(stop-go)의 여지를 많이 줄일 수 있다는 이점도 있다.

이와 같이 장기적인 측면에서의 낮고 안정적인 인플레이션의 경제적 이점은 명백하지만 단기적인 측면에서 경제적 비용과 물가안정목표제의 이점 사이의 균형문제는 그렇게 분명하지 않다는 문제가 있다. 중앙은행이 인플레이션을 완화 또는 억제하고자 할 경우에는 신뢰성을 구축함으로써 기대 인플레이션을 낮추는 동시에 디스인플레이션에 관련된 생산손실도 최소한으로 줄일 수 있어야 한다. 물가안정목표제의 실제 운용경험과 실증분석결과에 의하면 이러한 점이 분명하지 않다. 첫째, 물가안정목표제 채택이 기대 인플레이션을 즉각적으로 낮춘다는 실증적 증거를 찾아보기 어렵다. 다만 시간을 두고 점진적으로 낮추는 것으로 나타나고 있다. 기대 인플레이션은 실제 인플레이션이 낮아지고 난 후에 서서히 낮아지기 때문이다. 따라서 중앙은행이 신뢰성을 확보할 수 있는 가장 좋은 방법은 중앙은행이 실제 인플레이션을 현실적으로 낮출 수 있다는 것을 보이는 것이라 하겠다. 둘째, 물가안정목표제가 디스인플레이션 비용을 대폭 절감할 수 있다는 실증적 증거는 없다. 다시 말해 물가안정목표제의 채택이 디스인플레이션에 따르는 생산손실, 즉 희생률(sacrifice ratio)의 감소를 가져온다는 실증적 증거도 찾아보기 어렵다. 물론 물가안정목표제의 운용으로 인플레이션이 지속적으로 낮아지게 되면 디스인플레이션에 따른 실질비용은 감소할 수 있을 것이다. 셋째, 물가안정목표제를 채택하는 경우 정책당국이 지나치게 물가안정만 중시하게 되면 생산과 고용이 위축될 수 있다. 국제적 운용경험과 통계적 증거에 의하면 물가안정목표제를 채택한 초기 디스인플레이션 기간 중에는 인플레이션을 낮추고자 할 때 생산과 고용수준이 정상보다 낮아질 가능성이 크다. 그러나 일단 인플레이션이 낮아지면 물가안정목표제가 실물경제를 위축시키는 정도는 크게 줄어들 수 있다. 1990년대 후반 물가안정목표제를 채택한 국가에서 괄목할 만한 경제성장을 이룩한 사실을 볼 때 물가안정목표제가 물가안정기반의 구축을 통하여 실물경제성장을 현저하게 촉진할 수 있는 것으로 인식되고 있다.

V. 맺음말

물가안정목표제는 물가안정을 통화정책의 최우선목표로 규정하고 중기적인 관점에서 인플레이션 목표를 설정하여 이를 공시하고 통화량, 금리, 환율, 자산가격, 기대 인플레이션 등 다양한 정보변수를 활용하여 장래의 인플레이션 압력을 예측한 후 금리를 선제적으로 조절하여 인플레이션 목표를 직접 달성하고자 하는 통화정책 운용전략이다. 이 제도는 오늘날 선진국은 물론 특히 신흥시장국가에서 통화당국에 개념적 구조와 내재적 규율을 부여하되 단기적인 경기변동에 유연하게 대처할 수 있는 신축성을 허용하는 '절제된 재량'의 형태로 매우 유용한 통화정책 운용체계로 평가받고 있다.

물가안정목표제는 주로 소규모 개방경제 국가를 중심으로 현재 10여 개 국에서 본격적으로 시행중이며 각국 고유의 경제여건 및 정책환경에 따라 다소 변형된 다양한 형태의 물가안정목표제가 채택되고 있으나 이들 국가의 공통점은 (1) 물가안정을 통화정책의 가장 중요한 목표로 제시하고, (2) 물가안정목표를 설정하여 명시적으로 공표하는 데 있다. 최근 들어 물가안정목표제는 체코·폴란드 등 동유럽 국가, 브라질·칠레 등 중남미국가, 인도네시아 등 아시아 국가, 남아프리카 등 체제전환국과 신흥시장국 등으로 점차 확산되고 있는 추세를 보이고 있다. 이 제도가 신흥시장국 등으로 확산되고 있는 배경은 대체로 다음과 같다.

외환위기 이전 고정환율제도를 채택하고 있었던 여러 신흥시장국들은 환위험에 대한 고려 없이 국제시장으로부터 값싼 단기외화차입을 증대시켜 온 결과 1996~97년 사이 실질실효환율이 급격히 상승하면서 외환위기를 맞이하게 되었다. 이러한 외환위기를 겪는 과정에서 고정환율제도를 포기한 일부 신흥시장국들은 위기 이후 변동환율제도를 채택하게 되었다. 현재 자본거래를 통제하고 고정환율제도를 채택하고 있는 국가의 경우에도 경제발전과 더불어 세계자본시장에 점차 통합되면서 변동환율제도 채택의 필요성이 증대될 것으로 예상된다.[17]

이와 같이 변동환율제도를 도입하게 되면 환율이 더 이상 물가안정달성을 위한 명목기준지표로서 기능하지 못하기 때문에 이를 대체할 새로운 지표를 도입해야 할 필요성이 커진다. 더욱이 지금까지 명목기준지표의 역할을 수행해 왔던 통화량과 인플레이션의 관계가 불안정해짐으로써 통화량의 역할이 현저하게 약화되고 있는 상황에서는 새로운 지표의 필요성은 그 어느 때보다도 높다고 할 수 있다. 이러한 점에서 물가안정목표제는 비록 모든 문제를 일시에 해결할 수 있는 유일무이한 제도도 아니고, 또 일부 신흥시장국에는 적합하지 않을 수도 있겠으나 변동환율제도에서 물가안정을 달성하기 위한 명목기

---

17) 통화위원회제도(currency board system)를 채택하고 있는 홍콩과 같이 여러 가지 경제적 요건을 갖춘 국가의 경우에는 세계자본시장과 긴밀히 관련되어 있더라도 고정환율제도가 제대로 기능할 수 있지만 대부분 아시아 신흥시장국은 이 제도를 채택할 수 있는 기반이 마련되지 못한 실정이다(Horiguchi 1999).

준지표의 역할을 수행할 수 있는 매우 훌륭한 대안적 정책운영체계로 인식되고 있다. 특히 외환위기 이후 경제가 어느 정도 회복기에 들어선 아시아 신흥시장국의 경우 대내외 경제상황이 양호한 현재가 통화 및 환율정책을 재정비할 수 있는 적기이며 특히 변동환율제도와 물가안정목표제를 동시에 채택하는 것이 최적의 정책조합이 될 수 있다는 견해도 있다(Horiguchi 1999).

아래에서는 물가안정목표제의 운용과 관련된 몇 가지 최근 논의를 정리해 보기로 한다.

첫째, 위에서 본 바와 같이 물가안정목표제를 실제 도입하여 운용하고 있는 대부분의 국가에서는 이 제도 도입 이후 실제로 물가가 안정되었으며, 통화정책에 대한 투명성과 국민의 신뢰도가 높아져 기대 인플레이션을 낮추는 데 상당한 정도의 성과를 거두고 있는 것으로 평가되고 있다. 따라서 앞으로 신흥시장국이 물가안정목표제를 도입하는 경우 정책운용 방식면에서 통화정책을 투명하고 책임성 있게 수행하는 계기가 될 것으로 기대되며, 이들 국가의 시장여건이 미비되었다 하더라도 강한 정책의지만 있으면 이 제도를 성공적으로 운용할 가능성은 높은 것으로 판단된다.

둘째, 물가안정목표제를 도입하여 성공적으로 정착하기 위해서는 먼저 해결되어야 할 여러 가지 선결조건이 있다. 그러나 가장 중요한 선결조건은 바로 정책당국의 강한 실천의지이다. 이는 물가안정목표제를 도입하기 전에 모든 조건이 완벽하게 정비될 수도 없을 뿐만 아니라 반드시 모든 조건이 완비될 필요도 없다는 것을 의미한다. 물가안정목표제를 완벽한 상태가 아닌 다소 느슨한 형태로 출발하더라도 확고한 비전과 실천의지만 있다면 시간을 두고 점진적으로 여건을 정비해 갈 수 있기 때문이다. 그 동안 물가안정목표제를 도입하여 운용해 온 많은 나라의 경험에서 알 수 있듯이 물가안정목표제는 운용과정에서 배우면서 점진적으로 개선해 가는 하나의 학습과정으로 인식되고 있다.

셋째, 물가안정목표제를 처음으로 시행하는 경우 통화정책에 대한 신뢰성과 정치권의 지지를 확보하기 위해서는 도입 초기에 인플레이션 목표를 성공적으로 달성하는 것이 매우 중요하다. 따라서 인플레이션이 낮고 하락하는 경기순환의 특정단계에서 이 제도를 도입하는 것이 유리하다. 물가안정목표제를 운용하고 있는 대다수 국가들은 이러한 고려 결과 인플레이션이 이미 대체로 낮고 하락하는 시기에 이를 도입하는 것으로 나타나고 있다. 그러나 최근에 와서는 낮은 인플레이션 수준이 물가안정목표제 도입에 유리한 것은 사실이나 필수적인 선결요건은 될 수 없다고 보고 있다. 비록 인플레이션이 높은 상황에서 이 제도를 도입하여 운용하는 과정에서 시간을 두고 인플레이션을 하향안정화시켜 나가는 것이 가능하기 때문이다. 실제로 뉴질랜드, 캐나다, 이스라엘, 영국 등 대다수 국가의 중앙은행은 물가안정목표제 도입시 자국의 인플레이션율이 높은 수준에 있다는 판단 아래 여러 해에 걸쳐 목표 인플레이션율을 점진적으로 낮추어 나갔으며, 물가가 어느 정도 바람직한 수준에서 안정된 것으로 판단된 후에야 낮은 수준의 중기 인플레이션율을 설정하여 운용하였다.

넷째, 일부 국가의 경우에는 인플레이션 목표와 함께 환율이나 통화량 등 중간목표를 공표하는 등 과도기적인 물가안정목표제 형태를 띠고 있지만 통화정책의 최우선목적이 물가안정에 있음을 명확히 하고, 환율이나 통화량 목표는 부차적임을 명백히 함으로써 정책목표 사이의 상충문제를 사전에 배제하고 있다.

다섯째, 최근에 들어와 물가안정목표제는 운용방식 면에서 엄격한 물가안정목표제보다는 신축적인 물가안정목표제를 선호하는 경향을 보이고 있으며, 목표달성에 대한 책임의 강도도 경성목표(hard target)에서 연성목표(soft target)로 변하는 추세를 보이고 있다. 또한 목표설정시 목표범위보다는 단일목표치와 중심영역목표를 선호하는 국가가 늘고 있으며, 그리고 목표대상지수의 선정과 관련해서는 일반 국민들과의 대화편의와 신뢰성 제고 목적에서 특정품목 제외 방식보다는 실제 소비자물가지수를 기준으로 하는 추세이며, 특히 소규모 개방경제국가의 경우에는 이 같은 경향이 더욱 뚜렷하다.

여섯째, 물가안정목표제를 시행하는 대부분의 국가에서 가장 보편적인 정책수단으로는 통화량과 같은 수량적인 정책수단보다는 금리, 환율 등 가격변수 형태의 정책수단을 주로 이용하고 있다. 이는 동일한 가격변수의 인플레이션 목표를 달성하는 데에는 수량적인 정책수단보다는 가격변수의 정책수단이 더 유효하기 때문인 것으로 판단된다.

일곱째, 특히 신흥시장국에서 물가안정목표제를 채택하는 경우 환율의 역할을 세심하게 고려하는 것이 중요하다. 물가안정목표제에서 기본적으로 환율의 신축적인 변동을 전제로 하고 있으나 지나친 환율변동은 금융불안정을 초래할 가능성도 있다. 이러한 점에서 신흥시장국에서는 변동환율제도를 채택하는 경우에도 외환시장개입 등을 통해 환율의 안정을 도모하는 과정에서 자칫 환율의 신축성을 지나치게 제한하는 결과를 가져오고 있는 경향이 없지 않다. 물가안정목표제에서 환율안정을 위하여 지나칠 정도로 과다하고 빈번하게 개입하는 경우 자칫 환율이 통화정책의 명목목표로 인식될 우려가 없지 않다. 따라서 물가안정목표제를 채택하고 있는 국가의 중앙은행은 급격한 환율변동성을 완화하기 위한 외환시장개입 등의 단기 안정화정책을 채택하더라도 이를 일반 경제주체나 시장참가자에 투명하게 공개하고 중장기적인 측면에서는 시장균형환율 수준을 수용한다는 입장을 분명하게 밝힐 필요가 있다.

마지막으로, 물가안정목표제는 장래의 인플레이션을 예측하여 인플레이션 압력이 존재하는지 여부를 판단하고 이에 맞게 통화정책수단을 선제적으로 조절하는 미래지향적 통화정책 운용체계이다. 따라서 이 제도가 성공적으로 운용되어 물가안정목표를 달성하기 위해서는 (1) 장래의 인플레이션을 정확하게 예측할 수 있어야 하며, (2) 통화정책효과의 파급메커니즘을 정확하게 파악하고 있어야 하며, (3) 정책목표에 직·간접적으로 영향을 미칠 수 있는 효과적인 정책수단을 확보하고 있어야 한다. 그러므로 앞으로 물가안정목표제의 본격적인 시행을 통하여 물가안정기반을 성공적으로 구축하기 위해서는 무엇보다도 먼저 장래 인플레이션을 정확하게 예측할 수 있는 능력을 확보해야 할 것이다. 이를 위해서는 인플레이션 압력을 상시 모니터링할 수 있는 체제를 구축하고 인플레이션 압력과 기대 인플레이션을 정확하게 측정할 수 있는 기법을 개발해야 할 것이다. 그리고 통화정책수단의 조절이 최종목표인 물가에 영향을 미치는 정책파급경로에 대한 이해가 없이는 인플레이션 압력이 발생하는 경우 이의 현재화를 사전에 차단하는 정책대응이 불가능하기 때문에 금융·환경변화와 금융구조변화에 따른 여러 가지 정책 파급경로의 상대적 유효성을 구체적으로 점검해 볼 필요가 있다. 이와 함께 인플레이션에 직·간접적으로 영향을 미칠 수 있는 유효한 정책수단을 확보하고 이러한 정책수단을 중앙은행이 독자적으로 활용할 수 있는 정책수단의 독립성을 확보하는 노력도 강화해 나가야 할 것이다.

	중앙은행의 독립성			여타목표 와의 상충	대상목표지수	채택일	목표 허용 수준
	공식화	목표의 독립성	수단의 독립성				
뉴질랜드	○ (1989~)	×	○	×	CPI(이자비용, 간접세, 보조금, 대외 가격 충격 제외)	1990.3 (비공식 1988.4)	범위
캐나다	×	×	○	×	CPI(식료품, 에너지 및 간접세 변동 영향 제외)	1991.2	범위
스페인	○ (1994~)	○	○	환율범위	CPI	1994.11	수준
영 국	×	×	○	×	RPIX(주택저당 이자 지급 제외)	1992.10	±19
호 주	×	×	○	×	CPI(주택저당 및 기타 금리에 대한 영향, 간접세 변동, 기타 가격 변동성이 큰 품목 제외)	1994.9 (비공식 1993.3)	범위
스웨덴	○ (1999~)	×	○	×	CPI	1993.1	±1
칠 레	○ (1989~)	○	○	환율범위 (~1999.9)	CPI	1990.9	2000 ±3 2001 이후 2~4
이스라엘	×	×	○	환율범위	CPI	1991	수준
브라질	×	×	○	×	CPI	1998	범위

목표범위			목표 달성기간	단서조항	투명성(공개 간행물)			설명책임
초기	현재	계획			회의록	인플레이션 예측치	인플레이션 보고서	
0~2% (1992.12~)	0~3% (1997~2003)	0~3%	총재임기	목표이탈시 RBNZ가 정책조치에 대한 보고서 제출	×	○	○	의회 및 재무장관
2~4% (1992.12)	1~3% (1998~2001)	1~3%	3년	목표범위가 경직적이지는 않으나 목표범위의 이탈은 작고 일시적일 것	○ (발췌)	×	○	의회 및 재무장관
상한: 3% (1997)	2% (1998~)	2%	무한	×	×	○	○	의회
1~4% (1997.5)	2.5% (1998~)	2.5%	의회존속 기간	목표범위 이탈시 BoE가 재무장관에게 공개서한 작성	○	○	○	하원 및 재무장관
2~3%	2~3%	2~3%	무한	목표는 중기에 걸쳐 평균적으로 준수되어야 하며 작고 일시적인 이탈은 허용	×	×	○	의회
2% (1995~)	2%	2%	무한	목표범위가 경직적이지는 않으나 목표범위의 이탈은 작고 일시적일 것	○	○	○	의회
5~20% (1991)	±4.3% (1999)	±3.0% (2000) 2~4% (2001~)	매년 12-12 (2000) 무한 (2001~)	×	○ (발췌)	×	○ (2000. 5~)	의회
4~15% (1992)	4% (1999)	3~4% (2000~2001)	연간목표 다년간목표 (1999~)	×	×	×	○	의회
~10% (1999) ~8% (2000) ~6% (2001)	6~10%	4~8% (2000) 2~6% (2001)	연간목표 (1999~2001)	목표이탈시 CBC 총재가 재무장관에게 공개서한 발송	○	○	○	재무장관

1. 물가안정목표제의 도입 및 운용

우리나라는 현재 여러 가지 미비된 여건으로 물가안정목표제를 본격적으로 운용하고 있지 못하는 실정이나 1998년 4월 1일 개정된 《한국은행법》의 시행을 계기로 적어도 법규적인 측면에서는 이 제도를 이미 도입하여 운용하게 되어 있다. 그리고 실제로도 단기 및 중기 물가목표의 설정, 근원 인플레이션율의 추정 등 물가안정목표제 운용에서 이미 상당한 정도의 진전을 보이고 있다.

본문에서 이미 살펴본 바와 같이 물가안정목표제를 도입하는 데서는 최소한도로 선결되어야 할 조건이 있다. 그것은 바로 (1) 중앙은행이 통화정책을 독립적으로 수행할 수 있어야 한다는 것과, (2) 중앙은행이 물가안정을 통화정책의 최우선목표로 규정하고 인플레이션 목표를 설정·공표하여 이를 달성하고자 노력하는 것이다.

이러한 관점에서 보면 개정된 《한국은행법》(제1조 및 제6조)[1]은 다음과 같은 이유로 사실상 물가안정목표제를 의미하고 있다.

첫째, 정의 혹은 개념적인 측면에서 보더라도 《한국은행법》 제1조와 제6조는 물가안정목표제를 의미한다. 통화증가율목표를 설정·공표하고 이를 달성하고자 노력하는 것이 통화량목표제이듯이 물가안정을 통화정책의 최우선목표로 규정하고(제1조) 물가목표를 설정·공표하여 이를 달성하고자 노력하는 것이 바로 물가안정목표제이기 때문이다. 물가안정목표제의 특징은 통화당국이 (1) 물가안정이 통화정책의 최우선목표임을 명시적으로 인정하고 (2) 인플레이션율 목표를 공시하여 이를 달성하고자 하는 것이다(Bernanke and Mishkin 1997).

둘째, 《한국은행법》 개정취지와 배경을 보더라도 한은법은 사실상 물가안정목표제를 의미하고 있다. 새로운 《한국은행법》이 뉴질랜드 《준비은행법》(Reserve Bank of New Zealand Act)을 벤치마킹했다는 것은 잘 알려진 사실이다. 특히 《한국은행법》상 관련조문(제1조와 제6조)의 내용은 물가목표가 달성되지 못하는 경우 책임규정이 명확치 않다는 점을 제외하고는 뉴질랜드 준비은행의 물가안정목표제 도입형태와 크게 다른 점이 없다.

셋째, 금융환경변화에 따른 선진국 중앙은행의 통화정책 운용방식의 변화흐름을 살펴보더라도 《한국은행법》 제1조와 제6조는 사실상 물가안정목표제를 의미한다.

---

1) 한은법 제1조(목적) : 이 법은 한국은행을 설립하고 효율적인 통화신용정책의 수립과 집행을 통하여 물가안정을 도모함으로써 국민경제의 건전한 발전에 이바지함을 목적으로 한다. 제6조(통화신용정책 운영계획의 수립) : ① 한국은행은 정부와 협의하여 매년 물가안정목표를 정하고 이를 포함하는 통화신용정책 운영계획을 수립하여 공표하여야 한다. ② 한국은행은 제1항의 규정에 의한 물가안정목표의 달성에 최선을 다하여야 한다.

통화정책 운용체계를 일반적인 기준에 따라 분류해 본다면 대체로 (1) 통화량을 중간목표로 하는 통화량목표제(monetary targeting), (2) 장기금리를 중간목표로 하는 금리목표제(interest rate targeting), (3) 환율을 중간목표로 하는 환율목표제(exchange rate targeting), (4) 명목 GDP를 중간목표로 하는 명목GDP목표제(nominal GDP targeting), 그리고 (5)인플레이션율을 목표로 하는 물가안정목표제(inflation targeting) 등으로 나눌 수 있다(Bernanke and Mishkin 1999).

주지하는 바와 같이 금융자유화와 금융혁신의 진전으로 통화의 정의가 모호해지고 이에 따라 통화량과 인플레이션의 관계가 불안정해지면서 통화량을 중간목표로 하는 통화량목표제의 유효성이 크게 저하하게 된다. 이러한 상황에서 중간목표인 통화량목표를 엄격하게 달성하고자 하는 경우 통화정책의 최종목표인 물가안정은 제대로 달성하지 못하면서 오히려 금리의 변동성을 크게 함으로써 금융시장 교란을 초래할 가능성이 크다. 이에 따라 대다수 주요 선진국 중앙은행은 통화량을 중간목표로 하는 2계(two-stage) 관리전략인 통화량목표제를 포기하는 대신 물가목표를 최종목표로 설정·공시하고 여러 가지 정책수단을 통하여 이를 직접 달성하고자 하는 1계(one-stage) 방식인 정보변수전략을 채택하는 경향을 보여 왔다. 일단 통화당국이 물가안정을 최우선목표로 규정하고 연간 물가목표를 설정·공표하게 되면 물가목표 달성이 통화정책의 가장 중요한 목표로 되기 때문에 비록 통화량이나 환율과 같은 중간목표변수를 설정한다고 하더라도 이러한 중간목표변수의 역할과 중요성은 자연스럽게 감소해 그 성격이 정보변수나 참고지표(reference value)로 변화되어 가는 것이 불가피하다.

중앙은행이 물가목표를 설정하고 공표하는 절차를 보면 뉴질랜드(준비은행법)나 영국(영란은행법)과 같이 정책목표를 결정하고 이를 공표하는 구체적인 절차를 법으로 규정하는 경우도 있으나 대부분 선진국의 중앙은행은 독자적으로 혹은 정부와의 협의를 거쳐 물가목표를 설정하고 이를 대외에 공표하는 방식(public statement)을 취하고 있다. 반면 우리나라의 경우 중앙은행의 물가목표의 설정 및 공표에 관한 절차는 《한국은행법》 제6조에 명시적으로 규정되고 있다. 이와 같이 중앙은행이 법에 의하거나 아니면 대외공표방식에 의하거나 물가안정을 통화정책의 가장 중요한 목적으로 규정하고 물가목표를 설정하여 공표하는 경우에는 비록 통화량 중간목표를 설정하여 공표한다고 하더라도 통화정책의 운영체계(monetary policy regime)는 통화량을 중간목표로 하는 기존의 통화량목표제에 머물러 있을 수 없게 되고 1계(one-stage) 정보변수전략인 물가안정목표제로 변화해 가는 것이 불가피한 현상이다.

이상을 종합적으로 판단해 볼 때 《한국은행법》에 의해 물가안정을 최우선목표로 규정(제1조)하고 물가목표치를 설정·공표하여 이를 달성하고자 노력해야 하는 경우(제6조)에는 통화정책의 운용방식은 이미 통화량을 중간목표로 하는 통화량목표제가 아니며 정보변수전략인 물가안정목표제로 전환된다. 따라서 우리나라는 현재 물가안정목표제를 본격적으로 운용하고 있건 그렇지 못하건 간에 법제적인 측면에서는 이미 우리의 의지와는 관계없이 물가안정목표제가 도입되어 있는 것으로 해석하는 것이 타당하다.

다만 앞으로 예상하지 못한 금융환경 변화에 따라 통화정책 운용방식이 물가안정목표제와 상이한 방식(예를 들어 우리나라가 소규모 개방경제임을 고려하여 환율목표제)으로 변할 가능성도 있을 수 있다는 점을 감안한다면 물가목표 자체의 설정과 공표를 《한국은행법》에 구체적으로 적시한 것은 주요 선진국의 중앙은행에도 예가 없는 것이다. 따라서 앞으로 《한국은행법》 개정의 기회가 있을 때에는 《한국은행법》 제6조에서 물가목표의 설정과 공표를 구체적으로 명시하지 않고 대신에 뉴질랜드 준비은행법의 예와 같이 '정책목표협약'(Policy Target Agreement ; PTA)을 법에 규정하고 한국은행 총재와 재경부장관의 정책목표협약회의에서 구체적인 정책목표변수(예를 들어 물가, 환율, 금리, 명목 GDP 등)와 그 목표치를 정하는 방식으로 하여 정책목표결정의 유연성을 확보하는 것이 바람직하다고 생각된다.

한편 물가안정목표제의 실제 운용절차를 보면 (1) 중기 물가안정목표를 사전에 설정하고, (2) 장기금리, 환율, 자산가격, 금리스프레드 등의 가격지표와 함께 통화총량, 신용총량 등의 양적 지표 등의 다양한 정보변수를 관찰·분석하여 장래의 인플레이션을 예측하고, (3) 장래 인플레이션 압력을 수속하기 위해 운용목표로 설정한 단기금리를 금융·경제상황에 대한 중앙은행의 재량적 판단에 맞게 선제적으로 미조정함으로써, (4) 통화정책의 최종목표인 물가안정을 달성하고자 한다.

이러한 운용절차를 염두에 두고 현재 우리나라의 물가안정목표제의 실제 운용현황과 앞으로의 과제를 살펴보기로 한다.

2. 물가안정목표제의 실제운용 현황

가. 목표설정대상지표

1998년 4월 물가안정목표제를 도입한 이후 소비자물가지수(CPI)를 기준으로 물가안정목표치를 설정해 오다가 2000년에는 목표설정대상지표를 소비자물가에서 곡물 이외의 농산물과 석유류를 제외한 근원 인플레이션(조정소비자물가상승률)으로 변경을 검토하였다. 그러나 소비자물가지수와 조정물가지수의 괴리가 크게 나타날 경우 국민들로부터 신뢰를 확보하기가 어렵다는 점에서 목표설정대상지표를 소비자물가지수로 하되 곡물 이외의 농산물과 석유류(휘발유, 경유, 등유, 프로판가스 및 도시가스)를 제외한다는 단서조항을 두기로 하였다.

나. 목표달성기간

1998년 4월 물가안정목표제를 도입한 이후 목표달성기간을 1년으로 설정하였으나 통화정책의 시차문제를 감안하여 2000년부터는 연간 단기목표뿐만 아니라 2001년 이후 추구할 중기 물가안정목표를 도입하였다.

다. 단기목표의 상하한

국제원자재가격 등 물가의 기조적 변동에 대한 예상을 불확실하게 하는 일시적 변동요인을 감안하기 위하여 연간 단기목표의 상하한을 물가안정목표 기준치±1%로 설정하여 1998년 4월부터 운용하고 있다.

라. 물가안정목표의 수준

물가안정목표제를 처음 도입한 1998년에는 물가목표를 소비자물가지수를 기준으로 연평균 9±1%로 설정하였으며, 1999년 역시 소비자물가지수를 기준으로 연평균 3±1%로 설정한 바 있으나 실제 인플레이션율은 7.5%, 0.8%로 목표치를 각각 크게 하회하였다.

2000년중 물가안정목표는 소비자물가지수(CPI)의 연평균상승률 기준으로 2.5±1%로 설정하였으며 곡물 이외의 농산물과 석유류의 가격변동분을 제외한다는 단서조항을 두고 있다. 2001년 이후 물가안정 중기목표는 2.5%로 설정하였다.

3. 물가안정목표제 운용과 관련된 과제

본문에서 살펴본 바와 같이 물가안정목표제는 장래의 인플레이션을 예측하여 인플레이션 압력이 존재하는지 여부를 판단하고 이에 맞게 통화정책수단을 선제적으로 조절하는 통화정책 운용체계이다. 따라서 물가안정목표제가 성공적으로 운용되기 위해서는 (1) 장래의 인플레이션을 정확하게 예측할 수 있어야 하며, (2) 통화정책효과의 파급메커니즘을 정확하게 파악하고 있어야 하며, (3) 정책목표에 직·간접적으로 영향을 미칠 수 있는 효과적인 정책수단을 확보하고 있어야 한다.

그러나 우리나라의 경우 아직 금융시장이 잘 발달되어 있지 못하며 외환위기 이후의 급격한 구조조정으로 인하여 통화정책효과의 파급메커니즘 파악에도 어려운 점이 있을 뿐 아니라 그간의 금융환경변화는 기존 정책수단의 효과를 크게 약화시키고 있다. 특히 통화정책의 운용목표로 활용되고 있는 단기금리(콜금리)는 외환위기 이후 그 가격기능이 크게 높아진 것은 사실이지만 장단기금융시장 간의 연계성이 취약하고 장단기금리 격차가 크게 벌어져 있는 가운데 시장의 자금중개기능을 제대로 수행하는 데에 미흡한 점이 많다. 더욱이 단기금리→장기금리→실물경제로 이어지는 금리의 파급경로도 분명하지 못한 실정이다. 이와 함께 12~24개월 앞의 장래 인플레이션을 예측할 수 있는 능력도 크게 미흡한 수준이다.

그러므로 앞으로 물가안정목표제의 본격적인 시행을 통하여 물가안정 기반을 성공적으로 구축하기 위해서는 무엇보다도 먼저 장단기 금융시장의 육성·발전을 통하여 금융시장 사이의 연계성을 높이고 장단기금리의 재정거래를 활성화함으로써 금리의 파급경로를 구축하여야 하겠으며, 둘째로 장래 인플레이션을 정확하게 예측할 수 있는 능력을 확보하기 위해서 인플레이션 압력을 상시 모니터링할 수 있는 체제를 구축하고 인플레이션 압력과 기대 인플레이션을 정확하게 측정할 수 있는 기법을 개발해야 할 것이다. 선진국의 경우에도 현실적으로 1~2년 후의 장래 인플레이션을 예측하는 데는 적지 않은 어려움이 있기 때문에 계량모형에 의한 예측 결과에만 의존하지 않고 인플레이션과 관련된 금리, 환율, 통화량, 자산가격, 장단기금리차, 시장의 기대 인플레이션 등의 다양한 정보변수를 모니터링함으로써 인플레이션 예측오차를 줄이고자 노력하고 있다. 셋째로 통화, 금리 등 통화정책수단의 조절이 최종목표인 물가에 영향을 미치는 정책파급경로에 대한 이해가 없이는 인플레이션 압력이 발생하는 경우 이의 현재화를 사전에 차단하는 정책대응이 불가능하기 때문에 금융환경변화와 금융구조변화에 따른 여러 가지 정책 파급경로의 상대적 유효성을 구체적으로 점검해 볼 필요가 있다. 이를 위해서는 앞에서 언급한 금리경로 이외에도 신용경로, 자산가격경로, 환율경로 등 여러 가지 파급경로를 면밀하게 파악할 필요가 있다. 이와 함께 효과적인 파급메커니즘의 구축을 위한 노력도 아끼지 말아야 하겠다. 넷째로 인플레이션에 직·간접적으로 영향을 미칠 수 유효한 정책수단을 확보하는 것이 중요할 뿐 아니라 또 이러한 정책수단을 중앙은행이 독자적으로 활용할 수 있는 정책수단의 독립성을 확보하는 노력도 강화해 나가야 할 것이다.

권성태·배성종, 〈물가안정목표제와 주요국의 사례〉, 《한국의 물가안정목표제》, 한국은행, 1999.

김양우, 〈물가안정목표제 개요와 실천과제〉, 《한국의 물가안정목표제》, 한국은행, 1999.

김양우·김치호, 〈물가안정목표제 도입에 관한 연구〉, 《한국의 물가안정목표제》, 한국은행, 1999.

김영백, 〈영국 신통화정책체계에 대한 평가와 과제〉, 《국외사무소 조사자료》 99-11, 한국은행 런던사무소, 1999. 12.

임주환·이종건, 〈물가안정목표제 실천방안〉, 《한국의 물가안정목표제》, 한국은행, 1999.

한국은행, 〈금융통화위원회 의사록〉, 《조사통계월보》, 한국은행, 2000. 3.

함정호·김용선·장민·임철재, 〈통화정책 운용방식의 개선방향〉, 《한은조사연구》 2000-2, 한국은행 조사국, 2000. 1.

Akerlof, G., W. Dickens and G. Perry, "The Macroeconomics of Low Inflation", *Brookings Papers on Economic Activity* 1, 1996.

Ball, L., "Efficient Rules for Monetary Policy", *NBER Working Paper*, No. 5952, 1997.

Berg, Claes, "Inflation Forecast Targeting : the Swedish Experience", presented at the Central Bank of Philippines-IMF Conference : *Framework for Monetary Policy in Post-Crisis Asia : Policy Options and Inflation Targeting*, Mactan, Cebu, Philippines, 8~10 December 1999.

Bernanke, Ben S. and Frederic Mishkin, "Central Bank Behavior and the Strategy of Monetary Policy : Observation from Six Industrialized Countries", *NBER Working Paper*, No. 4082, May 1992.

Bernanke, Ben S. and Frederic S. Mishkin, "Inflation Targeting : A New Framework for Monetary Policy?", *Journal of Economic Perspectives*, Vol. 11, No. 2, 1997.

Bernanke, Ben S., T. Laubach, Frederic S. Mishkin, and Adam S. Posen, *Inflation Targeting*, Princeton University Press, 1999.

Blejer, Mario I., "Applicability and Prerequisites for Inflation Targeting for Emerging Economies", presented at the Central Bank of Philippines-IMF Conference : *Framework for Monetary Policy in Post-Crisis Asia : Policy Options and Inflation Targeting*, Mactan, Cebu, Philippines, 8~10 December 1999.

Clifton, Eric V., "Inflation Targeting : What is the Meaning of the Bottom of the Band?", *IMF Policy Discussion Paper*, IMF, December 1999.

Crow, J., "The Work of Canadian Monetary Policy", *Bank of Canada Review*, Feb. 1988.

de Brouwer, G. and J. O'Regan, "Evaluating Simple Monetary-Policy Rules for Australia", Philip Lowe (ed.), *Monetary Policy and Inflation Targeting*, Proceedings of a Conference, Reserve Bank of Australia, Sydney, 1997.

Debelle, Guy, "Inflation Targeting and Output Stabilization", presented at the Central Bank of Philippines-IMF Conference : *Framework for Monetary Policy in Post-Crisis Asia : Policy Options and Inflation Targeting*, Mactan, Cebu, Philippines, 8~10 December 1999.

Fischer, S., "Modern Central Banking?", *Bank of England Symposium on Central Banking*, London, 9 June 1994.

Freedman, C., "How Should Long-Term Monetary Policy Be Determined?", *Journal of Money, Credit and Banking*, 23 Aug. 1991.

Friedman, B. and K. Kuttner, "A Price Target for U.S. Monetary Policy? Lessons from the Experience with Money Growth Targets", *Brookings Papers on Economic Activity*, 1, 1996.

――, "A Price Target for U.S. Monetary Policy? Lessons from the Experience with Money Growth Target", *Brookings Papers on Economic Activity*, 1, 1996.

Haldane, Andrew G., "Targeting Inflation : the U. K. in Retrospect", presented at the Central Bank of Philippines-IMF Conference : *Framework for Monetary Policy in Post-Crisis Asia : Policy Options and Inflation Targeting*, Mactan, Cebu, Philippines, 8~10 December 1999.

Horiguchi, Yusuke, "Monetary and Exchange Rate Policy Options in Asia", presented at the Central Bank of Philippines-IMF Conference : *Framework for Monetary Policy in Post-Crisis Asia : Policy Options and Inflation Targeting*, Mactan, Cebu, Philippines, 8~10 December 1999.

Ito, Takatoshi, "Comments on 'Monetary and Exchange Rate Policy Options in Asia", presented at the Central Bank of Philippines-IMF Conference : *Framework for Monetary Policy in Post-Crisis Asia : Policy Options and Inflation Targeting*, Mactan, Cebu, Philippines, 8~10 December 1999.

Kahn, George A. and Klara Parrish, "Conducting Monetary Policy With Inflation Targets", *Economic Review*, FRB of Kansas City, 3rd Quarter 1998.

Leiderman, L. and H. Bar-Or, "Monetary Policy Rules and Transmission Mechanism Under Inflation Targeting in Israel", presented at the Central Bank of Philippines-IMF Conference : *Framework for Monetary Policy in Post-Crisis Asia : Policy Options and Inflation Targeting*, Mactan, Cebu, Philippines, 8~10 December 1999.

Mishkin, Frederic S., "Inflation Targeting in Emerging Market Countries", *NBER Working Paper Series*, No. 7618, 2000.

————, "International Experiences with Different Monetary Policy Regimes", *NBER Working Paper*, No. 7044, 1999.

Schmidt-Hebbel, Klaus, "The Scope for Inflation Targeting in Emerging Market Economies", presented at the Central Bank of Philippines-IMF Conference : *Framework for Monetary Policy in Post-Crisis Asia : Policy Options and Inflation Targeting*, Mactan, Cebu, Philippines, 8~10 December 1999.

Sherwin, Murray, "Inflation Targeting : 10 Years On", presented at the Central Bank of Philippines-IMF Conference : *Framework for Monetary Policy in Post-Crisis Asia : Policy Options and Inflation Targeting*, Mactan, Cebu, Philippines, 8~10 December 1999.

————, "Strategic Choices in Inflation Targeting : the New Zealand Experience", presented at the Central Bank of Philippines-IMF Conference : *Framework for Monetary Policy in Post-Crisis Asia : Policy Options and Inflation Targeting*, Mactan, Cebu, Philippines, 8~10 December 1999.

Summers, L., "The Goal of Price Stability : the Debate in Canada", *Journal of Money, Credit and Banking*, 23 Aug. 1991.

Svensson, L., "Inflation Forecast Targeting : Implementing and Monitoring Inflation Targets", *European Economic Review* 41(6), 1997.

————, "Inflation Targeting : Some Extensions", *NBER Working Paper*, No. 5962, 1997b.

————, "Monetary Policy Issues for the Eurosystem", *IIES Seminar Paper*, No. 667, May 1999.

Taylor, J. B., "Monetary Policy and Long Boom", *Review*, Federal Reserve Bank of St. Louis, 1998.

————, "The Inflation/Output Variability Trade-Off Revisited", Jeffrey Fuhrer (ed.), *Goals, Guidelines and Constraints Facing Monetary Policymakers*, FRB of Boston Conference, Vol. 38, 1994.

4 통화정책의 파급경로: 금리파급경로

오정근

I. 머리말

우리나라에서는 그 동안 통화총량을 중간목표로 관리하는 통화정책을 수행함으로써 통화경로가 중시되어 왔으나 1980년대 이후 금융혁신의 진전으로 통화지표의 유효성이 감소하고 있다(강태수 1994, 김치호 1995). 한편 1990년대 들어 금리자유화의 진전으로 금리경로의 중요성은 점차 증대되고 있으며 (강태수 1994, 박원암 외 1996, 안세일·오수남 1998, 오정근 1998), 최근에는 금융개방과 국제화의 진전으로 환율경로도 부분적으로 나타나고 있는 것으로 분석되고 있다(고강석 1998). 또한 장단기금리스프레드(오정근 1997), 통화상황지수(고강석 1998) 등 정보변수의 유의성도 높아지는 것으로 나타나고 있다. 뿐만 아니라 《한국은행법》의 개정으로 통화목표 관리방식(monetary targeting)에서 물가안정목표제(inflation targeting)로의 통화정책기조가 전환되었다.[1]

이에 따라 이 장에서는 국내외 통화정책의 파급경로 변화추이를 살펴본 다음 물가안정목표제의 도입에 필요한 금리의 파급경로를 분석해 보고, 우리나라 실정에 맞는 금리준칙을 도출해 봄으로써 물가안정목표제의 조기정착을 위한 정책적 시사점을 모색해 보고자 한다. 먼저 Ⅱ절에서 물가안정목표제와 통화정책 파급경로의 관계에 대하여 살펴보고, Ⅲ절에서는 금리의 파급경로를 분석해 본 다음 Ⅳ절에서는 우리나라의 금리준칙을 도출해 보았다. 마지막으로 Ⅴ절에서는 앞에서의 분석을 토대로 통화정책적 시사점을 찾아보고 물가안정목표제의 도입여건 조성방안을 검토해 보았다.

Ⅱ. 물가안정목표제와 금리경로의 중요성

1. 통화정책 파급경로의 변화

통화정책의 파급경로란 통화당국에 의해 수행된 통화정책이 금융시장의 각종 가격 및 수량변수의 변동을 통하여 최종적으로는 물가, 성장 등 실물경제 활동에 영향을 미치게 되는 일련의 단계별 과정을 말한다. 통화정책의 파급경로는 크게 금리, 환율, 자산가격 등 가격기능을 중시하는 가격경로와 통화량, 신용규모 등 수량경로로 대별된다. 한편 전통적으로 통화론자는 통화수요함수의 안정성을 전제로 통화량을 중시하는 반면 케인지언은 투자함수의 안정성을 토대로 금리의 가격기능을 중시하여 왔다.

---

1) 개정(1997.12.31)《한국은행법》에서는 한국은행으로 하여금 "효율적인 통화신용정책의 수립과 집행을 통하여 물가안정을 도모"(제1조)하고 "정부와 협의하여 매년 물가안정목표를 정하고, 이를 포함하는 통화신용정책 운영계획을 수립하여 공표"(제6조)하도록 하고 있다.

〔그림 1〕 통화정책의 파급효과

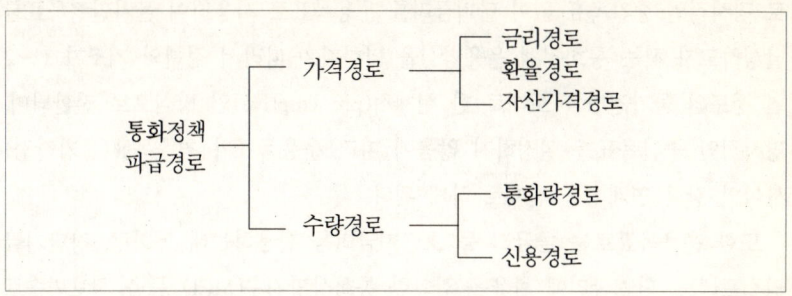

그 동안 우리나라에서는 경제여건의 변화에 따라 중시되는 파급경로도 변천해 왔다. 물가상승률이 비교적 높고 통화수요가 안정적이었던 1970~80년대에는 통화경로를 중시한 반면 금융혁신 및 금리자유화의 진전으로 통화수요함수의 안정성에 대한 의문이 제기된 1990년대에는 금리경로의 중요성이 부각되었다. 최근에는 금융시장의 개방과 국제화가 진전된 소규모 개방경제의 입장에서 환율경로를 중시하는 경향도 대두하고 있으며 장단기금리스프레드, 통화상황지수(Monetary Conditions Index ; MCI) 등 정보변수도 주목을 받고 있다([부표 1] 참조).

외국에서도 1980년대 이후 금융혁신과 금융자유화의 진전으로 통화량의 포괄범위가 불분명해지고, 실물경제변수와 통화량의 관계가 불안정해지면서 새로운 통화지표를 개발하는 등 다각적인 노력을 기울여 오는 한편, 통화량을 안정적으로 관리함으로써 실물경제의 안정을 도모해 온 수량관리방식에서 금리, 환율 등 가격변수의 안정을 통해 최종목표를 달성하는 시장지향적인 방식으로 변화하고 있다.

2. 물가안정목표제와 금리의 파급경로

물가안정목표제(inflation targeting)란 일반적으로 (1) 중기적인 관점에서 적정 물가안정목표를 설정하고, (2) 통화량, 금리, 환율, 기대물가상승률, 자산가격 등 각종 정보변수를 활용하여 장래의 물가를 예측한 후, (3) 이를 바탕으로 명시적인 중간목표 없이 단기금리를 운용목표로 사용하여 물가안정목표를 달성하고자 하는 통화정책 운용방식을 말한다.[2] 따라서 정책의 기조가 1~2년 정도의 물가전망을 토대로 한 선제적(pre-emptive)인 방식으로 전환되며, 명시적인 중간목표를 설정하지 않음에 따라 운용목표와 최종목표(물가안정) 사이의 강한 연계성을 전제로 하게 된다.

또한 운용목표로는 콜금리 등 초단기금리를 활용하는데 통화량, 장단기금리스프레드, 단기금리에 환율을 감안한 통화상황지수(MCI) 등을 정보변수로 함께 사용하기도 한다. 종래의 통화정책이 통화, 환율 등을 중간목표로 사용하고 있으나 물가안정목표제하에서는 이를 명시적으로 사용하고 있지 않은 점이 특징이라고 할 수 있다.[3] 물가안정목표제는 단기금리를 운용목표로 하여 물가를 안정시키고자 하는 제도이므로 금리의 파급경로, 특히 물가파급경로 존재 여부가 중요하다. 따라서 단기금리가 물가에 미치는 파급효과(시차, 계수 등)를 구체적으로 파악해야 한다.

〔표 1〕　　　　물가안정목표제와 중간목표관리제의 운용체계 비교

방식	운용체계		
물가안정목표제	정책수단 ──→ 운용목표 ─────────────────────→ 최종목표 (policy　　　　　(operating　　　　　　　　　　　　(policy goals instruments)　　　targets)　　　　↑　　　　　　or objectives) 　　　　　　　　　　　　　　정보변수 　　　　　　　　　　　(information variables)		
중간목표관리제도	정책수단 ──→ 운용목표 ──→ 중간목표 ──→ 최종목표 (policy　　　　　(operating　　　(intermediate　　(policy goals instruments)　　　targets)　　　　targets)　　　　or objectives)		

---

2) 현재 물가안정목표제를 도입 실시하고 있는 국가는 뉴질랜드, 캐나다, 이스라엘, 영국, 스웨덴, 핀란드, 오스트레일리아, 스페인, 칠레, 브라질, 체코, 필리핀, 한국 등이다([부표 4] 및 [부표 5] 참조).
3) 그러나 핀란드는 예외적으로 환율을 중간목표로 운용하고 있다([부표 2] 참조).

또한 운용목표로 사용되는 단기금리는 다음 요건을 충족하여야 한다. 첫째, 장기금리나 실물변수의 영향으로부터 독립적인 외생성이 존재하여야 하고, 둘째는 통화당국이 정책수단을 이용하여 조절하기가 용이한 통제 가능성이 있어야 하며, 셋째는 운용목표의 변동이 단기금리는 물론 기대 인플레이션의 변동을 통하여 장기금리에도 영향을 미치는 등 통화당국의 의사가 금융시장에 적절히 반영되고 시장참가자들에게 효과적으로 전달되는 정책신호의 명확성이 존재하여야 하는 것이다.

우리나라에서도 콜금리는 장기금리 및 실물경제변수에 대해서 일방적인 인과관계를 갖는 외생성 조건을 충족시키고 있으며 통제 가능성도 존재하는 것으로 분석되고 있으나, 정책신호의 명확성 측면에서는 콜금리 인상의 장단기 금리차 감소효과가 아직 충분하게 나타나지 않는 등 다소 미흡한 것으로 분석되고 있다(안세일·오수남 1998).

이하에서는 운용목표로서 콜금리가 적합하다는 기존 연구를 바탕으로 하여 정책의 출발점인 공개시장조작에서부터 콜금리, 최종수요 및 물가로 이어지는 과정에 대하여 인과관계, 시계열모형 분석을 통하여 유의한 금리경로의 존재 여부를 파악하고 정책적 시사점과 금리경로의 유효성 제고방안을 모색해 보고자 한다.

Ⅲ. 금리의 파급경로

1. 통화정책과 콜금리의 관계

안세일·오수남(1998)은 콜금리가 지준의 수요·공급이 반영되는 금융시장에서 결정되므로 통화당국의 통제 가능성이 크다고 하였으나 통제 가능성에 대한 구체적 분석을 하지는 않았다.

〔그림 2〕　　　RP조작금리, 통안증권발행금리 및 콜금리의 추이
(1998년 1월 1일~5월 30일)

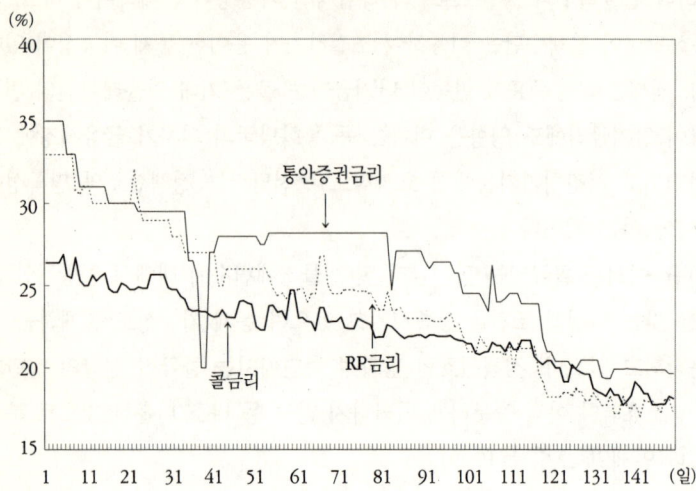

여기서는 콜금리에 대한 통제 가능성을 살펴보기 위해 한국은행의 공개시
장조작수단으로 이용되고 있는 환매조건부 국공채 매매와 통화안정증권 발행
이 콜금리에 유효하게 영향을 미치고 있는지를 (1) RP조작금리와 콜금리, 통
안증권발행금리와 콜금리 사이의 그랜저(Granger) 인과관계 분석, (2) 3변수
(통안증권발행금리, RP조작금리, 콜금리) VAR 분석 및 (3) RP조작금리, 통안
증권발행금리, 콜금리 사이의 회귀분석(표본기간 1998년 1월 1일~5월 30일)
을 사용하여 분석해 보았다.[4][5]

분석대상기간의 통안증권발행금리, RP조작금리 및 콜금리의 관계를 보면
[그림 2]에서 보는 바와 같이 대체로 안정적인 관계를 유지하면서 변동해 오

---

4) 1997년 중에는 통안증권발행 및 RP조작이 주 1~2회에 불과하였으나 1998년 1월 1일~5월 30
　 일 중에는 거의 매일 실시되어 이를 표본기간으로 선택하였다. 공휴일과 발행 및 조작이 없었
　 던 날에 대해서는 직전 조작일의 금리를 사용하였다. 한편 공휴일을 제외하고 분석한 결과도
　 공휴일을 포함한 경우와 큰 차이가 없었다.
5) RP조작금리, 통안증권발행금리 및 콜금리에 대한 단위근 검정결과 단위근이 없는 것(I(0))으로
　 나타났으므로 수준변수로 VAR 모형을 구성하였다. VAR 모형에서 변수의 배열은 변수간의 파
　 급과정을 고려하여 통안증권발행금리, RP조작금리, 콜금리의 순서로 하였다. 시차길이는 SC
　 검정에 의하여 9일로 하였다([부표 6] [부표 7] 참조).

고 있는 것으로 보인다.

가. 그랜저(Granger) 인과관계 분석

그랜저 인과관계 검정결과 RP조작금리는 콜금리에 유의하게 영향을 미치는 반면 콜금리의 RP조작금리에 대한 영향력은 유의성이 낮은 것으로 나타났다. 그러나 통안증권발행금리와 콜금리는 서로 유의한 영향을 미치고 있는 것으로 나타났다([표 2] 참조).

〔표 2〕 　　　　　　　　　　　　　　그랜저 인과관계

인 과		관 계	F 통계량	유의수준
RP조작금리(1일)	→	콜금리(11일)	6.15	0.01
콜금리(1일)	↛	RP조작금리(3일)	2.32	0.13
통안증권발행금리(1일)	→	콜금리(11일)	8.25	0.005
콜금리(1일)	→	통안증권발행금리(1일)	9.13	0.003

주 : 괄호 안은 그랜저 인과관계 검정을 위한 회귀방정식에서 AIC에 의해 선택된 설명변수의
　　시차길이임.

나. VAR 모형에 의한 분석

충격반응함수 분석결과 RP조작금리와 통안증권발행금리는 각각 콜금리에 유의한 영향을 미치고 있는 가운데 RP조작의 영향력이 통안증권 발행의 영향력보다 오래 지속되고 있는 것으로 나타났다([그림 3] 참조). 한편 콜금리의 RP 및 통안증권발행금리에 대한 영향은 단기간 동안만 나타남으로써 콜금리의 동향을 반영하여 RP조작 및 통안증권 발행 등 공개시장조작정책이 수행되어 왔음을 보여주고 있다([그림 4] 참조).6)

---

6) 모든 변수의 충격반응함수는 [부도 1] 참조.

[그림 3] 　　　　　　　　　충격반응함수

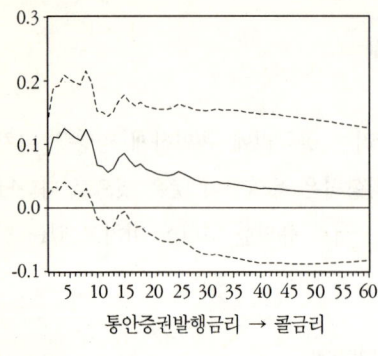

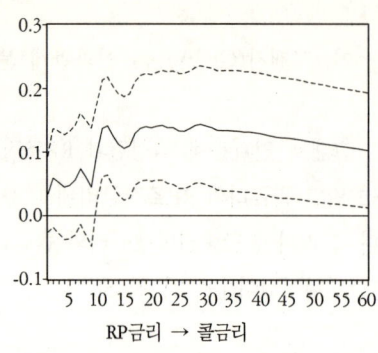

통안증권발행금리 → 콜금리　　　　　　　RP금리 → 콜금리

[그림 4] 　　　　　　　　　충격반응함수

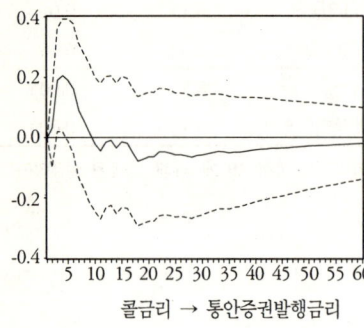

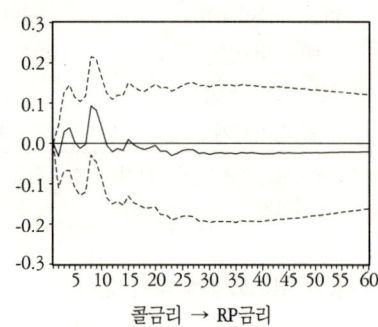

콜금리 → 통안증권발행금리　　　　　　콜금리 → RP금리

　　또한 콜금리의 분산분해 분석결과에 의하면 단기에는 통안증권 발행의 영
향력이 큰 반면 시간이 지날수록 RP조작의 영향력이 커지는 것으로 나타났다
([표 3] 참조).

[표 3] 　　　　　　　　　콜금리의 분산분해 분석결과

단위 : %

기간(일)	MSB	RP	CALL
6	22.89	4.64	72.47
12	26.72	16.29	56.98
24	23.98	38.94	37.08
36	20.12	52.15	27.73

회귀방정식 추정결과에서는 RP조작금리와 통안증권발행금리가 유의하게 콜금리에 영향을 미치고 있는 가운데 RP조작금리의 추정계수가 통안증권발행금리의 추정계수보다 높게 나타났다.

$$\text{콜금리} = 9.755 + 0.345 \text{ RP조작금리} + 0.162 \text{ MSB발행금리}$$
$$\phantom{\text{콜금리} = } (14.87) \quad (9.02) \quad\quad\quad (4.19)$$
$$\bar{R}^2 = 0.957 \quad\quad \text{D.W} = 1.882 \quad\quad \hat{\rho} = 0.637$$

주 : 1) 괄호안 안은 t값
   2) 계열상관이 존재하는 것으로 나타나 Cochrane-Orcutt 방식으로 추정하였음

이상의 분석결과를 종합해 보면 한국은행은 RP조작 및 통안증권 발행을 통하여 콜금리에 유의하게 영향을 미치고 있는 등 통화당국에 의한 콜금리의 통제 가능성이 점차 높아지고 있는 것을 알 수 있다.

2. 금리의 파급효과

가. 분석방법

금리의 파급경로로는 Taylor(1995b)의 금리 파급경로를 상정하였는데, 이에 의하면 통화당국이 단기 명목금리를 변동시키면 장기 명목금리가 변동하게 되지만 단기에는 가격이 경직적이므로 실질금리가 변동하게 되어 총수요가 변하게 되고 장기적으로는 가격이 조정되면서 물가에 영향을 미치게 된다. 이 외에도 명목금리는 생산비용의 변동을 통하여 직접적으로 물가에 영향을 미치기도 한다([그림 5] 참조).

〔그림 5〕   금리의 파급경로

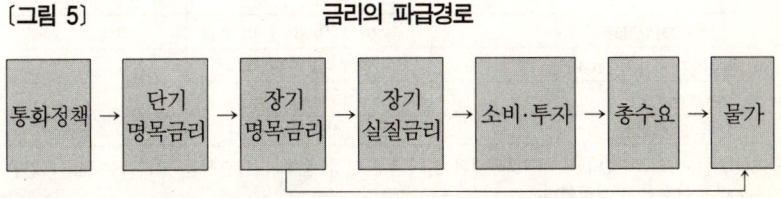

이에 따라 통화정책변수, 특히 콜금리 변동이 소득, 물가 등 거시경제변수에 미치는 효과를 Blanchard and Quah(1989), Gali(1992), Gerlach and Smets(1995)에서와 같이 당기 및 장기제약조건이 부여된 구조벡터자기회귀(Structural Vector Autoregression ; SVAR) 모형을 설정하여 분석해 보았다. 이러한 모형은 경제이론에 따른 모형식별을 토대로 외생적 충격에 대한 분석대상변수들의 동태적 반응을 분석하는 데 자주 사용되는 모형이다.

모형은 실질 GDP[7], 소비자물가지수, 명목MCT, 콜금리로 구성된 4변수 모형[8]으로 설정하였다. 콜금리를 제외한 여타 변수는 대수화하였다. X12-ARIMA 프로그램을 이용하여 계절성 존재여부를 검정한 결과 계절성이 존재하는 것으로 판단되는 실질 GDP, 소비자물가지수, 명목MCT는 X12-ARIMA 방법으로 계절성을 조정하였다.[9] 표본기간은 1990년 1/4분기부터 1998년 4/4분기까지로 하였는데 금융위기를 고려하여 1997년 4/4분기 이후는 더미변수로 처리하였다.[10]

위의 SVAR 모형을 행렬식으로 나타내면 다음과 같다.

$$A_o X_t = \sum_{i=1}^{k} A_i X_{t-i} + U_t \qquad (1)$$

단, $X = [LGDP \ LCPI \ LMCT \ CALL]'$, $\qquad U = [\ u_m \ u_r \ u_y \ u_p\ ]'$

---

7) 표본수를 늘리기 위해서 분기별 실질 GDP 대신 월별 산업생산지수를 사용할 수도 있겠으나 이 경우에는 적정금리수준을 모색하기 위한 금리준칙(IV절 참조)에서 GDP 갭 대신 산업생산지수 갭을 사용하여야 되는데 경제전망이 통상 산업생산보다는 GDP를 전망하고 있으므로 경제전망을 토대로 적정금리수준을 도출하기 위해서는 GDP 갭을 다시 산업생산지수 갭으로 전환하여야 하고 이 과정에서 불필요한 오차가 발생할 우려가 있다고 판단되어 바로 실질 GDP를 사용하였다.

8) 이와 같은 4변수모형으로 통화정책 파급효과를 분석한 연구로는 Sims(1980), Stock and Watson(1989) 등이 있다.

9) 이때 식별된 각 변수의 ARIMA 모형은 다음과 같다.

변 수	ARIMA 모형	계절성 여부
실질GDP(GDP)	(0 1 0) (0 1 0)	○
소비자물가지수(CPI)	(1 1 2) (1 1 0)	○
MCT(MCT)	(1 1 1) (1 1 0)	○
콜금리(CALL)	식별불가	×

10) 1980년대까지 지속되었던 금리규제와 물가지수 포함 품목의 일관성을 고려하여 표본기간은 1990년 이후로 선정하였다.

앞의 식에서 A는 4×4 계수행렬이며 X는 실질국내총생산(LGDP), 소비자물가지수(LCPI), 통화량(LMCT), 콜금리(CALL)의 4×1 벡터이며 U는 4×1의 구조충격벡터이다. u_y는 소득충격을, u_p는 가격충격을, u_m은 통화량충격, u_r은 금리충격을 각각 나타내고 있다.

각 변수에 대한 단위근 검정결과 CALL은 I(0), LGDP, LCPI, LMCT는 I(1)로 나타났다([부표 8] 참조).

모형을 구성하고 있는 각 변수 간의 장기적인 안정관계를 Johansen 공적분 검정에 의해서 살펴본 결과 4변수(LMCT, CALL, LGDP, LCPI) 간에 장기적인 안정관계를 의미하는 공적분 관계가 성립하고 있음을 보여주었다([부표 9] 참조). 따라서 4개 모형 모두 수준변수를 사용하여 SVAR 분석을 행하였다.[11][12]

우선 위의 식 (1)을 이동평균 형태로 나타내면 다음과 같게 된다.

$$X_t = \sum_{i=0}^{\infty} D_i U_{t-i} = D(L)U_t \tag{2}$$

여기서 $D(L) = (A_0 - A(L)L)^{-1}$ 이며 L은 시차연산자이다.

또한 식 (1)을 다음과 같은 축약형 무제약 VAR 모형으로 나타낼 수 있다.

$$X_t = \sum_{i=1}^{K} B_i X_{t-i} + V_t \qquad 단, V = [v_m \ v_r \ v_y \ v_p]' \tag{3}$$

여기서 $B_i = A_0^{-1} A_i$, $V_t = A_0^{-1} U_t$이다. 이를 다시 이동평균 형태로 나타내면 다음과 같다.

---

11) 앞에서 인용한 Sims(1980)는 대수화한 산업생산지수, 도매물가지수, 명목통화량(M1), 단기금리(4~6월물 CP금리)의 수준변수를, Stock and Watson(1989)는 대수화한 명목통화량(M1), 산업생산지수, 도매물가지수 및 대수화하지 않은 단기금리(90일물 TB 금리)의 수준변수로 구성된 VAR 모형분석을 행하였다.

12) 최적시차선정을 위한 우도비검정 결과 SVAR모형의 시차는 2분기로 선정되었다.

우도비 검정 결과

사용변수	시차	검정통계량	유의수준
LGDP, LCPI, LMCT, CALL	lag 4 to lag 3	20.47	0.20
	lag 3 to lag 2	22.57	0.13
	lag 2 to lag 1	26.31 *	0.05

주) *는 10% 유의수준 이내에서 시차항의 차이에도 불구하고 설명력에 차이가 없다는 귀무가설을 기각함을 나타냄.

$$X_t = \sum_{i=1}^{\infty} C_i V_{t-i} = C(L)V_t \tag{4}$$

여기서 $C(L) = (I - B(L)L)^{-1}$로서 $C(0) = I$가 된다.

식 (2)와 (4) 및 $C(0) = I$로부터

$$V_t = D(0)U_t \tag{5}$$

가 도출되고 이로부터 축약형 무제약 VAR로부터 구해지는 분산공분산 행렬 $\Omega = V_t V_t'$는 다음과 같이 됨을 알 수 있다.

$$\Omega = D(0)D(0)' \tag{6}$$

한편 식 (2), (4) 및 (5)로부터

$$D(L) = C(L)D(0) \tag{7}$$

도출되고 여기서 $L = 1$일 경우에는

$$D(1) = C(1)D(0) \tag{8}$$

가 됨을 알 수 있다.

식 (6)과 (8)에서 Ω와 $C(1)$은 무제약 VAR의 추정으로부터 구해지므로 미지수 $D(0)$와 $D(1)$을 구할 수 있게 되는데, $D(0)$는 당기승수 행렬이고 $D(1)$은 장기승수 행렬이다.[13]

그런데 행렬 Ω의 계수는 대칭이므로 기지수의 수[행렬 $C(1)$과 Ω의 계수의 수]가 $n(n-1)/2$(여기서 n은 변수의 수)만큼 미지수[행렬 $D(0)$와 $D(1)$의 계수의 수]보다 작게 된다. 따라서 보통 $D(0)$ 또는 $D(1)$에 $n(n-1)/2$ 만큼의 제로(0) 제약을 부여함으로써 모형을 식별하게 된다. 이때 $D(0)$에 대한 제약은 구조적 충격이 당기간 내에 내생변수에 파급되는지 여부를 토대로 부여하게 되는 반면 $D(1)$에 대한 제약은 장기경제이론을 토대로 부여하게 된다.

이 글에서는 구조벡터자기회귀모형의 당기제약으로는 분기자료라는 점을 고려하여 당기에는 통화량과 금리가 실질 GDP와 물가에 영향을 미치지 않는 것으로 하였다. 이는 대체로 통화량과 금리는 중장기적으로 실질 GDP와 물가에 영향을 미치는 것으로 나타나고 있는 기존의 분석(오정근 1998, 김현의·정익준 1997, 김양우·이긍희 1998, 김양우·이긍희·장동구 1997, 박원암 1996)

---

13) $D(L) = D_0 + D_1 L + D_2 L^2 + \cdots$이므로 $D(0) = A_0^{-1}$이고 $D(1) = D_0 + D_1 + D_2 + \cdots$가 된다.

에 따른 것이다.[14] 또한 물가도 당기에는 실질 GDP에 영향을 미치지 않는 것으로 가정하였다. 한편 장기적으로 통화량이 실질 GDP에 영향을 미치지 않았다는 통화의 장기 중립성 가설은 학파간에 이론이 있는 부분[15]이므로 사전적인 제약을 두지는 않았다. 대신에 장기제약으로 통화량의 금리에 대한 영향력이 장기적으로 유의하지 않은 것으로 가정하였다.[16] 이러한 조건을 반영한 당기승수 행렬[D(0)] 및 장기승수 행렬[D(1)]에 대한 제약조건은 6개로서 다음과 같이 나타낼 수 있다.

$$d0_{12} = d0_{13} = d0_{14} = d0_{23} = d0_{24} = 0$$

$$d0_{43} = 0 \quad (\text{do}_{ij} \text{ 및 } d1_{ij} \text{는 행렬 } D(0), D(1) \text{의 } i \text{행 } j \text{열 구성요소를 나타냄})$$

이러한 제약조건을 토대로 식별된 SVAR 모형으로부터 충격반응함수와 예측오차의 분산분해를 도출하고 장·당기 승수효과를 분석하였다.

나. 분석결과

(1) 물가파급효과

구조벡터자기회귀모형을 이용한 충격반응함수 분석결과 콜금리 상승은 약 3분기 후부터 물가하락효과가 나타나기 시작하여 4분기 후에 가장 낮은 수준을 기록한 후 상당기간 지속되고 있는 것으로 나타났다.[17] 소비자물가의 예측

---

14) 금리의 물가에 대한 파급효과는 대체로 3분기 후를 전후해서 나타나기 시작하여 2차년도부터 본격화되고(오정근 1998, 박원암 1996) 통화의 물가에 대한 파급효과는 대략 2년 정도 시차를 두고 나타나기 시작하는 것으로 분석되고 있다(오정근 1998, 김현의·정익준 1997, 김양우·이긍희 1998, 김양우·이긍희·장동구 1997, 박원암 1996). 한편 금리와 통화의 성장에 대한 파급효과는 일반적으로 1차년도부터 부분적으로 나타나기 시작하나 그 크기가 그리 크지 않다가 2차년도부터 본격화되는 것으로 분석되고 있다(오정근 1997, 1998, 김양우·이긍희 1998, 김양우·이긍희·장동구 1997, 박원암 1996). 이와 같은 분석결과를 토대로 볼 때 분기자료를 사용한 본 모형에서 당기에는 통화량과 금리가 실질 GDP와 물가에 영향을 미치지 않는다는 제약조건은 크게 무리가 아닌 것으로 판단된다. 미국, 영국 등 선진국에서도 통화정책의 물가파급효과가 대체로 12~16분기 후에 나타나는 것으로 분석되었다(Gerlach and Smets 1995). 이에 따라 SVAR 분석에서 통화와 금리가 물가와 성장에 당기에는 영향을 미치지 않는다는 제약을 부여하고 있다(Gali 1992, Leeper, Sims and Zha 1996).

15) 일반적으로 케인스학파에서는 통화의 비중립성을, 통화주의 학파에서는 중립성을 주장하고 있다.

16) 통화량 증가는 단기적으로는 유동성효과에 의해서 금리를 인하시키는 측면이 있는 반면 피셔효과에 의해서 오히려 금리를 인상시키는 효과도 뒤따르게 된다는 점을 고려하였다.

오차에 대한 분산분해결과에서도 콜금리의 영향력이 3분기 무렵에 나타나기 시작하여 장기간 지속하는 것으로 분석되었다. 특히 콜금리에 의한 소비자물가지수 예측오차의 설명력이 통화량에 의한 예측오차의 설명력보다 크게 나타났다.[18]

〔그림 6〕　　　　콜금리 충격에 대한 소비자물가 반응함수

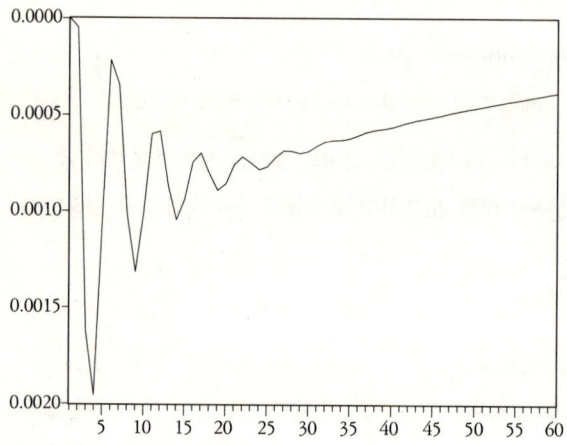

---

17) 이 결과는 실질통화량(MCT), 콜금리, 실질환율, 장기실질금리(실질회사채수유통수익률), 산업생산지수, 소비자물가지수(금리를 제외한 4개 변수는 자연대수를 취함)의 6변수 SVAR 분석 결과(오정근 1998)와 유사한 것이다.

18) 통화량 증가가 물가에 미치는 충격반응함수를 살펴보면 초기에는 금리하락에 따른 비용요인의 감소로 물가가 하락하지만 수요요인이 가세하면서 상승하기 시작하여 12~18분기 후에 가장 높은 수준을 기록하는 것으로 나타났다([부도 2] 참조).

[그림 7] 소비자물가지수의 예측오차에 대한 분산분해

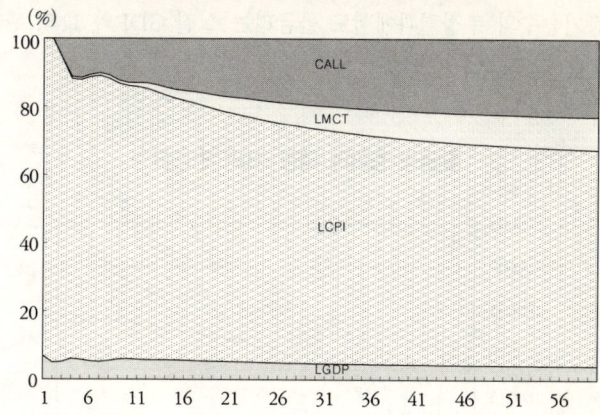

한편 장기승수행렬의 추정결과 콜금리는 소비자물가와 負의 관계를 갖고
있는 것으로 추정되었다([표 4] 참조).

[표 4] 장기승수행렬

	U_y	U_p	U_m	U_r
LGDP	0.0179	0.0213	0.0763	−0.0713
LCPI	0.0053	0.0602	0.0335	−0.0499
LMCT	−0.0095	0.1174	0.1866	−0.2054
CALL	2.0993	0.2735	0.0000	1.7981

(2) 소득파급효과

콜금리 충격에 대한 실질 GDP의 반응함수를 살펴보면 콜금리가 상승할 경
우 약 2분기 후 감소하였다가 일시적으로 반등한 후 다시 둔화되어 7분기 후
에 가장 낮은 수준을 기록한 후 점차 회복되는 것으로 나타났다.

실질 GDP의 예측오차에 대한 분산분해 결과에서도 콜금리의 영향력은 약
7분기 이후 가시화되어 점차 확대되는 것으로 분석되었다. 그러나 GDP의 예
측오차를 설명하는 데서는 금리의 설명력이 통화량의 설명력보다 다소 작은

것으로 나타났다.[19]

한편 장기승수의 추정결과에서도 콜금리는 실질 GDP와 負의 관계를 갖고 있는 것으로 나타나고 있다.[20]

[그림 8]   콜금리 충격에 대한 GDP 반응함수

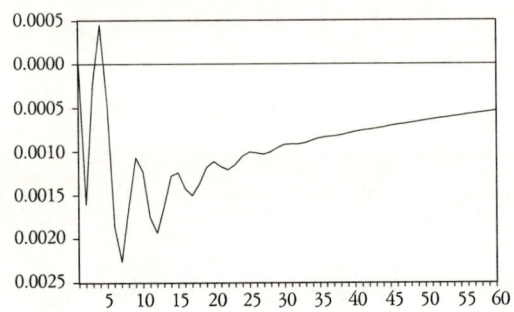

[그림 9]   GDP의 예측오차에 대한 분산분해

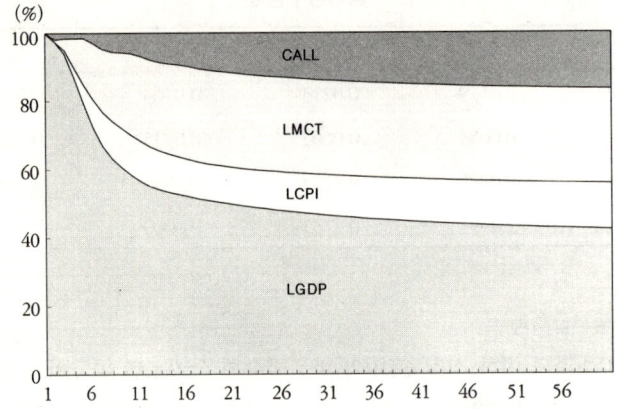

---

19) 통화량 증가가 소득에 미치는 충격반응함수를 살펴보면 통화량 증가로 인한 소득증가효과는 약 5분기 후에 가장 크게 나타난 후 점차 줄어드는 것으로 분석되었다([부도 2] 참조).

20) 한편 통화량은 GDP 및 CPI와 모두 正의 관계를 나타냄으로써 우리나라의 경우 통화의 장기중립성이 성립되지 않는 것으로 분석되었다. Stock and Watson(1989)도 본 연구와 동일한 4변수 VAR 모형분석을 이용하여 미국에서 통화의 장기 중립성이 성립하지 않음을 보인 바 있다.

Ⅳ. 금리준칙과 목표금리

준칙이란 통화당국이 재량적으로 통화정책을 수행할 경우 동태적으로 비일 관성(time inconsistency)이 발생하여 고용이나 생산에는 영향을 주지 못하면서 통화가 과잉공급되고 높은 인플레이션이 유발될 수 있으므로(Friedman 1948, 1960, Kydland and Prescott 1977) 이를 방지하기 위하여 사전적으로 공약한 통화정책의 원칙을 의미한다. 준칙의 효시는 Friedman의 k% 준칙이라고 할 수 있는데 최근에는 경제상황에 따라 정책을 조정해야 한다는 개입주의 입장 을 일부 반영하여 경제상황과의 피드백을 가지는 광의의 준칙이 일반적으로 주장되고 있다. 준칙의 유형에는 물가수준준칙(Fisher 1945, Simons 1936), 본 원통화준칙(McCallum 1988, Meltzer 1987) 및 금리준칙(Bryant 1991, Clarida and Gertler 1996, Dueker and Fischer 1996, Taylor 1993)이 있다.

이 글에서는 운용목표인 명목콜금리의 목표수준을 산출하기 위하여 금리준 칙을 도출해 보았다. 금리준칙은 다음과 같은 Taylor 준칙을 토대로 도출하였 으며 여기서 인플레이션율갭은 인플레이션 실적치를 기대 인플레이션으로 사 용하는 과거지향적 방법[21]으로 계산하였다.[22] 물가상승률의 장기추세치는 위 의 4변수 구조VAR 모형에 의해서 추정된 물가상승률을 5개년 이동평균하여 산출하고 잠재GDP성장률[23]은 실제 GDP를 HP filtering[24]하여 구하였다.

---

21) 이와 같이 인플레이션 실적치를 기대 인플레이션으로 사용할 경우에는 $E[\pi_{t+n}/\Omega_t]=\pi_t$가 된다.
22) 우리나라에서는 미래지향적인 방법으로 계산된 인플레이션율갭의 추정계수가 유의성이 낮게 나 타나고 있는데 이는 우리나라의 경우 종래 인플레이션율이 높고 변동성이 커서 경제주체들이 과 거의 인플레이션율에 초점을 맞추어 경제활동을 해온 데 따른 것으로 보인다(오정근 1998). 여기 서도 미래지향적 방법으로 추정하여 보았으나 추정계수의 유의성이 낮게 나타났다.
23) 보통 성장률갭 대신 GDP갭(또는 산출량갭)을 사용하고 있는 바 실증분석 결과 두 경우의 목표 명목금리가 비슷하게 산출되었으므로 우리나라에서는 통상 GDP 또는 잠재 GDP보다 GDP 성장 률 또는 잠재 GDP 성장률이 많이 인용되는 점을 고려하여 성장률 갭을 사용하였다.
24) 4변수 구조VAR 모형에 의해서 추정된 GDP 성장률을 5개년 이동평균하여 산출한 성장률 장기 추세치와 HP filtering에 의해서 구한 성장률 장기추세치를 기존의 잠재 GDP 성장률 연구결과 와 비교해 본 결과 후자가 더 기존의 연구결과와 유사한 추세를 보였으므로 이 글에서는 후자 의 방법을 사용하였다. 아울러 분기자료라는 점을 감안하여 평활화 가중치를 1600으로 하였다.

$$r_t^* = r + \beta(\ E[\pi_{t+n}\,/\,\Omega_t] - \pi^*\ ) + r(\ E[y_t\,/\,\Omega_t] - y_t^*\ )$$

r_t^* : 단기목표명목금리 r : 장기적 균형명목금리
π_{t+n} : $t+n$기의 물가상승률 π^* : 물가상승률의 장기추세치
y_t : 실질GDP 성장률 y_t^* : 잠재GDP 성장률

우선 Taylor 준칙을 도출하기 위해서 중앙은행의 정책반응함수인 동태적 부분조정금리 결정식을 추정하고 그 추정결과로부터 금리준칙을 도출하였다. 표본기간은 1990년 1/4분기부터 1998년 4/4분기로 하였으며 OLS방법으로 추정하였다. 동태적 부분조정금리 결정식 추정결과 인플레이션율갭과 GDP갭의 추정계수가 모두 유의적으로 나타났으며 예상대로 계수가 正으로 나타났다. 특히 금리준칙에서 인플레이션율갭의 추정계수가 1.4로 나타나서 인플레이션율갭이 1%포인트 상승하면 명목콜금리를 1.4%포인트(실질 콜금리는 0.4%포인트) 인상시켜야 함을 보여주었다.

동태적 부분조정금리 결정식 추정결과

     CALL = 7.037 + 0.864 INFGAP + 0.268 GDPGAP + 0.398 CALL$_{t-1}$
              (2.894)   (2.881)   (2.002)   (2.089)
     $\overline{R}^2$ = 0.413

금리준칙

     CALL* = 11.695 + 1.435 INFGAP + 0.445 GDPGAP

※ 괄호 안은 t-값임

V. 정책적 시사점

콜금리의 물가파급효과는 약 3분기 후부터 나타나기 시작하여 4분기 후에 가장 낮은 수준을 기록한 후 상당기간 지속되고 있는 것으로 나타남으로써 금리의 파급경로를 토대로 하는 물가안정목표제의 운용여건이 어느 정도 마련되었다고 하겠다. 또한 실증분석 결과 콜금리에 대한 통화당국의 통제 가능성도 존재하는 것으로 나타났다.

그러나 금융위기로 인하여 금융기관의 자금중개기능이 위축되어 있는 여건에서는 단기금리에서부터 물가에 이르는 금리경로의 유효성이 더욱 불투명해질 가능성이 있으므로 이 위기가 해소될 때까지는 금리경로에만 의존하기는 어려울 것으로 보인다. 뿐만 아니라 앞으로 물가안정목표제의 효과적인 정착을 위해서는 금리경로의 유효성이 더욱 높아져야 한다.

따라서 금리경로의 유효성 제고가 필요한 전환기에는 오직 금리경로에만 의존하기보다는 운용여건의 개선에 주력하면서 단기금리는 운용목표로, 통화량은 구속력 없는 중간목표(정보변수)로 관리하는 절충적인 물가안정목표 접근방식이 대안 가운데 하나가 될 수 있을 것으로 판단된다.

물가안정목표제의 운용여건 개선을 위해서는 물가예측능력 배양, 금리경로의 유효성 제고, 통화정책의 신뢰성 제고 등을 위해 노력해야 할 것으로 생각된다. 구체적으로 물가예측능력 배양을 위해서는 정책목표 대상기간에 대한 다양한 물가예측기법 개발, 통제 가능한 근원물가지수 편제(오정근 1999) 및 물가상승 압력지표 개발 등이 추진되어야 할 것이며, 금리경로의 유효성 제고를 위해서는 콜금리의 운용목표기능 제고, 중앙은행 대출제도의 개선, 국채시장의 활성화 등이 추진되어야 할 것이다. 아울러 통화정책의 신뢰성 증진을 위해서는 정책의 일관성(consistency) 및 투명성(transparency)의 강화, 환율·재정정책과의 조화적 운용, 정보변수의 개발 등이 도모되어야 할 것으로 생각된다.

◇ 통화의 영향력이 우세한 경우(1980년대 중반~후반)
- 1971~84년중 GNP디플레이터의 총통화에 대한 장기탄력성이 1로 나타남 (변기석 1985)
- 1976~90년중 금리에 비하여 통화의 실물경제 변동에 대한 설명력이 상대적으로 큰 것으로 분석(김성민·오호일 1990)

◇ 통화와 금리가 비슷한 영향력을 보이는 경우(1990년대 초반)
- 1985~92년중 통화총량과 금리변동의 성장에 대한 기여도가 각각 20.8%와 21.4%로서 비슷하게 나타남(홍갑수·고용수 1993)
- 1989년 이후 산업생산지수, 실업률 등 실물경제변수의 변동에 대한 통화지표와 금리지표의 기여도가 비슷하게 나타남(김주훈·이명훈 1993)

◇ 금리의 영향력이 우세한 경우(1990년대 중반 이후)
- 1989년 이후 통화정책의 파급경로가 자금의 가용성을 토대로 한 신용할당경로의 기여도는 낮아진 반면 금리의 가격기능을 바탕으로 하는 금리경로의 기여도는 증가(강태수 1994)
- 1990년대 들어 실물경제변수에 대한 통화의 예측력은 하락한 반면 금리 특히 초단기금리인 콜금리의 설명력이 증대(김치호 1995)
- 1980년대 후반 이후 실물경제변수에 대한 금리의 예측력 제고(박원암 외 1996)

◇ 신용경로가 존재하는 경우(1990년대 이후)
- 예금은행의 부채항목 및 자산항목 모두 통화정책의 파급과정에서 중요한 역할을 수행하며 특히 은행대출금이 실질GNP 예측에 유용한 정보를 제공(김현의 1993)
- 1987~94년중 통화정책의 효과가 부분적으로 은행대출경로를 통하여 실물경제에 파급(김현의 1995)
- 1975~94년중 금융기관 신용 증가가 투자, 소비 및 수출에 영향을 미침(최장봉 1995)

◇ 환율의 영향력이 유의한 경우(1990년대 이후)

- 시장평균환율제 도입(1990.3) 직후 3개월 간에 대한 분석결과 콜금리는 환율에 영향을 미치지 않으나 환율은 콜금리 특히 외국은행 콜금리에 영향을 미침(홍갑수 1990)

- 1992~96년 중에는 국내금리가 상승할 경우 원화환율이 하락하고 반대로 원화환율이 상승할 경우 외자도입 위축 및 해외부문 통화 감소로 국내금리도 상승하는 것으로 나타났으나, 1995년 중반 이후 환율의 변동성 증대로 금리와 환율 간의 관계가 약화(이승호 1997)

- 1980년대 후반기 이후 해외부문의 비중 증대에 따라 환율이 GDP갭에 미치는 영향이 금리의 영향보다 크게 나타남(고강석 1998)

◇ 정보변수의 유의성이 존재하는 경우(1990년대 후반)

- 금리스프레드(5년만기 주택채권수익률, 3년만기 금융채수익률－1년만기 통안증권수익률)가 실물변수에 영향을 미침(강태수 1994)

- 금리스프레드(통안증권수익률－콜금리)가 물가에 유의한 영향을 미침(이명훈 1996)

- 통화량(MCT)의 금리스프레드(5년만기 주택채권수익률－1년만기 통안증권수익률)에 대한 영향력이 유의함(오정근 1997)

- 콜금리가 금리스프레드(5년만기 주택채권수익률－1년만기 금융채수익률 또는 1년만기 통안증권수익률)에 영향을 미치고, 금리스프레드(3년만기 회사채유통수익률－콜금리)가 물가 및 실물변수에도 유의한 영향을 미침(오정근 1997)

- 1988년 이후 통화상황지수(MCI)의 유효성이 증가하여 MCI 변동이 GDP갭 예측오차의 9~12%를 설명(고강석 1998)

국　가		운용목표	정보변수	중간목표	특　징
물가안정목표제도 실시국가	뉴질랜드	통화상황지수(MCI)	환율, 금리, 수익률곡선 기울기, 생산성, 임금, 통화 및 신용 증가율 등	없 음	• 점검표(check list) 방식으로 6~24개월 후의 물가를 전망하여 정책을 결정
	캐 나 다	통화상황지수(MCI)	M1, M2, M2+, 콜금리, 신용, 임금 등	없 음	• 6~8분기 후의 물가를 목표범위 내로 유지하기 위해 통화정책을 수행 • 일일물 초단기금리 변동폭을 0.5% 이내로 설정 운용
	영 국	단기증권의 최저매매율	M0, M4, 환율, 자산가격, 기대물가상승률, 가동률, 도소매판매액, 임금 등	없 음	• 향후 2년 간의 물가전망을 바탕으로 통화정책을 수행 • 물가목표를 단일수치로 설정
	스 웨 덴	RP 금리	산출갭, 가동률, 실업률, 임금, 수입물가, 환율, 금리, 통화량 등	없 음	• 정책의 사후 판단지표로 MCI 활용 • 향후 2년 간의 물가전망을 바탕으로 통화정책 수행
	핀 란 드	일일물 초단기금리	통화량, 금리, 자산가격 등 각종 가격지수 등	환 율	• 환율범위(±15%) 설정 • 정책의 사후 판단지표로 MCI 활용 • 물가목표를 단일수치로 설정
	스 페 인	일일물 초단기금리	민간보유유동성, 소비자 및 생산자물가, 농산물가격, 임금, 기업이윤 등	없 음	• 장기적으로 민간보유유동성[1]증가율을 8% 미만으로 설정 운용 • 물가목표 상한을 설정

국 가		운용목표	정보변수	중간목표	특 징
중간목표관리제도 실시국가	미 국	페더럴펀드 금리 (차입지준)	M2, M3, 금리, 환율, 실업률 등 각종 가격지표	M2, M3	• 법에 의하여 M2 및 M3 범위를 계속 공표하나, 실제로는 각종 정보변수를 종합적으로 고려
	독 일	일일물 초단기 금리	잠재성장률, 통화유통속도 변화, 중기 규범적 물가상승률[2] 및 각종 가격지표	M3	• 통화목표 관리를 중시하는 정책기조를 견지. 그러나 통화증가율의 목표치 이탈 허용 등 중기적 관점에서 신축적으로 운용
	프랑스	일일물 초단기 금리	국내총부채, M4, 투자총량지표(P : 비통화성 금융자산), 등 각종 가격지표	환율, M3 +P1[3]	• 대외적으로 EMS 내에서 프랑화의 안정을 도모하고 대내적으로 중기적 관점에서 M3+P1을 목표 관리하는 복수 중간목표제 운용
	일 본	은행간 시장금리	통화량, 통화팽창지수(MTI), 환율, 금리, 자산가격 등 각종 가격지표	M2+CD	• 매분기 M2+CD의 전망치를 발표

주 : 1) ALPF(liquid assets held by the public plus shares in mutual funds)
    2) Normative, medium-term rate of inflation : 실물경제활동을 저해하지 않는 정도로 낮은 수준에서 측정오차 정도만 반영된 인플레이션율(2% 이하)
    3) M3+P1＝M3＋저축예금＋저축증서
자료 : 한국은행 조사제1부(1996, 1997, 1998), 권성태·배성종(1997), Debelle(1997) 및 각국 중앙은행

미국
- 1980년대 이래로 통화총량과 소득, 물가 등 최종목표 사이의 전통적인 인과관계가 약화됨으로써 금리(페더럴펀드 금리)가 최종목표변수 통제에 더 효과적으로 활용된 것으로 나타남(Estrella and Mishkin 1996)

독일
- 전통적으로 통화총량 목표관리를 하고 있는 것으로 알려진 독일의 경우에도 단기금리를 조절함으로써 실제로는 금리경로에 의존하여 왔던 것으로 분석되었음(Clarida and Gertler 1996)

영국
- 변동환율제 실시에 의하여 환율경로와 금리경로의 유효성이 높아져 1987년 환율목표 관리정책으로 변경하였다가 1992년 환율조정메커니즘(Exchange Rate Mechanism ; ERM) 위기 이후 금리경로를 중시하는 물가안정목표제로 전환하였음(Bowen 1995)

캐나다
- 통화총량보다 단기금리와 환율의 실물변수와의 연계성이 높아지면서 1982년 11월부터 통화목표 설정을 중지한 후 1991년에 물가안정목표제로 이행하였음(Duguay 1996, Thiessen 1996)

[부표 4]　　　　　　　물가안정목표제 도입국가의 제도내용

국 가	도입시기	물가목표	목표기간	물가지수	물가보고서
뉴질랜드	1990. 3	0~3%	1998~2003	CPIX(CPI에서 Credit Service 제외)	연2회 (1990.3 이후)
캐 나 다	1991. 2	1~3%	2001년까지	근원CPI(CPI에서 간접세, 식료품, 에너지 제외)	연2회 (1995.5 이후)
이스라엘	1991.12	7~10%	1997년부터	CPI[1]	(1998.3 첫발간)
영 국	1992.10	2.5%	1997년부터	RPIX(CPI에서 주택 저당금리 제외)	연4회 (1993.2 이후)
스 웨 덴	1993. 1	2±1%	1996년부터	CPI[1]	연4회 (1993.10 이후)
핀 란 드	1993. 2	2%	1996년부터	근원CPI(CPI에서 주택저당금리, 간접세, 정부보조, 주택가격 제외)	없 음
호 주	1993.4	2~3%	경기순환 중심	근원CPI(CPI에서 주택저당금리, 식료 품, 에너지, 간접세 제외)	연2회 (1997.5 이후)
스 페 인	1994.11	2% 상한	1998년	CPI(주택저당금리 제외)	연2회 (1995.3 이후)

주 : 1) CPI 외에 근원CPI를 보조지표로 사용
자료 : 한국은행 조사제1부(1996, 1998), Debelle(1997), Masson 외(1997), 권성태·배성종(1997),
　　　각국 중앙은행.

〔부표 5〕　　　　　　　　　물가안정목표제 도입국가의 공통점

- 중앙은행이 정부재정과는 독립적인 통화정책 수단을 보유하고 발달된 금융시장을 대상으로 정책을 전개

- 재정정책과 통화정책 당국간의 합의를 토대로 거시경제정책을 운용함으로써 정책의 신뢰성을 제고

- 물가가 안정된 상황(10% 미만)에서 실시함으로써 디스인플레이션에 따르는 사회적 비용을 최소화하는 동시에 정책의 신뢰성도 제고

- 미래지향적(forward-looking) 정책의 수행으로 향후 1~2년의 물가전망을 바탕으로 예측가능한 충격효과 요인을 미리 상쇄

- 특정 목표치보다는 목표범위(target range or tolerance interval)를 설정하여 운용

- "물가보고서"를 작성·공표함으로써 정책의 투명성(transparency)과 책임성(account-ability)을 제고

자료 : Masson 외(1997)

〔부표 6〕　　RP조작금리, 통안증권발행금리 및 콜금리에 대한 ADF 단위근 검정결과

시차[1)	콜금리	통안증권발행금리	RP조작금리
0	-1.51	-1.56	-2.37**
1	-1.68*	-1.63*	-2.67***
2	-2.05**	-1.93*	-3.18***
3	-2.36**	-1.82*	-3.40***
4	-2.90***	-1.93*	-3.65***
5	-2.77***	-1.95**	-3.83***
6	-3.22***	-2.01**	-3.88***
7	-2.64***	-2.19**	-3.63***
8	-2.93***	-1.97**	-3.25***
9	-2.71***	-2.06**	-3.50***
10	-3.07***	-2.02**	-3.62***

주 : 1) 회귀방정식의 시차항의 최고차수
　　 2) ***, **, *는 각각 1%, 5%, 10%에서 유의함을 의미
　　 3) 이 수치들은 상수항을 포함하지 않은 결과임

시차(일)	1	2	3	4	5	6	7	8	9	10	11	12
AIC	-2.86	-2.86	-2.91	-2.90	-2.95	-3.02	-3.03	-3.22	-3.38	-3.39	-3.39	-3.42
SC	-2.78	-2.71	-2.71	-2.64	-2.62	-2.62	-2.57	-2.70	-2.80	-2.74	-2.67	-2.64

〔부표 8〕 콜금리, MCT, GDP 및 CPI에 대한 ADF 단위근 검정결과

변 수		Lag(0)	Lag(1)	Lag(2)	Lag(3)	Lag(4)
수 준	call	-2.98^{**}	-4.44^{***}	-3.68^{***}	-2.13	-2.07
	lmct	16.43	0.56	0.03	-1.28	-1.18
	lgdp	-3.30^{**}	-2.15	-1.84	-1.38	-1.97
	lcpi	-2.44	-2.28	-2.18	-2.10	-2.19
1차차분	dcall	-4.97^{***}	-5.22^{***}	-5.38^{***}	-4.29^{***}	-3.69^{***}
	dlmct	-1.36	-1.66^{*}	-1.46	-1.89^{*}	-1.36
	dlgdp	-3.53^{**}	-3.04^{**}	-2.89^{*}	-1.55	-1.28
	dlcpi	-4.88^{***}	-3.23^{**}	-2.65^{*}	-2.61^{*}	-2.08

주 : 1) 시차수는 회귀방정식 시차항의 최고차수
   2) ***, **, *는 각각 1%, 5%, 10%에서 유의함을 의미
   3) 이 수치들은 상수항을 포함한 결과임

〔부표 9〕 GDP, CPI, MCT, Call금리 간의 Johansen 공적분 검정결과

귀무가설에서 가정한 공적분벡터의 수	특성근	우도비 (likelihood ratio)	5% 임계치	1% 임계치
0	0.65	71.14^{**}	47.21	54.46
1	0.42	31.98^{*}	29.68	35.65
2	0.22	12.09	15.41	20.04
3	0.08	2.97	3.76	6.65

주 : 1) **, *는 각각 유의수준 1%, 5%에서 귀무가설이 기각됨을 의미
   2) 각 변수는 선형추세를 가지는 반면, 공적분 관계식은 절편만을 가지는 경우를 상정

〔부도 1〕　　　 통안증권, RP 및 콜금리의 VAR모형 충격반응함수

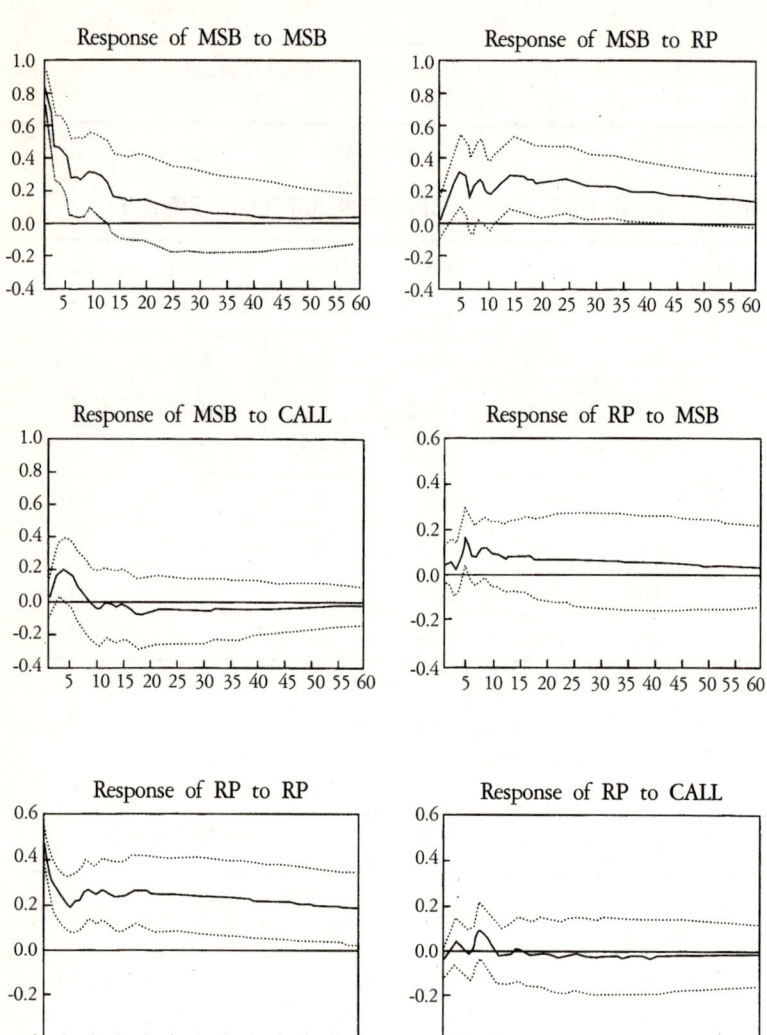

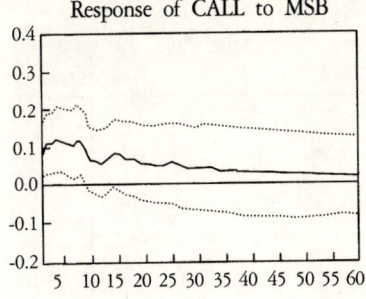

Response of CALL to MSB

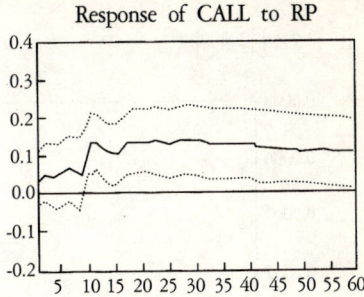

Response of CALL to RP

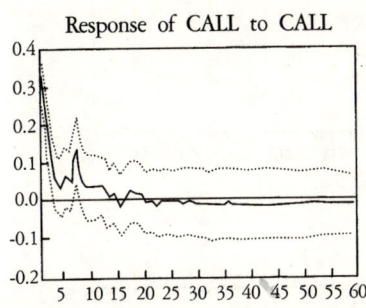

Response of CALL to CALL

1. 물가파급효과

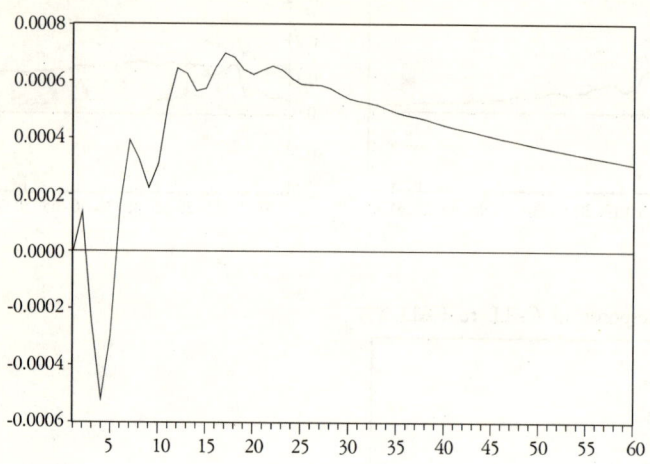

2. 소득파급효과

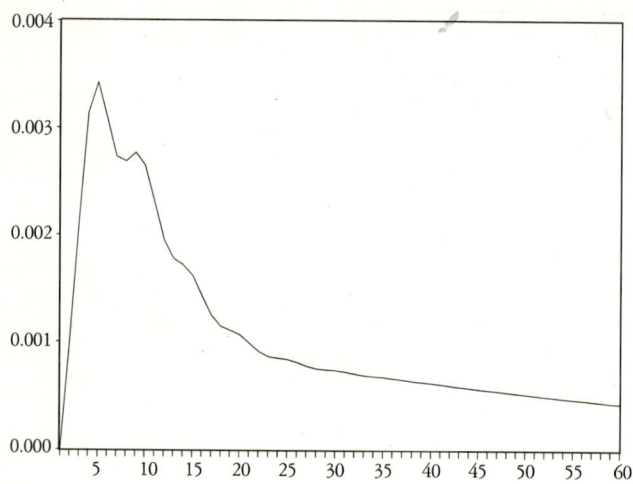

강태수, 〈통화정책의 파급경로 변화〉, 《조사통계월보》, 한국은행, 1994. 4.

고강석, 〈우리나라의 통화상황지수 개발과 시사점〉, 《경제분석》 제4권 제1호, 한국은행 금융경제연구소, 1998. 3.

권성태·배성종, 〈인플레이션목표 관리정책과 주요국의 사례〉, 《조사통계월보》, 한국은행, 1997. 3.

김성민·오호일, 〈장단기금리와 실물경제〉, 《조사통계월보》, 한국은행, 1990. 11.

김양우·장동구·이긍희, 〈한국의 단기경제예측시스템〉, 《경제분석》 제3권 제3호, 한국은행 금융경제연구소, 1997. 8.

김주훈·이명훈, 〈우리나라 금리의 변동패턴과 통화 및 실물변수와의 관계분석〉, 《금융경제연구》 제54호, 한국은행 금융경제연구소, 1993. 4.

김치호, 〈금융환경 변화와 통화정책 – 금리중시 통화정책의 가능성 분석〉, 《경제분석》 제1권 제2호, 한국은행 금융경제연구소, 1995. 8.

김현의, 〈통화정책의 파급과정에서 통화와 신용의 역할〉, 《금융경제연구》 제55호, 한국은행 금융경제연구소, 1993. 4.

김현의, 〈통화정책의 파급효과에 관한 새로운 시각 – 은행대출경로의 유효성 분석〉, 《경제분석》 제1권 제1호, 한국은행 금융경제연구소, 1995. 5.

박원암, 〈우리나라의 고금리〉, 《한국경제의 분석》 제1권 제1호, 한국금융연구원, 1995. 2.

박원암·박재하·이충렬·최공필, 〈개방경제에서의 통화신용정책〉, 《정책조사보고서》, 한국금융연구원, 1996. 9.

변기석, 〈시차분석을 통해 본 통화 – 물가관계〉, 《조사통계월보》, 한국은행, 1985. 10.

안세일·오수남, 〈정통적 통화정책 수행을 위한 금리활용방안〉, 《경제분석》 제4권 제1호, 한국은행 금융경제연구소, 1998. 3.

오정근, 〈금리스프레드와 통화정책〉, 《경제분석》 제3권 제4호, 한국은행 금융경제연구소, 1997. 11.

───, 〈물가안정목표와 금리의 파급경로〉, 《경제분석》 제4권 제4호, 한국은행 조사부, 1998. 12.

───, 〈근원인 인플레이션율은 물가안정목표 대상지표로서 얼마나 유용한가?〉, 《경제분석》 제5권 제3호, 한국은행 특별연구실, 1999. 10.

이명훈, 〈통화정책에 있어서 장단기금리의 역할〉, 《경제분석》 제2권 제2호, 한국은행 금융경제연구소, 1996. 5.

이승호, 〈금리·환율의 연관성과 자본이동성〉, 《경제분석》 제3권 제3호, 한국은행 금융경제연구소, 1997. 8.

최장봉, 〈거시금융모형에 의한 금융기관 신용의 파급효과 분석〉, 《재정금융연구》 제2권 제2호, 한국조세연구원, 1995. 12.

홍갑수, 〈시장평균환율제하의 환율과 원화 콜금리 관계분석 – GARCH모형을 이용한 일별관계 분석〉, 《금융경제연구》 제15호, 한국은행 금융경제연구소, 1990. 8.

홍갑수·고용수, 〈우리나라 중심통화지표에 관한 연구〉, 《금융경제연구》 제59호, 한국은행 금융경제연구소, 1993. 8.

한국은행 조사제1부, 〈주요국의 인플레이션목표 관리정책(Inflation Targeting) 운용경험
과 시사점〉, 《조사연구자료》 96-9, 1996. 3.

────, 〈주요 선진국의 통화정책 운용경험〉, 《조사연구자료》 97-9, 1997. 8.

────, 〈주요국의 인플레이션보고서 작성현황〉, 《업무참고자료》 98-2, 1998. 3.

Banco de Espana, *Inafaltion Report*, March 1988.

Bank of Canada, *Monetary Policy Report*, May 1998.

Bank of England, *Inflation Report*, May 1998.

────, "The Interest Rate Transmission Mechanism in the United Kingdom and
Overseas", *Bank of England Quarterly Bulletin*, May 1990.

Bank of Israel, *Inflation Report*, March 1998.

Bowen, Alex, "Inflation Targetry in the United Kingdom", Haldane, Andrew G., ed.,
Targeting Inflation, Bank of England, March 1995.

Bryant, Ralph C., "Model Representations of Japanese Monetary Policy", *Bank of Japan
Monetary and Economic Studies*, Vol. 9, No. 2, September 1991.

Clarida, Richard and Mark Gertler, "How the Bundesbank Conducts Monetary Policy",
NBER Working Paper, No. 5581, May 1996.

Clarida Richard, Jordi Gali and Mark Gertler, "Monetary Policy Rules in Practice : Some
International Evidence", *NBER Working Paper*, No. 6254, November 1997.

Debelle, Guy, "Inflation Targeting in Practice", *IMF Working Paper*, March 1997.

Dueker, Michael J. and Andreas M. Fischer, "Are Federal Funds Rate Change Consistent
with Price Stability? Results from an Indicator Model", *FRB of St. Louis Review*,
January/February 1996.

Duguay, Pierre, "Empirical Evidence on the Strength of the Monetary Transmission
Mechanism in Canada : An aggregate approach", *The Transmission of Monetary Policy
in Canada*, Bank of Canada, 1996.

Estrella, Arturo and Frederic S. Mishkin, "Is There a Role for Monetary Aggregates in
the Conduct of Monetary Policy?", *NBER Working Paper*, No. 5845, November
1996.

Fisher, I., *100% Money*, New Heaven : City Printing Company, 1945.

Friedman, M., "A Monetary and Fiscal Framework for Economic Stability", *American
Economic Review*, June 1948.

────, *A Program for Monetary Stability*, New York, Forham University Press, 1960.

Gerlach, Stefan and Frank Smets, "The Monetary Transmission Mechanism : Evidence
from the G-7 Countries", *BIS Working Paper*, No. 26, April 1995.

Kydland, F. E. and E. C. Prescott, "Rules Rather than Discretion : The Inconsistency of

Optimal Plans", *Journal of Political Economy*, 1977.

Masson, Paul R., Miguel A. Savastano, and Sunil Sharma, "The Scope for Inflation Targeting in Developing Countries", *IMF Working Paper*, October 1997.

McCallum, B. T., "Robustness of Properties of a Rule for Monetary Policy", *Carnegie-Rochester Conference Series on Public Policy* 29, 1988.

Meltzer, Allan H., "Limits of Short-Run Stabilization Policy", *Economic Inquiry*, 1987.

Reserve Bank of Australia, *Semi-Annual Statement on Monetary Policy*, May 1998.

Reserve Bank of New Zealand, *Monetary Policy Statement*, May 1998.

Rudebusch, Glenn D. and Lars E. O. Svensson, "Policy Rules for Inflation Targeting", *NBER Working Paper*, No. 6512, April 1998.

Simons, H. C., "Rules Versus Authorities in Monetary Policy", *Journal of Political Economy*, February 1936.

Sveriges Riksbank, *Inflation Report*, June 1998.

Taylor, John B., *Macroeconomic Policy in a World Economy : From Economic Design to Practical Operation*, 1993.

―――, "The Taylor Rule for Predicting the Fed", *The International Economy*, September/October 1995a.

―――, "The Monetary Transmission Mechanism : An Empirical Framework", *Journal of Economic Perspectives*, Vol. 9, No. 4, Fall 1995b.

Thiessen, Gordon G., "Uncertainty and the Transmission of Monetary Policy in Canada", *The Transmission of Monetary Policy in Canada*, Bank of Canada, 1996.

5 통화정책의 파급시차

김현의

I. 머리말

통화당국이 통화정책 수단을 변경하는 경우 정책의 효과가 통화량, 금리 및 자산가격의 변동을 통해 궁극적으로 실물부문에 파급되기까지의 시차구조를 체계적으로 구명하는 일은 통화정책을 성공적으로 수행하는 데에서 매우 긴요한 과제라고 볼 수 있다.

과거 M. Friedman(1969)이 강조한 바와 같이 통화정책의 효과가 실물경제에 파급되기까지의 시차는 일반적으로 길고 가변적인 것("long and variable lags")으로 인식되고 있다. 따라서 통화당국이 단기적인 시계에 바탕을 두고 통화정책을 재량적으로 운용하면 예상치 않게 경기변동폭이 확대되는 등 바람직스럽지 못한 결과가 초래될 수 있다. 특히 최근 들어 급속한 금융환경의 변

---

* 이 장은 한국은행 《조사통계월보》 2000년 1월호에 실린 논문을 일부 수정 보완하여 전재한 것이다.

화 및 기업·금융 구조조정의 여파로 통화정책의 운용여건이 변하고 있는 점을 감안해 볼 때 통화정책의 파급시차에 관한 더 정도 높은 분석이 그 어느 때보다도 절실히 요구되고 있다. 그러나 우리나라의 경우 아직까지 통화정책의 파급시차에 초점을 둔 체계적인 연구는 그 중요성에 비해 매우 미흡한 실정이다.

이러한 관점에서 이 글은 우리나라의 경우 통화정책이 실물변수 및 인플레이션 등 주요 거시경제변수에 파급되는 시차구조를 실증 분석하는 데 초점을 두었다. 이 논문이 기존 연구(변기석 1984, 이긍희 1992, 오정근 1998)와 다른 점은 다양한 실증분석기법을 이용하여 우리나라 통화정책의 파급시차에 관하여 더 설득력 있고 일관된 분석결과를 도출하였다는 점이다.

이 장의 구성은 다음과 같다. II절에서는 통화정책지표의 식별 및 통화정책의 파급시차 구조에 관한 이론적인 논의를 개관한 다음 III절에서는 통화정책의 파급시차에 관한 주요국의 연구결과를 요약·정리하였고 IV절에서는 우리나라 통화정책의 파급시차를 실증적으로 분석하였다. 마지막으로 V절에서는 주요 실증분석 결과를 요약하고 정책적 시사점을 제시하였다.

II. 통화정책의 파급시차에 관한 이론적 논의

1. 통화정책지표의 식별

통화정책의 파급시차를 분석하기 위해서는 우선적으로 통화당국의 의도적인 정책변경을 잘 포착할 수 있는 통화정책지표(monetary policy indicator)를 식별하는 것이 긴요하다. 그러나 통화당국은 인플레이션 수속 등을 위해 의도적으로 정책을 변경하는 경우뿐만 아니라 실물경제의 변동(통화수요의 변동)을 수용(accommodation)하는 경우에도 통화정책지표를 변경하는 것이 일반적이다(King-Plosser 1984, Bernanke-Blinder 1992). 따라서 콜금리 등 단기금리와 통화총량 등의 변동을 통해 통화당국의 의도적인 정책변경만을 정확하게 포착한다는 것은 현실적으로 어려운 과제이다.

　[그림 1] (A)에서는 통화당국이 콜금리를 운용목표로 관리(비차입지준을 완전 탄력적으로 공급)하는 경우를 상정하고 있다. 이러한 상황에서 만약 은행의 비차입지준(nonborrowed reserve)[1] 수요가 증가하는 경우($D^0_{NBR} \rightarrow D^1_{NBR}$)에 콜금리가 통화정책지표로서의 역할을 수행하기 위해서는 통화당국이 콜금리를 조절하지 않고 주어진 목표 콜금리(r^*_c)를 유지하기 위해 S_{NBR} 에 의해 비차입지준 자금을 완전 탄력적으로 공급할 수 있어야 한다($NBR^0 \rightarrow NBR^1$). 한편 통화당국이 의도적으로 정책을 변경하고자 하는 경우에는 비차입지준의 공급곡선(S_{NBR})을 콜금리 목표(r^*_c)를 중심으로 위 아래로 조정하게 된다(통화긴축시에는 S'_{NBR} 로 상향 조정). 이 경우 콜금리의 변동(S_{NBR} 의 변동)은 통화당국의 의도적인 정책변경에 관한 정보만을, 비차입지준의 변동은 비차입지준 수요의 변동에 관한 정보만을 포착하게 된다.

〔그림 1〕　　　　　　　　　　통화정책지표의 식별

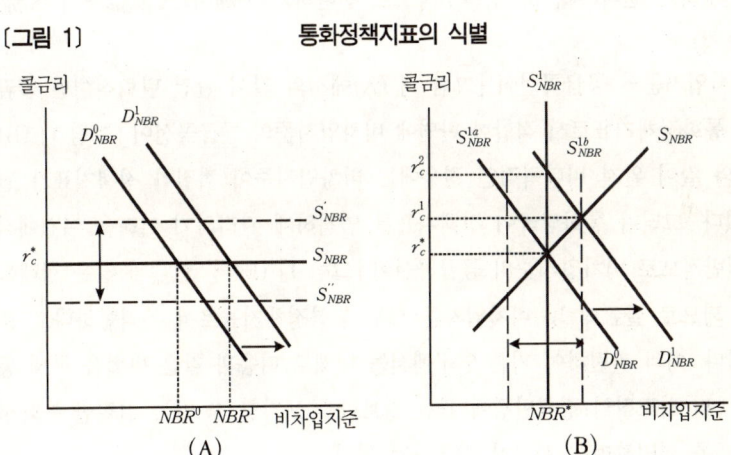

(A)　　　　　　　　　　　　　(B)

1) 비차입지준은 통화당국이 공개시장조작을 통해 자율적으로 조절할 수 있는 은행의 지준자금인 반면에 차입지준은 대체로 은행의 수요에 따라 중앙은행의 재할인창구를 통해 조절된다는 점에서 중앙은행의 입장에서 볼 때 비차입지준에 비해 자율적으로 관리하기가 어려운 지준자금으로 볼 수 있다(Mishkin 1997).

그러나 [그림 1] (B)에서와 같이 비차입지준의 공급곡선이 탄력적이거나 또는 비탄력적인 경우(S_{NBR}) 은행의 지준수요가 증가하면 통화당국이 이를 완전히 중화시키지 못하고 정책지표인 콜금리를 어느 정도 인상하기 때문에 실제 콜금리는 당초 목표(r_c^*)보다 높은 수준(r_c^1)을 유지하게 된다. 이 경우 통화당국은 지준수요의 증가에 대응하여 콜금리의 인상을 허용함으로써 지준수요의 증가를 부분적으로 수용한 것으로 볼 수 있다.

이 밖에도 [그림 1] (B)에서와 같이 비차입지준의 공급곡선이 S_{NBR}^1과 같이 완전 비탄력적인 경우(통화당국이 콜금리 대신 비차입지준을 운용목표로 관리)를 상정할 수 있다. 이러한 상황에서 만약 은행의 지준수요가 증가하는 경우에는 비차입지준 규모가 통화정책지표로서의 역할을 수행하기 위해서는 통화당국이 비차입지준의 목표(NBR^*)를 유지하기 위해 콜금리를 완전 신축적으로 인상($r_c^* \rightarrow r_c^2$)할 수 있어야 한다. 한편 통화당국이 의도적으로 정책을 변경하고자 하는 경우에는 지준수요의 변동에 관계없이 비차입지준 목표를 변경하게 된다(예컨대, 통화긴축으로 전환하기 위해서는 S_{NBR}^1에서 S_{NBR}^{1a}로 조정).

비차입지준의 공급곡선이 [그림 1] (A)에서와 같이 완전 탄력적이면 콜금리가 통화정책지표로서 적합한 반면에 비차입지준의 공급곡선이 [그림 1] (B)에서와 같이 완전 비탄력적인 경우에는 비차입지준이 적절한 정책지표가 될 수 있다. 그러나 통화당국이 정책지표를 엄격하게 관리하기 어려운 여건에서는 일반적으로 비차입지준의 공급곡선이 [그림 1] (B)의 S_{NBR}과 같은 형태를 갖게 되므로 콜금리 및 비차입지준 모두 통화정책지표로서 부적합하다고 볼 수 있다. 이와 관련하여 기존 연구에서는 대체로 다음과 같은 방법을 통해 통화당국의 의도적인 정책변경에 관한 정보만을 포착할 수 있는 적절한 통화정책지표를 식별하려는 시도가 이루어져 왔다.

첫째, 표준 VAR(standard vector autoregression) 또는 구조 VAR(structural vector autoregression ; SVAR) 모형 등을 이용하여 추정한 콜금리(또는 RP금리) 방정식의 교란(innovations)을 통화정책지표의 대용변수로 활용하는 방법이다.[2] 이를 위해서는 먼저 통화당국이 실물경제의 변동(통화수요의 변동)을 수용하는 경우에 고려하는 변수를 선택한 다음 이들 변수가 포함된 통화당국의 피드백 룰(feedback rule)을 설정할 필요가 있다.

둘째, 통화정책에 관련된 역사적 기록 등 광범위한 자료를 바탕으로 통화당국이 인플레이션 수속을 위해 의도적으로 긴축정책으로 전환한 구체적인 통화긴축시점을 선정하는 Romer & Romer(1989, 1990)의 방법(narrative approach)이 있다. 그러나 이 방법을 이용할 경우에는 각 긴축시점 사이에 교란의 상대적인 크기를 측정하기가 어려울 뿐만 아니라 여타 통화완화기에 대한 정보가 사전에 차단되는 문제점이 지적되고 있다.[3]

2. 통화정책의 파급시차 구조

이하에서는 통화정책의 파급시차에 관한 기존의 이론에 입각하여 통화정책이 실물변수 및 인플레이션에 파급되는 과정에서 각 단계별 시차구조를 이론적으로 개관해 보고자 하였다.

가. 통화정책이 금융 및 자산시장에 파급되는 시차구조

통화정책지표의 변동(RP금리 및 지준자금 조정 등)은 매우 짧은 시차를 두고 금융시장의 단기금리에 영향을 미치면서 은행의 우대금리(prime rate), 변동금리부 대출금리 및 예금금리의 변동을 초래하게 된다. 이 경우 여타 단기금리도 대체로 같은 방향으로 변동하는 경향을 보이게 된다(예컨대, 통화긴축에 따른 RP금리 상승시 CD금리 등 여타 단기금리도 상승).[4] 그 다음 단계로

---

2) Bernanke-Blinder(1992), Christiano-Eigenbaum(1992), Christiano-Eigenbaum-Evans(1996, 1998), Bernanke-Mihav(1995, 1996) 등을 참조.

3) Christiano-Eichenbaum-Evans(1996) 참조.

4) 단기금리도 장기금리와 마찬가지로 실질금리 및 기대 인플레이션 부분으로 구성되어 있기 때문에 통화정책의 변경으로 인한 실질수익률(real returns) 및 예상 인플레이션에 대한 정보 변화에 반응하게 된다(Thornton 1998). 그러나 일반적으로 통화정책의 변경은 예상 인플레이션에 긴 시차를 두고 영향을 미치기 때문에 통화정책의 변경에 따른 예상 인플레이션의 변동은 단기금리보다는 주로 장기금리에 반영된다.

금융시장에서 일정한 시차를 갖고 장기금리가 반응하게 된다([그림 2] 참조). 장기금리는 일반적으로 금리 만기구조에 관한 기대이론이 상정하는 바와 같이 현재 및 미래에 예상되는 단기금리 수준에 의해 결정되므로 부분적으로 통화정책지표의 변동이 미래에 예상되는 단기금리에 어떠한 영향을 미치는가에 의해 좌우될 수 있다. 예컨대, 강력한 통화긴축으로 통화정책지표인 RP금리가 상승하는 경우 시장참여자들이 이를 통화당국의 강력한 긴축의지로 받아들여 기대 인플레이션을 하향 조정함으로써 미래에 예상되는 단기금리가 현재의 금리수준보다 하락할 것으로 판단하면 장기금리는 단기금리에 비해 그 상승폭이 매우 낮거나 오히려 낮아질 수도 있다.

장기금리의 변동은 일반적으로 장기금리와 逆의 관계에 있는 주식, 채권 등 장기 금융자산 및 실물자산 가격에 직접적으로 영향을 미친다.[5]

또한 통화정책지표(분석의 편의상 RP금리로 가정)의 변동은 매우 짧은 시차를 두고 환율에 영향을 미치는데 이 경우 환율의 변동은 일정 시차를 두고 국내외 재화 및 용역의 상대가격에 직접적으로 영향을 미치게 된다. 특히 환율의 변동은 일정 시차를 두고 직접적으로 수입상품 및 수입원자재 가격에 영향을 미쳐 인플레이션에 파급된다.

이 밖에도 통화정책지표의 변동은 매우 짧은 시차를 두고 미래의 실물경제 활동에 대한 시장참여자의 기대형성에 영향을 미치게 되는데 그와 같은 기대는 통화정책의 신뢰성 및 투명성이 낮을수록 불확실해질 수 있다. 예를 들어, 통화당국이 RP금리를 인상하는 경우 시장참여자들이 향후 실물경제가 당초 예상보다 빠르게 성장할 것으로 판단할 수 있으나 만약 RP금리의 인상을 실물경제의 과열 및 인플레이션을 우려한 통화당국의 긴축의지로 받아들이게 되면 미래의 실물경제 활동에 대한 전망치는 오히려 낮아질 수 있다.

---

[5] 일반적으로 금리의 변동과 자산(주식 및 부동산 등) 가격과는 陰의 관계를 보이는데, 이를 수식화하면 다음과 같다. 즉, 자산가격(자산가치) $P_{a,t} = D_t/(r-g)$로 나타낼 수 있다. 여기서 D_t는 자본수익률(배당금)을, r은 할인률(금리)을, g는 자본수익 증가율(배당금 증가율)을 각각 나타낸다.

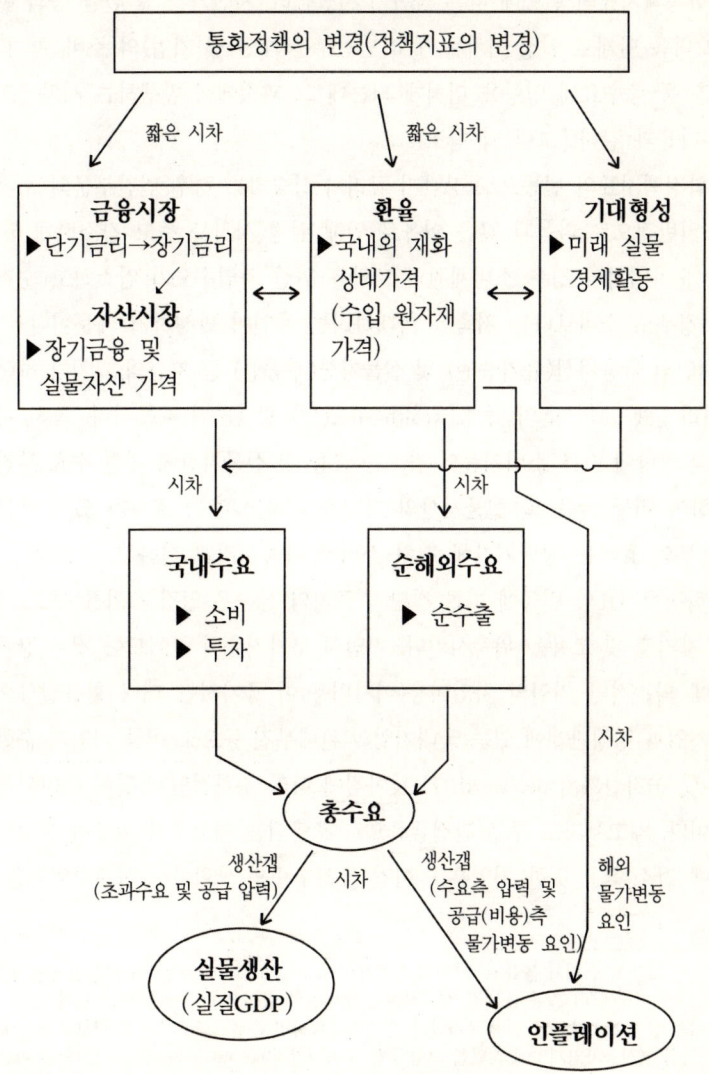

나. 금융·외환시장에서 총수요에 파급되는 시차구조

통화정책지표의 변동에 따른 장단기 시장금리, 자산가격 및 환율 등의 변동
은 그 다음 단계로 일정 시차를 두고 민간부문(개인 및 기업)의 소비, 투자 및
순수출 등 총수요에 영향을 미치게 되는데 그 과정에서 발생하는 시차구조를
보면 다음과 같다([그림 2] 참조).

통화정책지표의 변동으로 장단기 금리가 상승하는 경우 민간부문의 소비지
출은 일반적으로 다음과 같은 이유로 인해 일정 시차를 두고 감소하게 된다.
첫째, 순차입자의 경우 소비재원의 조달을 위한 차입수요가 감소하고 순저축
자의 경우도 소비보다는 저축을 확대하려는 유인이 발생하기 때문이다.[6] 둘
째, 개인의 금융자산(유가증권) 및 실물자산(부동산) 등 자산의 가치가 하락함
에 따라 陰(－)의 富의 效果(wealth effect)가 발생하기 때문이다. 특히 자산
가치의 하락에 따른 소비지출의 감소는 금융 및 실물자산에 대한 수요 부진을
초래하여 이들 금융 및 실물자산의 가격을 더욱 낮추는 효과가 있기 때문에
陰의 부의 효과는 상당기간에 걸쳐 소비를 위축시키게 된다.[7]

통화정책지표의 변동에 따른 장단기 금리의 상승은 일정 시차를 두고 기업
의 투자지출 및 고용을 위축시킨다. 기업의 투자지출이 줄어드는 것은 장단기
차입에 의존적인 기업의 차입비용(이자비용)이 증가하는 데다 환율절상으로
외국기업과 경쟁관계에 있는 국내기업의 판매부진 등으로 이들 기업의 순현금
흐름 및 순자산가치(net worth)가 낮아짐에 따라 추가적인 차입이 어려워지기
때문이다. 재고투자도 주로 간접금융으로 조달되는 재고투자 비용이 상승하기
때문에 감소한다. 또한 기업은 높아진 금리수준을 상회하는 한계수익률을 유

---

6) 이러한 결과는 금리가 높을 경우(기대 인플레이션이 일정하다고 가정) 현재의 소비를 포기하
   는 대신 미래에 더 많은 소비를 향유하려는 소비자의 합리성에 바탕을 두고 있다.
7) 금리의 상승으로 부동산 등 실물자산의 가격이 하락하면 은행으로부터 이를 담보로 대출을 받
   은 차입자(신용차입계약에 직면한 차입자)는 순자산가치(net-worth)의 감소로 인해 더 이상 차
   입이 어려짐에 따라 소비 및 실물자산에 대한 투자를 줄이게 된다. 그 결과 실물자산의 가격
   및 순자산가치가 하락할 뿐만 아니라 소비 및 투자도 더욱 감소하는 현상이 반복적으로 지속
   될 수 있다. 이에 관한 더 자세한 이론적 논의로는 Bernanke-Gertler-Gilchrist(1998)의 '금융 가속
   인자 이론(financial accelerator)' 및 Kiyotaki-Moore(1997)의 신용주기(credit cycles) 이론 등을 참조.

지하기 위해 신규 고용을 감축하는 경향이 있기 때문에 고용수준도 줄어든다. 이 밖에 앞서 언급한 바와 같이 통화정책지표의 변동이 기업의 미래 실물경제에 대한 기대에 미치는 효과는 다소 불확실하지만 그와 같은 기대는 기업의 주요 투자결정 요인이 될 수 있다.

순해외상품 수요(순수출)는 환율절상으로 국내상품보다 국외상품의 가격이 상대적으로 낮아짐에 따라 감소하게 된다.

다. 총수요에서 실질 GDP 및 인플레이션에 파급되는 시차구조

민간부문의 소비 및 투자지출에 정부의 소비지출 및 무역수지(순수출)를 합하면 총수요가 되는데 이러한 총수요의 변동이 실질 GDP에의 변동을 초래하기까지는 일정 시차가 소요된다. 실질 GDP는 단기적으로 생산갭(output gap), 총수요와 잠재 GDP와의 차가 변동함에 따라 영향을 받게 된다. 즉, 총수요가 감소함으로써 잠재 GDP 수준보다 낮아지면 기업은 정상가동률 이하로 생산을 유지하기 위해 고용감축과 함께 생산(실질 GDP)을 줄이게 된다. 한편 인플레이션은 수요 및 비용 측면에서의 물가하락 요인이 현재화되면서 완만하게 반응하는 경향을 보인다. 그 과정을 더 구체적으로 살펴보면, 총수요가 줄어드는 데 따른 초과공급의 발생은 가격 및 수량조정과정을 통해 일정 시차를 두고 수요측 물가하락 요인으로 작용하게 된다. 또한 비용측면에서의 물가하락 압력은 초과공급 상태에서 실물생산이 감소함에 따라 단위당 노동 및 요소비용이 낮아지는 과정에서 발생하는 공급측 물가하락 요인과 환율절상에 따른 해외물가 하락요인의 상호작용에 의해 결정된다고 볼 수 있다([그림 2] 참조).

Ⅲ. 통화정책의 파급시차에 관한 주요국의 분석결과

이하에서는 통화정책의 효과 및 파급시차에 관한 주요국(미국, 영국, 독일, 일본, 뉴질랜드)의 연구결과를 요약 정리한 다음 통화정책의 파급시차에 관하여 주요국의 연구결과에 나타난 보편적인 현상(stylized facts)을 도출해 보고자 하였다.

1. 미 국

Brayton-Mauskopf(1987)는 미 연준의 MPS 모형을 이용한 모의실험(simulation)을 통해 통화정책의 거시경제적 효과 및 파급시차를 분석하였다. 이 분석에 따르면, M1이 영속적으로 1% 증가할 경우 4분기 후에 실질 GNP은 1.2% 증가하고 실업률은 0.4%포인트 하락하며 실질 GNP는 5분기부터 매우 완만하게 감소하여 8분기 말에는 1.1%, 12분기 말에는 0.5%로 증가율이 둔화되는 것으로 나타났다. 한편 인플레이션율(GDP에 디플레이터 기준)은 4분기까지 거의 반응하지 않다가 점차 빠른 속도로 계속 상승하여 8분기 후에는 0.6%포인트, 12분기 후에는 1.4%포인트에 달하는 것으로 나타났다. 또한 M1이 증가함에 따라 단기금리는 0.23%포인트, 장기금리는 0.08%포인트 낮아짐으로써 단기금리가 장기금리에 비해 통화정책의 변동에 더 민감하게 반응하는 것으로 나타났다.

Bernanke-Blinder(1992)는 SVAR 모형의 충격반응함수를 이용하여 통화정책지표의 변동이 기업의 자금조달 및 실업률 등에 미치는 효과를 분석하였다. 분석 결과에 따르면 페더럴펀드 금리가 1%포인트 상승할 경우 실업률이 대체로 8개월까지는 거의 반응하지 않다가 9개월부터 완만하게 상승하여 약 24개월 후에 최고 0.2%포인트 수준에 달한 다음 다시 원래 수준으로 복귀하는 모습을 보였다.

Smets(1995)는 주요 선진국(G-7) 및 여타 유럽 선진국을 대상으로 통화정책의 파급효과에 관한 분석을 시도하였다. 미국의 경우 SVAR 모형의 충격반응함수를 이용한 분석결과에 따르면 페더럴펀드 금리를 일시적으로 2년간 실제치보다 1%포인트 인상할 경우 실질 GDP는 즉시 감소하기 시작하여 4분기 후에 약 0.75% 낮아지고 10분기 후에는 1.5% 정도까지 낮아진 다음 완만하게 원래의 수준으로 복귀하였다. 인플레이션율(CPI 기준)은 4분기까지 거의 반응하지 않다가 5분기부터 매우 완만하게 하락하기 시작하여 8분기 후에 약 0.8~0.9포인트 낮아지고 이러한 하락추세가 계속되는 것으로 나타났다.

Christiano-Eichenbaum-Evans(1996)도 SVAR 모형의 충격반응함수를 이용하여 분석하였다. 이들의 분석결과에 따르면 통화정책지표로 사용된 페더럴펀드 금리가 1%포인트 상승할 경우 실질 GDP는 약 2분기 후부터 감소하기 시작하여 약 7분기 후에 0.65% 정도 감소한 다음 감소율이 12분기 후에는 완만하게 둔화되었으며 실업률도 2분기 후부터 상승하기 시작하여 12분기 후에는 0.10~0.15%포인트 정도 상승하는 것으로 나타났다. 한편 인플레이션율(GDP에 디플레이터 기준)은 6분기까지는 거의 반응하지 않다가 7분기부터 지속적으로 하락하는 것으로 나타났다.

Rudebusch-Svensson(1998)은 총수요(IS곡선) 및 총공급('필립스 곡선') 방정식을 이용한 모의실험을 통해 통화정책이 총수요 및 인플레이션율에 미치는 효과 및 파급시차를 분석하고 이를 미 연준의 MPS 모형을 이용한 모의실험 결과(Mauskopf, 1995)와 비교한 바 있다. 이 분석 결과를 더 구체적으로 살펴보면, 미 연준이 페더럴펀드 금리를 일시적으로 2년간 실제치보다 1%포인트 인상할 경우 생산갭(실질 GDP − 잠재 GDP)은 4분기 후에 0.07%포인트 하락하며 8분기 후에는 0.41%포인트, 12분기 후에는 0.66%포인트로 계속 낮아지는 모습을 보였다. 한편 인플레이션율(GDP chain-weighted price index 기준)은 4분기까지는 반응하지 않다가 8분기 후에 0.08%포인트 낮아져 매우 미약한 반응을 보이다가 12분기 후에는 0.25%포인트 하락하는 것으로 나타났다. Mauskopf(1995)의 분석 결과에서는 생산갭이 4분기 후에 0.07%포인트, 8분기 후에 0.45%포인트, 12분기 후에 0.99%포인트 낮아져 Rudebusch-Svensson의 분석 결과와 비교할 때 8분기 후부터 총수요가 더 큰 폭으로 감소하는 것으로 나타났다. 또한 인플레이션율의 경우 4분기까지는 반응하지 않다가 8분기 후에 0.03%포인트, 12분기 후에 0.26%포인트 낮아지는 것으로 나타나 Rudebusch-Svensson과 매우 유사한 결과를 도출하였다.

〔그림 3〕 **기준금리 인상이 인플레이션율과 실질 GDP에 파급되는 시차구조**

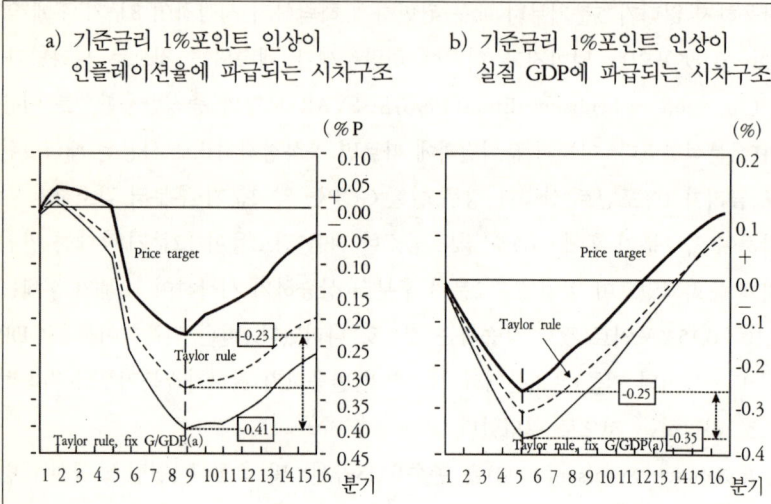

a) 기준금리 1%포인트 인상이
   인플레이션율에 파급되는 시차구조

b) 기준금리 1%포인트 인상이
   실질 GDP에 파급되는 시차구조

1) 굵은 실선("Price target")은 모의실험 분석에서 물가수준 목표 달성을 위한 통화정책 준칙을 이용한 경우에 도출된 결과
2) 가는 점선("Taylor rule")은 모의실험 분석에서 Taylor 준칙을 통화정책의 준칙으로 이용하고 실질 정부지출(g)이 고정된 것으로 가정할 경우에 도출된 결과(benchmark case)
3) 가는 실선("Taylor rule, fix G/GDP")은 모의실험 분석에서 Taylor 준칙과 함께 정부지출(G)의 對 GDP 비율이 고정된 것으로 가정할 경우에 도출된 결과

자료 : *Economic Models at the Bank of England*, Bank of England(1999.4)

2. 영 국

Smets(1995)는 앞서 미국의 경우에서와 같이 SVAR 모형의 충격반응함수를 이용하여 영국의 통화정책 파급효과를 분석하였다. 그 결과에 의하면 기준금

리(14일물 repo금리)를 일시적으로 2년간 실제치보다 1%포인트 인상할 경우 실질 GDP는 즉시 감소하기 시작하여 10분기 후에 약 1.0% 정도까지 낮아진 다음 완만하게 원래 수준으로 복귀하는 것으로 나타났다. 인플레이션율(CPI 기준)은 이례적으로 10분기까지 미약한 상승추세를 보이다가 10분기 후에 하락세로 반전하여 계속 낮아지는 것으로 나타났다.

영란은행(1999)은 자체 거시계량모형에 의한 모의실험 분석을 통해 기준금리(14일물 repo금리)가 변동할 경우 실질 GDP 및 인플레이션율에 미치는 효과 및 파급시차를 분석한 바 있다([그림 3] 참조). 그 결과에 따르면 기준금리를 1년간 1%포인트 인상할 경우 실질 GDP는 즉시 감소하여 5분기 후에 최저 0.25~0.35% 정도 줄어든 다음 원래 수준으로 복귀하는 반응행태를 보였다. 반면에 인플레이션율(GDP 디플레이터 기준)은 4분기까지는 거의 반응하지 않지만 4분기 후부터 비교적 빠른 속도로 낮아져서 9분기 후에 최저 0.23~0.41%포인트 정도 하락하는 것으로 나타났다.

3. 독 일

Bernanke-Mihov(1996)는 4개 변수 구조 VAR(structural VAR ; SVAR) 모형을 이용하여 독일의 통화정책지표(콜금리 및 롬바르트금리)가 1%포인트 상승할 경우 산업생산지수와 인플레이션율(CPI 기준)에 미치는 동태적 효과를 분석하였다. 이 분석 결과에 의하면 독일 중앙은행이 롬바르트금리를 1%포인트 인상함에 따라 산업생산지수는 처음 3~4개월 동안은 일시적으로 증가하다가 5개월부터 감소하기 시작하여 약 8~9개월 후에 0.45% 정도 감소한 다음 다시 완만하게 원래 수준으로 복귀하였다. 한편 인플레이션율은 약 20개월 정도 지난 후에 하락하기 시작하여 계속 낮아지는 추세를 보였다.

Smets(1995)의 SVAR 모형을 이용한 분석 결과에 따르면 독일의 단기금리를 일시적으로 2년간 실제치보다 1%포인트 인상할 경우 실질 GDP는 즉시 감소하기 시작하여 14분기 후에 약 1.6~1.7% 정도까지 낮아진 다음 이 수준을 계속 유지하는 것으로 나타났다. 인플레이션율(CPI 기준)은 4분기까지 거의 반응하지 않다가 5분기부터 계속 낮아져서 8분기 후에 0.7%포인트 낮아지고 12분기 후에 1.5%포인트 정도 하락하는 것으로 나타났다.

4. 일 본

Kazuo-Shimizu(1995)는 일본은행의 거시계량모형(BOJMOD)을 이용한 모의실험 분석을 통해 일본의 통화정책 파급효과 및 시차를 분석하였다. 그 결과를 보면 콜금리를 일시적으로 2년간 1%포인트 인상할 경우 실질 GDP는 즉시 반응하기 시작하여 4분기 후에 0.16%, 8분기 후에 0.70%, 12분기 후에 1.23%까지 낮아지고 이와 비슷한 수준(-1.16%)을 16분기까지 유지한 다음 점차 높아져 20분기 후에는 0.59% 감소하는 것으로 나타났다. 인플레이션율(CPI 기준)은 4분기까지는 매우 미약하게 반응하여 0.02%포인트 하락하는 데 그치고, 5분기부터 매우 완만하게 낮아져 8분기 후에 0.11%포인트, 12분기 후에 0.25%포인트, 16분기 후에 0.37%포인트로 계속 하락하는 모습을 보였다.

Smets(1995)의 SVAR 모형을 이용한 분석결과에 의하면 일본의 콜금리를 일시적으로 2년간 실제치보다 1%포인트 인상할 경우 실질 GDP는 처음 3분기까지 소폭 낮아진 후에 4분기부터 지속적으로 낮아져 8분기 후에 0.6%, 12분기 후에 약 1.2% 정도 낮아지고 이와 비슷한 수준으로 계속 감소하는 추세를 보였다. 인플레이션율(CPI 기준)은 8분기까지 매우 미약하게 반응(0.1～0.2%의 正의 값을 시현)하다가 9분기부터 다소 빠른 속도로 낮아지기 시작하여 12분기 후에 약 1.0%포인트, 16분기 후에 1.7～1.8%포인트 하락하는 것으로 나타났다.

각국의 통화정책 파급효과 및 시차에 관한 연구결과

[표 1]

구분	연구자, 모형 및 통화정책지표	반응변수	통화정책의 파급효과 및 시차				
			4분기	8분기	10분기	12분기	16분기
미 국	·Brayton-Mauskopf(1987) 연준의 MPS 모형 정책지표 : M1 1% 증가	실질 GNP	△1.2%	△1.1%		△0.5%	
		실업률	▽0.4%P				
		인플레이션(GDP 디플레이터 기준)	―	△0.6%P		△1.4%P	
	·Mauskopf(1995) 연준의 MPS 모형 정책지표 : 페더럴펀드 금리 1%P 인상	GDP 갭	▽0.07%P	▽0.45%P		▽0.99%P	
		인플레이션	―	▽0.03%P		▽0.26%P	
	·Bernanke-Blinder(1992) SVAR 모형 정책지표 : 페더럴펀드 금리 1%P 상승	실업률	2분기후 완만하게 반응	△0.2%	원래 수준 복귀		
	·Smets(1995) SVAR 모형 정책지표 : 페더럴펀드 금리 2년간 일서적으로 1%P 인상 (CPI 기준)	실질 GDP	▽0.75%	↗	▽1.5%	원래 수준으로 복귀	
		인플레이션율	―	▽0.8%P	↗	↗	↗
	·Christiano et al.(1996) SVAR 모형 정책지표 : 페더럴펀드 금리 1%P 상승	실질 GDP	2분기후 감소	▽0.65% (7분기)	6분기 후 계속 하락		
		인플레이션(GDP 디플레이터 기준)	―			↗	
	·Rudebusch-Svensson(1988) 총수요 및 총공급 방정식 정책지표 : 페더럴펀드 금리 2년간 일서적으로 1%P 인상	GDP 갭	▽0.07%P	▽0.41%P		▽0.66%P	
		인플레이션(GNP-CW price index 기준)	―	▽0.08%P		▽0.25%P	

주 : △는 증가(또는 상승), ▽는 감소(또는 하락), ↗는 계속 증가(또는 상승), ↘는 계속 감소(또는 하락), ―는 반응하지 않음, %P는 포인트.

구별	연구자, 모형 및 통화정책지표	반응변수	통화정책의 파급효과 및 시차				
			4분기	8분기	10분기	12분기	16분기
영국	•Smets(1995) SVAR 모형 정책지표 : 시장개입금리 (2주 만기 repo 금리) 2년간 일시적으로 1%P 인상	실질 GDP	↗	↗	▽1.0%	원래 수준 복귀	
		인플레이션율(CPI 기준)			10분기후 계속 하락		
	•영란은행(1999) 거시계량모형 정책금리 : 시장개입금리 1년간 1%P 인상	실질 GDP	▽0.2~0.35% (5분기후)		원래 수준 복귀		
		인플레이션율(GDP 디플레이터 기준)	4분기후 하락 ▽0.2~0.4%P(9분기 후)	↑			
독일	•Bernanke-Mihov(1996) SVAR 모형 정책지표 : 롬바르드 금리 1%P 인상	산업생산	5개월 후 감소 시작 원래 수준 복귀		▽0.45% (8-9개월 후)		
		인플레이션율 (CPI 기준)		20개월 후 하락 지속			
	•Smets(1995) SVAR 모형 정책지표 : 롬바르드 금리 2년간 일시적으로 1%P 인상	실질 GDP	↗	↗	↗	▽1.6-1.7% (14분기)	→
		인플레이션율 (CPI 기준)	—	▽0.7%P	↗	▽1.5%P	↗
일본	•Kazuo-Shimizu(1995) 거시계량모형(BOJMOD) 정책지표 : 콜금리 2년간 일시적으로 1%P 인상	실질 GDP	▽0.16%	▽0.70%		▽1.23%	↑
		인플레이션율 (CPI 기준)	—	▽0.11%		▽0.25%	▽0.37%
	•Smets(1995) SVAR 모형 정책지표 : 콜금리 2년간 일시적으로 1%P 인상	실질 GDP	4분기후 감소	▽0.6%		▽1.2%	↑
		인플레이션율 (CPI 기준)	—		↗	▽1.0%P	▽1.7%P

구분		변수			
선진 렌드	·중앙은행(1992) 가시계량모형 정책수단 : 90일물 실질금리 1년간 1%P 인하	실질 GNP		△0.5%	
		고용		△0.3%	
		인플레이션율(CPI 기준)	△0.7%P		△1.6%P
한 국	·이근희(1992) 물가모형 정책지표 : 콜금리 1년간 실제치보다 1%P 인하	실질 GDP	△0.21%	△0.28%	
		인플레이션율(CPI 기준)	—	△0.13%P	△0.18%P
	·오정근(1998) 표준 VAR(6변수) 모형 정책지표 : 콜금리 1%P 상승	인플레이션율(CPI 기준)	▽0.1%P (7~8개월)	↗	▽0.07- 0.08%P
	·김현의·정의준(1997) 팔립스구선 인플레이션 모형 총통화(M2) 1% 상승	인플레이션율(CPI 기준)	△0.51% (8분기중)		—

주 : △는 증가(또는 상승), ▽는 감소(또는 하락), ↗는 계속 증가(또는 상승), ↘는 계속 감소(또는 하락), —는 반응하지 않음, P는 포인트

5. 뉴질랜드

뉴질랜드 중앙은행(Reserve Bank)은 거시계량모형에 의한 모의실험을 통해 90일물 실질금리를 1%포인트 인하함에 따라 주요 거시경제변수에 파급되는 효과를 분석한 바 있다(1992). 이 분석 결과에 따르면 90일물 실질금리를 일시적으로 1년간 1%포인트 인하할 경우 민간투자의 증가 및 가동률의 상승에 주도되어 12분기 후에 민간부문 생산은 0.5%, 고용은 0.3% 증가하는 것으로 나타났다. 한편 90일물 실질금리를 일시적으로 1%포인트 인하할 경우 명목환율은 빠른 속도로 절하됨에 따라 4분기 후에 1.6% 낮아지며 그로 인한 무역재가격 및 단위노동비용 상승으로 인플레이션율(CPI 기준)도 계속 상승하여 4분기 후에 0.7%포인트, 12분기 후에 1.6%포인트 높아지는 것으로 나타났다.

6. 한 국

우리나라의 경우 이긍희(1999)는 물가모형을 이용한 모의실험을 통해 콜금리의 변동이 실질 GDP 및 인플레이션율 등에 미치는 가상적인 파급시차를 계측한 바 있다. 이 분석 결과에 따르면 콜금리를 1년간 실제치보다 1%포인트 인하할 경우 실질 GDP는 콜금리 하락에 따른 회사채 유통수익률의 하락으로 가용자금 및 금융자산이 늘어나고 소비 및 투자수요가 확대되는 데 기인하여 4분기 후에 0.21%, 8분기 후에 0.28%까지 증가한 다음 총수요 압력에 따른 물가상승으로 負의 실질잔고 효과가 나타나면서 급속하게 낮아지는 것으로 나타났다. 한편 인플레이션율(CPI 기준)은 4분기까지는 그 영향이 매우 미미하나 8분기부터는 수요압력이 현재화되면서 0.13%포인트 상승하고 이러한 상승세가 지속되어 12분기 후에 0.18%포인트 상승한 다음 완만하게 낮아지는 것으로 나타났다.

오정근(1998)은 6변수로 구성된 표준 VAR 모형을 이용하여 통화정책지표인 콜금리 상승에 의한 물가하락 효과를 분석하였다. 그 결과에 의하면 콜금리가 1%포인트 상승할 경우 소비자물가상승률은 7~8개월 후에 0.1%포인트 정도 하락한 다음 0.07~0.08%포인트 수준의 하락세가 장기간 지속되는 것으로 나타났다.[8]

김현의·정익준(1997)은 필립스곡선에 기초한 축약형 인플레이션 모형을 이용하여 통화량(M2)의 변동이 인플레이션율에 미치는 효과를 분석한 바 있다. 이 분석 결과에 따르면 M2 증가율이 1%포인트 상승하면 인플레이션율(CPI 기준)은 2년간(8분기)에 걸쳐 약 0.51%포인트 정도 상승하는 것으로 나타났다.

이상에서 4개 주요국과 뉴질랜드 및 우리나라를 중심으로 통화정책의 파급효과 및 시차에 관한 주요 연구결과를 살펴보았다. 그러나 각국마다 모의실험을 위해 사용된 모형, 각 모형의 파급경로에 대한 가정 및 제약조건, 통화정책지표 및 금융·실물변수의 선택, 금융 및 경제여건 등이 상이하기 때문에 통화정책의 파급시차에 관한 각국의 분석 결과를 일률적으로 비교하는 데에는 어려움이 있다. 이러한 점을 감안하여 각국의 분석 결과에 나타난 주요 보편적인 현상만을 요약하면 다음과 같다.

첫째, 통화정책의 파급시차에 관해서는 통화정책이 실물변수(실질 GDP)에는 비교적 일찍 파급(늦어도 2분기 이내)되며 그 효과가 최고수준에 달하기까지는 빠른 경우 3~5분기 후이고 늦은 경우 8~12분기(대부분 10~12분기) 정도의 시차를 갖는 것으로 나타났다. 통화정책이 인플레이션율(GDP 디플레이터 또는 CPI 기준)에는 대체로 4분기 이후(늦은 경우 6분기 또는 8분기 이후)부터 매우 완만하게 영향을 미치기 시작하여 그 효과가 실물변수에 비해 더 긴 기간에 걸쳐 지속되는 것이 특징이다.

둘째, 통화정책이 실물변수 및 인플레이션율에 미치는 효과를 보면 각 분석 결과마다 차이는 있으나 12분기에 국한하여 볼 때 통화정책지표가 1%포인트 변동할 경우 실질 GDP(또는 실질 GNP)에 미치는 효과는 최고수준에 달한

---

8) 이러한 결과는 여타 국가에서 공통적으로 나타난 바와 같이 인플레이션이 통화정책지표의 변동에 상당기간에 걸쳐 거의 반응하지 않는 시차 패턴과는 다소 상이한 것으로 볼 수 있다.

시점에서 낮게는 0.2~0.3%, 대부분 0.7~1.2%, 높게는 1.5~1.7% 수준을 나타내고 있다. 인플레이션율은 거시계량모형을 이용할 경우 통화정책지표가 1%포인트 변동하면 12분기 중에 대부분 0.2~0.4%포인트 범위에서 변동하며 SVAR 모형을 이용할 경우에는 12분기 후에 1.0~1.5%포인트 정도 변동하는 것으로 나타나고 있다.

Ⅳ. 우리나라 통화정책의 파급시차에 관한 실증분석

이 절에서는 통화정책지표의 변동이 실물생산 및 인플레이션율에 파급되는 시차분석을 위해 먼저 실물생산(실질 GDP) 및 인플레이션에 관한 축약형 단일 행태방정식(총수요 및 총공급 함수)을 이용하여 정책모의실험(simulation)을 시도하였다. 아울러 표준 VAR 모형(standard VAR)의 충격반응함수를 이용하여 통화정책의 파급시차를 분석하였다.

1. 총수요 및 총공급식을 이용한 파급시차의 정책모의실험

이하에서는 통화정책 지표의 변동이 실질 GDP 및 인플레이션율에 파급되는 시차구조를 계측하기 위해 Rudebusch-Svensson(1998)의 총수요(IS곡선) 및 총공급(필립스 곡선) 방정식을 원용하여 정책모의실험을 실행하였다.

총수요는 실물생산과 단기금리와의 관계를 나타내며 총공급곡선은 인플레이션율과 초과수요 압력을 측정하는 생산갭(output gap)과의 관계를 나타내는데 이들 방정식은 아래 식 (1)~(2)와 같이 나타낼 수 있다.

총공급식 : $\pi_t = \sum_{j=1}^{5} \alpha_j \pi_{t-j} + \beta_0 y_{t-1} + \varepsilon_t$ (1)

총수요식 : $y_t = \beta_1 y_{t-1} - \gamma(i_{t-1}^a - \pi_{t-1}^a) + \eta_t$ (2)

여기서 π_t는 인플레이션율(CPI 기준), 즉 $100*(\ln CPI_t - \ln CPI_{t-1})$, y_t는 실제 실질 GDP(Q_t)와 잠재 GDP(Q_t^*) 간의 갭, 즉 $100(Q_t - Q_t^*)/Q_t^*$,[9] i_t^a는 4분기 평균 단기금리(통화당국의 정책금리로 콜금리를 이용), 즉 $\frac{1}{4}(\sum_{j=0}^{3} i_{t-j})$, π_t^a는 4분기 평균 인플레이션율, 즉 $\frac{1}{4}(\sum_{j=0}^{3} \pi_{t-j})$를 각각 나타낸다.

위의 (1) ~ (2)식의 유용성은 이와 관련된 기존 모형에 비해 변수간에 좀더 다양한 단기 동학적 관계(dynamics)를 살펴볼 수 있을 뿐만 아니라 통화정책이 실물경제에 파급되는 효과를 포착할 수 있다는 점이다. 이 밖에도 위 모형은 미국 영국 등 주요 선진국 중앙은행이 사용하는 실용적인 거시계량모형(MPS 모형)의 특성을 반영하고 있기 때문에 통화정책의 파급시차 등에 관하여 각국별로 비교하는 데 유용하다.

위의 (1)식에서 인플레이션율은 1기전 생산갭과 인플레이션율 자체 변수의 5개 시차항의 함수이며, 기대 인플레이션율은 기대부 필립스 곡선(Phillips curve)[10]에서와 같이 자기회귀 형태에 입각한 적응적 기대에 따라 결정되는 것으로 가정하였다. (2)식에서는 생산갭이 자체변수의 1개 시차항과 4분기 평균 단기금리(콜금리)와 4분기 평균 인플레이션율과의 차, $(i_{t-1}^a - \pi_{t-1}^a)$에 의해 결정되는 것으로 가정하고 있다. 특히 (2)식에서는 $(i_{t-1}^a - \pi_{t-1}^a)$항에 의해 통화당국의 정책지표 변경이 생산갭, 즉 실물경제에 파급되는 효과 및 시차를 측

---

9) 실증분석을 위해 실질 잠재 GDP 대신 Hodrick-Prescott filter 추세치를 이용하였다.

10) 필립스 곡선 유형의 인플레이션 모형은 아래 (1)식의 명목임금상승률과 실업률(생산갭) 간의 기대부 필립스 곡선과 (2)식의 마크업(mark-up)에 따른 물가 결정식에 의해 도출될 수 있다 (Gordon 1985, 1990).

$$\Delta W_t = \gamma U_t + \Delta p^e \qquad (1)$$
$$\Delta p_t = \alpha(\Delta W_t - \Delta\theta_t) + \beta\Delta p_t^{IM} + \rho\Delta(ygap_t) \qquad (2)$$

(1)식에서 Δp^e는 기대 인플레이션을, (2)식에서 $\Delta W_t - \Delta\theta_t$는 단위당 노동비용($\theta$는 생산성 증가율), ΔP^{IM}는 수입물가를 각각 나타내며 마크업율(ρ)은 생산갭의 증가함수로 상정하였다. (1)식과 (2)식을 결합한 다음 실업률(U)을 생산갭 (ln실질GDP-ln실질잠재GDP)으로 대체하여 인플레이션율(Δp)에 관해 정리하면 (3)식과 같이 나타낼 수 있다.

$$\Delta p_t = a\Delta p^e + \delta ygap_t + S_t \qquad (3)$$

(3)식에서 S는 공급측 물가상승요인(단위당 노동비용, 수입물가 등)을 의미하며 적응적(adaptive)인 예상 인플레이션을 감안하면 (3)식은 (4)식과 같이 나타낼 수 있다.

$$\Delta p_t = \sum_i \beta_i \Delta p_{t-i} + \delta ygap_t + S_t \qquad (4)$$

정할 수 있다는 점에 주목할 필요가 있다. 먼저 (1)식과 (2)식을 각각 OLS로 추정한 다음 각 추정식의 추정계수를 바탕으로 통화정책지표를 실제치보다 1%포인트 인상할 경우 실질 GDP 및 인플레이션율에 미치는 효과 및 파급시차를 모의실험 분석을 통해 파악하고자 하였다.

1983년 1/4분기~1999년 2/4분기에 걸쳐 (1)식과 (2)식을 각각 OLS로 추정한 결과는 다음과 같다.

$$\pi_t = 1.0916\pi_{t-1} - 0.1144\pi_{t-2} - 0.1290\pi_{t-3} - 0.9611\pi_{t-4}$$
$$\quad\ (10.50) \qquad\quad (-0.67) \qquad\quad (-0.70) \qquad\quad (-5.23)$$

$$+ 0.7117\pi_{t-5} + 0.1435y_{t-1} + \varepsilon_t$$
$$\ \ (5.75) \qquad\quad\ (2.94)$$

$$\mathrm{SE} = 0.8749, \quad \mathrm{D.W.} = 2.26$$

$$y_t = 0.7126y_{t-1} - 0.2307(i^a_{t-1} - \pi^a_{t-1}) + \eta_t{}^{11)}$$
$$\quad\ (7.87) \qquad\quad\ (-1.80)$$

$$\mathrm{SE} = 1.5751, \quad \mathrm{D.W.} = 2.10$$

위의 추정식의 추정계수를 바탕으로 세 가지 경우를 상정하여 통화정책변수인 콜금리의 상승이 실질 GDP 및 인플레이션율(π_t)에 미치는 효과 및 파급시차를 모의실험한 결과는 다음과 같다.[12)]

---

11) 총수요 방정식에서 생산갭(y_t)의 2기전 시차항(y_{t-2})과 3기전 시차항(y_{t-3})을 포함하여 추정할 경우 통계적 유의성이 없는 것으로 나타나 제외하였다.
12) CPI 지수 대신 GDP 디플레이터를 이용하여 (1)-(2)식을 추정할 경우 계수값 및 부호가 대체로 유사하나 (2)식에서 실질 단기금리($i^a_{t-1} - \pi^a_{t-1}$)의 추정계수가 통계적으로 유의성이 없게 나타난 점을 감안하여 CPI 지수를 인플레이션율의 대용변수로 이용하였다.

가. 콜금리(i_t)를 1분기(1994년 1/4분기) 동안 실제치보다 1%포인트 인상할 경우[13)

[그림 4]에서 실질 GDP는 다음 분기(1994년 2/4분기)부터 0.058% 감소하기 시작하여 계속 낮아져서 5분기 중에 0.152%까지 감소한 다음 감소폭이 계속 줄어들어 10분기 중에는 0.067%, 12분기 중에는 0.051% 감소한 것으로 나타났다. 한편 인플레이션율은 3분기부터 하락하기 시작하여 5분기 중에 0.043%포인트 낮아지고 8분기 중에 최고 0.081%포인트 하락한 후에 하락폭이 완만하게 줄어들어 11분기 중에는 0.042%포인트 정도 낮아지는 것으로 나타났다.

〔그림 4〕 **실질 GDP와 인플레이션율에 미치는 파급효과 및 시차구조**

(콜금리 1분기 동안 1%포인트 인상시)

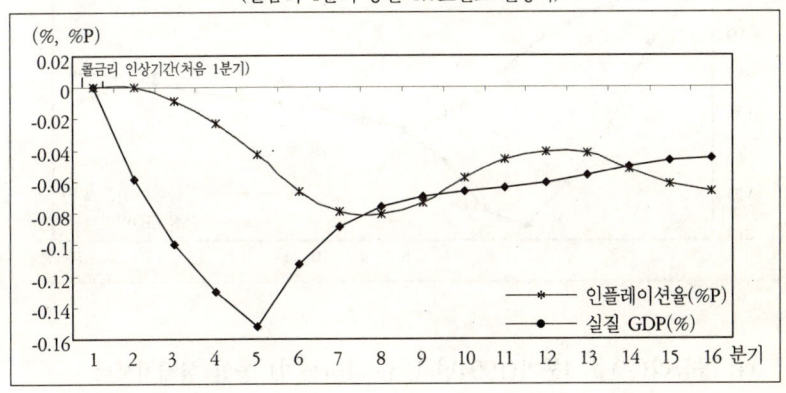

나. 콜금리(i_t)를 2분기(1994년 1/4 ~ 2/4분기) 동안 실제치보다 1%포인트 인상할 경우

[그림 5]에서 실질 GDP는 그 다음 분기(1994년 2/4분기)부터 0.059% 감

---

13) 정책변수인 콜금리가 1%포인트 인상될 경우 내생변수(y_t)인 실질 GDP 및 인플레이션에 미치는 효과는 다음과 같이 계산하였다.
즉 정책효과(%)=100×(정책실시후 y_t -정책실시전 y_t) / (정책실시전 y_t).

소하기 시작하여 계속 낮아지는데 (가)의 경우에 비해 3분기부터 감소폭이 더 커지면서 5분기 중에 0.281%까지 감소한 다음 감소폭이 계속 줄어들어 8분기 중에는 0.160%, 12분기 중에는 0.125%, 16분기 중에는 0.091%까지 감소한 것으로 나타났다. 한편 인플레이션율은 세 번째 분기부터 하락하기 시작하여 4분기 중에 0.032%포인트 낮아지고 8분기 중에 최고 0.160%포인트 하락한 후에 하락폭이 완만하게 줄어들어 13분기 중에는 0.083% 정도 낮아지는 것으로 나타났다.

〔그림 5〕 **실질 GDP와 인플레이션율에 미치는 파급효과 및 시차구조**

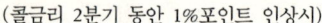

(콜금리 2분기 동안 1%포인트 인상시)

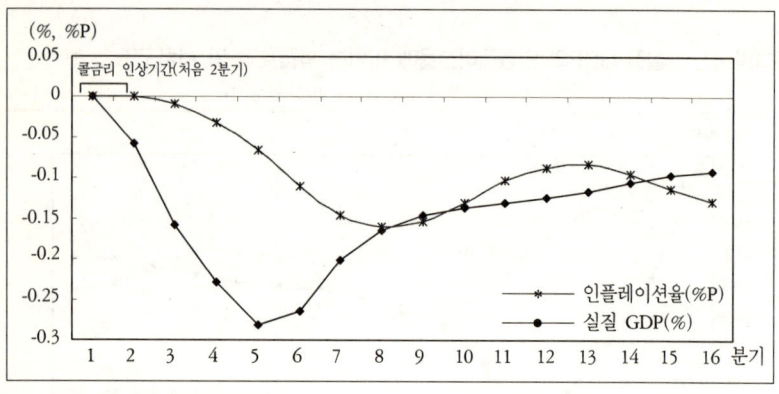

다. 콜금리(i_t)를 4분기(1994년 1/4 ~ 4/4분기) 동안 실제치보다
    1%포인트 인상할 경우

[그림 6]에서 실질 GDP는 그 다음 분기(1994년 2/4분기)부터 0.059% 감소하기 시작하여 계속 낮아지는데 (나)의 경우에 비해 4분기부터 감소폭이 더 크게 나타나 5분기 중에 0.439%, 6분기 중에 최고 0.494%까지 감소한 다음 감소폭이 계속 줄어들어 8분기 중에 0.430%, 12분기 중에 0.260%, 16분기 중에는 0.198% 감소하는 것으로 나타났다. 한편 인플레이션율은 세 번째 분기부터 낮아지기 시작하여 (나)의 경우에 비해 5분기부터 하락폭이 커짐에 따라

5분기 중에 0.074%포인트 낮아지고 9분기 중에 최고 0.300%포인트 하락한 후에 하락폭이 완만하게 줄어들어 14분기 중에는 0.181%포인트 정도 낮아지는 것으로 나타났다.

〔그림 6〕　실질 GDP와 인플레이션율에 미치는 파급효과 및 시차구조
(콜금리 4분기 동안 1%포인트 인상시)

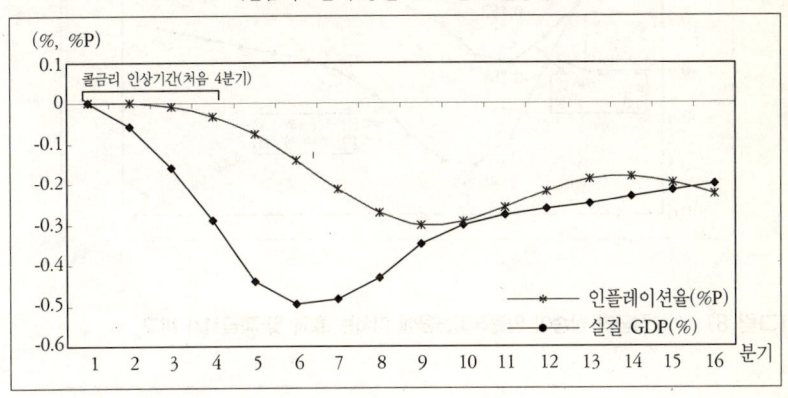

라. 외환위기가 발생한 1997년 4/4분기 이후 콜금리(i_t)를 실제치보다
　1%포인트 인상할 경우

　　외환위기가 발생한 1997년 4/4분기 동안,　1997년 4/4분기를 포함한 2분기 동안과 4분기 동안 각각 콜금리를 1%포인트 인상할 경우 실질 GDP 및 인플레이션율의 반응행태는 (가), (나), (다)의 경우와 거의 비슷한 것으로 나타나고 있다.

　　예컨대, 콜금리를 1997년 4/4분기 동안 1%포인트 인상할 경우 실질 GDP는 그 다음 분기(1998년 1/4분기)부터 0.057% 감소하기 시작하여 계속 낮아져서 4분기 중에는 0.130%, 5분기 중에는 0.154%까지 감소한 다음 6분기부터는 감소폭이 0.114%로 다소 줄어드는 것으로 나타났다. 인플레이션율도 세 번째 분기부터 하락하기 시작하여 5분기 중에 0.043%포인트 낮아지고 6분기 중에는 0.067%포인트 하락하는 등 (가)의 경우와 거의 같은 반응 패턴을 보이고 있다.

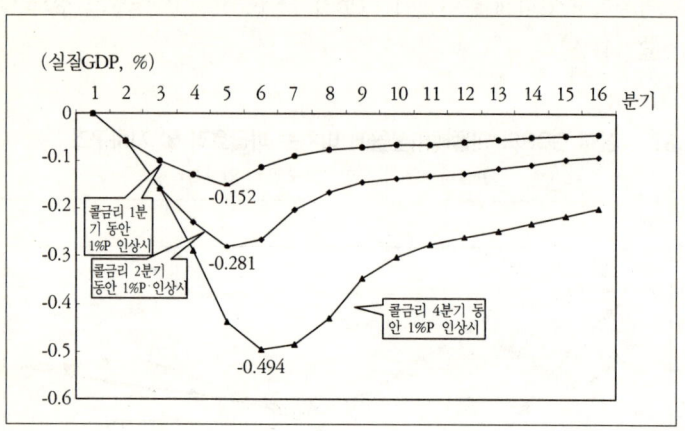

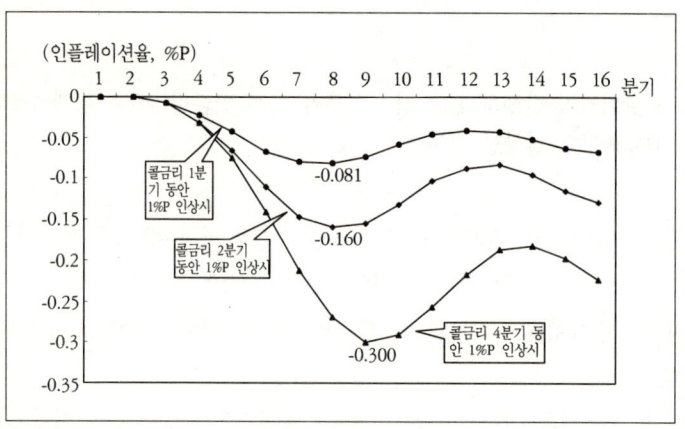

[그림 7] 및 [그림 8]은 콜금리 인상이 실질 GDP 및 인플레이션율에 미치는 효과가 콜금리의 충격기간이 길어질수록 증폭되는 과정을 보여주고 있는데 파급효과의 크기는 대체로 콜금리의 충격기간에 비례하는 것을 알 수 있다. 그 결과를 종합해 보면 첫째, 정책지표인 콜금리를 첫 번째 분기부터 1분기 및

2분기 동안 실제치보다 1%포인트 인상할 경우 실질 GDP는 두 번째 분기부터 즉시 감소하기 시작하여 5분기 중에 감소폭이 가장 커지는데 그 폭은 최저 -0.15%(콜금리를 1분기 동안 1%포인트 인상할 경우) 및 -0.28%(콜금리를 2분기 동안 1%포인트 인상할 경우)로 나타났다. 또한 콜금리를 4분기 동안 실제치보다 1%포인트 인상하면 실질 GDP는 6분기 중에 최저 -0.49%까지 줄어드는 것으로 나타났다. 둘째, 인플레이션율은 콜금리를 1분기 및 2분기 동안 실제치보다 1%포인트 인상할 경우 세 번째 분기부터 반응하기 시작하여 8분기 중에 감소폭이 가장 커지며 그 폭은 각각 -0.08%포인트 및 -0.16%포인트에 달하는 것으로 나타났다. 또한 콜금리를 4분기 동안에 걸쳐 실제치보다 1%포인트 인상하면 인플레이션율은 9분기 중에 최저 0.30%포인트 정도 낮아지는 것을 알 수 있다.

2. VAR 모형을 이용한 파급시차 추정

이하에서는 Bernanke-Blinder(1992) 및 Christiano-Eichenbaum-Evans(1996, 1998)와 같이 통화정책지표로서 상대적으로 대표성이 높은 변수의 변동(교란)이 실물변수 및 인플레이션율에 미치는 동태적 파급시차를 충격반응함수를 통해 살펴보았다. 이를 위해 아래 (3)식과 같이 5개 변수로 구성된 표준 VAR 모형의 회귀방정식을 이용하였다.

$$Z_t = a_0 + \sum_{j=1}^{4} A_j Z_{t-j+u_t}, \qquad E(u_t u_t^{'}) = \Omega \qquad (3)$$

여기서 A_j는 정방계수행렬을, u_t는 평균이 0이고 분산-공분산(Ω)이 정의 부호를 갖는 대칭행렬을, a_0는 5×1인 상수항 벡터를 각각 나타낸다. 이용자료는 금리지표를 제외하고는 모두 계절조정한 후에 자연대수로 변형한 월별 수준변수로서 1983:1 ~ 1999:6 기간을 대상으로 하였다.[14] Z_t에 포함된 5개 변수는 실물변수 및 물가지표로서 산업생산지수 및 소비자물가지수, 통화정책지표로는 콜금리(또는 일종의 비차입지준금), 여타 지표는 회사채금리 및 예금은행의 금융자금대출금 등이다.

〔그림 9〕 　콜금리의 1%포인트 상승(충격)에 따른 각 변수의 반응

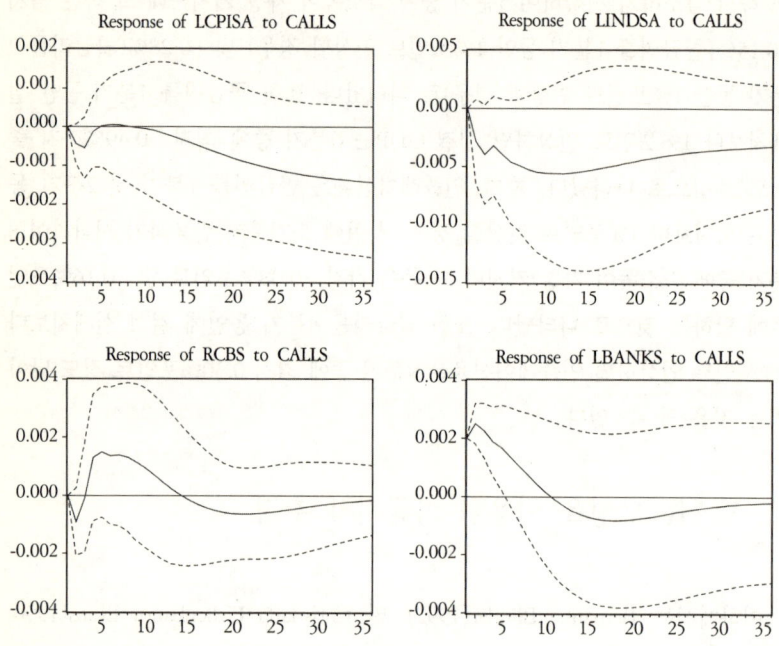

LCPISA : 소비자물가지수, LINDSA : 산업생산지수, RCBS : 회사채 수익률,
LBANKS : 은행의 금융자금 대출금, CALLS : 콜금리

　　VAR 모형의 축약형 방정식에 포함된 각 설명변수의 시차수는 자유도 등을
고려하여 4개로 하였으며 시차수를 6개로 하더라도 추정결과에는 큰 차이가
없는 것으로 나타났다. 또한 VAR 모형의 충격반응함수를 도출하기 위한 각 변
수의 순서체계(ordering)는 소비자물가지수－산업생산지수－회사채 수익률－
예금은행의 금융자금 대출금－콜금리로 정하였는데[15] 여기서 M2 대신에 은

---

14) 분석대상기간을 1980 : 1~1999 : 6로 하더라도 결과에는 큰 차이가 없으나 금리지표 등 본 분
　　석에 이용된 대부분의 시계열이 대체로 1980년 초에 구조적인 변동을 보인 점을 감안하여 분
　　석대상기간을 1983년 이후로 한정하였다.
15) 이와 같은 변수 간의 순서체계를 설정한 것은 통화당국이 실물경제의 변동을 수용하기 위해
　　콜금리를 조정하는 경우 콜금리 좌측의 주요 금융 및 실물변수가 통화당국의 피드백 룰
　　(feedback rule)에 포함되는 것으로 상정하였기 때문이다.

행대출금을 포함한 것은 콜금리가 상승하는 경우 인플레이션율(소비자물가지수 기준)이 낮아지지 않고 오히려 지속적으로 높아지는 '물가퍼즐'(price puzzle) 현상을 해소하기 위함이다.[16] 한편 은행대출금 대신에 M2 또는 M3 지표를 VAR 모형에 포함하여 분석할 경우 그와 같은 물가퍼즐 현상이 발생하는 점에 주목할 필요가 있다.

[그림 9]는 1983:1 ~ 1999:6 기간중 VAR 모형의 충격반응함수에 의해 콜금리가 1%포인트 상승하는 데 따라 산업생산지수, 소비자물가지수, 회사채 수익률 및 은행의 금융자금 대출금이 시차를 두고 어떻게 반응하는지를 분석한 결과이다. 먼저 콜금리가 1%포인트 상승할 경우 산업생산지수는 즉시 감소하기 시작하여 대체로 11 ~ 12개월 후에 최저 0.55 ~ 0.60% 정도 낮아진 후에 다시 완만하게 원래 수준으로 복귀하는 것으로 나타났다. 한편 인플레이션율(소비자물가지수 기준)의 경우 대체로 9개월 후부터 완만하게 낮아지기 시작하여 약 24개월 후에 0.1%포인트 이하로 계속 하락하는 모습을 보였다. 또한 콜금리가 1%포인트 상승하는 데 따라 회사채 수익률은 처음 3개월까지는 소폭 하락한 후에 반등하여 4개월 후에 최고 0.18%포인트 정도 상승하다가 원래 수준으로 복귀하였으며 은행의 금융자금 대출금은 약 4개월 후부터 감소하기 시작하여 18개월 후에 최저 약 0.55% 정도 낮아지는 것으로 나타났다.

한편 1983:1 ~ 1997:11 기간중 VAR 모형을 이용하여 콜금리의 1%포인트 상승(충격)에 따른 각 변수의 반응결과를 보면([그림 10] 참조), 외환위기 이후의 기간을 포함하였을 경우의 추정결과와 비교할 때 산업생산지수 및 은행 대출금의 감소폭이 훨씬 작아졌을 뿐만 아니라 인플레이션율은 즉시 감소하는 것으로 나타난 점이 다르다. 이러한 결과는 1997년 12월 외환위기 이후 통화 당국이 M2 등 총량지표에 비해 콜금리를 더 중시해 옴에 따라 콜금리 변동에

---

16) 미국의 자료를 이용하여 VAR 모형에 의해 통화정책의 효과를 분석할 경우에도 이러한 물가퍼즐 현상이 발생하는 것으로 나타나고 있다. 이와 관련하여 Sims(1992)는 미 연준이 실물 및 거시경제여건을 감안하여 통화정책의 피드백 룰을 설정할 때 일반 소비자물가 이외에 일차상품 가격지수도 고려하는 점에 착안하여 이 가격지수를 VAR 모형에 추가로 포함하여 분석할 경우 그와 같은 물가퍼즐 현상이 해소되는 점을 제시한 바 있다. Sims의 연구결과를 바탕으로 미국의 자료를 이용하여 VAR 모형에 의해 통화정책의 효과를 분석한 연구에서는 통상적으로 소비자물가지수와 함께 일차상품 가격지수를 포함하고 있다.

대한 경제주체의 기대가 외환위기 이전기간에 비해 더욱 신속하게 이루어지고 금리 민감도도 높아진 점과 관련이 있는 것으로 판단된다.

〔그림 10〕 콜금리의 1%포인트 상승에 따른 각 변수의 반응(외환위기 이전)

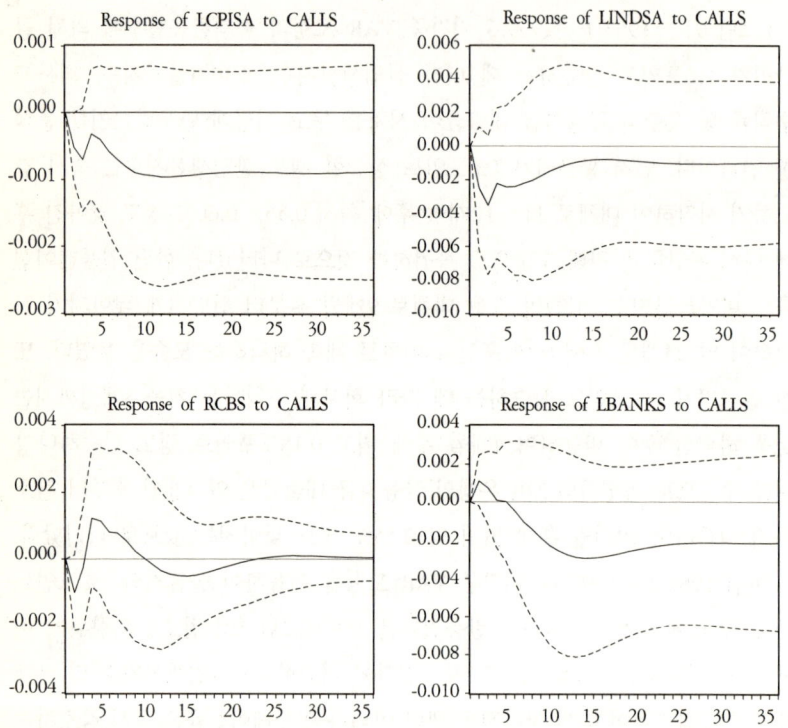

다음으로 1983:1 ~ 1999:6 기간중 통화정책지표로서 콜금리 대신에 일종의 비차입지준(은행의 지급준비금 - 금융부문 대출금)을 이용하여 VAR 모형의 충격반응함수를 추정해 보면 [그림 11]과 같다.[17] [그림 11]에서 비차입지준

---

17) 여기서 차입지준은 통화개관표상의 본원통화공급 경로중 금융부문 대출금으로 정의하였으며 비차입지준은 지급준비금(정부부문+금융부문+해외부문+기타부문-현금통화)에서 차입지준을 제외한 나머지 부문(정부부문+금융부분에서 대출금을 제외한 외화예탁, RP순매도, 통안

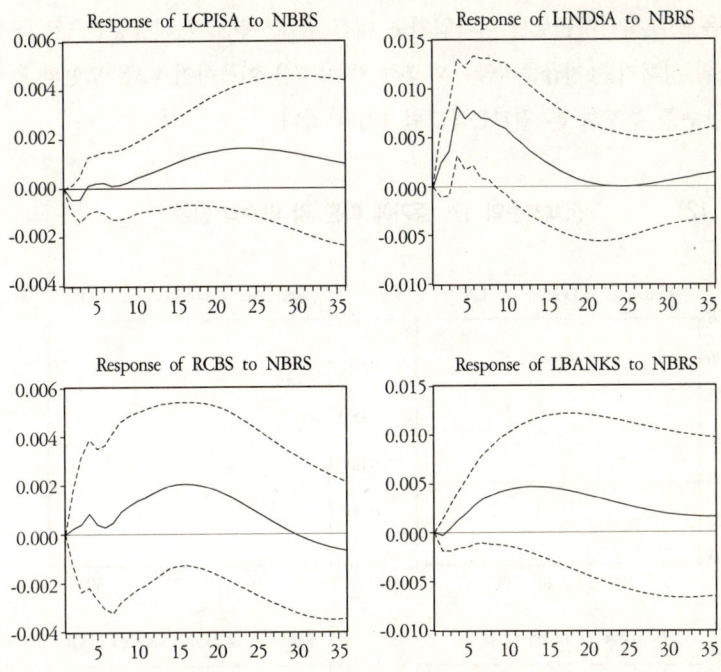

NBRS : 비차입지준

규모를 1% 확대할 경우 산업생산은 즉시 증가하여 3개월 후에 최고 0.75~
0.80% 정도 증가한 후에 계속 낮아져서 약 22개월 후에 원래 수준으로 복귀
하는 것으로 나타났다. 또한 인플레이션율(소비자물가지수 기준)은 약 7개월
후부터 완만하게 상승하기 시작하여 24개월(8분기) 후에 최고수준(약 0.16%
포인트)에 이른 다음 매우 완만하게 원래 수준으로 복귀하는 모습을 보였다.
회사채 수익률은 비차입지준이 1% 증가함에 따라 완만하게 높아지다가 16개
월 후에 최고 0.2%포인트까지 상승한 후에 원래 수준으로 복귀하였으며, 은행

증권 및 외평채+해외부문+기타부문−현금통화)을 의미한다.

의 금융자금 대출금은 약 12～13개월 후에 0.5% 정도 증가한 다음 완만하게 감소하는 것으로 나타났다.

다음으로 정책지표로서 비차입지준 대신 공개시장조작 대상증권으로 구성된 소위 정책지준(지급준비금－외생적 지준)[18]을 이용하여 VAR 모형의 충격반응함수를 추정해 본 결과는 [그림 12]와 같다.

〔그림 12〕　　　정책지준의 1% 증가에 따른 각 변수의 반응

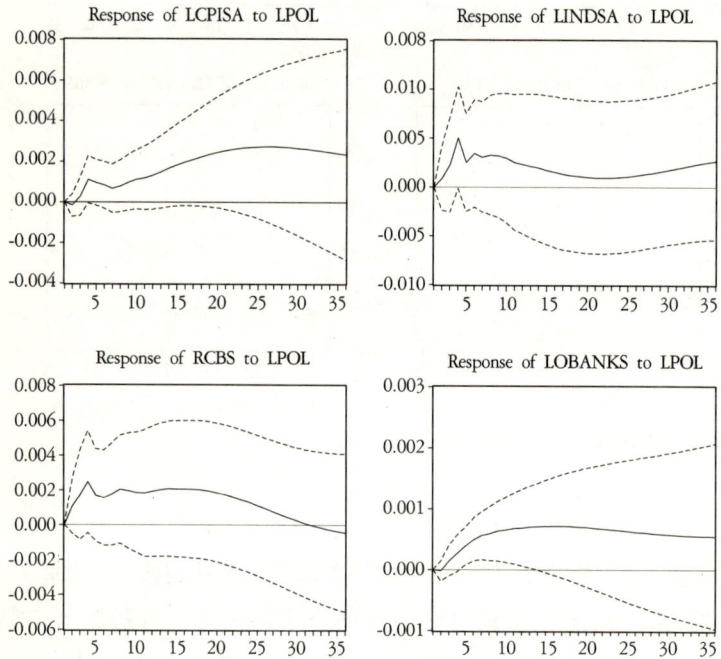

LPOL : 정책지준

---

18) 여기서 정책지준은 지급준비금에서 외생적 지준, 즉 본원통화 공급경로 중 정부부문(국채 제외)＋해외부문＋기타부문－현금통화＋금융부문의 대출금 및 예탁을 차감한 나머지 부문(국채, 통안증권, RP순매도 및 외평채)으로 정의하고 있다.

즉, 정책지준이 1% 증가할 경우 산업생산지수는 3개월 후에 0.5% 정도 증가한 다음 완만하게 감소하는 것으로 나타났으며 인플레이션율(소비자물가지수 기준)은 2개월 후부터 상승하기 시작하여 약 24개월 후에 최고 0.2%포인

〔표 2〕　　　　　정책지준의 1% 증가에 따른 각 변수의 반응

모형 및 통화정책지표	반응변수	통화정책의 파급효과 및 시차					
		1분기후	2분기	5분기	6분기	8분기	10분기
1) 총공급 및 총수요 함수를 이용한 정책모의실험 분석기간 : 1983:1 ～ 1999:8 정책지표 : 콜금리를 1분기, 2분기 및 4분기 동안 실제치보다 1%포인트 인상	실질 GDP	가) ↘ ↘ −0.15% ↗ ↗ ↗ (콜금리를 1분기 동안 1%P 인상시) 나) ↘ ↘ −0.28% ↗ ↗ ↗ (콜금리를 2분기 동안 1%P 인상시) 다) ↘ ↘ ↘ −0.49% ↗ ↗ (콜금리를 4분기 동안 1%P 인상시)					
	인플레이션 (CPI 기준)	가) — ↘ ↘ ↘ ↘ −0.08%P ↗ (콜금리를 1분기 동안 1%P 인상시) 나) — ↘ ↘ ↘ ↘ −0.16%P ↗ (콜금리를 2분기 동안 1%P 인상시) 다) — ↘ ↘ ↘ ↘ −0.30%P ↗ (9분기후) (콜금리를 4분기 동안 1%P 인상시)					
2) VAR 모형에 의한 충격반응 함수 분석기간 : 1983:1 ～ 1999:8 정책지표 : 콜금리를 1% 포인트 인상	산업생산	↘ ↘ ↘ −0.55% ↗ ↗					
	물가 (CPI 기준)	— ↘ ↘ ↘ ↘ −0.1%P					
	회사채 수익률	↘ ↗ (0.18%P : 4개월 후) ↘ ↘					
	은행대출금	— ↘ ↘ ↘ −0.55%(18개월 후)					
정책지표 : 비차입지준을 1% 확대	산업생산	↗ 0.75% (3개월 후) ↘ ↘ ↘ ↘					
	인플레이션율 (CPI 기준)	— — ↗ ↗ ↗ 0.16%P (7개월 후) (24개월 후)					
	회사채 수익률	↗ ↗ ↗ 0.2%P ↘					
	은행대출금	↗ ↗ 0.5% ↗ ↗					

주 : —는 반응하지 않음, ↘는 계속 감소(또는 하락), ↗는 계속 증가(또는 상승)

트에 달하였으며 이 수준이 상당기간 지속되었다. 회사채 수익률은 정책지준이 1% 증가함에 따라 즉시 상승하여 3개월 후에 최고 0.25%포인트 정도 높아진 다음 매우 완만하게 원래 수준으로 복귀하였으며, 은행의 금융자금대출금은 2개월 후부터 증가하기 시작하여 약 16개월 후에 최고 0.08% 정도 증가하는 것으로 나타났다. 이상에서 도출된 우리나라 통화정책의 효과 및 파급시차에 관한 분석결과를 요약 정리하면 앞의 [표 2]와 같다.

V. 요약 및 시사점

이상에서 살펴본 바와 같이 이 장에서는 통화정책이 실물경제에 파급되는 과정에서 시차구조를 파악하는 데 초점을 두었다. 이를 위해 여기서는 통화정책의 파급시차에 관하여 주요국의 사례에 나타난 보편적인 현상을 도출하였으며, 아울러 1980년대 초반 이후 우리나라 통화정책의 효과 및 시차구조를 정책모의실험 및 VAR 모형 분석을 통해 실증적으로 구명하였다. 그 주요 분석결과를 요약하면 다음과 같다.

첫째, 통화정책의 파급시차에 관한 주요 선진국의 분석결과에 나타난 몇 가지 보편적인 현상을 보면, 통화정책이 실물변수(실질 GDP)에는 일찍 파급(늦어도 2분기 이내)되는 경향을 보이며 그 효과는 빠른 경우 3~5분기, 늦은 경우 8~12분기(대부분 10~12분기) 중에 최고수준에 달하는 것으로 나타났다. 통화정책이 인플레이션율(GDP 디플레이터 또는 CPI 기준)에는 대체로 4분기 이후부터 매우 완만하게 영향을 미치기 시작하여 그 효과가 실물변수(실질 GDP)에 비해 더 긴 기간에 걸쳐 지속되는 것이 특징이다.

한편 통화정책이 실물변수 및 인플레이션율에 미치는 효과는 각 분석 결과마다 차이는 있으나 12분기에 국한하여 볼 때 통화정책지표가 1%포인트 변동할 경우 실질 GDP(또는 실질 GNP)에 미치는 효과는 최고수준에 달한 시점에서 낮게는 0.2~0.3%, 대부분 0.7~1.2%, 높게는 1.5~1.7% 수준을 나타 내었다. 인플레이션율은 거시계량모형을 이용할 경우 통화정책지표가 1%포인 트 변동하면 12분기 중에 대부분 0.2~0.4%포인트 범위에서 변동하며 구조 VAR 모형(SVAR)을 이용할 경우에는 12분기 후에 1.0~1.5%포인트 정도 변 동하는 것으로 나타나고 있다.

둘째, 우리나라의 경우 통화정책지표의 변동이 실질 GDP 및 인플레이션율 에 파급되는 시차구조를 계측하기 위해 정책모의실험을 실행한 결과, 정책지 표인 콜금리를 1분기 및 2분기 동안 실제치보다 1%포인트 인상할 경우 실질 GDP는 두 번째 분기부터 즉시 감소하기 시작하여 5분기 중에 감소폭이 가장 커지는데, 그 폭은 최저 -0.15%(콜금리를 1분기 동안 1%포인트 인상할 경우) 및 -0.28%(콜금리를 2분기 동안 1%포인트 인상할 경우)로 나타났다. 또한 콜금리를 4분기 동안 실제치보다 1%포인트 인상하면 실질 GDP는 6분기 중 에 최저 0.49% 정도 줄어드는 것으로 나타났다. 한편 인플레이션율은 콜금리 를 1분기 및 2분기 동안 실제치보다 1%포인트 인상할 경우 세 번째 분기부터 낮아지기 시작하여 8분기 중에 감소폭이 가장 커지고 그 폭은 각각 -0.08%포 인트 및 -0.16%포인트에 달하였다. 또한 콜금리를 4분기 동안에 걸쳐 실제치 보다 1%포인트 인상하면 인플레이션율은 9분기 중에 최저 0.30%포인트 정도 낮아졌다.

셋째, 표준 VAR 모형의 충격반응함수를 이용하여 통화정책지표(콜금리)의 변동이 산업생산지수, 인플레이션율 및 회사채 수익률 등에 미치는 파급시차 를 분석한 결과도 대체로 위의 모의실험 결과와 유사한 것으로 나타났다. 먼 저 콜금리가 1%포인트 상승할 경우 산업생산지수는 즉시 감소하기 시작하여 대체로 11~12개월(4분기) 후에 최저 0.55~0.60% 정도 낮아진 다음 다시 완만하게 원래 수준으로 복귀하였다. 한편 인플레이션율(CPI 지수 기준)의 경 우 대체로 9개월 후부터 완만하게 하락하기 시작하여 약 24개월(8분기) 후에 0.1%포인트 이하로 계속 낮아졌다. 회사채 수익률은 콜금리가 1%포인트 상 승하는 데 따라 처음 3개월까지는 소폭 하락한 다음 반등하여 약 4개월 후에 최고 0.18%포인트 정도 상승하다가 원래 수준으로 복귀하였으며, 은행의 금융자금대출금은 약 4개월 후부터 감소하기 시작하여 18개월 후에 최저 약 0.55% 정도 낮아지는 것으로 나타났다.

넷째, 위의 VAR 모형을 이용한 분석에서 외환위기 이후 콜금리가 1%포인트 상승하는 경우 산업생산, 회사채 수익률 및 은행대출금이 외환위기 이전기간에 비해 더욱 민감하게 반응하는 경향을 보였다. 이러한 결과는 최근 금융환경 변화 및 기업·금융 구조조정의 여파로 콜금리 등 정책지표의 변동에 대한 경제주체의 기대가 더욱 신속하게 이루어지고 금리민감도도 높아진 데 기인한 것으로 보인다.

다섯째, 정책지표로서 콜금리 대신 지급준비금(일종의 비차입지준 ; 지급준비금－금융부문 대출금)을 이용하여 VAR 모형의 충격반응함수를 추정할 경우, 이 지준금을 1% 확대하면 콜금리를 이용한 경우와 비교할 때 정책효과가 산업생산에는 더 일찍 나타나지만 인플레이션율에는 매우 유사한 시차구조를 갖고 파급되는 것으로 나타났다. 즉, 산업생산은 즉시 증가하여 3개월 후에 최고 0.75～0.80% 정도에 달하였으며 인플레이션율은 약 7개월 후부터 매우 완만하게 상승하기 시작하여 24개월 후에 최고수준(0.16%포인트)에 이른 다음 원래 수준으로 복귀하였다. 또한 회사채 수익률은 매우 완만하게 높아지다가 약 16개월 후에 최고 0.2%포인트 상승하였으며 은행대출금은 약 12～13개월 후에 0.5% 정도 증가한 다음 각각 원래 수준으로 복귀하는 모습을 보였다.

따라서 우리나라의 경우 통화정책이 실물생산에는 늦어도 두 번째 분기부터 파급되기 시작하여 그 효과가 4～6분기 중에 최고수준에 달하며 인플레이션율에는 세 번째 분기부터 파급되기 시작하여 그 효과가 8～9분기 중에 최고수준에 달하는 것으로 판단된다. 특히 이러한 시차구조는 통화정책의 효과가 인플레이션율에는 실물생산에 비해 다소 늦게 파급되지만 더 긴 기간에 걸쳐 지속되는 주요국의 연구결과와도 일치하고 있다.

앞서 살펴본 우리나라의 파급시차 구조를 감안할 때 다음과 같은 시사점을 생각해 볼 수 있을 것이다.

첫째, 통화당국은 실물변수 및 인플레이션율 등 주요 거시경제변수의 잠정적인 전망치를 바탕으로 최소한 1년 전에 이들 변수의 목표치를 효과적으로 달성할 수 있도록 통화정책을 선제적으로 운용하는 것이 바람직할 것이다. 즉, 이들 주요 거시경제변수가 장기추세치로부터 크게 벗어나 초과수요 또는 초과공급 압력이 현재화된 상황에서 통화당국이 이를 수속하기 위해 통화량 및 금리를 조절하게 되면 정책대응이 시기적으로 너무 늦기 때문에 소기의 성과를 거두기 어렵게 될 것이다. 만약 통화당국이 초과수요 압력을 완화하기 위해 적기에 정책대응을 하게 되면 정책대응이 지연되는 데 따른 불필요한 총수요(총생산)의 변동을 방지함으로써 인플레이션율의 변동도 최소화할 수 있다는 점에 주목할 필요가 있다. 특히 통화정책의 변동이 인플레이션율에 완전히 파급되기까지 약 2년의 시차가 소요되는 점을 감안할 때 현재와 같이 1년 후의 단기 물가목표를 설정하기보다는 최소한 2년 후에 달성 가능한 중기 물가목표를 설정할 필요가 있다.[19]

둘째, 통화당국이 정책수단을 활용하여 의도한 정책목표를 단기에 달성할 수 있는 여지가 크게 제한되어 있음을 알 수 있다. 이와 관련하여 통화당국이 통화정책을 운용하는 데에서 단기적으로 경제여건 변화에 어느 정도 신축적으로 대응할 필요성은 있지만 단기적인 목표에 집착하여 지나치게 재량(discretion)에 의존하기보다는 중장기적인 관점에서 준칙에 바탕을 두고 신뢰성 있게 정책목표를 준수하려는 정책의지가 긴요하다. 예컨대, 통화당국이 인플레이션을 단기간에 早期 수속하기 위해 강력한 통화긴축을 실시할 경우 당초 의도한 목적은 달성하지 못하고 예상치 않게 높은 인플레이션율 하에서 경기침체를 초래하게 된다. 즉, 통화긴축으로 인해 인플레이션율이 낮아지기 전에 불가피하게 실물생산이 위축되므로 실물생산이 줄어드는 상황에서도 인플레이션율은 여전히 높은 수준을 유지하게 된다. 이처럼 통화긴축으로 당초 의도한 인플레이션 수속이 가시화되지 않은 상황에서 예기치 않게 경기침체가 지속되면 통화당국은 재량적으로 통화긴축에서 완화 기조로 선회할 가능성이 있으며, 이 경우 당초 의도한 인플레이션 억제 목표를 달성하는 것이 더욱 어렵게 될 것이다.[20]

---

19) 이종건(1999) 참조
20) 또한 경기확장기에 경기진작을 위해 수용적(accomodative)으로 통화공급을 확대하면 단기간에

이 밖에도 통화당국이 통화정책을 선제적으로 운용하기 위해서는 주요 경제변수에 대한 신뢰할 만한 전망치(인플레이션의 경우 약 2년 간의 전망치)를 바탕으로 향후 예상되는 경제상황 변화에 전향적으로 대응하는 것이 무엇보다도 긴요하다는 점을 경제주체들에게 납득시킬 수 있어야 한다. 따라서 선제적인 통화정책이 성공적으로 정착되기 위해서는 그 필요성에 관한 홍보를 강화함으로써 국민적 합의를 도출하려는 노력이 선행되어야 할 것이다.

생산은 증가하지만 인플레이션에는 가시적으로 큰 변동이 없는 것으로 나타나게 된다. 따라서 통화당국은 이러한 현상이 마치 장기간에 걸쳐 지속되는 것으로 오인하여 통화공급을 더욱 확대하는 경향이 있으며 그로 인해 시간이 지남에 따라 인플레이션 압력이 현재화되면서 고성장 하에서 예상치 않은 고인플레이션의 결과가 초래될 수 있다.

김현의, 〈외환위기 이후 신용경색현상에 대한 분석〉, 《경제분석》 제5권 제3호, 한국은행, 1999. 8.

김현의·정익준, 〈통화와 인플레이션의 관계분석〉, 《경제분석》 제3권 제3호, 한국은행, 1997. 8.

변기석, 〈시차구조를 통해 본 통화-물가관계〉, 《조사통계월보》, 한국은행, 1984.

오정근, 〈물가안정목표와 금리의 파급경로〉, 《경제분석》 제4권 제4호, 한국은행, 1998 IV.

이긍희, 〈한국의 물가모형〉, 《경제분석》 제4권 제4호, 한국은행 조사부, 1999 I.

이종건, 〈인플레이션의 변동요인과 파급경로 분석〉, 《경제분석》 제5권 제2호, 한국은행 조사국, 1999 II.

Bank of England, *Quarterly Bulletin*, May 1999.

Bernanke, Ben S. and Alan S. Blinder, "The Federal Funds Rate and theChannels of Monetary Transmission", *American Economic Review*, Vol. 82, 1992.

Bernanke, Ben S., Mark Gertler, and Simon Gilchrist, "The Financial Accelerator in a Quantitative Business Cycle Framework", *NBER Working Paper*, No. 6455, March 1998.

Bernanke, Ben S. and Ilian Mihov, "What Does the Bundesbank Target?", *European Economic Review* 41, 1997.

Mauskopf, Eileen, "The Transmission Channels of Monetary Policy : How Have They Changed?", *Federal Reserve Bulletin*, FRB, 1990.

Christiano, Lawrence J. and Martin Eichenbaum, "Identification and the Liquidity Effect of a Monetary Policy Shock", Ch. 12 in *Political Economy, Growth, and Business Cycle*, MIT Press, 1992.

Christiano, Lawrence J., Martin Eichenbaum, and Charles Evans, "The Effects of Monetary Policy Shocks : Evidence From the Flow of Funds", *The Reveiw of Economics and Statistics*, Vol 78, 1996.

Friedman, Milton, "The Lag in Effect of Monetary Policy", in *The Optimum Quantity of Money and othe Essays*, 1969.

Gerlach, Stefan and Frank Smets, "The Monetary Transmission Mechanism : Evidence from the G-7 Countries", in *Financial Structure and the Monetary Transmission Mechanism*(BIS), 1995.

Gordon, Robert J., "Understanding Inflation in the 1980s", *Brookings Papers on Economic Activity* 1, 1985.

――, "What is New-Keynesian Economics?", *Journal of Economic Literature*, September 1990.

Humphrey, Thomas M., *Essay on Inflation*(Fifth Edition), Federal Reserve Bank of

Richmond, 1986.

Kazuo-Shimizu, "Macroeconometric Analysis of the Transmission Mechanism of Monetary Policy in Japan", *Financial Structure and the Monetary Transmission Mechanism* (BIS), 1995.

King, Stephen and Charles D., Plosser, "Money, Credit, and Prices in a Real Business Cycle", *American Economic Review*, 1984.

Kiyotaki, Nobuhiro and John Moore, "Credit Cycles", *Journal of Political Economy*, 1997.

Leeper, E. M., C. A. Sims, and T. Zha, "What Does Monetary Policy Do?", *Brookings Papers on Economic Activity* 2, 1996.

Mishkin, Frederic S., *The Economics of Money, Banking and Financial Markets*, 5th Edition, Eddison Wesley, 1998.

Ray, Brooks, "Monetary Policy Simulations with the Reserve Bank's Econometric Model", in *Monetary Policy and the New Zealand Financial System*, 3rd Edition, Reserve Bank of New Zealand, 1992.

Romer, Christina and Romer, David, "New Evidence on the Monetary Transmission Mechanism", *Brookings Papers on Economic Activity* 1, 1990.

——, "Does Monetary Policy Matter? A New Test in the Spirit of Friedman and Schwartz", *NBER Macroeconomics Annual* 4, 1989.

Rudebusch, Glenn D. and Lars E. O. Svensson, "Policy Rules for Inflation Targeting", *NBER Working Paper*, No. 6512, 1998.

Sims, Christopher A., "Interpreting the Macroeconomic Time Series Facts", *European Economic Review* 36, 1992.

Smets, Frank, "Central Bank Macroeconometric Models and the Monetary olicy Transmission Mechanism", *Financial Structure and the Monetary Transmission Mechanism* (BIS), 1995.

Thornton, Daniel L., "Tests of the Market's Reaction to Federal Funds Rate Target Changes", *Federal Reserve Bank of St. Louis Economic Review*, November/December 1998.

6 새로운 적정통화지표의 모색

장민·함정호

I. 문제의 제기

우리나라는 1979년 이후 총통화(M2)를 중간목표로 채택하고 M2의 연간 목표증가율을 설정 관리하여 오다가 1997년 들어 M2 및 MCT의 복수중간목표제로 이행하였으며 외환위기 이후에는 IMF와의 협의에 따라 M3를 중간목표[1]로 하는 통화량목표제(monetary targeting)의 체제를 유지하고 있다. 그러나 현재 실제 통화정책의 운용에서 단기금리수준이 통화당국의 정책의도를 드러내는 중요한 수단으로 사용되고 있으며 M3증가율 목표도 구속력이 없는 예시치에 지나지 않아 통화량목표제는 실질적으로 별다른 역할을 하지 못하고 있다.

---

* 이 장은 한국은행《한은조사연구》2000-1호(2000. 1)에 실린 논문을 일부 수정·보완하여 전재한 것이다.

1) 1999년 통화신용정책 운용계획에서 M3증가율 목표를 연말월 평잔기준 13~14%로 설정하고 있다.

그런데 통화량목표제는 나름대로의 장점을 지니고 있으나 이는 통화량이 물가안정 등 통화정책의 최종목표와 긴밀하고 안정적인 관계를 지니고 있어야 하며 정책당국의 통제력이 유지되어야 하는 등 여러 전제조건이 충족되어야만 유용성을 지닐 수 있다. 그러나 우리나라는 최근 금융혁신 및 금융자유화의 진전으로 금융환경이 급변함에 따라 통화와 최종목표 사이의 관계가 불안정해지는 등 현행 통화지표의 중간목표로서의 유용성이 현저히 저하되고 있는 실정이다. 뿐만 아니라 현행 통화지표의 편제방식이 금융자산 중심 편제방식이 아닌 금융기관 중심 편제방식을 따르고 있기 때문에 비은행 금융기관의 유동성 금융자산들이 M2 등에 포함되지 않음으로써 경제의 실제 유동성을 효과적으로 반영하지 못하는 근본적인 문제점을 지니고 있다.

한편 전세계적으로도 통화량 중간목표전략은 1980년대 이후 금융자유화와 국제화의 진전으로 금융시장의 불안정성이 증대되어 통화정책의 파급경로가 변하고 통화유통속도가 불안정해지는 경향을 보임에 따라 그 유용성에 대한 의문이 제기되었다. 이에 대처하기 위하여 현재 주요국 통화당국은 통화량 중간목표전략의 수정, 정보변수전략의 도입 등 전반적인 통화정책 운용방식의 개편에 대한 논의와 더불어 금융혁신에 대응하여 자국 경제상황에 가장 적절한 새로운 통화지표의 개발 등을 활발히 추진하고 있다.

이에 따라 이 글은 우리나라 통화정책의 유효성 제고를 위한 연구의 일환으로 현행 통화지표의 문제점 및 개선방안 등을 살펴보고 새롭게 설정한 통화편제방식에 기초한 여러 통화지표를 시산하여 이들 통화지표와 현행 지표들을 비교·분석함으로써 현재 우리나라 실정에 가장 적절하다고 생각되는 통화지표를 제시하는 데 그 목적이 있다.

이를 위해 II절에서 통화의 정의 및 정책지표로서의 요건을 살펴본 후 III절에서는 우리나라의 현행 통화지표들에 대한 유동성 분석 및 실증분석 등을 통하여 현행 통화지표의 문제점과 개선방안을 탐색해 보았다. 또한 IV절에서는 금융자산의 유동성에 기초한 편제기준 하에 새로운 통화지표들을 산정하고 그 유용성을 현행지표와 비교하였으며 이를 기초로 V절에서 현재 우리나라의 경제상황에 가장 적절하다고 생각되는 통화지표를 제시하였다.

II. 통화의 정의

통화의 정의에 관해서는 수많은 논쟁이 있어 왔지만 Hicks[2]가 "통화란 통화의 기능을 수행하는 것"(money is what money does)이라고 정의한 데서 알 수 있듯이 통화는 그 본질적 기능을 수행하여야 하는 한편 물가안정이나 경제성장과 같은 통화정책의 최종목표변수와 밀접하고 안정적인 관계를 갖는 유용한 정책지표로서의 역할을 수행할 것이 동시에 요구되고 있다. 이에 따라 각국에서는 자국의 금융제도 및 금융여건 등을 반영하여 실증적으로 통화의 범위를 결정하고 있는데, 금융혁신의 진전에 따라 통화적 특성을 지니고 있는 다양한 금융자산이 출현함으로써 포괄범위가 확대되는 경향이 있으나 통화에 포함되는 구체적인 금융자산의 범위는 각국의 특성에 따라 상이하게 나타난다.

1. 통화의 요건

가. 통화의 기본기능 수행

통화는 통화에 포함되는 각 금융자산이 통화로서의 기본기능을 일정 수준 이상 수행할 수 있어야 하는바 통화의 기능 가운데 어느 것을 강조하느냐에 따라 그 정의가 달라지는데, 일반적으로 금융자산이 지니고 있는 유동성 수준의 중시 정도에 따라 협의 및 광의의 통화 등으로 구분되고 있다.[3] 이때 유동성(liquidity)[4]은 재화나 서비스 또는 다른 금융자산을 구매할 때 거의 즉시적

---

2) Hicks(1967) 참조.

3) 먼저 고전학파와 같이 통화기능을 교환의 매개수단 혹은 지급결제수단으로서의 기능만에 한정하는 경우 통화는 유동성이 매우 높은 현금과 요구불예금으로 구성되는 협의의 통화로 정의된다. 반면 M. Friedman과 같이 지급결제기능과 함께 가치저장수단을 중시하는 경우에는 현금과 요구불예금 및 저축성예금으로 이루어지는 광의의 통화로 정의될 수 있다. 이 밖에 Tobin, Gurley and Shaw 등과 같이 자산보유수단을 강조하는 경우에는 아주 넓은 의미의 유동성으로 통화를 정의할 수 있다.

4) 흔히 통화성과 유동성을 혼용하고 있으나 통화성은 유동성을 포괄하는 광의의 개념이다. 다만 통화성 요건 가운데 가치저장기능 등 다른 통화의 기능은 유동성에 비해 그 중요도가 매우 약할 뿐만 아니라 금융자산의 유동성 보유 정도가 협의의 통화와 광의의 통화 등으로 구분하는

으로 원래 가치를 최대한 유지하면서 교환될 수 있어야 함을 의미하는 것인데 일반적으로 유동성 정도를 판단하기 위한 지표로서는 금융자산의 일반적 수용도, 가치의 고정성 정도, 이전성 및 이전비용, 가분성, 만기 및 수익률 구조 등이 사용된다.

나. 정책지표로서의 유용성

한편 최근 들어 금융혁신의 진전 등으로 통화의 기능을 수행하는 많은 금융자산들이 등장함에 따라 통화는 기본적으로 통화기능을 실제 수행하는 금융자산의 일부로 정의될 수밖에 없으며 이러한 점에서 거시경제변수와의 안정적 관계 유지 등 실증적 조건을 충족시키는 것이 통화의 중요한 요건으로 논의되고 있다. 그런데 이러한 실증적 조건은 통화정책의 운용방식, 즉 중간목표전략을 채택하여 통화를 중간목표로 사용할 것인지 또는 정보변수전략을 채택함으로써 통화를 다양한 정보변수 가운데 하나로 활용할 것인지에 따라 달라진다.

(중간목표로서 활용시)

통화량 중간목표제 하에서 통화당국은 통화량이 물가나 경제성장 등 최종목표와 밀접한 관련이 있다는 가정 하에 다양한 정책수단을 통하여 통화증가율의 목표치 달성을 추구함으로써 궁극적으로 최종목표를 달성하고자 함에 따라 통화는 다음과 같은 요건을 만족시켜야 한다.

첫째, 통화는 통화의 움직임만으로도 물가수준이나 명목국민소득 등 최종목표의 상태를 예측할 수 있도록 최종목표변수와 장기적으로 안정적이며 밀접한 관계를 지니고 있어야 하며, 둘째, 통화정책의 효과를 높이기 위해 통화가 물가수준이나 명목국민소득 등에 의해 영향을 받기보다는 통화가 일방적으로 이들 지표에 영향을 주는 외생성의 정도가 강할 것이 요구된다. 셋째, 중앙은행이 해당 통화에 대해 통제력을 지니고 있음으로써 공개시장조작이나 지준정책 등을 통하여 통화증가율을 의도하는 수준으로 조절할 수 있어야 하며, 마지막

가장 중요한 기준임에 따라 통화성 수준과 유동성 수준이 동일한 의미로 사용되고 있다.

으로 최종목표를 의도하는 수준으로 유도하기 위해 단기간내 통화 관련 통계를 입수·작성할 수 있어야 한다는 통계편제상의 속보성 및 정확성이 요구된다.

(정보변수로서 활용시)

반면 정보변수전략에 기반을 둔 통화정책은 최종목표의 움직임에 대하여 유용한 정보를 가지고 있는 여러 가지 정보변수들을 관찰·분석하여 정책의 변화가 필요하다고 판단될 경우 통화당국이 직접적으로 통제 가능한 단기금리수준 등을 조작함으로써 최종목표를 바람직한 수준으로 달성하고자 하는 것이다.

따라서 통화를 정보변수로 사용할 경우에는 중간목표로서의 역할 수행을 위해 요구되었던 외생성이나 중앙은행의 통제 가능성 요건은 불필요하게 된다. 다만 통화의 움직임만으로도 물가수준 등 최종목표의 상태에 대한 유용한 정보의 획득이 가능하도록 통화가 최종목표변수에 선행적 상관관계를 유지하고 있음으로써 정책입안자가 현재 혹은 장래의 예상되는 진전상황에 대응할 수 있도록 필요한 정보를 조기에 제공하는 역할을 수행하여야 한다. 이 밖에 중간목표전략 하에서 요구되는 것과 마찬가지로 일정 기간내 통화관련 통계를 입수·작성할 수 있는 통계편제상의 실무적 요건을 충족하여야 할 것이다.

2. 통화의 구분

최근 IMF는 〈통화금융통계에 관한 매뉴얼〉의 개편을 추진중인데 이 개편안은 통화를 금융자산의 유동성 정도에 따라 다음과 같이 크게 협의의 통화, 광의의 통화, 최광의의 통화(또는 유동성) 등 세 가지로 구분하고 있다.[5]

가. 협의의 통화(Narrow Money)

협의의 통화는 통화의 거래적 기능을 중시하는 통화의 정의로서 민간이 보유하고 있는 현금통화와 예금취급기관(depository corporations)의 결제성예금

---

5) IMF(1999) 참조.

으로 구성되어 포괄 금융자산의 유동성이 매우 높은 것이 특징이다.

여기서 예금취급기관이란 금융중개를 주활동으로 영위하며 예금 또는 예금대체수단에 해당하는 금융자산을 부채로 구성하는 금융기관을 말하는 것으로 우리나라의 경우 은행, 종금, 투신, 신협기구 등 현행 M3 포괄범위에서 생명보험회사를 제외한 주요 금융기관이 모두 포함되는 개념이다. 또한 결제성예금이란 인출요구시 어떤 제약이나 벌칙 없이 즉시 인출 가능하며, 수표, 지시서 또는 기타 이체수단에 의해 즉시 이전 가능한 예금(transferable deposits)을 의미한다.

나. 광의의 통화(Broad Money)

한편 광의의 통화는 거래적 기능뿐만 아니라 가치저장수단으로서의 기능까지 포괄하는 더 넓은 의미의 통화 개념이다. 이는 협의의 통화에다 이와 대체관계가 높은 예금취급기관의 통화성부채를 합하여 구성되는데 여기에는 저축성예금, CD, RP 등 단기금융시장상품 및 금융채(financial debentures) 등이 포함된다.

그런데 광의의 통화는 정책변수로서의 유용성을 지닐 것이 협의의 통화에 비해 상대적으로 중시됨에 따라 인플레이션 및 경제성장률 등 거시경제변수와의 관계, 중앙은행의 통제 가능성 등 여러 실증적 조건을 감안하여 자국의 실정에 맞게 포괄범위를 결정하도록 IMF에서는 권고하고 있다.

다. 최광의의 통화(Very Broad Money : Liquidity)

최광의의 통화는 경제 전체의 유동성 수준을 나타내 주는 지표로서 광의의 통화에다 이와 유사한 유동성을 지니고 있는 보험회사, 연금 및 투자기금 등 비예금취급 금융기관의 보험계약준비금, 장단기채권 등 통화성 부채와 비금융부문이 발행한 기업어음, 국채 등의 유동성 부채 중 민간보유분까지도 포함하는 포괄적 개념이다.

3. 주요국의 통화지표 편제방식

우리나라의 통화지표 편제방식을 논의하기에 앞서 주요국의 통화지표 편제
방식을 간략히 살펴보면 다음과 같다. 먼저 미국은 1960년대 이후 은행의 금
융자산만을 대상으로 M1 및 M2 등의 통화지표를 작성하여 왔으나 금융혁신
의 진전으로 금융권간 자금이동이 심화되자 1980년 2월 은행, 저축기관, 신협
등 모든 예금취급기관의 금융상품을 대상으로 상품별 유동성 수준을 기준으로
통화지표를 편제하는 방식을 도입하여 오늘에 이르고 있다. 이에 따라 현재
협의의 통화인 M1은 현금 외에 모든 예금취급기관의 요구불예금 및 여행자수
표를 포함하고 있으며 광의의 통화인 M2는 M1에 이들 기관의 소액 정기예금,
저축성예금, MMF, 일일물 RP 등 상대적으로 유동성이 높은 금융자산을 포함
하고 있다. 또한 광의의 통화인 M3는 M2에 거액 정기예금 및 기간물 RP 등
유동성이 낮은 금융자산을 포함한다.

유럽통화동맹6)도 은행·비은행 금융기관을 포괄하는 모든 예금취급기관의
금융상품을 유동성 정도에 따라 분류하는 방법으로 통화를 정의하고 있는데,
M1에는 현금 및 요구불예금을 포함시키고 있으며 M2에는 M1에 만기 2년 미
만 예금, 3개월 전 통지예금 등 유동성이 상대적으로 높은 금융자산을 포함시
키고 있다. 한편 M3에는 M2에 RP, MMF, 2년 미만 부채증권 등 유동성이 높
고 M2에 포함된 금융상품과 대체성이 높은 금융자산들이 포함됨에 따라 ECB
는 이를 중심통화지표로 사용하고 있다.

한편 일본은 현재 우리나라와 유사한 금융기관 중심의 통화지표 편제방식
을 취하고 있으나 M1 및 M2에 포함되는 금융기관의 범위는 은행 외에도 신
용금고, 농림중앙금고, 상공조합중앙금고 및 후발 신탁은행을 포함함으로써
은행만을 대상으로 하는 우리나라보다 포괄범위가 상대적으로 큰 것이 특징이
다. 이에 따라 M1에는 현금통화와 이들 기관의 요구불예금이 포함되며 M2에
는 M1에 이들 기관의 정기성예금이 포함된다. 한편 M3는 이들 기관 외에 우

---

6) 현재 독일, 프랑스, 이탈리아, 스페인, 벨기에, 오스트리아, 포르투갈, 핀란드, 아일랜드, 네덜란
  드, 룩셈부르크 등 11개국이 참여하고 있다.

체국, 신용조합 등 다른 예금취급기관의 예수금을 포함시키고 있다.

Ⅲ. 현행 통화지표의 문제점 검토

1. 구성자산의 유동성

현재 우리나라의 통화분류방식은 금융자산의 유동성에 기초한 금융자산중심 편제방식이 아닌 금융기관중심 편제방식을 채택하고 있다. 이에 따라 비통화금융기관의 요구불예금 및 단기저축성예금 등은 예금은행의 저축성예금보다 유동성이 더 높음에도 불구하고 협의 및 광의의 통화지표인 M1 및 M2 등의 편제대상에서 제외되고 있다.

일례로 광의의 통화지표로서 IMF체제 이전까지 중심통화의 역할을 담당해 온 M2의 경우를 살펴보면 유동성 수준에 관계없이 예금은행이 공급하는 대부분의 금융자산을 포괄하고 있다. 이에 따라 M2는 동일한 규모 또는 증가율이라고 하더라도 자산별 구성내용 및 변동행태에 따라 실제 유동성 정도가 달라질 뿐만 아니라 비은행 금융기관이 공급하는 유동성은 전혀 반영하지 못하는 문제점을 지니고 있다. 또한 M3 역시 금융자산의 유동성 수준을 고려하지 않고 모든 금융기관의 금융자산을 포괄함에 따라 경제 내의 실질적인 유동성 수준을 효과적으로 나타내 줄 수 있는 지표로서의 역할수행에는 한계가 있다.

이런 이유로 M2 및 M3 등에 포함되는 금융자산 내에서도 외환위기 이후 장단기예금 간의 구성비가 급격히 변화하는 행태를 보임으로써 통화량의 증감과는 관계없이 실질적인 유동성이 달라지고 있으나 금융자산의 유동성을 고려하지 않는 현행 통화지표 편제방식으로는 이를 파악하기가 곤란함에 따라 금융시장참가자들이 경제의 유동성 수준판단에 근거하여 생산 및 소비 등 미래 경제활동계획을 합리적으로 수립하는 데도 장애요인으로 작용하고 있다.

[표 1]   M2 구성자산 및 기타 금융자산의 회전율(1999년 4월 기준)

M2 구성자산	회전율	기타 금융자산		회전율
예금은행 요구불예금	76.1	개발기관	당좌예금	119.0
당좌예금	1231.0		보통예금	31.6
보통예금	48.8	종금사	CMA	1.5
정기예금	0.2	투신사 신탁형증권저축		2.9
정기적금	0.1	증권금융	자발어음	13.2
저축예금	1.9	상호신용금고 보통예금		4.1

[그림 1]   M2 및 M3중 장기 금융자산* 비중 추이

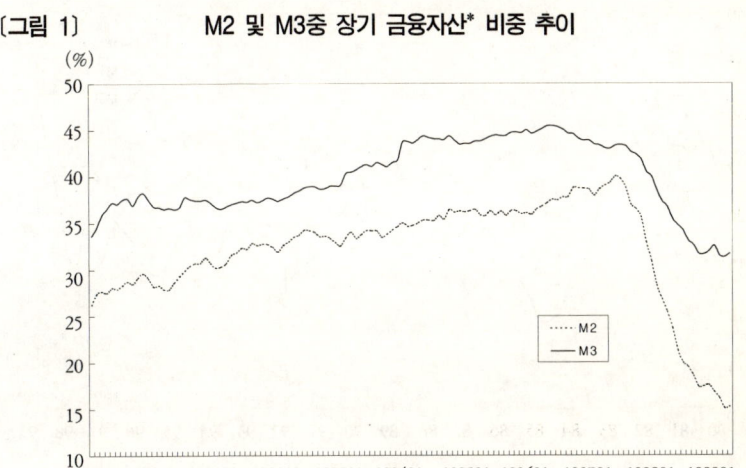

* 2년 이상 정기예·적금, 목적부 저축성예금, 금전신탁, 장기공사채형 수익증권 등

더욱이 M2 및 M3 등의 증가율 추이를 살펴보면 최근 들어 증가율의 괴리
가 심화되고 있는데, 이는 1998년 중반기 이후 은행의 자금사정이 호조로 전
환되자 은행이 CD, RP 등 고금리 단기시장성 수신을 통한 자금조달을 줄임에
따라 이 자금이 M2 구성자산인 은행의 정기예금 등 저축성예금으로 이동함으
로써 M2가 큰 폭으로 상승한 데도 원인이 있으나 좀더 근본적으로는 현행 통
화지표의 편제방식에 원인이 있다. 즉 외환위기의 영향으로 금융시장 여건이

급격히 변화하고 각 경제주체의 금융행태가 달라지면서 금융권간 자금이동이 큰 폭으로 확대되었는데 은행권 금융자산만으로 구성된 M2는 금융권간 자금이동에 민감히 반응하는 데 반해, M3는 각종 금융제도 개편 및 금리차이 등에 따른 금융권간 또는 금융자산간 자금이동의 영향을 거의 받지 않는 특성[7]을 지니고 있기 때문이다. 이러한 주요 통화지표의 움직임간 괴리현상의 심화는 금융시장 참가자들이 통화정책 기조 및 유동성 수준을 파악하는 데 혼선을 야기함에 따라 통화정책의 효율성을 저해하는 결과를 초래하고 있다.

〔그림 2〕   M2 및 M3의 증가율 추이

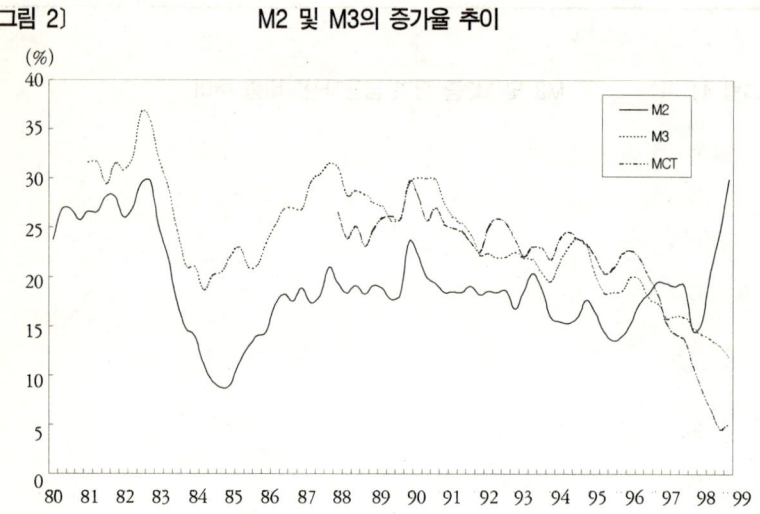

2. 정책지표로서의 유용성 검증

우리나라는 그 동안 중간목표로 설정한 통화증가율의 조절을 통하여 물가안정 및 경제성장 등 최종목표의 달성을 추구하는 통화량 중간목표전략을 채

---

7) 이와 관련하여 최근 M3 증가율의 급격한 하락은 M3가 금융기관간 자금이동에 민감히 반응함으로써 유발된 결과가 아니라 최근 기업의 부채비율 축소노력으로 신규차입이 둔화되고 주식발행을 통한 자금조달이 늘어나는 등 기업금융행태가 변화하면서 자금수요가 둔화된 데 기인하는 것이다.

택하여 왔다. 그런데 이는 앞서 살펴본 것처럼 선택된 중간목표가 최종목표에 상당한 영향력을 지니고 있어야 할 뿐만 아니라 장기적으로도 안정적인 관계를 유지하고 있어야 하는 등 여러 조건이 충족될 때 유용성을 지닐 수 있다. 이에 따라 이 절에서는 다양한 계량분석을 통하여 통화량 중간목표전략이 유용성을 지니고 있는지를 살펴보는 한편 향후 정보변수전략의 채택 가능성과 관련하여 현행 통화지표의 정보변수로서의 유용성 보유 여부를 함께 검토해 보았다(부록 2. 현행 통화지표의 정책지표로서의 유용성 검증 참고).

가. 통화지표의 주요 거시경제변수에 대한 설명력

먼저 통화와 물가상승률 및 경제성장률 사이의 시차상관관계를 도출한 결과 M3 변화와 물가상승률의 관계는 1980년대와 1990년대 모두 초기에 높은 상관관계를 보이다 점차 약화되는 추세를 보이는 것으로 나타났다. 반면 M2 의 경우는 1980년대에는 M3와 같은 유형의 상관관계를 보였으나 1990년대를 분석대상기간으로 하였을 경우 통화량 변화 후 약 11개월 정도 후행하는 시점의 물가상승률과 가장 높은 正(＋)의 상관관계를 보이다 점차 약화되는 것으로 나타나 1990년대 들어 총통화가 물가상승률에 영향을 미치는 시차구조에 변화가 나타난 것으로 보인다(부록 2의 그림 ①② 참조).

또한 실질국민소득과의 시차상관관계를 살펴볼 경우 M3나 MCT는 표본기간에 관계없이 대체로 일정한 시차구조를 지니는 것으로 나타났으나 M2는 실질국민소득에 대해서도 시차상관관계가 1980년대와 비교할 때 1990년대 들어 상당히 다른 모습을 보이고 있어 그 동안 중심지표의 역할을 수행해온 M2 의 주요 경제지표에 대한 파급시차 및 파급경로 등에 변화가 발생한 것으로 판단된다(부록 2의 그림 ③④ 참조).

예측오차의 분산분해 추정결과에 따르면 물가 및 성장률에 대한 통화량 변동의 기여도는 1990년대 들어 대부분의 시차에서 감소되고 있는 것으로 나타났으며, 특히 최근 중심지표로 사용중인 M3는 다른 통화에 비해 오히려 이들 변수에 대한 기여도가 낮은 것으로 분석되었다(부록 2의 표 (1),(2) 참조).

한편 소득방정식을 설정하여 각 통화의 설명력을 추정하여 본 결과 명목소
득에 대해서는 1990년대 들어 모든 통화지표들의 설명력이 1980년대에 비해
약화되었을 뿐만 아니라 유의성도 지니지 못하는 것으로 나타났는데, 특히
M2의 경우 1980년대는 유의성이 높은 설명력을 보였으나 1990년대 들어 설
명력이 현저히 감소된 것으로 나타났다. 실질소득에 대한 경우에도 1990년대
들어 모든 통화지표의 설명력이 매우 약화되었으며, 물가방정식에서 각 통화
지표의 설명력 추정 결과에서도 1990년대 들어 모든 통화지표의 물가변동에
대한 설명력이 감소한 것으로 분석되었다(부록 2의 표 (3),(4) 참조).

나. 통화수요함수의 안정성

통화와 주요 경제변수들 사이의 장기적 관계의 안정성 여부를 공적분모형
을 이용하여 검정한 결과 1980년대에는 모든 통화지표에서 유의수준 5% 이
내에서 적어도 하나 이상의 공적분 관계식이 존재하는 것으로 나타나 통화수
요함수의 장기적 안정성이 유지되고 있었던 것으로 보인다. 또한 분석대상기
간을 1990년대로 한정하여 외환위기 이전의 기간만을 포함하였을 경우에도
통화수요함수의 장기적 안정성이 유지되고 있다. 그러나 외환위기 이후를 포
함하였을 경우에는 그 동안 중심통화지표로서의 역할을 해온 M2와 최근 중심
지표로 활용중인 M3가 유의수준 10% 이내에서도 주요 경제변수들과 공적분
관계를 지니고 있지 않는 것으로 나타났는데, 이는 외환위기 이후 금리 및 물
가수준 등 주요 거시경제변수의 불안정성이 증대된 데 기인한 것으로 생각된
다(부록 2의 표 (5) 참조).

다. 통제 가능성

한편 중앙은행의 각 통화지표에 대한 통제 가능성을 본원통화 변화분의 각
통화지표의 변화분에 대한 영향력 추정을 통하여 살펴보면 M1을 제외하고는
1990년대 들어 통제성 정도가 미미한 것으로 나타났다. 더욱이 M2 또는 M3

에 대한 중앙은행의 통제력은 지속적으로 약화되고 있는 것으로 분석되었다 (부록 2의 표 (6) 참조).

이는 각 통화증가율간 상관계수 추정 결과에서도 본원통화와 다른 통화지 표들 간의 상관계수가 1990년대 들어 크게 약화된 것으로 나타나 본원통화조 정을 통한 통화지표들의 통제력이 약화되었다는 결론을 유추해 볼 수 있다. 또한 현행 통화지표들 사이의 상관관계도 1980년대에는 매우 높은 수준을 보 였으나 1990년대 들어 전반적으로 낮아진 것으로 나타나 현행 통화지표의 움 직임간 안정적 관계가 점차 약화되고 있는 것으로 보인다.

〔표 2〕   **각 통화지표간 상관계수**

	RB	M1	M2	MCT	M3
RB	1	0.952	0.991	0.989	0.991
M1	0.766	1	0.960	0.960	0.954
M2	0.555	0.656	1	0.999	0.998
MCT	0.715	0.810	0.927	1	0.997
M3	0.686	0.747	0.961	0.988	1

주 : 대각선 우상단은 1980.1~1989.12를 대상기간으로 하였으며 좌하단은 1990.1~1999.3을 대상기간으로 계산

라. 통화지표의 외생성

그랜저(Granger) 외생성 검정방법을 이용한 인과관계 추정 결과 1980년대 에는 M3를 제외한 모든 지표에서 통화량이 물가상승률에 대해 일방적 인과관 계를 보였으나 1990년대 들어 이들 인과관계가 약화되거나 역전현상까지 나 타나 물가상승률에 대한 통화량 변동의 내생화가 진전되고 있는 것으로 판단 된다(부록 2의 표 (7) 참조).

또한 경제성장률과의 인과관계 추정 결과에서는 대부분의 통화지표에서 1980년대 및 1990년대 양기간 동안 쌍방간 뚜렷한 일방적 인과관계가 존재하 지 않았으나 M2의 경우는 1990년대 들어 경제성장률에 대한 내생화도 빠르

게 진행되고 있는 것으로 나타났다. 다만 통화와 금리를 동시에 고려하였을 경우에는 1990년대 들어서도 물가 및 성장에 대해 약외생성이 존재하고 있는 것으로 분석되었다(부록 2의 표 (8),(9) 참조).

3. 통화지표 개편의 필요성 판단

앞서 살펴본 것처럼 현행 통화지표는 기관별 분류에 의한 편제방식을 채택하고 있음에 따라 비통화금융기관에도 수익률, 만기구조, 중도해지조건 등에서 통화금융기관의 유사 금융자산과 대체성이 뛰어나고 유동성도 높은 금융자산들이 존재함에도 불구하고 이를 M1 및 M2 등의 편제대상에서 제외시키고 있어 통화지표의 구성에서 필수적인 각 금융자산들의 유동성 반영이 미흡하다는 근본적인 문제점을 지니고 있다.

또한 주요 선진국들[8]도 현재 금융기관 구분 없이 금융자산의 유동성을 기준으로 통화를 정의하고 있으며, 최근 IMF[9]에서도 금융혁신의 진전 등으로 통화금융기관과 비통화금융기관의 구분이 모호해짐에 따라 이들의 구분을 없애고 영업유형이나 금융서비스의 내용을 바탕으로 금융기관을 세분화하는 방향으로 〈통화금융통계에 관한 매뉴얼〉을 개편 중에 있다. 개편안[10]에서 제시된 IMF의 새로운 금융기관 분류방식 가운데 예금취급기관을 우리나라에 적용할 경우 현행 M3 포괄범위에서 생명보험회사를 제외한 은행, 종금, 투신 등 주요 금융기관이 모두 포함됨에 따라 종래 통화·비통화금융기관의 구분에 의

---

8) 미국의 경우 M1에 비통화금융기관발행 여행자수표를 포함시키고 있으며 EMU의 경우는 금융기관 구분 없이 만기 2년 이내의 금융자산을 M3로 분류하고 있다.
9) IMF(1999) 참조.
10) IMF의 금융기관 분류방식 개편(안)

현 행	개편(안)
·통화당국 ·예금은행 ·비통화금융기관	·중앙은행 ·예금취급기관 ·보험회사 및 연금기금 ·기타 금융중개기관 ·금융보조기관

해 작성된 통화지표는 새로운 금융기관의 분류방식과도 일치하지 않게 된다.

이를 고려해 볼 때 통화지표의 국제기준으로의 적합성 제고를 위하여도 현행 금융기관 중심의 통화지표 분류방식에서 탈피하여 원칙적으로 각 금융자산의 유동성에 기초한 통화지표 편제방식으로의 이행을 검토해야 할 시점이라고 판단된다.

한편 통화지표가 정책지표로 활용되기 위해 충족시켜야 하는 요건은 앞서 살펴본 바와 같이 통화지표가 중간목표 또는 정보변수 가운데 어떤 역할을 수행할 것인가에 따라 달라진다. 먼저 지금까지 우리나라의 통화정책이 통화량 중간목표 방식으로 운용되어 온 것과 관련하여 그 동안 중심지표로 사용된 M2 및 최근의 M3에 대한 중간목표로서의 유용성을 살펴보면, 중간목표로서의 역할 수행에 필수적인 통화당국의 통제력이 미약하고, 최종목표에 대한 영향력도 약화되고 있는 한편, 최종목표에 대한 통화의 외생성이 크게 약화된 것으로 나타나고 있다. 이에 따라 앞으로도 통화정책이 계속 통화량 중간목표 전략을 유지할 경우 M2나 M3 등 현행 통화지표를 중간목표로 사용하는 것은 바람직하지 않을 것으로 판단된다.

또한 향후 정보변수전략으로 이행할 경우를 상정하여 현행 통화지표의 정보변수로서의 활용 가능성을 살펴보면, 통화지표와 물가상승률 또는 경제성장률 등 최종목표와의 관계가 1980년대 이후 대체적으로 안정성을 유지하고 있는 것으로 나타나, 현행 통화지표들을 다양한 정보변수 가운데 하나로 활용할 수는 있을 것으로 보인다. 그러나 이 경우에도 현행 통화지표의 편제방식이 근본적인 문제점을 지니고 있으며, 특히 현재 중심지표로 활용중인 M3의 경우는 속보성이 확보되어 있지 않아 예상되는 미래 경제상황에 관한 정보를 적기에 제공하는 데 어려움이 있어 정보변수로서의 유용성이 낮을 것으로 생각된다.

따라서 금융자산의 유동성에 입각한 새로운 편제방식에 따라 통화를 산정한 후 현행 통화지표와 유동성 및 정책지표로서의 유용성 등 통화요건의 충족성 정도를 비교하여 이 가운데 상대적으로 우월한 것으로 판별된 통화지표를 정책지표로 활용하는 것이 바람직할 것이다.

IV. 새로운 적정통화지표의 구성

1. 검토대상 통화지표의 선정

가. 지표 선정의 기준

이 절에서는 앞에서 살펴본 통화의 조건들을 고려하여 새로운 편제기준에 의한 협의 및 광의의 통화지표 후보를 선정, 그 유용성을 검토하되 최광의의 통화에 대해서는 비금융부문의 통화성부채 및 현재 M3에 포함되지 않는 금융자산의 성격 및 규모 등에 대한 자료수집이 완료되는 시점에서 추후 검토하기로 한다. 이 글에서 설정한 통화의 편제기준은 다음과 같다.

먼저 현행 금융기관 중심의 분류방식에서 탈피하여 금융자산별 분류방식으로 이행하는 것을 원칙으로 한다. 즉 개별 금융자산을 협의 또는 광의의 통화지표에 포함시킬지의 여부는 원칙적으로 당해 금융자산의 유동성 정도를 판단기준으로 하나 최저예입금 한도, 타상품과의 대체 가능성 등 금융자산의 특성에 영향을 미칠 수 있는 요건 및 당해 금융자산을 공급한 금융기관의 성격도 동시에 고려한다. 설정된 통화지표의 후보들이 가지는 정책지표로서의 유용성 정도는 동 후보들과 주요 경제지표들과의 실증분석 결과를 중요한 판단자료로 사용하고 통화지표 편제에 필요한 속보성 및 자료의 입수 가능성 등 실무적 요건을 아울러 고려하기로 한다.

한편 이러한 기준에 따른 통화지표 편제에 앞서 각 금융자산을 유동성 정도에 따라 분류하는 작업을 수행하였는데, 개별 금융자산을 유동성 정도에 큰 영향을 미치는 만기구조, 금리수준, 입출금 조건 등 여러 가지 특성을 감안하여 ① 결제성을 지닌 요구불예금 ② 수익성과 결제성을 겸비한 입출이 자유로운 저축성예금 ③ 기간물 정기예·적금 및 부금 ④ 시장형 상품 ⑤ 실적배당형 상품 ⑥ 금융채 ⑦ 기타 금융상품 등 7개 그룹으로 구분하였다.[11]

---

11) 한국은행 경제통계국(1999), 〈우리나라 금융상품의 통화종류별 구분에 관한 검토〉를 인용

구 분	대 상 금 융 상 품
Ⅰ그룹 (요구불예금)	**예금은행, 산업은행**의 당좌예금, 가계당좌예금, 보통예금, 별단예금, 공공예금, 여신관리자금, **체신예금**의 보통예금, **상호신용금고**의 보통예금, **상호금융, 새마을금고**의 보통예탁금, 별단예탁금, 공공예탁금, **신협**의 보통예탁금, 공공예탁금
Ⅱ그룹 (수시입출식 저축성예금)	**예금은행, 산업은행**의 저축예금, 자유저축예금, 기업자유예금, **체신예금**의 저축예금, 자유저축예금, **상호금융, 신협 및 새마을금고**의 자립예탁금, 자유저축예탁금
Ⅲ그룹[1] (기간물 정기 예·적금 및 부금)	**예금은행, 산업은행 및 체신예금**의 정기예금, 정기적금, 상호부금, 목돈마련저축, 장학적금, 근로자장기저축, 근로자주택마련저축, 가계장기저축, 근로자우대저축, **상호신용금고**의 수입계금, 수입부금, 정기예금, 정기적금, 가계우대정기적금, 근로자 장기저축, 가계장기저축, 장학적금, 근로자 우대저축, **신협, 상호금융 및 새마을금고**의 정기예탁금, 정기적금, 자유적립저축, 가계장기저축, 장학적금, 근로자우대저축, **상호금융**의 농어가 목돈마련저축
Ⅳ그룹 (시장형상품)	**예금은행 및 산업은행**의 양도성예금증서(CD), 상업어음매출, **예금은행, 상호신용금고, 종합금융**의 표지어음매출, **예금은행** 등의 환매조건부채권매도(RP)[2]
Ⅴ그룹 (실적배당형 상품)	○ 단기형 : **종합금융**의 CMA, **종합금융 및 투자신탁**의 단기공사채수익증권 ○ 장기형 : **예금은행 및 산업은행**의 금전신탁, **종합금융 및 투자신탁**의 장기공사채 및 주식형 수익증권
Ⅵ그룹 (금융채)	통안증권, 외평채, 중소기업금융채, 산업금융채, 종합금융채, 증권금융채권, 수출입금융채
Ⅶ그룹 (기타)	**증권회사 및 증권금융**의 예수금, **증권금융 및 종합금융**의 발행어음, **투자신탁**의 신탁형 증권저축, 뮤추얼펀드, **보험회사**의 보험계약준비금 등

주 : 1) 강조 부분은 목적부 저축성예금
    2) 예금은행 이외에도 산업은행, 종합금융, 증권금융, 증권회사, 체신예금 등이 취급

다음 단계로 상기 금융자산의 특성별 분류표를 이용하여 앞서 살펴본 통화의 요건 및 정의에 부합할 수 있는 협의의 통화와 광의의 통화 후보지표들을 선정한 후 이를 현재 통화총량 계산방식과 동일한 단순합계방식으로 시산하였다. 이와 관련하여 실질 유동성 수준을 정확히 파악하기 위한 대안으로 각 금융자산의 유동성 정도에 따라 가중치를 부여하는 Divisia 통화지표를 고려해 볼 수 있으나 각 금융자산의 실질수익률 등에 관한 시계열자료의 미비, 가중치 부여방법의 선택 등 개발과 관련한 실무적인 어려움 등을 감안하여 검토대상에서 제외하였다. 또한 주식형 수익증권 등 시가변동형 금융자산과 관련하여 IMF는 기간중 금융자산 거래액 증감뿐 아니라 가격 및 환율변동에 따른 가치변동분을 체계적으로 분류하여 반영할 것을 권고하고 있으나 시가변동에 따른 통화지표의 불안정성 증대 가능성 외에도 아직 시가변동형 금융자산에 대한 시가평가제가 확립되어 있지 않아 현실적으로 자료입수가 곤란하여 현행과 같이 납입금 기준으로 통화지표를 산정하였다. 다만 향후 채권시가평가제가 정착되고 관련자료가 갖추어지는 시점에서는 시가기준 통화지표의 도입을 검토해야 할 것이다.

나. 검토대상지표의 선정

이상에서 논한 금융자산의 유동성에 기초한 특성을 고려하고 새로운 편제기준을 적용하여 다음과 같이 협의의 통화 및 광의의 통화와 관련한 검토대상지표들을 선정하였다. 다만 광의의 통화에 대해서는 정책지표로서의 유용성 요건의 충족이 중요하다는 점을 고려하여 검토대상으로 복수의 통화를 시산한 후 이들 통화지표들과 주요 거시경제변수간 관계에 대한 실증분석을 통해 궁극적으로 우리나라의 실정에 가장 바람직하다고 판단되는 통화지표를 제시하고자 하였다.

한편 현재 입수 가능한 금융자산별 시계열자료가 M3 평잔기준 계열로 한정됨에 따라 만기구조별, 세부 금융자산별 분류가 세밀하지 않아 더 다양한 지표들을 선정하는 데는 한계가 있다.[12] 따라서 이 글에서는 가능한 한 유동성의 정도를 금융자산의 특성별 분류표상의 7개 그룹을 기준으로 적용함으로 써 통화지표들을 선정하였는데, 상기 분류표가 금융자산의 유동성을 중심으로 작성된 점을 고려할 때 더욱 세밀한 자료의 미비에 따른 문제점은 크지 않을 것으로 생각된다.

(협의의 통화)

협의의 통화는 기본적으로 거래기능을 중시하는 통화의 정의임에 따라 현행 M1의 구성요소인 현금 및 은행의 요구불예금 외에 비은행 금융기관의 요구불 예금과 아무런 제약 없이 수시입출이 가능하여 완전한 결제성을 지닌 자유저 축예금 등 예금취급기관의 결제성 예금들을 추가하여 다음과 같이 정의하였다.

L1 : 현금＋요구불예금(Ⅰ그룹)＋수시입출식 저축성예금(Ⅱ그룹)

다만 현재 신협, 새마을금고, 체신예금은 속보성이 미비되어 있음에 따라 전산화 완료 등으로 속보성 문제가 해결될 때까지 협의의 통화 구성항목에서 이들 기관의 해당 금융자산은 제외시키는 것이 바람직하다고 판단되어 실증분 석에서는 이들 예금을 제외한 통계를 이용하였다.[13]

(광의의 통화)

광의의 통화는 기본적으로 가치저장수단으로서의 기능을 지니고 있으면서 도 만기가 단기화되어 있는 등 일정수준 이상의 거래기능도 함께 보유하고 있 는 금융자산들을 포괄하는 것을 원칙으로 한다. 그러나 유동성만을 기초로 하 여 정의할 경우 정책당국의 입장에서 협의의 통화에 비해 상대적으로 더 중요 한 정책지표로서의 유용성 요건이 미비될 우려가 있다. 이런 이유로 실제 각 국에서는 실증분석을 통하여 자국의 실정에 맞는 광의의 통화를 정의하고 있 으며 IMF도 이를 권고하고 있어 광의의 통화에 포함되는 금융자산의 범위는

---

12) 예를 들어 M3 평잔자료는 MMDA를 저축예금에 포함시켜 집계할 뿐 개별상품의 시계열자료를 유지하고 있지 않다.
13) 또한 M3 평잔표에서 이들 기관의 예금들은 새로운 통화지표를 시산하는 데 필요한 금융자산 별 분류가 미비되어 있어 속보성 문제를 무시하더라도 과거의 자료를 이용하여 이들 기관을 포함한 새로운 통화지표를 시산하는 데 한계가 있다.

국가별로 상이하다는 특성을 지니고 있다. 따라서 여기서는 다음과 같은 여러 지표들을 광의의 통화를 위한 검토대상으로 선정한 후 실증분석을 통하여 우리나라의 실정에 가장 바람직하다고 판단되는 지표를 최종적으로 선택하는 방법을 사용하였다.

먼저 L2A는 앞에서 설명한 금융자산 분류를 토대로 만기구조 및 금융기관의 성격 등을 감안하여 은행 등 예금취급기관의 단기금융상품을 중심으로 다음과 같이 정의하였다.

> L2A : L1 + 기간물 정기예·적금 및 부금(Ⅲ그룹, 단 만기 2년 이상 장기
> 저축성 예금 및 목적부 예금 제외) + 시장형 상품(Ⅳ그룹) + 실적배
> 당형 상품(Ⅴ그룹, 단 금전신탁 및 장기공사채형 수익증권 제외) +
> 금융채(Ⅵ그룹) + 기타 금융상품(Ⅶ그룹) 중 투자신탁 증권형 저축
> 및 종금사 발행어음

기간물 저축성 예금 가운데 만기 2년 이상 저축성 예금을 제외시킨 것은 예금의 장단기성 구분시점에 대한 명확한 기준은 정립되어 있지 않으나 현재 금융자산의 만기에 따라 통화를 정의하는 ECB[14]의 경우 광의의 통화에 포함되는 금융자산의 만기를 2년 이내로 한정하고 있으며 우리나라도 과거 M2A 작성시 기준을 2년으로 설정한 사례 등을 참고하였다. 또한 목적부 예금은 자녀교육이나 주택마련 등 일정 목적의 달성을 위하여 가입하는 예금임에 따라 결제성이 매우 약하며, 실제 자금의 유동성도 높지 않아 제외시켰다. 실적배당상품 가운데 금전신탁 및 장기공사채형 수익증권을 제외시킨 것도 이들 상품의 만기가 다른 금융자산에 비해 장기임에 따라 결제성이 상대적으로 약하다고 판단하였기 때문이다.

한편 기타 금융상품 가운데 일부가 제외된 것은 당해 금융자산 또는 발행 금융기관의 성격을 감안한 결과이다. 즉 증권회사의 예수금은 우리나라의 증권회사가 유가증권의 위탁 및 자기매매, 인수, 매출, 모집 또는 매출주선 등을 주업무로 하고 있기 때문에 예금취급기관으로 볼 수 없어 제외시켰으며, 증권

---

14) European Central Bank(1999) 참조.

금융의 예수금 역시 증권금융이 주로 증권회사와 관련한 예대업무를 취급하고 있어 예금취급기관으로 보기 어렵다는 점이 감안되었다.

이 밖에 뮤추얼펀드는 폐쇄형 신탁상품으로서 환매가 제한적이고 유동성이 극히 낮아 결제성이 미미하다고 판단하였기 때문에 제외시켰으나 앞으로 개방형 상품을 도입할 때에는 이 상품을 광의의 통화에 포함할지 여부를 재검토해야 할 것으로 생각된다. 그러나 예금취급기관이 아닌 증권금융, 증권회사 및 보험회사 등 금융중개·보조기관의 통화성 부채를 광의의 통화 편제대상에서는 제외시키더라도 향후 검토할 최광의의 통화는 모든 금융기관 및 비금융기관의 통화성 부채를 모두 포괄하는 개념임에 따라 이 지표에는 포함시켜야 할 것이다. 그리고 협의의 통화에서와 마찬가지로 신협, 새마을금고, 체신예금은 아직 속보성이 갖추어 있지 않아 이들 금융기관의 해당 금융자산을 광의의 통화에 포함시킬 경우 중간목표 또는 정보변수로서의 유용성을 저하시킬 것임에 따라 제외시켰다.

두 번째 검토대상지표인 L2B는 L2A에 금전신탁 가운데 단기성 신탁상품이 포함된 것이다. 이는 이들 신탁상품이 예치기간 1년 이상 경과시 중도해지수수료가 면제되어 실질적으로 1년 만기인 금융자산과 동일한 만기구조를 지니고 있어 회전율이 상대적으로 높으며 시장형 상품 또는 실적배당형 상품과 호환성이 높다고 판단했기 때문이다.

L2B : L2A + 가계, 기업, 불특정, 특정금전신탁 및 신종적립신탁

다만 특정금전신탁의 경우 최저 수탁한도가 5억원으로 설정되어 있음에 따라 이 자금이 결제기능을 지녔다기보다는 가치저장수단으로서의 성격이 매우 강하다고 판단되어 L2B에서 특정금전신탁을 제외하여 다음과 같은 지표도 추가적으로 산정하였다.[15]

L2C : L2B − 특정금전신탁

---

[15] 미국의 경우 10만 달러 이상 거액예금의 경우 만기구조와 관계 없이 광의의 통화에서 제외시키고 있다.

한편 장기공사채형 수익증권을 상품명에 따라 광의의 통화에서 제외할 경우 이 수익증권이 유동성이 매우 높은 만기 6개월 이상 증권부터 포함하고 있을 뿐만 아니라 총 수신액 가운데 만기 1년 이하 증권의 비중이 매우 높음에도 불구하고 최광의의 통화로 분류되는 문제점이 발생한다. 따라서 장기공사채형 수익증권 가운데 만기 2년 미만 등 단기로 분류될 수 있는 부분만을 광의의 통화지표에 포함시키는 것이 좋다고 생각하나, 현재 입수 가능한 시계열 자료로는 장기공사채형 수익증권의 만기별 구성내역을 알 수 없는 데다가, 앞에서 설명한 것처럼 만기 1년 이하 증권이 대부분을 차지하고 있음을 감안할 때 장기공사채형 수익증권 전체를 광의의 통화 대상에 포함시켜도 무리가 없을 것으로 판단되어 다음과 같은 지표를 구성하였다.

L2D : L2A + 장기공사채형 수익증권

마지막으로 장단기 공사채형 수익증권과 은행의 단기성 신탁상품간 높은 대체관계를 반영하여 두 상품을 모두 포괄하는 지표를 산정함으로써 금융자산간 급격한 자금이동으로 인한 지표의 불안정성을 완화시키고자 하였다. 예치한도가 거액인 특정금전신탁의 포함 여부에 따라 두 가지 지표로 구분하였는데 이 중 L2E는 당행 경제통계국에서 금융자산의 유동성에 따라 분류한 광의의 통화 개념과 일치하나 신협 등 속보성이 미비된 금융기관의 해당 금융자산을 제외시킨 것으로 이 글에서 선정한 광의의 통화 검토대상 지표 가운데 가장 넓은 개념이다.

L2E : L2A + 장기공사채형 수익증권 + 단기성 신탁
    = L1 + 기간물 정기예·적금 및 부금(III그룹, 단 만기 2년 이상 장기 저축성 예금 및 목적부 예금 제외) + 시장형 상품(IV그룹) + 실적배당형 상품(V 그룹, 단 장기저축성 금전신탁 제외) + 금융채(VI그룹) + 기타 금융상품(VII그룹) 중 투자신탁 증권형 저축 및 종금사 발행어음
L2F : L2E - 특정금전신탁

[표 4]　각 통화지표의 포괄범위

그룹	항목	M1	L1	M2	L2A	L2B	L2C	L2D	L2E	L2F	M3
Ⅶ 그룹 (기타)	기타										■
	증권형저축, 종금사발행어음				■	■	■	■	■	■	■
Ⅵ 그룹 (금융채)	통안증권, 외평채, 산금채 등				■	■	■	■	■	■	■
Ⅴ 그룹 (실적배당 상품)	단기금전신탁				■	■					■
	특정금전신탁						■	■		■	■
	장기금전신탁								■	■	■
	장기공사채							■	■		■
	기타				■	■	■	■	■	■	■
Ⅳ 그룹 (시장형상품)	CD, RP 등				■	■	■	■	■	■	■
Ⅲ 그룹 (기간물 정기예·적금)	만기 2년 이상 저축성예금 및 목적부예금			은행							■
	기타			은행	■	■	■	■	■	■	■
Ⅱ 그룹 (수시입출식 저축성예금)	자유저축예금, 기업자유예금, 저축예금 등		■	은행	■	■	■	■	■	■	■
Ⅰ 그룹 (요구불예금)	당좌, 보통, 별단예금 등	은행		은행	■	■	■	■	■	■	■
현금		■	■	■	■	■	■	■	■	■	■
금융자산별 분류		M1	L1	M2	L2A	L2B	L2C	L2D	L2E	L2F	M3

주 : 음영 처리된 부분은 각 통화지표에 포함되는 부분을, 백색 부분은 제외되는 부분을 나타낸다. 한편 '은행'이라고 표시한 부분은 은행보유분만 포함하는 것을 나타낸다.

(은행권 보조지표)

한편 새로운 편제방식에 의해 통화를 구성할 경우 은행권의 자금상황을 적절하게 나타내줄 수 있는 지표가 없다는 문제점를 보완하기 위하여 은행의 금융자산만을 대상으로 하는 지표를 다음과 같이 선정하여 보조지표로서의 유용성을 검토하였다.

먼저 현금과 은행에서 취급하는 요구불 및 결제성예금, 단기 저축성 상품 등 유동성이 비교적 높은 금융자산들만을 대상으로 B2A를 정의하였으며 B2A에 장기 저축성 상품 및 금전신탁을 더하여 은행의 총 유동성을 나타낼 수 있는 지표인 B2B를 작성하였다. 여기서 B2A는 과거 은행의 단기 저축성 상품만을 대상으로 구성한 M2A에 금융채, CD, RP 및 표지어음 등 시장형 상품이 추가된 것이며 B2B는 현행 MCT+와 동일한 개념이다.

B2A : 현금+L2A 구성 금융자산 가운데 은행 보유분
  ＝현금＋은행의 요구불 및 결제성예금＋단기저축성 상품＋금융채
  ＋CD＋RP＋표지어음
  ＝M2A＋금융채＋CD＋RP＋표지어음

B2B : B2A＋은행의 장기저축성 상품＋신탁
  ＝MCT＋금융채＋RP＋표지어음＝MCT＋

다. 검토대상지표 간의 관계

먼저 위에서 정의한 검토대상지표들을 M3 평잔기준 자료를 이용하여 시산하여 보면 1999년 4월 현재 협의의 통화인 L1은 현행 M1의 약 380%, M2의 40% 수준을 나타내고 있으며 광의의 통화로서 검토대상지표들은 M2에 비해 약 170(L2A)~230%(L2E) 수준으로 M3 대비로는 53~71% 수준을 시현하고 있다.

한편 각 통화지표들의 규모추이를 살펴보면 1990년 이후 외환위기 이전까지는 모든 통화지표들이 비슷한 추세를 보이며 지속적으로 증가하여 왔으나 외환위기 이후 개별 금융주체들의 금융행태 변화 등에 기인하여 금융기관 및 금융자산간 이동성이 증대됨에 따라 지표별 증가추세가 다소 달라지는 양상을 보이고 있다.

〔그림 3〕　　　　　　　　**각 통화지표의 M3 대비 비중**

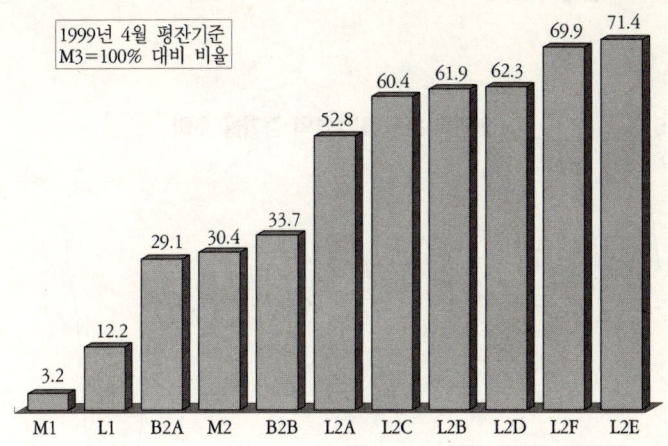

1999년 4월 평잔기준
M3＝100% 대비 비율

M1 3.2
L1 12.2
B2A 29.1
M2 30.4
B2B 33.7
L2A 52.8
L2C 60.4
L2B 61.9
L2D 62.3
L2F 69.9
L2E 71.4

〔그림 4〕　　　　　　　　**각 통화지표의 규모 추이**

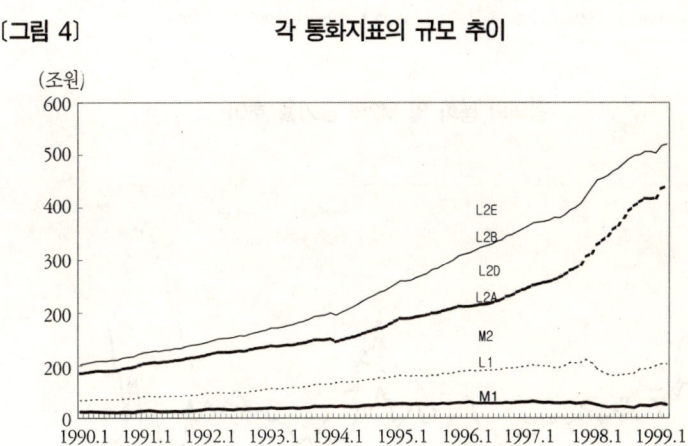

(조원)

　　또한 각각의 검토대상 통화지표들과 현행 지표들의 증가율을 비교하여 보
면, 먼저 협의의 통화 검토대상인 L1의 증가율은 M1보다 안정적인 추세를 시
현하고 있는 것으로 나타났다. 이는 L1이 M1의 구성자산과 동일한 성격의 금
융자산을 금융기관 종류에 관계없이 포괄하고 있음에 따라 이들 금융자산과

관련한 금융기관 간의 자금이동에 영향을 적게 받은 데에 기인한 것으로, L1
이 M1보다 안정적인 통화지표로서의 역할을 수행할 수 있을 것이라고 생각
된다.

〔그림 5〕　　　　　협의의 통화 및 M1의 증가율 추이

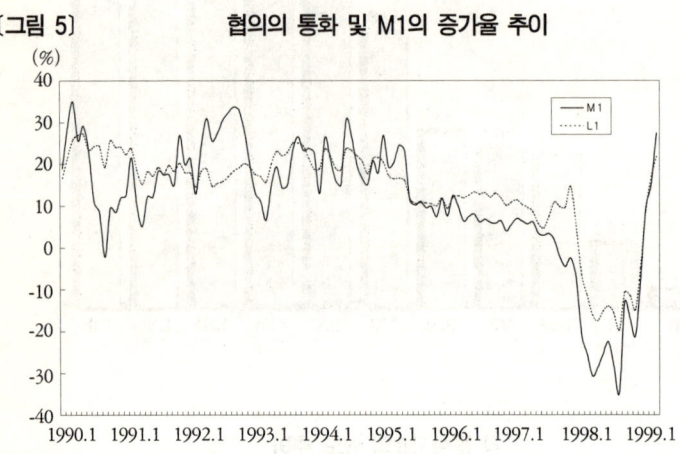

〔그림 6〕　　　　　광의의 통화 및 M2의 증가율 추이

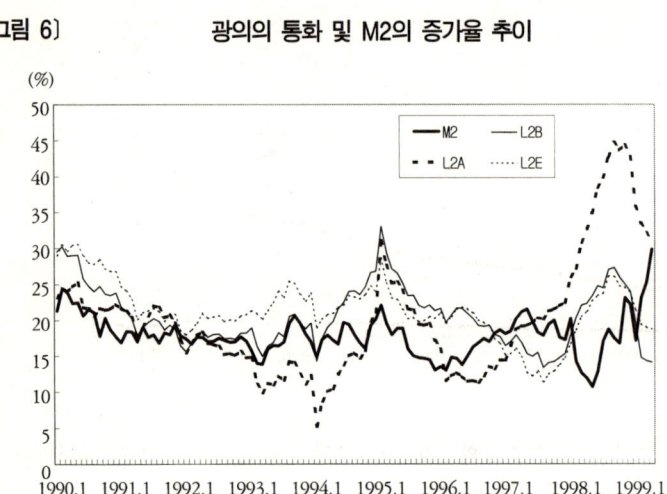

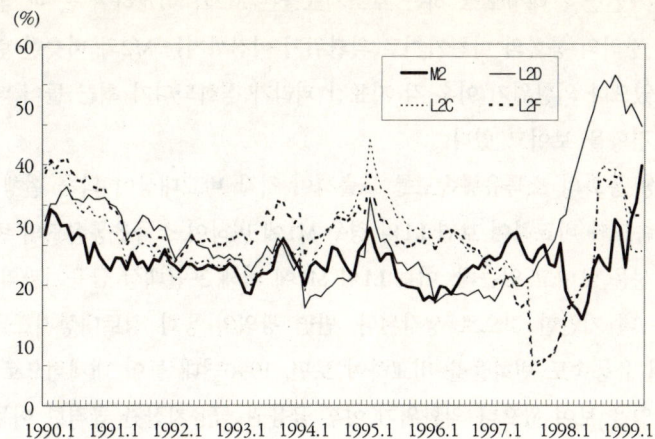

반면에 광의의 통화로서 검토대상인 지표들은 외환위기 이전에는 증가율 추이에서 큰 차이를 보이지 않았으나 외환위기 이후에는 각 금융기관 및 금융 자산 간의 이동성 증대를 반영하여 각 지표의 금융자산 포괄범위에 따라 상이 한 변동을 보이다가 최근에 들어서는 점차 괴리 폭이 감소하는 경향을 나타내 고 있다.

〔그림 7〕   M2 및 은행권 보조지표의 변화율 추이

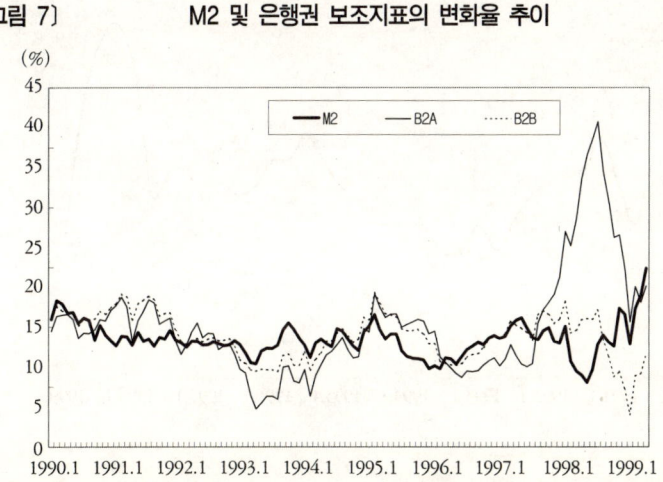

한편 은행권만을 대상으로 하는 보조지표들은 M2와 비교하여 볼 때 앞에서 살펴본 광의의 통화와 마찬가지로 외환위기 이전까지는 M2와 비슷한 변화추이를 보였으나 외환위기 이후 각 지표간 괴리가 심화되다가 최근 들어 다시 근접하는 경향을 보이고 있다.

검토대상 통화의 소득유통속도를 도출하여 각각 비교대상이 되는 현행 통화의 유통속도와 비교하여 보면 L1의 경우 M1에 비하여 소득유통속도의 변화율이 안정성을 보이고 있는데, 이는 L1이 M1에 비해 포괄대상 금융기관의 범위가 넓은 데 기인한 것으로 생각된다. 반면 광의의 통화 검토대상지표들과 M2, M3의 유통속도 변화율을 비교하여 보면, 1990년대 들어 대체적으로 비슷한 움직임을 보여 왔으나 외환위기 이후 금융권·금융자산간 급격한 이동에 기인하여 유통속도의 하락폭이 각 통화의 금융자산 포괄범위에 따라 달라지는 모습을 보이고 있다.

〔그림 8〕　　　협의의 통화 및 M1의 소득유통속도 변화율 추이

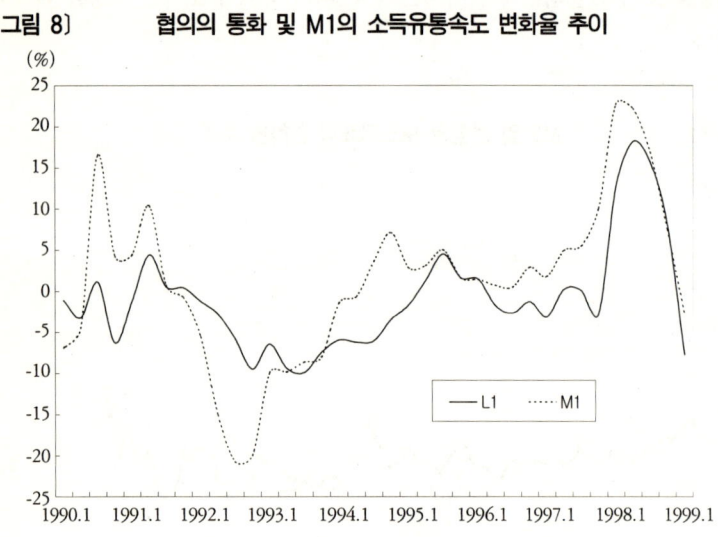

〔그림 9〕   광의의 통화 및 M2·M3의 소득유통속도 변화율 추이

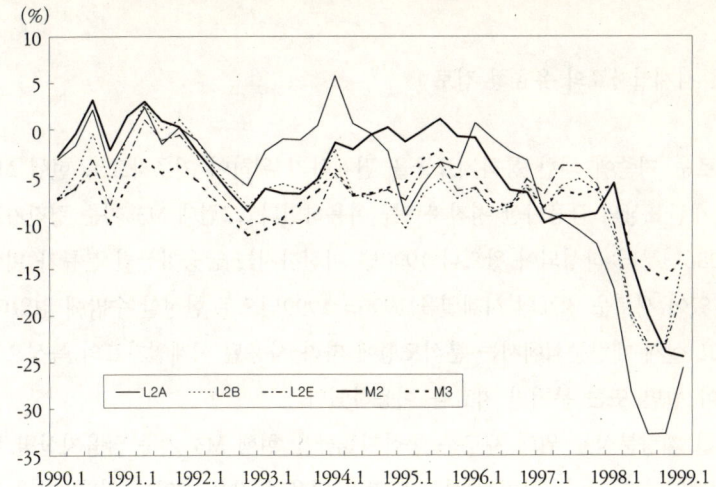

〔그림 10〕   광의의 통화 및 M2·M3의 소득유통속도 변화율 추이

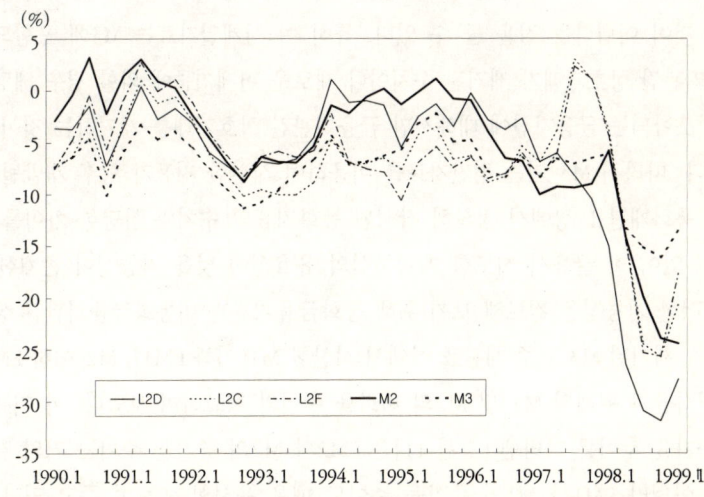

2. 정책지표로서의 유용성 검증

가. 시계열자료의 유효성 검토

새로운 기준에 의한 통화지표들을 편제하기 위하여 기초자료로 현행 M3 기준 개관표상의 금융자산 평잔자료를 이용하였다. 그런데 M3 기준 평잔자료는 1986년부터 작성되어 왔으나 1990년 이전까지는 금융자산별 분류가 미비되어 있어 새로운 지표의 시계열을 1990~1999년으로 한정할 수밖에 없었다. 그리고 실제 계량분석에서는 분석모형에 따라 사용된 시계열자료의 특성으로 인하여 월별 또는 분기별 자료를 이용하였다.

한편 계량분석을 위해 새로운 통화지표들을 현행 M3 기준 금융자산별 평잔 시계열자료를 이용하여 시산함에 따라 다음과 같은 제약이 있다. 먼저 현행 M3 기준 평잔자료 상에는 새로운 기준에 의한 통화지표 시산시 필요한 금융자산의 만기구조별 자료가 없으며 비통화금융기관의 경우는 상품별 분류도 세밀하지 않아 앞서 설정한 편제기준에 따라 새로운 통화지표를 정확히 산출하는 것이 어렵다는 점을 들 수 있다. 특히 이 시계열자료는 M3에 포함되는 금융기관간 상호거래가 제거된 수치이나 새로운 편제기준에 의할 경우 해당지표에 포함되는 금융자산에 대해서만 금융기관간 상호거래를 제거하는 것이 타당하다. 따라서 M3 기준 평잔자료를 이용하여 시산한 지표가 향후 개발될 새로운 통화개관표 상에서 정확히 작성된 통화지표의 수치와 상당한 차이를 지닐 수 있어 이 글에서 시도한 계량분석의 유효성이 낮을 가능성이 존재한다.

이러한 가능성을 검토해 보기 위해 통화금융기관과 비통화금융기관간 상호거래가 제거된 M3 기준 개관표 상에서 시산한 M1(이하 LM1), M2(이하 LM2)의 변화율과 원래의 M1 및 M2의 변화율 추이와 비교하여 보았다. 이 지표들의 증가율 추이를 나타낸 [그림 11]은 LM2와 M2의 증가율 추이는 거의 같을 뿐만 아니라 LM1과 M1의 증가율 추이도 매우 유사함을 보여 주고 있다.

비록 이러한 비교가 금융상품간 상호거래를 제거한 통계치도 이와 비슷한 결과를 나타낼 것이라는 확신을 주지는 못하지만, 적어도 이는 현시점에서의 자료제약에 따른 계량분석의 유효성이 크게 낮지는 않을 것이라는 점을 시사해 준다고 볼 수 있다.

〔그림 11〕   M1·M2 및 M3 기준 시산 M1·M2의 변화율 추이

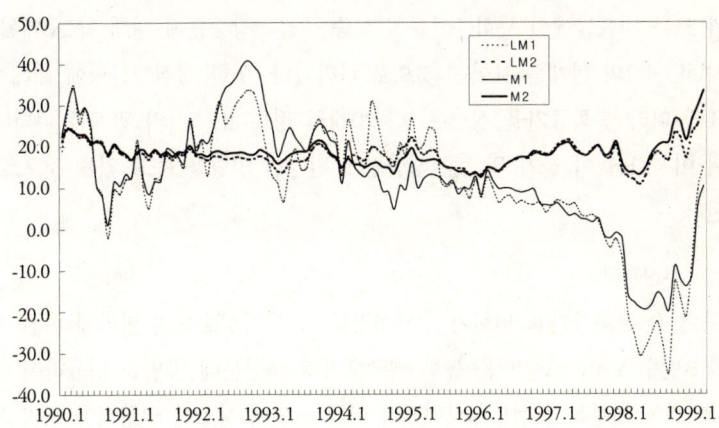

한편 계량분석의 유효성 여부에 대한 검증을 논외로 하더라도 현재와 같이 금융자산의 만기별 구조와 상품별 분류가 미흡한 데다, 현실적으로도 금융상품간 상호거래를 제거한 통계치를 입수하거나 가공할 수도 없을 뿐만 아니라 이 연구에 적합한 통계를 정비하기 위해서는 장기간에 걸친 인적 물적 비용이 소요되는 점을 감안할 때 우선적으로 연구의 초기단계로 상대적으로 가장 풍부한 금융상품 관련 정보를 지니고 있는 M3 평잔자료를 이용하여 검토대상 통화지표를 시산하는 것이 유일한 대안이라고 판단된다. 그리고 이 자료를 이용하여 시산한 통화지표가 분석 결과 유용성이 있다고 판단될 경우에 한해 통계정비작업을 추진하고, 추후 이를 통해 입수된 정확한 자료를 이용하여 이 통화지표들의 유용성을 재검토하는 것이 바람직할 것이다.

나. 정책지표로서의 유용성 검증(주요 거시경제변수에 대한 설명력)

(1) 시차상관계수

먼저 검토대상 통화가 주요 거시경제변수에 대하여 설명력을 지니고 있는 지를 살펴보기 위하여 이들 통화와 경제변수간 시차상관계수를 도출하여 본 결과 모든 지표들에서 통화증가율의 상승은 물가상승률에 대해 약 20개월 후 까지 正(＋)의 관계를 보이는 것으로 나타났다. 또한 실질생산량에 대해서도 지표에 따라 통화증가율 상승은 9～20개월 정도 正(＋)의 관계를 나타내고 있어 이 지표들이 물가 및 실질생산량에 일정한 영향을 주고 있는 것으로 판 단된다.

(2) 분산분해

한편 각 통화증가율 변화가 경제성장률 및 물가상승률의 변화에 미친 기여 도를 3변수 VAR 모형16)을 통한 예측오차의 분산분해 방법을 이용하여 분석 해 볼 경우 대부분의 검토대상지표가 이들 변수에 상당한 영향력을 끼치고 있 는 것으로 나타났다. 특히 이 가운데에서도 특정 금전신탁을 제외한 단기성신 탁이 포함된 L2C와 여기에 장기공사채형 수익증권까지 포함시킨 L2F의 기여 도는 현행 통화지표뿐만 아니라 검토대상지표 가운데에서도 가장 높았던 것으 로 판명되었다. 또한 이들 두 지표는 물가상승률에 대해서도 시차를 두고 매 우 큰 영향력을 지니고 있는 것으로 나타나 계량분석의 한계를 감안하더라도 실물경제변수의 변화에 대한 이 지표들의 영향력이 다른 통화지표에 비해 상 대적으로 크다고 추론할 수 있다.

이 밖에 L1의 경우도 성장률 및 물가상승률에 대한 기여도가 현행 M1에 비 해 높은 것으로 나타났다. 그리고 보조지표로서의 활용 가능성을 검토하기 위 해 은행의 금융자산만으로 구성한 B2A 및 B2B(MCT＋)의 기여도도 기존의 지표들보다 높은 것으로 나타나 보조지표로서의 유용성을 지니고 있을 가능성

---

16) 통화량-실질국민소득-물가상승률 순으로 3변수 VAR 모형을 구성하였는데, 통화량 기여도를 명확히 살펴보기 위하여 여기서는 통화량 기여도를 일부 상쇄시킬 수 있는 금리변수를 제외하 였으나 이후의 충격반응함수 및 통화수요의 안정성 분석에서는 금리변수를 포함시킨 4변수 VAR 모형을 적용하였다.

을 시사해주고 있다.

[표 5] 성장률에 대한 통화량의 기여도(1990~1999)

통화지표\시차	3개월	6개월	12개월	24개월
L1	4.82	7.69	11.04	12.10
L2A	0.83	1.95	3.33	4.13
L2B	1.06	1.34	6.17	7.11
L2C	1.86	3.07	14.09	16.17
L2D	1.65	3.26	4.90	6.04
L2E	2.55	2.87	7.12	8.82
L2F	3.22	4.18	15.98	17.68
B2A	2.54	6.84	13.06	15.55
B2B	0.59	3.35	9.37	11.29
M1	3.42	6.87	8.18	8.55
M2	4.96	7.60	8.87	9.61
MCT	2.30	5.72	10.81	11.64
M3	0.96	2.10	5.44	6.51

주 : 각각의 분산분해는 (통화량-실질국민소득-물가상승률)의 순서를 취하여 실질 국민소
득 상승률의 대용지표로는 log 변환한 총산업생산지수를, 물가상승률은 log 변환한 소비
자물가지수를 이용하였다.

[표 6] 물가상승률에 대한 통화량의 기여도(1990~1999)

통화지표\시차	3개월	6개월	12개월	24개월
L1	7.06	13.46	18.91	19.47
L2A	2.58	4.37	10.23	11.49
L2B	3.28	7.40	12.77	14.70
L2C	0.34	22.55	33.03	34.49
L2D	4.21	5.90	10.32	11.11
L2E	3.85	8.33	11.65	12.89
L2F	1.57	24.31	33.86	33.56
B2A	9.70	18.79	21.60	20.30
B2B	5.40	16.50	16.51	15.51
M1	9.22	11.61	14.90	14.34
M2	4.00	10.50	15.00	14.53
MCT	7.72	9.82	9.08	9.30
M3	0.88	4.39	4.90	5.42

주 : 성장률에 대한 통화변수의 기여도 측정과 동일한 방법을 사용하였다.

(3) 소득방정식 및 물가방정식에서의 설명력 추정

통화지표와 실물경제변수 사이의 관계를 더 체계적인 방정식을 구성하여 추정하는 대표적인 방법으로는 Friedman and Kuttner(1992), Stock and Watson (1989), Friedman(1993), Estrella and Mishkin(1997) 등이 제시한 단일방정식 또는 VAR방정식을 설정하여 해당변수 외에 금리 등을 포함시켜 분석하는 방법론을 들 수 있다. 여기서는 이 가운데 Friedman(1993)이 제시한 GNP 및 물가방정식을 이용하여 다음과 같이 방정식을 설정하였으며, 분석을 위하여 회사채 유통수익률을 제외하고는 X-11 ARIMA 방법으로 계절조정 후 log 변환하였다.

- 소득방정식

$$dY_t = \alpha + \beta_i \sum_{i=1}^{i=p} dM_{t-i+\gamma_i} \sum_{i=1}^{i=q} dY_{t-i+\delta_i} \sum_{i=1}^{i=j} dr_{t-i} + \varepsilon_t \tag{1}$$

- 물가방정식

$$dP_t = \alpha + \beta_i \sum_{i=1}^{i=p} dM_{t-i+\gamma_i} \sum_{i=1}^{i=q} dP_{t-i+\delta_i} \sum_{i=1}^{i=j} dr_{t-i} + \eta_i \sum_{i=1}^{i=k} dy_{t-i} + \varepsilon_t \tag{2}$$

여기서 Y : 명목소득(명목 GDP 이용)　　y : 실질소득(실질 GDP 이용)
　　　　M : 명목통화량　　　　　　　　P : 물가수준(소비자물가지수 이용)
　　　　r : 이자율(분기평균 회사채 유통수익률 이용)
　　　　(단, 소득방정식에서는 통화량과 실질소득 사이의 관계를 유추해 보기 위하여 명목소득 이외에 실질소득을 Y에 대입하여 통화량의 설명력을 추정)

분기별 자료를 이용한 계수추정 결과 전반적으로 검토대상지표들이 기존의 지표들보다 높은 설명력을 지니고 있으며, 특히 L2C, L2E 및 L2F는 소득이나 물가에 대해 높은 유의성을 지니는 설명변수로서의 역할을 하고 있는 것으로 나타나 앞서의 분산분해 결과를 뒷받침해 주고 있다. 특히 L2E 및 L2F는 외환위기 이후 기간의 포함 여부와 관계없이 실질소득에 대한 설명력에서 높은 유의성을 지니고 있으며 1990～1999년을 분석대상기간으로 하였을 경우 물가방정식에서도 높은 유의성을 지니는 등 전반적으로 다른 통화지표들에 비해 유의성 있는 설명력을 보유하고 있는 것으로 나타났다.

또한 협의의 통화 검토대상인 L1의 경우도 주요 경제변수들에 대한 설명력이 현행 M1보다 상대적으로 우월한 것으로 나타나 정책지표로서의 유용성이 더 클 것으로 예상된다.

한편 Friedman and Kuttner(1992), Estrella and Mishkin(1997) 등이 사용한 VAR 방정식 모형[17]을 이용하여 통화량의 변동에 대한 주요 경제변수의 충격 반응함수(부록 1 참조)를 도출하였을 경우에도 각 경제변수들이 대체로 이론적 방향과 합치하는 반응을 보이고 있는 것으로 나타나 이들 검토대상 통화들이 주요 경제변수에 상당한 설명력을 지니고 있는 것으로 판단된다.

〔표 7〕 소득방정식에서의 설명력

	명 목 소 득		실 질 소 득	
	90. I ~97.III	90. I ~99. I	90. I ~97.III	90. I ~99. I
L1	2.49 (0.10)*	6.50 (0.00)***	1.12 (0.37)	0.23 (0.88)
L2A	0.20 (0.89)	0.16 (0.92)	0.20 (0.90)	1.19 (0.34)
L2B	0.50 (0.69)	0.10 (0.96)	2.35 (0.11)	2.65 (0.07)*
L2C	0.35 (0.79)	1.25 (0.31)	2.34 (0.11)	8.24 (0.00)***
L2D	0.97 (0.43)	0.10 (0.96)	0.36 (0.78)	0.73 (0.55)
L2E	2.79 (0.07)*	0.09 (0.97)	3.24 (0.05)**	2.28 (0.10)*
L2F	2.46 (0.10)*	1.41 (0.27)	3.12 (0.05)**	6.84 (0.00)***
B2A	0.71 (0.56)	1.26 (0.31)	0.11 (0.95)	1.23 (0.32)
B2B	0.52 (0.67)	1.43 (0.26)	0.06 (0.98)	0.19 (0.90)
M1	1.79 (0.19)	2.85 (0.06)*	0.63 (0.60)	0.40 (0.76)
M2	1.62 (0.22)	2.82 (0.06)*	1.70 (0.21)	0.23 (0.88)
MCT	1.76 (0.19)	2.12 (0.13)	0.48 (0.70)	0.24 (0.87)
M3	4.87 (0.01)**	1.81 (0.17)	1.57 (0.23)	1.06 (0.39)

주 : 통화지표에 대한 시차계수(lag 1~3분기)가 0이라는 귀무가설에 대한 F-통계량을 나타내며 *, **, ***는 각각 10%, 5%, 1% 유의수준에서 이 가설을 기각함을 의미하고, 괄호 안은 p값을 표시한다. 한편 상기 방정식은 각 시차별 통화지표의 유의성보다는 전체로서의 유의성을 중시하기 때문에 각 시차별 개별 t값은 생략하였다.

---

17) 충격반응함수의 도출을 위해 '통화량-금리-명목소득-물가' 순으로 4변수 VAR 방정식을 구성하였으며 분기별 자료을 이용하였다.

물가방정식에서의 설명력

	90. I ~ 97. III	90. I ~ 99. I
L1	0.20 (0.90)	2.54 (0.09)*
L2A	0.83 (0.50)	0.95 (0.44)
L2B	0.91 (0.46)	2.09 (0.14)
L2C	0.99 (0.43)	8.57 (0.00)***
L2D	0.55 (0.66)	0.70 (0.56)
L2E	0.44 (0.73)	1.73 (0.19)
L2F	0.45 (0.72)	6.03 (0.00)***
B2A	0.22 (0.88)	1.45 (0.26)
B2B	0.25 (0.86)	0.46 (0.71)
M1	0.38 (0.77)	0.67 (0.58)
M2	0.08 (0.97)	0.99 (0.42)
MCT	0.87 (0.48)	0.98 (0.42)
M3	0.29 (0.83)	0.69 (0.57)

주 : [표 7]과 같음.

이상의 분석 결과들을 종합하여 볼 때 검토대상 통화지표들은 모두 물가상
승률 및 경제성장률과 일정한 시차구조를 지니고 있으며, 기존 지표에 비해
주요 경제변수들의 변화에 대한 기여도 및 설명력 등에서 앞서는 것으로 나타
났다. 특히 이 가운데 단기성 신탁 및 공사채형 수익증권이 포함된 L2E 및
L2F가 경제변수 변화에 대한 기여도 및 설명력에서 상대적 우월성을 지니고
있는 것으로 보인다.

(통화수요의 안정성)

그런데 각 통화지표의 실물경제변수에 대한 설명력이 약하더라도 통화수급
을 결정하는 각종 거시지표들과 통화지표 사이에 장기적인 안정적 관계가 성
립하는 경우 통화정책의 유효성이 유지되고 있는 것으로 볼 수 있다. 이와 관
련하여 통화와 주요 경제변수들과의 장기 안정적 관계 유무를 최근 널리 사용

[표 9]　　　　　　　통화량과 주요 거시경제변수 간의 공적분 검정

	90. I ~ 97.III	90. I ~ 99. I
L1	43.10**	43.58**
L2A	28.85**	31.94**
L2B	31.46**	23.14
L2C	41.53**	21.13
L2D	30.20**	27.39**
L2E	39.36**	19.75
L2F	40.92**	20.48
B2A	25.54*	30.83**
B2B	27.28*	23.01
M1	49.51**	47.83**
M2	30.59**	21.76
MCT	37.69**	27.02*
M3	38.24**	20.17

주 : λ max 검정통계치를 표시하며 **는 5% 유의수준, *는 10% 유의수준에서 공적분
　　관계가 존재함을 나타낸다.

되고 있는 공적분 검정모형인 단기오차 수정을 적용한 Johansen 검정방법[18]을
이용하여 분석하여 보았다. 분석을 위해 통화량이 주요 경제변수와 장기선형
관계를 지닐 것이라 가정하고 통화량, 실질국민소득, 회사채유통수익률, 소비
자물가상승률의 4변수 모형을 상정하였으며 금리를 제외한 모든 변수는 계절
조정한 후 log 함수를 취하였다.

　　먼저 공적분검정에 앞서 각 변수들의 단위근 존재여부를 알아보기 위한
ADF 검정 결과[19] 모든 변수의 시계열이 불안정(non-stationary)한 것으로 나
타나 공적분 관계식의 적용이 가능하다는 것을 알 수 있다. 이에 따라 공적분
관계를 추정해 보면 외환위기 이전을 대상기간으로 하였을 경우 모든 지표들

---

18) Johansen(1988) 참조.
19) 검토대상 통화지표들의 시차별 단위근 검정결과.

에서 적어도 하나 이상의 유의성 있는 공적분 관계가 나타나 통화수요함수의 장기적 안정성이 유지되고 있는 것으로 나타났다. 다만 외환위기 이후까지 포함할 경우 일부 지표들에서 경제변수들과의 공적분 관계가 약화되는 경향을 보이고 있는데, 이는 외환위기 이후 금리, 경제성장률 등의 급격한 변동에 기인한 것으로 판단된다.

[표 10] 각 통화지표 변화분에 대한 본원통화 변화분의 설명력

	90.1~97.9	90.1~99.3
L1	3.55 (0.00)**	5.83 (0.00)**
L2A	0.99 (0.32)	0.77 (0.44)
L2B	1.55 (0.12)	1.37 (0.17)
L2C	1.46 (0.15)	1.25 (0.21)
L2D	0.98 (0.33)	0.52 (0.60)
L2E	1.58 (0.12)	1.36 (0.18)
L2F	1.53 (0.13)	1.30 (0.19)
B2A	1.28 (0.20)	1.20 (0.23)
B2B	0.81 (0.42)	1.37 (0.17)
M1	3.70 (0.00)**	6.67 (0.00)**
M2	1.62 (0.11)	2.14 (0.03)*
MCT	1.27 (0.21)	2.48 (0.02)*
M3	0.80 (0.43)	0.13 (0.89)

주 : **는 1% 유의수준, *는 5% 유의수준에서 설명력이 있음을 나타내며 괄호 안은 p값이다.

시차	2분기	4분기	6분기	시차	2분기	4분기	6분기
L1	0.3001	0.0764	0.3920	L2E	-0.8895	0.2760	-0.1227
L2A	-2.8175	-2.4778	-2.8170	L2F	1.4383	2.4070	1.7468
L2B	-1.8165	-2.3075	-3.2642	B2A	-2.2713	-2.7680	-3.1832
L2C	-0.7326	-1.1240	-1.7346	B2B	-2.4125	-2.7166	-3.3640
L2D	-3.1328	-2.3986	-2.7299				

(통제 가능성)

또한 중앙은행의 각 통화지표에 대한 통제성 정도를 알아보기 위하여 식 (3)과 같은 방정식을 설정하여 각 통화지표의 변화분에 대한 본원통화 변화분의·영향력을 추정한 결과 협의의 통화인 L1을 제외한 광의의 통화 검토대상지표들에 대한 중앙은행의 통제력은 미미한 것으로 나타났다. 이는 새로운 편제기준이 종래 금융기관 중심에서 탈피함에 따라 지준부과 등 중앙은행의 통제를 받지 않는 예금취급기관의 금융자산들이 광의의 통화지표에 편입된 데 연유한 것으로 보인다.

$$\Delta M_t = \alpha + \beta \, \Delta RB_t + \gamma \, \Delta M_{t-1} + \varepsilon_t \tag{3}$$

(외생성)

그런데 앞에서 살펴본 통화량에 대한 중앙은행의 통제력 약화는 통화량이 물가나 경제성장률 등 주요 경제변수에 대하여 내생화가 진전되고 있는 데도 그 원인이 있는 것으로 추론할 수 있음에 따라 Granger 외생성 검정방법을 사용하여 통화량과 경제변수 변동 간의 인과관계를 분석해 보았다.

먼저 물가상승률은 대부분의 통화지표와 쌍방간 유의성 있는 영향력을 미치고 있는 것으로 나타났다. 반면 경제성장률에 대해서는 L2B, L2C, L2E 및 L2F 등이 일방적 영향을 주고 있으나 경제성장률은 대부분의 통화에 대해 유의성 있는 영향을 미치지 못하는 것으로 분석되었다. 특히 이들 지표 가운데서도 L2E는 경제성장률 및 물가상승률에 대해서 일방적인 영향을 주고 있는 것으로 나타났으며, L2C와 L2F도 이들 경제변수에 대한 영향력이 상대적으로 큰 것으로 분석되어 정책지표로서의 유효성을 지니고 있는 것으로 판단된다.

한편 통화와 금리를 동시에 고려한 Block 외생성 검정방법을 사용하여 물가 및 경제성장률에 대한 통화변수들의 약외생성 존재 여부를 살펴본 결과 대부분의 검토대상지표에서 약외생성이 성립하고 있는 것으로 나타나 분석대상 통화들이 주요 경제변수에 대하여 대체적으로 외생성을 유지하고 있음을 알 수 있다.

[표 11]　통화량 변동과 물가상승률 및 경제성장률 간의 인과관계 검증

		물 가 상 승 률		경 제 성 장 률	
		90.1/4~97.3/4	90.1/4~99.1/4	90.1/4~97.3/4	90.1/4~99.1/4
L1	↛	0.37	2.82*	0.93	0.20
	↚	0.01	1.86	2.80*	2.22
L2A	↛	2.21	2.63*	1.96	0.44
	↚	4.12**	5.86***	1.84	1.97
L2B	↛	2.54*	5.08***	3.89**	3.44**
	↚	2.68*	3.01*	0.89	3.10**
L2C	↛	2.59*	19.32***	3.90**	15.67***
	↚	1.84	5.73***	0.03	1.42
L2D	↛	2.80*	2.61*	1.38	0.96
	↚	3.64**	2.66*	1.08	2.05
L2E	↛	2.15	3.70**	2.04	5.40***
	↚	0.76	1.18	1.65	0.94
L2F	↛	2.16	17.13***	2.04	17.23***
	↚	0.66	3.51**	2.46*	2.27
B2A	↛	1.52	5.29***	0.78	3.02**
	↚	1.33	1.68	2.49*	0.47
B2B	↛	0.90	2.61*	1.15	0.89
	↚	1.22	0.59	1.54	1.85
M1	↛	0.90	1.77	0.86	0.87
	↚	2.50*	4.60***	0.52	1.04
M2	↛	1.45	2.71*	0.11	0.25
	↚	0.10	1.05	0.70	5.42***
M3	↛	6.97***	4.15***	1.41	1.32
	↚	1.09	0.49	0.78	0.79

주 : Granger 검정방법을 사용하였으며 *, **, ***는 각각 10%, 5%, 1%의 유의수준에서 각종 거
　　시변수의 시차계수(lag 1~3분기)가 0이라는 귀무가설을 기각하는 것을 나타낸다.

	90.1~ 97.3/4	90.1/4 ~ 99.1/4
L1	21.98 (0.04)**	24.74 (0.02)**
L2A	18.12 (0.11)	19.59 (0.08)*
L2B	14.88 (0.25)	13.91 (0.31)
L2C	12.81 (0.38)	12.23 (0.43)
L2D	21.38 (0.05)**	22.59 (0.03)**
L2E	16.92 (0.15)	10.93 (0.53)
L2F	17.00 (0.15)	12.43 (0.41)
B2A	13.86 (0.31)	16.96 (0.15)
B2B	9.31 (0.68)	19.39 (0.08)*
M1	13.62 (0.33).	17.59 (0.13)
M2	11.18 (0.51)	16.66 (0.16)
MCT	13.37 (0.34)	10.18 (0.60)
M3	11.86 (0.46)	19.48 (0.08)*

주 : $\chi 2(12)$ 통계량에 기초하여 *, **는 각각 10%, 5% 유의수준에서 주요 거시경제변수가
　　통화량과 금리에 영향을 주지 않는다(약외생성 존재)라는 귀무가설을 기각하는 것을 나
　　타내며 괄호 안은 p값이다.

(정보의 함축성 및 예측가능성)

　마지막으로 정보변수전략의 채택시 각 통화의 주요 경제지표에 대한 정보
의 함축성 정도를 추정해 보기 위하여 앞서의 외생성 추정결과에서 주요 경제
변수에 대해 유의성 있는 영향력을 지니는 것으로 나타난 통화지표와 M2 및
M3를 대상으로 다음과 같은 지수모형(Indicator Model)을 적용하였다.[20]

　먼저 지수모형에 따라 통화(M)가 최종목표변수(G)와 관련하여 지니는 정
보의 정도는 다음과 같이 정의할 수 있다.

$$I(G/M) = -0.5[(1-R_*^2)/(1-R^2)] \tag{4}$$

　여기서 R_*^2 및 R^2는 각각 다음 회귀방정식 (5), (6)에서의 결정계수를 의미

---

20) Atta-Mensah(1995) 참조.

하는데 ν 와 ξ 은 각각 오차항을, A^p 및 B^q 는 각각 p와 q 시차를 지닌 시차항을 나타낸다.

$$G = A^p(L)G + B^q(L)M + \nu \qquad\qquad (5)$$

$$G = A^p(L)G + \xi \qquad\qquad (6)$$

따라서 지수모형은 R^2가 주어져 있을 경우 R_c^2가 클수록 해당 변수의 최종목표변수에 대한 정보함축성이 크다는 것을 의미하므로 각각의 R_c^2의 크기를 비교함으로써 최종목표변수에 대한 정보함축도 순위를 추정해 볼 수 있다. 추정 결과 L2E가 모든 경제변수에 대한 정보함축성이 우수하며, 이 밖에 L2C 및 L2F도 정보함축성에서 상대적으로 우월한 지표인 것으로 나타나 이들 지표들이 유용한 정보변수로서 활용될 수 있음을 보여주고 있다.

〔표 13〕　　주요 경제변수에 대한 각 통화의 정보함축성 순위

순 위	CPI	명목국민소득	실질국민소득
1	L2F	L2B	L2F
2	L2D	L2C	L2E
3	L2E	L2E	L2C

주 : 실질국민소득에 대해서는 실질통화량으로 추정하였다.

이와 더불어 현행 통화지표와 검토대상 통화지표들을 대상으로 물가상승률 및 경제성장률에 대한 예측가능성을 반복회귀분석법(recursive regression)과 시차조기경보모형(distant early warning (DEW) model)을 사용하여 추정하여 보았다.[21] 이 모형은 주어진 기간을 대상으로 매분기별 자료가 추가될 때마다 계속적으로 모형을 재추정한 후 DEW모형을 적용하여 k분기 후의 경제상황을 예측하는 방법이다.

DEW모형은 일반적으로 다음과 같은 형태를 지니는데 여기서 G는 물가상

---

21) Estrella and Hardouvelis(1991) 및 Atta-Mensah(1995) 참조.

승률 또는 경제성장률 등 최종목표변수를 나타내며 g와 m은 각각 목표변수와 검토대상통화의 분기증가율을 나타낸다. 한편 시계열자료의 한계로 인하여 여기서는 통화지표의 변동에 대한 각각 1, 2, 4분기후 목표변수의 연율화한 누적변동치(cumulative percentage change)를 예측하였다.

$$G_t^k = \alpha + \sum_{i=0}^{p} \beta_i g_{t-k-i} + \sum_{j=0}^{q} \gamma_j m_{t-k-j} + \varepsilon \qquad (7)$$

여기서 Gtk = (400 / k) log(Gt / Gt−k)
  k = 예측시계(forecasting horizons)

〔표 14〕 **주요 경제변수에 대한 예측능력 순위**

예측 시계	순위	물 가 상 승 률		경 제 성 장 률	
		90. I ~ 97.III	90. I ~ 99. I	90. I ~ 97.III	90. I ~ 99. I
1분기	1	M3 (1.7183)	M2 (2.8929)	L2E (3.2415)	L2E (4.7449)
	2	L2E (1.7562)	B2A (2.9524)	B2A (4.1713)	M3 (5.6839)
	3	M2 (1.7719)	B2B (2.9695)	L2B (4.2874)	B2A (5.8480)
2분기	1	M3 (0.9330)	M2 (1.8177)	L2E (2.4292)	L2E (3.5732)
	2	L2E (1.0303)	L2B (1.9203)	B2A (3.2403)	M3 (4.5284)
	3	L2D (1.0499)	L2E (1.9674)	L2B (3.4454)	B2A (4.7935)
4분기	1	M3 (0.4650)	M2 (1.0525)	L2E (1.7801)	L2E (2.2223)
	2	L2D (0.7207)	L2E (1.2085)	M2 (1.9241)	B2A (3.2567)
	3	M2 (0.4650)	L2B (1.2452)	B2A (2.0111)	M3 (3.5925)

주 : 괄호 안은 예측모형의 RMSE를 나타낸다.

검토대상 통화의 예측력을 추정한 결과 물가상승률에 대해서는 검토대상지표 중에서는 L2E가 분석대상기간에 관계 없이 우월한 지표로 나타났으며 현행 M2 및 M3도 우수한 예측력을 지니고 있는 것으로 분석되었다. 또한 L2E는 경제성장률에 대해서도 예측시계에 관계 없이 가장 우수한 지표인 것으로 나타났다. 따라서 정보함축성 및 목표변수의 예측능력에서 L2E가 다른 통화지표에 비하여 전반적으로 우월한 것으로 보여 정보변수로서의 활용성이 높을 것으로 판단된다.

3. 종합 판단

　이상에서 논한 통화의 개념과 실증분석 결과를 종합하여 각 검토대상 통화의 유용성을 살펴보면, 무엇보다도 상기 검토대상 통화지표들은 금융자산의 유동성에 기초한 편제방식을 채택함으로써 금융기관 중심으로 편제된 현행 통화지표에 비해 통화의 개념에 상대적으로 충실하다는 장점을 지니고 있다.

　정책지표의 유용성 보유여부와 관련하여 먼저 통화지표를 중간목표로 사용하는 현행 통화정책을 유지할 경우 통화지표가 지녀야 하는 조건들의 충족 정도를 살펴보면 새로운 편제방식에 의한 통화지표들이 대부분 물가상승률이나 경제성장률 등 최종목표와 안정적인 관계를 유지하고 있을 뿐만 아니라 현행 통화지표에 비해 주요 경제변수들에 대한 설명력이 우월하고 상대적으로 최종목표에 대한 외생성도 강한 것으로 나타났다. 이에 따라 현재와 같이 통화량 중간목표전략을 계속 유지할 경우에는 그 유용성이 낮은 것으로 분석된 현행 통화지표를 새로운 통화지표 가운데에서 실증분석 결과 상대적으로 우월한 것으로 나타난 지표로 대체하는 것이 바람직하다고 판단된다.

　한편 향후 정보변수전략을 채택함으로써 통화지표가 다양한 정보변수 가운데 하나로 활용될 가능성을 염두에 두고 통화지표의 유용성을 살펴볼 경우에는, 앞에서 논한 것처럼 중간목표의 조건과는 달리 최종목표변수와의 안정성 및 정보의 함축성 요건의 충족이 중요시된다. 분석 결과 대부분의 검토대상 통화지표가 최종목표변수와 안정적인 관계를 유지하고 있고, 현행 통화지표와 비교한 최종목표변수에 대한 정보의 함축성 정도도 우수한 것으로 나타나 새로운 통화지표를 정보변수로 활용하는 데에도 문제가 없을 것으로 생각된다.

　다만 이와 관련하여 현행 통화지표들도 1980년대 이후 대체적으로 주요 경제변수들과 안정적 관계를 유지하고 있으며, 물가상승률 등에 대한 예측력도 보유하고 있어 정보변수전략으로 이행시 다양한 정보변수 가운데 하나로 활용할 수는 있을 것으로 보인다. 그러나 새로운 통화지표가 정보변수로서의 유용성 측면에서 실증분석 결과 상대적으로 우월한 것으로 나타났으며, 금융자산의 유동성을 기초로 편제되어 개념으로도 우월하다는 점을 감안할 때 향후 정보변수전략을 채택할 경우에도 새로운 통화지표를 정보변수로 활용하는 것이 바람직한 것으로 판단된다.

더욱이 속보성과 관련하여 새로운 통화지표들은 당해월 잠정치의 경우 익월 12~15일, 확정치의 경우 익익월 15일 정도에 편제 가능할 것으로 예상[22] 됨에 따라 잠정치의 경우는 현재의 추정 M3 편제일자와 차이가 없으나 확정치의 경우 현재 은행권 금융자산만을 대상으로 하는 M1 및 M2 확정치와 동일한 시점에서 편제될 수 있어 현행 M3 확정치보다는 약 10일 정도 속보성도 개선되는 장점이 있는 것으로 판단된다.

V. 적정통화지표의 선정 및 향후 과제

1. 새로운 적정통화지표의 선정

가. 협의의 통화(L1)

협의의 통화로서 검토대상인 L1은 은행 등 예금취급기관의 요구불예금 이외에도 자유저축예금 등 실질적으로 완전한 결제성 기능을 지니는 금융자산들로 구성되어 있음에 따라 L1에 포함되지 않는 금융자산과 유동성에서 뚜렷한 차이점을 지니고 있어 결제기능을 중시하는 협의의 통화 정의에 부합하는 장점을 지니고 있다. 또한 은행의 요구불예금만을 대상으로 하는 M1에 비해 유동성이 유사한 금융자산들을 금융기관의 성격에 관계없이 포괄함에 따라 지표의 안정성이 높으며, 주요 경제지표와의 실증적 관계에서도 중간목표전략 또는 정보변수전략 모두에서 상대적으로 우월한 지표인 것으로 분석되었다.

이에 따라 다음과 같이 협의의 통화를 구성하여 향후 M1을 대체하는 것이

---

22) 한국은행 경제통계국 및 금융시장국 의견이다.

바람직할 것으로 생각된다. 다만 신협, 새마을금고, 체신예금 등 속보성을 지니지 못한 금융기관의 요구불예금 등에 대해서는 전산화작업의 완료 등으로 이 문제가 해결되는 시점에서 협의의 통화 산정대상에 포함시켜야 할 것이다.[23]

L1 = 현금+요구불예금(Ⅰ그룹)+수시입출식 저축성예금(Ⅱ)

나. 광의의 통화(L2)

광의의 통화의 경우는 앞에서 논한 바와 같이 구성자산이 가치저장기능 외에도 일정 수준의 결제성을 지니고 있어야 할 뿐만 아니라, 특히 그 나라의 경제상황과 관련하여 정책지표로서의 유용성이 높아야 하는 등 통화의 실증적 개념이 중요시되고 있다.

이 글에서 광의의 통화지표 선정을 위하여 각 금융자산의 유동성 및 대체가능성 등을 고려하여 선택 가능한 지표들을 시산한 후 이들 지표와 주요 경제변수들 사이의 관계를 실증적으로 분석한 결과 L2C, L2E 및 L2F가 상대적으로 가장 우월한 지표들인 것으로 나타났다. 더불어 이 글에서 시산한 광의의 통화 검토대상지표들은 실증분석 결과 현재 광의의 통화로서의 역할을 담당하고 있는 M2 및 M3에 비해 대부분 우월한 것으로 나타나 금융기관 중심에서 금융상품 중심으로의 통화편제방식의 변경이 필요함을 뒷받침하고 있다.

상대적으로 우월한 실증분석 결과를 보인 지표 가운데 어느 것을 광의의 통화로 선택해야 할 것인지를 판단해 보기에 앞서 L2C, L2E 및 L2F의 포괄범위를 다시 살펴보면, L2E는 검토대상지표 가운데 가장 넓은 것으로 협의의 통화에 만기 2년 미만 정기예금 등 단기 저축성 예금, 시장형 상품, 실적배당상품, 금융채 및 일부 기타 금융자산이 포괄된 것이며, L2C는 이 가운데 장기공사채형 수익증권과 특정금전신탁이, L2F는 특정금전신탁만이 제외된 것이다.

---

23) 현재 이 금융기관들의 전산화 작업이 완료단계에 있음에 따라 실제 금융상품 중심으로 통화지표의 개편작업을 추진할 경우 처음부터 이 금융기관들의 금융상품을 각 통화지표에 편입시키는 데는 별다른 문제가 없을 것으로 판단된다.

L2C와 L2F의 실증분석 결과가 우월하게 나타난 것은 최저예치한도가 거액인 특정금전신탁을 제외한 데 따른 것이다. 그러나 현실적으로 금융수요자의 입장에서 볼 때 이 신탁상품이 다른 금전신탁 및 시장형 금융자산들과의 대체성이 크고 실제 회전율도 높은 것으로 조사된 점들을 감안할 때, 향후 통화지표의 안정성을 위해서 특정금전신탁을 포괄하는 L2E를 광의의 통화로 사용하는 것이 바람직하다고 판단된다. 더욱이 L2E는 한국은행 경제통계국에서 유동성 등 금융자산의 특성을 기준으로 도출한 광의의 통화[24] 개념과 일치함에 따라 포괄 금융자산의 유동성 반영 측면에서도 가장 우수한 지표라고 할 수 있다. 따라서 각 금융자산의 유동성 및 실증분석 결과 등을 고려해 볼 때 광의의 통화를 다음과 같이 구성하는 것이 좋을 것으로 판단된다.

> L2＝L1＋기간물 정기예·적금 및 부금(III그룹, 단 만기 2년 이상 장기 저축성 예금 및 목적부 예금 제외)＋시장형 상품(IV그룹)＋실적배당형 상품(V그룹, 단 장기저축성 금전신탁 제외)＋금융채(VI그룹)＋기타 금융상품(VII그룹) 중 투자신탁 증권형 저축 및 종금사 발행어음

다. 보조지표(B2)

한편 은행의 금융자산만을 대상으로 하는 통화를 산정하여 실증분석을 한 결과 B2A가 M2 및 MCT＋ 등 은행권을 대상으로 하는 현행지표에 비해 상대적 우월성을 지닌 것으로 나타났다. 또한 유동성에서도 이 지표가 은행의 단기금융상품만으로 구성되어 있어서 장기저축성 금융상품이 포함된 M2나 MCT＋ 등에 비해 우수하다. 따라서 다음과 같이 은행권 금융자산만을 대상으로 하는 지표를 구성하여 은행의 자금사정을 알기 위한 보조지표로 활용할 수 있을 것으로 생각된다.

---

24) 한국은행 경제통계국(1999).

B2＝현금＋은행의 단기성 금융상품(요구불 및 결제성예금＋단기저축성 상품＋금융채＋CD＋RP＋표지어음)

〔표 15〕　　　　새로운 통화지표와 현행 통화지표간 유용성 비교

	L1	M1	L2	M2	M3	B2	MCT＋
변화기여도[1]							
경제성장률	1	2	2	1	3	1	2
물가상승률	1	2	2	1	3	1	2
설명력[2]							
명목소득	☆	－	☆	－	☆☆	－	★
실질소득	－	★	☆☆	－	－	★	－
물가상승률	★	－	★	－	－	★	－
장기 안정성[2]	☆☆	☆☆	☆☆	☆☆	☆☆	☆	☆
통제 가능성[2]	☆☆	☆☆	－	★	－	－	★
외생성[2]							
경제성장	－	★	★	－	－	－	－
물가상승	★	－	☆☆	☆	☆☆	☆☆	☆
정보함축성[1]	－	－	1	3	2	1	2
예측능력[1]							
경제성장	－	－	1	2	3	－	－
물가상승	－	－	2	3	1	－	－

주 : 1) 숫자는 계량모형 분석에서 우수하게 나타난 순위를 나타낸다.
　　2) ☆ 표시는 통계적 유의성이 중요시되는 계량분석 모형의 경우 10%,
　　　☆☆는 5% 수준에서 유의성을 지니고 있음을 나타낸다.
　　　한편 ★는 10% 수준에서 유의성을 지니지는 못하지만 비교대상지표 가운데 가장 높은 유의성을 나타낸 지표를 표시한다.

2. 향후 과제

이 글에서 금융자산별 유동성 정도 및 정책지표로서의 유용성 분석결과 제시된 새로운 통화지표로의 순조로운 이행을 위해서는 다음과 같은 점들을 고려해야 할 것으로 생각된다.

먼저 이 글의 분석에서 이용한 통계자료가 만기별 분류미비, 금융상품간 상

호거래 제거의 문제 등으로 완전하지 않음에 따라 추후 통계개편작업을 통해 정확한 통계치의 입수가 가능한 시점에서 각 통화지표의 유용성을 재검토해야 할 것이다. 또한 통계개편작업이 완료되기 전까지는 현재 획득 가능한 자료를 이용하여 새로운 지표의 작성을 유지하며 지속적으로 그 추이를 관찰·분석함으로써 이 지표들의 활용가능성을 면밀히 탐색하여야 할 것이다.

한편 이러한 작업을 통해 새로운 통화지표가 우월한 것으로 판단되었다 하더라도 금융기관 중심으로 분류된 현행 통화지표를 금융자산 중심의 통화지표로 완전히 교체할 경우 통화당국의 경우 새로운 통화의 파급경로 및 거시경제에 대한 영향 등에 대한 충분한 경험이 없는 상태에서 정책을 운용함에 따라 정책결정상의 어려움이 있을 수 있으며, 시장참가자들도 통화정책방향에 대한 혼선을 야기할 우려가 있다. 따라서 새로운 통화지표를 중심통화지표로 사용하되 새로운 통화지표에 대한 시계열이 충분히 갖추어짐으로써 정책분석이 가능해지고 시장에서의 적응력도 갖추어질 때까지 M2, M3 등 현행 통화지표의 작성을 유지하여 이를 정책판단을 위한 보조지표로 사용하여야 할 것이다.

이와 관련하여 금융상품별 분류에 따른 새로운 통화지표는 금융개관표의 작성을 어렵게 하여 경로별 통화공급 내역을 파악하는 데 장애요인으로 작용할 수 있을 것이라는 우려가 있다. 그러나 이는 기본적으로 본원통화의 경로별 공급내역과 함께 현재 금융자산 중심 통화지표를 채택하고 있는 주요국의 경우처럼 자금순환표를 이용한다면 금융개관표 작성의 어려움에 따른 정보손실을 보충할 수 있을 것으로 판단된다.

이와 더불어 금융혁신의 지속으로 새로운 금융자산이 계속 도입되고 유사금융기관도 지속적으로 출현할 것으로 예상됨에 따라 각 통화지표에 포함되는 금융자산의 범위를 그대로 유지시켜 나가기보다는 새로 도입된 금융자산의 성격이 각 통화지표의 편제기준에 부합할 경우 이를 즉시 해당 통화지표에 새로 포함시키는 등 통화지표의 편제에 유연성을 부여할 필요가 있다. 왜냐하면 통화지표의 경우는 금융자산의 포괄범위를 그대로 고수하여 엄격한 의미의 통계적 일관성을 추구하기보다는 새로운 상품을 적기에 편입시켜 유사상품간 자금이동에 따른 통계적 불안정성을 방지함으로써 정책지표로서의 유용성을 유지시키고, 넓은 의미의 통계적 일관성을 유지하는 것이 더 바람직하기 때문이다.

한편 지준예치 등 중앙은행의 통제를 받지 않는 금융기관들을 새롭게 통화지표 편제대상에 포함함에 따라 통화지표에 대한 중앙은행의 통제력 약화가 예상된다. 이에 따라 통화정책의 유효성을 높이기 위하여 비통화금융기관에 대해서도 지준을 부과하는 방안을 신중히 검토할 필요가 있다. 그러나 금융혁신에 따른 금융자산간 대체성 증대 등으로 통화의 범위를 확대시키는 것이 세계적인 추세임을 고려할 때 통화지표에 대한 직접적인 통제력은 약화될 수밖에 없다. 따라서 지준부과 등 통제력 강화방안을 강구하는 외에도 새로운 통화지표 채택에 따른 통화정책의 파급경로 변화 가능성 및 향후 정보변수전략 통화정책의 채택시 통화지표의 정보변수로서의 활용방법 등에 대한 밀도 있는 연구의 수행이 필요할 것이다.

또한 금융자산의 시가평가제 도입 및 뮤추얼펀드 등 신형 실적배당 금융상품을 광의의 통화에 포함시킬지 여부 등에 대해서는 향후 금융시장의 발달 정도 및 관련 통계자료의 작성 정도 등을 고려하여 적정시기에 검토하여야 할 것으로 생각된다. 그 밖에 현재 M3에 포함되지 않는 비금융기관의 통화성 부채 및 증권회사, 보험회사 등의 저축성 및 실적배당 금융상품 등에 대한 자료를 빠른 시일내 입수하여 최광의의 통화지표에 대한 편제방향을 설정하여야 할 것이다.

이와 관련하여 경제 내의 모든 유동성을 포괄하는 최광의의 지표에서 비금융기관의 통화성 부채 등 일부 유동성을 제외시킴으로써 최광의의 통화지표보다는 포괄범위가 작으나 광의의 통화지표보다는 포괄범위가 넓은 통화지표를 개발하여 정책지표로서의 유용성을 검토해 볼 필요가 있을 것으로 생각된다.

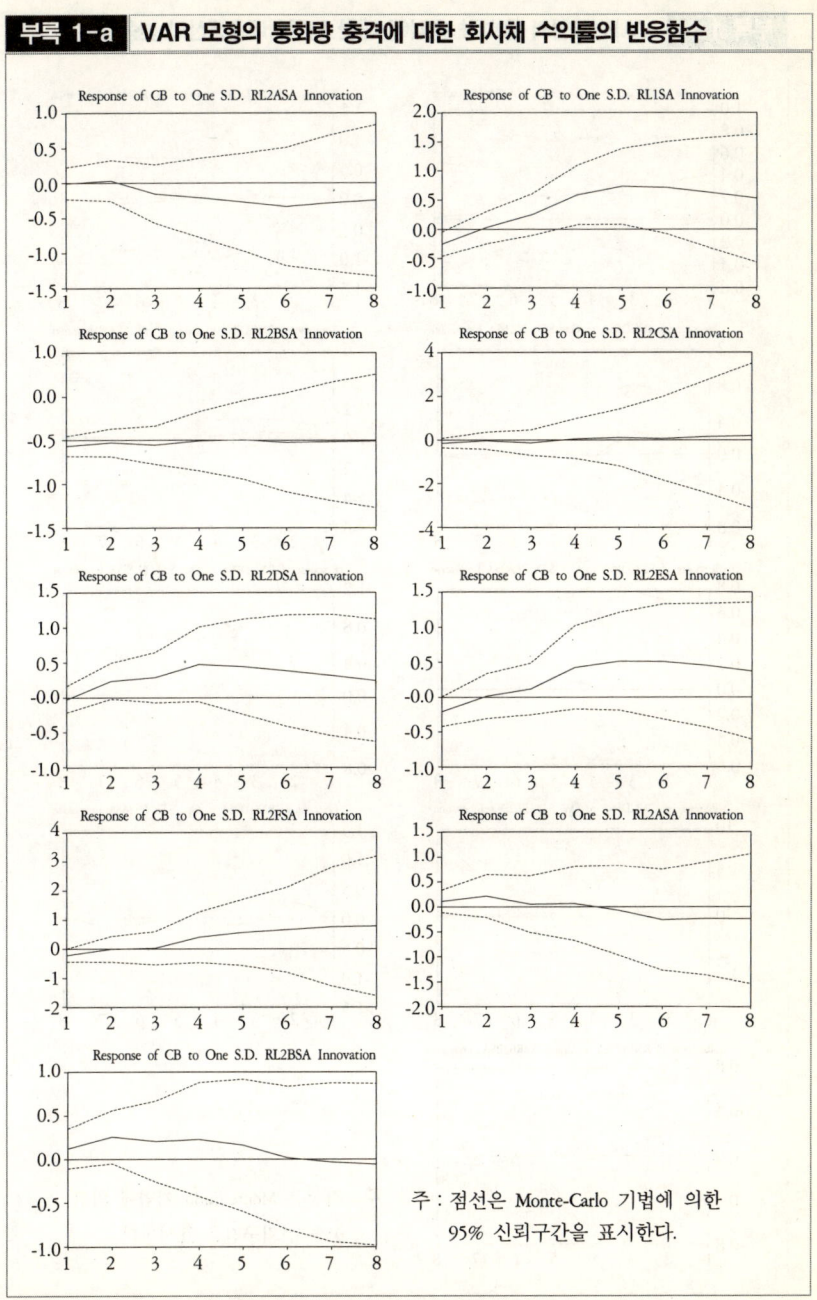

주 : 점선은 Monte-Carlo 기법에 의한
      95% 신뢰구간을 표시한다.

Response of RNGDPSA to One S.D. RL1BSA Innovation

Response of RNGDPSA to One S.D. RL2ASA Innovation

Response of RNGDPSA to One S.D. RL2BSA Innovation

Response of RNGDPSA to One S.D. RL2CSA Innovation

Response of RNGDPSA to One S.D. RL2DSA Innovation

Response of RNGDPSA to One S.D. RL2ESA Innovation

Response of RNGDPSA to One S.D. RL2FSA Innovation

Response of RNGDPSA to One S.D. Rb2ASA Innovation

Response of RNGDPSA to One S.D. RB2BSA Innovation

주 : 점선은 Monte-Carlo 기법에 의한
95% 신뢰구간을 표시한다.

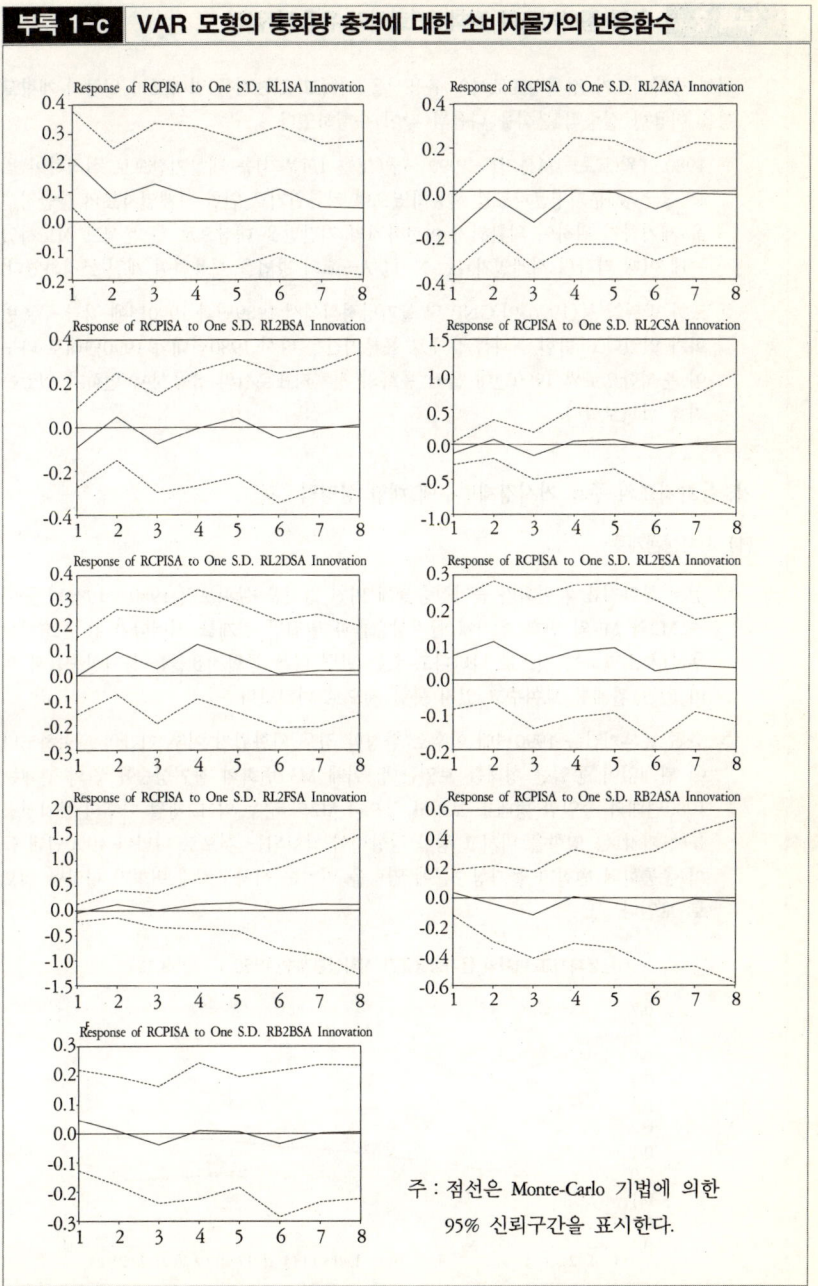

주 : 점선은 Monte-Carlo 기법에 의한
95% 신뢰구간을 표시한다.

□ 현행 통화지표가 정책지표로서의 유용성을 지니고 있는지를 알아보기 위하여 계량모형을 이용한 실증적 분석을 다음과 같이 수행하였다.

○ 1980. 1월(또는 1/4분기)~1999. 3월(또는 1/4분기)를 대상기간으로 설정하여 월중 평균 및 분기평균자료를 사용하였으며 외환위기로 인한 시계열자료의 불안정성을 제거하기 위하여 외환위기 이전까지의 기간만을 대상으로 한 분석도 시도하였는데 이때 각각의 시계열자료는 X-11 Arima의 방법을 이용하여 계절 조정하였다.

○ 또한 박원암 등(1996)이 GNP 및 물가방정식에서 1989년과 1990년에 각각 구조변화가 있었다고 밝힌 결과를 토대로 표본기간을 다시 1980년대와 1990년대로 나누어 분석함으로써 1990년대 들어 통화의 정책지표로서의 유용성에 변화가 있었는지를 살펴보았다.

가. 통화지표의 주요 거시경제변수에 대한 설명력

(1) 시차상관계수

○ 먼저 통화지표의 변화가 물가상승률에 미친 영향을 살펴보면 1980~1989년 중에는 M2와 M3의 변화 초기에 물가상승률과 밀접한 관계를 지니다가 16~20개월 후부터 소멸하는 것으로 나타나고 있는 반면 다른 통화지표들은 물가상승률과 의미 있는 관계를 보여주고 있지 못한 것으로 나타났다.

○ 한편 표본기간을 1990년대 이후로 한정할 경우 외환위기 이후 기간의 포함하느냐에 관계없이 동일한 형태를 보였는데, 이때 M3 변화와 물가상승률 간의 관계는 1980년대와 동일한 형태를 보이고 있으나 M2의 경우 약 12개월 이후의 물가상승률에 가장 큰 영향을 미치고 점차 영향력이 약화되는 것으로 나타나 1990년대 들어 총통화의 변화가 물가상승률에 영향을 미치는 시차구조에 변화가 나타난 것으로 보인다.

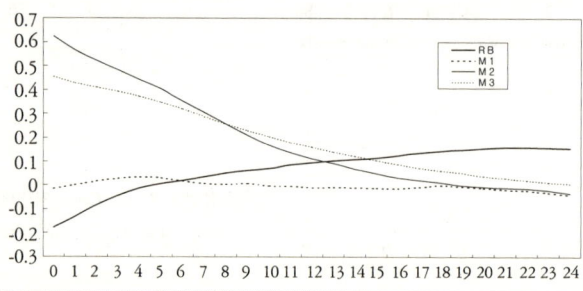

① 통화지표 변화와 물가상승률간 시차상관계수(1980.1~1989.12)

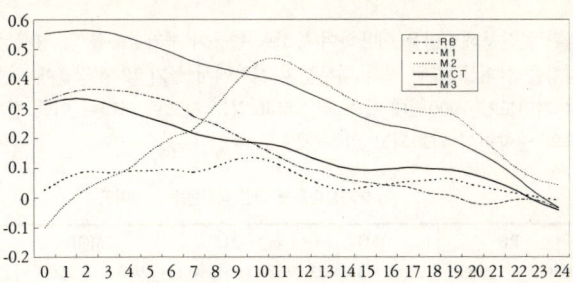

②통화지표 변화와 물가상승률간 시차상관계수(1990.1~1999.3)

o 통화지표 변화가 실질 국민소득에 미치는 영향을 살펴볼 경우 M3나 MCT의 경우
는 표본기간에 관계없이 대체로 일정한 시차구조를 지니는 것으로 나타났으나 M2
의 경우 실질국민소득에 대한 영향력의 시차구조가 1990년대 들어 상당히 다른 모
습을 보이고 있는 것으로 나타나 그 동안 중심지표의 역할을 수행해온 M2의 주요
경제지표에 대한 파급시차 및 파급경로 등에 변화가 발생한 것으로 보인다.

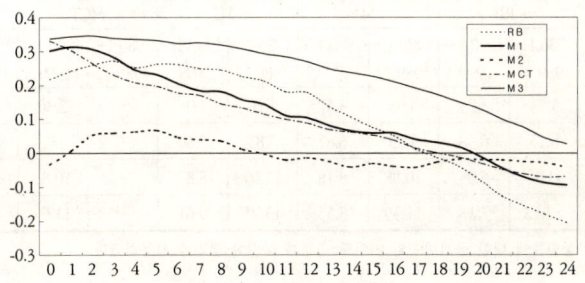

③통화지표 변화와 실질생산량 간의 시차상관계수(1980.1~1999.3)

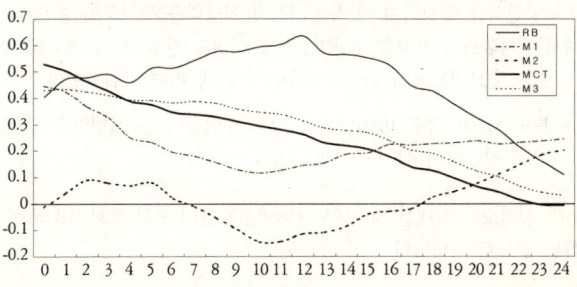

④통화지표 변화와 실질생산량 간의 시차상관계수(1990.1~1999.3)

(2) 분산분해

○ 한편 분산분해방법을 이용하여 통화량 변동이 물가상승률 및 경제성장률에 미치는
영향을 살펴볼 경우 거의 대부분의 시차에서 물가 및 성장률에 대한 통화량 변동
의 기여도가 1990년대 들어 감소되고 있는 것으로 나타나 이들 변수에 대한 통화
량의 영향력이 약화되고 있는 것으로 보인다.

(1) 물가상승률에 대한 통화변수의 기여도

시차 (개월)	RB		M1		M2		MCT		M3	
	1980.1~ 1989.12	1990.1~ 1999.3	1980.1~ 1989.12	1990.1~ 1999.3	1980.1~ 1989.12	1990.1~ 1999.3	1980.1~ 1989.12	1990.1~ 1999.3	1980.1~ 1989.12	1990.1~ 1999.3
3	6.22	3.62	10.28	9.22	9.53	4.00	–	7.72	2.39	0.88
6	12.07	7.95	15.81	11.61	12.93	10.50	–	9.82	7.67	4.39
12	13.65	9.35	15.46	14.90	12.44	15.00	–	9.08	11.07	4.90
24	13.55	8.69	16.80	14.34	13.65	14.53	–	9.30	11.50	5.42

주 : 각각의 분산분해는 '통화량-실질국민소득-물가상승률'의 순서를 취하여 실질국민소득의 대용지표로는 총
산업생산지수, 물가상승률은 소비자물가지수를 이용하였으며 각 변수는 log 변환하였다.

(2) 성장률에 대한 통화변수의 기여도

시차 (개월)	RB		M1		M2		MCT		M3	
	1980.1~ 1989.12	1990.1~ 1999.3	1980.1~ 1989.12	1990.1~ 1999.3	1980.1~ 1989.12	1990.1~ 1999.3	1980.1~ 1989.12	1990.1~ 1999.3	1980.1~ 1989.12	1990.1~ 1999.3
3	5.74	3.23	3.93	3.42	1.20	4.96	–	2.30	1.13	0.96
6	8.15	6.38	5.95	6.87	3.85	7.60	–	5.72	3.26	2.10
12	11.15	6.03	10.88	8.18	11.09	8.87	–	10.81	4.11	5.44
24	12.12	7.13	11.39	8.55	13.25	9.61	–	11.64	4.17	6.51

주 : 물가상승률에 대한 통화변수의 기여도 측정과 동일한 방법을 사용하였다.

(3) 소득방정식 및 물가방정식에서의 설명력 추정

○ 소득방정식을 설정하여 각 통화지표의 설명력을 추정하여 본 결과 명목소득에 대
해서는 외환위기 이전을 대상기간으로 하였을 경우 M3를 제외하고는 1990년대 들
어 모든 통화지표들의 설명력이 1980년대에 비해 약화되었다.

― 특히 M2의 경우 1980년대는 매우 유의성 높은 설명력을 보였으나 1990년대
들어 설명력이 현저히 감소되었다.

○ 한편 실질소득에 대한 경우에도 1990년대 들어 모든 통화지표의 설명력이 매우 약
화된 것으로 나타났다.

(3) 소득방정식에서의 설명력

	명목소득			실질소득		
	80.Ⅰ~89.Ⅳ	90.Ⅰ~97.Ⅲ	90.Ⅰ~99.Ⅰ	80.Ⅰ~89.Ⅳ	90.Ⅰ~97.Ⅲ	90.Ⅰ~99.Ⅰ
RB	0.80 (0.62)	1.88 (0.17)	0.46 (0.71)	0.95 (0.43)	1.60 (0.23)	1.27 (0.31)
M1	2.35 (0.10)	1.79 (0.19)	2.85 (0.06)	2.18 (0.11)	0.63 (0.60)	0.40 (0.76)
M2	3.83 (0.02)	1.62 (0.22)	2.82 (0.06)	2.35 (0.10)	1.70 (0.21)	0.23 (0.88)
MCT	–	1.76 (0.19)	2.12 (0.13)	–	0.48 (0.70)	0.24 (0.87)
M3	0.38 (0.77)	4.87 (0.01)	1.81 (0.17)	0.51 (0.68)	1.57 (0.23)	1.06 (0.39)

주 : 통화지표에 대한 시차계수(lag 1~3분기)가 0이라는 귀무가설에 대한 F-통계량을 나타내며 괄호 안은 유의수준이다.

○ 또한 물가방정식에서의 각 통화지표의 설명력을 추정하여 본 결과 모든 통화지표가 1990년대 들어 물가에 대한 설명력이 감소한 것으로 나타났다.

(4) 물가방정식에서의 설명력

	80.Ⅰ~89.Ⅳ	90.Ⅰ~97.Ⅲ	90.Ⅰ~99.Ⅰ
RB	4.13 (0.02)	1.09 (0.38)	1.11 (0.37)
M1	1.24 (0.32)	0.38 (0.77)	0.67 (0.58)
M2	0.67 (0.58)	0.08 (0.97)	0.99 (0.42)
MCT	–	0.87 (0.48)	0.98 (0.42)
M3	1.02 (0.40)	0.29 (0.83)	0.69 (0.57)

주 : 통화지표에 대한 시차계수(lag 1~3분기)가 0이라는 귀무가설에 대한 F-통계량을 나타내며 괄호 안은 유의수준이다.

⇒ 이상의 분석 결과를 종합하여 볼 때 1990년대 들어 각 통화지표의 주요 거시경제변수에 대한 설명력이 전반적으로 약화되는 추세를 보이고 있는 것으로 나타나 각 지표들의 유용성이 감소된 것으로 판단된다.

나. 통화수요함수의 안정성

○ 공적분검정*모형인 단기오차 수정을 적용한 Johansen검정방법을 이용하여 장기통화수요함수의 안정성을 추정**하였다.

  * 공적분검정에 앞서 각 변수들의 단위근 존재여부를 알아보기 위하여 ADF test를 이용하여 검정해 본 결과 모든 변수에서 단위근을 지니고 있는 것으로 나타나 공적분관계식의 적용이 가능함을 시사.

  ** 여기서는 통화량이 주요 경제변수와 장기선형관계를 지닐 것이라 가정하고 변수를 '통화량, 실질국민소득, 회사채유통수익률, 소비자물가상승률'로 상정하였으며, 금리를 제외한 모든 변수는 계절 조정한 후 log 함수를 취하였다.

○ 추정 결과 1980년대 및 외환위기 이전까지는 모든 통화지표에서 유의수준 5% 이내에
서 적어도 하나 이상의 공적분 관계식이 존재하는 것으로 나타나 통화수요함수의 장
기적 안정성이 유지되고 있었던 것으로 보인다.

  − 반면 1990년대 들어 외환위기 이후 기간을 분석대상기간에 포함하였을 경우 그 동
  안 중심통화지표로서의 역할을 해온 M2 및 M3가 유의수준 10% 이내에서도 주요
  경제변수들과 공적분 관계가 성립하지 않는 것으로 나타났으나 이는 외환위기 이
  후 금리, 물가수준 등 주요 경제변수의 급격한 변동에 기인한 것이다.

(5) 통화량과 주요 거시경제변수 간의 공적분 검정

	80.1/4~99.1/4	80.1/4~89.4/4	90.1/4~99.1/4	90.1/4~99.1/4
RB	32.05**	44.67**	29.03**	41.49**
M1	43.10**	33.90**	47.83**	49.51**
M2	35.52**	30.24**	21.76	30.59**
MCT	24.11	−	27.02*	37.69**
M3	33.28**	34.01**	20.17	38.24**

주 : λmax 검정통계치를 표시하며 **는 5%, *는 10% 유의수준에서 공적분 관계가 존재함을 나타낸다.

다. 통제가능성

○ 한편 중앙은행의 각 통화지표에 대한 통제성 정도를 본원통화 변화분이 각 통화지
표의 변화분에 미치는 영향을 추정하여 살펴볼 경우 M1을 제외하고는 1990년대
들어 통제성 정도가 매우 약화되고 있음을 알 수 있어 그 동안 중심통화지표로 사
용해온 M2 또는 최근의 M3에 대한 중앙은행의 통제력이 약화되고 있는 것으로
보인다.

(6) 각 통화지표 변화분에 대한 본원통화 변화분의 설명력

	1980.1~89.12	1990.1~97.9	1990.1~99.3
M1	2.70 (0.008)**	3.70 (0.000)**	6.67 (0.000)**
M2	5.10 (0.000)**	1.62 (0.108)	2.14 (0.034)*
MCT	−	1.27 (0.208)	2.48 (0.015)*
M3	2.56 (0.012)*	−0.80 (0.425)	0.13 (0.893)

주 : **는 1% 유의수준, *는 5% 유의수준에서 설명력이 있음을 나타낸다.

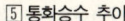

⑤ 통화승수 추이

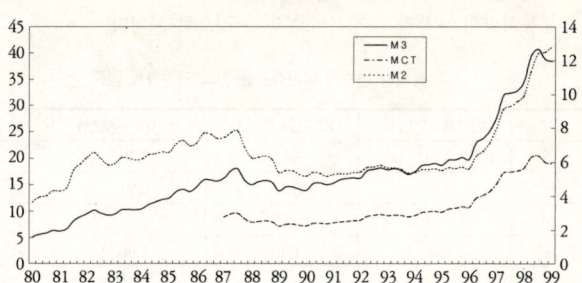

○ 이를 통화승수의 안정성과 연관시켜 분석해 보면 1990년대 중반까지 대체로 안정
  적이던 통화승수가 1996년 이후 매우 급격히 상승하는 추세를 보임에 따라 최근
  통화승수의 불안정성이 제기되고 있으나 이는 1990년대 들어 고정되어 있던 지준
  율이 1996년 이후 세 차례 인하된 데 많은 영향을 받았을 가능성이 크다.

○ 따라서 지준율정책의 변경이 본원통화에 미치는 영향을 감안한 Anderson & Rasche
  (1996)의 조정본원통화를 시산하여 1996년 이후의 통화승수의 움직임을 분석해 볼
  필요가 있는데, 아래 그림에서 보는 바와 같이 조정본원통화 대비 각 통화량의 승
  수는 매우 안정적인 추세를 보이고 있어 통화정책변경을 감안한 통화승수의 안정
  성은 최근에도 유지되고 있는 것으로 보인다.

⑥ 조정본원통화 대비 통화승수 추이

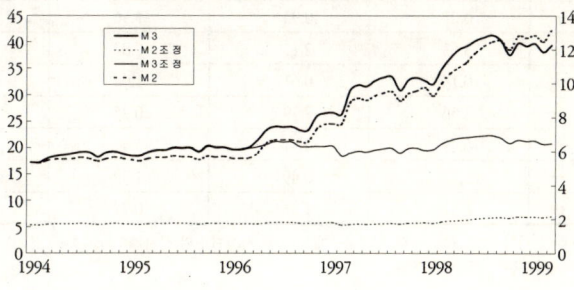

라. 통화지표의 외생성

○ Granger 외생성 검정방법을 이용하여 통화량의 변동과 물가상승률 사이의 인과관
  계를 살펴보면 1980년대 M3를 제외한 모든 지표에서 나타나는 통화량의 물가상승

률에 대한 일방적 인과관계가 1990년대 들어 약화되거나 인과관계의 역전현상이 나타나 통화량의 내생화가 진전되고 있는 것으로 보인다.

(7) 통화량 변동과 물가상승률 간의 인과관계 검증

		82.1/4~99.1/4	82.1/4~89.4/4	90.1/4~99.1/4	90.1/4~97.3/4
RB	↛	2.34*	3.81**	1.18	4.49***
	↚	0.81	0.72	0.91	0.50
M1	↛	2.41*	3.89**	1.77	0.90
	↚	3.38**	1.40	4.60***	2.50*
M2	↛	1.74	2.89*	2.71*	1.45
	↚	1.88	1.30	1.05	0.10
M3	↛	1.47	1.17	4.15***	6.97***
	↚	0.27	0.86	0.49	1.09

주 : *, **, ***는 각각 10%, 5%, 1%의 유의수준에서 각종 거시변수의 시차계수(lag 1~3분기)가 0이라는 귀무가설을 기각하는 것을 나타낸다.

○ 또한 경제성장률과의 관계를 살펴볼 경우에도 대부분의 통화지표에서 1980년대 및 1990년대 양기간 동안 쌍방간 뚜렷한 일방적 인과관계가 존재하지 않았으나 M2의 경우 1990년대 들어 경제성장률에 대한 내생화가 진행되고 있는 것으로 나타난다.

(8) 통화량 변동과 경제성장률 간의 인과관계 검증

		80.1/4~99.1/4	80.1/4~89.4/4	90.1/4~99.1/4	90.1/4~97.3/4
RB	↛	1.34	0.53	3.67**	2.24
	↚	0.21	0.94	1.56	0.68
M1	↛	3.63**	2.11	0.87	0.86
	↚	0.18	0.61	1.04	0.52
M2	↛	3.56**	2.79*	0.25	0.11
	↚	6.49***	2.51*	5.42***	0.70
M3	↛	2.27*	0.49	1.32	1.41
	↚	0.51	1.23	0.79	0.78

주 : *, **, ***는 각각 10%, 5%, 1%의 유의수준에서 각종 거시변수의 시차계수(lag 1~3 분기)가 0이라는 귀무가설을 기각하는 것을 나타낸다.

○ 반면 통화와 금리를 동시에 고려한 Block 외생성 검정방법을 사용하여 분석한 경우 물가 및 성장에 대한 약외생성은 1990년대 들어서도 존재함을 알 수 있다.

(9) 통화량과 금리에 대한 약외생성 검증

	1980.1/4~89.4/4	1990.1/4~99.1/4	1990.1~97.3/4
RB	22.87 (0.03)[**]	20.67 (0.06)[*]	15.76 (0.20)
M1	17.40 (0.14)	17.59 (0.13)	13.62 (0.33)
M2	18.22 (0.11)	16.66 (0.16)	11.18 (0.51)
MCT	–	10.18 (0.60)	13.37 (0.34)
M3	15.15 (0.23)	19.48 (0.08)[*]	11.86 (0.46)

주 : $\chi^2(12)$ 통계량에 기초하여 *, **는 각각 10%, 5% 유의수준에서 주요 거시경제변수가 통화량과 금리에 영향을 주지 않는다(약외생성 존재)는 귀무가설을 기각하는 것을 나타내며 괄호 안은 p값이다.

강태수·박종석·이환석, 〈유동성수준 평가방법〉, 《조사연구자료 97-16》, 한국은행 조사 제1부, 1997. 12.

김양우, 〈Johansen 공적분기법에 의한 시계열분석〉, 《업무참고자료 92-3》, 한국은행 금융경제연구소, 1992.

서병한, 〈변화하는 금융환경하에서의 통화수요함수와 목표통화관리정책 : 이론적 고찰〉, 《금융경제연구》 제27호, 한국은행 금융경제연구실, 1991.

박원암 외, 〈개방경제에서의 통화신용정책〉, 《정책조사보고서 96-04》, 한국금융연구원, 1996.

한국은행, 《우리나라의 금융제도》, 1993.

한국은행 경제통계국, 〈우리나라 금융상품의 통화종류별 구분에 관한 검토〉, 내부자료, 1999. 8.

한국은행 조사제2부, 《통화금융통계 해설》, 1995.

──, 《비은행금융기관 업무해설》, 1994.

함정호, 《통화금융경제》, 비봉출판사, 1996.

──, 《우리나라 통화금융경제의 이해》, 비봉출판사, 1996

함정호·서병한·김현의, 《금융자유화의 진전과 통화정책》, 한국은행 금융경제연구소, 1994.

홍갑수·고용수, 〈우리나라 중심통화지표에 관한 연구〉, 《금융경제연구》 제59호, 1993.

Anderson, Richard and Kenneth Kavajecz, "A Historical Perspective on the Federal Reserve's Monetary Aggregates : Definition, Construction and Targeting", *FRB of St. Louis Review*, Vol. 76, No. 2, 1994.

Anderson, Richard and Robert Rasche, "A Revised Measure of the St. Louis Adujusted Monetary Base", *FRB of St. Louis Review*, Vol. 78, No. 2, 1996.

──, "Measuring the Adjusted Monetary Base in an Era of Financial Change", *FRB of St. Louis Review*, Vol. 78, No. 6, 1996.

Astley, Mark, "The Information in Money", *Bank of England Quarterly Bulletin*, May 1997.

Atta-Mensah, Joseph, "The Empirical Performance of Alternative Monetary and Liquidity aggregates", *Bank of Canada Working Paper* 95-12, 1995.

Barth, James et. al., "The Moneyness of Financial Assets", *Applied Economics*, No. 9, 1977.

Bauer, Paul, "Currency : Time for Change?", *FRB of Cleveland Economic Commentary*, October 1, 1998.

Beaufort Wijnholds, J. A. H. de, et. al., *A Framework for Monetary Stability*, Kluwer Academic Publishers, 1994.

Belongia, Michael and James Chalfant, "The Changing Empirical Definition of Money : Some Estimates from a Model of the Demand for Money Substitutes", *Journal of Political Economy*, Vol. 97, 1989.

Breedon, Francis and P. Fisher, "The Determination of M0 and M4", *Bank of England Quarterly Bulletin*, February 1994.

Carlson, John and Benjamin Keen, "MZM : A Monetary Aggregate for the 1990s?", *FRB of Cleveland Economic Review*, Vol. 32, No. 2, 1996.

Chrystal, Alec and Ronald MacDonald, "Empirical Evidence on the Recent behavior and Usefulness of Simple-Sum and Weighted Measures of the Money Stock", *FRB of St. Louis Review*, Vol. 76, No. 2, 1994.

Doan, T, *RATS Manual 4.0*, Estima, 1993.

Estrella, Arturo and Hardouvelis, "The Term Structure as a Predictor of Real Economic Activity", *The Journal of Finance*, Vol. XLVI, June 1991.

Estrella, Arturo and F. Mishkin, "Is There a Role for Monetary Aggregates in the Conduct of Monetary Policy?", *Journal of Monetary Economics*, Vol. 40, 1997.

European Central Bank, *Euro Area Monetary Aggregates : Conceptual Reconciliation Exercise*, June 1999.

Fratianni, Michele and D. Salvatore ed., *Monetary Policy in Developed Economies*, Handbook of Comparative Economic Policies Vol. 3, Elsevier Science Publishers, 1993

Friedman, Benjamin, "Empirical Issues in Monetary Policy" *Journal of Monetary Economics*, No. 3, 1977.

————, "On Going Change in the U.S Financial Market : Implications for the Conduct of Monetary Policy", Paper Presented at the Symposium Sponsored by the FRB of Kansas City, August 1993.

Friedman, Benjamin and Kenneth Kuttner, "Money, Income, Prices, and Interest Rates", *The American Economic Review*, June 1992.

Green, William, *Econometric Analysis*, Macmillian, 1993.

Hahm, Jeong Ho and J. T. Kim, "The Signals from Divisia Money and a Rapidly-Growing Economy", Papers of a Conference on Divisia Monetary Aggregates, The University of Mississippi, 1994.

Hamilton, James, *Time Series Analysis*, Princeton Univ. Press, 1994.

Hasan, Mohammad, "The Choice of Appropriate Monetary Aggregates in the United Kingdom", *Applied Economic Letters*, 1998.

Hicks, J. R., "Monetary Theory and History : An Attempt at Perspective", *Critical Essays in Monetary Theory*, Clarendon Press, 1967.

Hoffman, Dennis and Robert Rasche, *Aggregate Money Demand Functions*, Kluwer Academic Publishers, 1996.

IMF, *Manual on Monetary and Financial Statistics*, 1999.

Johansen, S. "Statistical Analysis of Cointegrating Vectors", *Journal of Economic Dynamics and Control*, Vol. 12.

Kavajecz, Kenneth, "The Evolution of the Federal Reserve's Monetary Aggregates : A Timeline", *FRB of St. Louis Review*, Vol. 76, No. 2, 1994.

Laidler, David, "The Quantity of Money and Monetary Policy", *Bank of Canada Working Paper* 99-5, 1999.

McCallum, Bennett, "Recent Developments in Monetary Policy Analysis : The Roles of Theory and Evidence", *NBER Working Paper*, No. 7088, April 1999.

Mehra, Yash, "A Review of the Recent Behavior of M2 Demand", *FRB of Richmond Economic Quarterly*, Vol. 83, 1997.

Motley, Brian, "Should M2 Be Redefined?", *FRB of San Francisco Review*, Winter 1988.

Rasche, Robert, "M1-Velocity and Money Demand Functions : Do Stable Relationships Exit?", *Carnegie-Rochester Conferences Series* 27, 1987.

———, "Monetary Aggregates, Monetary Policy and Economic Activity", *FRB of St. Louis Review*, Vol. 75, 1993.

Rasche, Robert and James Johannes, *Controlling the Growth of Monetary Aggregate*, Kluwer Academic Publishers, 1987.

Siklos, Pierre, "Searching For An Improved Monetary Indicator For New Zealand", *RBNZ Discussion Paper Series* G96/1, Reserve Bank of New Zealand, 1996.

Sill, Keith, "Forecasts, Indicators, and Monetary Policy", *Business Reviews*, May/June 1999.

Stock, J. H. and M. Watson, "Interpreting the Evidence on Money-Income Causality", *Journal of Econometric* 40, 1989.

Tatom, John, "The Effects of Financial Innovations on Checkable Deposits, M1 and M2", *FRB of St. Louis Review*, 1990.

Thomas, Ryland, "Understanding Broad Money", *Bank of England Quarterly Bulletin*, February 1996.

7 새로운 정보변수의 개발 및 활용

장 민

I. 머리말

통화정책이란 재할인율, 지급준비율 및 공개시장조작 등 통화당국이 직접 통제할 수 있는 수단을 사용하여 물가안정, 완전고용 또는 경제성장 등 국민경제상의 특정목표를 달성하고자 하는 것이다. 그런데 통화당국은 최종목표에 대해 직접적으로 영향을 미치지 못하고 정책수단을 사용하여 단지 간접적인 영향력만을 발휘할 수 있을 뿐만 아니라 정책수단의 조절을 통해 최종목표에 영향을 주기까지에는 상당한 시간이 걸리고 파급경로 또한 불확실하다는 어려움을 지니고 있다. 이에 따라 각국의 통화당국은 정책수단과 최종목표 사이에 통화량이나 금리 등의 중간목표변수를 개입시키거나 최종목표의 상태를 예측할 수 있는 유용한 정보변수들을 개발하는 등 다양한 방법을 모색함으로써 통

---

* 이 장은 한국은행 《조사연구자료》 99-18호(1999.12)에 실린 논문을 일부 수정·보완하여 전재한 것이다.

화정책의 유효성을 높이려는 노력을 기울여 오고 있다.

한편 우리나라의 통화정책은 1979년 이후 총통화(M2)를 중간목표로 채택하고 M2의 연간목표증가율을 설정 관리하여 오다가 1997년 들어 M2 및 MCT의 복수중간목표제로 이행하였으며, 외환위기 이후에는 IMF와의 협의에 따라 M3를 중심지표로 하는 통화량목표제(monetary targeting)의 체제를 유지해 오고 있다. 그러나 1980년대 이후 전세계적인 금융자유화, 금융혁신의 진전 등에 따라 금융환경이 급변한 데다 1997년 말의 외환위기 이후에는 급속히 진행된 금융산업 구조조정으로 직접금융시장이 크게 성장하고, 금융시장간 자금이동이 확대되는 한편 자본시장의 대외개방으로 국제자본의 유출입이 빈번해지는 등 통화정책 수행여건이 크게 변화하였다. 그 결과 최근 들어 금융변수와 실물경제활동 간의 관계가 불안정해지고 통화총량 변수들의 움직임에 괴리가 심화되는 한편 통화지표에 대한 통화당국의 통제력이 약화되는 추세를 보이고 있는 등 중간목표로서 통화량의 유효성이 크게 저하되고 있어 새로운 중간목표변수의 도입 또는 정보변수전략의 채택 등 보완대책이 필요한 실정이다.

또한 1998년 4월 1일 시행된 개정 《한국은행법》[1]에서 물가안정목표제(inflation targeting)를 도입함으로써 공표된 인플레이션 목표를 달성해야 함에 따라 기존의 통화량 중간목표전략과는 달리 통화정책기조 및 물가상승압력 등을 더 직접적이고 효과적으로 나타내 줄 수 있는 정보변수를 개발하고, 이를 적극적으로 활용하는 것이 중요한 과제로 대두되었다.

이에 여기서는 앞으로 활용도가 크게 높아질 것으로 예상되는 정보변수전략에 대해 살펴본 후 새로운 정보변수의 개발 가능성을 탐색하는 데 주안점을 두었다. 먼저 Ⅱ절에서 정보변수전략 및 정보변수의 개념, 정보변수에 관한 기존의 연구결과 등 이론적 측면을 개관하였으며, Ⅲ절에서는 신용 및 부채지표의 정보변수로서의 활용 가능성을 탐색해 보았다. 마지막으로 Ⅳ절은 분석결과를 요약하고 있다.

---

1) 《한국은행법》 제6조(통화신용정책 운영계획의 수립)
  ① 한국은행은 정부와 협의하여 매년 물가안정목표를 정하고, 이를 포함하는 통화신용정책 운영계획을 수립하여 공표하여야 한다.
  ② 한국은행은 제1항의 규정에 의한 물가안정목표의 달성에 최선을 다하여야 한다.

II. 정보변수전략의 의의

1. 정보변수전략의 개념

통화당국의 통화정책 운용방식은 정책수단과 최종목표 사이에 어떤 변수를 개입시키느냐에 따라 중간목표전략과 정보변수전략의 두 가지 방식으로 나눌 수 있다. 중간목표전략[2]은 물가안정, 완전고용, 경제성장 등의 최종목표와 밀접한 관련이 있는 경제변수를 중간목표로 설정하고 여러 가지 정책수단을 통하여 운용목표를 조절함으로써 중간목표의 달성을 추구하고 궁극적으로는 최종목표를 달성하고자 하는 방식이다. 이는 중앙은행이 직접 최종목표를 달성할 수는 없기 때문에 직·간접적으로 통제 가능한 중간목표를 조절함으로써 최종목표의 달성을 간접적으로 추구할 수밖에 없다는 생각에 기반을 두고 있다.

따라서 어떤 변수가 중간목표로 선정되기 위해서는 최종목표와 긴밀하고 안정적인 관계를 유지하고 있어서 최종목표변수에 영향을 줄 수 있어야 하고 정책수단을 통해 비교적 정확하게 통제·관리될 수 있어야 하며, 마지막으로 통화당국에 의해 가급적 짧은 시차를 가지고 신속하게 계측될 수 있어야 한다.

반면 정보변수전략[3]은 최종목표와 관련성이 있는 여러 가지 정보변수를 관찰 분석하여 정책의 변화가 필요하다고 판단될 경우 정책수단들을 조작함으로써 직접 최종목표를 바람직한 수준으로 달성하고자 하는 방식이다. 이러한 방식에서 정보변수는 중간목표전략의 중간목표와 달리 최종목표에 원인적 영향을 미치느냐의 여부는 중요하지 않으며, 단지 최종목표의 장래 움직임을 예측하는 데 도움이 되는 정보의 제공 여부가 더 중시된다. 따라서 통화정책 운용

---

2) 중간목표전략의 메커니즘

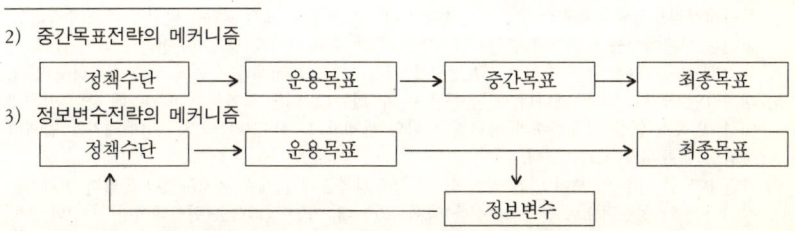

3) 정보변수전략의 메커니즘

방식을 중간목표전략에서 정보변수전략으로 전환할 경우 통화당국은 정책대응을 하나의 중간목표에만 제한할 필요가 없이 이용 가능한 여러 변수를 중간지표 혹은 정보변수로 사용할 수 있다는 장점이 있으나 실제 정책수단과 최종목표 사이에 존재하는 불확실성과 상당한 시간이 걸리는 파급경로로 인하여 정책의 효율성이 저하될 수 있으며, 정보변수전략의 성격상 통화당국의 재량권이 너무 커질 가능성이 존재한다.

그러나 최근과 같이 금융자유화 및 금융혁신에 따른 금융의 불안정성 증대 등으로 금융변수와 실물경제활동 사이에 존재하던 기존의 안정적인 관계가 약화된 상황에서는 중간목표전략과 같이 사전에 정해진 준칙에만 의존하는 통화정책보다는 다수의 정보변수를 활용하여 다소 유연한 방법으로 최종목표의 달성을 추구하는 방식의 통화정책이 더 효과적이라는 견해가 설득력을 얻고 있다.4)

실제로 1980년대 이전에 각국 중앙은행은 통화량과 실물경제 사이의 안정적인 관계를 바탕으로 통화증가율을 중간목표로 설정하고, 그 목표치 달성을 통해 최종목표에 이르고자 하였다. 따라서 중앙은행의 통화정책은 중간목표 달성에 초점을 맞추어 수립·집행되는 경향을 보일 수밖에 없었고, 정보변수의 역할은 상대적으로 미약하였다. 그러나 1980년대에 들어 금융자유화와 금융혁신의 급속한 진전으로 통화의 정의가 모호해지고 통화량과 실물경제 간의 안정적인 관계가 붕괴되는 한편 통화당국의 통화량 조절능력도 약화됨에 따라 중간목표전략의 유용성에 대해 많은 의문이 제기되었다. 그 결과 선진국 중앙은행은 대부분 중간목표전략을 포기5)하기 시작하였고, 중간목표전략을 유지한다고 하더라도 형식적으로 느슨하게 유지하는 경우가 대부분이었다.6) 이러

---

4) M. Friedman을 위시한 일부 학자들은 금융시장의 지속적인 변화로 통화와 실물경제와의 관계가 불안정해짐으로써 통화량의 중간목표로서의 기능과 역할이 크게 제약을 받고 있다고 주장하고, 이러한 상황에서는 특정 통화총량지표에만 의존할 것이 아니라 정보변수전략에 의거 금리, 신용, 명목소득, 환율 등의 다양한 정보변수를 관찰하여 통화정책을 운용할 것을 제시하고 있다.
5) 대표적인 국가로 미국, 캐나다, 영국 등을 들 수 있는데, 이들 국가들은 1980년대 들어 인플레이션, 명목소득 등 목표변수와 통화량 사이의 관계가 붕괴되었다는 것이 명백해지자 일제히 통화량 목표제를 포기하였다.
6) 반면 1974년 이후 약 20여 년간 공식적으로 통화량목표제를 계속 유지하였던 독일과 스위스는 장기간 동안 성공적으로 인플레이션을 억제하였는데, 이는 정책목표(인플레이션 억제)의 분명

한 중간목표전략의 유용성 약화는 실물 및 금융부문의 경제상황과 장래의 방향에 관한 정보를 내포하고 있는 다양한 정보변수를 포괄적으로 활용하고, 이에 관한 종합적 분석을 토대로 통화정책을 수립해 나가는 정보변수전략의 중요성을 차츰 널리 인식시키는 작용을 하였다.

특히 1990년대에 들어서는 물가안정이 통화신용정책의 최우선목표라는 인식이 확산되면서 뉴질랜드, 캐나다, 영국 등을 중심으로 물가안정목표제가 도입되기 시작하였으며[7] 우리나라도 1998년 4월 한은법 개정을 통하여 이를 도입하였다. 물가안정목표제 하에서 중앙은행은 향후의 인플레이션 압력을 파악하고 통화정책의 파급시차 및 파급경로를 감안하여 각종 정책수단을 선제적으로 운용함으로써 별도의 중간목표 없이 인플레이션을 목표범위 내에서 억제하는 것을 주된 정책목표로 한다. 따라서 물가안정목표제 도입으로 인플레이션 압력을 모니터링하기 위한 정보변수 활용의 중요성은 한층 커졌다고 할 수 있다.

2. 정보변수의 개념

정보변수란 최종목표의 장래 움직임에 관하여 유용한 정보를 가지고 있는 변수로서 최종목표에 대하여 선행적 상관관계를 가지고 있는 경제지표를 말한다. 따라서 어떤 변수가 정보변수로 사용될 수 있으려면 현재 혹은 장래에 예상되는 상황전개에 정책입안자가 대응할 수 있도록 최종목표의 상태에 관하여 필요한 정보를 조기에 제공할 수 있어야 한다. 이와 같이 정보변수의 요건은 이것 외에 추가적으로 주요 경제변수에 대한 외생성, 중앙은행의 통제력 등이 요구되는 중간목표와 비교하여 볼 때 더 유연하다고 할 수 있다. 따라서 통화량이 중간목표로는 그 유용성이 약화되고 있다고 하더라도 정보변수로는 활용

한 설정 및 적극적인 대국민 홍보를 통해 통화정책의 투명성과 중앙은행의 책임성을 높인 데 기인한 것으로 보인다.

7)   주요국의 물가안정목표제 도입시기

국 가 명	뉴질랜드	캐나다	이스라엘	영국	스웨덴	핀란드	호주	스페인
도입시기	90.3	91.2	91.12	92.10	93.1	93.2	93.4	94.6

될 수 있는 것처럼 정책당국 입장에서는 정보변수의 선택범위가 그만큼 넓어진다.

한편 통화정책에 필요한 정보의 내용과 관련하여 정보변수[8]는 크게 통화정책의 기조를 나타내는 지표와 경제의 상태를 나타내는 지표로 나눌 수 있다. 전자는 과거 또는 현재의 통화정책이 긴축적인지 확장적인지를 정책입안자와 일반경제 주체에게 알려주는 역할을 하며, 후자는 현재 및 장래의 경제 상태를 나타내 줌으로써 정책의 변화가 필요한지 여부를 판단할 수 있도록 도와주는 역할을 담당한다.[9]

그런데 정책변경을 시도할 때 통화당국은 정책기조를 나타내는 지표에만 의존하는 것이 아니고 정책기조와 경제상태를 나타내는 지표 모두를 근거로 하여 정책변경 여부를 결정하게 된다. 구체적으로 어떤 정보변수가 현재 과도하게 높거나 낮다고 관찰될 경우, 이는 곧 수단변수를 재조정하지 않으면 최종목표나 중간목표에 바람직하지 못한 결과를 초래할 가능성이 있으므로 신속히 정책수단을 재조정해야 함을 의미하는 것으로 해석할 수 있다. 즉 통화당국은 이와 같은 정보변수를 통해 지금까지의 통화정책 기조가 어떠하였는지, 그리고 현재 및 장래의 경제상태가 어떠한지를 판단함으로써 향후 통화정책의 방향을 결정하고 실제 정책조작을 가하게 되는 것이다.

3. 기존의 연구

현재 각국의 통화당국이 사용하고 있는 정보변수로는 통화총량과 금리지표를 비롯하여 원자재가격지수(Commodity Price), 금리스프레드 및 환율 등을 들 수 있다. 이 중에서 특히 원자재가격지수, 금리스프레드 및 환율은 중간목표로서보다는 통화정책 운용목표의 설정을 가이드하는 정보변수로서 활용하

---

8) 통화당국이 이용하고 있는 대표적인 정보변수로는 통화량, 금리, 대출총액 등 통화금융변수, 가동률, 실업률, 생산갭 등 실물경제변수, 금가격, 수입물가, 자산가격 등 가격변수, 임금, 단위노동비용 등 비용변수, 국제원자재가격, 주요국 환율 및 경제성장 등 해외경제변수 등을 들 수 있다.
9) 함정호(1996), 《통화금융경제》 참조.

는 것이 더욱 바람직한 것으로 주장되고 있는데, 이들 변수와 관련된 기존 연구를 살펴보면 다음과 같다.

FRB의 Angell(1987)이 통화공급을 원자재가격지수의 변동 및 수준 등을 참고하여 조절하여야 한다고 주장한 이후 미국 등 선진국에서 정보변수로서 적극적으로 채택되기 시작한 원자재가격지수는 일반적인 인플레이션 변화를 즉각적으로 알려주는 지표로 사용될 수 있는 것으로 인식되고 있다. Garner(1989)는 원자재가격지수와 주요 경제지표들과의 실증적 분석을 통하여 이 지수가 중간목표로서의 유용성을 지니고 있지 못하지만 미래의 인플레이션에 관한 유용한 정보를 제공함에 따라 정보변수로서의 활용 가능성은 매우 높은 것으로 분석하였다. 이러한 결론은 Durand and Blöndal(1988) 외 많은 학자들에 의해 지지되었으나 McCallum(1989) 등은 사용한 계량분석의 방법론에 따라 다른 결과가 나타날 수 있다고 주장하고 있다.

장단기금리차는 미래의 기대 인플레이션을 반영하여 결정됨에 따라 미래 실물경제활동 및 인플레이션에 대한 유용한 정보변수[10]로서 논의되고 있다. 이에 관한 초기 연구로는 Harvey(1988), Stock and Watson(1989) 등을 들 수 있는데, 이들의 연구결과에 따르면 장단기금리차가 경기선행지표로서 다른 지표들에 비해 우수한 예측력이 있는 것으로 나타나고 있다. 또한 Fama(1990), Mishkin(1990) 등은 특히 미래의 인플레이션 변화에 대해 높은 예측력이 있음을 밝혀내었다.

그러나 Mishkin(1991) 및 Jorion and Mishkin(1991)은 나라마다 통화정책 기조, 기대 인플레이션 변화의 변동성, 실질금리의 변동성, 금융상품의 채무불이행 위험에 차이가 있으므로 장단기금리차가 미래의 인플레이션 변화를 예측

---

10) 장단기금리차가 통화정책의 유용한 정보변수로 취급되는 이유는 통화정책이 장기 및 단기금리에 미치는 영향의 정도가 다른 데 기인한다. 단기금리는 통화정책에 의해 직접적으로 통제될 수 있는 반면 장기금리는 상당부분이 기대 인플레이션의 변화나 사전적인 실질장기금리의 변화에 의해 영향을 받게 된다. 구체적으로 긴축적인 통화정책이 시행될 경우 통화긴축에 의해 단기금리는 상승하는 반면 장기금리는 장기적인 인플레이션 기대가 완화됨으로써 단기금리 상승폭에 비해 그 상승폭이 작아져 장단기금리차는 줄어들게 되고, 실물경제는 위축된다. 따라서 장단기금리차의 (+)폭이 축소되거나 (−)폭이 확대될수록 통화정책은 긴축적이고 향후 인플레이션율이 하락할 것임을 알 수 있으며, 반대로 장단기금리차의 (+)폭이 확대되거나 (−)폭이 축소될수록 통화정책은 확장적이고 향후 인플레이션율이 상승할 것임을 알 수 있다.

하는 능력이 서로 다를 수 있다고 주장하였다. 한편 최근 들어 Estrella and Mishkin(1995)은 주요 5개국[11]을 대상으로 한 실증분석 결과 중앙은행이 금리를 인상했을 때 장단기금리차가 축소되는 정도는 통화정책의 신뢰성과 관련이 있다는 결론에 도달한 바 있다. 그 밖에 환율 역시 다양한 경로를 통하여 미래의 물가수준을 결정짓는 중요한 원인이라는 점에서 많은 학자[12]들에 의해 정보변수로서 유용하다고 논의되고 있다.

우리나라에서도 최근 들어 이들 변수와 관련한 연구가 비교적 활발하게 이루어지고 있다. 먼저 장단기금리차와 관련하여 이명훈(1996), 오정근(1997), 최재용·진강(1999) 등의 연구가 있다. 이 가운데 이명훈(1996)은 1987년 1월부터 1995년 5월까지의 기간을 대상으로 분석한 결과 장단기금리차[13]가 인플레이션을 예측하는 데 유용한 정보변수로서 기능함을 보였다. 오정근(1997) 역시 1993년 11월부터 1997년 1월까지의 기간을 대상으로 장단기금리차[14]의 실물경제활동 및 인플레이션에 대한 예측력을 실증 분석한 결과 유의한 결과를 얻어내었으며, 최근 들어 최재용·진강(1999)도 1991년 1월부터 1998년 11월까지의 기간을 대상으로 분석한 결과 같은 결과를 이끌어내었다.

환율과 관련한 연구로는 홍갑수(1992), 김윤철·최재용·안병권(1994), 최창규(1997) 등이 있는데, 이 가운데 김윤철·최재용·안병권(1994)은 환율변동과 인플레이션의 관계를 실증 분석한 결과 환율이 수입자본재나 수입원자재 등의 가격변화에 따른 생산비 변동을 통해 물가에 영향을 주는 것으로 결론지었다. 최창규(1997)는 원화실질실효환율변동과 엔-달러 환율변동이 우리나라 생산, 고용에 미치는 영향을 실증 분석한 결과 1990년대 이전에는 원화의 실질절하와 달러화 대비 엔화의 강세가 생산 및 고용에 긍정적인 효과를 미쳤으나 시장평균환율제도로 바뀌고 자본자유화가 진전된 1990년대에 들어서는 그 효과가 점차 약해지거나 불분명해졌다는 결론을 도출하고 있다.

---

11) 미국, 영국, 독일, 프랑스, 이탈리아.
12) Dornbusch(1987), Koch·Rosensweig·Whitt, Jr.(1988), Papell(1994) 등.
13) 회사채 수익률-콜금리, 통안증권수익률-콜금리.
14) '5년만기 국민주택채권수익률-1년만기 금융채수익률', '5년만기 국민주택채권수익률-1년만기 통안증권수익률'.

여타 변수들에 관한 연구로는 장동구(1997), 유창호·노은영(1998 및 1999) 등을 들 수 있다. 먼저 장동구(1997)는 잠재 GDP 추정치를 이용하여 산출한 생산갭이 인플레이션지표로서 유용한지를 검토한 결과 유용성이 높다는 결론을 얻었다. 유창호·노은영(1998)은 수요, 생산, 노동, 원자재, 해외 관련 각종 지표들을 활용하여 종합선행지수를 작성한 결과 이 지수가 인플레이션 예측에 유용하다는 것을 보이고 있으며, 뒤이은 1999년의 연구에서는 인플레이션, 통화량, 기대 인플레이션, 비용, 수요 등과 관련한 각종 지표를 선택하여 인플레이션과의 관계를 살펴본 결과 비용관련 지표를 제외한 대부분의 지표가 인플레이션에 선행하면서 인플레이션과 밀접한 시차상관관계를 지니고 있음을 밝히고 있다.

이처럼 최근 우리나라에서도 각 경제변수들과 물가, 생산 등의 관계를 분석한 연구들이 진행되고 있으나 장단기금리차 관련 연구와 일부 연구를 제외한 나머지 대부분 연구는 엄밀히 말해 정보변수로 활용한다는 차원에서 행해진 연구로 보기 어렵다. 이는 그 동안 우리나라의 통화정책이 통화량을 중간목표로 하는 전략을 유지함에 따라 정보변수에 대한 관심이 미약하였던 데도 그 원인이 있는 것으로 보인다. 한편 신용 및 부채와 관련해서도 괄목할 만한 연구들[15]이 있으나 이 역시 우리나라에서 통화정책의 파급경로로서 신용경로가 존재하는지에 관한 연구가 대부분으로, 정보변수로서의 활용과 관련된 연구는 아니었다.

더욱이 신용 및 부채는 고유 기능을 통해서 경제활동에 영향을 주는 동시에 미래 경제상황에 관하여 유용한 정보를 제공하는 역할을 수행할 가능성이 큼에도 불구하고 통화량과 밀접한 관련을 지닌다는 속성 때문에 그 동안 통화량에 가려 상대적으로 주목을 받지 못했던 측면이 있다. 이에 이 글에서는 신용 및 부채가 향후 경제상황에 대해 통화지표가 지니지 못하는 유용한 정보를 제공하는 정보변수로서 활용될 수 있을지를 알아보고자 한다.

---

15) 장동구·함정호(1994), 김현의(1995), 조성제·강종구(1998), 이종화·이영수(1999) 등.

[표 1]　　　　　　　　　　　정보변수 관련 기존 연구 요약

분석대상변수	연 구 자	주 요 내 용
원자재가격지수	Angell(1988)	통화공급시 동 지수의 변동 및 수준 참고 필요
	Garner(1989)	미래의 인플레이션에 관한 유용한 정보 제공
	McCallum(1989)	계량분석방법에 따라 상이한 결과도출 가능
장단기금리차	Harvey(1988), Stock & Watson(1989)	경기선행지표로서 다른 지표들에 비해 우수한 예측력 보유
	Fama(1990), Mishkin(1990)	미래 인플레이션 변화에 대해 높은 예측력 보유
	Jorison & Mishkin (1991)	통화정책기조, 실질금리 변동성 등에 따라 국별로 미래 인플레이션 변화에 대한 예측력 상이
	이명훈(1996)	인플레이션 예측과 관련한 유용한 정보변수로 활용 가능
	오정근(1997)	미래의 실물경제활동 및 인플레이션에 대한 유의한 예측력 보유
	최재용·진강(1999)	미래 인플레이션에 대한 유의한 예측력 보유
환　율	Dornbusch(1987)	미래 인플레이션에 대한 유의한 정보 보유
	김윤철·최재용·안병권(1994)	수입자본재 등의 가격변화에 따른 생산비 변동을 통해 물가에 대한 영향력 보유
	최창규(1997)	자본자유화 진전 이후 생산 및 고용에 대한 영향력 약화
기　타	장동구(1997)	잠재 GDP 추정치를 이용하여 산출한 생산갭이 인플레이션지표로서 유용
	유창호·노은영 (1998)	수요, 생산, 노동부문 등 관련지표를 활용한 종합 선행지수 작성 결과 인플레이션 예측에 유용

Ⅲ. 정보변수로서 신용 및 부채지표의 유용성 검토

1. 이론적 배경

신용(credit)이 향후 물가수준에 관하여 유용한 정보를 제공하는 역할을 수행할 수 있다는 논거는 현대 케인지언의 신용중시 견해(credit view)[16]에 기반을 두고 있다.[17] 통화중시 견해[18]가 통화량과 실물경제변수 사이에 안정적인 관계가 존재한다고 보고 통화정책의 파급과정에서 은행 대차대조표상의 부채항목인 통화의 역할을 중시하는 데 반해 신용중시 견해는 가계나 중소기업과 같은 차입자의 경우 직접금융시장에서 자금을 조달하기 어렵기 때문에 외부자금을 주로 은행대출공급에 의존한다는 점에서 은행 대차대조표상의 자산항목인 대출도 통화량과 함께 통화정책의 파급과정에서 중요한 역할을 한다고 본다. 신용중시 견해를 주장하는 사람들은 극단적인 경우 통화정책 변동이 금리를 통한 지출의 변화를 초래하지 않더라도 은행대출에 대한 영향을 통해서 경제활동에 영향을 주기 때문에 통화정책이 경제에 미치는 영향은 금리경로만을 고려할 때보다 결과적으로 더 크게 증폭된다고 본다.

은행대출을 통한 신용경로에는 직접경로와 간접경로의 두 가지 경로가 있다.[19] 먼저 직접경로는 통화정책 변동이 은행대출 규모에 직접 영향을 미치는

---

16) 신용중시 견해는 다음과 같은 기본가정에 바탕을 두고 있다.
　① 자본시장에서 비대칭적인 정보가 존재한다는 점을 감안하여 은행대출금을 채권, 주식 등 여타 비통화자산과 대체성이 불완전한 금융자산으로 간주.
　② 중소기업은 외부자금을 자본시장을 통해 직접 조달하기 어려울 뿐만 아니라 조달비용도 높아 외부자금 조달을 주로 은행대출에 의존하기 때문에 은행대출금은 신용도가 낮은 중소기업에 있어서 여타 외부자금과는 다른 특별한 성격의 신용임.
17) 김현의(1995) 참조.
18) 통화중시 견해는 다음과 같은 기본가정에 바탕을 두고 있다.
　① 금융자산시장에는 거래적 수단인 통화와 비통화자산을 대표하는 채권만이 존재하며 은행대출금 등 여타 금융자산은 채권과 동일한 특성을 갖는 자산으로 간주.
　② 또한 통화수요함수가 안정적이라는 가정 하에서 통화공급의 변동이 실물경제에 일관성 있는 영향을 미치는 것으로 봄.
19) 이하의 논의는 함정호(1996) 참조.

좁은 의미의 신용경로이다. 즉 통화당국이 통화긴축정책을 통하여 은행의 지급준비금을 흡수하는 경우 은행은 직접적으로 대출공급 규모를 감소시키게 되는데, 이는 차입자가 외부자금을 은행에 주로 의존하고 공개시장조작이나 건전성관련 규제조치와 같은 정책조치가 은행대출공급에 직접적인 영향을 미치는 것을 전제로 하고 있다. 반면 간접경로는 통화긴축으로 시장금리가 상승하게 되면 차입자의 채무불이행 위험이 커지고, 이에 따라 담보, 대출규모, 대출만기 등에 관한 대출조건이 강화됨으로써 결과적으로 은행의 대출공급이 감소하게 되는 넓은 의미의 신용경로이다.

이러한 신용중시 견해는 경제현실과 관련하여 다음과 같은 시사점을 제공해준다. 먼저 자금조달을 금융기관의 대출에 크게 의존하는 기업(차입자)은 통화긴축시 대차대조표 조건에 영향을 받아 투자지출이 크게 감축될 수 있다는 것인데, 이는 바로 은행을 포함한 금융부문이 실물경제활동에 영향을 미칠 수 있음을 말해 준다. 더욱이 고도로 발전된 금융제도 하에서도 신용공여과정에는 심사 및 평가 등에 관련된 정보비용이 여전히 존재함에 따라 통화당국과는 별개로 은행 등 금융기관이 특별한 역할을 수행하고 있음을 시사해준다고 할 수 있다. 따라서 이는 신용이 통화량과는 별개로 실물투자지출에 영향을 미치고, 나아가 총수요에 영향을 줌으로써 미래 인플레이션이나 경제성장률의 움직임에 관한 고유의 정보를 지니고 있다는 것을 시사해준다.

한편 부채는 자금수요자가 자금공급자로부터 차입한 자금의 규모를 나타내는 것인데 일반적으로 일부가 소비자의 소비지출에 충당되지만 상당부분은 기업의 투자활동에 사용됨에 따라 미래의 경제상황과 직접적으로 연관되게 된다. 부채를 지는 행위는 일상적으로 일어나고 있지만 그 동기는 경제주체별로 크게 다르다. 먼저 가계는 소비행위에서 전 생애의 효용을 극대화하기 위하여 시간에 대해 소비를 안정화(smoothing)하는 차원에서 미래의 소비를 희생하는 대신 현재의 소비를 확대하고자 부채를 진다. 기업은 단기적으로는 재고축적 등을 통한 단기이윤을 획득하기 위하여 운영자금을 차입하는 반면, 장기적으로 생산성 증가를 통한 장기이윤 확보를 위하여 시설투자를 하려고 자금을 차입한다. 한편 정부는 통상 세출이 세입을 초과하는 경우 자금을 차입하게 된다. 이러한 가계, 기업, 정부 세 부문의 부채합계가 바로 비금융부문의 부채총액이 되고 정부부문을 제외한 가계와 기업의 부채합계는 비금융민간부문의 부채가 된다.

금융시장은 이와 같은 자금의 차입 및 대여를 연결하여 자금차입자로 하여금 소비확대를 통하여 효용을 증진시키거나 자본재의 구입을 통하여 자본축적을 가능하게 함으로써 결과적으로 사회 전체로 볼 때 생산과 소비의 확대를 가져오는데, 여기에 바로 부채의 경제적 의의가 있다. 그러나 국민경제 어느 한 부문(예컨대 가계나 기업)의 부채가 금융자산 규모나 소득에 비하여 과도하게 누적되는 경우 가계와 기업은 소득의 상당부분을 원리금 상환에 충당해야 하기 때문에 소비 및 투자행위가 크게 제약을 받게 된다. 특히 경기침체기에는 자금의 흐름이 위축되면서 각 경제주체가 부채원리금 상환불능에 직면하고 경제 전체로 생산과 고용이 감퇴함과 아울러 금융시스템이 불안정해질 가능성이 커진다. 이와 관련하여 M. Friedman(1986)은 과도한 부채는 금융의 불안정을 야기함으로써 중앙은행으로 하여금 통화확대정책을 시행하도록 유도하여 높은 인플레이션을 초래할 위험이 있다고 지적하고 있다.

또한 일반적으로 부채부담이 큰 기업은 그렇지 않은 기업보다 불황극복을 위한 고용 및 투자감축을 더욱 적극적으로 실행하는 경향이 있으며, 자산가격 하락으로 재무상태가 악화된 기업은 외부자금 조달이 어려워져 투자지출을 감축하게 된다. 한편 가계의 부채 증가는 해고 등 갑작스러운 경제적 충격에 의해 채무를 불이행할 가능성을 높여주며, 이로 인해 부채가 증가할 경우 대금지급이 장기로 이루어지는 내구재 소비가 감소하게 된다. 따라서 일정수준을 상회하는 부채증가는 경기침체시 이를 더욱 가속화시키는 경향이 있어 미래 인플레이션 및 경제성장의 변동추이에 직접적 영향을 주게 된다.

2. 신용 및 부채지표와 그 동향

신용 및 부채가 정보변수로서 유용성을 지니는지의 여부를 분석하기 위하여 이용한 자료는 다음과 같다.

먼저 은행신용은 가계 및 기업이 자금을 조달하는 주요 원천으로서 실물경제활동에 직접적이고 근본적인 영향을 미치는 지표로 보아 분석대상에 포함시켰다. 또한 신탁대출은 비통화금융기관 신용으로 분류되나 금리면에서 차이가 있을 뿐 그 역할면에서는 은행신용과 매우 유사한 성격을 지니고 있으므로 은행신용과 신탁신용을 포괄하는 지표를 추가하였다. 그리고 총신용은 은행만 아니라 모든 비통화금융기관의 대출까지 포괄하는 것으로서 금융기관이 경제내에 공급하는 신용총량을 나타낸다.

총신용에서 은행신용이 차지하는 비중을 살펴보면, 1991년 47%에 달하던 은행신용 비중이 계속 감소하는 추세를 보여 1997년 말에는 37%대까지 하락하였으나 외환위기 이후 부실종금사 퇴출 등 금융구조조정의 영향으로 다소 상승하는 경향을 보이고 있다. 반면 은행＋신탁은 1990년대 전반까지 신탁수신의 증가로 총신용 가운데 비중이 꾸준히 상승하여 왔으나 1996년 이후부터 신탁제도 개편 등의 영향으로 감소하는 추세로 반전하였다.

〔표 2〕 　　　　　　　　　　**총신용대비 부문별 비중 추이**

(연 또는 분기말 기준)　　　　　　　　　　　　　　　　단위 : %

	1991	1993	1995	1996	1997	1998	1999. I
은　　　행	47.45	41.94	38.30	37.57	37.36	38.43	39.60
비통화금융기관	52.55	58.06	61.70	62.43	62.64	61.57	60.40
(은행＋신탁)	(56.94)	(56.23)	(58.82)	(59.87)	(59.53)	(54.82)	(54.15)
총　신　용	100.00	100.00	100.00	100.00	100.00	100.00	100.00

자료 : 한국은행, 통화금융 각호

한편 부채는 경제주체에 따라 정부, 기업 및 개인으로 나눌 수 있는데, 여기서는 비금융부문의 총부채와 정부부문 및 공기업의 부채를 제외한 민간부채를 분석대상으로 하였다. 여기서 부채는 은행이나 비통화금융기관으로부터 받은 대출금(신용)뿐만 아니라 정부융자나 회사채 및 기업신용 등 기타 직·간접 자금조달까지 포함하는 개념이다. 민간부채 가운데 금융기관 신용이 차지하는 비중을 살펴보면 [표 3]에서 보는 바와 같이 1985년 이후 꾸준한 상승추세를 보여 60% 수준까지 달했으나 외환위기로 인한 금융산업 구조조정 등의 영향으로 1997년 이후 하락하는 추세로 전환하였다.

〔표 3〕　　　　　　　民間부채대비 채권, 대출, 기타 비중 추이
（연 또는 분기말 기준）　　　　　　　　단위 : %

	1985	1988	1990	1993	1995	1997	1998	1999. I
채　권	9.47	9.89	14.28	16.92	19.20	20.69	23.76	25.16
대　출	55.46	57.26	58.23	60.12	59.70	55.97	54.49	53.70
(은 행)	(30.56)	(29.01)	(26.54)	(24.76)	(23.92)	(22.55)	(23.05)	(23.35)
기　타	35.07	32.85	27.49	22.95	21.09	23.34	21.76	21.15
총민간부채	100.00	100.00	100.00	100.00	100.00	100.00	100.00	100.00

자료 : 한국은행, 자금순환 각호

〔그림 1〕　　　　　　　　신용 및 부채의 증가율 추이
（전년동기대비）

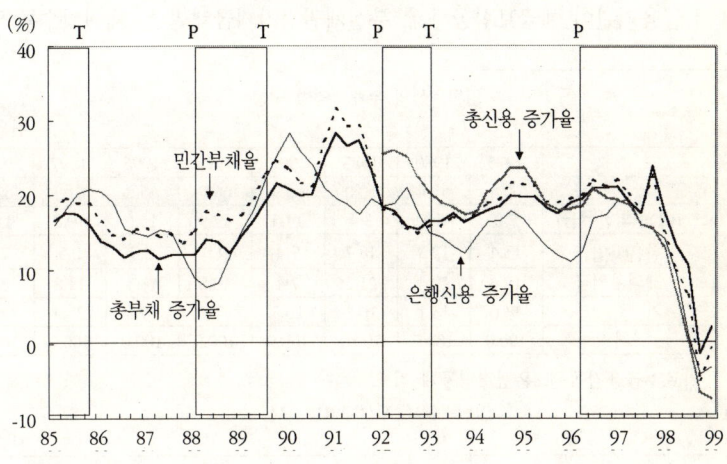

주 : 1) P, T는 각각 경기의 고점, 저점을 나타냄

（증가율 추이）
　신용 및 부채의 증가율 추이를 살펴보면 개인 및 기업의 부채가 금융기관의 신용규모에 많은 영향을 받음에 따라 대체로 양 지표의 변동행태가 유사하게

나타나고 있다. 다만 신용은 부채에 비해 상대적으로 큰 폭의 등락을 보이며 일정시차를 두고 부채의 등락에 선행하고 있는데 이는 부채 가운데 금융기관 신용이 차지하는 비중이 50%를 상회함에 따라 신용의 변동이 일정기간 후의 부채의 변동에 직접적 영향을 주는 데 기인한다. 특히 외환위기 이후에는 금융산업 구조조정의 영향 등으로 신용은 음(-)의 증가율까지 급격히 하락하는 추세를 나타내며 부채의 하락세에도 큰 영향을 미친 것으로 보인다.

한편 은행의 부채항목20)인 M2와 자산항목21)인 은행신용의 증가율을 비교해 보면 대체로 외환위기 이전까지는 비슷한 추세를 나타내고 있다. 외환위기 이후에는 M2는 증가세를 나타내고 있으나 신용은 급격한 하락세를 보이고 있는데, 이는 금융기관 구조조정에 따라 신용경색현상이 심화된 데 기인한 것으로 신용지표가 통화량과는 별개로 미래의 경제상황에 관하여 고유한 정보를 지니고 있을 가능성을 암시해 주고 있다. 이와 더불어 1998년 들어 민간부채가 큰 폭의 감소를 나타내는 것은 신용경색이 발생한 데다 금융구조 조정과정에서 금융기관이 예금보험공사채, 부실채권정리기금채권 등 채권인수를 큰 폭

---

20)   일반은행의 부채내역별 구성

단위 : %

	1975	1980	1985	1990	1995	1996	1997	1998
예 금	60.4	55.4	50.0	66.9	68.0	65.2	61.3	62.3
(CD+외화예금)	7.0	4.4	3.4	14.5	17.9	15.6	19.8	11.9
한은차입금	13.4	12.2	18.7	9.4	4.0	2.0	2.5	2.9
해외차입금	12.6	19.3	21.2	7.4	10.8	13.3	11.8	8.7
기 타	13.6	13.1	10.1	16.3	17.2	19.5	24.4	26.1
계	100.0	100.0	100.0	100.0	100.0	100.0	100.0	100.0

자료 : 금융감독원, 은행경영통계 각호

21)   일반은행의 자산내역별 구성

단위 : %

	1975	1980	1985	1990	1995	1996	1997	1998
현금 및 예치금	24.7	17.3	18.6	23.0	13.0	12.0	9.2	6.9
대 출	53.4	57.4	54.5	47.8	48.1	47.7	44.9	41.1
유 가 증 권	3.9	6.9	6.2	10.3	14.8	15.1	15.9	26.0
해 외 자 산	12.5	9.9	9.1	6.0	8.5	9.3	12.8	9.3
기 타	5.5	8.5	11.6	12.9	15.6	15.9	17.2	16.7
계	100.0	100.0	100.0	100.0	100.0	100.0	100.0	100.0

자료 : 금융감독원, 은행경영통계 각호

으로 늘려 기업, 개인 등에 대한 신용공급규모가 상대적으로 줄어든 데도 그 원인이 있다.

〔그림 2〕 **M2, 은행신용 및 민간부채의 증가율 추이**
(전년동기대비)

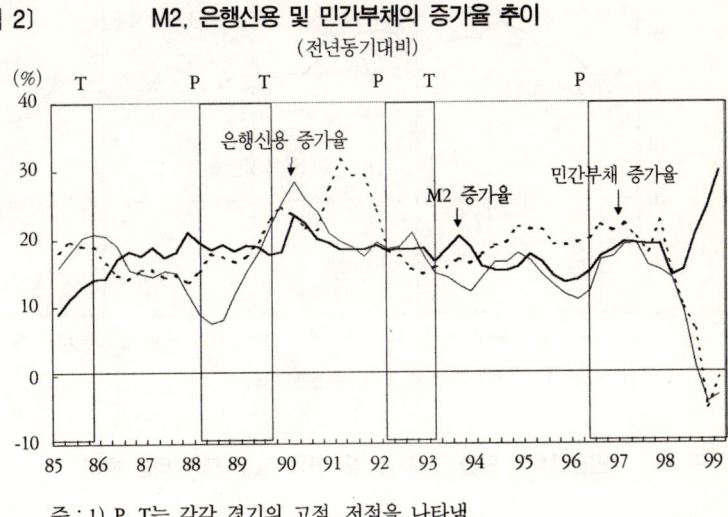

주 : 1) P, T는 각각 경기의 고점, 저점을 나타냄

또한 비통화금융기관까지 포괄하는 M3와 총신용 및 민간부채 증가율을 비교해 보면 3저 호황으로 기업들의 내부자금조달이 늘어난 데다 증권시장의 활황으로 주식발행이 크게 증가하여 민간부채 증가율은 낮아진 반면, 시중 유동성이 풍족해짐에 따라 M3 증가율은 상승한 1980년대 후반을 제외하고는 1990년대 들어 유사한 변동추이를 보였으나, 외환위기가 발생한 1997년말 이후 그 괴리가 다시 확대되는 양상을 보이고 있다.

한편 앞서 언급한 것처럼 민간의 자산 및 소득의 적정수준 내에서 부채의 증가가 일어날 경우 기업의 투자를 촉진하고 개인의 소비지출을 증가시켜 물가상승과 경제성장을 유발하는 효과를 기대할 수 있다. 그러나 부채의 증가가 자산 및 소득의 일정수준을 초과할 경우에는 원리금 상환 및 이자지급 부담으로 미래의 소비 및 투자가 크게 제약을 받게 되는데 이는 특히 경기침체기에 경기의 하강속도를 더욱 가속화하는 결과를 초래한다.

〔그림 3〕 **M3, 총신용 및 민간부채의 증가율 추이**
(전년동기대비)

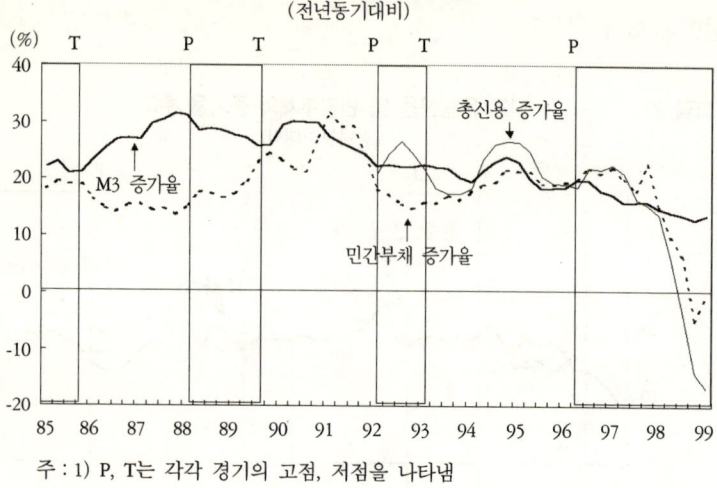

주 : 1) P, T는 각각 경기의 고점, 저점을 나타냄

〔그림 4〕 **민간부채의 민간 금융자산 및 명목 GDP 대비 비중 추이**

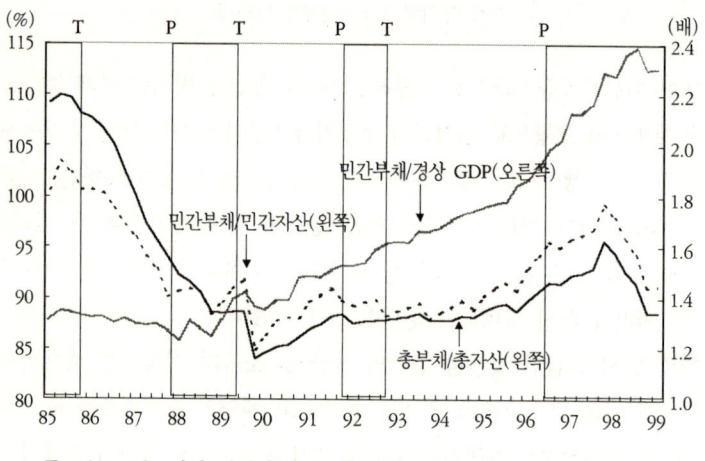

주 : 1) P, T는 각각 경기의 고점, 저점을 나타냄

 이와 관련하여 민간의 금융자산대비 금융부채비율 추이를 살펴보면 [그림 4]에서 보는 바와 같이 1980년대 중반 이후 주식시장 활황 등 경기호황에 따른 부채증가 둔화로 하락세를 지속하다 1990년대에 들어서는 완만한 증가세

로 전환하였으나 외환위기 이후부터는 금융기관 신용규모의 급감 등으로 급격한 하락세를 시현하고 있다. 반면 명목 GDP에 대한 부채규모비율은 지속적인 상승추세를 보이다 외환위기 이후 상승세가 다소 둔화된 것으로 나타났는데, 이처럼 민간부채가 명목소득보다 빠른 증가세를 보인 것은 1980년대 이후 금융자유화의 진전으로 금융시장을 통한 차입기회가 전반적으로 크게 확대된 데도 그 원인이 있다.

3. 신용 및 부채지표의 유용성 검토

가. 기술적 분석

신용 및 부채의 증가율과 물가상승률의 관계를 살펴보면 먼저 신용은 물가상승률과 약 6~8분기 정도의 시차를 지니며 선행하고 있는데, 이는 신용의 증감이 투자 및 소비 등 경제활동과 밀접히 연관되어 미래 물가수준에도 상당한 영향을 미치고 있다는 것을 보여주는 것으로 생각된다.

〔그림 5〕 　　　　　　　　물가상승률과 신용증가율 추이
(전년동기대비)

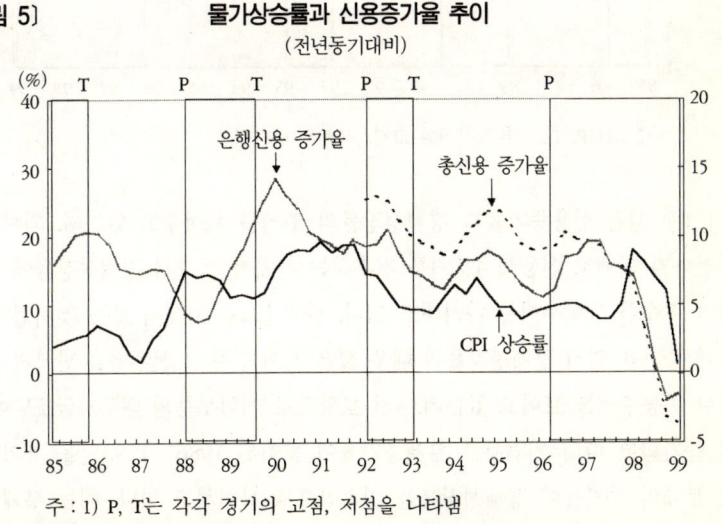

주 : 1) P, T는 각각 경기의 고점, 저점을 나타냄

반면 부채는 물가상승률과 대체로 유사한 등락추이를 보이고 있는데, 명백하지는 않으나 약 1～2분기 정도의 짧은 시차를 가지고 선행하고 있는 것으로 나타났다. 이는 민간경제주체들이 장래 물가상승[하락]을 예상하였을 경우 실질금리 등의 하락[상승]으로 부채비용이 하락[상승]할 것이 기대됨에 따라 부채규모를 늘리는[줄이는] 행태를 보이는 데 그 원인이 있으나 물가상승률 변동과의 시차가 신용에 비해 매우 짧게 나타난 것은 부채변동이 상당부분 신용변동에 영향을 받으며 움직이는 수동적 특성을 지니고 있는 데 기인한다.

[그림 6]　　　　　　**물가상승률과 부채증가율 추이**
(전년동기대비)

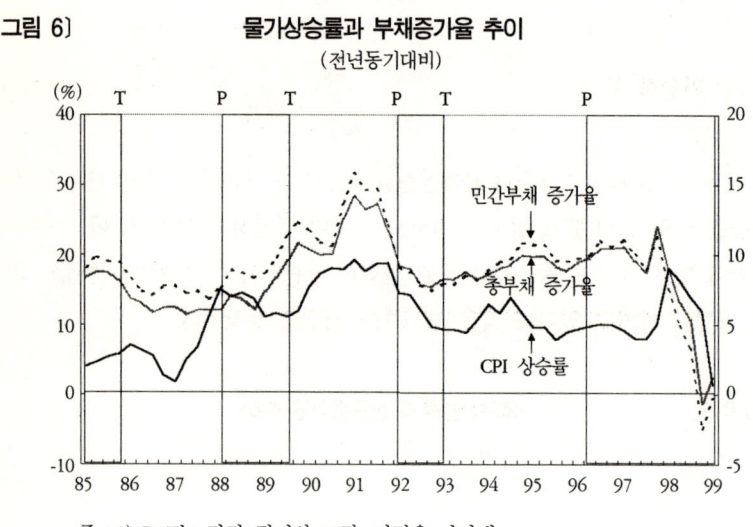

주 : 1) P, T는 각각 경기의 고점, 저점을 나타냄

[그림 7]은 신용증가율과 경제성장률의 추세를 보여주고 있는데, 외환위기 이전까지 대체로 신용이 4분기를 전후하는 시차를 두고서 경제성장률에 선행하며 비슷한 등락추이를 나타내고 있다. 한편 [그림 8]에서 보는 것처럼 민간부채 증가율 역시 경제성장률과 매우 짧은 시차를 두고 선후행을 반복하며 유사한 변동추세를 보이고 있는데, 3저 호황으로 기업부문의 내부자금조달이 크게 증가함에 따라 기업부문 부채증가율이 둔화된 1986～1988년을 제외하고는 부채의 증가율이 경제성장률을 지속적으로 상회하고 있다. 이는 부채규모

가 적정수준 이상으로 과다하게 증가하여 자금차입자의 원리금 상환 부담을
가중시킴으로써 오히려 경제성장에 역효과를 끼쳤을 가능성을 보여준다.

〔그림 7〕　　　　　　　**경제성장률과 신용증가율 추이**
(전년동기대비)

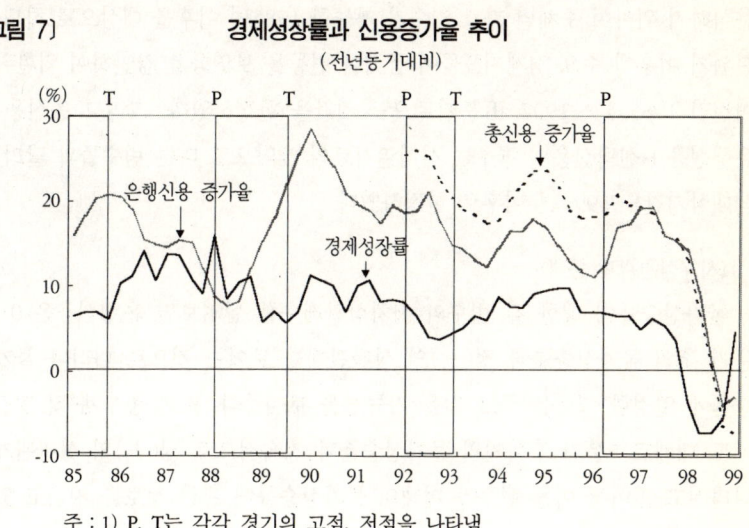

주 : 1) P, T는 각각 경기의 고점, 저점을 나타냄

〔그림 8〕　　　　　　　**경제성장률과 부채증가율 추이**
(전년동기대비)

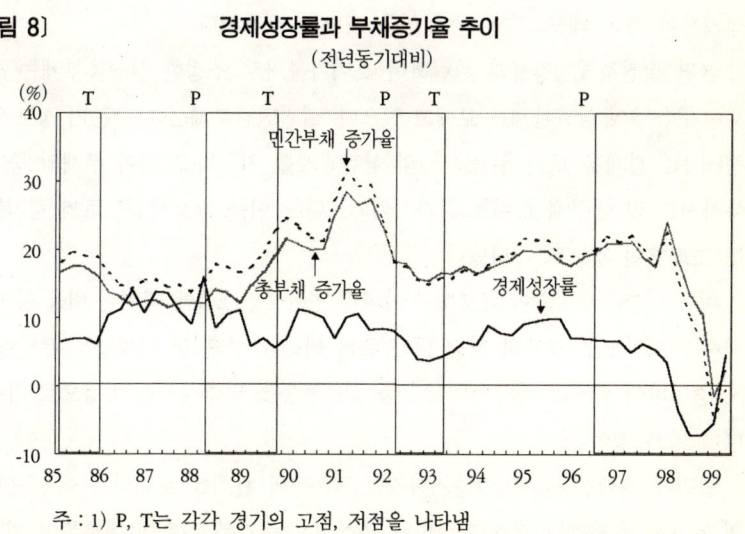

주 : 1) P, T는 각각 경기의 고점, 저점을 나타냄

나. 계량적 분석

신용 및 부채지표가 정보변수로서 유용성을 지니고 있는지를 실증적으로 분석하기 위하여 주체별 자료 입수가 가능한 1985년 이후를 대상으로 하되 외환위기 이후에 주요 경제지표들이 급격한 변동을 보였음을 감안하여 외환위기 이전인 1985. I ~ 1997. III분기로 분석기간을 한정하였다. 그리고 총신용 및 은행신용＋신탁신용의 경우는 시계열자료의 제약으로 다른 변수들과 달리 분석대상기간을 1991년 이후로 한정하였다.

(시차상관관계 분석)

물가상승률에 대한 각 변수의 시차상관계수를 살펴보면 은행신용은 0~8분기 후의 물가상승률과 정(＋)의 상관관계를 보이는 것으로 나타나 물가상승률에 일정한 영향을 주고 있을 가능성을 보여준다. 또한 총부채 및 민간부채도 대체로 5분기 후까지의 물가상승률과 지속적으로 정(＋)의 상관관계를 나타내고 있어서 이들 변수가 미래의 물가상승률에 관한 정보를 지니고 있을 것이라는 예상을 가능하게 해준다. 그러나 총신용 및 은행신용＋신탁신용의 경우는 뚜렷한 상관관계를 보이고 있지 않은데, 이는 시계열자료의 한계로 분석기간이 짧은 데도 그 원인이 있을 것으로 생각된다.

한편 실질경제성장률과 관련하여 소비자물가로 조정한 실질총부채는 계속하여 음(－)의 상관관계를 보이고 있으며, 실질민간부채는 1~2분기 정도 약한 정(＋)의 관계를 보인 후 음(－)의 상관관계를 지속하고 있어 부채의 증가가 투자지출 및 내구재 소비를 증가시키기보다는 이를 감소시킴으로써 경기둔화를 초래했던 것으로 나타났다.

이는 민간부채수준이 규모뿐만 아니라 명목국민소득에 대비한 비율 등이 적정수준 이상으로 급격히 상승[22]함으로써 원리금 상환 및 이자납부 부담이 크게 증가하여 오히려 투자 및 소비 등 실물활동을 위축시키는 방향으로 작용한 데에 따른 것이다.

반면에 은행신용은 약 7분기까지는 정(＋)의 관계를 보이다가 이후 음(－)의 관계를 유지하는 것으로 나타나 은행신용 증가분 가운데 대부분이 기업에 제공[23]됨에 따라 투자지출의 증대 등으로 실물경제를 활성화시키는 역할을 한 것으로 보인다.

〔그림 9〕   **물가상승률과의 시차상관관계**

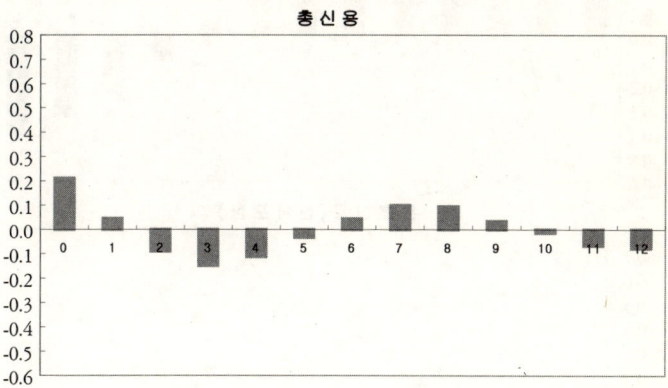

총 신 용

---

22) 국가별 비금융부문 부채추이

	1975	1985	1990	1995	1998	증가배수	
						90-98	75-98
한국(10억원)	5,590 (0.55)	87,233 (1.10)	225,246 (1.26)	583,176 (1.67)	855,420 (2.11)	3.8	153.0
미국(10억U$)	2,265 (1.42)	7,133 (1.76)	10,843 (1.96)	13,722 (1.89)	16,129 (1.90)	1.5	7.1
일본(10억엔)	244,893 (1.66)	758,969 (2.36)	1,172,036 (2.73)	1,422,402 (2.92)	1,545,067 (3.08)	1.3	6.3

주 : 괄호 안은 명목국민소득에 대한 비중(%)

23) 은행대출의 주체별 비중   단위 : %

	1985	1988	1990	1993	1995	1997	1998
기 업	82.6	85.5	86.9	88.1	77.0	63.8	63.6
가 계	8.6	8.6	8.3	8.7	17.5	20.0	18.3
공공·기타	8.8	5.9	4.8	3.2	5.5	16.2	18.1
총 계	100.0	100.0	100.0	100.0	100.0	100.0	100.0

자료 : 금융감독원, 은행경영통계 각호

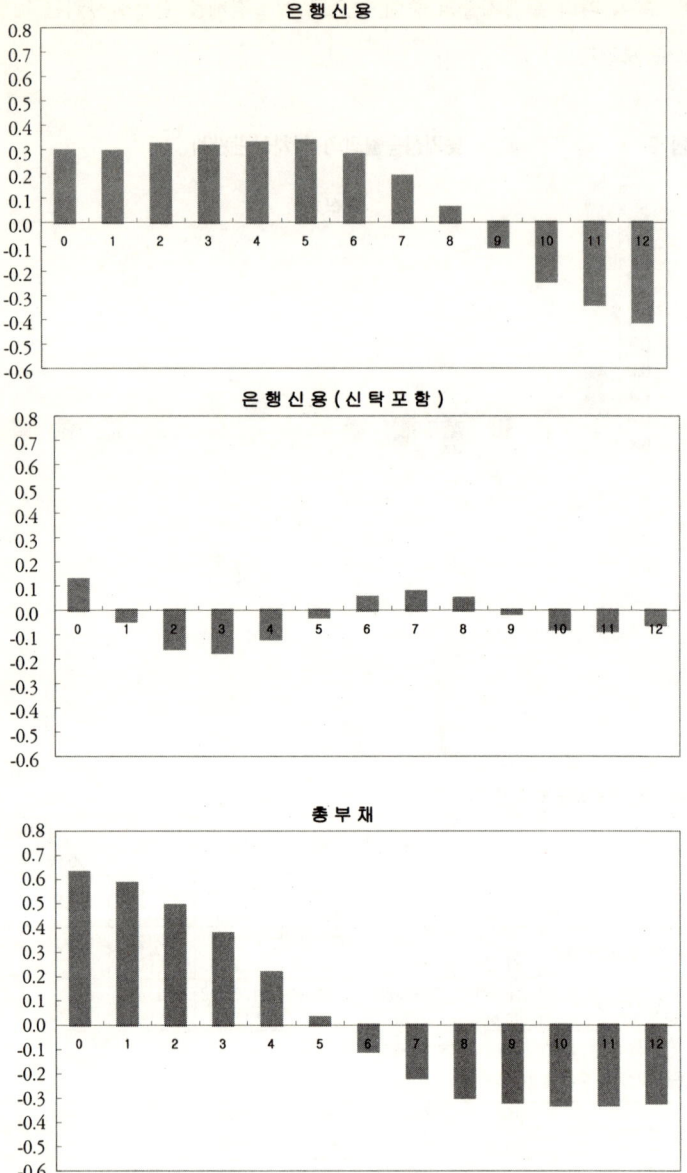

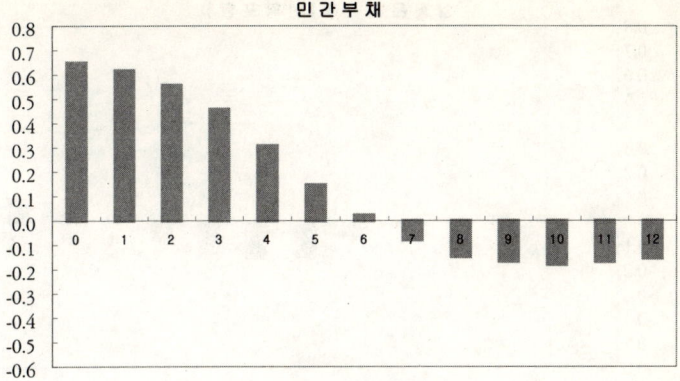

민간부채

〔그림 10〕 **실질경제성장률과의 시차상관관계**

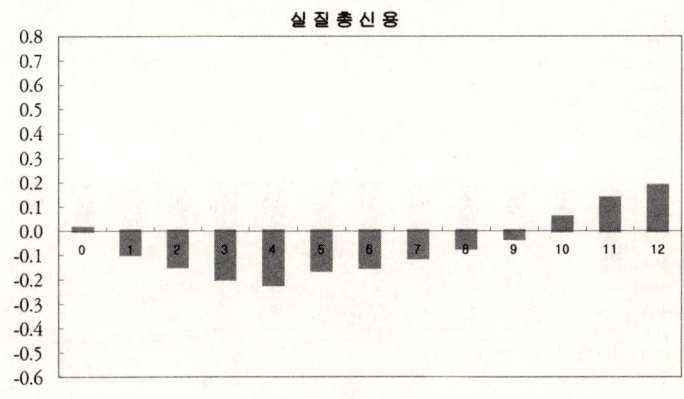

실질총신용

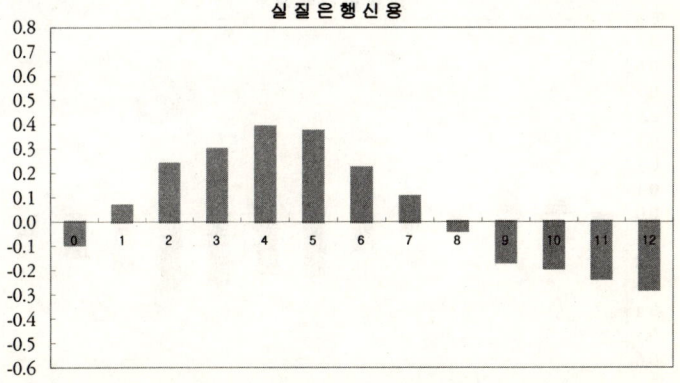

실질은행신용

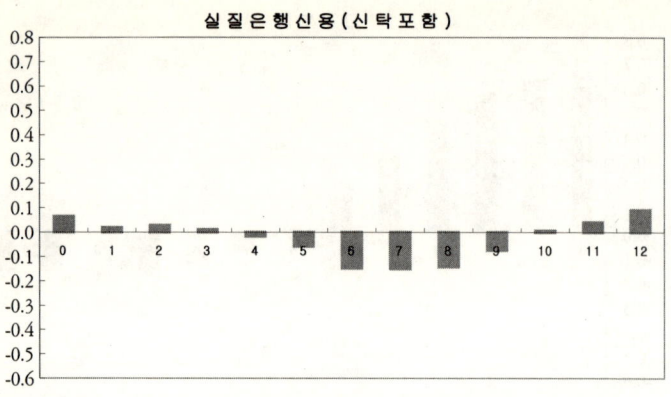

실질은행신용(신탁포함)

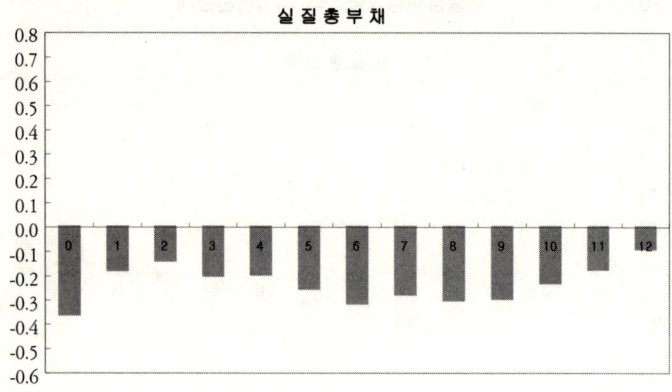

실질총부채

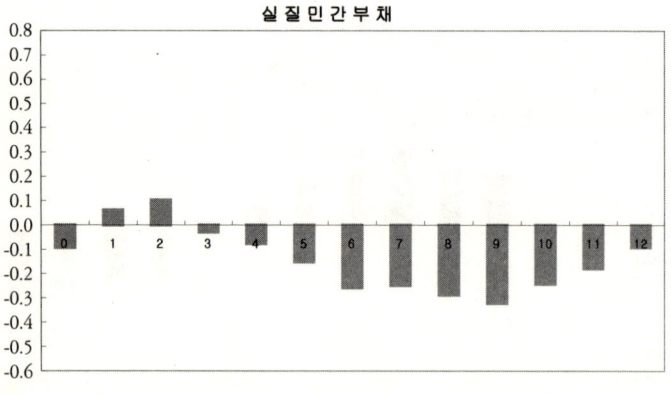

실질민간부채

또한 명목경제성장률과의 상관관계를 보면 총부채 및 민간부채는 초기에 물가상승률과 正(+)의 관계를 보이고 있는데 연유하여 약 0~2분기 후의 명목성장률과는 正(+)의 관계를 보이고 있으나 그 이후는 지속적으로 陰(-)의 관계를 나타내고 있다. 이는 총부채 및 민간부채가 실질성장률과 陰(-)의 관계를 유지하고 있으며 물가상승률과도 5분기 이후 陰(-)의 관계를 지속하고 있는 것과 일치하는 것이다. 한편 은행신용은 앞서본 것처럼 약 7~8분기 후까지의 물가상승률 및 실질경제성장률과 正(+)의 관계를 보이는 데 기인하여 6~7분기 후의 명목경제성장률과 계속하여 正(+)의 상관관계를 유지하고 있는 것으로 나타났다.

〔그림 11〕　　　　　　　**명목경제성장률과의 시차상관관계**

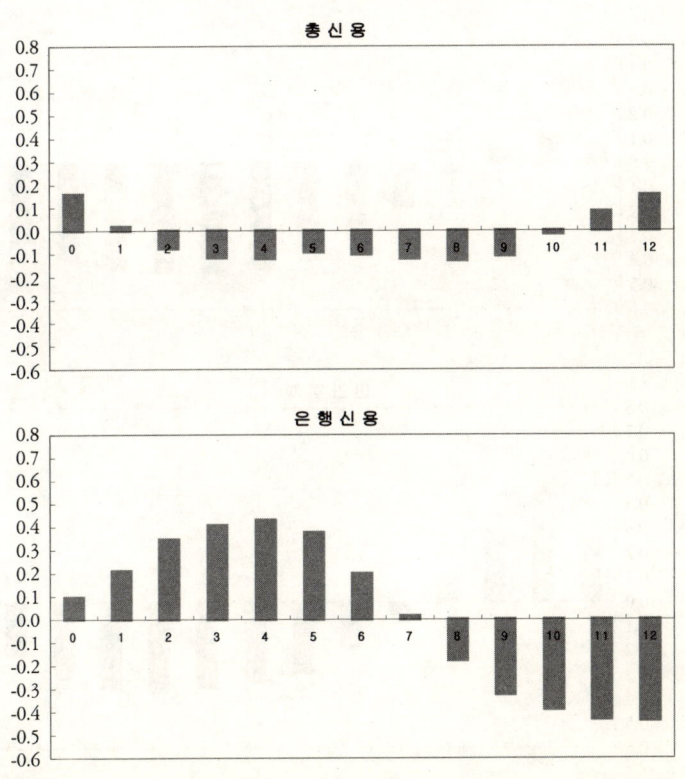

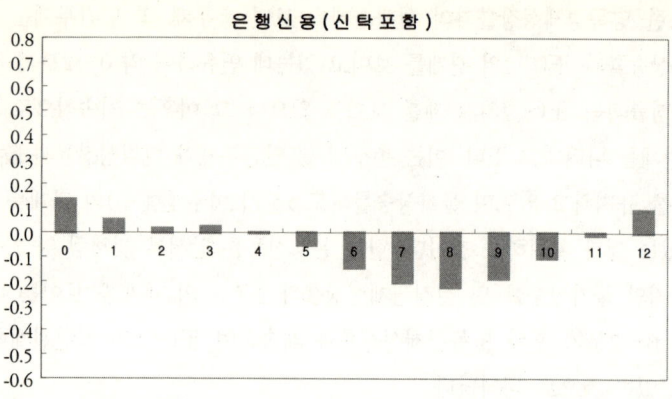

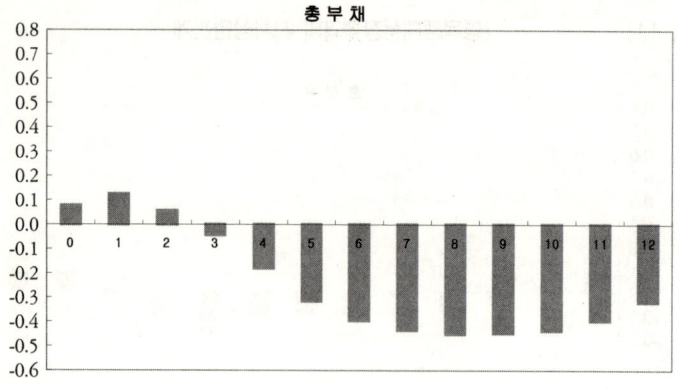

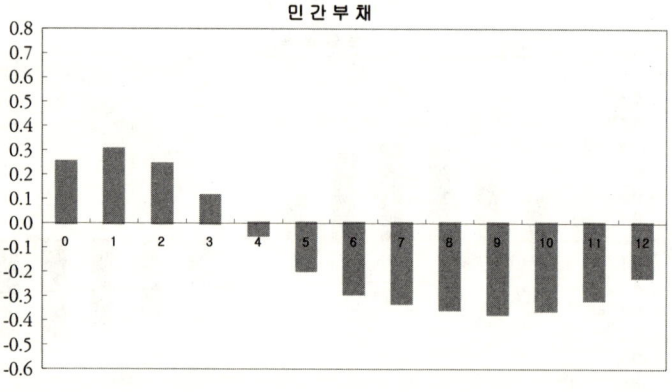

(분산분해)

한편 물가상승률 및 경제성장률의 예측오차에 대해 분산분해방법을 적용하여 각 변수들의 기여도를 살펴보면 총신용 및 은행＋신탁은 대략 2～4분기후의 물가상승률에 가장 큰 영향을 미치고 있는 것으로 나타났으며 은행신용은 4분기 이후 물가상승률에 미치는 영향력이 지속적으로 증대하고 있는 것으로 나타났다. 또한 총부채 및 민간부채는 대략 6～8분기후 물가상승률의 예측오차에 대해 미치는 영향력이 큰 것으로 나타나고 있다.

〔표 4〕　　물가상승률 예측오차에 대한 분산분해(1985. I ～ 1997. III)

시차	총신용	은행신용	은행＋신탁	총부채	민간부채
1 분기	11.72	4.59	11.79	1.13	0.03
2 분기	19.96	5.29	14.22	3.48	0.69
4 분기	15.78	14.80	10.58	11.00	7.04
6 분기	13.92	23.79	9.41	13.18	10.80
8 분기	12.81	28.09	9.08	13.20	11.96
12 분기	12.35	28.32	8.20	11.08	10.70
16 분기	13.06	28.43	7.52	8.95	8.53

〔표 5〕　　　　　　　경제성장률 예측오차에 대한 분산분해

시차	총신용	은행신용	은행＋신탁	총부채	민간부채
1 분기	2.07	0.79	0.41	9.47	6.00
2 분기	15.96	1.67	2.16	6.17	4.19
4 분기	8.09	13.11	5.64	10.20	13.07
6 분기	4.90	25.79	6.39	10.53	13.55
8 분기	3.53	31.02	5.52	10.71	13.24
12 분기	3.74	30.70	5.49	9.87	10.96
16 분기	6.53	30.83	5.73	8.74	8.69

경제성장률에 대해서는 총신용은 2분기 이후, 이를 제외한 다른 변수들은 약 6～8분기를 전후하여 많은 영향을 미치고 있는 것으로 나타났다. 특히 은

행신용은 6분기 이후의 경제성장률의 예측오차에 상당한 영향을 미치고 있으며 물가상승률에 대한 영향도 다른 변수들에 비해 상당히 큰 것으로 나타나 장래 물가수준 및 경제성장률에 대해 유용한 정보를 제공하는 정보변수로서의 역할을 할 수 있을 것으로 보인다.

(공적분 검정)

물가상승률 및 경제성장률 등 주요 경제지표에 대해 이들 변수들이 장기적으로 안정적인 관계를 지니고 있는지를 알아보기 위하여 단기오차수정을 적용한 Johansen 검정방법을 이용하였다. 분석을 위해 이들 변수가 주요 경제변수와 장기 선형관계를 지닐 것이라고 가정하여 신용 또는 부채지표, 실질국민소득, 회사채유통수익률, 소비자물가상승률 등 4변수 모형을 사용하였으며 금리를 제외한 모든 변수는 계절조정후 log 함수를 취하였다.

〔표 6〕   **공적분 검정결과**

	특성근	L−max	Trace	$H_0 : r$	p−r	L−max90	Trace90
총신용	0.73	31.03	72.35	0	4	17.14	43.84
	0.66	25.85	41.32	1	3	13.39	26.70
	0.33	9.72	15.47	2	2	10.60	13.31
	0.21	5.75	5.75	3	1	2.71	2.71
은행신용	0.46	29.74	59.59	0	4	17.14	43.84
	0.27	15.39	29.85	1	3	13.39	26.70
	0.19	10.30	14.46	2	2	10.60	13.31
	0.08	4.16	4.16	3	1	2.71	2.71
은행＋신탁	0.66	25.56	58.97	0	4	17.14	43.84
	0.46	14.63	33.41	1	3	13.39	26.70
	0.36	10.75	18.78	2	2	10.60	13.31
	0.28	8.03	8.03	3	1	2.71	2.71
총부채	0.47	27.37	53.64	0	4	17.14	43.84
	0.27	17.35	26.27	1	3	13.39	26.70
	0.14	7.59	8.91	2	2	10.60	13.31
	0.02	1.33	1.33	3	1	2.71	2.71
민간부채	0.48	25.75	48.80	0	4	17.14	43.84
	0.26	14.62	23.04	1	3	13.39	26.70
	0.13	6.07	8.43	2	2	10.60	13.31
	0.03	2.36	2.36	3	1	2.71	2.71

공적분검정 결과 [표 6]에서 보는 것처럼 모든 변수가 적어도 하나 이상의 공적분 관계를 가지고 있는 것으로 나타나 공적분벡터로 연결된 네 개의 변수 전체로는 안정적인 관계가 유지되고 있음을 알 수 있다.

(예측력)

한편 특정경제변수가 통화정책의 정보변수로 활용되기 위해서는 유의성 있는 선행정보를 제공할 수 있는 예측력을 지녀야 한다. 신용 및 부채가 실물경제에 대한 예측력을 지니고 있는지를 알아보기 위하여 여기서는 다음과 같이 시차조기경보모형(Distant Early Warning Model ; DEW Model)을 이용하여 k 분기 후의 연율화한 목표변수의 누적변동치에 대한 각 변수의 예측력을 추정해 보았다.[24]

$$(400/k)(\log y_{t+k} - \log y_t) = \alpha + \beta \chi_t + \varepsilon_t \qquad (1)$$

추정 결과 은행신용은 물가에 대하여 유의성 있는 예측력을 지니고 있는 것으로 나타났으며 2~4분기 후의 명목성장률 및 실질성장률에 대해서도 모두 정(+)의 계수를 지니며 유의한 예측력을 보이고 있는 것으로 나타났다. 따라서 은행신용이 증가하였을 경우 약 2~4분기 후에는 물가가 상승하는 한편 명목 및 실질성장률도 상승할 것이라고 예상할 수 있다. 이는 은행신용의 증가가 소비 및 투자지출을 증가시킴으로써 경제성장에 긍정적인 영향을 미치기 때문인 것으로 보인다.

또한 총신용 및 은행신용＋신탁신용은 물가상승률에 대해 陰(-)의 계수를 보이며 대략 2분기 후의 물가에 유의한 예측력을 지니는 것으로 나타난 반면 명목성장률 및 실질성장률에 대한 예측력에는 유의성이 없는 것으로 분석되었다. 그런데 총신용 및 은행신용＋신탁신용은 시계열자료의 미비로 인하여 1991년 이후부터만 입수가 가능함에 따라 이 예측모형을 이용하여 추정한 1~8분기후 경제상황에 대한 예측력은 신뢰도가 크지 않을 것으로 생각된다.

한편 총부채 및 민간부채의 증가는 1~2분기 후의 물가상승률에 陽(+)의

---

24) Estrella and Hardouvelis(1991) 및 Atta-Mensah(1995) 참조.

계수값을 지니고 유의한 예측력을 보유하고 있으며 8분기 후의 경제성장률에 대해서는 陰(−)의 계수값을 보이며 유의한 예측력을 지니고 있는 것으로 나타나 앞서의 시차상관계수 분석과 동일한 결과를 보여주고 있다.

[표 7] 부채 및 신용의 주요 경제변수에 대한 예측력 추정

y	예측시계	총신용	은행신용	은행+신탁	총부채	민간부채
물가 상승률	1분기	−0.16 (−1.21)	0.12 (1.43)	−0.23** (−2.10)	0.23*** (2.75)	0.26*** (3.20)
	2분기	−0.18** (−2.14)	0.13* (1.89)	−0.22*** (−3.72)	0.18** (2.52)	0.22*** (3.17)
	4분기	−0.10 (−1.65)	0.15** (2.51)	−0.10* (−2.04)	0.11 (1.67)	0.15** (2.38)
	8분기	0.03 (0.72)	0.08* (1.75)	−0.02 (−0.75)	−0.01 (−0.13)	0.04 (0.95)
명목 성장률	1분기	−0.12 (−0.33)	0.30 (1.33)	0.13 (0.43)	0.11 (0.45)	0.27 (1.14)
	2분기	−0.23 (−0.83)	0.36** (2.23)	0.12 (0.50)	−0.01 (−0.07)	0.14 (0.79)
	4분기	−0.13 (−0.59)	0.36*** (3.09)	0.06 (0.32)	−0.16 (−1.23)	−0.05 (−0.35)
	8분기	−0.27 (−1.61)	0.07 (0.67)	−0.24* (−1.80)	−0.27*** (−2.93)	−0.17* (−1.79)
실질 성장률	1분기	−0.37 (−0.92)	0.17 (0.76)	0.17 (0.56)	−0.01 (−0.02)	0.14 (0.48)
	2분기	−0.34 (−1.28)	0.23* (1.87)	0.17 (0.20)	−0.07 (−0.40)	0.08 (0.48)
	4분기	−0.35** (−2.31)	0.24*** (3.04)	−0.01 (−0.08)	−0.18 (−1.53)	−0.07 (−0.59)
	8분기	−0.28** (−2.96)	0.10 (1.60)	−0.12 (−1.48)	−0.23*** (−2.78)	−0.16* (−1.89)

주 : 1) 실질성장률에 대해서는 신용 및 부채를 소비자물가상승률로 조정하였으며 *, **, ***
는 각각 10%, 5%, 1% 유의수준에서 설명력이 있음을 나타낸다.

그런데 신용 및 부채지표들이 주요 경제변수들에 대한 유의한 예측력을 지니고 있는 것으로 나타나는 것은 위의 식 (1)이 통화량이나 금리와 같은 다른 통화정책변수를 설명변수로 포함하고 있지 않음에 따라 부채 및 신용지표에 통화량 정보 등이 내재된 결과 나타나는 현상일 가능성이 존재한다. 따라서

여기서는 전반적인 예측력이 우수한 것으로 나타난 은행신용을 대상으로 하여 설명변수에 은행신용과 밀접한 관계가 있는 총통화(M2)를 포함시켜 이 경우에도 은행신용이 유의한 예측력을 지니고 있는지를 알아보았다.

이를 위해 먼저 식 (1)을 이용하여 총통화 및 은행신용 각각의 예측력을 분석한 후 이들 두 변수를 동시에 설명변수로 사용하여 개별지표의 예측력에 어떤 변화가 나타났는지를 살펴보았다. 이 경우 만일 은행신용의 예측력이 약화되거나 소멸하였다면 이는 은행신용이 미래 경제상황에 대한 예측력을 보유하고 있다는 앞서의 분석결과가 은행신용 자체의 예측력이라기보다는 은행신용에 내재된 통화정책 정보의 영향이라고 할 수 있을 것이다.

분석결과는 [표 8]에 나타나 있는데 먼저 설명변수로서 총통화 및 은행신용을 개별적으로 사용한 경우 물가에 대하여 총통화는 예측시계에 관계없이 유의한 예측력을 보유하고 있으나 명목성장률에 대해서는 8분기후, 실질성장률에 대해서는 4분기 및 8분기 후의 예측에 유의성이 있는 것으로 나타났다. 한편 은행신용은 앞에서 살펴본 바와 같이 2~8분기 후의 물가상승률 및 2~4분기 후의 경제성장률에 대해 유의한 예측력을 지니고 있다.

[표 8]의 우측 분석모형은 이들 두 지표를 동시에 설명변수로 사용하여 경제변수에 대한 예측력을 추정한 결과를 나타낸다. 먼저 물가상승률에 대해서는 예측시계에 관계없이 총통화 및 은행신용 모두 유의한 예측력을 보유하고 있는 것으로 추정되었다. 이는 은행신용에 포함되어 있는 통화량 정보를 추출하고서도 미래의 물가상승률에 대하여 은행신용이 고유의 정보를 지니고 있음을 나타내는 것으로 통화량과 함께 대출도 통화정책의 파급과정에서 중요한 역할을 한다는 신용중시 견해를 뒷받침해 주고 있다.

또한 은행신용은 2~4분기 후의 명목성장률 및 2~8분기 후의 실질성장률에 대해서 통화량 정보를 추출한 후에도 고유의 예측력을 지니고 있는 것으로 분석되었다. 특히 2분기 후의 명목 및 실질성장률에 대해서 총통화는 예측력을 지니고 있지 못한 데 반해 은행신용은 유의한 예측력을 지니고 있는 것으로 나타났는데, 이는 통화량 증가에 비해 대출의 증가가 상대적으로 단기간내 직접 소비 및 투자의 증가를 통해 경제성장에 영향을 줄 수 있다는 데 기인하는 것으로 보인다. 결론적으로 이상의 분석에서 볼 수 있는 바와 같이 은행신용은 통화량이 지니고 있는 정보와는 구분되는 고유한 정보를 지니고 있음에 따라 통화량과는 별개로 유용한 정보변수로서의 역할을 할 수 있을 것으로 기대된다.

〔표 8〕 **총통화(M2) 및 은행신용의 주요 경제변수에 대한 예측력 추정**

분석 y	모형 예측시계	$Y_{t+k} = \alpha + \beta \chi_t + \varepsilon_t$		$Y_{t+k} = \alpha + \beta \chi_{1t} + \gamma \chi_{2t} + \varepsilon_t$	
		총통화(M2)	은행신용	총통화(M2)	은행신용
물 가 상승률	1분기	0.23* (1.81)	0.12 (1.43)	0.27** (2.11)	0.15* (1.80)
	2분기	0.21* (1.89)	0.13* (1.89)	0.24** (2.27)	0.16** (2.27)
	4분기	0.26*** (2.87)	0.15** (2.51)	0.30*** (3.57)	0.17*** (3.26)
	8분기	0.21*** (3.17)	0.08* (1.75)	0.25*** (3.98)	0.11*** (2.85)
명 목 성장률	1분기	0.04 (0.12)	0.30 (1.33)	0.12 (0.33)	0.31 (1.35)
	2분기	−0.03 (−0.12)	0.36** (2.23)	0.04 (0.18)	0.36** (2.21)
	4분기	0.24 (1.18)	0.36*** (3.09)	0.31* (1.73)	0.38*** (3.35)
	8분기	0.30* (2.01)	0.07 (0.67)	0.33** (2.21)	0.11 (1.15)
실 질 성장률	1분기	0.20 (0.67)	0.17 (0.76)	0.22 (0.75)	0.18 (0.83)
	2분기	0.16 (0.91)	0.23* (1.87)	0.18 (1.09)	0.24 (1.96)*
	4분기	0.27** (2.48)	0.24*** (3.04)	0.30*** (3.04)	0.26 (3.53)***
	8분기	0.26*** (3.56)	0.10 (1.60)	0.28*** (3.94)	0.12 (2.24)**

주 : 1) 실질성장률에 대해서는 신용 및 부채를 소비자물가상승률로 조정하였으며 *, **, ***는 각각 10%, 5%, 1% 유의수준에서 설명력이 있음을 나타낸다.

(충격반응함수)

　신용 및 부채의 일시적 증가가 물가상승률 또는 실질경제성장률에 미치는
영향을 알아보기 위하여 신용 또는 부채, 물가상승률, 경제성장률의 순서로
VAR 모형을 구성하여 충격반응함수를 도출하였다. 추정 결과 특히 은행신용
의 증가는 물가상승을 유발하여 5～6분기 후의 물가수준에 가장 큰 영향을 준
뒤 차츰 효과가 감소하는 것으로 나타났는데, 오차범위를 감안하여 볼 경우에
도 높은 유의성을 지니고 있는 것으로 추정되었다(다음 쪽 [그림 12] 참조)

　반면 실질신용 및 실질부채의 증가의 경제성장률에 대해 미치는 영향력을
추정하기 위해 동일한 방식으로 충격반응함수를 도출해 본 결과 오차범위를
감안해 볼 때 유의성 있는 결론을 얻지 못하였다(다음 쪽 [그림 13] 참조).

4. 종합 판단

　이상의 분석결과를 종합해 보면 아래 [표 9]에서 보는 바와 같이 먼저 은행
신용은 분석모형에 관계없이 물가상승률 및 경제성장률에 대하여 유의성 있는
일관된 관계를 지니고 있는 것으로 보인다. 즉 은행신용의 증가는 2～8분기
후의 물가수준에 지속적으로 상승압력을 주게 되며 경제성장률에 대해서는 대
체적으로 2～6분기 후까지 正(＋)의 작용을 하는 것으로 나타나 미래의 물가
및 성장률에 대해 유용한 정보를 제공하는 정보변수로서의 역할을 수행할 수
있을 것으로 판단된다.

　한편 민간부채의 증가는 대체적으로 증가후 1～4분기에 걸쳐 물가에 상승
압력을 주며 8분기 후의 경제성장률에는 負(－)의 효과를 주는 것으로 나타
났다. 민간부채 역시 분석모형에 관계 없이 물가 및 경제성장률에 대해 주는
효과가 일치하며 유의성을 지니고 있어 정보변수로서의 활용성이 높을 것으로
생각된다.

〔그림 12〕 VAR 모형의 신용 및 부채의 충격에 대한 물가상승률의 반응함수

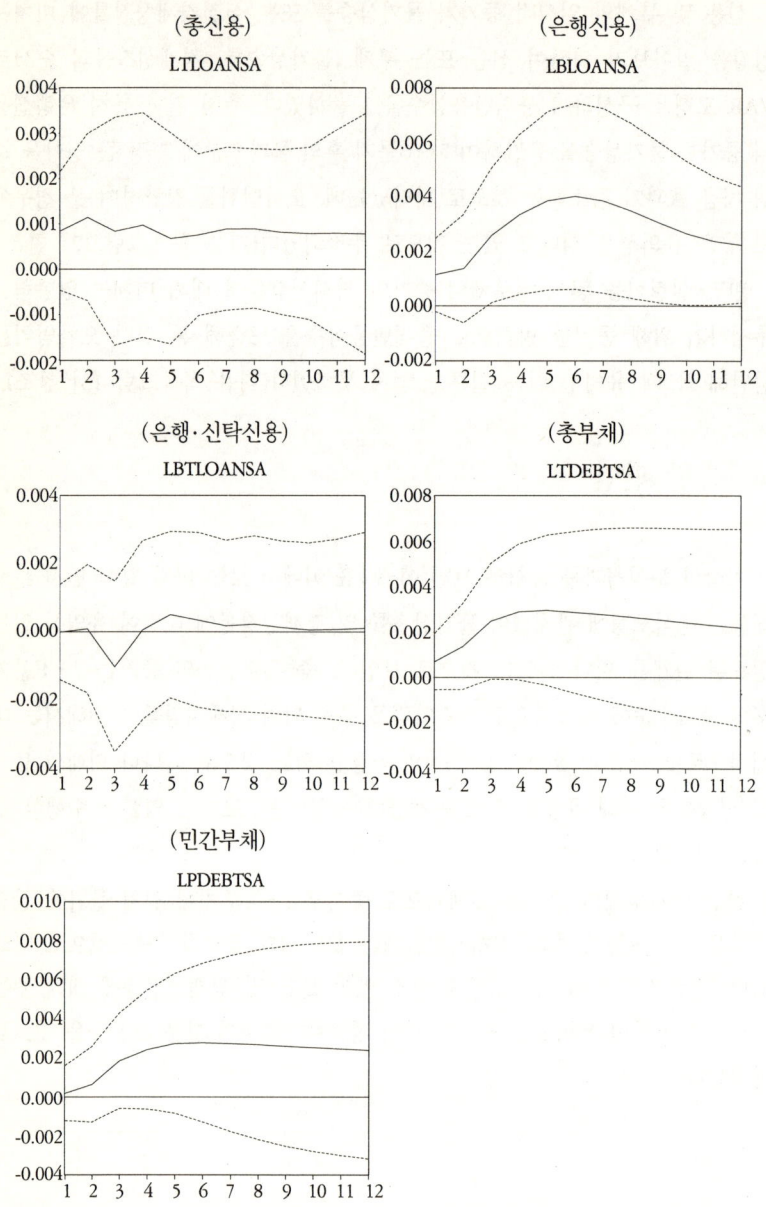

주 : 1) 점선은 Monte-Carlo 기법에 의한 95% 신뢰구간을 표시

〔그림 13〕 **VAR 모형의 신용 및 부채의 충격에 대한 실질경제성장률의 반응함수**

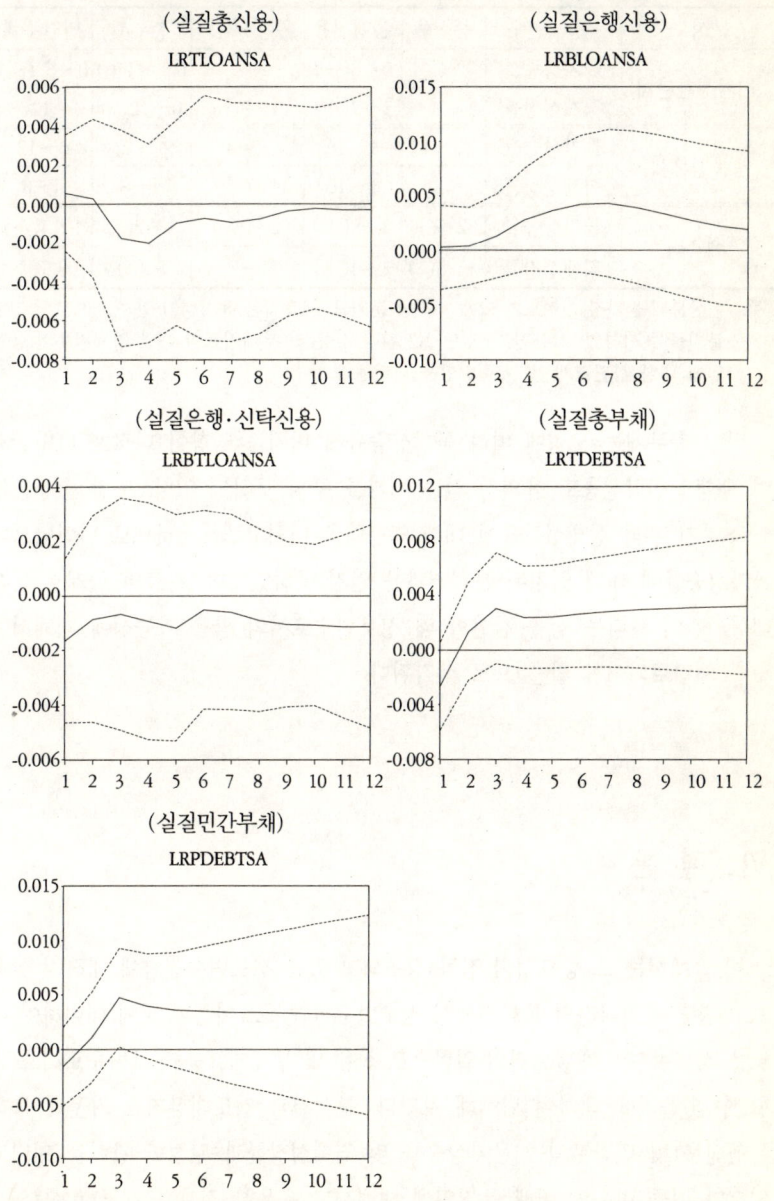

(실질총신용)

LRTLOANSA

(실질은행신용)

LRBLOANSA

(실질은행·신탁신용)

LRBTLOANSA

(실질총부채)

LRTDEBTSA

(실질민간부채)

LRPDEBTSA

주 : 1) 점선은 Monte-Carlo 기법에 의한 95% 신뢰구간을 표시

[표 9]   부채 및 신용과 주요 경제변수간 관계에 대한 분석결과 종합

분석모형	경제변수	총신용	은행신용	은행+신탁	총부채	민간부채
시차상관관계	물가상승률	-	0~8(+)	-	0~5 (+)	0~6 (+)
	경제성장률	2~9(-)	1~7(+)	4~9(-)	0~12(-)	3~12(-)
분산분해	물가상승률	2~4	4~16	2~4	4~12	6~12
	경제성장률	2	4~16	6	4~8	4~8
예측력	물가상승률	2 (-)	2~8(+)	1~2(-)	1~2(-)	1~4(+)
	경제성장률	4~8(-)	2~4(+)	-	8 (-)	8 (-)

주 : 분산분해는 가장 기여도가 크게 나타난 분기를, 예측력은 유의성이 있는 것으로 추정된
분기를 표시하였다. 한편 (+), (-)는 각각 신용 및 부채지표의 해당 경제변수의 움직
임에 대한 상관관계 및 예측방향을 나타낸다.

반면 총부채는 모형에 따라 물가상승률에 미치는 영향이 다르게 나타났으
며 은행+신탁신용도 유의성 있는 결과를 주지 못하고 있다. 또한 총신용은
4~8분기 후의 경제성장률에 대해 영향력을 미치고 있는 것으로 나타났으나
물가상승률에 대해 일치된 분석결과를 얻지 못하였으며, 자료의 한계로 분석
대상기간이 짧다는 점을 감안할 때 정보변수로서의 활용 가능성에 대해서는
추후 재검토되어야 할 것으로 생각된다.

VI. 결 론

이 글에서는 그 중요성이 점차 강조되고 있는 정보변수전략에 대하여 살펴
보고 향후 우리나라의 통화정책이 정보변수전략으로 이행할 것에 대비하여 새
로운 정보변수의 개발노력의 일환으로 신용 및 부채지표를 정보변수로서 활용
할 수 있을지에 대하여 탐색해 보았다. 분석결과 검토대상지표 가운데 특히
은행신용 및 민간부채는 물가상승률 및 경제성장률과 밀접한 관련을 지니고
있으며 이들 변수의 미래 움직임에 대해서도 유용한 정보를 제공할 수 있는

것으로 나타나 정보변수로서의 활용 가능성이 높은 것으로 보인다.

특히 이들 지표는 통화량을 동시에 설명변수로 고려한 경우에도 물가상승률 및 경제성장률 등 주요 거시경제변수에 대하여 유의한 예측력을 보유하고 있는 것으로 분석되었다. 이는 이들 지표가 미래 경제상황과 관련하여 통화지표에는 포함되어 있지 않은 유용한 고유정보를 지니고 있음을 반영하는 것으로 통화량과는 별개로 정보변수로서의 활용 가능성이 높음을 나타내주고 있다. 반면 총신용은 일부 유의한 결과를 나타내었음에도 시계열자료의 한계로 신뢰성은 그다지 크지 않을 것으로 판단하였으나 추후 시계열자료가 충분히 축적된 시점에서 재검토해야 할 것으로 보인다. 이와 더불어 좀더 효율적인 통화정책 수립을 위하여 향후 물가수준 및 경제성장률 등에 대한 통화, 금리, 외환 등 각 경제부문의 예상되는 영향력을 종합적으로 분석할 수 있는 종합지표의 개발을 위한 연구가 수행되어야 할 것이다.

참고문헌

강태수·박종석·이환석, 〈유동성 수준 평가방법〉, 《조사연구자료 97-16》, 한국은행,
　　1997. 12.

김윤철·최재용·안병권, 〈환율변동과 인플레이션의 관계 분석〉, 《조사통계월보》, 한국은
　　행, 1994. 11.

김현의, 〈통화정책의 파급경로에 관한 새로운 시각 – 은행대출경로의 유효성 분석〉, 《경
　　제분석》 제1권 제1호, 한국은행, 1995. 5.

오정근, 〈금리스프레드와 통화정책〉, 《경제분석》 제3권 제4호, 한국은행, 1997. 11.

유창호·노은영, 〈인플레이션 선행지표에 관한 연구 – 주요국에서의 운용경험과 우리나
　　라에서의 시산결과〉, 《조사통계월보》, 한국은행, 1998. 9.

──, 〈주요 정보변수와 인플레이션간의 관계 분석〉, 《조사통계월보》, 한국은행,
　　1999. 3.

이명훈, 〈통화정책에 있어서 장단기금리의 역할〉, 《경제분석》 제2권 제2호, 한국은행,
　　1996. 5.

이종화·이영수, 〈통화정책과 은행대출공급 – 통화긴축시 신용의 재배분 효과에 관한 실
　　증분석〉, 《경제분석》 제5권 제1호, 한국은행, 1999. 3.

장동구, 〈잠재GDP 추정과 생산갭의 인플레이션 지표로서의 유용성 검토〉, 《경제분석》
　　제3권 제4호, 한국은행, 1997. 11.

장동구·함정호, 〈민간부채누적의 경제적 효과〉, 《조사통계월보》, 한국은행, 1994. 10.

조성제·강종구, 〈통화정책과 은행대출의 관계 분석〉, 《경제분석》 제4권 제4호, 한국은
　　행, 1998. 12.

최창규, 〈환율변동과 생산·고용간의 관계〉, 《경제분석》 제3권 제2호, 한국은행, 1997. 5.

한국은행 금융경제연구소, 《주요국의 통화정책 운용방식》, 1997. 3.

함정호, 《통화금융경제》, 비봉출판사, 1996. 9.

함정호·서병한·김현의, 〈금융자유화의 진전과 통화정책〉, 《금융경제연구총서 94-01》,
　　한국은행, 1994. 6.

Angell, Wayne D., "A Commodity Price Guide to Monetary Aggregate Targeting", *Paper
　　Prepared for the Lehrman Institute*, December 1987.

Atta-Mensah, Joseph, "The Empirical Performance of Alternative Monetary and Liquidity
　　aggregates", *Bank of Canada Working Paper* 95-12, 1995.

Bernanke, Ben S., "Monetary Policy Transmission : Through Money or Credit?", *Economic
　　Review*, FRB of Philadelphia, 1988.

Bernanke, Ben S. and Alan S. Blinder, "Credit, Money, and Aggregate Demand",
　　American Economic Review, Papers and Proceedings 78, 1998.

Bernanke, Ben S. and Mark Gertler, "Inside the Black Box : The Credit Channel of

Monetary Policy Transmission", *NBER Working Paper*, No. 5146, June 1995.

Dornbusch, R., "Debt and Monetary Policy : The Policy Issues", *NBER Working Paper* No. 5573, May 1996.

Durand, Martin, and Sveinbjörn Blöndal, "Are Commodity Prices Leading Indicators of OECD Prices?", *OECD Working Paper*, No. 49, February 1988.

Estrella, Arturo and Hardouvelis, "The Term Structure as a Predictor of Real Economic Activity", *The Journal of Finance*, Vol. XLVI, June 1991.

Estrella, Arturo and Frederic S. Mishkin, "The Term Struture of Interest Rates and Its Role in Monetary Policy for the European Central Bank", *FRB of New York, Research Paper*, No. 9526, December 1995.

Friedman, Benjamin, "Increasing Indebtedness and Financial Stability in the United States", *Debt, Financial Stability and Public Policy*, FRB of Kansas City, 1986.

Garner, C. Alan, "Commodity Prices : Policy Target or Information Variables?", *Journal of Money, Credit and Banking*, November 1989.

———, "Can Measures of the Consumer Debt Burden Reliably Predict An Economic Slowdown?", *Economic Review*, Fourth Quarter, Federal Reserve Bank of Kansas City, 1996.

Harvey, "The Real Term Structure and Consumption Growth", *Journal of Financial Economics*, Vol. 22, No. 2, December 1988.

Jorion, Philippe and Frederic S. Mishkin, "A Multi-Country Comparison of Term-Structure Forecasts at Long Horizon", *Journal of Financial Economics* 29, 1991.

Kashyap, Anil K., and Jeremy C. Stein, "Monetary Policy and Bank Lending", *NBER Working Paper*, No. 4317, 1993.

Koch, Paul D., Rosesweig, Jeffrey A. and Joseph A. Whitt, Jr., "The Dynamic Relationship between the Dollar and US Prices : An Intensive Empirical Investigation", *Journal of International Money and Finance*, Vol. 7, 1988.

McCallum, Bennett T., "Targets, Indicators, and Instruments of Monetary Policy", *NBER Working Paper*, No. 3047, July 1989.

———, "Inflation Targeting in Canada, New Zealand, Sweden, The United Kingdom, and in General", *NBER Working Paper*, No. 5579, May 1996.

Mishkin, Frederic S., "What Does the Term Structure Tell Us about Future Inflation", *Journal of Monetary Economics* XXV, 1990.

———, "A Multi-Country Study of the Information in the Shorter Maturity Term Structure about Future Inflation", *Journal of International Money and Finance* 10, 1991.

──────, "International Experiences with Different Monetary Policy Regimes", *NBER Working Paper*, No. 7044, March 1999.

Papell, D. H., "Exchange Rates and Prices : An Empirical Analysis", *International Economic Review*, Vol. 35, 1994.

Stock, James H. and Mark W. Watson, "New Indexes of Coincident and Leading Indicators", Oliver J. Blanchard and Stanley Fisher, eds., *NBER Macroeconomic Annual*, 1989.

Summers, Lawrence H., "Debt Problems and Macroeconomic Policies", *NBER Working Paper*, No. 2061, 1986.

금융환경 변화와 통화정책의 과제

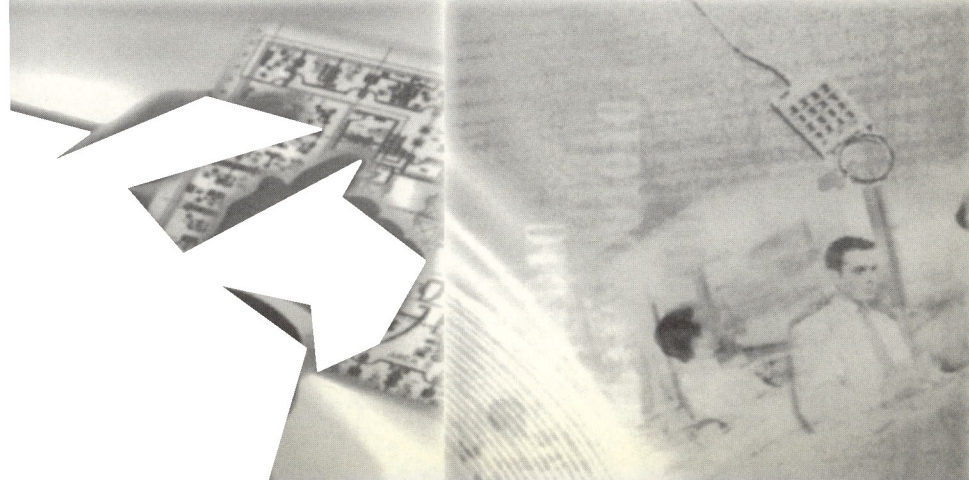

8 신용경색현상과 통화정책

I. 머리말

우리 경제는 1996년말 이후 한보, 삼미, 진로, 기아로 이어지는 재벌기업의
연쇄 부도사태로 은행의 대출자산 부실화가 심화되면서 금융의 취약성(finan-
cial fragility)이 심각한 문제로 대두되었으며, 이러한 와중에서 1997년말 외환
위기에 직면하게 되었다. 외환위기 직후 IMF와의 협약을 통해 환율방어를 위
한 고금리정책이 유지된 가운데 부실기업 및 금융기관의 정리를 위한 구조조
정이 추진되면서 BIS 위험가중 자기자본비율 등 은행에 대한 건전성 감독이
강화되었다. 이와 같이 기업 및 금융 구조조정이 진행되는 과정에서 기업의 신
용위험이 높아지고 은행에 대한 건전성 감독정책이 엄격하게 적용됨에 따라
은행대출시장에서 신용가용규모가 큰 폭으로 감소하고 그로 인해 실물경기의

---

* 이 장은 한국은행 《경제분석》 1999-Ⅲ호(1999. 9)에 실린 논문을 일부 수정·보완하여 전재한
것이다.

침체양상이 더욱 심화된 것으로 인식되어 왔다.

특히 외환위기 이후 은행대출시장에서 신용가용규모가 크게 줄어든 것이 신용경색(대출공급이 급격히 감소하는 현상)에 기인한 것으로 보는 견해가 지배적이었다. 그러나 최근 Swati-Ghosh(1999)[1]의 분석에서와 같이 신용경색보다 실물경기의 급속한 침체에 따른 자금수요의 위축에서 비롯된 것으로 보는 상반된 견해도 제시되고 있는 점에 비추어 현시점에서 외환위기 이후 발생한 대출자금의 급격한 감소가 신용경색에서 비롯된 것인지, 아니면 대출수요 부진에 기인한 것인지를 좀더 설득력 있게 구명할 필요성이 대두되고 있다. 이와 관련하여 Stiglitz(1991)는 신용경색의 발생여부를 판단하기 위해서는 무엇보다도 대출시장의 수요 및 공급함수를 개별적으로 설정하여 추정하는 것이 중요하다는 점을 지적한 바 있다.[2]

또한 신용경색이 발생한 상황에서는 은행의 정상적인 신용창조 및 금융중개 기능이 마비됨에 따라 금융시장의 자금흐름이 원활하지 못하게 될 뿐만 아니라 통화정책의 파급과정에서 은행대출경로를 통한 통화정책의 효과가 차단될 수 있다는 점에서 금융시스템 위험(systemic risk)이 높아지게 된다. 또한 신용경색은 대기업에 비해 신용도가 낮은 중소기업에 대한 대출자금을 크게 감축시킴에 따라 투자재원이 중소기업에 상대적으로 불리하게 배분되는 결과

---

1) Swati-Ghosh는 1997년 하반기 이후 외환 및 금융위기를 경험한 태국, 인도네시아 및 한국을 대상으로 신용경색이 발생하였는지를 이 논문에서와 같이 불균형시장 모형을 이용하여 실증적으로 분석한 바 있는데, 그 분석결과에 따르면 한국의 경우 외환위기가 발생한 1997년 12월부터 민간신용에 대한 수요는 급격히 증가한 반면 공급은 전월과 거의 비슷한 수준을 유지함에 따라 신용경색(신용공급의 급격한 감소)이 발생하지 않은 것으로 나타났다. 또한 1998년 1월부터는 오히려 신용공급은 계속 증가한 반면 신용수요는 줄어들어 민간신용의 초과공급이 지속된 것으로 나타났다. 그러나 이와 같이 직관에 反하는 분석결과가 도출될 수 있었던 것은 이들 분석이 다음과 같은 점을 간과하고 있기 때문인 것으로 보인다. 즉, 신용경색은 기본적으로 금융기관(주로 은행)의 대출의지(willingness to lend) 및 자산운용 행태와 직접적으로 관련되어 있음에도 불구하고 분석대상을 광의의 민간신용으로 확대한 데다 특히 민간신용에 대한 수요식 설정(specification)의 문제 때문에 공급식에서 외환위기에 따른 구조변동(structural change) 가능성이 제대로 포착되지 못한 점 등을 지적할 수 있다.

2) Stiglitz는 1990년대초 미국의 신용경색 발생여부를 분석한 Bernanke-Lown(1991)의 논문을 평가하면서 이들 논문뿐만 아니라 그 이전의 많은 연구들이 신용(은행대출)에 대한 수요 및 공급함수를 개별적으로 설정하여 추정하지 않은 상태에서 신용가용규모의 급격한 감소가 대출수요 부진 때문인지 아니면 대출공급의 감소 때문인지를 구별하려고 하였는데, 이러한 시도는 기본적으로 잘못된 것임을 지적하였다(Bernanke-Lown, 1991).

를 초래하게 된다.

이러한 점에서 신용경색의 발생여부를 더 정확하게 식별(identify)하고 신용경색이 자금의 흐름 및 배분, 실물경제 등과 어떻게 연계되어 있는지를 체계적으로 파악하는 일은 신용경색의 원인을 진단하고 이를 해소하기 위한 적절한 대응방안을 모색하는 데 매우 긴요한 과제라고 할 수 있다.

이 글에서는 먼저 신용경색의 원인과 함께 신용경색의 자금 흐름 및 실물경제와의 연계성을 이론적으로 재조명한 다음 대출자금에 대한 수요 및 공급식을 설정하여 이를 불균형시장 모형으로 추정해 봄으로써 1997년 12월 외환위기 이후 초래된 은행대출금의 급격한 감소가 신용경색에 기인한 것인지 아니면 대출자금에 대한 수요 부진에서 비롯된 것인지를 식별해 보고자 하였다. 아울러 외환위기 이후 대출시장의 신용수급 패턴이 어떻게 변화하여 왔는지를 살펴보고 이러한 분석결과를 바탕으로 정책적 시사점을 모색하고자 하였다.

이 장의 구성은 다음과 같다. II절에서는 은행대출시장에서 발생하는 신용경색의 원인과 실물경제와의 관계에 관한 이론적인 논의를 살펴보았으며, III절에서는 외환위기 이후 신용경색의 발생여부 판단을 위해 주요 실물 및 금융변수의 추이, 은행의 주요 자산항목의 변동 및 부문별 대출현황 등을 바탕으로 기술적인 분석을 시도하였다. IV절에서는 신용경색의 발생유무를 더 정확하게 식별하기 위해 구체적으로 은행대출시장의 수요 및 공급식을 설정한 다음 이들 행태식을 불균형시장 모형으로 추정하고, 추정결과를 바탕으로 대출시장의 수급 패턴에 관한 주요 특징을 구체적으로 살펴보았다. V절에서는 주요 분석결과를 요약 정리하고 주요 정책적 시사점을 제시하였다.

Ⅱ. 신용경색의 원인 및 실물경제와의 관계에 관한 이론적 논의

이하에서는 먼저 신용경색의 개념을 정의하고 기존 문헌에서 제시하고 있는 신용경색의 주요 원인을 정리하였다. 다음으로 2항에서는 통화정책의 파급과정에서 신용경로(credit channel)를 설명하는 이론을 원용하여 기업 및 은행의 재무상태(balance sheet positions)가 악화됨에 따라 신용경색이 발생하면 실물경제가 위축되고 위축된 실물경제는 다시 신용경색을 초래하는 악순환이 지속될 수 있으며 이러한 과정에서 총수요 등 실물경제가 위축되는 효과가 증폭되어 나타날 수 있다는 이론적 시사점을 도출하고자 하였다.

1. 신용경색의 원인

기존 문헌에서 신용경색은 대부분 민간신용의 주요 공급원인 은행대출시장에서 발생하는 것으로 보고 있다. 즉, 신용경색은 은행대출시장에서 실질금리의 변동이 없는 가운데 대출공급측 교란에 의해 대출공급이 정상적인 시기에 비해 급격하게 감소하는 현상으로 정의할 수 있다.[3] 한편 신용경색은 경우에 따라 은행대출시장뿐만 아니라 자본시장 등 금융시장 전반에 걸쳐 자금공급이 급격하게 줄어드는 현상으로도 정의할 수 있겠으나, 여기에서는 분석의 편의를 위해 주로 대출시장에서 발생하는 신용경색에 국한하여 논의하고자 한다.

신용경색을 초래할 수 있는 대출시장의 공급측 교란으로는 일반적으로 가

---

3) Bernanke-Lown(1991), Berger-Udell(1994), Syron(1991), Furlong(1992) 및 Cantor-Wenninger(1993) 등을 참조. 한편 Bernanke-Lown(1991)은 신용경색이 Stiglitz-Weiss(1981)의 균형신용할당(대출시장의 적정 대출금리수준에서 일시적인 불균형이 존재하더라도 은행은 기대수익을 극대화하기 위해 이 금리수준을 그대로 유지하려고 하기 때문에 대출시장이 불균형상태에서도 상당기간 균형을 유지한다고 봄)과 결코 다른 상태라고 말할 수는 없지만 반드시 균형신용할당이 존재하는 경우에만 신용경색이 발생하지는 않는다고 보고 있다. 이와 관련하여 Wojnilower(1980, 1985) 및 Owens-Schreft(1995) 등은 신용경색을 일정 대출금리수준에서 신용할당이 급격하게 증가한 상태(nonprice credit rationing)로 정의하고 있다.

용대출재원(預受金)의 부족, 기업의 순자산가치(net worth) 하락 및 그에 따른 은행의 자기자본 부족(부실자산 증가)에 대한 건전성감독 강화, 감독당국의 은행 대출자산에 대한 심사강화 및 은행의 자발적인 위험기피 정책 등을 고려해 볼 수 있는데, 이를 더 구체적으로 살펴보면 다음과 같다.

첫째, 은행의 가용대출재원으로는 자본금 이외에 지준 예치의무가 있는 예수금 및 CD와 같은 외부자금 등이 있다. 은행의 주요 가용대출재원인 예수금은 탈은행중개화(dis-intermediation), 통화긴축 등에 의해 줄어드는 경향을 보이며, 예수금 등 가용대출재원의 부족은 은행 대출공급을 위축시키는 대출시장의 주요 공급측 교란요인이다.

둘째, 금리 상승 및 자산버블의 붕괴 등으로 인해 부동산 등 차주(기업)의 담보용 자산가격이 하락하면 기업의 재무상태가 악화된다. 해당 거래은행은 차주(기업)의 대출상환이 어려워질 것으로 예상하여 기업에 대해 대출연장(roll-over)을 중단하려고 하기 때문에 기업의 자금압박이 점차 확산된다. 한편 유동성 확보를 위한 기업의 자산매각이 증가함에 따라 자산가격은 더욱 하락하며 이 과정에서 일부 기업은 채무상환 불능에 직면하게 되고, 그에 따른 부실대출의 증가(대손상각의 증가)로 인하여 은행의 자기자본(순자산가치)이 줄어들게 된다. 이처럼 은행의 자기자본이 감소하면 BIS 위험가중 자기자본비율에 의한 건전성감독이 강화된다. 따라서 은행은 BIS 위험가중 자기자본비율을 준수하기 위해 담보력이 약하고 신용도가 낮은 중소기업뿐만 아니라 신용도가 양호한 대기업에 대해서도 대출을 줄여야 하기 때문에[4] 신용경색이 초래된다.

특히 BIS 위험가중 자기자본비율은 단순 자기자본비율에 비해 은행의 자기자본에 대한 더 엄격한 규제기준으로서 앞서 언급한 바와 같이 은행이 자기자본이 부족할 경우 신용경색을 초래하는 가장 주요한 원인 가운데 하나로 지적되어 왔다.[5] 예를 들어, 은행이 최소한의 BIS 위험가중 자기자본비율(8%)을

---

4) 신용경색이 발생하면 대기업대출도 줄어들지만 상대적으로 신용도가 낮은 중소기업 대출이 더 큰 폭으로 감소함에 따라 결과적으로 중소기업 대출비중이 하락하는 경향(a flight to quality by lenders)을 보이는 것이 일반적이다. Bernanke-Gertler-Gilchrist(1996) 참조.
5) 은행에 대한 건전성감독의 가장 중요한 수단으로는 은행자본의 적정성을 측정하는 지표인 단순 자기자본비율 및 BIS 위험가중 자기자본비율을 들 수 있다. 종래의 단순 자기자본 규제는

유지하지 못하는 경우 다음과 같은 세 가지 방법을 통해 이 비율을 충족시킬 수 있다. 즉, 자기자본을 증액하거나, 위험가중치가 낮은 자산의 비중을 높이거나, 총자산규모를 줄이는 방법을 고려해 볼 수 있다.[6] 그러나 은행이 지속적인 자산(대출)손실의 발생 등으로 BIS 자기자본비율을 충족시키지 못하는 상황에서 내부유보자금의 적립 및 신주발행 등을 통해 자기자본을 증액하는 것은 사실상 어렵기 때문에 대체로 위험가중치가 높은 자산의 규모를 줄이는 방식에 의존하게 된다. 이 경우 은행은 대출요건을 더 강화하면서 대출금과 같이 위험가중치가 높은 자산[7](100% 위험가중치 부과)의 비중을 크게 낮추는 대신 국채와 같이 위험가중치가 낮은 자산(0% 위험가중치 부과)을 더 많이 보유하려고 하기 때문에 대출공급이 큰 폭으로 감소하게 되고 그 결과 신용경색이 초래될 수 있다.

셋째, 감독당국은 은행산업 전반에 걸쳐 신용위험이 우려할 정도로 높아진 것으로 인식할 경우 현장검사를 통해 대출자산에 대한 심사기준 및 대손충당준비금 등에 대한 규정을 매우 엄격하게 적용하려는 경향을 보이게 된다. 이처럼 감독정책이 더 엄격해지면 은행은 자산구성에서 대출금을 줄이는 대신 국채와 같이 더 안전한 자산의 비중을 확대하려고 하기 때문에 그로 인해 신용경색이 초래될 수 있다.[8]

대차대조표상의 은행자산에 신용위험을 감안하지 않고 산출한 비위험가중자산에 대해 최소한 4% 정도의 자기자본비율을 유지하도록 의무화하고 있으나 BIS 위험가중 자기자본 규제는 은행자산(대차대조표상의 자산 및 부외자산)에 신용위험에 따라 위험가중치를 부과하여 산출한 위험가중자산에 대해 최소한 8%의 자기자본을 보유할 것을 의무화하고 있다.

6) 이러한 세 가지 조정방법은 다음과 같은 관계식에 바탕을 두고 있다. 즉, 자기자본 = (자기자본/위험가중자산) * (위험가중자산/총자산) * 총자산으로 나타낼 수 있기 때문이다. 편의상 C = 자기자본, R = 위험가중 자기자본비율(자기자본/위험가중 자산), RA = 위험가중 자산비중(위험가중 자산/총자산) 및 TA = 총자산으로 표기하면 $\hat{C} = \hat{R} + \hat{RA} + \hat{TA} \Rightarrow \hat{R} = \hat{C} - \hat{RA} - \hat{TA}$ 인 관계가 성립한다. 여기서 각 항목은 증가율(예를 들어, $\hat{C} = \frac{\Delta C}{C}$)을 의미한다. 따라서 $\hat{R}$을 높이기 위해서는 $\hat{C}$를 증가시키거나 또는 $\hat{RA}$ 및 $\hat{TA}$를 낮춤으로써 가능하다. Haubrich-Wachtel 참조(1993).

7) 이러한 점에서 은행의 BIS 위험가중 자기자본비율은 위험가중치가 높은 자산에 대한 일종의 규제세(regulatory tax)로 간주할 수 있다. Berger-Udell(1994) 참조.

8) Berger-Udell(1994)은 이러한 유형의 신용경색을 위의 RBC에 의한 신용경색 가설과 구분하여 편의상 "엄격한 대출심사로 발생한 신용경색 가설"(loan examination credit crunch hypothesis)로 분류하고 있다.

넷째, 은행이 감독정책과 무관하게 예상 부도비용(bankruptcy cost) 및 외부자금 조달비용 등을 줄이기 위해 자발적으로 위험을 기피하려는 경우에는 위험가중치가 높은 대출금 비중을 낮추려고 함에 따라 신용경색이 초래될 수 있다.[9]

특히 은행의 자기자본 부족에 따른 BIS 자기자본비율의 엄격한 적용 및 감독당국의 대출자산에 대한 심사 강화 등으로 신용경색이 초래되는 기간에는 통화당국이 RP 매입 등을 통해 은행의 지급준비금 보유를 늘려 단기금리를 낮추더라도 은행은 대출공급을 확대하기가 어렵게 된다. 그 결과 은행의 정상적인 신용창조 기능 및 금융중개기능이 크게 위축되므로 은행대출경로를 통한 통화정책의 효과가 차단될 수 있다.

2. 신용경색과 실물경제와의 관계

앞에서 기업의 재무상태 악화 및 부실대출 증가 등에 따른 은행의 자기자본 감소는 신용경색을 초래하는 주요 원인으로 지적되고 있는데, 이하에서는 그와 같은 요인에 따라 발생한 신용경색이 실물경제와 어떻게 연계되어 있는지를 Bernanke-Gertler-Gilchrist(1996, 1998)의 '신용경색의 실질효과 증폭 이론(financial accelerator)'을 원용하여 체계적으로 개관해 보고자 한다.

이 이론에 따르면, 금융 및 실물부문에 발생한 교란으로 인해 기업의 재무상태가 악화(순자산가치 감소)되면 은행의 재무상태도 악화됨에 따라 감독당국은 금융기관의 취약한 재무상태(financial fragility)를 우려하여 은행에 대한 자산건전성 감독을 강화하게 된다. 그 결과 대출시장에서 신용경색이 초래됨에 따라 실물경제가 위축되는데 이 경우 실물경제가 위축되는 효과는 경제여건에 따라 지속적으로 증폭(amplified)되어 나타날 수 있다는 것이다. 이러한 파급과정을 아래 [그림 1]을 통해 단계적으로 살펴보면 다음과 같다.

---

9) 한편 Berger-Udell(1994)은 이러한 유형의 신용경색을 "은행의 자발적인 위험회피에 따른 신용경색 가설"(voluntary risk-retrenchment credit crunch hypothesis)로 분류하고 있다.

첫째, '경로 ①'에서 기업의 담보용 순자산가치를 악화시키는 요인으로는 급격한 시장금리의 상승, 자산가격의 하락(asset deflation), 국내통화의 평가절하 및 교역조건의 악화 등을 들 수 있다. 시장금리가 급격하게 상승하면 장·단기 부채에 대한 이자비용 증가로 기업의 순현금흐름이 감소하기 때문에 기업의 순자산가치가 줄어든다. 자산가격의 하락은 대체로 금리상승,[10] 자본수익 증가율의 둔화 및 자산버블의 붕괴 등에 의해 초래되는데, 이 경우 기업의 부채대비 담보자산가치가 낮아짐에 따라 기업의 순자산가치가 하락한다. 국내통화의 급격한 평가절하는 단기 부채의 상당부분을 외화로 기채한 기업(자산은 대부분 국내통화로 운용)의 재무상태를 악화시키게 된다. 또한 수출가격 하락 등에 의한 교역조건의 악화도 해당 기업의 순자산가치를 하락시키는 요인이다. 교역조건의 악화를 제외한 나머지 교란들은 동시에 은행의 재무상태(순자산가치)를 악화시키는 직접적인 요인으로 볼 수 있다(斜線 경로①).

둘째, 경로②에서 보는 바와 같이 순현금흐름의 감소 및 담보용 순자산가치의 하락 등으로 기업의 재무상태가 크게 악화되면 대체로 다음과 같은 두 가지 파급효과를 상정할 수 있다. 첫째, 이들 기업이 외부자금을 조달할 때 지불해야 할 프리미엄(외부자금 조달비용 − 내부자금의 기회비용)이 상승하게 된다.[11]

둘째, 해당 거래은행의 부실대출이 증가함에 따라 최초의 교란요인에 의해서도 감소한 은행의 순자산가치(사선 경로①)는 더 큰 폭으로 줄어들게 된다. 이처럼 기업 및 은행의 재무상태가 악화됨에 따라 은행의 재무구조 취약성이 심화되면 감독당국은 은행을 대상으로 대손충당금 적립 및 BIS 자기자본비율의 준수의무 등 건전성감독을 강화하게 된다(경로③).

---

10) 금리의 변동과 자산(주식 및 부동산 등) 가격과는 陰의 관계를 보이는 것이 일반적인데 이를 전통적인 자본결정 모형(capitalization model)을 이용하여 수식화하면 다음과 같다. 즉, 자산가격(자산가치) $P_{a,t} = D_t/(r-g)$로 나타낼 수 있다. 여기서 D_t는 자본수익률(배당금)을, r는 할인률(금리)을, g는 자본수익 증가율(배당금 증가가율)을 각각 나타낸다.

11) 이와 같은 파급효과는 신용경로에서 기업의 재무상태 변동에 의한 파급경로(balance sheet channel)에서 중시하고 있다. 이에 관한 더 자세한 내용은 Bernanke-Gertler(1989), Gertler-Gilchrist(1993) 참조.

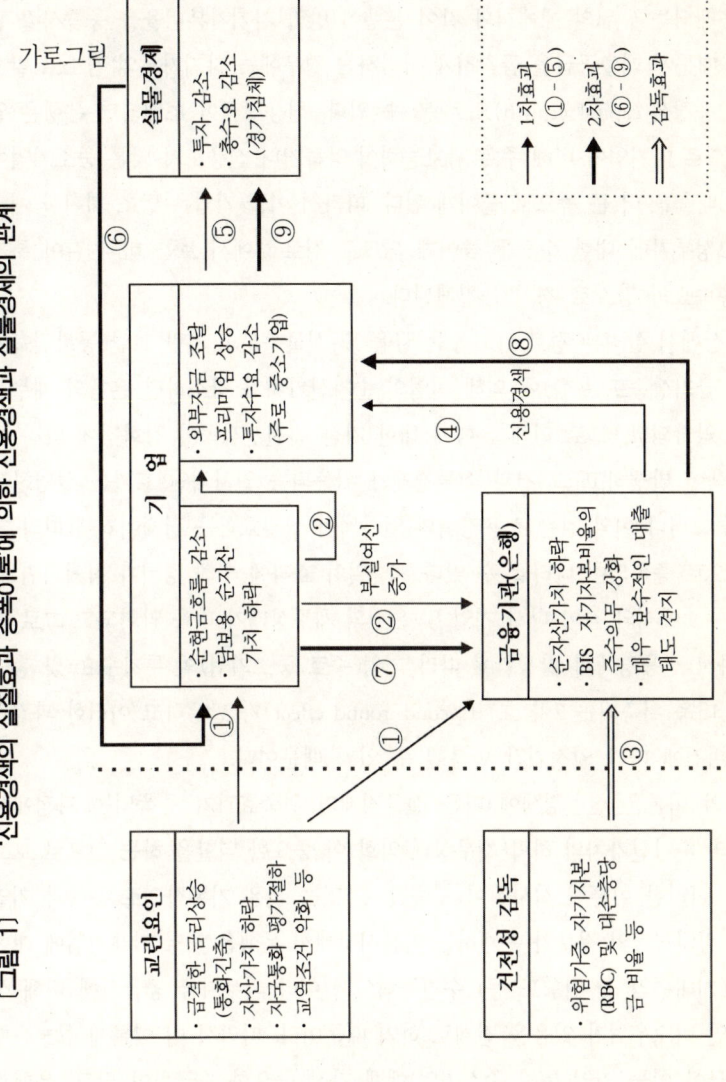

[그림 1] '신용경색'의 실질효과 증폭이론'에 의한 신용경색과 실물경제의 관계

셋째, 은행은 기업의 높아진 신용위험을 회피하고 BIS 자기자본비율을 충족시키기 위해 경로④에서와 같이 기존의 대출을 회수하거나 신규 대출을 삭감하는 등 대출취급에 매우 보수적인 태도를 취하게 된다. 그 결과 신용경색이 초래되는데 위의 예에서와 같이 은행이 만약 자기자본비율을 충족시킬 필요성 때문에 대출공급을 급격하게 삭감하는 경우에는 자기자본의 감소로 발생한 신용경색(capital crunch)으로 볼 수 있다. 신용경색이 초래되면 은행은 일반적으로 대기업에 비해 주로 담보능력이 약하거나 신용도가 낮은 중소기업에 대한 대출을 더 큰 폭으로 줄이게 된다. 따라서 이들 기업은 당초 계획한 재고 및 고정투자에 대한 수요를 줄이게 되므로 경로⑤에서 보는 바와 같이 투자 등 총수요의 감소로 경기가 침체된다.

이상에서 살펴본 경로 ①~⑤는 금융 및 실물부분의 제반 교란(통화긴축에 의한 금리상승도 포함)에 의해 기업의 순자산가치가 감소하면 은행의 재무상태도 악화되고, 그로 인해 은행에 대한 자산 건전성감독이 강화됨에 따라 신용경색이 발생하고 그 결과 실물경제가 위축되는 일차적인 효과를 설명하고 있다. 그러나 이와 같은 신용경색의 일차적인 실질효과는 경제여건에 따라 지속적으로 증폭되어 나타날 수 있다. 즉, 일차 효과에 의해 경기가 침체되면 경로⑥~⑨에서와 같이 다시 기업 및 은행의 재무상태가 더욱 악화되고 그로 인해 다시 신용경색이 발생함에 따라 기업(주로 중소기업)의 투자수요 및 총수요가 더욱 위축되는 2차 효과(second-round effect)가 발생하고 이러한 과정은 경제여건에 따라 일정기간 반복될 수 있기 때문이다.

위의 이론은 신용경색에 따른 실물경제의 위축효과가 증폭되는 과정에서 기업의 순자산가치의 하락(재무상태 악화)이 중요한 역할을 하는 것으로 보고 있다. 이러한 이론적 시사점이 도출될 수 있는 것은 기본적으로 은행과 기업 간에 비대칭적인 정보가 존재하는 자본시장에서 은행은 해당 거래기업에 대한 정보(기대수익 및 위험도 등) 수집능력에서 여타 외부자금 공급자에 비해 상대적인 비교우위가 있음을 전제로 하기 때문이다. 따라서 이 이론에서는 은행 대출금이 이들 기업(특히 중소기업)에게 가장 중요한 자금원이 되고, 은행과 거래기업의 재무상태는 상호 긴밀하게 연계되어 있음을 중시하고 있다.

아울러 앞서 살펴본 바와 같이 위의 이론은 외환위기 전후에 걸쳐 기업의 연쇄부도 및 재무구조 악화 등에 따른 은행의 대출자산 부실화, 신용가용규모의 감소 및 실물경제의 극심한 침체로 이어진 우리 나라의 경제상황을 설명하는 데 매우 유용한 것으로 판단된다.

Ⅲ. 신용경색의 발생여부 판단을 위한 기술적 분석

이하에서는 1997년 12월 외환위기 이후 신용경색의 발생여부를 판단하기 위해 최근의 실물경제 동향, 주요 통화·신용총량 및 금리 추이, 은행의 주요 자산항목의 변동 및 부문별 대출현황 등을 바탕으로 기술적인 분석을 시도하였다.

1. 주요 실물 및 금융지표 추이

먼저 동행지수 순환변동치에 의해 최근의 실물경기 동향을 살펴보면, [그림 2]에서 보는 바와 같이 제6순환주기의 정점인 1996년 3월부터 경기가 완만한 수축국면에 접어들면서 1997년 12월 외환위기의 여파로 1998년 1월부터 1998년 8월까지 지속적으로 급격하게 침체[동행 CI 지수 : 98.3(1997년 12월) → 94.4(1998년 1월) →92.0(1998년 2월)…… →85.6(1998년 8월)]되는 양상을 보였다.

이와 같은 실물경기의 극심한 침체는 [그림 3]에서와 같이 외환위기 직후 소비(도소매 판매액) 및 투자(기계수주액) 등 내수뿐만 아니라 생산활동(제조업 가동률 및 산업생산지수)도 급격히 위축된 데 기인하였으며, 그 결과 경기 하강 폭은 과거 1970년대 초반 이후의 경기순환 국면 중에서 가장 큰 것으로 나타났다.

동행지수 순환변동치 추이

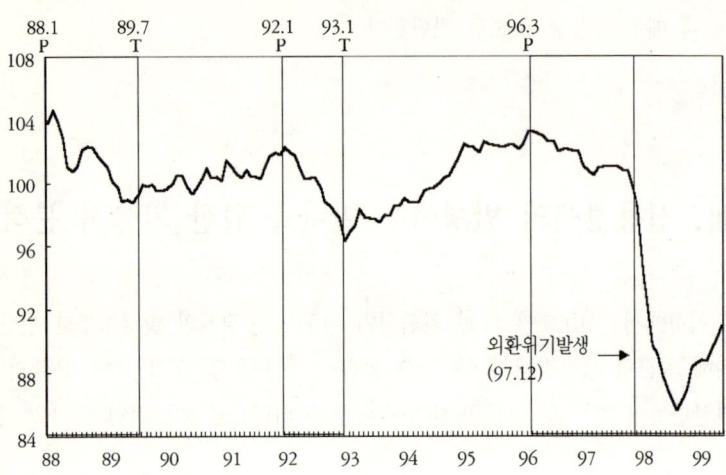

소비 및 투자 변동 추이

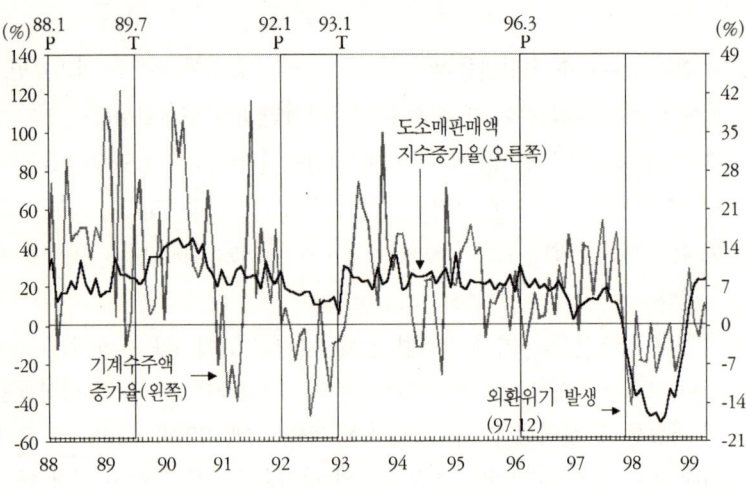

자료 : 한국은행, 《조사통계월보》 및 주요경제지표 각호

산업생산지수 및 제조업가동률 지수 추이

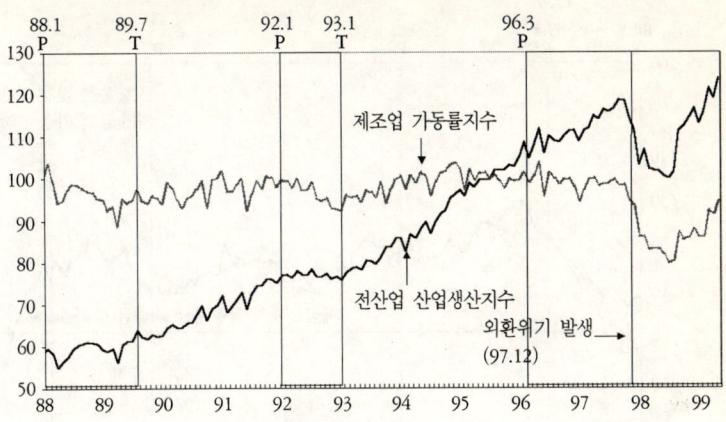

자료 : 한국은행, 조사통계월보, 각호

〔그림 3〕   **주요 금융지표의 변동 추이**

M2, MCT 및 M3 증가율(전년동기대비) 추이

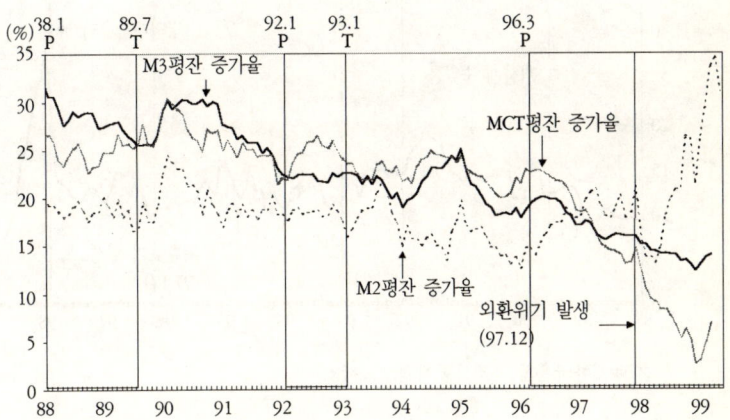

자료 : 한국은행, 《조사통계월보》 각호

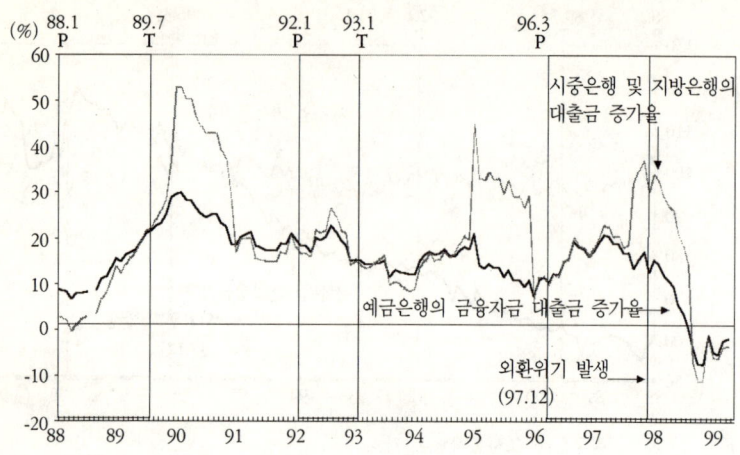

예금은행 및 시중·지방은행의 대출금 증가율(전년동기대비) 추이

시중은행 및 지방은행의 대출금 증가율

예금은행의 금융자금 대출금 증가율

외환위기 발생
(97.12)

주요 금리 추이

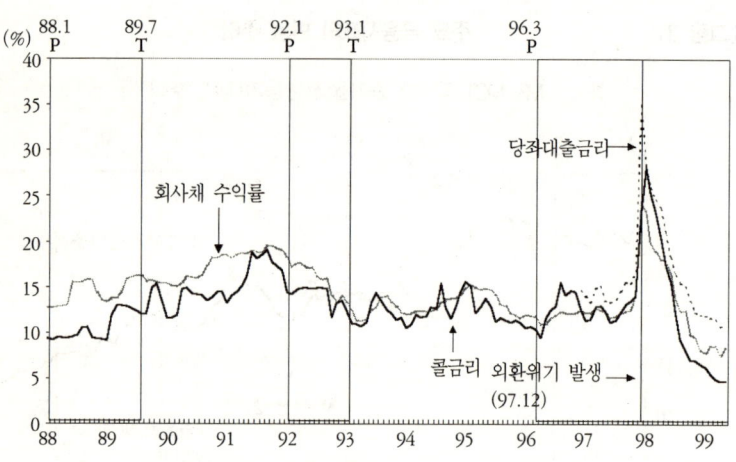

당좌대출금라

회사채 수익률

콜금리 외환위기 발생
(97.12)

자료 : 한국은행, 《조사통계월보》 각호

　　이처럼 외환위기 이후 실물경기가 급격하게 침체된 기간 중에 주요 금융지
표의 변동추이를 살펴보면, 유동성은 크게 부족한 징후를 찾아보기 어려우나
일반적으로 기업의 실물투자에 직접적으로 영향을 미치는 신용가용규모는 크

게 감소한 것으로 나타나고 있다.

[그림 3]에서, 외환위기 이후 M2 및 MCT(평잔) 증가율(전년동기대비)은 금융기관간 대규모 자금이동을 반영하여 상당한 괴리를 보이고 있다. 즉, 외환위기 이후 M2의 증가에도 불구하고 MCT 증가율은 큰 폭으로 하락하고 있는데, 이는 MCT 구성항목 가운데 주로 금전신탁자금이 투신의 공사채형 수익증권 등으로 이동한 데 기인하였다.

반면에 M3(평잔) 증가율은 은행대출금이 크게 위축되었음에도 불구하고 회사채 및 CP 매입을 통한 제2금융권의 자금공급이 확대됨에 따라 외환위기 중에도 20% 내외의 안정된 추세를 나타내었다. 신용총량의 경우, 예금은행의 금융자금 대출금 증가율(전년동기대비)은 통화총량(특히 M2, M3)과는 달리 1997년 12월 외환위기 이후 급격하게 낮아져 1998년 4/4분기 중에는 陰의 값을 나타내었으며 시중은행과 지방은행의 대출금 증가율(전년동기대비)도 예금은행 대출금 증가율과 마찬가지로 외환위기 이후 큰 폭으로 낮아지는 추세를 보였다.

이처럼 외환위기 이후 대출증가율이 크게 낮아진 것은 기업의 높은 신용위험과 금융 구조조정에 따른 BIS 자기자본비율 준수의무12) 등으로 은행이 여신을 매우 보수적으로 운용한 데 기인한 것으로 보인다.

---

12) 우리나라는 BIS 기준 자기자본비율 제도를 1992년에 도입하여 1993년 말에는 최소 7.25%, 1995년 말부터는 8% 이상을 유지하도록 의무화한 바 있다. 그러나 IMF 구제금융지원이 본격화된 1997년 12월에는 IMF와 "효과적 은행감독을 위한 핵심준칙"(Core Principles for Effective Banking Supervision)에 따른 최저 자기자본에 대해 최소 8%를 국내은행에 의무적으로 적용키로 합의하였다. 정부는 외환위기 이후 불건전 금융기관 정리와 관련하여 IMF 등과의 합의에 따라 26개 은행 중 부실 정도가 심한 제일은행과 서울은행에 대해 정부와 예금보험공사가 출자하여 이들 은행의 자본금을 확충(1998년 1월)하였으며, 이어 2월에는 나머지 24개 은행 가운데 1997년말 현재 BIS 자기자본비율이 6% 미만인 6개 은행에 대해서는 경영개선조치를, 6~8%인 6개 은행에 대해서는 경영개선을 권고한 바 있다. 특히 정부는 1998년 4~6월중 이들 은행이 제출한 자기자본 확충 계획을 포함한 경영정상화 계획을 경영평가위원회(1998년 6월 20일 구성)로 하여금 실사토록 하고, 그 평가결과에 의거 1998년 6월 29일 대동, 동남, 동화, 경기, 충청 등 5개 은행의 우량자산과 부채를 국민, 주택, 신한, 한미, 하나은행 등 BIS 비율이 8% 이상인 우량은행에 각각 이전토록 계약이전 명령을 내림으로써 불건전 은행에 대한 퇴출조치를 단행하였다. 더 자세한 내용은 《조사통계월보》(1998. 8) 참조.

〔그림 4〕 　　　　　　**본원통화(평잔)[1] 증가율 및 RP 순발행규모**

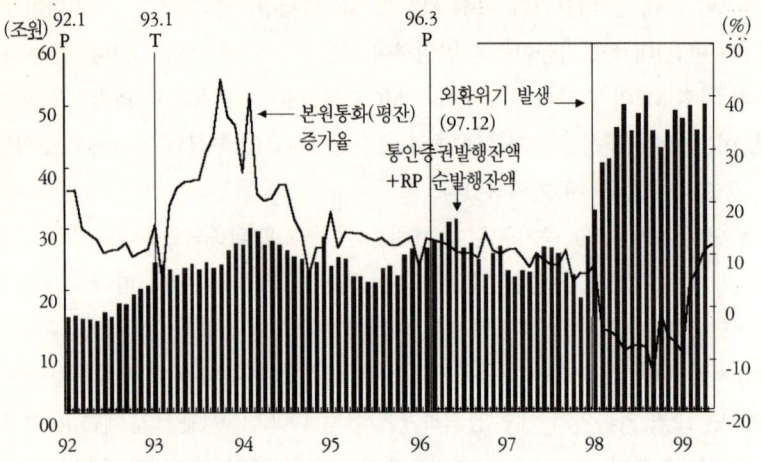

주 : 1) 1996년 4월부터 1997년 2월에 걸쳐 2차례에 걸친 지준율 인하(9%→5% 및
　　　　2%) 효과를 감안하기 위해 1997년 2월 지준율 수준으로 과거 지준 시계열을
　　　　재조정한 수치임
　자료 : 한국은행,《조사통계월보》각호 및 금융시장국 통계

　한편 콜금리 및 회사채 등 주요 금리는 외환위기의 여파로 1997년 12월～
1998년 4월중 20～30% 범위의 높은 수준을 유지하였는데, 이는 우리나라가
IMF 긴급구제금융을 지원 받는 조건으로 환율방어를 위해 통화긴축으로 전환
한 데다 시장불안심리의 확산 및 금융긴축을 우려한 자금선취수요의 증대 등
이 복합적으로 작용한 데 기인하였다. 그러나 이들 주요금리는 1998년 5～7
월중 다시 17～12%대로 하락하였으며, 경기침체에 따른 자금수요의 둔화를
반영하여 1998년 8월 이후에는 한자리대로 낮아지면서 이러한 하락세가 1999
년 상반기 중에도 지속되었다.[13]

　특히 통화당국은 외환위기 직후 IMF와의 합의를 통해 긴축기조를 유지하
기 위해 금융산업 구조조정을 위해 지원된 자금(본원통화)의 상당부분을 RP
매각 및 통안증권 발행을 통해 흡수하였다. 그 결과 [그림 4]에서 보는 바와
같이 본원통화(평잔) 증가율(전년동기대비)은 외환위기 직후 크게 낮아짐에

---

13) 한국은행 연차보고서(1997, 1998) 및 《조사통계월보》 각호 참조.

따라 1998년 2월 -4%에서 1998년 9월 -13% 수준까지 지속적으로 陰의 값을 나타내었으며, RP 순발행잔액 및 통안증권 발행잔액은 1998년 중 크게 확대되어 1999년에 들어와 그 발행잔액이 무려 50조원에 달하는 것으로 나타났다. 한편 통화당국은 1998년 하반기부터 시장금리의 하향 안정화를 도모하기 위해 공개시장조작 금리를 계속 인하한 데다 1998년 10월 IMF와 본원통화 공급한도를 삭제하기로 합의함에 따라 1998년 4/4분기부터 본원통화가 다소 탄력적으로 공급되었다.

2. 은행의 자산운용 및 부문별 대출 추이

다음으로 예금은행의 자산운용 행태와 부문별 대출실적을 더 구체적으로 살펴보면, 예금은행의 대출금은 1997년 4/4분기 이후 1998년 말까지 1998년 1/4분기를 제외하면 계속 감소한 반면 유가증권 보유는 지속적으로 증가하였다. 부문별 기업대출에서는 대기업에 비해 중소기업에 대한 대출이 더 큰 폭으로 감소하였으며 이러한 대출자금의 편재현상은 지방은행의 경우에 더욱 현저하게 나타났다.

〔표 1〕 예금은행의 대출[1] 추이
(기간중 증감액)

단위 : 10억원

	97				98				99			
	I	II	III	IV	I	II	III	IV	1월	3월	4월	5월
금융자금	10,140	6,359	7,853	-3,535	8,728	-3,727	-913	-2,439	727	4,679	2,800	5,439
상업어음	-689	661	560	-458	-2,446	-3,246	-2,517	1,377	-634	-677	-113	221
당좌대출	3,001	-154	1,355	-4,025	3,582	-3,335	1,941	-2,901	392	730	-849	18
일반자금	6,916	4,760	5,397	877	4,853	1,064	-842	594	914	3,908	2,641	4,095
무역금융	109	77	11	-178	309	209	78	430	246	32	172	252
신탁대출	-131	986	1,451	3,790	-2,750	-3,909	-4,518	-5,166	-1,213	-1,395	-1,066	-1,053
합 계	10,009	7,345	9,3042	255	5,978	-7,636	-5,430	-7,605	-486	3,285	1,733	4,387

주 : 1) 원화대출금 기준
자료 : 한국은행, 《통화금융》 각호, 금융시장국 통계

[표 1]에서 예금은행의 금융자금 대출금은 은행이 1997년 12월 BIS 자기자본비율 제고를 위해 대출금을 일시 회수한 데 기인하여 1997년 4/4분기 중 3조 5천억 정도 감소하였으며 이러한 감소추세는 일시적으로 1998년 1/4분기 중 큰 폭으로 반등한 이후 다시 4/4분기까지 지속되었다. 금융자금 대출금이 1998년 1/4분기 중에 일시적으로 크게 증가한 것은 회수 대출금의 재대출, 자금조달 여건이 악화될 것을 우려한 대기업들의 당좌대출 확대 등에 기인하였으며, 1998년 2/4분기중 대출금은 은행들이 다시 상반기 결산을 앞두고 자기자본비율 관리를 위해 6월중 여신을 회수함에 따라 큰 폭의 감소로 반전하였다. 한편 1998년 3/4분기중 금융자금 대출금은 5개 시중은행(대동, 동남, 동화, 경기, 충청)의 퇴출과 함께 BIS 비율 준수를 위한 은행의 여신취급 억제 등으로 2/4분기에 이어 위축되었다. 한편 1998년 4/4분기중 대출금이 줄어든 것은 은행의 대출여력이 감소하였기 때문이라기보다 기업의 대출자금 수요가 저조한 가운데 실물거래활동의 점진적인 회복 및 상업어음할인 취급유인의 강화(총액대출한도 확대 및 대출금리 인하) 등으로 상업어음대출이 증가하였음에도 불구하고 대기업이 CP 및 회사채 발행을 통해 조달한 자금으로 연말 부채비율 관리를 위해 당좌대출을 대폭 상환한 데 기인한 것으로 보인다. 1999년에 들어와서는 금융자금 대출금이 일반자금을 중심으로 점차 크게 증가하는 추세를 보이고 있다. 반면에 신탁대출은 1999년에도 매월 1조 이상씩 줄어든 것으로 나타났다.

〔표 2〕 **예금은행의 주요 운용자산 구성 추이**
(기말기준)

단위 : 구성비, %

	97				98				99		
	I	II	III	IV	I	II	III	IV	1월	2월	3월
금융자금대출	75.4	74.1	73.9	70.2	70.0	67.2	59.9	57.5	58.0	55.9	55.2
유가증권	24.6	25.9	26.1	29.8	30.0	32.8	40.1	42.5	42.0	44.2	44.8
국 채	2.6	2.5	2.6	3.1	3.1	3.2	4.3	4.8	5.0	5.0	5.1
주식 및 사채	14.3	14.1	14.5	17.9	17.7	17.4	24.7	26.5	28.6	30.0	29.6
기타 유가증권	7.8	9.3	9.0	8.6	9.2	12.2	11.2	11.2	8.5	9.2	10.1
합 계	100.0	100.0	100.0	100.0	100.0	100.0	100.0	100.0	100.0	100.0	100.0

자료 : 한국은행, 《조사통계월보》 각호

[표 2]를 통해 예금은행의 주요 운용자산 구성 추이를 보면, 1997년 4/4분기 이후 1999년 1/4분기에 걸쳐 주식 및 사채, 통안증권 등 기타 유가증권의 보유 비중은 대출자산(금융자금) 비중과는 달리 계속 확대되는 추세를 보였다. 특히 주식 및 사채, 기타 유가증권 보유비중이 크게 늘어난 것은 은행들이 기업의 높은 신용위험을 회피하기 위해 주로 5대 그룹이 발행한 회사채 및 CP를 대량 매입한 데다 부채비율 축소 및 자기자본 확충을 위해 유상증자를 실시한 데 기인하였다. 국채 및 통안증권의 보유비중도 1998년에 들어와 점차 증가하는 추세를 나타내었는데, 이는 은행들이 BIS 자기자본비율을 높이기 위해 위험가중치가 높은 대출을 줄이고 그와 같은 무위험자산의 운용에 더 주력한 결과로 보인다.

[표 3]　　　　　　　시중은행과 지방은행의 부문별 대출 추이
(기간중 증감액)

단위 : 10억원

	1997				1998				1999			
	I	II	III	IV	I	II	III	IV	1월	2월	3월	4월
시중은행계	6,371	3,628	5,426	16,340	6,098	-4,270	-5,278	4,681	232	637	4,084	1,721
대 기 업	3,370	551	3,222	-1,092	5,228	-2,004	-1,465	-876	339	-749	1,941	-655
중소기업	1,898	1,598	1,144	-1,757	2,484	-1,613	-3,003	4,934	103	1,012	1,040	1,105
가　계	1,103	1,479	1,060	19,190	-1,614	-652	-810	623	-211	373	1,102	1,271
지방은행계	1,038	653	544	-259	401	-439	-1,326	-4,864	-96	179	185	-574
대 기 업	132	94	284	-5	398	80	-70	-657	-12	169	98	-95
중소기업	738	352	167	-353	216	-507	-1,153	-3,329	-37	25	70	-373
가　계	169	207	93	99	-214	-13	-103	-879	-47	-14	17	-106

자료 : 한국은행, 《통화금융》 각호

[표 3]을 통해 은행의 기업규모별 대출실적을 보면, 1997년 4/4분기 ~ 1998년 3/4분기중 시중은행의 대기업 대출은 6670억원 증가한 반면, 중소기업대출은 3조 8890억원 감소함에 따라 중소기업을 중심으로 대출이 위축된 것을 알 수 있다. 같은 기간 중 가계대출은 16조 480억원 증가함으로써 은행은 신용위험이 높은 기업대출보다는 상대적으로 안전한 가계대출에 주력한 것으로 나타났다. 한편 1998년 4/4분기 이후에는 대기업 대출보다는 중소기업 대출이 堅

諞한 증가세를 나타내었다. 대기업보다는 중소기업 대출비중이 높은 지방은행의 경우 1997년 4/4분기~1998년 4/4분기에 걸쳐 대체로 대기업 대출보다는 중소기업 대출이 큰 폭으로 감소함에 따라 시중은행에 비해 중소기업의 자금사정을 더욱 악화시킨 것으로 보인다.

차주(기업)의 대출자금 조달에 따른 리스크 프리미엄(당좌대출금리-통안증권 금리)은 차주(기업)에 대한 일반 리스크 프리미엄(general risk premium)과 은행에 의존적인 차주(주로 중소기업)에 대한 리스크 프리미엄의 합으로 볼 수 있다.[14] 이 프리미엄은 [그림 6]에서 보는 바와 같이 외환위기 이후 기업의 신용위험이 증가함에 따라 급격하게 높아졌다가 1998년 2/4분기까지 지속적으로 낮아졌는데 3/4분기 이후에도 여전히 외환위기 이전 수준(2~3%)보다 높은 4~5%대에 달하는 것으로 나타났다. 이러한 결과는 차주의 신용도에 대한 은행의 인식이 아직까지 외환위기 이전 수준으로 회복되지 않았음을 보여주고 있다.

〔그림 5〕 　　　　　　　　　금리 스프레드 추이

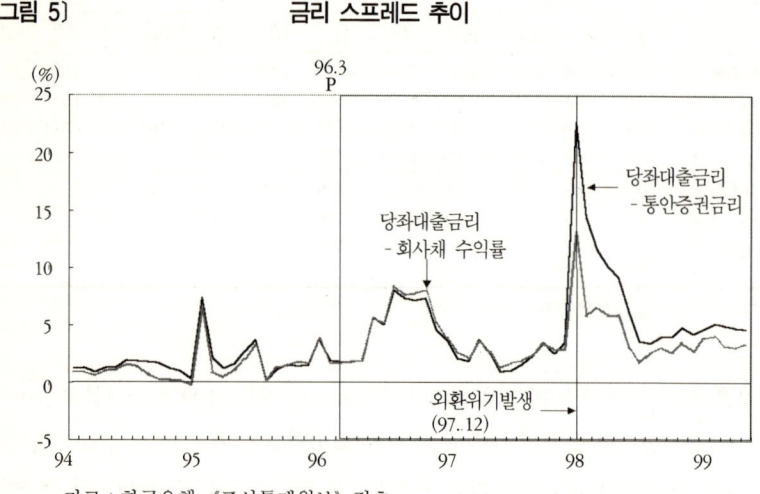

자료 : 한국은행, 《조사통계월보》 각호

14) 은행대출금리(RL)는 무위험(risk-free) 금융자산 금리(RF)와 민간기업에 대한 일반 리스크 프리미엄(GRP) 및 은행에 의존적인 차주(기업)에 대한 리스크 프리미엄(BDFRF)의 합으로 나타낼 수 있기 때문에 RL－RF＝GRP＋BDFRF＝(회사채 수익률－국채금리)＋(대출금리－회사채 수익률)의 관계가 성립한다. 이 점에 관해서는 Ding-Domac-Ferri(1998) 참조.

〔표 4〕 　　　　　　　　　일반은행의 부실자산비율 및 이익률 추이

	1997				1998				99.1/4
	1/4	2/4	3/4	4/4	1/4	2/4	3/4	4/4	
부실자산 비율[1]	5.4	5.5	6.6	6.0	7.7	8.6	7.1	7.4	8.7
BIS 자기자본비율	–	9.5	–	7.0	–	9.2	–	8.2	–
총자산 당기 순이익률(ROA)[2]	–	0.03	–	-1.06	–	-1.75	–	-3.61	
자기자본 당기 순이익률(ROE)	–	0.38	–	-14.18	–	-25.42	–	-52.53	

주 : 1) 부실자산/총여신 비율　2) 은행계정 기준
자료 : 한국은행, 은행부 통계

이 밖에도 은행의 자산건전성 및 경영수지 추이를 [표 4]를 통해 개략적으
로 살펴보면, 일반은행의 총여신 대비 부실자산의 비율은 대체로 1997년 3/4
분기 이후 점차 높아져 1998년 2/4분기 중에는 고금리에 따른 기업의 원리금
연체 증가 등으로 9%대에 달하였으나 3/4분기부터는 성업공사가 은행의 부실
채권을 매입한 데 기인하여 7%대로 낮아졌다. 그러나 부실채권비율은 1999년
1/4분기 중에 다시 8.7%의 높은 수준을 유지하였다. 일반은행의 BIS 자기자본
비율은 외환위기가 발생한 1997년 4/4분기중 14개 은행들이 최저 의무비율
(8%)에 미달함에 따라 전체 평균은 7% 수준을 나타내었으나 유상증자 및 자
산 재평가 등에 따른 자기자본 증가, 위험가중자산 감소 등에 힘입어 1998년
2/4분기중 9.2%로 높아졌으며 4/4분기 중에는 8% 수준에 근접한 것으로 나타
났다.[15] 일반은행의 이익률 지표를 보면, 순자산 당기 순이익률(ROA) 및 자
기자본 당기 순이익률(ROE) 모두 1997년 4/4분기부터 급격하게 낮아져 음의
값을 나타내었으며, 연중 계속 악화되는 추세를 보였는데, 이는 1998년부터
모든 은행에 대해 대손충당금을 100% 적립토록 의무화한 데다 성업공사에 부
실채권을 매각한 데 따른 손실발생 등에 주로 기인한 것으로 보인다.
　이상에서 살펴본 기술적 분석결과가 시사하는 바를 요약하면 다음과 같다.

---

15) 1997년말 현재 BIS 자기자본비율(8%)에 미달한 은행은 이 비율이 6~8%인 조흥, 상업, 한일,
　　외환, 충청, 경기 등 6개 은행과 6% 미만인 동화, 동남, 대동, 평화, 강원, 충북 등 6개 은행(퇴
　　출대상 은행) 및 서울, 제일은행 등 14개 은행이었다.

첫째, 1997년 12월 외환위기 이후 실물경기는 민간소비가 기업 및 금융 구조조정 과정에서 대규모 실업발생에 따른 구매력 감소 등으로 크게 부진하고 설비투자도 은행산업 전반에 걸쳐 진행된 급격한 대출감소 및 기업의 신규투자 억제 노력 등으로 큰 폭으로 감소한 데다 생산활동도 크게 위축됨에 따라 과거 6차례의 경기순환 주기 중에서 가장 극심한 침체양상을 나타내었다. 특히 은행의 기업대출 감소현상이 외환위기 직후 상당기간 지속될 수 있었던 것은 대출수요면에서 경기침체 등으로 대출수요가 부진했던 요인 이 외에도 대출공급면에서 급격한 금리상승으로 부채비율이 높은 기업의 금융비용 부담이 가중되고 부실자산 비중이 증가함에 따라 기업의 신용위험(리스크 프리미엄)이 크게 높아진 상황에서 상당수 은행들이 BIS 자기자본비율 준수를 위해 기업대출을 크게 줄일 수밖에 없었던 점 등이 복합적으로 작용한 데 기인한 것으로 볼 수 있다.

둘째, 은행의 기업대출은 외환위기가 발생한 1997년 12월(4/4분기) 이후 1998년에 3/4분기에 걸쳐 1/4분기를 제외하고 큰 폭으로 줄었는데, 부문별로는 대기업에 비해 신용도가 낮은 중소기업 대출이 더 크게 감소한 것으로 나타났다. 특히 중소기업 대출비중이 높은 지방은행의 경우에는 1997년 4/4분기 ~ 1998년 4/4분기에 걸쳐 중소기업 대출이 더 현저하게 줄어든 것으로 나타났다.

셋째, 은행의 자산구성 면에서 외환위기 이후 주식, 국채 및 통안증권 등 유가증권 보유 비중이 대출금과는 달리 높은 상승세를 보인 것이 특징이다. 이러한 결과는 무엇보다도 은행들이 자기자본 확충을 위해 유상증자를 실시한 데다 이례적인 고금리에 따른 기업의 연쇄부도 및 부동산가격의 폭락으로 대출자산이 급격히 부실화되는 과정에서 대출에 따른 신용위험을 회피하기 위해 주로 5대 그룹이 발행한 회사채 및 CP를 대량 매입한 점과 BIS 자기자본비율을 준수하기 위해 국채 및 통안증권 등 무위험자산의 운용을 선호한 데 기인한 것으로 보인다.

IV. 신용경색 발생여부의 식별을 위한 실증분석

이 절에서는 신용경색의 발생유무를 더 정확하게 식별함과 동시에 외환위기 이후 대출시장의 신용수급 패턴이 어떻게 변화하여 왔는지를 살펴보기 위해 구체적으로 은행대출시장의 수요와 공급식을 설정하고 이를 불균형시장 모형(disequilibrium model)을 이용하여 추정해 보았다.

1. 은행대출시장의 수요 및 공급 추정식 설정

이하에서는 은행대출시장의 수요와 공급식을 설정한 다음 이들 행태식을 Maddala & Nelson(1974, 1984)의 불균형시장모형(disequilibrium market model)을 이용하여 추정하였다. 특히 은행대출시장의 수요 및 공급 행태식을 불균형시장모형으로 추정한 것은 다음과 같은 점을 고려하였기 때문이다.

첫째, Stiglitz-Weiss(1981)의 균형신용할당(equilibrium credit rationing) 이론이 시사하는 바와 같이 은행대출시장의 특징은 금리가 자유화된 경쟁적인 시장구조하에서도 일반적인 균형시장체제와는 달리 불균형상태에서 균형을 유지할 수 있다는 점이다. 즉, 대출시장에서 자금수요의 증대 등 일시적 변동요인으로 인하여 불균형이 발생하면 은행은 즉시 대출금리를 신축적으로 조절하지 않고 일반적으로 일정기간 원래의 적정 금리수준을 유지하거나 매우 완만하게 조정하려는 경직성(loan rate stickiness)을 보이므로 대출시장은 불균형상태에서 균형을 유지하게 된다. 이 경우 시장에서 관측 가능한 은행대출금 거래규모는 실제 관측이 불가능한 대출공급 및 수요 중에서 적은 값에 의해 결정될 것이다. 따라서 이러한 불균형시장 모형은 실제 대출시장의 여건을 적절하게 잘 반영한다고 볼 수 있다.

둘째, 대출시장에서 관측 가능한 대출금의 변동이 대출공급(추정치) 또는 대출수요(추정치)의 변동에 의해 초래된 것인지를 비교적 정확하게 식별할 수 있기 때문에 외환위기 이후 신용경색의 발생 여부 및 변동추세를 분석하는 데 매우 유용하다는 점이다. 아울러 이러한 불균형시장 모형에 의한 추정결과는 대출시장에서 자금흐름의 왜곡이 발생할 경우 이를 해소하기 위한 적절한 대책방안을 모색하는 데 중요한 정보를 제공할 수 있다는 점이다. 예를 들어, 대출금의 감소가 대출수요의 부진 때문이 아니라 신용경색에 의해 초래된 것으로 분석되었다면 대출금의 감소를 방지하기 위해서는 대출수요의 진작을 위한 정책보다는 은행감독 정책의 변경 등 대출공급의 확대를 유도하기 위한 구조적인 조치가 더 바람직하기 때문이다.

은행대출에 대한 수요 및 공급 추정식은 아래 (1) ~ (2)식과 같이 부분조정(partial adjustment) 메커니즘을 감안하여 설정하였으며[16] (3)식은 일반 균형시장 모형에서와는 달리 시장에서 직접 관측이 가능한 대출금 거래규모가 관측이 불가능한 대출수요 및 공급 중 적은 값과 일치하도록 제약(short side principle)하는 준거함수(criterion function)이다.[17]

$$\log L_t^D = \alpha_0 + \alpha_1 \log L_{t-1} + \alpha_2 RL_t + \alpha_3 \log IP_{t-2} + \alpha_4 \pi^e \tag{1}$$

$$\log L_t^S = \beta_0 + \beta_1 \log L_{t-1} + \beta_2 RL_t + \beta_3 (RL - RTB)_t + \beta_4 \log DEP_t$$
$$+ \beta_5 \log (SP_c/SPI)_{t-1} + \beta_6 DMY_t * BISCAP_t \tag{2}$$

$$L_t = \min (L_t^S, L_t^D) \tag{3}$$

여기서 L_t는 일반은행 가운데 11개 시중은행 및 8개 지방은행의 총대출금을 CPI 지수로 나눈 실질 대출금 규모, RL_t는 이들 은행 대출금에 대한 가중평균 당좌대출금리, RTB_t는 통안증권 금리, IP_t 및 DEP_t는 계절조정변동 산업생산 총지수, 이들 일반은행의 요구불예금 및 저축성예금의 합을 CPI 지수

---

16) 대출수요 및 공급 행태식은 우리나라 대출시장의 특수성과 함께 이에 관련된 기존 문헌, Laffont and Garcia(1977), Sealey(1979), King(1986), Pazarbasiouglu(1997) 및 Hyun E. Kim(1999) 등을 참고하여 설정하였다.

17) 이 제약조건은 불균형시장 모형을 이용하는 데 따른 추정상의 어려움을 해결하기 위함이다. 즉, 불균형시장 모형에서는 일반 균형시장 모형과는 달리 대출금리 조정 메커니즘에 대한 사전적 정보가 없는 상황 하에서 실제 관측이 가능한 은행대출금 거래규모만을 갖고 관측이 불가능한 대출 수요 및 공급 행태식을 동시에 추정(일종의 switching regression model)해야 하기 때문이다.

로 나눈 실질 예금규모를 각각 나타내고 있다. 기대 인플레이션율(π^e)은 CPI 지수의 3개 시차항($\sum_{i=1}^{3} CPI_{t-i}$)과 M3의 4기 시차항($M3_{t-4}$)을 전향회귀분석(rolling regression)을 통하여 생성한 예측치를 이용하였다. $(SP_c/SPI)_{t-1}$는 종합주가지수에 대한 기업부문(제조업)의 주식가격지수를 나타낸다. DMY_t는 1997년 12월 외환위기 발생시점에 대한 더미변수로서 외환위기가 국내 은행 대출시장에 초래할 수 있는 구조적 변화(structural change) 가능성을 포착하기 위하여 포함되었는데, 1997년 12월 이후는 1의 값을 갖고 나머지 기간에는 0의 값을 갖는다. $BISCAP_t$(은행의 대출자산 대비 유가증권보유 비중)는 은행의 BIS 자기자본비율 준수의무를 포착하기 위하여 포함되었다. 추정을 위해 선택된 모든 변수들은 계절 조정된 월별자료이며 금리를 제외한 여타 변수들에 대해서는 log를 취하였다. 한편 추정기간은 한은 재할인대상 대출금리가 제한적으로 자유화된 1994년 12월(제3단계 금리자유화) 이후의 기간을 선택하였다.

(1)식에서 일반은행의 가중평균 당좌대출금리(RL_t)는 차주(기업)의 대출금 조달비용의 대용변수로서 대출자금 수요와 負의 관계를 나타낸다. 또한 기업이 예상하는 일반 경제여건에 대한 대용변수로서 총산업생산지수(계절변동 조정)의 2기전 시차항(IP_{t-2})을 사용하였으며, 기업의 대외채무(명목) 가치에 영향을 미치는 대용변수로서 기대 인플레이션율(π^e_t)을 고려하였는데 이들 변수들은 대출수요와 正의 관계를 나타낸다.

한편 (2)식에서 일반은행의 가중평균 당좌대출금리(RL_t)는 대출수익률의 대용변수로서 은행의 대출공급과 正의 관계에 있다. 대출금리와 무위험 금융자산인 통안증권 금리간의 차, $(RL-RTB)_t$는 통상적으로 차주(기업)에 대한 일반 리스크 프리미엄과 은행에 의존적인 차주(주로 중소기업)에 대한 리스크 프리미엄의 합으로 볼 수 있다.[18] 따라서 은행은 이 금리차가 커질수록 차주에 대한 전반적인 신용위험이 높아진 것으로 판단하기 때문에 이 금리차는 대출공급과 음의 관계를 갖는다. 은행의 가장 중요한 대출재원인 실질 예금규모

---

18) 주 16) 참조.

(DEP_t)는 대출공급과 正의 관계를 갖는 것으로 상정하였다. 기업부문의 순자산가치의 대용변수로서 종합주가지수에 대한 기업부문(제조업)의 주식가격 ($(SP_c/SPI)_{t-1}$) 비율을 이용하였는데, 이 변수는 대출공급과 正의 관계를 나타낸다. 또한 외환위기 직후 대부분의 은행들이 BIS 위험가중 자기자본비율을 준수하기 위해 위험자산인 대출자산을 줄이고 무위험자산인 국채 및 통안증권 등 유가증권의 보유를 확대한 점에 비추어 이를 반영하기 위한 대용변수로서 은행의 대출자산 대비 무위험 유가증권보유 비중($BISCAP_t$)을 이용하였다.[19]

2. 추정 결과

위의 (1)~(3)식은 최우법(MLE)으로 추정하였으며, 아래 [표 5]에서 은행 대출금에 대한 수요 및 공급식의 추정계수는 우도함수(likelihood function) 값이 극대화되고 각 추정식의 잔차항 분산(σ^2)이 모두 유의한 경우에 도출된 결과이다. [표 5]에서 대출자금에 대한 수요 및 공급식의 추정계수는 대부분 앞에서 상정한 이론적인 부호와 같을 뿐만 아니라 통계적인 유의성도 대체로 높은 것을 알 수 있다. 특히 각 추정식에 종속변수의 전기 시차항(L_{t-1})을 설명변수로 포함한 것은 종속변수와 설명변수 사이의 내생성(endogeneity) 문제 및 종속변수 시계열의 불안정성(non-stationarity)을 어느 정도 해결하려고 하였기 때문이다.[20]

대출수요식에서 대출금리(RL_t)는 이론적인 부호와 일치하나 계수의 값이 비교적 작고 유의성이 없는 것으로 나타났다. 총산업생산지수(IP_{t-2})는 유의한 正의 값을 가지며 기대 인플레이션율(π_t^e)도 이론적인 부호와 일치하는 正의 값을 갖지만 통계적으로는 유의하지 않은 것으로 나타났다. 한편 대출공급식에서처럼 외환위기가 대출수요에 초래할 수 있는 구조적 변화 가능성을 포

---

19) Haubrich-Wachtel(1993) 참조.
20) King(1986) 참조.

착하기 위해 더미변수를 포함하여 추정해 보았으나 각 추정식의 설정을 다소 변경하더라도 일관되게 유의하지 않은 것으로 나타나 더미변수를 제외하였다.

대출공급식에서는 대출금리(RL_t) 및 대출금리와 통안증권 금리간의 차 ($RL_t - RTB_t$) 모두 각 추정계수가 이론적인 부호와 일치할 뿐만 아니라 유의한 것으로 나타났다. 이러한 결과는 대출금리뿐만 아니라 은행이 판단하는 차주의 신용위험이 대출공급을 결정하는 데 중요한 역할을 하고 있음을 시사하는 것으로 볼 수 있다. 실질은행예금(DEP_t)의 계수값은 크고 유의성도 높은 것으로 나타났는데 이는 예수금이 은행의 가장 중요한 대출재원임을 반증하는 결과로 해석할 수 있다.

또한 기업의 상대 주식가격($(SP_c/SPI)_{t-1}$)의 계수는 유의한 正의 값을 갖는 것으로 나타났는데, 이는 주식시장에서 평가하는 기업의 주식가격이 높아질수록 기업의 순자산가치 및 미래의 기대수익이 증가하기 때문에 은행의 대출공급도 증가하는 것으로 볼 수 있다. 특히 1997년 12월 외환위기 직후 은행들이 BIS 자기자본비율을 준수하는 과정에서 은행자산 가운데 대출금을 줄이고 유가증권 보유를 확대한 점을 포착하기 위해 포함된 은행의 대출자산 대비 유가증권 보유비중($DMY_t * BISCAP_t$)은 각 추정식의 설정을 다소 변경하더라도 일관되게 유의한 否의 값을 갖는 것으로 나타났다. 이러한 결과는 1997년 12월 외환위기 여파로 대부분의 은행들이 자기자본이 부족한 상황에서 BIS 자기자본비율을 준수해야 하는 제약 때문에 대출공급여력이 크게 위축된 점을 반영하는 것으로 보인다. 즉, 은행의 BIS 자기자본비율이 낮았던 점이 신용경색을 초래한 중요한 원인이었을 뿐만 아니라 외환위기 이후 은행의 BIS 자기자본비율 준수의무는 정상적인 신용창조 기능을 저해한 구조적인 대출공급측 충격이었던 것으로 판단된다.

〔표 5〕　예금은행 대출자금에 대한 수요 및 공급함수의 추정결과(94:12~99:4)

설명변수	대출수요함수	대출공급함수
· 상수항 (C)	0.074 (0.04)	-0.127 (-0.25)
· 실질대출금 시차항 　(L_{t-1})	0.841 (9.82)	0.043 (0.24)
· 대출금리(RL_t)	-0.004 (-0.78)	0.012 (4.90)
· 대출금리-통안증권 　금리($RL_t - RTB_t$)		-0.124 (-5.04)
· 실질예금(DEP_t)		0.764 (5.60)
· 산업생산지수(IPS_{t-2})	0.463 (2.80)	
· 기대 인플레이션(π^e)	0.172 (0.63)	
· 기업의 상대 주식가격 　($(SP_c/SPI)_{t-1}$)		0.253 (2.71)
· BIS 자기자본비율 　제약($BISCAP_t$)		-0.122 (-5.09)
σ^2	0.000794 (2.94)	0.000123 (2.44)

〔그림 6〕　　　　　　　　대출수요 및 공급 추정치

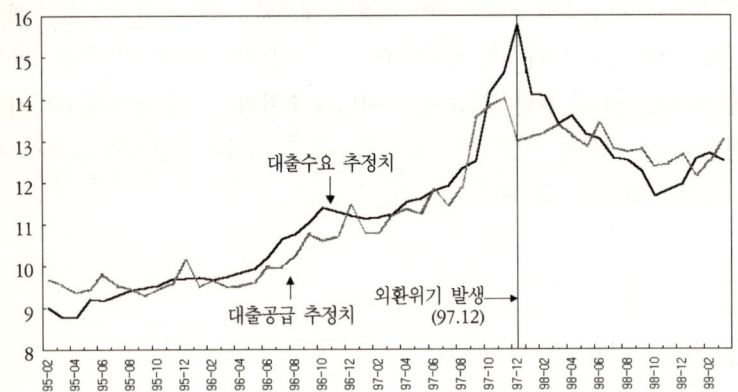

이와 같이 외환위기 이후 신용경색 현상이 주로 기업의 신용위험 확대 및 BIS 자기자본비율 준수의무 등 대출공급측 교란에 의해 초래된 점에 비추어 볼 때 Ⅱ절 2항의 '신용경색의 실질효과 증폭 이론(financial accelerator)'이 시사하는 바와 같이 신용경색으로 인해 실물경제가 더 급격하게 위축되어 나타난 것으로 추론해 볼 수 있다.

[그림 7]에서는 예금은행의 대출자금에 대한 수요 및 공급 추정식의 추정계수를 이용하여 1994:12～1999:4 기간중 대출자금에 대한 실질 수요 및 공급 규모의 추정치(fitted values)를 도출한 다음 이를 바탕으로 대출시장에서의 초과수요 및 공급규모를 기간별로 산출해 보았다. [그림 7]에서 1995년 2월～1999년 4월중(51개월) 예금은행의 대출자금은 약 20개월간 일시적으로 초과공급 상태에 있었으나 나머지 30개월은 초과수요 상태에 있었던 것으로 나타나고 있다. 특히 1997년 12월 외환위기 이후 대출시장의 수급패턴에 관한 주요 특징을 더 구체적으로 살펴보면, 1997년 12월 외환위기 발생시 대출공급은 신용경색을 반영하여 급격하게 감소하였으나 대출수요는 오히려 크게 증가함에 따라 대출시장의 초과수요는 [그림 8]에서 보는 바와 같이 1997년 12월중 큰 폭으로 증가하였음을 알 수 있다. 이처럼 외환위기 직후 신용경색으로 인

[그림 7]　　　　　은행대출금의 초과수요 및 공급 추정치

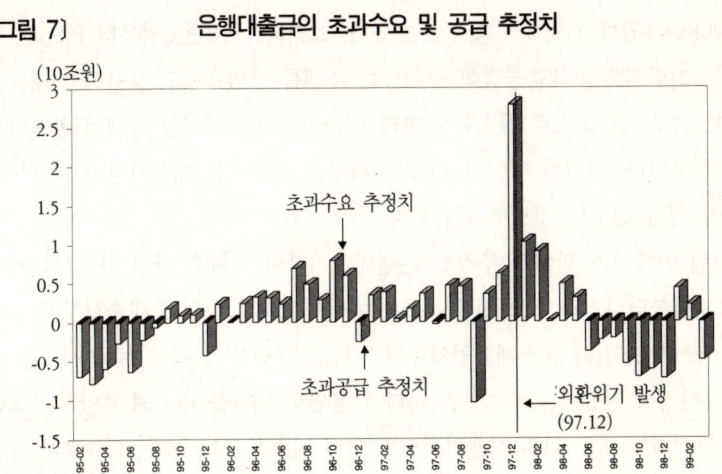

〔그림 8〕　　대출자금의 초과수요규모 및 중소제조업체의 자금사정지표 비교

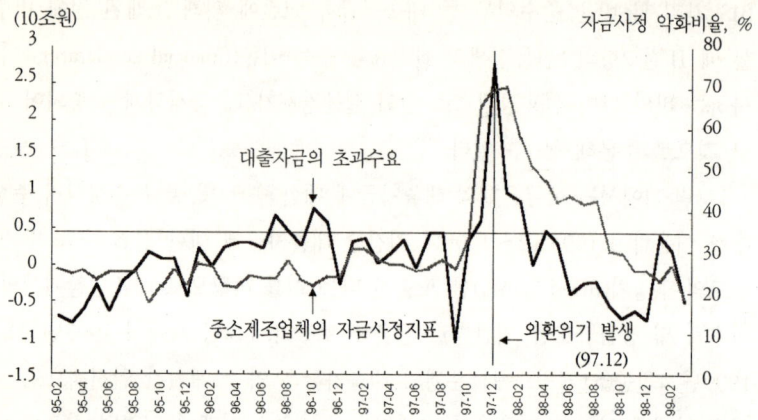

주 : 중소제조업체의 자금사정지표는 중소기업은행이 매월 중소제조업체(1998년 2월
　　종래 2,870개 업체에서 1,606개 업체로 조정)를 대상으로 '자금조달사정'에 관하여
　　매월 실시하는 설문 내용 중에서 해당월의 자금조달사정을 '원활', '곤란'으로 구분
　　할 때 '원활'하다고 응답한 비율에서 '곤란'하다고 응답한 비율을 차감한 값의 절대
　　치이다.

해 심화된 대출시장의 자금부족 현상은 대출자금에 대한 수요가 1998년에 들
어와 크게 부진한 추세를 보였음에도 불구하고 신용경색의 여파로 인해 대체
로 1998년 5월까지 지속된 것으로 보인다. 그러나 1998년 6월부터 1998년 말
까지는 전반적으로 대출공급이 줄어드는 추세를 보였음에도 불구하고 대출자
금 수요가 더 큰 폭으로 감소함에 따라 대출시장이 초과공급 상태로 반전되는
추세를 보였다. 이러한 점에서 1998년 하반기 이후에는 대출시장의 자금부족
현상이 점차 해소된 것으로 판단된다.

　[그림 9]에서는 위에서 추정한 은행대출시장의 초과수요규모가 실제 기업
들의 자금조달사정과 어느 정도 부합하는지를 살펴보기 위해 대출시장의 초과
수요규모(추정치)와 중소제조업체들의 '자금조달사정'에 관한 설문내용 중 자
금조달사정이 전월에 비해 "곤란"하다고 응답한 비율을 비교해 보았다. [그림
9]를 보면 외환위기 이후 신용경색으로 인해 대출시장의 초과수요규모가 컸던
기간 중에 중소제조업체의 자금조달사정도 가장 악화되었던 것으로 나타났으

나 대출시장이 초과공급 상태를 보인 1998년 하반기부터 중소제조업체의 자금조달사정이 크게 호전되어 온 것을 알 수 있다. 이러한 점에서 위에서 살펴본 은행대출시장의 수요 및 공급 추정치는 현실을 적절히 잘 반영하는 것으로 보인다.

V. 요약 및 시사점

이 글에서는 신용경색의 원인과 함께 신용경색이 금융자금의 흐름 및 실물경제와 어떻게 연계되어 있는지를 이론적으로 재조명한 후에 1997년 12월 외환위기 이후 신용경색의 발생여부를 식별함과 동시에 대출자금 수급패턴의 변동 추이를 실증적으로 분석하였는데 주요 분석결과를 요약하면 다음과 같다.

첫째, 1997년 12월 외환위기 직후 은행대출시장에서 대출자금에 대한 수요는 전월에 이어 크게 증가하였으나 대출공급이 급격하게 감소(신용경색 발생)함에 따라 극심한 자금부족(초과수요 급증) 현상을 초래한 것으로 나타났다. 이처럼 외환위기 이후 신용경색으로 인해 심화된 대출시장의 자금부족 현상은 1998년에 들어와 대출자금 수요가 크게 부진한 추세를 보였음에도 불구하고 신용경색의 여파로 인해 1998년 5월까지 지속된 것으로 나타났다. 특히 외환위기 이후 발생한 신용경색 현상은 대체로 1998년 3/4분기까지 지속된 것으로 보인다. 한편 1998년 6월부터 1998년 12월까지는 대출공급이 전반적으로 줄어드는 추세를 보였음에도 불구하고 경기침체 지속 등으로 대출자금에 대한 수요가 더 큰 폭으로 감소(대출자금 수요는 1998년 10월 이후 증가세로 반전)함에 따라 대출시장이 초과공급 상태로 반전되는 추세를 보였다. 이러한 결과에 비추어 볼 때 1998년 하반기 이후에는 대출시장의 자금부족 현상이 어느 정도 해소된 것으로 판단된다.

둘째, 1997년 12월 외환위기 직후 발생한 신용경색은 의도적인 고금리정책에 따른 기업의 순자산가치 감소(재무구조 악화) 및 신용위험 증가, 은행의 부실자산 급증에 따른 자기자본 감소 및 감독당국의 자산건전성 감독 강화(BIS 자기자본비율 준수의무) 등의 요인에 의해 상당기간 지속된 것으로 보인다. 이러한 점에서 은행의 BIS 자기자본비율은 정상적인 신용창조 및 금융중개 기능을 저해한 구조적인 대출 공급측 충격으로 작용한 것을 알 수 있다.

셋째, 신용경색의 여파로 은행의 기업대출이 줄어드는 과정에서 은행들의 지나친 위험기피 성향을 반영하여 대기업에 비해 신용위험이 높았던 중소기업대출이 더 큰 폭으로 줄어든 것으로 나타났다. 이와 같은 대출자금 흐름의 편중현상은 중소기업대출 비중이 높은 지방은행의 경우에 더 뚜렷하게 나타났다. 특히 중소기업은 은행대출금이 감소할 경우 대기업과는 달리 직접금융을 통해 여타 대체자금을 조달하기가 어려운 점을 감안할 때 신용경색으로 대기업보다는 대부분의 중소기업들이 더 심각한 자금난을 겪은 것으로 볼 수 있다. 따라서 신용경색에 따른 중소기업에 대한 대출감소(자금부족)는 대기업에 대한 대출감소에 비해 외환위기 이후 실물경제를 크게 위축시키는 과정에서 더 높은 승수효과(multiplier effect)를 초래한 것으로 판단된다.21)

넷째, 외환위기 이후 은행의 자산구성 면에서 대출금 비중은 신용경색 및 자금수요의 위축으로 크게 줄어든 반면 주식 및 사채, 국채 및 통안증권 등 유가증권 보유비중은 높아진 것이 특징이다. 이와 같은 자산구성의 변동은 은행들이 공적자금 투입 및 유상증자를 통해 자기자본을 확충한 데다 1998년 상반기 중 이례적인 고금리에 따른 기업의 연쇄도산 및 부동산가격의 폭락으로 대출자산이 급격히 부실화된 상황(재무구조 악화)에서 일반 기업의 높은 신용위험을 회피하기 위해 주로 5대 그룹이 발행한 회사채 및 CP를 대량 매입한 점과 BIS 자기자본비율 준수를 위해 국채 및 통안증권 등 무위험자산의 운용을 선호한 데 따른 것으로 볼 수 있다.

이와 같은 분석결과를 바탕으로 다음과 같은 시사점을 생각해 볼 수 있을 것이다.

첫째, 신용경색이 주로 기업의 높은 신용위험 및 자산건전성 감독 강화(BIS

---

21) 이러한 점에서 Hancock-Wilcox(1998)는 은행의 중소기업대출을 일종의 "high-powered loan"으로 간주하고 있다.

자기자본비율 준수의무) 등으로 초래된 상황에서는 통화당국이 단기금리(콜금리 및 RP 금리)를 낮추어 은행의 대출여력을 확대하더라도 신용(대출)이 증가하지 않을 수 있다는 점에 주목할 필요가 있다. 이 경우 통화정책의 파급과정에서 은행대출경로를 통한 통화정책의 효과가 차단되는 결과가 초래된다. 실제로 이와 같은 현상이 외환위기 이후 대체로 1998년 3/4분기까지에 걸쳐 초래된 것으로 보인다. 즉, 은행에 공급된 지준자금이 신용경색의 여파로 기업 및 타 금융기관으로의 자금흐름이 차단됨에 따라 은행권에만 머물다가 일부는 유가증권 등에 투자되고 나머지는 다시 중앙은행으로 환류된 것으로 나타나고 있다.[22] 이러한 점을 감안할 때 신용경색으로 인해 대출시장에 자금난(초과수요 발생)이 발생하는 상황에서는 자금난 해소를 위한 일시적인 유동성 지원책보다는 건전한 기업에 대한 신용보증 확대 등을 통한 기업의 신용위험 경감, 기업금융 취급 비중이 높은 은행의 부실채권 매입 및 증자(recapitalization) 지원을 위한 공적자금 투입 등을 통해 은행의 기업대출을 정상화시킬 수 있는 구조적인 조치에 정책의 역점을 두어야 할 것이다.

둘째, 신용경색이 발생하면 은행의 대기업대출도 감소하지만 상대적으로 은행대출에 의존적인 중소기업에 대한 금융이 더 큰 폭으로 줄어들기 때문에 중소기업의 투자수요가 극심하게 위축되는 경향을 보이게 된다. 따라서 신용경색이 발생할 경우 중소기업의 투자지출에 미치는 불리한 자금배분 효과를 완화하는 것이 무엇보다 긴요한 과제라고 할 수 있다. 이를 위해서는 중소기업 재무제표의 투명성을 높일 수 있도록 유도하고 중소기업 대출업무에 대한 체계적인 신용평가 시스템의 조속한 확립 및 신용보증기금 확대 등을 통해 한계기업의 시장퇴출을 촉진하는 한편 사업전망이 양호하고 경쟁력이 있는 중소기업들에 대해서는 장기적으로 은행 대출자금이 안정적으로 확보될 수 있도록 정책적인 배려가 요망된다고 하겠다.

셋째, 주지하는 바와 같이 외환·금융위기가 우리에게 준 중요한 교훈 가운

---

22) Woo(1999)는 1997년 일본에서도 이와 같이 은행에 대한 건전성 감독 강화 등으로 신용경색이 발생하고, 그로 인해 은행대출경로를 통한 통화정책의 효과가 크게 낮아진 점을 실증적으로 보여주고 있다.

데 하나는 기업의 재무상태가 악화됨에 따라 금융산업 전반에 걸쳐 재무구조의 취약성이 심화되면 신용경색뿐만 아니라 금융위기가 재연될 가능성이 높아질 수 있다는 점이다. 이러한 점에서 기업 및 금융기관의 구조조정을 통해 기업에 대해서는 과도한 부채비율 및 신용위험을 낮출 수 있도록 하고 금융기관에 대해서는 자기자본 확충을 유도하기 위한 자산건전성 감독을 강화해 나감으로써 기업 및 금융기관의 재무구조를 건실하게 유지하는 것이 그와 같은 위기 가능성을 사전에 봉쇄하기 위한 중요한 선결과제라고 할 수 있다.

넷째, 신용경색이 진행되는 과정에서 은행의 유가증권 보유 비중이 외환위기 이후 크게 높아짐에 따라 은행이 상대적으로 신용위험은 줄어든 반면 금리변동 위험(interest rate risk)에 노출될 가능성은 높아진 것으로 볼 수 있다. 이와 관련하여 현행 BIS 건전성규제 기준은 은행의 신용위험만을 고려하고 있는 점을 감안할 때 최근 BIS가 신자기자본비율 규제를 통해 추진하고 있는 바와 같이 은행자산의 금리변동 위험도 포함하는 포괄적인 위험관리 시스템의 구축과 함께 이에 상응하는 감독기준의 확충이 절실히 요청된다고 하겠다.

鄭漢永, 〈最近 信用梗塞의 原因과 解消方案〉, 《금융동향》, 한국금융연구원, 1999 년 봄.

조동철 외, 〈信用梗塞의 分析的 理解 및 對應方向〉, KDI, 1998. 7.

한국은행, 《연차보고서》, 1997, 1998.

———, 《조사통계월보》, 각호.

———, 《조사통계월보》, 1998. 8.

———, 《통화금융》, 각호

한국은행 조사부, 〈最近 信用梗塞의 原因과 對應方案〉, 1998. 8.

Berger N. Allen and Gregory F. Udell, "Did Risk–Based Capital Allocate Bank Credit and Cause a 'Credit Crunch' in the United States", *Journal of Money, Credit and Banking*, Vol. 26, 1994.

Bernanke, Ben S. and Alan S. Blinder, "Credit, Money and Aggregate Demand", *AEA Papers and Proceedings*, Vol. 78, 1998.

Bernanke, Ben S., Mark Gertler, and Simon Gilchrist, "The Financial Accelerator in a Quantitative Business Cycle Framework", *NBER Working Paper*, No. 6455, March 1998.

———, "The Financial Accelerator and the Flight to Quality", *The Review of Economics and Statistics*, Feb. 1996.

Bernanke, Ben S. and Cara S. Lown, "The Credit Crunch", *Brookings Papers On Economic Activity* 2, 1991.

Cantor, Richard and John Wenninger, "Perspective on the Credit Slowdown", *Federal Reserve Bank of New York Quarterly Review*, Vol. 18, Spring 1993.

Pazarbasioglu, Ceyla, "A Credit Crunch? Finland in the Aftermath of the Banking Crisis", *IMF Staff Paper*, Vol. 44, 1997.

Ding, W., I. Domac, and G. Ferri, "Is There a Credit Crunch in East Asia?", *World Bank Policy Research Working Paper*, No. 1959, 1998

Furlong, Frederick T., "Capital Regulation and Bank Lending", *Federal Reserve Bank of San Francisco Economic Review*, Vol. 3, 1992.

Gertler, Mark and Simon Gilchrist, "The Role of Credit Market Imperfections in the Monetary Transmission Mechanism : Arguments and Evidence", *Scandinavian Journal of Economics*, Vol. 95, 1993.

Hancock, Diana and James A. Wilcox, "Bank Capital and Portfolio Composition", Paper presented at the Conference on Bank Structure and Competition, Federal Reserve Bank of Chicago, May 1993.

Haubrich, Joseph G. and Paul Wachtel, "Capital Requirements and Shifts in Commercial Bank Portfolios", *Federal Reserve Bank of Cleveland Economic Review,* Vol. 29, Fall 1993.

Kim, Hyun Eui, "Was the Credit Channel a Key Monetary Transmission Mechanism following the Recent Financial Crisis in the Republic of Korea?", *World Bank Policy Research Working Paper*, No. 2103, April 1999.

King, Stephen R., "Monetary Transmission : Through Bank Loans or Bank Liabilities?", *Journal of Money, Credit, and Banking*, Vol. 18.

Laffont, Jean-Jacques and Rene Garcia, "Disequilibrium Economics for usiness Loans", *Econometrica*, Vol. 45, 1977.

Maddala, G. S., *Limited-Dependent and Qualitative Variables in Economics*, Cambridge : Cambridge University Press, 1984.

Maddala, G. S. and Forrest D. Nelson, "Maximum Likelihood Methods for Models of Markets in Disequilibrium", *Econometrica*, Vol. 42, 1984.

Mishkin, Frederic S., "Symposium on the Monetary Transmission Mechanism", *Journal of Economic Perspectives*, Fall 1995.

Peek, Joe and Eric Rosengren, "The Capital Crunch in New England", *Federal Reserve Bank of Boston New England Economic Review*, May/June 1992.

Sealey, C. W. Jr., "Credit Rationing in the Commercial Loan Market: Estimates of a Structural Model Under Conditions of Disequilibrium", *Journal of Finance*, Vol. 34, 1979.

Stiglitz, Joseph, "The Credit Crunch : Comments and Discussion", *Brookings Papers On Economic Activity* 2, 1991.

Stiglitz, Joseph and Andrew Weiss, "Credit Rationing in Markets with Imperfect Information", *American Economic Review*, Vol. 71, June 1981.

Swati R., Ghosh and Atish R. Ghosh, "East Asia in the Aftermath : Was There a Crunch?", *IMF Working Paper* 99/38, March 1999.

Syron, Richard F., "Are We Experiencing a Credit Crunch?", *Federal Reserve Bank of Boston New England Economic Review*, July/August 1991.

Wojnilower, Albert, "Credit Crunch", *New Palgrave Dictionary of Money and Finance*, edited by Peter Newman, Murray Milgate, and John Eatwell, London Mcmillan Press,

──────, "Private Credit Demand, Supply, and Crunches-How Different are the 1980's?", *American Economic Association Papers and Proceedings*, May 1985.

──────, "The Central Role of Credit Crunches in Recent Financial History", *Brookings Papers On Economic Activity* 2, 1980.

Woo, David, "In Search of Capital Crunch : Supply Factors Behind the Credit Slowdown in Japan", *IMF Working Paper* 99/3.

9 은행자산구성 변화와 통화정책

함정호

I. 머리말

은행은 자금의 공급자와 수요자 간에 금융을 중개함으로써 자산과 부채를 동시에 창출한다. 즉 은행은 요구불예금이나 저축성예금 등의 부채를 발행하여 이를 대출이나 유가증권과 같은 자산으로 전환한다. 은행은 이러한 자산·부채의 전환이라는 금융중개활동을 통하여 중앙은행의 통화정책을 경제 전반에 파급시키는 중요한 역할을 수행한다. 이러한 점에서 은행의 금융중개활동과 관련한 행태변화는 통화정책과 관련하여 대단히 중요한 의미를 가진다고 할 수 있다.

최근 금융시장의 범세계화, 자본시장 발달과 금융의 증권화 추세, 금융·외환위기 발생과 이에 따른 건전성감독 강화 등 내외 금융환경의 급속한 변화는

---

* 이 장은 한국은행《조사통계월보》1999년 8월호에 실린 논문을 일부 수정·보완하여 전재한 것이다.

은행의 금융중개행태에도 많은 변화를 요구하고 있다. 은행대차대조표의 부채측면에서 보면 재원조달수단으로서 전통적인 예금뿐만 아니라 필요에 따라 시장에서 동원할 수 있는 여러 가지 새로운 부채수단이 등장하고 있으며, 자본측면에서는 최근 들어 감독당국이 적정자본비율을 엄격히 준수할 것을 요구하고 있다. 한편 자산측면에서는 직접금융시장 발전과 자산의 증권화 추세, 그리고 BIS 최저자본비율준수 등으로 전통적인 기업대출이 감소하는 대신 유가증권 보유는 확대되는 방향으로 은행의 자산구성에도 많은 변화가 나타나고 있다.

이러한 은행자산구성의 변화는 최근 주요 선진국뿐만 아니라 우리나라의 경우에도 매우 뚜렷하게 나타나고 있다. 특히 우리나라에서는 금융·외환위기 이후 경기침체로 전반적인 신용불안이 발생하고 BIS 자기자본비율을 엄격히 적용함에 따라 은행이 대출을 기피하고 국채, 통안증권 및 수익증권을 중심으로 유가증권보유 비중을 급격히 증가시키는 경향을 보이고 있다.

통화정책의 파급경로에 대한 신용중시견해에 따르면 통화량의 변동을 수반하지 않는 은행자산구성의 변화도 실물경제활동에 큰 영향을 미칠 수 있는 것으로 알려지고 있다. 즉 은행이 대출을 줄이고 대신 유가증권 보유를 늘리는 자산운용전략을 선택하면 은행의존도가 높은 중소기업은 금융제약(financial constraint)에 직면하게 되어 당초의 투자계획을 이행할 수 없게 되고 따라서 실물경제가 위축될 수 있다는 것이다. 그러므로 통화당국이 경기회복을 위하여 통화공급을 확대하더라도 은행이 대출보다는 유가증권 보유를 확대하는 경우 통화정책의 효과는 그만큼 줄어들어 경기회복이라는 당초의 목적을 달성하는 데 차질이 발생할 수 있다는 것이다.

이와 같이 통화정책 파급과정에서 실제로 신용경로가 존재하고 또 은행의 자산구성 변화가 어떠한 경로로든 실물경제에 영향을 미치는 것이 사실이라면 은행의 자산구성 변화는 통화정책의 유효성과 관련하여 매우 중요한 의미를 가진다. 그것은 은행의 자산구성이 통화정책의 본래 의도와는 다르게 변화하는 경우 통화정책의 효과를 전반적으로 약화시킬 수 있기 때문이다.

이 장은 이러한 관점에서 은행자산구성의 역할에 관한 이론적 실증적 논의와 주요국 은행자산구성 변화의 원인과 추이를 개관한 후 우리나라 은행의 자산구성 변화추이와 그 원인을 살펴보고 이러한 자산구성 변화가 주는 통화정책적 시사점을 고찰해 보고자 한다.

이 장의 구성은 다음과 같다. 먼저 Ⅱ절에서 은행자산구성의 역할에 관한 논의와 기존 연구를 개관하고, Ⅲ절에서는 주요국 은행의 자산구성 변화의 원인과 그 추이를 살펴보았다. Ⅳ절에서는 금융환경 변화에 따른 우리나라 은행의 자산구성 변화추이와 그 원인을 규명하고, Ⅴ절에서는 은행의 자산구성과 실물경제와의 관계를 실증적으로 분석해 보았다. 마지막으로 Ⅵ절에서는 주요 분석결과를 요약 정리하고 은행자산구성 변화의 정책적 시사점을 정리하였다.

Ⅱ. 은행자산구성의 역할에 관한 논의

통화정책이 어떤 경로를 통하여 실물경제활동에 영향을 미치는가 하는 문제는 통화이론과 거시경제학에서 가장 기본적이고 오래된 과제 가운데 하나이다. 특히 통화정책의 파급과정에서 은행의 자산구성과 같은 금융구조적 측면이 실물경제활동에 영향을 미칠 수 있는가 하는 문제는 케인지언(Keynesians), 통화주의자(Monetarists), 그리고 신용학파(Credit school) 간에 통화정책효과의 파급경로를 보는 견해와 매우 밀접하게 관련되고 있다.

주지하는 바와 같이 통화정책의 파급경로에 대한 견해는 크게 통화중시견해(money view)와 신용중시견해(credit view)의 두 가지로 나눌 수 있다.[1]

통화중시견해는 케인지언 IS-LM모형의 전통적인 통화정책 파급경로로서 통화공급의 변동은 이자율경로를 통해 자본비용을 변동시킴으로써 총수요와 실물경제에 영향을 미친다고 본다. 통화중시견해는 은행대출금이 채권이나 주식과 같은 시장성자산과 완전대체(perfect substitutes)관계에 있다는 점을 전제로 하고 있다. 따라서 통화긴축으로 지준자금이 감소하게 되면 은행의 대출금

---

1) 통화정책의 파급경로에 대한 더 상세한 논의는 Mishkin(1996) 참조.

도 감소하지만 지금까지 은행대출에 의존하던 기업은 직접금융시장에서 채권이나 주식발행을 통해 대체자금을 조달할 수 있다고 본다. 이러한 통화중시견해에 따르면 은행의 부채인 통화가 중요할 뿐 자산항목인 대출금(신용)에 대해서는 특별한 주의를 기울일 필요가 없다.

한편 신용중시견해는 은행대출이 특별(special)하다는 점을 강조한다.[2] 즉 은행에 주로 의존하는 중소기업과 같은 일부 차입자에게는 채권이나 주식발행을 통해 직접금융시장에서 자금을 조달하는 것이 어렵기 때문에 은행대출이 특별하게 중요한 자금조달원이라는 것이다. 따라서 신용을 중시하는 학자들은 통화정책의 파급과정에서 은행의 부채인 통화량뿐만 아니라 자산항목인 은행대출(신용)도 중요한 역할을 한다고 본다. 이러한 신용중시견해에 의하면 통화정책이 실물경제에 미치는 효과는 은행을 비롯한 금융중개기관의 금융중개 활동에 의해 크게 영향을 받으며, 나아가 통화량의 변동을 동반하지 않는 순수한 은행자산구성의 변화도 실물경제에 중요한 영향을 미칠 수 있다고 본다. 이것이 사실이라면 통화정책과 함께 적정자본규제 등을 포함하는 은행 건전성 규제 및 감독정책의 변화도 은행자산구성의 변화를 통하여 실물경제에 중요한 영향을 미칠 수 있다는 점에 주목할 필요가 있다.

아래에서는 먼저 금융구조적 측면이 실물경제에 영향을 미칠 수 있는가에 대한 그간의 이론적 실증적 논의를 간략하게 살펴본 다음 구체적으로 은행자산구성 변화가 어떤 경로를 통해 실물경제활동에 영향을 줄 수 있는지를 고찰해 본다. 그리고 마지막으로 이러한 은행자산구성 변화와 통화정책 사이의 관계를 살펴본다.

1. 금융구조와 실물경제[3]

역사적으로 보면 대부분의 거시경제이론은 금융제도가 아무런 마찰 없이

---

2) 은행대출의 특수성(specialness)에 대한 더 구체적인 논의는 함정호(1996) 참조.
3) 이 부분은 Bernanke and Gertler(1987)와 Gertler(1988)를 주로 참조하였다.

순조롭게 작동한다고 전제하여 금융시장이나 금융중개기관에 특별한 역할을 부여하지 않는 것이 일반적인 경향이었다.[4] 이러한 전통은 오늘날의 거시이론에도 그대로 적용되고 있는데 '금융구조(financial structure)는 실물경제와 전혀 무관하다'는 가정 하에 전개되고 있는 실물경기변동론(real business cycle theory)이 그 전형적인 예에 속한다.

케인스(J. M. Keynes)의 '일반이론' 이후의 거시경제 문헌에서도 금융시장과 실물생산 간의 직접적인 관련성은 무시되고 있으며 유동성선호이론에 따른 금융시장과 실물경제활동 간의 간접적인 연관성만이 인정되고 있다. 이러한 결과로 은행의 부채항목인 통화만이 거시경제행태를 설명하는 데 가장 적합한 금융변수로 취급되고 있는 반면 신용 등 여타 금융변수의 중요성은 인정되지 않고 있다.

통화주의자들 역시 시계열자료 분석을 통하여 통화량과 생산 간에 긴밀한 관계가 존재함을 밝힘으로써 통화량만이 거시경제이론에서 가장 중요한 금융변수로 인식되게 하는 데 크게 기여하고 있다(Friedman and Schwartz 1963). 이러한 경향은 모딜리아니-밀러 정리(Modigliani-Miller Theorem)[5]에 이르러 절정에 이르고 있으나 1958년 이 정리가 발표된 이후 그 타당성을 규명하기 위한 실증적 연구가 활발하게 이루어지면서 하나의 중요한 전기를 맞이하게 되었다.[6]

---

4) 이러한 경향은 방법론적인 제약(methodological constraint)에도 상당 부분 기인하고 있는 것으로 알려지고 있다. 예를 들면 왈라스(Walras)모형이나 애로우-디브루(Arrow-Debreu)모형과 같은 일반균형모형은 거래비용 등 마찰(friction)이 전혀 없는 경제를 상정하기 때문에 통화나 금융의 실질적인 역할이 없다. 예를 들어 기본적으로 통화가 필요 없는 이러한 모형에 통화를 도입하여 통화의 역할을 분석하는 경우 통화의 역할을 제대로 규명하는 것은 불가능해진다. 이러한 이유로 현대통화이론이나 거시경제이론의 미시경제적 기초가 취약하다는 지적이 많다. 이에 대한 자세한 내용은 함정호(1996) 참조.

5) 모딜리아니-밀러 정리(Modigliani-Miller Theorem)는 원래 자본시장이 완전하다는 가정 하에 기업의 자본조달원(채권조달과 주식조달), 즉 자본구조는 기업의 실물투자 결정에 아무런 영향을 미치지 못한다는 것을 말하나 더 넓은 의미로는 은행의 자산구성이나 금융중개활동 등과 같은 금융의 구조적 측면은 실물경제활동에 아무런 영향을 미치지 못한다는 것을 의미하는 것으로 해석되고 있다(Gertler 1988, Sinkey 1994 참조).

6) Bernanke(1983), Blinder and Stiglitz(1983), Townsend(1983), Boyd and Prescott(1986), Bernanke and Gertler(1987), Bernanke and Blinder(1988), Gertler(1988) 등을 참조.

이 연구들은 모딜리아니-밀러 정리가 주장하는 바와 달리 미시적 측면에서 금융중개기관이 제공하는 금융중개활동 수준이 거시경제적 성과를 결정하는 데 중요한 요소가 된다는 공통적인 결론을 도출하고 있다. 이들에 의하면 금융중개기관은 투자자와 저축자 사이의 자금중개를 통하여 비대칭정보에 기인하는 시장의 불완전성을 극복하는 중요한 역할을 수행한다는 것이다. 따라서 통화정책이나 은행감독정책의 변화에 따르는 금융중개활동 수준, 즉 금융구조 (financial structure)의 변화는 실물경제활동에 중요한 영향을 미칠 수 있다는 것이다.[7]

최근 들어 거시경제행태의 미시적 기반(microfoundation of macroeconomic behavior)을 이해하는 것이 중요하다는 점이 강조되면서 특히 거시경제성과와 관련하여 은행부문의 금융중개역할에 대한 관심이 새로이 대두되고 있다. 금융중개활동의 거시경제적 중요성에 대한 최근 연구는 주로 금융중개기관의 존재이유와 금융중개의 역할, 그리고 나아가 이러한 금융구조적 측면이 어떻게 실물경제활동과 상호 작용하는가를 설명하는 데 관심을 집중하고 있다.

이러한 연구는 기본적으로는 은행의 금융중개활동 수준이 실물경제에 중요한 영향을 미친다고 주장해 온 Gurley and Shaw(1955) 등의 견해에 기반을 두고 있다.[8] 이들에 의하면 한 나라의 거시경제적 성과는 그 나라 경제 전체의

---

7) 예를 들어 Bernanke(1983)는 미국의 대공황시기에 경제침체가 상대적으로 좀더 심화되고 오래 지속된 근본적인 이유는 바로 그 당시 수많은 은행의 도산과 함께 금융시스템이 붕괴되어 금융중개기능이 충분하게 작동되지 않았던 데에 크게 기인하고 있다고 분석하고 있다. 특히 그는 은행시스템의 붕괴는 경제 내의 어느 특정부문, 즉 직접형태의 신용에 쉽게 접근할 수 없어 은행에 주로 의존해야 하는 중소기업과 같은 특정 차입자그룹의 자금흐름을 차단함으로써 실물경제활동에 커다란 부정적 영향을 미칠 수 있다는 점을 강조하고 있다.

8) Gurley and Shaw(1955)는 금융중개의 역할을 강조하고 있으며 통화공급과 대립되는 신용공급 과정에서의 금융중개기관 특히 은행의 역할을 중시하고 있다. 이들에 의하면 기간간 거래의 효율성을 개선하는 데서 금융중개기관의 역할은 실물경제 성과를 규정하는 중요한 요인이라고 주장한다. 따라서 통화공급에만 관심을 한정하는 것은 금융과 실물경제활동 간의 연계성을 적절하게 규명하지 못하게 하는 장애요인이 되며 이러한 왜곡요인은 금융제도가 발전할수록 악화된다고 보고 있다. 금융발전의 초기단계에서는 전통적인 상업은행이 금융중개의 유일한 형태이고 대부분의 은행은 거래서비스와 대출서비스를 동시에 공급한다. 이러한 환경에서는 은행부채의 대부분을 차지하는 내부통화(inside money)의 공급이 전반적인 금융중개 수준과 밀접하게 관련되어 있기 때문에 통화잔고는 금융활동 수준을 대표할 수 있는 유용한 대용변수 (proxy)가 될 수 있다. 따라서 통화량과 실물경제활동 사이에는 안정적인 관계가 존재할 수 있다. 그러나 금융시스템이 발달되어 감에 따라 비은행 금융기관이 증가하고 유사통화자산이 많

금융능력(financial capacity)에 크게 영향을 받는다고 주장한다. 금융능력이란 현재의 지출이나 미래의 지출여력을 감축함이 없이 부채를 수용할 수 있는 차입자의 능력을 나타내는 것이라고 할 수 있다. 따라서 한 나라 경제의 금융능력은 그 나라의 총수요를 결정하는 중요한 요소가 된다. 이들에 의하면 금융중개기관은 정보의 비대칭성을 극복하고 저축자와 투자자 사이의 자금흐름을 원활하게 하는 금융중개기능을 통하여 특정부류의 차입자에게 직접금융시장에서는 불가능할지도 모르는 더 많은 양의 신용과 더 좋은 조건의 신용을 확보할 수 있게 함으로써 금융능력을 확대하는 데 크게 기여한다는 것이다. 그리고 이러한 금융능력의 확대는 그 나라의 거시경제 성과를 결정하게 된다는 것이다.

최근 신용경로를 중시하는 일단의 학자들은 다양한 방법론을 원용하여 은행의 금융중개활동 등 금융구조적 측면이 실물경제활동에 중요한 영향을 미칠 수 있음을 실증적으로 뒷받침하는 분석결과를 제시하고 있다. 어떤 학자는 은행의 역할이 특별하고 따라서 은행대출이 특별하다는 점을 이용하여(Fama 1985), 또 어떤 학자는 은행이 금융중개활동을 통하여 신용의 흐름을 촉진하는 중요한 역할을 수행하기 때문에 은행부문의 건전성 자체가 거시경제에 대단히 중요하다는 점을 들어(Bernanke and Gertler 1987), 그리고 또 다른 일련의 학자들은 자본시장이 불완전(모든 신용수단이 완전대체재가 아님)하기 때문에 통화정책 변동시 순자산가치(net worth)가 작은 중소기업은 순자산가치가 큰 대기업보다 더 큰 영향을 받게 된다는 점을 들어(Kashyap and Stein 1994, Gertler and Gilchrist 1994) 미시적 측면의 금융구조가 실물경제활동에 중요한 영향을 미칠 수 있음을 보여 주고 있다.

이 등장하게 되면 은행의 부채인 통화량은 전체 금융기관의 신용흐름을 대표하지 못할 뿐만 아니라 비은행 금융기관의 비통화적 부채 역시 유동성을 보유하는 대체적인 수단이 되기 때문에 통화의 중요성이 감소될 수밖에 없으며 실물경제활동과의 관련성도 약화된다. 따라서 통화정책당국이 통화에만 초점을 두고 정책을 하게 되는 경우 많은 왜곡과 부작용을 야기할 수 있다는 것이다.

2. 은행자산구성 변화와 통화정책

앞에서 살펴본 바와 같이 통화를 중시하는 학자들은 통화정책의 파급과정에서 은행의 부채항목인 통화량만이 중요할 뿐 은행의 자산인 대출금(신용)은 전혀 문제가 되지 않는다고 본다. 이들에 의하면 통화를 보유한다는 것은 구매력을 일시 저장한다는 것(temporary abode of purchasing power)을 의미하기 때문에 결국에는 지출될 것이므로 통화량과 총지출 사이에는 장기적으로 보면 매우 안정적인 관계가 성립한다고 본다(Friedman and Schwartz 1963). 이와 같이 통화량과 지출 사이에 안정적인 관계가 존재하는 것이 사실이라면 통화량만이 문제되는 것이지 은행의 대출로 공급된 것이든 유가증권매입으로 공급된 것이든 공급된 통화량의 원천이 무엇이냐 하는 문제는 그리 중요하지 않다고 본다. 따라서 이들은 통화량의 변동 없는 은행자산구성의 변화는 실물경제활동에 아무런 영향을 줄 수 없다고 주장한다.9)

반면에 통화정책 파급과정에서 신용을 중시하는 학자들은 은행대출을 통해 공급된 자금은 즉각적으로 재화나 서비스에 대한 지출로 나타나지만 은행의 유가증권 매입을 통해 공급된 자금은 곧바로 지출에 이용되지 않고 대신 다른 금융자산을 구입하는 데 사용되거나 아니면 유휴잔고(idle balance) 형태로 보유될 수도 있다고 본다. 이와 같이 은행대출로 공급된 자금의 지출탄력도가 유가증권구입으로 공급된 자금의 지출탄력도보다 더 크기 때문에 은행자산구성의 변화는 통화량의 변화 없이도 실물경제활동에 영향을 미칠 수 있다고 주장한다(Silber 1969).10)

---

9) 특히 통화주의자들은 미국 대공황시기에 생산이 정도 이상으로 격감한 것은 은행도산 등에 따른 통화공급량 감소에 기인하는 것이지 은행대출이나 여타 신용의 감소와 관련된 것이 아니라고 주장한다. 이와 같이 통화주의자들은 통화량의 중요성을 강조하는 대신 은행의 금융중개활동을 포함하는 금융구조의 중요성을 인정하지 않고 있다(Friedman and Schwartz 1963).

10) 이와 관련하여 일찍이 Silber(1969)는 신용경로를 중요하게 고려하는 경우 은행의 자산구성 변동이 실물경제에 영향을 미칠 수 있는 근거로 아래와 같은 두 가지 논거를 제시하고 있다. 첫째는 대출이자율과 증권수익률에 대한 투자지출의 탄력도가 상이하다는 점이다. 일반적으로 재고투자는 증권수익률보다는 은행 대출이자율 변화에 더 민감하게 반응하고 그 밖의 다른 형태의 투자지출도 증권수익률에 대한 탄력도가 그다지 크지 않다고 분석하고 있다. 둘째로 신규지출에 대해 자금을 공급하는 은행대출자금의 한계지출성향이 기존의 유가증권 구입으로

여기서 주목해야 할 점은 신용경로를 고려하는 경우에는 통화량의 변동이 수반되지 않는 순수한 은행자산구성의 변화도 실물경제활동에 중요한 영향을 미칠 수 있다는 점이다. 예를 들어 통화정책의 변동이 없더라도 은행이 자산구성에서 대출금을 줄이고 유가증권 보유비중을 증가시키는 경우 실물경제가 위축될 수 있다.

한편 통화정책의 변동이 있을 때 은행의 자산구성이 정책의 본래 의도와는 다르게 변화하는 경우 통화정책의 효과가 제약되거나 정책당국이 의도하지 않은 의외의 결과가 초래될 수 있다. 이를 금융이론적 측면에서 실증적으로 뒷받침하는 연구결과를 보면 대체로 아래와 같은 세 가지 유형으로 정리할 수 있다.

첫째, 대출자(은행)와 차입자 사이에 존재하는 정보의 비대칭성이 신용할당을 가져오는데 이러한 신용할당체제에서 통화정책 변동은 은행의 자산구성 변화로 인하여 실물경제에 기대 이상의 영향을 미칠 수 있다.[11] 예를 들어 신용할당경제에서 통화당국이 긴축정책을 펴는 경우 증권수익률은 상승하나 은행의 대출금리는 신용할당 때문에 일정기간 원래 수준을 유지하거나 완만하게 조정되는 경직성(stickiness)을 보이므로 은행의 자산구성에서 유가증권에 비하여 대출금의 비중이 상대적으로 더 많이 감소하게 되며 이에 따라 실물경제가 지나치게 위축될 수 있다(Stiglitz and Weiss 1981).

둘째, 신용할당경제를 가정하지 않더라도 금융시장이 불완전한 경우 은행의 자산구성이 정책당국의 원래 의도와 다르게 변화한다면 통화정책의 효과를 약화시킬 수 있다. 금융시장의 불완전성은 다르게 말하면 은행대출을 통한 자금

공급된 자금의 지출성향보다 더 클 수 있다는 점이다. 이를 다르게 말하면 은행대출로 공급된 자금의 소득유통속도가 유가증권매입으로 공급된 자금의 그것보다 더 빠르다는 것을 의미한다.

11) 금융시장에서 정보의 비대칭이 존재하는 상황에서 은행이 대출이자율을 지나치게 올리면 기대수익은 낮지만 안전한 투자를 계획하고 있는 우량기업은 높은 이자를 지급하기를 원하지 않기 때문에 은행대출시장에서 이탈하여 직접금융시장에서 자금을 조달하고자 하는 경향을 보이는 반면 수익성은 높지만 위험도가 높은 사업에 투자하려는 기업의 비중이 상대적으로 증가할 것이므로 은행자산의 위험도가 전반적으로 높아지고 기대수익은 낮아진다. 이 경우 은행은 역선택(adverse selection)을 피하고 자산의 위험도가 높아지는 것을 방지하여 장기적으로 적정수준의 기대수익을 확보하기 위하여 대출금리를 균형수준보다 낮게 운용하는 대신 신용도가 높은 우량기업 위주로 신용을 할당하게 된다(Sitglitz and Weiss 1981).

조달과 증권발행을 통한 자금조달 사이에 완전한 대체성이 존재하지 않는다는 것을 의미한다. 예를 들어 신용불안 등으로 대출의 위험도가 증가하는 상황에서는 확장적 통화정책이 실시되더라도 은행이 대출을 줄이고 유가증권(특히 위험이 낮은 국공채) 보유를 늘리게 된다. 이 경우 금융시장이 불완전하기 때문에 주로 은행대출에 의존하던 중소기업은 직접금융시장에서 증권발행을 통하여 자금을 조달하기 어려워 당초의 투자계획을 실행할 수 없게 된다. 이에 따라 확장적 통화정책이 당초에 의도한 바를 달성할 수 없게 된다(Bernanke and Blinder 1988).

셋째, 은행의 자본금규모와 자산안전성을 규제하는 은행 건전성규제와 감독정책도 은행의 자산구성 변화를 통하여 통화정책의 효과를 상쇄할 수 있다. 자본금규모가 감소하거나 보유자산의 안전성이 낮아지는 경우 은행은 수익률이 비록 낮더라도 상대적으로 안전성과 유동성이 높은 자산(국공채)의 비중을 높일 것이며, 이러한 경향이 일반화되면 총체적인 투자지출이 위축되어 실물경제에 영향을 줄 수 있다. 따라서 은행의 자본규모가 작거나 보유자산의 안전성이 상대적으로 낮아 위험가중 자기자본비율이 법으로 정한 최저수준에 가깝거나 이를 하회하는 경우 건전성 규제강화는 위험가중치가 높은 대출자산을 무위험자산인 국공채 등의 유가증권으로 전환하게 함으로써 통화정책의 효과를 약화시킬 수 있다(Bernanke and Gertler 1987).

은행자산구성과 실물경제 사이의 관계에 대하여는 그 동안 많은 연구가 이루어져 왔으나 최근 들어서는 은행자산구성 변화가 실물경제활동에 영향을 미칠 수 있는가 없는가를 규명하는 단계를 넘어 여러 측면에서 다양한 방법론을 이용하여 은행자산구성과 실물경제활동 간의 관계를 분석하고 있다. 여기에는 Lown(1990), Bernanke and Blinder(1992), Kashyap and Stein(1994) 등이 있다. 특히 Kashyap and Stein(1994)은 자본시장의 불완전성 때문에 통화정책 변동이 미치는 영향이 차입기업마다 다를 뿐만 아니라 은행의 순자산가치(net worth)에도 규모에 따라 상이하게 나타남으로써 기업의 실물투자, 나아가 실물경제활동에도 영향을 미칠 수 있다는 분석결과를 제시하고 있다. 이들에 의하면 긴축통화정책이 실시되면 대형은행에 비하여 소규모은행, 대기업보다는 중소기업의 순자산가치가 더 많이 악화되기 때문에 소규모은행과 주로 거래하는 중소기업의 대출금이 더 많이 감소함에 따라 실물경제에 큰 충격을 줄 수 있다는 것이다.

우리나라의 경우 Kim(1999)은 통화정책 파급과정에 신용경로가 존재하고 있음을 실증적으로 뒷받침하는 분석결과를 제시하고 있다. 분석결과에 따르면 특히 금융위기 이후 BIS 자기자본비율의 엄격한 적용이 유가증권(국채 및 통안채) 보유 확대와 은행대출의 감소를 가져왔고 은행에 주로 의존하는 중소기업의 자금조달을 어렵게 함으로써 실물경제에 정도 이상의 부정적 영향을 미친 것으로 나타나고 있다.

백웅기(1998)는 은행대출경로를 중시한 거시경제모형을 설계하여 은행의 대출금과 유가증권을 비롯한 기타 자산의 증가가 경제에 미치는 파급효과를 분석하고 있다. 분석결과 확장적 통화정책에 따라 은행자산 가운데 대출금의 비중이 증가하는 경우 투자가 활성화되고 자본스톡이 증가하여 물가압력도 크지 않은 상태에서 민간소비가 꾸준히 증가함으로써 국민의 후생이 증가하는 효과를 수반하는 것으로 나타난 반면 확장적 통화정책에도 불구하고 은행이 대출금보다는 유가증권의 보유를 늘리는 자산구성행태를 보이게 되면 국민경제 전체로 보아 장기적으로 생산수준이 낮아지고 물가는 상승하며 고용수준도 낮아지는 등 바람직하지 않은 결과를 보이는 것으로 분석하고 있다.

이상의 논의를 바탕으로 은행의 자산구성 변화와 통화정책 사이의 관계를 살펴보면 첫째, 경기침체기에는 일반적으로 대출수요가 줄고 신용리스크가 높은 관계로 은행은 자산구성에서 대출을 줄이고 유가증권 보유를 확대하는 경향을 보이게 된다. 통화당국이 경기회복을 목적으로 통화공급을 확대하더라도 은행이 늘어난 자금을 대출보다는 유가증권을 늘리는 데에 이용하게 되면 통화정책의 효과는 그만큼 약화될 수밖에 없다.

둘째, 경기확장기에 인플레이션 압력을 수속하기 위하여 긴축통화정책을 실시하는 경우 대출이자율이 상승하여 대출이 더 유리하게 되거나 거래기업과 설정한 대출한도(loan commitment) 내에서 차입수요에 응해야 하는 경우 은행이 보유 유가증권을 매각하여 조달한 자금으로 대출을 증가하게 되면 원래의 긴축목적을 달성하는 데 차질이 발생하게 된다.

셋째, BIS 자기자본규제강화 등의 건전성규제와 감독정책이 은행의 자산구성 변화를 통하여 통화정책의 효과를 상쇄할 수 있다. 이는 건전성규제 및 감독정책이 거시경제적 측면에서 가지는 의미가 점점 중요해지고 있다는 현상을 반영하는 것이며, 금융시스템의 안정성을 위하여 건전성규제 관련 기준을 제정하고 감독하는 데서도 거시경제적 효과를 충분히 고려하여야 한다는 중요한 시사점을 주고 있다. 이는 또한 중앙은행이 금융시스템의 안정성을 확보하고 위기관리 역할을 효과적으로 수행하기 위하여는 개별 은행의 자산운용 등 금융중개행태에 관련된 정보를 상시 파악하고 또 그들의 행태에 영향을 미칠 수 있는 다양한 수단을 보유하고 있어야 한다는 점을 말해 주고 있다.[12]

넷째, 이 밖에도 뒤에서 구체적으로 살펴보겠지만 직접금융시장의 발전과 함께 은행의 전통적인 예대업무가 위축되고 금융중개경로의 중심이 대출에서 유가증권으로 변하는 경우 은행의 자산구성변화(대출감소, 유가증권보유 확대)가 통화정책의 효과에 영향을 미치게 된다. 은행의 금융중개경로의 중심이 대출에서 유가증권으로 변하는 경우 직접금융시장에 대한 정보공급능력에 따라 자금의 주사용자가 달라지며 자금 사용자에 따라 실물경제에 미치는 영향이 달라질 수 있기 때문이다.[13]

---

12) BIS 1998년도 총재회의 Background paper(1998) 참조.

13) 수원대 김동원 교수는 대출과 유가증권에 대한 금융계약의 내용과 형태가 상이하다는 미시적 이유만으로도 은행 자산구성의 변화가 거시적으로 통화정책 효과에 영향을 미칠 수 있다는 견해를 피력한 바 있다. 그에 따르면 은행의 자산구성문제는 미시적인 측면에서 금융중개경로의 변화문제로 볼 수 있는데 금융중개경로의 중심이 대출에서 유가증권으로 변하는 경우 자금의 사용자가 달라질 수 있다는 것이다. 유가증권을 통해 조달한 자금의 주사용자는 직접금융시장에 대한 정보공급능력이 큰 대기업이며 정보공급능력이 작은 중소기업은 은행대출 의존적이라는 것이다. 유가증권을 통한 자금을 주로 사용하는 대기업의 경우 고용유발효과는 약하나 수입유발효과가 강하게 나타나며, 반면 대출을 통한 자금을 주로 사용하는 중소기업의 경우 고용유발 및 생산유발효과가 강하게 나타난다. 이러한 관점에서 금융중개경로의 변화, 즉 자산구성의 변화는 통화정책과 실물경제에 영향을 미칠 수 있다는 것이다.

Ⅲ. 주요국 은행자산구성 변화의 원인과 추이

1. 은행자산구성 변화의 원인

은행의 자산구성 변화란 다르게 말하면 은행의 대출감소 및 유가증권 보유 증가경향을 의미한다. 최근 들어 주요국의 은행은 자산포트폴리오에서 대출을 줄이고 유가증권 보유비중을 늘리는 매우 뚜렷한 경향을 보이고 있다.

은행의 유가증권 보유비중 증가의 원인이 무엇인가에 대하여는 많은 논의가 있는데 이는 크게 나누어 일시적인 요인과 구조적인 요인으로 구분해 볼 수 있다.[14]

우선 일시적인 요인을 보면 첫째, 경기변동을 들 수 있다. 은행의 유가증권 보유는 경기침체기나 회복 초기에 증가하는 경향이 있다. 통상 이러한 경기침체기나 회복 초기에는 경기회복을 촉진하기 위하여 통화완화정책이 시행되는 것이 일반적이다. 이에 따라 은행의 자금여유가 늘어나는 가운데 기업과 가계의 은행대출에 대한 수요는 전반적으로 감소하고 신용불안 등으로 차입자의 채무불이행 위험이 증가하기 때문에 은행은 대출을 줄이고 유가증권 보유를 확대하는 것이 일반적인 경향이다.[15]

둘째, 단기금리(대출금리)의 지속적인 하락이 유가증권 보유를 증가시키는 요인으로 작용할 수 있다. 특히 경기회복기에는 일반적으로 대출수요보다는 예금수요가 더 빨리 증가되어 일시적으로 은행의 자금여유를 발생시키는 경향이 있는데 통화당국이 통화완화정책을 신속하게 마감하지 않아 단기금리가 지속적으로 하락하게 되면 늘어난 자금으로 대출보다는 유가증권 보유를 증가시키는 경향이 있다.[16]

---

14) Keeton(1994)과 Berger and Udell(1994), Thakor(1996) 등을 참조.
15) Wood(1975)는 은행자산 중의 유가증권의 비중이 경기확장기에는 감소하고 경기수축기에는 증가한다고 분석하고 있으나 이러한 움직임이 경기에 선행하는지 혹은 동시적으로 발생하는지는 설명하지 않고 있다.
16) Bernanke and Blinder(1992)는 예상치 않은 단기금리하락은 은행의 유가증권 보유비중의 증가를 가져온다는 실증분석결과를 제시하고 있다.

셋째, 특정 시기에 대출에 대한 수요와 공급의 일시적인 감소로 은행의 유가증권 보유가 증가할 수 있다. 예를 들어 과거 경기침체기에 과도한 차입채무로 큰 어려움을 경험한 기업과 가계는 재무구조개선 이전에는 더 이상의 차입을 원하지 않게 되어 대출수요가 일시적으로 감소할 수 있다. 한편 은행은 대규모의 대출손실경험 때문에 차입자의 채무불이행 위험을 회피하고자 하는 자세를 보이게 되고 이에 따라 대출하고자 하는 의욕(willingness to lend)이 전반적으로 낮아지게 되면 대출공급이 일시적으로 급격하게 감소하고 대신 유가증권보유를 증가시키는 경향이 있다.

다음으로 구조적인 요인을 보면 첫째, 위험가중 자기자본기준(Risk Based Capital Standards ; RBC)의 준수를 들 수 있다. 주요국의 은행들은 1989년 이후 바젤협약에 따른 BIS 자기자본비율 8%를 준수하고자 노력하는 과정에서 위험가중치가 높은 민간대출을 줄이는 대신 국공채 및 중앙은행채 등의 유가증권 보유비중을 크게 확대하게 되었다는 설명이다.[17] 기업 및 가계 대출은 위험가중자산 산정에 100%의 위험가중치가 적용되나 대부분의 정부 및 공공부문 관련 유가증권은 零 또는 20% 내외의 위험가중치가 적용되기 때문에 은행이 기업대출 대신 위험가중자산에 거의 반영되지 않는 공공부문 유가증권 보유를 선호하게 되었다는 것이다.

이러한 주장에 대하여 일련의 학자들은 대부분의 은행들이 이미 위험가중 자기자본 최저비율을 상당한 정도로 상회하고 있으며, 또 위험가중 자기자본 비율 준수의무가 없는 금융기관이나 이 기준을 크게 상회하고 있는 은행도 대

---

17) 1988년 8월 국제결제은행 은행감독위원회는 바젤협약을 통하여 G-10 국가 은행들로 하여금 1992년 말부터 위험가중자산에 대해 최저 8%의 자기자본을 보유할 것을 의무화하였다. 여기서 자기자본은 기본자본(core capital ; Tier I)과 보완자본(supplementary capital ; Tier II)으로 구성되는데 기본자본은 납입자본금(equity capital)과 자본준비금, 이익준비금, 임의적립금, 이월이익잉여금 등의 공표준비금(disclosed reserves)으로, 보완자본은 재평가적립금(revaluation reserve), 일반대손충당금(general provisions), 부채성 자본조달수단(hybrid debt capital instruments), 기한부 후순위채(subordinated term debt) 등의 비공표준비금(undisclosed reserve)으로 구성된다. 한편 위험가중자산은 은행자산에 위험가중치를 부여하여 산출하며 위험가중치는 신용도, 안전성, 유동성에 따라 상이하게 책정된다. 위험가중치는 대체로 국공채, 중앙은행채 등의 정부 및 공공부문 관련 유가증권은 零 또는 20% 내의 비율이 적용되고 가계 및 기업대출, 주식 및 회사채 등의 민간부문 관련 자산은 100%의 비율이 적용된다. 이에 대한 더 상세한 설명은 김시담(1999) 참조.

출 대신 유가증권 보유를 증가시키는 경향이 있다는 점을 들어 비판적인 시각을 보이고 있다.

그러나 최근 들어 이러한 위험가중 자기자본비율 준수의무는 자본시장 발전 및 자산증권화 추세와 함께 주요국 은행들로 하여금 대출을 줄이고 유가증권 보유를 확대하도록 하는 주요 원인이 되고 있다는 것을 실증적으로 뒷받침하는 연구가 많이 나오고 있다.[18]

둘째, 장기적인 측면에서 은행대출의 수익성이 전반적으로 하락함에 따라 은행은 대출 대신 유가증권을 선호하게 되었다는 점을 들 수 있다. 최근 들어 직접금융시장과 비은행 금융기관과의 경쟁심화, 그리고 미국을 비롯한 주요국에서 1980년대 후반 이후 대규모 대출손실 경험 등으로 전통적인 은행대출업무에 대한 근본적인 회의가 제기되고 있다. 이에 따라 은행은 수익성 확보를 위한 대안으로 불가피하게 업무의 중심을 전통적인 예대업무로부터 투자은행업무 등을 포괄하는 유가증권 관련 업무로 전환해 가는 흐름을 보이고 있으며 결과적으로 유가증권 보유비중이 크게 확대되는 경향을 보이게 되었다는 것이다.

셋째, 직접금융시장 발전과 금융증권화(securitization)의 진전은 은행의 금융중개행태 변화를 불가피하게 함으로써 구조적으로 은행자산구성의 변화를 가져오게 되었다는 것이다.[19] 특히 증권화(대출채권판매)와 금융선물, 옵션 등의 파생금융상품 관련업무는 모두 은행의 장부외거래에 속하는데 이러한 거래는 직·간접적으로 은행의 자산구성에서 대출의 상대적 비중을 줄이고 유가증권 보유비중을 확대하는 역할을 한다는 것이다.[20]

---

18) BIS 위험가중 자기자본비율 규제가 은행의 자산구성에 미친 영향을 분석한 논문으로는 Haubrich and Wachtel(1993), Rodrigues(1993), Ito and Sasaki(1998) 등이 있다. Haubrich and Wachtel(1993), Rodrigues(1993)에 따르면 바젤협약에 따른 미국 은행들의 자산구성행태는 전반적으로 국채보유를 늘리고 대출금을 줄이는 방향으로 변화하였으며 BIS 비율이 낮은 은행에서 이러한 현상이 강하게 나타나는 것으로 분석하고 있다. 한편 Ito and Sasaki(1998)는 바젤협약이 1990~93년중 일본의 87개 주요 은행에 미친 영향을 분석한 결과 특히 자기자본비율이 낮은 은행의 경우 자기자본에서는 보완자본(Tier II)을 늘리고 위험가중자산에서는 대출금을 줄이는 대신 국채 등의 유가증권을 늘리는 경향을 나타내었다고 주장하고 있다.

19) 직접금융시장의 발전, 금융증권화의 진전, 파생금융상품시장의 발전 등에 따른 은행의 금융중개활동 변화와 이를 설명하는 새로운 금융중개이론에 대하여는 Allen and Santomero(1997), 함정호·김종귀·박형근(1999) 참조.

2. 은행자산구성 변화의 추이

미국은 1920년대 말의 금융위기가 은행의 증권업무 겸업에 따른 유가증권 투자손실 급증에 의해 초래된 것으로 보고 1933년에 은행법(Banking Act of 1933 ; 일명 Glass-Steagall법)을 제정하여 국법은행과 연방준비제도가맹 주법 은행에 대해서는 증권업무[21] 취급을 금지하였다. 그러나 1970년대 중반 이후 금융혁신, 금융증권화 등으로 금융산업간 경쟁이 격화되면서 자회사를 통한 증권업무 취급이 일반화되자 연준도 은행의 증권업 겸업에 대한 제한을 점차 완화하였으며, 최근 글래스-스티걸(Glass-Steagall)법의 폐지 및 은행·증권· 보험 등 금융기관간 상호진출 허용을 위한 법안의 제정 움직임이 활발히 전개 되고 있다.

현행 제도에 따르면 은행은 주식의 경우 중개업무만 허용되며 사채의 딜링 및 인수업무는 금지되는 반면 국채, 특정 정부기관채[22] 등은 중개, 딜링, 인수 보유 모두 가능하다. 유가증권의 발행주체, 채무상환 능력, 시장성 등에 따른 투자한도는 연방통화감독청 규정에 명시되어 있다. 이 규정에 따르면 Type I 유가증권(미국 정부와 관계기관의 채무증서)에 대해서는 투자한도에 제한이 없으나 Type II(지방채, 국제기구채) 및 Type III(회사채)에 해당되는 유가증

---

20) 증권화(securitization)란 대출채권의 시장판매를 의미하는데 이는 은행의 중요한 장부외(off balance) 즉 대차대조표 비등록 활동 중의 하나이다. 최근 들어 은행은 수익성 향상과 BIS 자기 자본비율을 높이는 압력을 금융시장과 감독기관으로부터 동시에 받고 있는데 은행으로서는 이러한 문제를 해결하는 가장 좋은 방법이 바로 자산증권화를 통하여 대차대조표상의 자산을 축소하는 것이다. 자산증권화는 이 두 가지 요구를 다 충족시키고 있기 때문이다(Sinkey 1994, Phillips 1996).

21) 증권업무의 종류에는 딜링(dealing), 중개(brokerage), 인수(underwriting), 모집(public offering) 및 매출(secondary distribution)이 있다. 딜링은 자기명의와 자기계산으로 증권을 매입하고 이를 고 객에게 매출하여 차익을 얻는 거래이며, 중개는 수수료 수입을 목적으로 한 고객의 대행거래 로서 거래방식에 따라 위탁매매, 중개, 대리 등으로 구분된다. 인수는 모집, 매출에 수반되는 위험을 부담하는 계약으로서 모집, 매출되는 유가증권의 전액소화를 보증한다. 여기에는 먼저 총액을 전부 인수하여 매출하는 총액인수방식과 일반투자자에게 매출·중개하고 미매출잔액만 을 인수하는 잔액인수방식이 있다. 한편 모집은 신규로 발행되는 유가증권 취득의 청약을 일 반투자자들에게 권유하는 행위이며 매출은 기발행된 유가증권의 매도를 일반투자자들에게 청 약하는 행위를 말한다.

22) IBRD, IDB(미주개발은행), ADB 등에서 발행한 채권을 말한다.

권[23] 가운데 채무상환능력과 시장성이 보장되는 유가증권에 대해서는 동일인 한도(은행 자기자본의 10% 이내) 이내에서 투자가 가능하며 채무상환능력과 시장성은 없으나 추정 결과 미래가치가 성장할 것으로 예상되는 경우 총액기준 은행 자기자본의 5% 이내에서 투자가 가능하다.

1950~60년대 들어 미국의 은행들은 자산구성에서 유가증권의 비중을 줄이고 대출금의 비중을 늘리는 현상을 나타내었다. 그 이유는 제2차 세계대전 기간중 축적된 국채를 매각하고 활성화된 단기금융시장을 통해 자산을 운용하려는 유인이 커졌기 때문이었다(Boyd and Gertler 1993). 1980년대 들어 17%대에서 비교적 안정적인 모습을 보이던 은행의 유가증권 보유비중은 1991~94년중 국공채를 중심으로 한 유가증권 보유증대로 인하여 1993년에는 25.4%에 이른 바 있다. 이 기간중 유가증권 보유비중이 급증한 것은 1990년대 초의 경기침체에 따른 대출수요의 둔화 및 은행의 대출기피현상, 지속적인 금리하락에 따른 채권가격 상승, 1989년 이후 적용되기 시작한 위험가중자산 대비 자기자본비율 규제 강화 등이 주요 요인으로 지적되고 있다. 그러나 금리가 상승하기 시작한 1994년 이후 대출금의 비중이 증가하는 추세를 보이고 있다. 1980년대와 1990년대의 은행의 자산구성을 비교해 보면 유가증권 보유

[표 1]   미국 은행의 자산구성 변화 추이

단위 : 총자산대비 %

	1980	1985	1990	1991	1992	1993	1994	1995	1996	1997	1980-89	1990-97
대출금	55.4	58.5	60.5	59.6	57.3	56.3	56.1	58.4	59.9	58.7	57.6	58.3
유가증권	17.0	17.6	19.1	20.7	23.5	25.4	24.3	21.9	21.0	20.4	17.8	22.0
채권	17.0	17.6	17.4	18.6	20.8	22.1	21.2	19.0	17.8	16.8	17.5	19.2
국공채	16.1	16.5	14.8	16.1	18.4	19.9	19.0	16.9	15.6	14.7	16.0	16.9
사채 등	0.9	1.1	4.1	4.3	4.7	5.1	4.9	4.7	4.9	5.2	1.7	4.7
주식	0.0	0.0	0.3	0.3	0.4	0.4	0.4	0.4	0.5	0.5	0.0	0.4

자료 : Federal Reserve Bulletin, June 1998, July 1988, July 1983.

---

23) Type II 및 Type III 유가증권은 Standard & Poor's의 평가등급으로 상위 4등급(Aaa, Aa, A, Baa)에 해당된다.

비중이 4.2%포인트 상승한 반면 대출금의 비중은 0.7%포인트 상승에 그쳐 유가증권 보유비중이 상대적으로 더 많이 증가한 것으로 나타나고 있다.

은행의 주식 보유비중은 1990년 이후 주식시장의 활황으로 최근까지 꾸준히 증가하고 있으나 일정한 예외[24]를 제외하고는 은행의 주식에 대한 투자가 엄격히 제한되고 있어 1997년말 현재 총자산대비 0.5%에 불과한 실정이다.

일본은 장·단기 금융기관, 은행과 증권, 은행과 신탁 간의 취급업무 분리라는 3대 원칙을 엄격하게 지키고 있으나 1980년대 중반 이후 은행에 대해 국공채 창구판매와 매매업무의 취급을 허용하는 등 점차 업무영역의 구분을 완화하고 있다.

현재 일본의 증권거래법은 은행의 유가증권 딜링, 인수, 매출을 원칙적으로 금지하고 있으나 국공채(국채, 지방채, 정부보증채)에는 적용되지 않으며 고객의 서면주문을 받아 고객계산으로 매매하는 증권중개업무는 증권종류와 관계없이 취급이 가능하다(동법 제65조 2항). 한편 은행법에서는 은행의 유가증권 투자 및 관련업무의 취급에 대해 매우 관대하게 규정하고 있다. 은행은 투자를 목적으로 유가증권을 매매할 수 있으며(은행법 제10조 2항 2호) 국공채에 대한 매출목적이 없는 잔액인수 및 관련 모집업무를 은행의 부수업무로 취급할 수 있다(동법 제10조 2항 4호). 은행의 유가증권 보유규모에 대해서는 특별한 제한이 없으며 독점금지법(제11조)에 의거하여 타회사 주식의 5%(보험회사는 10%)를 초과하여 보유하지 못하도록 하고 있다.

일본 은행(전국은행 기준)들의 유가증권 보유비중은 지속적으로 확대되어 1997년말 현재 총자산대비 16%에 이르고 있다. 일본의 경우 미국에 비하여 은행의 주식보유비중이 높게 나타나고 있는데, 이는 은행 중심 금융제도하에서 은행과 기업의 상호주식보유를 허용하고 있다는 점을 반영하고 있다. 주식투자는 1991년 이후 주식시장의 침체에도 불구하고 꾸준히 증가하여 1997년말 현재 6%를 기록하고 있으며 유가증권 가운데 채권(국공채＋사채)과 주식의 비율도 1980년대 3.3 : 1에서 1990년대 1.5 : 1로 주식투자의 비중이 늘어난 것으로 나타나고 있다. 이러한 현상은 1990년대 이후 금융개방에 대한 논

24) 은행의 여유자금 운용 측면에서 공공기업주식에 한하여 주식투자를 허용하고 있다.

의가 진전되면서 외국자본의 자국기업 인수를 방어하기 위한 은행의 주식매입에 따른 것으로 평가된다. 1980년대와 1990년대의 은행 자산구성을 비교해 보면 대출금과 유가증권의 비중이 각각 1.8%포인트와 0.5%포인트 상승한 것으로 나타나고 있다.

[표 2]　　　　　　　　　일본 은행의 자산구성 변화 추이

단위 : 총자산대비 %

	1980	1985	1990	1991	1992	1993	1994	1995	1996	1997	1980-89	1990-97
대 출 금	59.1	63.0	58.5	61.2	63.1	64.9	65.2	64.8	64.8	62.6	61.3	63.1
유가증권	17.4	15.4	16.4	15.9	15.7	16.4	16.5	16.6	16.8	16.3	15.8	16.3
국공채	9.2	5.8	4.9	4.6	4.5	4.9	4.9	5.1	5.1	5.2	6.5	4.9
사 채	4.3	3.9	3.3	3.4	3.5	3.6	3.4	3.1	2.8	2.4	3.8	3.2
주 식	2.9	3.1	4.5	4.9	4.9	5.1	5.6	5.9	6.2	6.0	3.3	5.4
기 타	1.0	2.5	3.7	3.1	2.7	2.7	2.6	2.5	2.7	2.7	2.2	2.8

자료 : 일본은행, 《경제통계연보》 각호.

독일은 겸업주의를 채택하고 있어서 은행의 증권업무 취급에 제한이 없으므로 증권 위탁매매, 인수, 투자신탁업무 등을 예금, 대출 등과 같이 은행 고유업무로 인정하고 기타 증권업무도 별도의 인가 없이 취급을 허용하고 있다.

[표 3]　　　　　　　　　독일 은행의 자산구성 변화 추이

단위 : 총자산대비 %

	1990	1993	1995	1996	1997
대 출 금	81.2	79.3	78.9	78.7	78.1
유가증권	11.6	13.8	14.5	14.8	15.5
국공채	2.66	2.94	3.11	2.79	2.63
금융채	7.76	7.71	7.68	8.16	8.63
회사채	0.41	1.93	2.23	2.13	2.23
주 식	0.40	0.40	0.52	0.59	0.56
기 타	0.34	0.80	0.97	1.16	1.49

자료 : Deutsche Bundesbank 통계월보(1998. 8)

은행법상 별도의 유가증권 투자한도는 없으며 상장주식 및 투자지분은 은행감독청의 중단기자금 유동성규제대상에 포함된다. 1997년말 현재 독일의 은행 전체의 총자산대비 유가증권 보유비중은 15.5%를 기록하고 있으며 주식 투자비중은 0.6% 수준에 불과하다.

1997년말 현재 주요국 은행의 자산구성 행태를 비교해 보면 미국, 일본, 독일의 경우 공히 대출금의 비중이 전체 자산의 50%를 초과하여 가장 비중이 높은 자산으로 나타나고 있다. 그러나 미국(58.3%)에 비해 일본(62.8%)과 독일(78.1%)의 경우 은행대출금의 비중이 더 높은 이유는 기업금융공급에서 자본시장에 비해 은행이 더 중요한 역할을 담당하는 은행중심 금융제도의 영향에 따른 것으로 보인다.[25] 한편 일찍이 시장중심 금융제도를 운영해 온 미국의 경우 기업금융공급이 은행보다는 주로 자본시장을 중심으로 이루어지고 있는 가운데 금융증권화의 진전을 반영하여 은행의 유가증권 보유비중이 일본(16.3%), 독일(15.5%)에 비해 높은 20.9% 수준을 나타내고 있다.

Ⅳ. 우리나라 은행의 자산구성 변화와 원인

1. 은행의 유가증권 보유관련 제도

먼저 은행의 증권업무관련 제도를 보면 우리나라 은행은 은행법상 고유업무 외에 부수업무로 증권업무를 취급할 수 있으나 증권거래법과 재경부 고시 〈은행업무의 범위에 관한 지침〉에 의해 투자(보유)를 제외하고는 유가증권의 종류 및 업무별로 증권관련업무가 엄격히 제한되고 있다. 국공채의 경우 딜링[26] 및 인수는 취급 가능하나 중개는 불가능하며 회사채의 경우 제한적 인수

---

25) 주요국 금융제도에 관한 더 상세한 논의에 대하여는 함정호·김종귀·박형근(1999) 참조.

26) 정부는 1998년 10월 31일자로 은행의 국채 딜링업무를 허용하였고 1999년 3월 29일에 증권거

업무27)를 제외한 딜링, 중개, 모집매출 등 대부분의 증권업무를 취급할 수 없도록 되어 있다. 한편 주식에 대해서는 투자(보유)를 제외한 모든 증권관련업무를 취급할 수 없도록 되어 있다.

은행계정의 경우 주식, 상환기간 3년 초과 사채 및 기타 증권(국채 및 통안증권은 제외)에 대한 투자를 자기자본의 60% 범위 내로 제한하고 있다.28) 아울러 금융감독위원회는 필요한 경우 동 한도범위 내에서 주식 및 파생상품 등에 대해서 별도의 투자한도를 설정할 수 있으나(은행법 제38조 1호 하단 규정) 현재로서는 한도설정이 되어 있지 않다. 한편 신탁계정의 경우 특정금전신탁은 한도가 없으나 불특정금전신탁의 경우 주식 및 주가지수선물·옵션에 대한 투자를 신탁종류별로 전월평균 수탁금액의 30% 이내로 제한하고 있다.29)

다음으로 은행의 주식보유에 관련된 제도를 보면 은행의 특정기업 주식에 대한 집중투자로 기업경영권 지배에 따른 폐단과 당해 기업의 부실화로 은행의 건전성이 훼손되는 것을 방지하기 위하여 은행이 타 주식회사 발행주식의 15%를 초과하는 주식 소유를 금지(은행법 제37조 1항)하고 있으며, 타 금융기관 주식의 소유도 금지(동법 제38조의 9)하고 있다. 단 금융감독위원회가 정하는 업종에 속하는 회사 또는 기업구조조정 촉진을 위해 필요한 것으로 금융감독위원회의 승인을 얻은 경우에는 발행주식의 15%를 초과하는 주식을

래소 내에 국채전문유통시장을 개설하였다. 1999년 7월 22일자로 국민, 농협, 산업, 신한, 씨티, 외환, 주택, 기업, 파리국립, 평화, 하나, 한빛 등 12개 은행과 교보, 굿모닝, 동양, 대신, 대우, 대유리젠트, 삼성, 신한, LG, 한화, 현대 등 11개 증권사 및 동양종금 등 24개 금융기관이 국채전문딜러로 지정됨에 따라 일반인의 국채매매가 손쉬워져 은행의 국채 딜링이 본격화될 전망이다.

27) 인수단 참여는 가능하나 인수간사회사가 될 수 없다.

28) 1999년 4월 1일로 자기자본의 범위가 종전의 회계학적 기준(자본금＋적립금)에서 BIS 기준으로 변경되었다. 개정된 기준에 따르면 자기자본은 자본금 등 실질순자산으로서 영구적 성격을 지닌 기본자본과 금융기관의 영업활동에서 발생가능한 손실을 보전할 수 있는 자본인 보완자본으로 구성되며 자본충실에 기여하지 않는 영업권 등의 자본은 제외된다. 이러한 기준 개정으로 인해 자기자본의 규모가 종전기준에 비해 크게 증가함에 따라 유가증권의 투자한도도 종전 자기자본의 100% 이내에서 60% 이내로 조정되었다.

29) 신탁계정은 한도관리기준이 자기자본이 아닌 수탁금액으로 되어 있어 한도 자체가 클 뿐 아니라 수탁규모 증가에 따라 한도도 자동적으로 확대된다.

소유할 수 있다(동법 제37조 2항).

은행의 무분별한 자회사 진출을 방지하기 위하여 자회사주식 보유금액의 합계액을 당해 은행 자기자본의 40% 이내로 제한(은행감독규정 제49조 제1항의 3)하고 있으며, 은행의 자기주식 취득은 증권거래법(제189조의 2) 및 동 시행령(제84조의 2)에서 정하는 자기주식 취득한도와 은행감독규정(제29조 제1항의 1)에서 정하는 위험가중자산에 대한 자기자본비율을 유지하는 범위 내로 제한된다(은행감독업무 시행세칙 제58조).

마지막으로 은행의 BIS 자기자본기준 관련 제도를 보면 은행감독당국은 BIS 기준 위험가중자산 대비 자기자본비율을 1992년 7월부터 도입하여 1993년 12월~1995년 6월말까지는 7.25%, 1995년 12월말 이후 8%를 최저기준으로 설정·운영하고 있다. 특히 우리나라는 1997년 12월 IMF와 〈효과적 은행 감독을 위한 핵심준칙〉(Core Principles for Effective Banking Supervision)[30]에 따른 최저 자기자본비율 8%를 국내은행에 의무적으로 적용하기로 합의한 바 있다.

위험가중치는 은행자산의 위험도에 따라 0~100%로 구분되어 부여되는데, 대체로 국채, 통안증권, 재정증권, 정부보증채 등의 공공부문 유가증권에는 0%의 위험가중치가 적용되는 반면 주식, 사채, 그리고 기업 및 가계 등 민간 부문 대출금 등에 대해서는 100%의 위험가중치가 적용된다.[31]

---

30) 1997년 8월 국제결제은행(BIS)의 바젤 은행감독위원회는 "Core Principles for Effective Banking Supervision"의 제정을 통해 국제업무를 영위하는 은행에 대해서는 반드시 BIS 기준에 의한 최저 8% 이상의 자기자본비율을 적용하도록 규정하고 있다.

31) 바젤위원회는 1995년 4월 은행자산에 대한 신용위험과 함께 시장위험을 반영하기 위한 신 BIS 자기자본기준을 마련하고 이를 회원국 은행에 대하여 1997년 말부터 시행하기로 하였다. 신 자기자본비율은 기존의 거래고객의 도산, 채무불이행 등에 따른 신용위험외에 금리, 주가, 환율변동 등에 따른 시장위험을 반영하고 민간대출에 대해서도 종전 일률적으로 100%의 위험가중치를 부여하던 것을 차입기업의 신용도에 따라 세분화하여 적용하도록 하였다. 변경된 기준에 따르면 국제신용평가기관에 의한 신용등급이 AAA인 기업에 대한 여신은 20%의 위험가중치를, 그 아래 등급에 대하여는 50~100% 사이의 가중치를, 그리고 부실기업에 대한 여신은 150%의 위험가중치를 부여하는 것으로 되어 있다. 김시담(1999), 윤봉한·황선웅(1999) 참조.

2. 은행자산구성 변화의 추이

먼저 우리나라 예금은행(신탁계정 포함)의 총자산규모는 1997년말 694조
원에 달하였으나 1998년 3월말 이후 감소세를 나타내어 1998년말 현재 691
조원 규모를 나타내고 있다([그림 1] 참조).

〔그림 1〕　　　　　　　　　예금은행의 총자산 변동 추이

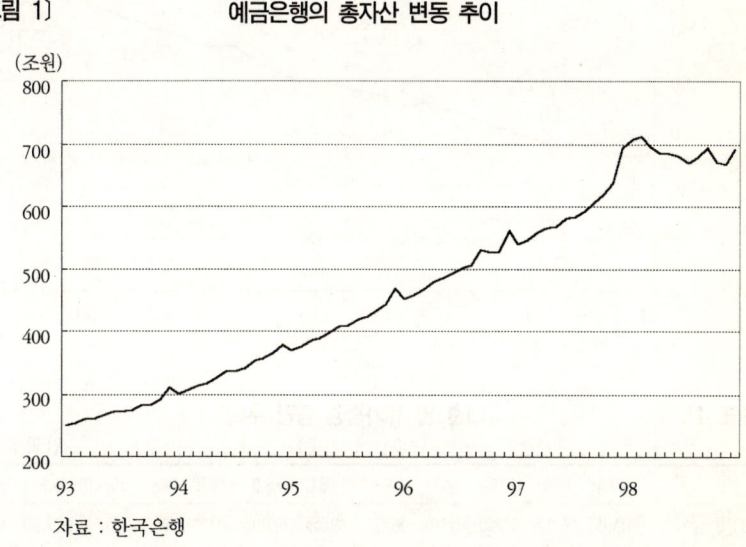

(조원)

자료 : 한국은행

은행의 총자산은 은행의 금융중개기능이 정상적으로 수행되고 금융거래가
활발해지면 확대되는 것이 일반적이나 1998년 이후 금융구조조정 과정에서
일부 은행(퇴출은행과 조건부 승인은행)의 수신감소 등의 영향으로 총자산규
모가 축소되는 양상을 나타내고 있다.

다음 은행자산의 주요 구성항목인 대출금과 유가증권 규모의 변동추이를
보면 대출금은 금융·외환위기의 충격과 계절적 요인 등에 따라 1997년 12월
경 감소하였다가 1998년 4월까지 다소 증가한 후 다시 감소하는 추세를 보이
고 있다([그림 2]와 [표 4] 참조). 이를 계정별로 보면 은행계정의 경우 1998
년중 1100억원 가량의 대출금이 감소한 반면 신탁계정 대출금은 8조 8260억

원 감소한 것으로 나타났으며 은행계정의 대출금은 1998년 11월부터, 신탁계정의 대출금은 1998년 12월부터 다시 증가세로 반전되었다.

[그림 2]　　　　　　　대출 및 유가증권 잔액 추이

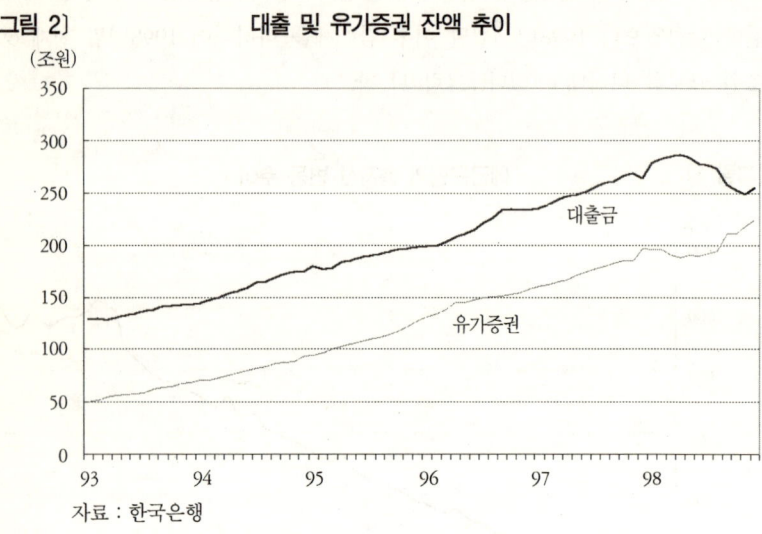

자료 : 한국은행

[표 4]　　　　　　　대출 및 유가증권 증감 추이
(증감액 기준)　　　　　　　단위 : 억원

	1994	1995	1996	1997	1998	1998.I	1998.II	1998.III	1998.IV	1998.10	1998.11	1998.12
대출금	315,155	239,068	352,800	304,400	-89,377	209,059	-69,016	-200,070	-29,350	-51,758	-37,207	59,614
은행계정	207,129	166,274	247,064	232,169	-1,120	106,156	-37,262	-89,553	19,540	-25,012	631	43,922
신탁계정	108,027	72,794	105,735	72,231	-88,258	102,903	-31,754	-110,516	-48,890	-26,746	-37,837	15,693
유가증권	247,122	347,415	301,958	382,814	279,775	-59,988	-7,251	214,196	132,819	-573	68,714	64,678
[계정별]												
은행계정	87,619	105,742	117,164	231,459	553,897	45,594	69,856	309,764	128,684	-3,747	45,541	86,891
신탁계정	159,504	241,673	184,794	151,355	-274,122	-105,582	-77,107	-95,567	4,135	3,174	23,173	-22,213
[종류별]												
국 채	19,780	16,634	6,680	1,218	73,290	4,777	2,382	35,313	30,819	21,104	410	9,305
통안증권	20,697	20,197	9,193	5,852	110,197	37,628	76,948	-27,440	23,061	-44,911	63,843	4,129
회사채	34,582	65,709	65,748	76,286	39,330	26,940	30,222	-25,488	7,657	-8,204	-8,711	24,572
기업어음	69,233	111,134	154,521	81,960	-265,995	-84,296	-56,319	-49,164	-76,216	-15,405	-11,381	-49,429
투신수익증권	-13,355	17,453	7,005	14,831	155,731	-8,785	-1,640	92,447	73,709	26,670	22,164	24,876
주 식	58,537	19,567	4,244	-3,808	-57,810	-13,433	-55,142	-12,356	23,121	18,857	-3,530	7,794

자료 : 한국은행

유가증권 보유규모는 1997년 12월 이후 감소추세를 보이다가 1998년 6월 이후 다시 증가하는 추세를 보이고 있다. 계정별로는 1998년중 은행계정의 유가증권 보유규모가 55.4조원 증가한 반면 신탁계정의 유가증권 보유규모는 27.4조원 감소한 것으로 나타나고 있다. 유가증권 종류별로 보면 1998년중 국채(7.3조원), 통안증권(11조원), 투신수익증권(15.6조원)의 보유규모가 크게 증가한 반면 기업어음(-26.6조원), 주식(-5.8조원) 등의 보유규모는 크게 감소하였다.

한편 총자산(신탁계정 포함) 가운데 대출금과 유가증권 비중의 변동추이를 살펴보면 우리나라 은행의 자산구성에서 대출금 비중은 대체로 감소하고 유가증권 비중은 증가하는 추세를 나타내고 있다. 1993년말 46%를 기록한 바 있는 대출금의 비중은 지속적인 감소추세를 나타내어 1997년 말에는 38%, 1998년 말에는 37% 수준을 보이고 있는 반면 유가증권의 비중은 1993년말 22%에서 지속적으로 증가하여 1998년 말에는 33% 수준을 나타내고 있다 ([그림 3]과 [표 5] 참조).

[그림 3]   총자산중 대출금 및 유가증권의 비중 추이

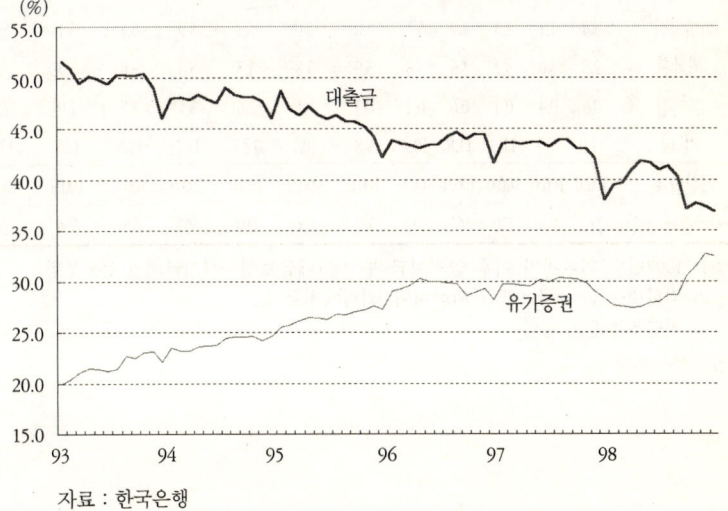

자료 : 한국은행

[표 5]   자산별 비중 추이
                                   (말잔)
                                                                                    단위 : %

	1993	1994	1995	1996	1997.I	1997.II	1997.III	1997.IV	1998.I	1998.II	1998.III	1998.IV
대출금	46.0	46.0	42.2	41.6	43.5	43.2	43.1	38.0	41.0	40.9	37.2	36.9
은행계정	37.1	35.9	32.5	31.6	33.6	33.5	33.6	28.9	30.3	30.5	28.6	29.0
신탁계정	8.9	10.2	9.8	10.0	9.9	9.7	9.5	9.2	10.6	10.4	8.6	7.9
유가증권	22.1	24.6	27.3	28.2	29.6	29.9	30.2	28.3	27.4	28.0	30.4	32.5
은행계정	9.0	9.7	10.1	10.5	10.8	11.4	11.5	11.8	12.5	13.8	18.0	19.9
신탁계정	13.1	14.9	17.2	17.7	18.8	18.5	18.7	16.5	14.9	14.1	12.5	12.6
국 채	2.3	2.4	2.3	2.1	2.0	2.0	2.0	1.7	1.7	1.8	2.3	2.7
통안증권	4.8	4.5	4.1	3.6	3.2	3.8	3.6	3.0	3.5	4.7	4.2	4.6
회사채	4.1	4.2	4.8	5.2	5.6	5.7	5.6	5.3	5.7	6.3	5.8	5.9
정부출자기업채[1]	0.5	0.4	0.3	0.4	0.4	0.4	0.6	1.3	1.4	1.4	3.8	4.3
기업어음	1.8	3.3	5.0	6.9	7.9	7.7	7.7	6.8	5.6	4.9	4.1	3.0
투신수익증권	1.1	0.6	0.8	0.8	0.8	0.8	1.0	0.9	0.8	0.7	2.1	3.1
주 식	2.5	3.6	3.3	2.9	2.8	2.7	2.6	2.3	2.1	1.3	1.1	1.4
기타자산	31.8	29.3	30.5	30.2	27.0	26.9	26.7	33.7	31.6	31.1	32.4	30.6
현 금	5.7	4.5	3.7	3.8	2.7	3.0	2.2	2.4	2.1	2.6	2.2	2.4
예치금	5.4	5.1	5.2	3.9	3.0	3.2	2.9	4.0	3.2	2.7	3.6	3.6
콜 론	2.6	1.5	2.5	1.9	1.8	1.7	2.2	1.5	1.8	1.5	2.2	1.7
외화자산[2]	3.8	4.1	4.3	4.7	5.1	5.0	5.0	6.2	5.9	6.4	6.1	5.3
외국환	2.8	3.0	3.2	3.6	3.8	3.9	3.8	4.3	3.8	3.8	3.5	3.1
본지점	0.6	0.4	0.4	0.6	0.4	0.3	0.5	2.6	3.1	2.5	2.0	1.3
기 타	11.0	10.7	11.3	11.8	10.2	9.8	10.1	12.7	11.7	11.5	12.8	13.2
자산합계[3]	100.0	100.0	100.0	100.0	100.0	100.0	100.0	100.0	100.0	100.0	100.0	100.0
총자산잔액(조원)	310	379	470	562	559	581	606	694	696	679	694	691

주 : 1) 1997년말 외환위기 이후 공적자금 투입분(예금보험공사기금채권 등) 포함
     2) 외화대출금, 예금은행간 외화대여, 외화예치금 등
     3) 지급보증대충 제외
자료 : 한국은행

〔그림 4〕　　　　예금은행 보유 유가증권의 종류별 비중 추이

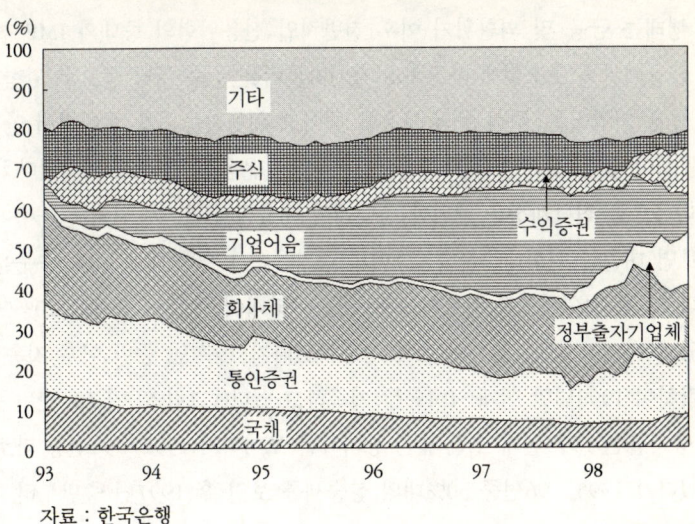

자료 : 한국은행

[표 5]와 [그림 4]를 통해 유가증권 종류별 보유비중의 추이를 살펴보면 1993년 이후 1997년 말까지는 통안증권과 국채의 비중은 감소추세를 보이고 있는 데 반해 기업어음(CP)의 비중이 크게 증가하는 추세를 나타내고 있다. 이는 1993년 기업어음의 만기 및 최저금액에 대한 제한이 완화되는 동시에 금리도 실질적으로 자유화됨으로써 기업어음은 기업에게는 매우 신축적인 단기자금 조달수단으로서, 은행에게는 고수익 단기금융상품으로서 역할을 하는 가운데 특히 1993년 10월 은행의 신탁자산운용에 대한 규제완화로 인하여 은행신탁의 자산구성에서 신탁대출보다 기업어음의 보유비중을 크게 증가시킨 결과로 풀이된다.[32]

그러나 1997년말 이후 기업어음, 주식 등의 보유비중은 감소하는 대신 국채, 통안증권 등의 공공부문 유가증권과 투자신탁회사, 개발신탁 등의 수익증

---

[32] 종금사 및 투금사들이 기업어음 이면보증을 방치함으로써 기업어음은 실제로 위험자산이면서도 금융시장에서 무위험·고수익 자산으로 인식되었다. 정보생산능력과 감시기능이 은행보다 더 취약한 종금사 등의 이면보증을 받고 기업어음을 은행의 신탁계정에 인수하는 것은 은행고유의 역할을 포기하는 것이며 이것이 금융제도 전체의 불안정성을 야기했다는 지적이 있다. 이에 대한 자세한 설명은 김동원(1998), 조윤제(1999), 함정호·김종귀·박형근(1999) 참조.

권 보유비중이 뚜렷한 증가추세를 나타내고 있다. 은행의 이러한 유가증권보유 행태는 금융 및 외환위기 이후 전반적인 신용위험의 증대와 IMF 협약 이후 금융기관 구조조정에 따른 BIS 자기자본비율 준수 부담 등으로 위험가중치가 높은 기업어음, 주식 등의 보유를 줄이고 위험가중치가 縣이면서 안정성과 유동성이 높은 유가증권을 중심으로 자산을 운용한 결과로 해석된다.[33]

다음으로 신탁계정을 제외한 은행계정 대출금과 유가증권의 변동추이를 살펴보면 대출금(원화대출금 기준[34])의 증가율은 1990년대초 30% 수준을 보였으나 그 후 지속적으로 감소하는 추세를 나타내어 1995년 중에는 20%에 미달하였고 1996～97년 초까지 소폭 상승하였다가 1997년 중반 이후 지속적으로 하락하여 1998년말 현재 -0.1%를 기록하고 있다[그림 5] 참조). 반면 유가증권 증가율은 1990년대 초반 높은 증가세를 보이다가 1992～94년중 다소 둔화되었다가 1995～96년중 30%대의 상승세를 보인 후 1997년 중반부터 가파른 상승세를 보여 1998년 12월말 현재 67.5%의 높은 수준을 나타내고 있다.

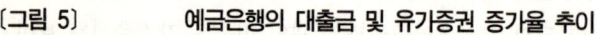

〔그림 5〕   예금은행의 대출금 및 유가증권 증가율 추이

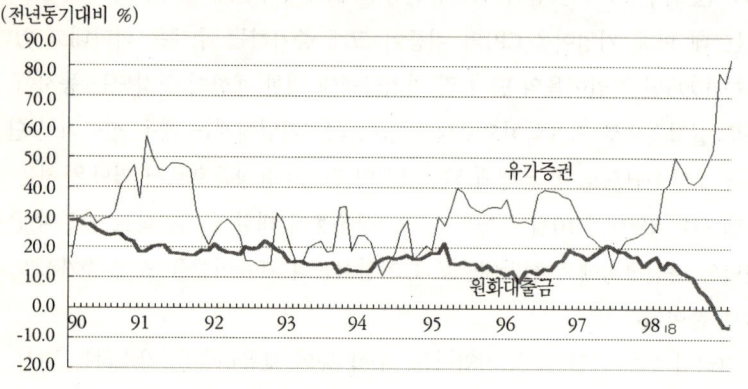

자료 : 한국은행, 《조사통계월보》 각호

---

33) 주식과 회사채의 경우 모두 위험가중치가 100%이나 주식의 경우 금융 및 외환위기 이후 주식시장이 붕괴된 가운데 기업의 부도위험이 높아 주식보유비중은 크게 감소한 반면 회사채의 경우에는 신용도가 양호한 5대 재벌기업 발행 회사채 공급이 늘어나면서 이에 대한 수요가 증가하여 회사채 보유비중이 크게 감소하지 않았다.

34) 환율변동에 따른 대출금 규모의 변동을 제거하기 위해 외화대출금은 포함시키지 아니하였다.

[그림 6]

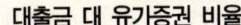

대출금 대 유가증권 비율

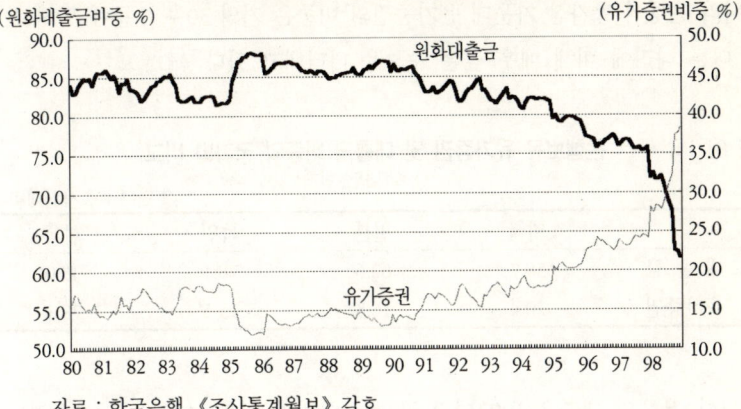

자료 : 한국은행, 《조사통계월보》 각호

한편 은행계정 대출금과 유가증권의 상대비중을 비교하기 위해 대출금과 유가증권의 합 가운데 대출금이 차지하는 비중과 유가증권이 차지하는 비중을 살펴보면, 1980년대에는 각각 85%와 15% 수준에서 비교적 안정적으로 움직이던 대출금과 유가증권의 비중이 1990년 이후 대출금 비중은 지속적으로 하락하고 유가증권 비중은 지속적으로 상승하는 움직임을 보이고 있다[그림 5] 참조). 특히 1998년 후반기에는 그 양상이 두드러져 1998년말 현재 유가증권의 상대비중은 40%에 육박하고 있다.

이상을 정리하면 첫째, 우리나라 은행의 자산구성은 (신탁계정을 포함하든 제외하든 간에) 대체로 대출금 비중은 점차 감소하고 유가증권 보유비중이 증가하는 뚜렷한 추세를 나타내고 있다. 특히 1997년 금융·외환위기 이후 은행의 총자산 중에서 차지하는 대출비중은 크게 줄어든 반면에 국공채, 통화안정증권, 우량 대기업 발행 회사채, 수익증권 등 유동성이 높고 위험이 상대적으로 작은 유가증권에 대한 비중은 크게 증가하였다.

둘째, 우리나라 은행의 경우 유가증권 보유비중(1997년말 28.3%)이 미국 (20.4%), 일본(16.3%), 독일(15.5%)에 비하여 크게 높은 것으로 나타나고 있다. [표 6]에서 보는 바와 같이 1997년말 현재 주요국 은행의 대출금 비중을 살펴보면 미국, 일본, 독일의 경우 총자산의 50% 이상을 대출금으로 운용하고 있으나 우리나라의 경우 대출금의 비중이 38.0%에 불과한 실정이다. 반면 우리나라 은행의 총자산 가운데 유가증권의 비중은 거의 30% 수준에 달하고 있어 다른 나라에 비해 매우 높은 수준을 나타내고 있다.

[표 6]   은행보유 유가증권 및 대출금 비중의 국가별 비교
(1997년말 현재)

단위 : 총자산대비 %

	미국	일본	독일	한국
대 출 금	58.7	62.6	78.1	38.0
유가증권	20.4	16.3	15.5	28.3

셋째, 은행의 대출은 1997년말 금융·외환위기 이후 큰 폭으로 감소했는데 특히 대기업에 비해 신용도가 낮은 중소기업대출이 더 큰 폭으로 감소한 것으로 나타나고 있다. 따라서 대출감소와 유가증권보유 확대경향은 대기업과는 달리 회사채 및 기업어음 등에 의한 직접금융조달이 어려운 중소기업의 자금난을 증폭시키는 것으로 작용하였다([그림 7] 참조).

[그림 7]   은행의 대기업 및 중소기업대출금[1] 증가율[2] 추이

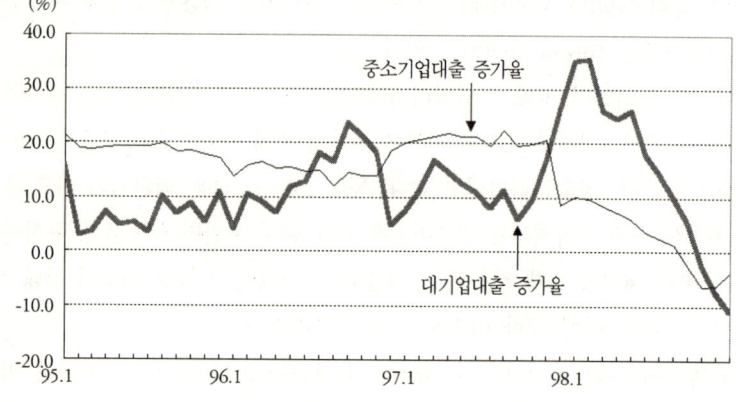

주 : 1) 예금은행(외은지점 제외) 원화대출금(금융자금＋재정자금＋국민투자기금)
    2) 전년동기대비 말잔증가율
자료 : 한국은행

3. 은행자산구성 변화의 원인

은행의 자산구성에서 대출은 감소하고 유가증권 보유비중은 증가하는 현상은 미국, 일본, 독일 등 주요국에서 뚜렷한 경향으로 나타나고 있다. 우리나라 은행 역시 이와 유사한 경향을 보이고 있으나 오히려 이들 국가에 비하면 은행의 총자산 중 대출금의 비중은 크게 낮고 유가증권 보유비중은 현저하게 높은 특징을 보이고 있다.

이러한 은행의 자산구성변화 현상은 앞에서 살펴본 바와 같이 경기침체기의 전반적 대출수요감소, 기업부도 우려에 따른 은행의 대출기피현상 등과 같은 일시적 요인과 금융·외환위기 이후 BIS 자기자본규제의 강화, 그리고 최근의 직접금융시장의 발전과 증권화의 진전에 따른 전통적인 은행업무 위축 등의 구조적 요인이 복합적으로 작용한 데 기인하는 것으로 볼 수 있을 것이다.

그러나 우리나라 은행의 자산구성에서 유가증권 보유비중이 주요국에 비하여 월등히 높게 나타나고 있는 데 대하여는 나름대로 특별한 배경이 있을 것으로 보인다. 아래에서는 이에 대한 몇 가지 구조적인 원인을 살펴본다.

가. 정책적 요인

우리나라의 경우 1980년대 초반까지는 직접금융시장의 발달이 충분하지 않았기 때문에 기업자금조달에서 은행의존도가 비교적 높았으며, 이에 따라 은행의 유가증권 보유비중은 그리 높지 않은 편이었다. 그러나 1990년대에 들면서 직접금융시장이 급속하게 발전함에 따라 은행의 자산구성에서 대출비중은 감소하고 유가증권 보유비중이 크게 확대되는 경향을 보이기 시작하였다.

이러한 경향은 우리나라에만 특수한 정책적 요인에 크게 기인하고 있다. 예를 들면 정책당국이 그 동안 은행의 기관투자가로서의 역할을 행정지도해 온 점도 은행의 유가증권 보유비중 확대에 크게 기여하였다. 특히 정부는 증시안정을 도모하기 위하여 은행의 유가증권 보유확대 및 매각억제를 꾸준히 창구지도해 왔다. 또 한편에서는 중앙은행이 과거 통화정책 수행과정에서 정책금융의 한국은행 자동대출이나 자본수지 흑자에 따라 늘어난 본원통화를 흡수하기 위하여 통화안정증권을 지속적으로 발행해 옴에 따라 은행의 통화안정증권 보유비중이 크게 늘어나게 되었다.

이 밖에도 정책적인 요인으로는 금융·외환위기 이후 금융구조조정에 따른 공적자금 투입과정에서 예금보험공사기금채권 등의 정부출자기관채의 보유비중이 크게 늘어났으며, 최근에는 국채 전문딜러 지정과정에서 전문딜러 자격요건 충족을 위해 국채의 보유비중을 확대하는 경향을 보이기도 했다.

나. 대출금리 규제

우리나라의 경우 은행의 유가증권 보유비중이 높게 된 구조적 요인으로는 무엇보다 그 동안 대출금리가 규제되어 왔다는 점을 들 수 있다. 직접금융시장 및 비은행 금융기관과의 경쟁, 금융혁신과 규제완화 등으로 은행이 고금리 신금융상품을 도입하면서 자금조달비용은 상승하였으나 대출금리는 실질적인 측면에서 계속 규제되어 왔다.[35] 이러한 이유로 예대마진이 제대로 확보되지 못하는 와중에 경기침체에 따른 부실채권의 누적 등으로 은행은 대출로부터 적절한 수익을 보장받지 못하였다. 이에 따라 은행은 자산의 상당부분을 대출 대신 고수익자산이면서 위험도가 상대적으로 낮은 유가증권으로 운용하고자 하는 강한 유인을 가졌을 것으로 보인다.

우리나라 은행의 자산포트폴리오에서 높은 비중을 차지하고 있는 대부분의 유가증권의 경우 대출보다 유동성이 높은 반면 신용위험은 상대적으로 낮기 때문에[36] 대출금리에 비해 수익률이 낮아야 하는 것이 일반적이다. 그러나

---

[35] 대출금리가 자유화되었으나 경기침체기에 금리인하를 요구하는 사회적 분위기를 반영하여 정부는 창구지도를 통해 대출금리를 인위적으로 인하하는 경우도 있었다.

[36] 국채, 지방채, 정부보증채, 정부출자기관채 등의 공공부문 유가증권은 무위험자산이다. 회사채의 경우는 지금까지 상당부분 금융기관에 의해 보증부로 발행되었으며 금융 및 외환위기 직후에는 신용도가 양호한 5대 재벌기업이 발행한 회사채 공급이 큰 비중을 차지했다. 기업어음의 경우에는 종금사 및 투금사들이 기업어음에 대한 이면보증을 하여 변칙거래하도록 방치된 경우가 많았다. 이러한 점에서 보면 유가증권은 대체로 기업대출보다 위험도가 낮은 것으로 판단하는 것도 큰 무리는 아닐 것이다.

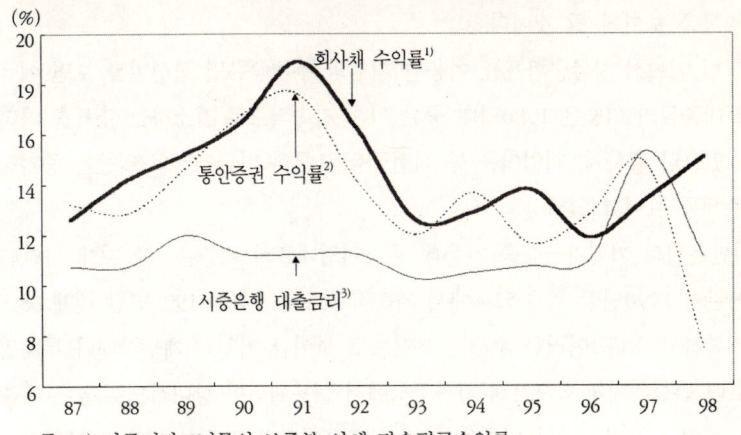

주 : 1) 잔존기간 3년물의 보증부 사채 단순평균수익률
     2) 364일물 기준
     3) 업체에 대한 1년 이내 대출금리, 1996 7월 이후는 금융자금대출의 가중평균금리
자료 : 한국은행, 《조사통계월보》 각호

[그림 8]에서 보면 은행보유 유가증권에서 가장 큰 부분을 차지하는 회사채와 통화안정증권의 유통수익률이 1997년 이전까지 대부분의 경우 대출금리를 크게 상회하고 있음을 알 수 있다.

이와 같이 은행 대출금리의 규제로 은행대출의 수익성이 보장되지 못하는 가운데 유가증권은 대출에 비하여 고수익·저위험 자산으로 인식되었기 때문에 우리나라 은행의 유가증권 투자에 대한 선호도가 다른 나라에 비해 상대적으로 높았던 것으로 판단된다.

다. 중소기업대출비중 증대에 따른 신용위험 증가

직접금융조달의 활성화에 따라 우량대기업을 중심으로 자본시장을 통한 자금조달 비중이 증가하는 이른바 은행이탈현상(disintermediation)이 나타나면서 은행의 기업대출 가운데에서 상대적으로 위험도가 높은 중소기업대출 비중이 크게 증가하고 있다. 이러한 와중에 대출금리가 신용위험에 관계없이 획일적으로 적용되고 있기 때문에 은행은 상대적으로 신용위험이 높은 중소기업에

대한 대출을 가급적 기피하고 고수익·저위험자산인 유가증권 투자를 확대하는 경향을 보이게 될 것이다.[37)

[그림 9]에서 자금순환표를 이용한 기업의 부채종류별 구성비를 보면 예금은행 대출금의 비중은 1980년대 중반 이후 지속적으로 감소하는 추세를 나타내고 있으나 회사채, 기업어음 등 직접금융을 통한 자금조달의 비중은 증가하는 추세를 보이고 있다.

일반은행의 기업자금대출 가운데 중소기업대출의 비중은 [표 7]에 나타난 바와 같이 1990년말 현재 57%에서 지속적으로 증가하여 1998년말 현재 68%를 기록하고 있다. 이러한 추세는 은행으로 하여금 기업의 재무상태나 투자위험에 더 민감해지게 함으로써 자산구성에서 신용위험이 상대적으로 높은 대출금을 줄이고 유가증권의 비중을 확대하는 유인으로 작용한 것으로 보인다.

[그림 9]　　　　　　　　　기업 부채종류별 구성비중 추이

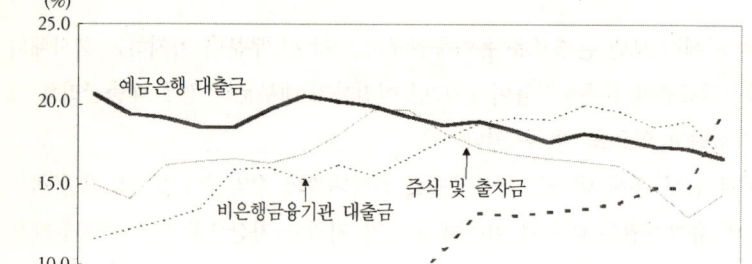

자료 : 한국은행, 《조사통계월보》 각호

---

37) 중소기업 우대차원에서 1995년 7월 이후 창구지도를 통해 프라임레이트+1.5%포인트 이내로 제한해온 총액한도대상대출(중소기업 상업어음할인, 무역금융 및 소재부품생산자금)금리는 은행이 자율 운용토록 허용한 바 있으나 아직도 신용리스크가 큰 중소기업 대출금리가 대기업 및 가계 대출금리보다 상대적으로 낮아 은행이 중소기업대출을 기피하고 가계대출이나 유가증권 보유를 선호하는 경향이 있다.

〔표 7〕　　　　　일반은행의 기업규모별 기업자금대출 현황
(말잔)

단위 : 억원, %

	90	91	92	93	94	95	96	97	98
중소기업	210,559	259,746	301,561	342,356	411,894	543,129	615,901	648,694	593,236
	(57.3)	(58.8)	(58.5)	(62.2)	(66.6)	(72.5)	(72.3)	(68.8)	(68.3)
대 기 업	157,131	182,041	213,712	208,246	206,429	205,577	235,507	294,261	274,830
	(42.7)	(41.2)	(41.5)	(37.8)	(33.4)	(27.5)	(27.7)	(31.2)	(31.7)
계	367,690	441,787	515,273	550,602	618,323	748,706	851,408	942,955	868,066
	(100.0)	(100.0)	(100.0)	(100.0)	(100.0)	(100.0)	(100.0)	(100.0)	(100.0)

자료 : 금융감독원, 《은행경영통계》 각호

라. 금융 및 외환위기와 BIS 자기자본비율규제 강화

1997년말 IMF 협약 이후 경기침체가 가속화되어 기업의 부도위험이 증가하는 가운데 금융기관 구조조정 추진과정에서 은행감독당국이 BIS 자기자본비율의 적용을 강화함에 따라 은행의 대출태도(willingness to lend)가 크게 변화하여 은행은 신용도가 상대적으로 낮은 중소기업에 대한 대출을 기피하고 위험도가 낮고 유동성이 높은 국채, 지방채, 정부보증채, 정부출자기관채 등의 국공채 위주로 유가증권 보유를 늘림으로써 유가증권의 보유비중이 크게 확대되었다.[38] 1998년 6월 이후 이러한 상황에서 중앙은행이 통화공급을 확대했을 때 은행은 신용위험이 높은 기업에 대출하기보다는 상대적으로 안전한 RP나 통안증권과 같은 유가증권을 매입함으로써 금융자금이 다시 중앙은행에 환류되는 등 은행권에서만 맴돌던 경험을 되새겨볼 필요가 있다.

[표 8]에서 보는 바와 같이 1996년 중에는 BIS 자기자본비율을 충족한 은행과 BIS 비율 미달 은행간 대출금 증가율에 큰 차이가 없었으나 1997년 중에는 BIS 비율을 충족한 12개 은행의 대출금은 17.6% 증가한 반면 이 비율이

---

38) Kim(1999)은 기업·금융구조조정과정에서 감독당국이 BIS 자기자본규제를 지나치게 엄격하게 적용함으로써 은행이 기업대출을 큰 폭으로 줄이고 무위험자산인 국채, 통안증권 등의 유가증권 보유를 크게 증가시키게 된 것이 신용경색의 주요 원인 가운데 하나라고 분석하고 있다.

〔표 8〕　　　　BIS 자기자본비율에 따른 은행대출금 증가율 비교

단위 : %

	BIS 자기자본비율 평균 (1997년말)	은행대출금[1] 증가율		
		1996	1997	1998.1~6
BIS 비율 8% 충족 은행[2]	10.56	18.03	17.62	11.65
BIS 비율 8% 미달 은행[3]	4.96	15.85	7.46	4.04

주 : 1) 은행계정 원화대출금의 전년말 대비 증가율
　　 2) 국민, 주택, 신한, 한미, 하나, 보람, 대구, 광주, 제주, 전북, 경남은행
　　 3) 조흥, 상업, 제일, 한일, 서울, 외환, 동화, 동남, 대동, 평화, 충청, 경기, 강원, 충북은행
자료 : 한국은행, 《최근 신용경색의 원인과 대응방안》, 1998. 8.

8%에 미달하는 14개 은행의 대출금은 7.5% 증가하는 데 그쳤으며 1998년 1
월~6월 중에도 BIS 비율 충족 은행의 대출금은 전년말 대비 11.7% 증가하였
으나 이 비율에 미달하는 은행의 대출금은 4.0% 증가에 그친 것으로 나타나
고 있다.

한편 1995~97년중 은행별 BIS 자기자본비율과 대출증가율의 상관계수를
계산해 본 결과 1995년(0.08) 및 1996년(-0.06)에는 상관관계가 크지 않은
것으로 나타났으나 1997년에는 이 상관계수가 0.47로 나타나 밀접한 正(+)
의 상관관계를 갖는 것으로 나타났다. 이러한 결과에 비추어 볼 때 IMF 협약
이후 구조조정 과정에서 엄격히 적용된 BIS 자기자본비율이 은행 자산구성에
서 대출금의 비중을 큰 폭으로 감소시키고 유가증권의 비중을 크게 확대시킨
주요 요인의 하나로 작용한 것으로 보인다.

마. 직접금융시장 발전과 증권화의 진전

최근 들어 주식시장 성장, 채권시장 활성화, 그리고 뮤추얼펀드의 급속한
성장 등 직접금융시장이 발전하고 자산담보부증권(Asset Backed Securities),
주택저당담보부증권(Mortgage Backed Securities)의 출현 등으로 자산증권화
추세가 급속하게 진전되어 가는 가운데 우량 대기업을 중심으로 은행이탈현상
이 심화되고 있다. 이에 따라 전통적인 은행대출업무를 통한 수익성 확보가

점점 어려워져 가고 있다는 회의감이 대두되고 있다.

이러한 상황에서 은행은 수익성 확보를 위한 불가피한 대안으로 업무의 중심을 전통적인 예대업무로부터 전환해 상대적으로 수익기회가 더 크고 다양한 유가증권 관련 업무를 확대해 가는 흐름을 보이고 있다. 다시 말해 은행은 업무영역 확대를 통하여 금융중개활동 과정에서 시장기능의 상당부분을 내부화 (internalization)시키는 노력을 통하여 전통적인 예대업무 외에 직접금융시장과 연계된 유가증권 관련 업무를 확대해 가는 방향으로 금융중개행태를 전환해 가고 있다. 이러한 흐름은 은행으로 하여금 대출보다는 유가증권보유를 증가시키게 하는 요인으로 작용하고 있다.

V. 실증분석

은행 자산구성과 실물경제변수와의 관계에 대하여는 다양한 실증분석이 이루어진 바 있다. 실증분석의 결과는 다소 혼재되어 있으나 대체로 은행자산구성과 실물경제 사이에는 긴밀한 관계가 있음을 실증적으로 뒷받침하고 있다. 예를 들어 King(1986)은 대출금 증가율과 GDP 성장률 사이에 유의한 관계가 없다는 분석결과를 보여주고 있으나 Bernanke(1986), Lown(1988), Lown and Hayes(1990)는 대출금 증가율이 GDP 성장률에 선행한다는 결과를 제시하고 있다. Lown(1990)은 은행자산구성 변화가 실물경제활동의 변화에 선행하기 때문에 은행의 자산구성 추이가 실물경제의 변동을 예측하는 데 유용하다는 분석결과를 제시하고 있으며, 특히 은행의 유가증권 보유비중의 변동이 경기에 선행하므로 경기예측에 유용하게 활용될 수 있다는 점을 보이고 있다.

이 절에서는 우리나라 은행의 자산구성이 실물경제와 어떻게 관련되어 있는지를 파악하기 위하여 기본적인 실증분석을 통해 상관관계, 공적분관계 및 인과관계 등을 분석해 보았다.

1. 사용자료

실물경제활동을 나타내는 변수로는 국내총생산(GDP), 총고정자본형성(INV), 민간소비(CP) 및 GDP 디플레이터(DEF)를 사용하였고, 은행의 자산구성을 나타내는 변수로는 예금은행 총자산 대비 대출금의 비중(RL), 예금은행 총자산 대비 유가증권의 비중(RS) 및 대출금 대비 유가증권 비중(RSL)을 사용하였으며, 그 밖에 예금은행 대출금(LOAN), 유가증권(SEC), 총통화(M2), 총유동성(M3) 등을 사용하였다. 은행의 총자산은 은행신탁계정을 제외한 예금은행의 총자산 가운데 지급보증대충을 차감한 시계열을, 대출금은 예금은행의 원화대출금을 분석에 사용하였다.

변수들은 1970~98년중[39]의 분기별 자료로서 국내총생산, 총고정자본형성 및 민간소비는 1990년도 가격기준 자료를 사용하였으며 금융부문 변수는 분기평잔 또는 월말잔의 분기중 평균자료[40]를 이용하였다. 한편 계절성이 있다

[표 9]   사용자료 내역

구 분	변수명	내 용	비 고
실물경제 활동	GDP_t	국내총생산	1990년 가격기준
	INV_t	총고정자본 형성	〃
	CP_t	민간(가계＋민간비영리단체)소비	〃
	DEF_t	GDP 디플레이터	
은행자산 구성	RL_t	예금은행 대출금 / 예금은행 총자산	은행신탁 제외, 월말잔의 분기중 평균
	RS_t	예금은행 유가증권 / 예금은행 총자산	〃
	RSL_t	예금은행 유가증권 / 예금은행 대출금	〃
은행의 자산	$LOAN_t$	예금은행 대출금	〃
	SEC_t	예금은행 유가증권	〃
은행의 부채	$M2_t$	총통화	평잔
	$M3_t$	총유동성	월말잔의 분기중 평균

---

39) 총유동성(M3)의 경우 1971년 2/4분기 이전 시계열이 존재하지 않는 관계로 1972. III~98. IV간의 자료를 사용하였다.

고 판단되는 변수에 대해서는 X12-ARIMA 방법에 의해 계절조정하였다.

2. 상관관계 분석

실물경제변수와 은행의 자산·부채관련 변수간의 상관관계를 살펴보면 은행의 자산구성을 나타내는 변수인 RL, RS, RSL 등의 변수가 실물경제변수와 비교적 높은 상관관계를 갖고 있는 것으로 나타나고 있다.

은행의 총자산 대비 대출금 비율(RL)은 민간소비증가율(0.54)과, 총자산 대비 유가증권 비율(RS)은 물가상승률(-0.64), GDP 성장률(-0.40) 및 민간소비증가율(-0.42)과 높은 상관관계를 보였다. 특히 신용경색의 중요한 대용변수로 이용될 수 있는 대출금 대비 유가증권 비율(RSL)은 물가상승률(-0.58), GDP 성장률(-0.47), 투자증가율(-0.41), 민간소비증가율(-0.52)과 높은 상관관계를 나타내었다.

대출금증가율과 유가증권증가율은 물가상승률과만 두드러진 상관관계를 가지고 있는 것으로 나타나고 있는데, 대출금증가율에 대한 상관계수가 유가증권에 대한 상관계수에 비하여 더 크게 나타났다. 이는 대출로 공급된 자금의 지출탄력성이 유가증권으로 공급된 자금의 지출탄력성보다 크다는 기존 실증연구결과(Silber 1969)를 뒷받침하는 것으로 해석될 수 있겠다. 통화총량의 경우 M2, M3 모두 물가상승률, 투자증가율과 비교적 높은 상관관계를 갖는 것으로 나타나고 있다.

상관계수의 부호를 보면 은행의 대출금 비중(RL) 및 증가율과 통화총량 증가율은 실물경제와 正(+)의 상관관계를 갖는 반면 은행의 유가증권의 비중(RS, RSL)이나 증가율은 負(-)의 값을 나타내어 은행의 대출금 증가는 실물경제활동과 같은 방향으로 움직이는 반면 은행의 유가증권 보유증가와 실물경제는 반대방향으로 움직임을 알 수 있다.

---

40) 유량(flow)변수인 실물경제활동변수와의 관계를 파악하기 위해서는 평잔자료를 사용하는 것이 타당하다고 판단되어 은행 자산구성 관련변수들과 M3 등 분기 평잔자료의 충분한 확보가 곤란한 경우에는 월말잔의 3개월 평균자료를 분석에 이용하였다.

〔표 10〕   실물경제변수와 은행의 자산·부채관련 변수 간의 상관계수

	GDP 성장률	투자증가율	민간소비증가율	물가상승률[1]
RL	0.362	0.257	0.535	0.195
RS	−0.404	−0.377	−0.419	−0.640
RSL	−0.465	−0.409	−0.520	−0.577
대출금 증가율	0.048	0.217	0.135	0.815
유가증권 증가율	−0.051	0.245	−0.172	0.349
M2 증가율	0.232	0.422	0.045	0.618
M3 증가율	0.432	0.582	0.327	0.557

주 : 1) GDP 디플레이터 상승률

3. 단위근 및 공적분 검정

우선 시계열의 안정성을 검정하기 위하여 ADF(Augmented Dickey-Fuller) 검정법을 이용한 단위근검정을 실시하였다. 검정에 앞서 시간에 따라 변동폭이 달라지는 것으로 나타난 실물경제변수, 은행자산 및 부채관련 변수에 대해서는 자연대수를 취하였다. 검정 결과 모든 수준변수는 단위근이 존재하여 불안정(non-stationary)한 시계열로 나타난 반면 1차 차분한 변수는 안정적인 것으로 나타났다.

모든 변수들이 1차 적분된 것으로 나타남에 따라 수준변수들 간에 안정적인 선형결합이 존재하는지를 검증하기 위해 Johansen 공적분 검정을 실시하였다. 검정을 위한 적정시차는 AIC(Akaike Information Criterion)에 근거하여 산출하였다.[41]

공적분 검정결과를 보면 우도비 검정통계량(Trace 통계량) 기준으로 RL과 M3는 실물경제변수인 GDP, INV, CP 및 DEF와 장기적으로 안정적인 관계를 갖는 것으로 나타났으며 RS는 DEF와, RSL은 INV 및 DEF와, LOAN은 INV,

---

41) 원계열을 이용한 2변수 VAR(p) 모형 추정에 따른 AIC 기준 최적시차가 p로 결정되면 p-1이 Johansen 공적분 검정을 위한 최적시차가 된다

CP 및 DEF와 공적분 벡터를 갖는 것으로 나타났다. 반면 M2, SEC는 모든 실물경제변수와 장기적으로 안정적인 관계를 갖지 않는 것으로 나타났다.

〔표 11〕 단위근 검정[1]결과

	수 준			1차 차분		
	ρ (t-value)[2]		lag (j)[3]	ρ (t-value)		lag (j)
$\log(\text{GDP})_t$	−0.07	(−1.43)	4	−0.84	(−4.34)***	3
$\log(\text{INV})_t$	−0.02	(−0.46)	1	−1.19	(−8.06)***	1
$\log(\text{CP})_t$	−0.03	(−1.14)	2	−0.64	(−5.42)***	1
$\log(\text{DEF})_t$	−0.01	(−1.26)	3	−0.55	(−4.33)***	2
RL_t	−0.14	(−2.63)	2	−0.75	(−5.86)***	1
RS_t	0.00	(0.08)	5	−1.00	(−4.51)***	1
RSL_t	0.09	(2.04)	1	−0.49	(−5.10)***	0
$\log(\text{M2})_t$	−0.01	(−1.83)	1	−0.43	(−4.53)***	1
$\log(\text{M3})_t$	0.00	(0.43)	4	−0.54	(−4.21)***	3
$\log(\text{Loan})_t$	0.00	(0.00)	1	−0.36	(−4.17)***	1
$\log(\text{Sec})_t$	−0.03	(−1.78)	2	−0.87	(−7.03)***	1

주 : 1) 검정모형은 $\Delta x_t = \alpha + \beta T + \rho x_{t-1} + \sum_{i=1}^{j} \gamma_i \Delta x_{t-i} + e_t$ 임

2) ***, **는 MacKinnon 임계치 기준으로 각각 1%, 5% 유의수준에서 단위근이 존재하지 않음을 나타냄

3) j는 최적시차로서 AIC(Akaike Information Criterion)에 근거하여 산출하였음

이와 같은 결과는 호경기에 대출을 늘리고 불경기에 유가증권 보유를 늘리는 은행의 자산구성 행태를 반영하며 은행의 자산구성 중 대출금의 비중과 수준이 실물경제와 안정적 관계를 갖고 있는 것으로 해석된다.

특히 M2(총통화)와 은행대출금 사이의 상관관계가 최근 들어 크게 약화된 점을 반영하여 통화정책의 중간목표로 중시된 바 있는 M2와 실물경제변수와의 관계는 약화된 것으로 나타나고 있다.[42]

---

42) 1980. I~1989. IV(40분기) 동안의 통화총량(M2, M3) 증가율과 은행 대출금 증가율 사이의 상관관계를 구한 후 40분기 동안의 상관계수의 움직임을 1분기씩 update시켜가며 살펴본 결과 통화총량과 은행 대출금 사이의 상관관계는 1994년을 전후하여 크게 약화되었다가 다시 강화되는 것으로 나타나고 있다. 그러나 M2 증가율과 은행 대출금 증가율의 상관관계는 최근 들어 급격히 악화되는 것으로 나타나고 있다(그림 참조).

〔표 12〕 **Johansen 공적분 검정결과[1)2)]**

X_t \ Y_t	log(GDP)_t		log(INV)_t		log(CP)_t		log(DEF)_t	
	검정통계량[3)]	시차[4)]	검정통계량	시차	검정통계량	시차	검정통계량	시차
RL_t	22.36**	3	16.55*	4	18.35*	2	21.58**	3
RS_t	7.01	4	11.06	1	7.80	3	17.14*	3
RSL_t	6.85	3	18.67*	1	8.03	3	22.59**	3
log(M2)_t	11.78	4	10.58	1	11.79	2	11.05	3
log(M3)_t	22.52**	2	20.28**	4	23.68**	2	16.26*	4
log(Loan)_t	12.49	3	23.47**	1	14.38**	3	17.74*	3
log(Sec)_t	8.96	3	6.94	2	6.95	2	14.69	3

주 : 1) 원계열에 선형 추세가 있고 공적분 관계에서는 상수항이 포함되어 있는 경우를 상정

2) **, *는 Trace 통계량 기준으로 각각 1%, 5% 유의수준 내에서 공적분벡터가 존재함을 나타냄

3) 검정통계량 산출식은 $-T \sum_{i=r+1}^{b} \ln(1-\lambda_i)$이며(T : 유효관측치의 수, λ =특성근의 값) X_t와 Y_t간에 공적분벡터가 존재하지 않는다(r=0)는 귀무가설을 검정

4) 시차는 AIC(Akaike Information Criterion)에 근거하여 산출하였음

4. 인과관계 검정

공적분 관계가 비교적 유의적인 것으로 나타난 RL, RSL, LOAN 및 M3와 실물경제변수 간의 인과관계를 검증해 보았다. 2변수 그랜저 인과관계 검정결과는 [표 13]에 나타나 있다.

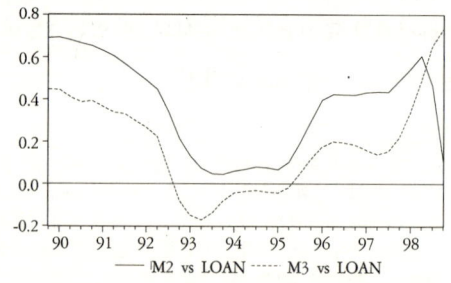

통화총량 증가율과 대출금 증가율 사이의 상관관계 추이

——— M2 vs LOAN   ------ M3 vs LOAN

[표 13]   **Granger 인과관계 검정결과**

귀무가설	시 차 (분 기)					
	2	4	6	8	10	12
log(GDP)$_t$ ↛ RL$_t$	1.407	2.582**	1.406	1.095	0.702	0.746
RL$_t$ ↛ log(GDP)$_t$	5.307***	2.950**	2.806**	2.086**	1.820*	1.413
log(GDP)$_t$ ↛ RSL$_t$	0.483	2.187*	1.373	1.149	1.039	0.666
RSL$_t$ ↛ log(GDP)$_t$	4.000**	2.977**	2.561**	3.121***	2.780***	2.239**
log(GDP)$_t$ ↛ log(LOAN)$_t$	0.123	1.766	1.571	1.462	1.658	1.301
log(LOAN)$_t$ ↛ log(GDP)$_t$	0.870	1.912	1.514	1.045	1.544	2.082**
log(GDP)$_t$ ↛ log(M3)$_t$	0.151	0.165	0.223	0.889	1.262	1.492
log(M3)$_t$ ↛ log(GDP)$_t$	6.777***	2.549**	2.153*	2.385**	1.801*	1.504
log(INV)$_t$ ↛ RL$_t$	1.273	0.645	1.237	1.063	0.999	0.876
RL$_t$ ↛ log(INV)$_t$	2.984*	3.542***	2.656**	2.859***	2.113**	2.082**
log(INV)$_t$ ↛ RSL$_t$	1.144	0.762	0.825	0.646	0.883	0.674
RSL$_t$ ↛ log(INV)$_t$	3.481**	1.442	1.069	1.341	1.729*	1.888**
log(INV)$_t$ ↛ log(LOAN)$_t$	2.765*	1.338	1.898*	1.682	1.475	1.097
log(LOAN)$_t$ ↛ log(INV)$_t$	1.872	3.581***	2.504**	2.959***	1.634	1.091
log(INV)$_t$ ↛ log(M3)$_t$	6.615***	4.903***	3.635***	2.563**	2.788***	1.819*
log(M3)$_t$ ↛ log(INV)$_t$	2.869*	2.280*	2.254**	2.353**	1.460	1.473
log(CP)$_t$ ↛ RL$_t$	1.432	2.745**	1.620	1.115	1.085	0.903
RL$_t$ ↛ log(CP)$_t$	1.977	1.392	1.300	0.880	0.631	0.565
log(CP)$_t$ ↛ RSL$_t$	1.082	9.409***	6.707***	5.022***	4.032***	3.055***
RSL$_t$ ↛ log(CP)$_t$	3.460**	1.264	0.903	0.825	1.438	1.729*
log(CP)$_t$ ↛ log(LOAN)$_t$	0.399	3.296**	2.422**	2.473**	2.003**	1.651*
log(LOAN)$_t$ ↛ log(CP)$_t$	0.751	1.476	1.133	1.249	0.836	1.005
log(CP)$_t$ ↛ log(M3)$_t$	0.898	0.837	1.014	1.212	0.602	1.531
log(M3)$_t$ ↛ log(CP)$_t$	2.471*	1.097	1.014	2.431**	1.923*	1.558
log(DEF)$_t$ ↛ RL$_t$	1.164	0.907	0.636	0.577	0.590	0.723
RL$_t$ ↛ log(DEF)$_t$	0.022	0.778	0.750	0.591	0.574	1.075
log(DEF)$_t$ ↛ RSL$_t$	1.630	1.971	1.460	1.683	1.228	0.944
RSL$_t$ ↛ log(DEF)$_t$	0.603	0.302	0.166	0.547	0.758	0.700
log(DEF)$_t$ ↛ log(LOAN)$_t$	1.521	0.999	0.741	0.939	1.034	1.093
log(LOAN)$_t$ ↛ log(DEF)$_t$	3.244**	1.036	1.229	0.903	0.914	1.424
log(DEF)$_t$ ↛ log(M3)$_t$	0.921	0.497	0.401	2.103**	1.447	1.697*
log(M3)$_t$ ↛ log(DEF)$_t$	1.004	0.747	1.587	1.554	1.392	1.098

주 : 1) ***, ** 및 *는 각각 1%, 5%, 10% 유의수준에서 귀무가설을 기각함을 의미

우선 RL과 실물경제변수 사이의 인과관계를 보면 GDP와 INV에 유의적인 영향을 미치는 것으로 나타나고 있으며 RSL의 경우 GDP와 INV에 영향을 미치는 반면 CP의 영향을 받는 것으로 나타나고 있다. LOAN은 INV에 유의적인 영향을 미치는 반면 CP의 영향을 받는 것으로 나타났으며 M3의 경우 GDP와 CP에 영향을 미치는 반면 INV와는 양방향으로 인과관계를 갖는 것으로 나타났다.

이와 같은 결과는 RL과 RSL 등 은행의 자산구성을 나타내는 변수가 실물경제활동을 예측하는 데 유용한 정보로 사용될 수 있음을 보여주고 있다.

5. 시차상관관계 분석

은행의 자산구성을 나타내는 변수의 변동과 실물경제변수 변동 사이의 선후행관계를 살펴보기 위하여 시차상관계수를 계산해 본 결과 은행의 자산구성을 나타내는 RL, RS, RSL 등의 변수는 실물경제활동을 나타내는 GDP 성장률, 투자증가율 및 민간소비증가율에 대하여 대체로 선행하는 것으로 나타났다([그림 10] 참조).

시차상관계수의 절대치를 비교해 보면 실물경제변수에 대해 RL보다는 RS 및 RSL의 상관관계가 다소 강한 것으로 나타나고 있다([표 14] 참조). 특히 투자증가율에 대한 RL과 RS의 상관관계는 각각 2분기 및 7분기 선행하여 가장 높은 절대치를 나타내어 은행의 자산구성의 선행성은 투자에 대해 상대적으로 강한 것으로 판단된다.

〔그림 10〕   **시차상관계수 추이**

(GDP 성장률과의 시차상관계수)

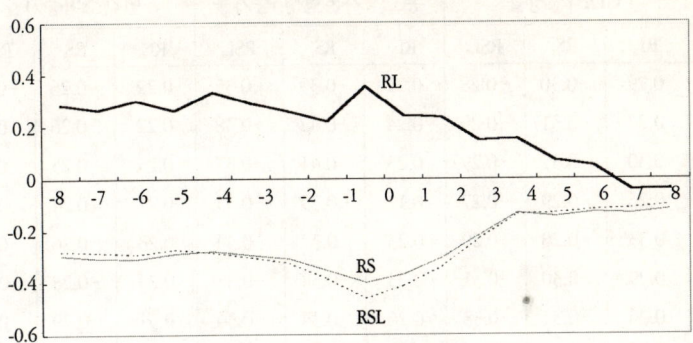

(투자증가율과의 시차상관계수)

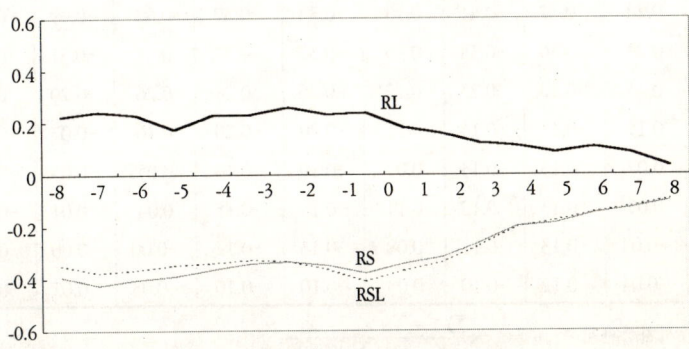

(민간소비증가율과의 시차상관계수)

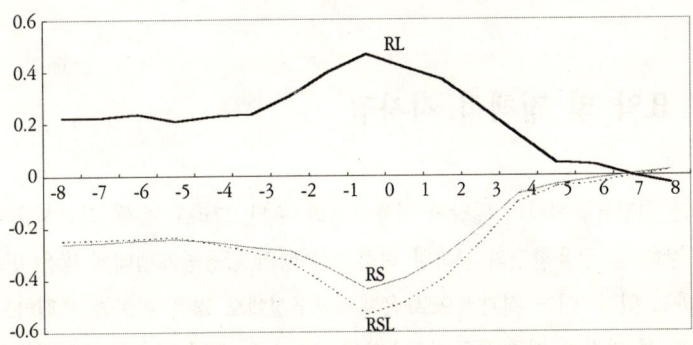

〔표 14〕 실물경제변수와 은행자산구성 변수와의 시차상관계수[1]

Y_t	GDP 성장률			총고정자본형성 증가율			민간소비증가율		
X_t	RL_t	RS_t	RSL_t	RL_t	RS_t	RSL_t	RL_t	RS_t	RSL_t
t-8	0.29	-0.30	-0.28	0.22	-0.39	-0.35	0.22	-0.26	-0.25
t-7	0.27	-0.31	-0.29	0.24	-0.42	-0.38	0.22	-0.26	-0.25
t-6	0.30	-0.31	-0.29	0.23	-0.41	-0.37	0.24	-0.25	-0.24
t-5	0.26	-0.29	-0.27	0.17	-0.39	-0.35	0.21	-0.24	-0.24
t-4	0.33	-0.28	-0.29	0.23	-0.37	-0.34	0.23	-0.26	-0.26
t-3	0.29	-0.30	-0.31	0.23	-0.34	-0.33	0.24	-0.28	-0.29
t-2	0.26	-0.31	-0.33	0.26	-0.34	-0.34	0.31	-0.29	-0.33
t-1	0.22	-0.36	-0.39	0.23	-0.35	-0.37	0.40	-0.36	-0.43
t	0.36	-0.40	-0.46	0.24	-0.38	-0.41	0.47	-0.44	-0.53
t+1	0.24	-0.37	-0.41	0.18	-0.34	-0.37	0.42	-0.39	-0.49
t+2	0.23	-0.30	-0.34	0.16	-0.32	-0.34	0.37	-0.31	-0.40
t+3	0.15	-0.22	-0.23	0.12	-0.26	-0.28	0.26	-0.20	-0.26
t+4	0.15	-0.13	-0.14	0.11	-0.20	-0.20	0.16	-0.07	-0.10
t+5	0.07	-0.15	-0.13	0.09	-0.19	-0.18	0.05	-0.03	-0.05
t+6	0.05	-0.13	-0.12	0.11	-0.15	-0.15	0.04	-0.01	-0.03
t+7	-0.04	-0.13	-0.12	0.08	-0.13	-0.12	-0.00	-0.00	-0.00
t+8	-0.04	-0.12	-0.10	0.03	-0.10	-0.10	-0.03	-0.02	-0.02

주 : 1) 시차상관계수 $\rho_k = \dfrac{\sum(Y_t - \overline{Y})(X_{t-k} - \overline{X})}{\sqrt{\sum(Y_t - \overline{Y})^2}\sqrt{\sum(X_t - \overline{X})^2}}$

VI. 요약 및 정책적 시사점

최근 직접금융시장의 발달과 금융증권화 추세, 그리고 은행 건전성규제 및
감독 강화 등 금융환경의 급속한 변화는 은행의 금융중개행태에 많은 변화를
요구하고 있다. 이는 결과적으로 은행자산구성에도 많은 변화를 초래하고 있
다. 이러한 변화는 기존 통화정책수단의 유용성을 크게 낮추어 통화정책의 효

과가 경제에 파급되는 메커니즘의 원활한 작동을 제약하는 요인으로 작용하고 있다.

이 장은 이러한 관점에서 은행자산구성의 역할에 관한 이론적 실증적 논의와 주요국 은행자산구성 변화의 원인과 추이를 개관한 후 우리나라 은행의 자산구성변화 추이와 그 원인을 살펴보았다. 그 주요 내용을 요약하면 다음과 같다.

먼저 주요 선진국 은행의 자산구성 변화추이를 보면 최근 들어 전통적 상업대출의 비중은 감소하고 유가증권 보유비중이 증가하는 경향을 나타내고 있다. 은행 자산구성 변화의 원인을 보면 일시적 요인으로는 경기침체에 따른 대출수요의 둔화, 전반적인 신용불안에 따른 대출기피, 지속적인 금리하락에 따른 유가증권 가격상승 등이, 구조적 요인으로는 BIS 자기자본규제 강화, 직접금융시장의 발전과 증권화의 진전 등에 따른 전통적인 상업대출의 수익성에 대한 근본적인 회의와 은행업의 전반적 위축현상 등이 지적되고 있다.

우리나라 은행의 자산구성을 보면 선진국과 마찬가지로 대출비중은 점차 감소하는 대신 유가증권 보유비중이 크게 증가하는 추세를 보이고 있다. 특히 1997년 금융·외환위기 이후 은행의 총자산에서 차지하는 대출비중은 크게 줄어든 반면 국채, 지방채, 정부보증채, 통화안정증권 등의 공공부문 유가증권과 투자신탁회사, 개발신탁 등의 수익증권, 그리고 우량 대기업발행 회사채 등 유동성이 높고 비교적 위험도가 낮은 유가증권 보유는 크게 확대되었다. 여기서 매우 흥미로운 사실은 우리나라 은행의 유가증권 보유비중(1997년말 기준 28.3%)이 미국(20.4%), 일본(16.3%), 독일(15.5%) 등 주요 선진국에 비하여 현저하게 높다는 점이다.

우리나라 은행의 자산구성변화 원인은 주요 선진국의 경우와 마찬가지로 경기침체기의 대출수요 감소, 신용불안에 따른 대출기피, 지속적인 금리하락에 따른 유가증권 가격상승 등 일시적 요인과 금융·외환위기 이후 BIS 자기자본규제의 강화, 직접금융시장의 발전과 증권화의 진전 등에 따른 은행이탈과 은행업 위축 등 구조적 요인이 복합적으로 작용한 데 기인하는 것으로 판단된다.

다만 우리나라 은행의 유가증권 보유비중이 주요 선진국에 비하여 현저하게 높게 나타나고 있는 점에 대하여는 나름대로의 배경이 있을 것으로 판단된다. 이를 정리해 보면 대체로 다음과 같다. 첫째, 우리나라에만 특수한 정책적 요인을 들 수 있다. 예를 들어 정책당국이 증시안정을 위해 은행의 기관투자가로서의 역할을 행정지도해 왔다는 점, 중앙은행이 통화정책 수행과정에서 과다한 유동성 환수를 위해 통화안정증권을 지속적으로 발행하여 매출해 왔다는 점, 금융·외환위기 이후 금융구조조정 과정에서 유가증권(정부출자기관채)으로 공적자금을 투입했다는 점, 그리고 국채 전문딜러 지정과정에서 국채의 보유비중을 확대하게 되었다는 점 등이다.

둘째, 대출금리가 규제되어 왔다는 점을 들 수 있다. 은행이 고금리 신금융상품을 대거 도입하면서 자금조달비용은 상승하였으나 대출금리는 지속적으로 규제되어 예대마진이 제대로 확보되지 못하는 와중에 부실채권의 누적 등으로 은행은 대출로부터 적절한 수익을 보장받지 못하였다. 이와 함께 은행보유 유가증권의 가장 큰 부분을 차지하는 회사채와 통화안정증권의 유통수익률이 최근까지도 대출금리를 상회하였다. 이러한 현상은 우리나라 은행들로 하여금 자산의 상당부분을 고수익이면서 대출보다 위험도가 낮은 유가증권으로 운용하고자 하는 강한 유인을 주었다.

셋째, 우량대기업의 은행이탈현상이 나타나면서 은행의 자산구성에서 위험도가 상대적으로 높은 중소기업대출 비중이 늘어나 신용위험이 크게 높아지게 되었다는 점이다. 은행은 위험회피를 위해 신용위험이 상대적으로 높은 중소기업에 대한 대출을 가급적 줄이고 유가증권 투자를 늘리는 자산운용전략을 선호하게 되었다.

넷째, BIS 자기자본규제의 강화를 들 수 있다. 1997년말 금융·외환위기 이후 경기침체가 가속되어 기업의 부도위험이 증가하는 가운데 금융기관 구조조정 추진과정에서 은행감독당국이 BIS 자기자본비율의 적용을 강화함에 따라 은행은 위험가중치가 큰 대출을 기피하고 위험도가 낮고 유동성이 높은 국채, 지방채, 정부보증채 등의 공공부문 유가증권 보유를 확대하였다.

다섯째, 직접금융시장의 발전과 증권화의 진전을 들 수 있다. 최근 뮤추얼펀드의 급속한 성장 등 직접금융시장이 발전하고 자산증권화 추세가 급속하게 진전되어 가는 가운데 우량 대기업을 중심으로 은행이탈현상이 심화되면서 전통적인 은행대출업무를 통한 수익성 확보가 점점 어려워져 가고 있다는 회의감이 제기되고 있다. 이러한 상황에서 은행은 수익성 확보를 위한 불가피한 대안으로 전통적인 예대업무 외에 직접금융시장과 연계된 유가증권 관련 업무를 확대해 가는 흐름을 보이고 있다. 이러한 흐름은 은행으로 하여금 대출보다는 유가증권 보유비중을 늘리는 요인으로 작용하고 있다.

은행의 자산구성이 실물경제와 어떻게 관련되어 있는지를 파악하기 위한 실증분석 결과 우리나라의 경우도 은행자산구성은 실물경제활동과 밀접한 관련을 갖고 있으며 은행의 자산구성 변화는 자본시장에의 접근이 용이하지 않고 은행의존도가 높은 중소기업의 자금조달을 어렵게 함으로써 실물경제에 큰 영향을 미칠 수 있는 것으로 나타났다. 특히 은행의 자산구성을 나타내는 대출금 대비 유가증권비율은 물가상승률, GDP성장률, 투자증가율, 민간소비증가율 등 실물경제변수와 높은 상관관계를 가지고 있으며 총자산 대비 대출금 비중 및 유가증권 비중은 총투자증가율에 선행하는 것으로 분석되고 있다.

위와 같은 분석결과를 바탕으로 은행자산구성 변화의 정책적 시사점을 몇 가지 정리해 보면 다음과 같다.

첫째, 통화정책의 파급경로에 대한 더 면밀한 분석과 파악이 필요하다. 일반적으로 직접금융시장이 발전하고 금융의 증권화가 진전되면 가계 및 기업을 포함한 민간의 자산구성에서 유가증권 보유의 비중이 늘어나게 된다. 이러한 민간의 유가증권 보유는 이자율 수준에 민감하기 때문에 이른바 부의 효과 (wealth effect)를 통하여 이자율경로가 전보다 강화될 수 있다. 그러나 은행의 유가증권 보유가 확대되는 경우에는 통화정책의 신용경로가 크게 약화되기 때문에 예상하지 못한 거시적 비용을 초래할 수 있다. 예를 들어 통화당국이 경기회복을 목적으로 통화공급을 확대하더라도 신용리스크 등으로 대출손실 우려가 커지는 상황에 있거나 혹은 BIS 자기자본비율 준수의무가 강화되는 경우 은행이 늘어난 자금을 대출보다는 유가증권을 늘리는 데에 이용하게 되면 경기회복이 지연되는 경향이 있다. 또한 경기확장기에 인플레이션 압력을 수속하기 위하여 긴축통화정책을 실시하는 경우 은행이 보유 유가증권을 매각하여 조달한 재원으로 대출을 증가시키게 되면 원래의 긴축목적을 달성하는 데 차질이 발생하게 된다. 그러므로 통화정책의 파급경로에 대하여는 앞으로 더 많은 연구가 있어야 할 것이다.

둘째, 통화정책 파급과정에 실제로 신용경로가 존재하고 은행자산구성 변화가 실물경제활동에 영향을 미치는 것이 사실이라고 한다면 통화당국은 통화신용정책을 수행하는 과정에서 통화량과 이자율뿐만 아니라 은행의 금융중개 행태 변화 즉 은행자산구성의 변화에도 충분한 관심과 적절한 주의를 기울일 필요가 있다. 특히 경기침체기나 신용경색기에는 공개시장조작을 통하여 적정규모의 통화를 시장에 공급함으로써 시장이자율이 낮은 수준에 머무르고 있다 하더라도 기업부도 우려 등에 따른 대출기피로 은행대출이 줄고 유가증권 보유가 확대되는 자산구성의 변화가 발생하는 경우 은행대출에 의존하는 중소기업의 자금조달이 크게 어려워짐으로써 통화정책의 효과가 크게 제약될 수 있다는 점을 유념할 필요가 있다.

셋째, 앞으로 대출금리는 실질적인 측면에서 은행이 자금수급상황, 수지상황, 기업의 신용도 등에 따라 자율적으로 결정·운용할 수 있도록 함으로써 안정적인 예대마진이 확보될 수 있어야 할 것이다. 직접금융시장 발전과 증권화의 진전으로 전통적인 은행업(예대업무)이 자연스럽게 위축되어 가는 과정에서 예대업무로부터 수익성이 확보되지 못하면 은행기능과 역할의 과다한 위축은 불가피해지며 이에 따라 금융산업 전체의 안정성도 훼손될 수 있다. 특히 예대마진을 확보할 수 있도록 함으로써 은행이 화폐경제의 기반을 제공하는 지급결제기능을 효율적으로 수행하면서 가계나 중소기업을 중심으로 금융중개기능을 충실하게 수행할 수 있는 환경을 조성해 나가야 할 것이다. 이러한 은행의 역할정립은 장기적으로 금융산업 전체의 안정성 확보에도 크게 도움이 될 것이다.

넷째, 은행에 대한 건전성규제 및 감독정책이 은행의 자산구성 변화를 통하여 통화정책의 효과를 상쇄할 수 있다는 점이다. 이는 건전성규제 및 감독정책이 거시경제적 측면에서 전통적인 통화정책수단의 유용성을 제약할 수 있다는 중요한 시사점을 주고 있다. 이는 통화정책 당국과 은행감독 당국 간에 자료와 정보의 교환은 물론 정책협조와 조정이 필요하다는 점과 중앙은행이 금융시스템의 안정성을 확보하고 위기관리 역할을 효과적으로 수행하기 위하여는 개별 은행의 자산운용 등 금융중개행태에 관련된 정보를 상시 파악하고 또 그들의 행태에 영향을 미칠 수 있는 다양한 수단을 보유하고 있어야 한다는 점을 말해 주고 있다.

우리나라의 경우 지난 금융·외환위기 이후 BIS 자기자본비율 준수를 지나치게 엄격하게 적용한 결과 은행들이 대출을 기피하고 무위험자산인 국채, 통안채 등 공공부문 유가증권의 보유를 확대함에 따라 발생한 신용경색현상으로 특히 은행의존적인 중소기업의 자금조달이 어렵게 됨으로써 예상 외의 커다란 거시적 비용을 치렀던 경험을 되새겨볼 필요가 있을 것이다.

마지막으로 은행의 본질적 기능에 대한 개념 정립이 필요하다. 최근 기업부도 우려에 따른 신용불안, BIS 자기자본규제 강화 등 여러 가지 금융경제환경이나 규제환경의 변화로 인하여 은행은 자의반 타의반으로 가급적 위험부담을 회피하고자 하는 경향을 보이고 있다. 은행이 위험도가 높은 기업대출을 줄이고 위험도가 상대적으로 낮은 유가증권 보유를 확대하는 것도 같은 맥락으로 볼 수 있다.

은행이 위험을 과도하게 회피하고자 하는 경우 금융이기주의의 함정에 빠질 우려가 있다. 이러한 점에서 은행의 금융이기주의를 어떻게 극복하느냐 하는 문제와 은행업의 본질적인 기능에 대한 재고가 필요하다. 위험분담기능이 은행의 본질적 기능의 하나라면 은행은 무조건 위험요소를 회피할 것이 아니라 합리적인 범위의 위험은 분담하는 자세를 견지하는 가운데 금융중개과정에서 취득하는 금융자산이 내포하고 있는 위험요소를 과학적으로 분석하고 분해하여 일부는 자기가 분담하고 일부는 제거(대출채권 유동화)하고 또 일부는 거래(파생금융상품)를 통하여 거래상대방에게 이전하는 등 이를 체계적으로 관리하는 본질적 기능을 수행할 수 있어야 할 것이다. 이러한 점에서 정책당국은 은행의 본질적 기능을 재정립하고 은행이 그러한 기능을 효율적으로 수행할 수 있는 적절한 환경과 제도를 정착시키기 위한 노력을 아끼지 말아야 할 것이다.

김동원, 〈경제위기의 원인과 금융구조분석〉, 한국경제학회, 《경제학연구》, 1999.

김시담, 《통화금융론》, 박영사, 1999.

백웅기, 〈금융부문의 불확실성이 경기변동에 미치는 영향〉, 《경제분석》 제4권 제4호, 한국은행, 1998. 11.

윤봉한·황선웅, 《금융기관론》, 문영사, 1999.

조윤제, 〈한국의 금융자유화와 금융위기〉, 《조사연구자료》 99-3, 한국은행, 1999. 3.

함정호, 《통화금융경제 : 이론과 정책에 관한 최근 논의》, 비봉출판사, 1996.

함정호·김종귀·박형근, 〈구조조정 이후 은행·기업간의 새로운 관계〉, 《조사연구자료》 99-4, 한국은행, 1999. 3.

Allen, Franklin and Anthony M. Santomero, "The Theory of Financial Intermediation", *Journal of Banking and Finance* 21(11-12), December 1997.

Bernanke, Ben S., "Non-Monetary Effects of the Financial Crisis in the Propagation of the Great Depression", *American Economic Review* 73, 1983.

————, "Alternative Explanations of the Money-Income Correlation", *Carnegie-Rochester Conference Series on Public Policy* 25, 1986.

Bernabe, Ben S., and Alan S. Blinder, "Credit, Money and Aggregate Demand", *American Economic Review* 78(2), May 1988.

————, "The Federal Funds Rate and the Channels of Monetary Transmission", *American Economic Review* 82(4), September 1992.

Bernanke, Ben S. and Mark Gertler, "Banking and the Macroeconomics", William A. Barnett and Kenneth J. Singleton eds., *New Approach to Monetary Economics*, 1987.

BIS, "Central Bank's Involvement in Supervision and Surveillance", in *the Papers for the Meetings of Governors*, September 1998.

Blinder, Alan and Joseph E. Stiglitz, "Money Credit Constraints and Economic Activity", *American Economic Review* 73, 1983.

Boyd, John H. and Mark Gertler, "U.S. Commercial Banking : Trends, Cycles and Policy", *NBER Working Paper*, No. 4404, July 1993.

Boyd, John H. and Edward Prescott, "Financial Intermediary - Coalitions", *Journal of Economic Theory* 38, 1986.

Friedman, Milton and Anna Schwartz, *A Monetary History of the United States : 1867-1960*, Princeton University Press, 1963.

Gertler, Mark, "Financial Structure and Aggregate Economic Activity : An Overview", *Journal of Money, Credit, and Banking*, Vol. 20, No. 3, 1988.

Gurley, John and Edward Shaw, "Financial Aspects of Economic Development", *American Economic Review*, Vol. 45, 1955.

Haubrich, Joseph G. and Paul Wachtel, "Capital Requirements and Shifts in Commercial Bank Portfolios", *FRB of Cleveland Economic Review* 29, 3rd Quarter 1993.

Ito, Takatoshi and Yuri N. Sasaki, "Impacts of the Basle Capital Standard on Japanese Banks' Behavior", *NBER Working Paper*, No. 6730, September 1998.

Keeton, William R., "The Impact of Monetary Policy on Bank Lending : The Role of Securities and Large CDs", *FRB of Kansas City Economic Review*, 2nd Quarter 1993.

――――, "Causes of the Recent Increase in Bank Security Holdings", *FRB of Kansas City Economic Review*, 2nd Quarter 1994.

Kim, Hyun-Eui, "Was the Credit Channel a Key Monetary Transmission Mechanism following the Recent Financial Crisis in the Republic of Korea?", *World Bank Policy Research Working Paper*, No. 2103, April 1999.

King, Stephan R., "Monetary Transmission : Through Bank Loans or Bank Liabilities?", *Journal of Money, Credit and Banking* 18, August 1986.

Lown, Cara S., "The Credit-Output Link vs. the Money-Output Link : New Evidence", *FRB of Dallas Economic Review*, November 1988.

――――, "Banking and the Economy : What Are the Facts?", *FRB of Dallas Economic Review*, September 1990.

Lown, Cara S. and Donald W. Hayes, "Another Look at the Credit-Output Link", *FRB of Dallas Research Paper* 9001, January 1990.

Mishikin, Frederic S., "The Channels of Monetary Transmission : Lessons for Monetary Policy", *NBER Working Paper*, No. 5464, February 1996.

Modigliani, Franco and Merton Miller, "The Cost of Capital, Corporation Finance and the Theory of Investment", *American Economic Review* 48, June 1958.

Rodrigues, Anthony P., "Government Securities Investments of Commercial Banks", *FRB of New York Quarterly Review*, Summer 1993.

Silber, William L., "Monetary Channels and The Relative Importance of Money Supply and Bank Portfolios", *Journal of Finance* 24(1), March 1969.

Sinkey, Joseph F., *Commercial Bank Financial Management in the Financial Services Industry*, Fourth Edition, New York : Macmillan Publishing Company, 1994.

Stiglitz, Joseph E. and Andrew Weiss, "Credit Rationing in Markets with Imperfect Information", *American Economic Review* 71(3), June 1981.

Susan, M. Phillips, "The Place of Securitization in the Financial System : Implications for Banking and Monetary Policy", Leon T. Kendall and Michael J. Fishman eds., *A*

Premier on Securitization, The MIT Press, 1996.

Thakor, Anjan V., "Capital Requirements, Monetary Policy, and Aggregate Bank Lending : Theory and Empirical Evidence", *Journal of Finance*, Vol. 11, No. 1, 1996.

Townsend, Robert M., "Financial Structure and Economic Activity", *American Economic Review*, Vol. 73, 1983.

Wood, John H., *Commercial Bank Loan and Investment Behaviour*, London : John Wiley & Sons Ltd., 1975.

10 자본유출입 확대와 통화정책

I. 머리말

1980년대 중반 경상수지가 흑자로 전환되고 선진국으로부터의 시장개방 압력이 증대됨에 따라 우리나라는 외환 및 자본거래의 자유화 폭을 점차 확대하여 왔으며, 특히 1992년 이후부터는 외국인 주식투자를 허용하는 등 자본자유화를 더욱 본격적으로 추진해 왔다. 더욱이 1997년말 외환위기 발생 이후에는 외자도입 필요성이 절실해지면서 주식, 채권 및 단기금융시장이 대폭적으로 개방되었고, 1999년 4월 1일부터는 새로운 《외국환거래법》이 시행되어 기업 및 금융기관의 대외영업활동과 관련된 대부분의 외환·자본거래가 자유화되었다. 한편 환율제도는 1970년대의 고정환율제도에서 1980년대에는 '복수통화바스켓' 제도로 전환되고 1990년 시장평균환율제도로 이행한 이후 환율

---

* 이 장은 한국은행 《조사통계월보》 1999년 11월호에 실린 논문을 일부 수정·보완하여 전재한 것이다.

변동폭을 계속 확대하여 오다가 1997년 12월에는 완전자유변동환율제도를 채택하였다.

국제금융이론에 의하면 고정환율제도나 관리변동환율제도 하에서는 환율의 자유로운 조정을 통한 국제수지조정 기능이 미흡하기 때문에 일국의 통화정책은 해외부문의 통화교란에 의하여 제약을 받게 된다. 그리고 이러한 해외부문에서 야기되는 통화정책상의 제약은 환율의 자유로운 변동에 의하여 국제수지균형이 자동적으로 달성되는 변동환율제도로 이행하면 해소될 수 있는 것으로되어 있다.

그러나 변동환율제도 하에서의 국제수지균형이란 이른바 종합수지의 균형을 의미하기 때문에 경상수지 및 자본수지는 각기 불균형이 지속되는 경우 경상수지 등을 관리하는 정책당국의 정책목표와 상충될 수가 있다. 또한 자본유출입에 따른 환율의 급격한 변동은 경제에 불확실성을 증대시킴으로써 금융및 실물경제에 부정적인 영향을 미칠 가능성도 커진다. 따라서 변동환율제도를 채택하고 있는 국가들도 환율을 오로지 시장기능에만 맡겨 두기보다는 경제여건을 감안한 정책당국의 의지를 반영하여 외환시장개입 등을 통해 환율을 적정한 수준으로 유지하고자 노력하고 있다.

더욱이 현재와 같이 자본시장이 대폭 개방되고 있는 데다 내외금융시장이 상호 유기적으로 연결되어 자본의 유출입이 더욱 확대되어 가고 있는 상황에서는 대외충격에 의한 환율변동압력이 더욱 커지게 된다. 이에 따라 변동환율제도 하에서도 정책당국은 바람직한 수준의 환율을 상정하지 않을 수 없게 되는데, 이 경우 해외부문을 통한 통화변동 요인의 확대 등으로 환율정책과 통화정책 간에 상충이 발생하게 마련이며, 그 결과 통화정책의 독자적인 운영은 제약을 받을 수밖에 없다.

이에 따라 이 글에서는 외환·자본자유화에 따른 자본유출입의 확대가 통화정책의 유효성에 미치는 영향에 대한 이론적인 고찰과 함께 우리나라에 대한 실증적 분석을 통해 향후의 정책적 대응방향을 모색해 보고자 한다. 구체적으로 이 글의 구성은 다음과 같다. 우선 Ⅱ절에서는 자본유출입의 확대가 통화정책의 유효성에 미치는 영향을 이론적인 측면에서 살펴보고, Ⅲ절에서는 우리나라의 자본자유화 추진 현황과 자본유출입 변화 추이 및 그에 따른 부문별 통화변동 추이를 개관하고자 한다. 그리고 Ⅳ절에서는 자본유출입함수(통화정책상쇄계수) 및 통화공급반응함수(불태화정책계수)의 추정, 자본유출입과 환율·통화·금리 등 주요 금융변수와의 관계 등에 대한 실증분석을 통하여 우리나라의 경우에 자본유출입의 확대가 통화정책의 유효성에 어떠한 영향을 미쳐 왔는지를 살펴볼 것이다. 마지막으로 Ⅴ절에서는 이와 같은 분석결과를 토대로 하여 자본유출입의 확대가 통화정책에 주는 시사점을 정리한 후 자본·외환시장 여건의 변화 속에서 향후 통화정책의 효율적 수행을 위한 대응방안이 무엇인지를 모색해 보고자 한다.

Ⅱ. 자본유출입 확대가 통화정책의 유효성에 미치는 영향 : 이론적 고찰

자본시장 개방 확대로 자본유출입이 늘어나면 해외부문으로부터의 충격에 의하여 통화량, 금리 등 통화정책 관련 변수가 변동하게 되고, 이는 다시 제반 거시경제변수에 예기치 않은 영향을 미침으로써 물가, 소득 등 대내경제변수의 목표수준을 달성하기 위한 통화정책의 독립적인 수행을 제약하게 된다.

즉 외환·자본거래 자유화에 따른 자본유출입 증가로 국내외 금융시장 및 외환시장 간에 연계성이 높아지면 환율, 금리, 통화 등 금융변수가 더욱 밀접한 관계를 갖고 변화하게 되고, 이에 따라 물가, 생산, 경상수지 등 실물경제변수들도 영향을 받는다. 이에 따라 통화정책이 목표로 설정하였던 제반 거시경제목표는 당초의 예상경로를 이탈할 가능성이 높아지며, 이것은 곧 통화정책의 독자성이 점차 제약되어 감을 의미한다.

다음에서는 국가간 자본이동 증가로 환율, 통화, 금리간 연계성이 증대될 경우 통화정책과 환율정책 사이에 발생할 수 있는 상충관계, 그리고 자본유출

입이 통화정책의 유효성에 미치는 영향 등을 이론적인 관점에서 살펴보고자
한다.

1. 환율·통화·금리 간의 연계성과 상충성

자본거래가 자유화되면 자본은 금융자산에 대한 기대수익률이 낮은 국가에
서 높은 국가로 이동하게 되며, 이러한 국가 간의 자본이동은 환율, 통화, 금리
등 국내 거시경제변수에 영향을 미친다. 따라서 정책당국이 통화정책과 환율
정책을 운용하는 데서 통화·환율·금리의 연계관계를 고려하지 않을 경우에는
정책의 유효성이 크게 떨어지게 되고, 경우에 따라서는 의도하지 않은 결과를
초래할 수 있게 된다. 이러한 점을 염두에 두고 이 항에서는 자본이동이 자유
로운 환경 하에서의 주요 금융변수간 상호연계성 및 통화정책과 환율정책 사
이의 상충관계에 대하여 살펴보기로 한다.

먼저 금융개방 확대에 따라 금리, 환율 및 통화량이 자본이동을 매개로 하
여 밀접한 연계성을 가지고 변동하는 상황 하에서 중앙은행이 환율안정을 위
해 외환시장에 개입하는 경우를 생각해 보자. 자본유입에 의한 환율의 과도한
절상을 방지하기 위해 중앙은행이 외환시장에 개입하여 외환을 매입하게 되면
환율의 안정은 도모할 수 있으나 통화량이 증가함으로써 환율과 통화량 사이
에 상충관계(trade-off)가 발생하게 된다. 또한 통화공급 증가에 대응하여 중
앙은행이 늘어난 통화량을 공개시장조작, 지준율 인상 등을 통해 다시 불태화
(sterilization)시키면 통화량의 증가는 방지할 수 있으나 금리가 상승하게 된다.
이는 국내경기를 위축시킬 뿐만 아니라 해외자본의 추가유입으로 환율절상을
야기하여 당초 의도했던 환율수준을 달성하기도 용이하지 않게 된다.

이러한 상충성은 환율결정에 관한 통화론적 접근모형(monetary approach
model)에 의해 더 쉽게 이해될 수 있다.[1] 이 모형은 금리평가곡선과 실질통화
수요·공급곡선을 결합한 형태로 구성된다.

---

1) 김영린(1993) 및 국제금융연구회(1996) 참조.

우선 [그림 1]에서 $i = i* + (e^e - e)/e$는 자본이동이 자유로운 경우의 금리평가곡선을 나타내는데 이는 해외금리 $i*$와 기대환율 e^e가 외생적으로 주어진 상태에서 더이상 금리재정거래[2]가 발생하지 않는 국내금리 i와 환율 e간의 조합을 나타낸다. 자본이동이 자유로운 환경하에서 각국 금융자산간 대체성이 완전하여 리스크프리미엄이 존재하지 않는다고 가정하면 일국의 금리 (i)는 해외금리($i*$)와 기대환율절하율 ($(e^e - e)/e$)을 합산한 수준에서 결정된다. 내외금융시장간 재정거래가 완전하게 이루어질 경우 금리와 환율 가운데 어느 한 변수가 변동하게 되면 이같은 금리평가관계를 통해 상대변수가 영향을 받게 된다.

예를 들어 국내금리가 상승하면 외국자본이 유입되어 환율이 하락(절상)함으로써 자본유입이 멈추고 다시 균형으로 돌아간다. 또한 환율(e)이 상승할 경우에는 이는 국내통화의 가치가 절하된 것을 의미하므로 금리평가곡선의 가정에서처럼 장래환율에 대한 기대치 e^e가 외생적으로 주어진 상태라면 해외자본의 국내투자가 종전보다 유리해짐에 따라 자본유입이 발생하게 되며 이는 국내금리의 하락으로 나타남으로써 자본이동이 멈추고 다시 균형으로 복귀한다. 이같은 환율·금리간 상호관계를 나타낸 것이 바로 금리평가곡선으로서 이 곡선은 우하향하게 된다.

한편 실질통화수요곡선은 그림에서와 같이 금리와 역상관(trade-off) 관계로 표시되는 곡선 $L^d(i, y)$로 표현되며, 실질통화공급곡선은 통화당국에 의해 외생적으로 주어지는 것으로 가정할 경우 그림에서 금리에 대해 비탄력적인 수평선 L^s와 같이 표현된다. 따라서 화폐시장에서는 실질통화수요곡선과 실질통

---

2) 자본이동이 자유로우며 국내외 금융자산간 기대수익률이 다를 경우 이들 금융자산들의 매매를 통하여 차익을 실현하고자 하는 거래를 금리재정거래(interest rate parity transactions)라고 하며 금리재정거래가 일어나지 않게 하는 균형조건을 금리평가조건(interest parity condition)이라고 한다. 국내외 금융자산 간에 완전대체성이 성립한다고 가정하면 환율이 절상된 경우 앞으로 환율이 절하되리라고 투자자들이 예상하면 자본유출이 발생하여 통화량 감소, 환율절하, 국내금리 상승이 초래되어 결국 자본유출이 멈추게 된다. 반대로 환율이 더 절상되리라고 투자자들이 예상할 경우(즉, e^e가 외생적으로 주어진 것이 아니라 환율(e) 변동과 동일한 방향으로 영향을 받는 경우)에는 자본유입이 일어나 통화량 증가, 환율절상, 국내금리 하락 등을 가져오게 되고 이는 결국 자본유입을 멈추게 한다. 한편 금리가 변동할 경우에도 유사한 메커니즘을 거쳐 기대수익률이 균형을 이루게 된다.

화공급곡선이 교차하는 점 A에서 실질통화공급 M_0/P와 국내금리 i_0이 결정되며, 환율은 금리 i_0에 상응하는 금리평가곡선 $i = i* + (e^e - e)/e$상의 점 A'에서 e_0 수준으로 결정된다.

현재의 환율수준 e_0 상태에서 만약 정책당국이 경상수지적자 등을 고려하여 환율을 e_1으로 절하시키기 위해 외환시장에서 외국통화를 매입하게 되면 자국통화의 환율은 e_0에서 e_1으로 상승(절하)하지만 해외부문을 통한 통화증발로 자국통화의 공급이 M_0에서 M_1으로 증가함에 따라 국내금리는 i_0에서 i_1으로 하락한다. 즉 환율은 목표수준으로 절하되지만 동시에 통화량이 증가하고 금리가 하락하게 된다. 그러나 중앙은행이 통화량의 안정을 위해 늘어난 통화를 불태화한다면 통화량은 이전 수준인 M_0로 되돌아가 안정되나 통화량 감소로 금리가 다시 i_0로 상승한다. 이에 따라 자본유입이 발생하고 환율이 다시 e_0로 복귀함으로써 경상수지적자 해소에 필요한 환율수준 e_1이 달성되지 못하게 된다. 이와 같은 관계는 곧 환율·통화·금리를 운용하는 데서의 상충관계를 의미한다. 이 경우 정책당국은 통화량과 환율의 최적조합을 모색하거나 통화량 또는 환율 중 어느 하나만을 목표로 선택하지 않을 수 없게 된다.

〔그림 1〕 　　외환시장개입에 따른 통화·금리·환율 간의 관계 변화

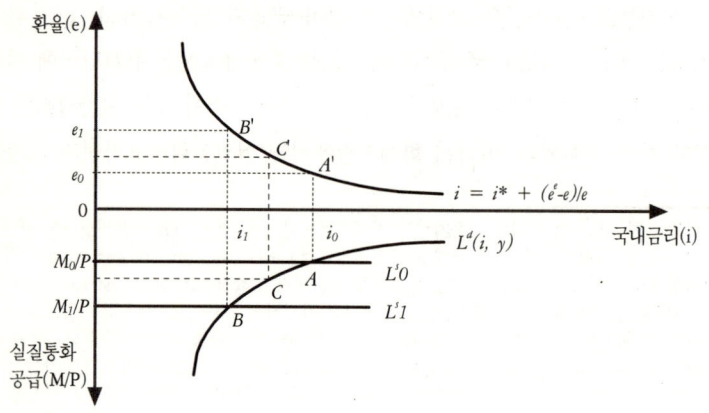

2. 자본이동이 통화정책의 유효성에 미치는 영향 :
   통화정책의 독자성 제약

통화정책은 대내적으로 소득, 고용, 물가 등 거시경제변수를 의도하는 방향과 수준으로 변화시킬 수 있을 때 소기의 목적을 달성할 수 있게 된다. 그러나 내외 자본이동이 자유로워지면 통화당국이 해외요인의 충격을 적절히 차단하지 못할 경우 고정환율제도 하에서는 물론 변동환율제도 하에서도 효율적인 통화정책의 수행은 제약을 받을 수밖에 없으며 그만큼 통화정책의 유효성이 떨어지게 된다.[3] 자본이동이 자유로운 환경에서 대외부문에서 초래되는 이러한 통화정책 수행상의 제약을 고정환율제도와 변동환율제도로 나누어 살펴보면 다음과 같다.

가. 고정환율제도

고정환율제도를 채택하고 있는 상황에서 국가간 자본이동이 완전히 자유롭고 국내외 금융자산이 완전히 대체 가능하다면 정책당국은 소득 및 고용증대, 물가안정 등 대내균형의 달성을 위하여 통화정책을 활용할 수 없게 된다. 왜냐하면 정책당국이 소득증대 등의 목표를 달성하기 위하여 통화공급을 증가시킬 경우 국내금리의 하락으로 자본유출이 발생하고 이는 환율상승(절하) 압력으로 나타난다. 이 경우 고정환율제도 하에서는 환율수준의 유지를 위해 중앙은행이 외환을 매각해야만 하고 이 과정에서 통화량이 다시 감소(해외부문을 통한 통화의 감소)하고 금리가 원래 수준으로 복귀하게 된다. 즉 고정환율제도 하에서는 자본유출시 시장 기능에 의한 환율절하 과정이 없으므로 즉시 해

---

3) 일반적으로 '통화정책의 유효성'이라는 용어는 통화정책기조의 변화가 물가, 소득 등 최종목표를 얼마만큼 효과적으로 달성할 수 있는가를 나타내는 포괄적인 의미로 사용되나, 이 글에서는 이 용어를 다소 제한적으로 사용하기로 한다. 즉 여기서는 자본유출입이 발생하는 상황하에서 중앙은행이 통화, 금리 등 통화정책관련 금융변수를 얼마나 당초에 의도했던 수준으로 관리할 수 있는지, 즉 통화정책이 얼마나 대외충격으로부터 독자적으로 수행될 수 있는지를 의미하는 정도로 이 용어를 사용하였다.

외부문을 통한 통화환수로 나타나며, 이에 따라 당초 정책당국이 추가적으로 공급했던 통화량은 완전히 상쇄된다.

이와 같은 고정환율제도 하에서의 통화정책 운용의 제약은 자본유출입 면에서 먼저 외생적 충격이 발생하는 경우에도 설명이 가능하다. 예를 들어 어떤 이유로 외자유입이 늘어나는 경우 고정환율제도 하에서는 명목환율을 일정 수준으로 유지해야 하기 때문에 외환시장에 개입하여 외환을 매입할 수밖에 없게 되는데 이는 곧 중앙은행의 의도와는 관계 없는 통화량 증가와 물가상승을 초래하고 그 결과 실질환율이 절상되고 경상수지가 악화된다.

따라서 고정환율제도 하에서는 자본자유화가 진전될수록 통화정책이 무력화되며 국가간 자본이동에 의해 통화정책의 독자성(independence)은 제약받게 된다. 이에 따라 고정환율제도를 실시하는 나라들은 자본이동에 따른 국내 통화량의 통제 불가능성에 대처하기 위하여 자본이동을 외환당국이 직접 관리하는 것이 일반적이다.

나. 변동환율제도

고정환율제도에서와는 대조적으로 변동환율제도 하에서는 자본유출입의 영향이 환율의 자유로운 변동에 의해 흡수되므로 통화당국의 통화관리가 대외적인 영향으로부터 독립될 수 있고 이에 따라 이론적으로는 통화정책의 유효성이 확보된다고 할 수 있다. 예를 들어 자본유입으로 외환시장에서 외환공급초과가 발생하는 경우 변동환율제도 하에서는 환율이 절상되기 때문에 경상수지 악화나 자본유입의 축소를 통해 다시 대외균형이 이루어지게 되며, 이 과정에서 통화량에는 아무런 변화가 없게 된다. 즉 변동환율제도 하에서는 자유로운 환율변동에 의해 국제수지가 자동적으로 균형에 도달하게 되며, 이 경우 정책당국은 해외로부터의 영향에 구애받지 않고 통화정책을 독자적으로 결정할 수 있게 된다.

그러나 변동환율제도를 실시하는 경우에도 실제로는 다음과 같은 점들 때문에 정책당국의 통화정책 운용은 상당한 제약을 받게 되는 경우가 많다. 먼저 완전한 자유변동환율제도 하에서 국제수지 균형이 항상 달성될 수 있다고 하더라도 이는 종합수지의 균형을 의미하기 때문에 일례로 경상수지가 대규모의 적자를 나타내면서 자본수지가 흑자를 보이는 상황이 지속될 경우 국제수지는 균형으로 나타날 수가 있다.[4] 정책당국은 경상수지적자 지속이 바람직하지 않다고 판단하여 외환시장 개입 등을 통하여 자국환율의 절하를 유도하게 되는데, 이와 같은 환율절하는 결국 자본유입과 통화량 증가, 금리하락 등으로 이어져 물가불안을 가져올 수 있다. 그리고 이는 당초 물가안정을 목표로 통화정책을 운용해 오던 통화당국의 의도와는 배치되는 결과가 될 수 있다. 또한 환율 등 가격변수의 조정기능이 불완전한 데 따른 시차의 존재 등으로 인하여 경제이론에서 상정하고 있는 것처럼 대외균형이 일시에 자동적으로 이루어진다고 보기도 어렵다.

더욱이 시장개방이 확대되면 자본의 유출입 규모가 늘어남과 동시에 내외금융시장 및 외환시장간 연계성이 높아지게 되므로, 자유변동환율제도 하에서도 대외부문의 충격이 환율은 물론 통화, 금리 등에 예상치 못한 변화를 초래함으로써 통화정책의 효과는 크게 상쇄될 수가 있다.

예를 들어 통화량 축소, 금리인상 등과 같은 긴축적인 통화정책으로 경기상승속도를 완화하려는 상황에서는 금리상승에 따른 자본유입으로 환율이 하락하게 된다. 그러나 민간이 외환시장에서 보유외환을 대가로 하여 국내통화에 대한 수요를 늘리고 중앙은행이 이를 불가피하게 수용하여 외환을 매입하게 되면 유입된 외국자본 가운데 일부가 중앙은행의 순해외자산 증가로 나타난다. 이런 경우에는 변동환율제도 하에서도 자본유입의 효과가 모두 환율하락(절상)으로 흡수되지 못하게 된다. 이때 해외부문에서 통화가 증발되어 통화총량이 다시 증가하고 금리가 하락하는 등 당초에 의도했던 긴축통화정책의

---

4) 자유변동환율제도 하에서의 국제수지 균형식은 다음과 같다.
 Current(i, e)+Capital(i, e) = dR/dt = 0 이므로
⇔ Current(i, e) = -Capital(i, e)
단, Current : 경상수지, Capital : 자본수지, R : 외환보유액, i : 금리, e : 환율
위 균형식에서 볼 때 국제수지 전체로는 균형이 이루어지면서 자본유출입은 경상수지의 흑자 또는 적자에 따라 결정된다. 더 자세한 설명은 김영린(1993) 및 Poniachek(1979) 참조.

효과가 상쇄된다. 이를 위의 [그림 1]에서 설명해 보면, 초기의 경제상태를 B라고 가정할 경우 이를 A상태로 옮기려는 긴축통화정책은 자본유입에 의해 그 효과가 상당부분 상쇄됨으로써 당초 정책당국이 의도한 A를 달성하지 못하고 C상태에 머물게 된다.

상기 논의내용을 종합해 보면, ① 변동환율제도 하에서도 국제수지의 균형은 경상수지 및 자본수지가 불균형을 지속하는 상태에서 이루어질 수가 있고, 이러한 부분적인 대외불균형을 시정하기 위한 정책당국의 환율정책은 대내경제변수와의 상충을 일으키게 되며, ② 통화당국이 대내경제변수의 조절을 위하여 통화, 금리 등 통화정책변수에 변화를 주었을 때에도 이로 인한 자본유출입은 환율, 통화, 금리 등의 연계적인 변화를 초래함으로써 결국 당초 중앙은행이 의도한 대내적 정책목표를 달성하기 어렵게 만든다는 점이다.[5]

이에 따라 변동환율제도를 채택하고 있는 대부분의 국가에서는 경제여건을 감안하여 필요할 경우에는 외환시장개입을 통해 환율변동을 방어하는 한편 해외부문으로부터 발생하는 통화변동 요인에 대하여는 불태화정책(sterilization)을 통해 상쇄시키거나 재정건전화, 외환수급조절 등 다양한 정책조합(policy mix)을 통해 대처하고 있다.

---

5) 외환·자본자유화가 진전되어 있는 개방경제 하에서는 이와 같은 환율-통화정책 간의 상충이 자주 발생하게 되며, 이에 따라 정책당국은 외환시장개입 및 불태화 여부를 두고 딜레마에 직면하게 된다. 외자가 유입되는 경우를 예로 들면, 중앙은행이 외자유입에 의한 환율의 과도한 절상을 방지하기 위해 외환매입개입(태화개입)을 실시하게 되면 환율안정은 도모할 수 있으나 통화량이 늘어남으로써 환율과 통화량 간에 상충관계(trade-off)가 발생한다. 또한 유동성 증가에 대응하여 중앙은행이 공개시장에서 국공채, 통안증권 매각 등을 통해 늘어난 통화를 불태화시키면 통화량 증가는 방지할 수 있으나 금리가 상승하여 투자위축 등 국내 실물경제에 영향을 주게 되고 추가적인 외자유입 요인으로도 작용할 수가 있다. 이와 같은 관계를 도식화하면 아래와 같다.

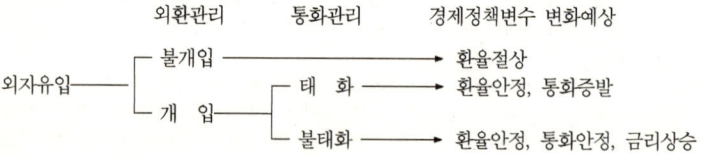

3. 통화정책상쇄계수와 불태화정책계수

개방경제 하에서 한 국가가 대외부문으로부터의 자본이동 충격에도 불구하고 통화정책수단을 통하여 거시경제정책 목표를 의도하는 수준으로 달성할 수 있는가 하는 통화정책의 독자적 운영 정도[6]는 다음과 같은 두 가지 계수의 측정을 통하여 가늠해 볼 수가 있다. 그 가운데 하나는 통화정책이 자본유출입에 의하여 얼마만큼 상쇄되는가를 나타내는 통화정책상쇄계수(offset coefficient)이며, 다른 한 가지는 중앙은행이 국제수지의 불균형에 따른 해외부문에서의 통화증감을 얼마만큼 중화시킬 수 있는가 하는 불태화정책계수(sterilization coefficient)이다. 여기에서는 우선 통화정책상쇄계수와 불태화정책계수의 개념적 정의를 개관해 보기로 하고, 4절에서 이 계수들의 추정을 통하여 우리나라의 경우 자본유출입에 의해 통화정책의 유효성이 제약받는 정도가 어느 정도 되는지에 대하여 실증적으로 분석해 보도록 한다.

가. 통화정책상쇄계수

자본이동이 자유로울 경우 중앙은행의 통화공급변동은 국내이자율의 변동을 통한 자본유출입에 의하여 부분적으로 상쇄되므로 중앙은행은 이와 같은 해외부문의 통화교란 때문에 독자적으로 통화정책을 수행하기가 어렵게 되고 통화정책의 유효성도 저하된다. 예를 들어 통화긴축시에는 국내 이자율이 상승함으로써 외국인들의 국내 자본투자가 늘어나는 유인이 생길 뿐만 아니라 내국인들도 국내 금융기관 및 자본시장에서 자금조달이 어려워짐에 따라 해외로부터의 자금조달을 늘리게 된다. 자본유입에 따른 해외부문의 통화공급 증가는 당초의 긴축적 통화정책을 상쇄시키게 된다.

이와 같이 개방경제 하에서 대내균형을 달성하기 위한 통화정책의 운용은

---

6) 이는 바꾸어 말하면 자본유출입 충격에 대응한 통화정책의 유효성 확보 가능 정도라고도 할 수 있다.

해외요인에 의해 어느 정도 제약을 받을 수밖에 없는데 그 제약받는 정도를 계측하는 방법으로서 통상 통화정책상쇄계수(offset coefficient)가 이용되고 있다.[7] 통화정책상쇄계수는 원래 고정환율제도 하에서 자본이동이 자유로울수록 대내균형의 달성을 위한 통화정책의 운용이 제약받게 된다는 이론에 기초를 두고 있는 개념이므로 엄밀한 의미에서는 고정환율제도 하에서 국내신용이 증가[감소]할 경우 이에 따른 금리 하락[상승] 등으로 자본이 유출[유입]되는 정도를 나타낸다. 그러나 통상적으로는 환율제도, 자본이동 및 금리자유화의 진전 등에 관계 없이 통화정책의 운용이 해외요인에 의해 제약받는 정도를 파악하기 위하여 통화정책상쇄계수가 널리 활용되고 있다. 이러한 의미에서 통화정책상쇄계수는 일정기간 동안 공급[환수]되는 국내신용이 해외부문을 통하여 환수[공급]되는 정도를 나타내는 계수로서, 중앙은행의 국내 통화공급 증가[감소]에 대한 자본의 유출[유입]의 비율로 정의되며, 통상 축약형 자본유출입함수(Kouri & Porter 모형, 1974)를 원용한 모형을 통하여 추정된다. 이 계수는 대내균형의 달성을 위하여 공급[환수]되는 국내 신용이 대부분 해외부문을 통하여 환수[공급]되어 통화정책이 무력화되는 경우에는 상쇄계수가 −1에 가까워진다.

나. 불태화정책계수

자본이동에 따른 해외부문에서의 통화교란을 그대로 둘 경우 통화증가율이 목표수준을 크게 벗어나게 되어 통화정책을 안정적으로 수행할 수 없으므로 중앙은행은 해외부문을 통한 급격한 통화변동을 중화시키기 위하여 공개시장조작 등[8] 여러 가지 노력을 기울이게 된다. 중앙은행이 해외부문에서의 통화증발요인을 얼마만큼 중화시키고 있는지는 불태화정책계수(sterilization coefficient)에 의해 측정할 수 있는데, 이 계수는 본원통화 가운데 해외부문 변동분

---

7) Fry(1995), Porter(1974) 참조
8) 불태화정책은 공개시장조작 이외에도 지급준비율정책, 재할인수단의 변경, 대출규제 등 본원통화공급을 조절할 수 있는 제반 수단을 통하여 실시가 가능하다.

에 대한 국내부문 변동분의 비율로 표현된다.

중앙은행의 본원통화 공급경로는 중앙은행의 순국내자산(Net Domestic Assets ; NDA)과 순해외자산(Net Foreign Assets ; NFA)의 증가로 구분할 수 있다. 만일 중앙은행이 경상수지 및 자본수지의 변동에 따른 순해외자산의 증가[감소]를 순국내자산의 감소[증가]를 통하여 완벽하게 중화시킨다면 불태화정책계수는 -1이 되며 이를 전혀 중화시키지 못한다면 이 계수는 0이 될 것이다.[9]

여기서 실제로 이 계수를 측정함에서는 중앙은행의 본원통화 공급이 해외요인 이외에 물가, 경제성장 등 정책목표와도 밀접한 관련을 갖고 있기 때문에 이러한 요소들을 감안한 중앙은행의 통화공급반응함수(money supply reaction function)가 주로 이용(Cumby & Obstfeld 모형, 1981)된다. 이 함수는 국내부문을 통한 본원통화공급을 종속변수로 하고 불태화정책계수 항목인 순해외자산의 변동 이외에도 거시정책목표인 물가상승률, 경제성장률 등을 설명변수로 사용하게 된다. 따라서 이 함수의 추정결과는 국제수지의 변동에 따른 해외부문의 통화증감을 중화시키는 불태화정책의 실시 정도를 나타내줄 뿐만 아니라 중앙은행의 통화정책과 물가 및 경제성장 등 정책목표와의 체계적인 관계도 보여줄 수 있다.

---

9) 중앙은행이 본원통화의 공급을 안정적으로 운용하기 위하여 순해외자산(NFA)의 증가에 대응하여 불태화를 실시하는 경우, 즉 중앙은행의 통화정책이 국내금리의 변동을 완화하는 데에 중점을 두고 있는 경우에는 여기에서와 같이 불태화계수가 마이너스(-)로서 순해외자산과 순국내자산(NDA)의 움직임이 상호 負의 상관성을 가지게 될 것이다. 그러나 Roubini(1988)는 중앙은행이 국내금리 변동의 완화보다는 적정 외환보유고(foreign reserves)의 유지에 중점을 두고 정책을 운용하는 경우에는 불태화계수가 플러스(+)로서 양자간 正의 상관관계를 가질 수도 있는 것으로 지적하고 있다. 즉 순해외자산이 감소하고 있는 상황에서 중앙은행이 이를 적정수준으로 유지하려고 한다면 중앙은행은 국내신용(domestic credit)을 감소(순국내자산 감소)시켜 금리상승을 유도함으로써 자본유출을 축소시키게 되며, 이 경우 순해외자산과 순국내자산은 正의 관계를 갖게 된다.

Ⅲ. 우리나라의 자본자유화 추진 현황과 자본유출입 변화 추이

1. 자본자유화 추진 현황

우리나라는 1980년대 중반 이후 Korea Fund 등을 통한 외국인의 국내 주식 및 채권 투자와 국내기업의 일부 해외증권 발행 등에 한하여 제한적으로 자본의 유출입을 허용하여 오다가 1992년 1월 외국인의 국내상장주식에 대한 직접투자를 허용하면서부터 자본자유화를 본격적으로 추진하기 시작하였다. 이같은 자본자유화는 1997년말 외환위기 이후에는 외자유치에 의한 대외신인도 제고 및 외환시장 안정이 매우 중요한 정책적 이슈로 부각되면서 더욱 가속화되었다.10)

주식시장의 경우 외국인의 국내 상장주식에 대한 직접투자가 1992년 1월 종목당 10%(동일인 3%) 범위 내에서 허용된 이후 지속적으로 한도가 확대되어 1998년 5월에는 포철, 한전 등 공공법인을 제외한 모든 상장주식에 대하여 한도가 완전히 폐지되었다.

또한 채권시장의 경우에도 1994년 7월부터 중소기업의 무보증 전환사채 및 저리국공채를 대상으로 일정한도 내에서 외국인의 직접투자가 허용되었으며, 1997년 6월부터는 중소기업의 무보증 중장기 회사채(만기 3년 이상) 및 대기업의 무보증 전환사채에 대한 투자가 허용되었다. 그리고 1998년 1월부터는 외국인의 국내 모든 상장채권에 대한 투자가 자유화되었다.

단기금융시장에 대한 개방도 시행되어 1998년 2월에는 기업어음, 무역어음, 상업어음 등 단기금융상품에 대한 투자가 자유화되었으며 1998년 5월에는 CD, RP, 표지어음에 대한 투자가 자유화되었다.

또한 1998년 7월에는 외자유입 촉진과 수출기업의 자금조달 원활화를 위하여 기업의 1년 이상 중장기 외화차입 및 해외증권 발행과 무역신용을 자유화

---

10) 우리나라의 외환·자본자유화 추진경과 및 주요 내용 등에 대하여는 붙임 [부록 1] 및 오호일·박상원(1997) 등을 참조.

하고 외국인 투자자의 국내 증권투자 대상에 비상장주식 및 채권, 신탁회사발행 수익증권 등을 추가함으로써 외국인이 증권거래법상 모든 유가증권을 취득할 수 있도록 하였다.

1999년 4월 1일부터는 새로운 《외국환거래법》이 시행되어 자본거래를 '원칙자유·예외규제 체계'(negative system)로 전환, 자유화 폭을 더욱 확대하였는데, 기업의 만기 1년 이하 단기 외화차입을 허용하고 기업과 금융기관의 해외부동산 투자 및 해외지사 설치를 자유화하였으며 선물환·파생금융상품거래에 대한 실수요원칙을 폐지하였다. 또한 비거주자의 국내에서의 증권발행과 비거주자의 만기 1년 이상의 예금 및 신탁상품에 대한 투자가 허용되었다. 그리고 2000년 말에는 지금까지 자유화되지 않은 자본거래를 완전 자유화할 계획이어서 향후 자본의 내외이동은 더욱 가속화될 전망이다.

2. 자본유출입 변화 추이

1990년대 들어 자본자유화가 본격적으로 추진되면서 자본거래 규모가 추세적으로 크게 확대되어 왔다. 1980년대 후반 이후 외환위기가 발생한 1997년 말까지의 자본거래 추이(연평균 기준)를 보면 직접투자, 증권투자, 대외차입·대출 및 해외예치금 등 대부분의 자본거래 항목이 확대추세를 보였다. 특히 주식·채권시장 개방 등에 힘입어 외국인 증권투자가 급속도로 늘어나고 1990년대 이후 경상수지가 적자로 반전되면서 대외차입 등 자본유입이 크게 증가하였다. 자본유출면에서도 자본유입보다는 그 폭이 크지 않았지만 내국인의 해외직접투자 및 증권투자, 대외대출, 금융기관 예치금 등이 꾸준히 늘어난 것으로 나타나고 있다.

다만 1998년 중에는 외환위기 여파에 따른 대외신인도 하락으로 외국으로부터의 차입, 무역관련 신용, 외국인증권투자 등 자본유입이 크게 부진해짐에 따라 자본수지가 적자로 반전되었다. 그러나 1999년 들어서는 외환위기 극복과 함께 경제가 회복되면서 외국인들의 국내 증권투자 및 내국인들의 해외투자 등 대외자본거래가 다소 활발해지는 모습을 보이고 있다.

단위 : 연평균, 억달러

	1986~89	1990~93	1994~97	1998	1999.1~8월[1]
자본수지	-56.3	45.8	129.3	-32.5	-20.4
직접투자수지	0.6	-4.4	-18.4	6.2	35.8
외국인직접투자	8.0	8.2	19.4	54.2	54.5
해외직접투자	-7.5	-12.6	-37.8	-48.0	-18.7
증권투자수지	-6.1	47.4	118.0	-18.8	33.2
외국인증권투자	-3.1	45.2	138.7	-2.9	27.8
주　식	0.0	24.2	40.8	38.6	72.0
채　권	-3.1	21.0	98.0	-41.5	-44.1
해외증권투자	-3.0	2.2	-20.8	-15.9	5.4
기타투자수지	-48.4	6.6	35.1	-21.6	-87.3
외국인투자	-40.4	39.9	156.1	-88.6	-45.7
차　입	-42.2	24.6	125.5	-15.1	-74.0
무역관련신용	3.7	12.8	23.1	-71.0	27.8
예수금 등	-1.9	2.5	7.5	-2.5	47.3
내국인투자	-8.0	-33.3	-121.0	66.9	-41.6
대　출	-1.8	-16.5	-61.1	36.0	13.6
무역관련신용	-1.5	8.2	-13.2	9.2	-15.4
예치금 등	-4.7	-25.0	-46.8	21.7	-39.9

주 : 1) 1999년 1~8월 수치는 기간중 누적합계액임.
　　 2) +는 유입초, -는 유출초를 나타냄.

　여기서 주목할 점은 총자본수지의 경우 대외경제여건에 따라 흑자와 적자를 반복하여 왔으나 자본자유화의 진전에 따라 자본의 거래규모 자체는 외환위기 여파로 자본이동이 다소 위축되었던 1998년 외에는 계속 확대되어 왔고 이 거래규모가 1999년 중에는 다시 회복되고 있다는 것이다. 또한 1998년 중에도 국제수지표상 개별항목의 수지규모는 축소되었음에도 불구하고 수지상 부호가 바뀌는 경우가 많았음을 고려하면 실제로는 투자자금의 회수 등을 통하여 종래와 반대방향으로의 자본유출입(국내에 투자되었던 자금의 회수 등)은 상당히 컸던 것으로 추정된다. 이러한 점에 비추어 앞으로 자본유출입 규모의 확대추세는 지속될 것으로 예상되며, 이에 따라 자본유출입이 통화정책의 유효성에 미치는 영향도 더욱 커질 것으로 보인다.

1980년 이후 주요 자본수지 항목의 변동 추이를 그림을 통해 연도별로 보면 자본거래의 확대 추세가 더욱 뚜렷이 나타난다. [그림 2]에서 보는 바와 같이 특히 1990년대 이후부터는 자본거래가 급속도로 증가해 왔다. 다만 외환위기를 전후한 1997~98년 중에는 외국인들의 우리나라에 대한 투자 감소 및 우리 금융기관 및 기업들의 해외투자자금 회수 등의 영향으로 자본거래가 크게 위축되었던 것으로 나타나고 있다.

[그림 2]   주요 자본수지 항목의 연도별 추이

(a) 외국인의 국내투자

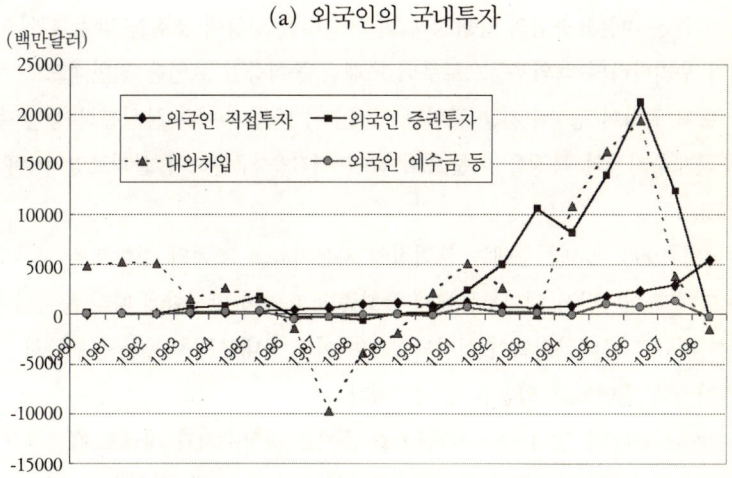

주 : (+)는 유입초, (−)는 유출초를 나타냄

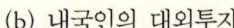
(b) 내국인의 대외투자

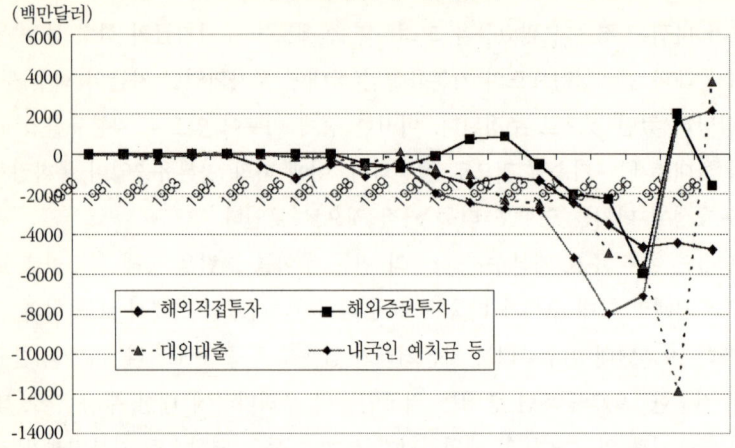

주 : (+)는 유입초, (−)는 유출초를 나타냄

3. 국제수지와 부문별 통화변동 추이

이 글은 자본유출입의 통화정책 변수에 대한 영향에 초점을 맞추고 있으나, 과거 우리나라의 해외부문으로부터 초래된 통화증감 요인을 전반적으로 개관해 보기 위하여 경상수지를 포함한 국제수지 변동 추이와 본원통화 증감 추이를 국제수지상의 특징을 기준으로 하여 기간을 구분하여 살펴보았다([표 2] 참조).

먼저 1990~96년 중에는 본격적인 자본자유화 조치의 영향으로 자본수지가 크게 늘어나면서 해외부문에서 통화증발 요인이 발생함에 따라 통화당국에 의한 대규모 불태화정책이 실시되었으며 이는 국내부문을 통한 본원통화 공급의 감소에 반영되고 있음을 알 수 있다.

1986~89년중 및 1998~99년 6월 중에는 경상수지가 대규모 흑자를 나타내면서 역시 해외부문에서 큰 폭의 통화공급 요인이 발생하였으며, 이에 따라 중앙은행의 불태화를 통한 국내부문 통화환수가 대규모로 이루어진 것으로 나타나고 있다.

[표 2]　　　　　국제수지 및 본원통화의 부문별 변동 추이

	경상수지 (억달러)	자본수지 (억달러)	본원통화 증감 (십억원)		
			국내부문		해외부문
			불태화규모[1]		
1986~89 (경상수지 흑자기)	346.4	△225.5	△563.2	10,952.7	9,062.8
1990~96 (자본수지 흑자기)	△486.5	687.1	△4,893.1	11,825.1	17,796.8
1997 (경상수지 적자기)	△81.7	13.1	9,704.2	749.9	△12,907.3
1998~99.6월 (경상수지 흑자기)	529.0	△33.0	△41,347.7	22,177.7	40,262.4

주 : 1) 불태화 규모는 통화안정증권 및 외국환평형기금채권 순발행＋환매채순매도로 전제

　그러나 1997년 중에는 한보, 삼미, 기아 등 대기업의 연쇄부도와 함께 대외신인도가 하락하면서 자본수지 흑자는 줄어들고 경상수지가 큰 폭의 적자를 기록함에 따라 해외부문에서 본원통화 환수요인이 발생한 대신 국내부문에서는 은행, 종금사 등 부실금융기관 지원 등으로 통화공급 요인이 커지면서 본원통화의 국내부문을 통한 공급은 증가하였다. 이 시기에도 불태화정책은 실시되었으나 그 규모는 크지 않았으며 주로 부실금융기관 지원에 따른 국내부문 통화공급을 중화시키려는 수준에 그친 것으로 추정된다.

　이상에서 살펴본 바와 같이 우리나라의 경우에도 국제수지의 변화는 즉각적으로 해외부문을 통한 통화공급 변동으로 나타났으며, 이에 대응하기 위하여 통화당국은 불태화정책을 구사하여 국내부문의 통화공급을 조절함으로써 적정유동성을 유지하려는 정책적인 노력을 지속적으로 기울여왔다고 할 수 있다.

Ⅳ. 실증분석

1. 자본유출입 확대에 따른 통화정책의 유효성 변화 분석

가. 자본유출입의 통화정책 상쇄효과 추정

우리나라의 경우 중앙은행의 통화정책 수행이 자본유출입을 통하여 상쇄되는 정도가 어느 정도 되는지를 계량하기 위하여 앞서 설명한 통화정책상쇄계수를 추정해 보았다. 이 추정을 위한 모형은 기본적으로 Kouri & Porter(1974)의 금융시장 일반균형모형으로부터 도출된 자본유출입함수를 원용[11]하여 아래와 같이 설정하였다.

$$CAP_t = a_0 + a_1 \Delta NDA_t + a_2 CA_t + a_3 \Delta(i^* + \dot{e})_t$$
$$+ a_4 \Delta Y_t + a_5 \Delta W_t + u_t$$

<설명변수>
· CAP : 자본수지
· ⊿NDA : 국내부문을 통한 본원통화 공급분의 변화
· CA : 경상수지
· ⊿(i^* + $\dot{e}$) : 해외이자율(i^*)과 환율절하율($\dot{e}$)의 합으로서 해외증권수익률의 변동을 나타내는 변수. 단, $\dot{e}$는 대미달러환율의 전기대비상승률을 사용
· ⊿Y : 국내소득(실질 GDP)의 변동
· ⊿W : 민간 富의 변동(대용변수로서 총통화, 국채발행액 및 1980년 이후 자본수지적자 누계액의 합을 사용)

이 방정식에서 자본유출입에 의한 통화정책상쇄계수를 a_1으로 정의하여 중앙은행이 본원통화를 국내부문 경로를 통하여 공급[환수]하였을 경우 그 공급[환수]분 가운데 얼마만큼이 자본유출[유입]로 나타나는가를 계측하는 파라

---

11) Kouri and Porter(1974), 김규한(1996 및 1994), Laurens and Cardoso(1998), Porter(1974), Roubini (1988) 등을 참고하였으며, 이 외에도 자본유출입에 의한 통화정책 상쇄효과를 분석한 자료로 는 Frankel(1995), Porter(1972), Kanniainen(1984) 등이 있다.

미터로 삼았다.[12]

1992년 이후 외국인의 국내 주식투자 허용 등 자본시장 개방이 본격화됨에 따라 1992년을 전후하여 자본유출입 확대로 통화정책상쇄계수에 상당한 변화가 있었을 것으로 기대되는 점을 감안, 추정기간을 1985년 1/4~1991년 4/4 및 1992년 1/4~1999년 1/4로 구분하여 분석해 보았다.

자본유출입함수의 설명변수가 갖는 계수의 예상부호를 살펴보면 다음과 같다. a_1은 통화정책상쇄계수(offset coefficient)로서 $-1 \leq a_1 \leq 0$이 예상되며 국내 부문 통화공급이 자본유출입에 의하여 완전히 상쇄될 경우 $a_1 = -1$이 된다. 경상수지의 불균형을 보전하는 과정에서 자본거래가 발생하므로 $-1 \leq a_2 \leq 0$이 예상된다. 해외금융자산의 예상수익률이 증가할 경우 자본의 유출이 발생하므로 $a_3 < 0$이 되며, 소득의 증가는 통화수요를 증가시켜 해외로부터의 차입을 증가시키므로 $a_4 > 0$이 된다. 그리고 국내 민간의 富가 증가하는 경우에는 증가된 富의 일부분이 해외증권 투자에 사용되므로 자본유출이 발생하여 $a_5 < 0$이 된다. 참고로 위의 자본유출입함수에서 a_1과 a_2는 자본자유화의 진전도를 나타내는데 -1에 가까워질수록 자본이동에 대한 제약이 적다는 것을 의미한다.

이와 같은 자본유출입함수를 상정하여 계수를 추정한 결과를 [표 3]에서 살펴보면 다음과 같다.

우선 자본유출입함수의 설명변수가 갖는 계수의 추정치는 모두 위에서 예상한 부호를 만족하였으며 통계적 유의성도 일부 기간에 있어서 해외금융자산의 예상투자수익률($\Delta(i* + \dot{e})$)과 민간 富(ΔW)의 계수를 제외하고는 대체로 높은 것으로 나타났다.

통화정책상쇄계수의 추정결과를 보면 분석대상기간에 따라 상당한 차이가 있는 것으로 분석되었는데 자본자유화가 본격화되기 이전인 1985~91년에는 이 계수가 -0.11로서 비교적 낮았으나, 1992~99년의 기간을 대상으로 하였

---

12) 이 글에서는 중앙은행 계정을 통한 본원통화의 공급을 기준으로 하여 통화정책상쇄계수와 불태화정책계수를 추정하였다. 그러나 민간부문 자체 내에서의 통화창출부분을 이 계수에 반영하고자 하는 경우에는 여타 통화지표(예 : M2, MCT, M3 등)의 정의에 부합하는 국내 및 해외부문 통화공급 변동을 변수로 활용하여 분석하는 것도 의미가 있을 것이다. 이와 같이 분석한 예로는 Fry(1995), 김영린(1993) 등을 참조.

을 경우에는 -0.46으로 나타났다. 또한 이 계수의 통계적 유의성도 현저히 높아진 점에 비추어 중앙은행의 국내부문을 통한 통화공급 조절분의 약 46%가 자본유출입을 통하여 상쇄되는 효과가 있는 것으로 추정되었다. 이는 과거보다 해외부문으로부터의 자본유출입 변화가 통화정책의 유효성을 크게 떨어뜨리고 있음을 단적으로 보여주는 것이다.[13]

이러한 결과는 자본이동이 증가함에 따라 중앙은행이 통화공급을 조절하더라도 통화공급 변동을 통한 유동성사정의 변화가 외국인들의 국내 투자자금의 유출입 변화 또는 내국인들의 대외차입이나 해외증권투자 등의 변동으로 이어지고 있다는 점을 간접적으로 반증하는 것이다. 예를 들어 중앙은행이 통화공급을 축소하는 긴축정책을 실시하여 국내 유동성 사정이 악화되고 금리가 상승하게 되면 내국인들의 해외자금조달이 늘어나거나 외국인들의 국내 채권투자나 예치금 등이 증가하게 된다.

그런데 이러한 통화정책의 상쇄효과는 반드시 금리변동을 매개로 한 메커니즘이 아니더라도 유동성 압박 등을 통하여도 이루어질 수 있다는 점에 유의할 필요가 있다. 즉 자본이동이 자유로운 환경 하에서 통화를 긴축할 경우 유동성 부족에 처한 민간기업이나 금융기관들은 국내에서 조달하기 어려운 자금을 해외차입을 통해 조달하거나 대외채무 상환을 연기하는 등의 방법을 통해 부족한 유동성을 확보하려 할 것이고 이는 곧 해외자본 유입을 통한 통화정책 상쇄효과로 나타나게 된다. 반대로 통화가 공급되는 경우에는 풍부한 유동성을 지닌 기업이나 금융기관들은 국내외 자산간 포트폴리오 조정을 통해 그 일부를 해외자산에 투자하거나 해외로부터 차입한 자금을 조기상환하는 등의 방식으로 대응함으로써 자본유출을 초래하고 이는 결과적으로 공급된 통화를 해외부문에서의 환수를 통해 상쇄시키는 결과로 나타나게 된다.

---

13) 우리나라의 환율제도가 1980년대의 '복수통화바스켓' 제도에서 1990년 시장평균환율제도로 전환되고 1997년 12월부터는 자유변동환율제도로 이행해 오면서 환율변동의 신축성(flexibility)이 점차 높아져 왔기 때문에 자본시장 개방도에 변화가 없었다면 통화정책상쇄계수가 오히려 낮아지는 것이 이론에 부합할 것이다. 그러나 1992년 이후 기간에서 통화정책상쇄계수가 이처럼 높아진 것은 자본시장 개방에 따른 통화정책 상쇄효과가 환율제도 변경에 따른 통화정책의 독자성 제고 효과를 크게 초과하여 온 데에 기인하는 것으로 판단된다.

〔표 3〕 　　　　　　　　　 자본유출입함수 추정결과

추정기간	설명변수						R^2	DW
	상수항	ΔNDA	CA	$\Delta(i^*+\dot{e})$	ΔY	ΔW		
1985.1/4~ 91.4/4	840.749 (1.307)	-0.114 (1.504)	-0.225 (2.003)	-52.631 (0.946)	0.037 (3.520)	-0.250 (-4.271)	0.88	2.13
1992.1/4~ 99.1/4	860.592 (2.798)	-0.457 (7.391)	-0.566 (9.462)	-96.378 (4.137)	0.072 (2.778)	-0.011 (0.512)	0.90	1.82

주 : 1) 종속변수는 CAP(자본수지) : 당기환율을 적용하여 원화로 환산
　　 2) 반복추정법을 이용하여 자기상관(autocorrelation)을 조정
　　 3) 괄호 안은 t-통계량

〔그림 3〕 　　　　　　 본원통화의 국내공급 및 자본수지 추이

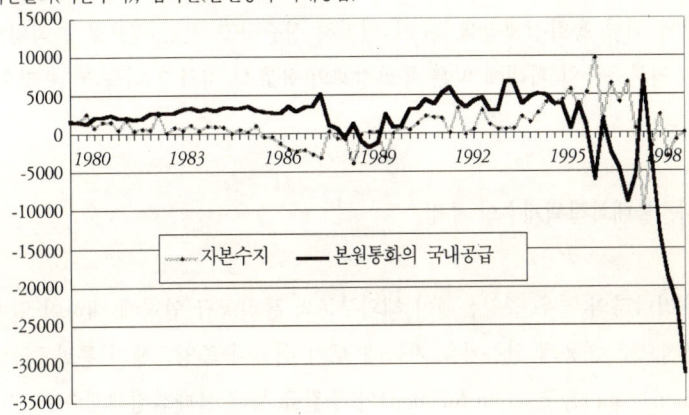

이같은 결과는 본원통화의 국내공급과 자본수지의 추이를 나타낸 [그림 3]
을 통해서도 관찰되고 있다. 전체 분석대상기간에 걸쳐 볼 때 본원통화의 국
내공급과 자본수지는 단기적으로는 대체로 반대방향으로 움직여왔으며, 이러
한 역의 관계는 1990년대 중반 이후 더욱 뚜렷해지고 있는 것으로 나타나고
있다.

다음으로 경상수지의 변동과 관련한 계수는 1992년 이전 기간이 -0.23이었

던 반면 1992년 이후 기간에는 -0.57로 나타나 최근 들어 경상수지의 변동을 자본유출입으로 보전하는 비중이 커지고 있음을 보여주고 있다.

해외금융자산의 예상투자수익률 변동의 계수는 1992년 이전 기간에는 유의성이 매우 낮았던 반면 1992년 이후 기간에는 통계적 유의성이 매우 높아진 것으로 나타났다. 이는 과거에는 자본유출입에 대한 규제가 상존하고 있었던 데다 국내금리가 해외금리보다 월등히 높은 상황에서 내외국인들의 국내외 증권투자에 대한 포트폴리오 조정이 소폭의 해외금리 변동에 대하여 매우 비탄력적이었음을 반영하는 것으로 보인다.[14]

소득의 변화는 자본유출입에 유의성 있게 영향을 주는 것으로 나타났는데, 이는 소득의 증가에 따른 통화수요 가운데 일부분은 해외로부터의 자본유입으로 충당되어 왔음을 반영한다고 할 수 있다.

결론적으로 우리나라의 경우에도 자본자유화의 급속한 확대에 따라 자본유출입에 의한 통화정책상쇄계수가 현저히 상승하고 있는 것으로 분석됨으로써 향후 자본유출입 확대에 따른 통화정책의 유효성 저하가 더욱 커질 것으로 예상된다.

나. 불태화정책계수의 추정

우리나라의 경우 중앙은행이 해외부문의 통화공급 압력에 대하여 얼마만큼 적극적으로 대응해 왔는가를 가늠해 보기 위하여 중앙은행의 통화공급반응함수(money supply reaction function)의 추정을 통해 불태화정책계수(sterilization coefficient)를 측정해 보았다. 추정모형은 Cumby & Obstfeld(1981), Roubini

---

14) 김규한(1996)은 과거 우리나라의 자본유출입이 내외금리격차에 대하여 비탄력적인 이유로서 이같은 현저한 금리격차 이외에 과거 우리나라 자본유출입의 형태적 구성에도 이유가 있음을 지적하고 있다. 즉 우리나라의 경우 1980년대에는 자본유출입 가운데 내외금리차에 대하여 다소 민감한 개발기관 뱅크론, 내국인 및 외국인 증권투자의 비중이 매우 낮은 대신 공공차관, 상업차관, 장단기 무역신용 등 국내외 금리차와 관련이 적은 자본거래의 비중이 컸었다. 또한 민간의 해외금융자산에 대한 투자도 은행, 증권회사, 투자신탁회사 등 일부 기관투자가에만 허용되었을 뿐 민간의 자유로운 해외증권투자가 금지되었고 외국인의 국내 증권투자도 CB, Korea Fund 등 간접투자수단에만 허용되고 있었다.

(1988), Kamas(1986), 김규한(1996) 등이 사용한 설명변수들을 기초로 하되 불태화정책의 실시, 재정적자의 조달, 중앙은행 대출제도의 변화 등 과거 우리나라 통화공급변동의 요인을 반영하는 데에 적합하다고 판단되는 변수들을 추출하여 다음과 같이 설정하였다.

$$\Delta NDA_t = a_0 + a_1 \Delta NFA_t + a_2 \Delta BUDG_t + a_3 q_{t-1} \Delta REER_{t-1} + a_4 q_{t-1} PROR_{t-1} + a_5 \Delta BOKL_t + u_t$$

<설명변수>
· ΔNDA : 중앙은행의 국내부문 본원통화 공급의 변화
· ΔNFA : 중앙은행의 순해외자산의 변동
· $\Delta BUDG$: 재정적자(분기별 재정수지차×(-1))의 변화
· $\Delta REER$: 실질실효환율지수의 변화
· $PROR$: 실물부문성장률(제조업생산지수 증가율)
· $\Delta BOKL$: 중앙은행대출금의 변화
· q : 평균예금지급준비율*
  * 중앙은행이 지급준비금 총액의 조정을 통하여 국내유동성에 영향을 주고자 함을 반영하기 위하여 본원통화의 국내부문 공급분, 순해외자산의 증감, 재정적자 및 중앙은행대출금을 평균지급준비율로 나누었고, 이는 결과적으로 실물부문의 성장률과 실질실효환율에 평균지급준비율을 곱한 것과 같아짐

이 방정식에서 불태화정책계수는 a_1으로 정의하여 해외부문으로부터 발생한 본원통화 공급(환수)분 가운데 얼마만큼을 중앙은행이 국내부문을 통하여 환수[공급]하였는지를 계측하는 척도로 삼았다. 여기에서도 추정기간은 '1985년 1/4~1991년 4/4' 및 '1992년 1/4~1999년 1/4'로 구분하여 분석하였다.

통화공급반응함수의 설명변수가 갖는 계수의 예상부호는 다음과 같다. 우선 a_1은 불태화정책계수로서 중앙은행의 불태화정책의 실시 정도를 나타낸다. 중앙은행이 통화정책을 활용하여 물가안정, 경제성장 등 국내 경제정책목표를 달성하고자 체계적인 불태화정책을 실시하였을 경우 $-1 \leq a_1 \leq 0$이 된다. 특히 $a_1 = -1$인 경우는 완전불태화정책을 실시하는 경우로서 해외부문에서의 통화공급변동을 국내부문의 통화공급변동을 통하여 완전히 상쇄시키는 경우를 나타낸다. 또한 $a_1 = 0$ 또는 $a_1 > 0$인 경우는 불태화정책을 전혀 고려하지 않는 경우로서 국내정책목표의 달성보다는 대외균형의 달성을 통화정책

의 목표로 하는 경우를 나타낸다.

정부가 본원통화의 증가를 통하여 재정적자를 조달한다면 $a_2 > 0$이 되며, 이는 재정적자를 중앙은행의 발권력에 많이 의존하는 개발도상국 등에서 주로 나타날 수 있는 경우라고 생각된다. 또한 실질실효환율 관련계수인 a_3는 통화당국이 물가안정을 통하여 수출상품의 가격경쟁력을 강화하고자 한다면 $a_3 > 0$이 된다. 예를 들어 국내물가가 해외물가보다 큰 폭으로 상승할 경우 실질실효환율의 하락으로 가격경쟁력이 낮아지므로 중앙은행은 물가안정을 통한 가격경쟁력 회복을 위하여 긴축적인 통화정책을 실시할 것이 예상된다. 한편 통화정책이 경기변동의 폭을 줄이는 것을 목표로 삼는다면 $a_4 < 0$이 된다.

상기 모형을 추정한 결과는 [표 4]와 같다. 분석결과 높은 통계적 유의성을 만족하는 통화공급반응함수를 찾기가 용이하지 않았으며 특히 1992년 이후 기간은 계수 추정치들의 유의성이 크게 떨어지는 것으로 나타났다. 이는 최근 들어 중앙은행의 통화정책이 본원통화의 총공급규모 및 실물경제의 움직임에 초점을 맞추어 수행되던 차원을 넘어 통화정책 수행에 반영되는 변수(예를 들어 자산시장 동향, 금융시장의 안정성 등)가 점차 복잡다기화되어 가고 있는 데다 1993년 총액대출한도제 실시 이후 이 한도의 간헐적인 대폭조정, 외환위기 이후 금융시장 안정을 위한 자금지원 등과 같은 본원통화 공급상의 구조적인 변화가 자주 발생하였던 데 일부 기인하는 것으로 추정된다. 다만 1992년 이전 기간을 분석대상으로 할 경우에는 실질실효환율 항목의 계수를 제외하고는 대체로 만족스러운 통계량을 얻을 수 있었으며, 불태화정책계수의 경우에는 분석기간에 관계 없이 유의성이 매우 높게 나타났다.

우선 불태화정책계수는 1985~1991년 기간에는 −0.75로서 중앙은행은 해외부문에서의 통화공급 변동을 상당부분 중화시킨 것으로 나타났으며, 이는 우리나라의 통화정책이 대외균형보다는 대내균형에 중점을 두고 실시되어 온 결과로 해석할 수 있다. 1985~1991년 기간과 동일한 모형([표 4]에서 모형 Ⅰ)을 1992~99년에 대하여 적용한 결과 여타 계수들의 유의성이 크게 떨어지고 있는 점이 한계이긴 하나 불태화정책계수는 여전히 높은 유의성을 가지고 −1.005로 나타남으로써 중앙은행이 해외부문 통화공급 변동을 국내부문

[표 4]　　　　　　　　　　통화공급반응함수 추정결과

추정기간	모형	설 명 변 수						R^2	DW
		상수항	ΔNFA	ΔBUDG	$q_{t-1}\Delta$ REER$_{t-1}$	q_{t-1} PROR$_{t-1}$	ΔBOKL		
1985.1/4 ~91.4/4	모형 I	−565.761	−0.749	0.416	−6.092	−2.646	—	0.89	1.96
		(1.262)	(9.588)	(1.985)	(0.899)	(4.635)			
1992.1/4 ~99.1/4	모형 I	−229.363	−1.005	−0.022	−3.876	−1.530	—	0.91	2.11
		(0.119)	(8.759)	(0.073)	(0.203)	(0.812)			
	모형 II	−831.066	−0.970	−0.020	−5.195	−1.991	0.259	0.91	2.18
		(0.427)	(8.440)	(0.069)	(0.281)	(1.062)	(1.517)		
	모형 III	−715.838	−0.974			−1.901	0.257	0.91	2.16
		(0.394)	(11.084)			(1.087)	(1.568)		

주 : 1) 종속변수는 ΔNDA(국내부문 본원통화 공급의 변화)
　　 2) 반복추정법을 이용하여 자기상관(autocorrelation)을 조정
　　 3) 괄호 안은 t-통계량

통화공급의 변동을 통해 대부분 상쇄시킨 것으로 나타났다. 다양한 변수조작을 통하여 추정계수들의 유의성을 높여 보고자 시도하였으나 별로 개선되지는 않았으며, 다만 1993년 총액대출한도제 실시 이후 여러 차례에 걸친 총액대출한도의 대폭적인 조정이 모형의 안정성에 영향을 끼쳤을 가능성을 고려하여 중앙은행대출금의 변동(ΔBOKL)을 설명변수로 추가한 결과(모형 II) 이 설명변수가 어느 정도 유의성이 있었으나 여타 계수들은 여전히 유의성이 별로 없는 것으로 나타났다. 이에 따라 [모형 III]에서는 [모형 I] 및 [모형 II]에서 유의성이 낮게 나타난 재정적자, 실질실효환율을 설명변수에서 제외하는 대신 중앙은행대출금을 변수로 추가하여 보았으며 이 경우 계수 추정치들의 통계적 신뢰도가 다소 개선되는 모습을 보였다. [모형 I], [모형 II], [모형 III]에서 모두 불태화정책계수는 높은 통계적 유의성을 가지고 −0.97~1.01 정도를 나타냄에 따라 모형이 다소 불안정함에도 불구하고 불태화정책계수 자체는 과거보다 높아졌을 것으로 추정된다.

실물경제활동(제조업생산증가율)에 관련된 계수는 대체로 유의한 마이너스

부호값을 나타내어 중앙은행이 그 동안 실물경제의 안정화를 중요한 목표로 삼아 통화정책을 실시하여 왔음을 시사하였다.

재정적자에 대한 계수의 부호는 1985~1991년 기간중 예상대로 플러스로 나타나 재정적자를 본원통화 공급에 의존(약 42% 정도)해 왔음을 보여주고 있으나 1992~1999년 기간 중에는 통계적 유의성이 낮았다. 또한 실질실효환율의 추정계수는 전체 기간에 걸쳐 유의성이 낮게 나타남으로써 통화정책이 실질환율의 변화에 따른 수출경쟁력 변동과는 별다른 연관을 갖지 않고 수행되어 온 것으로 보인다.

이같이 최근 들어 불태화정책계수가 높아진 것은 1990년대초 자본시장 개방 이후 환율절상압력 완화를 위해 정책당국이 외환시장에 개입하고 이로 인해 공급된 통화를 적극적인 불태화정책의 실시를 통해 상쇄시켜 온 결과로 해석할 수 있다.15)

〔그림 4〕　　국내부문 및 해외부문을 통한 본원통화 공급잔액 추이

(십억원)

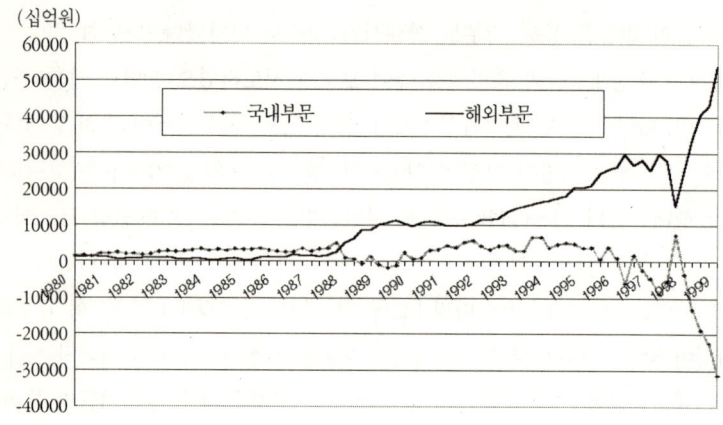

---

15) Moreno(1996)가 1981~1994년 기간의 한국 및 대만을 대상으로 불태화정책 및 외환시장 개입의 정도를 충격반응함수, 분산분해 등을 통해 분석한 바에 의하면 한국은 이 기간 동안 해외부문으로부터의 통화공급에 대하여 매우 적극적인 불태화정책을 실시함으로써 본원통화를 안정적으로 운용해 왔던 것으로 분석되고 있다. 그러나 반대로 본원통화 공급의 변동이 주로 중앙은행 국내신용(domestic credit)의 변화에 기인하는 경우에는 외환시장 개입으로 해외부문 통화를 조절하려는 노력이 매우 소극적이었던 것으로 지적되고 있다.

중앙은행이 불태화정책을 적극적으로 실시하여 왔다는 사실은 국내부문과 해외부문을 통한 본원통화의 공급 추이를 나타낸 [그림 4]를 통해서도 쉽게 관찰된다. 그 동안 해외부문을 통한 본원통화의 공급[환수]은 대부분 국내부문을 통한 환수[공급]를 통해서 중화되어 왔음을 알 수 있다.

이와 같은 적극적인 불태화정책의 결과는 우리나라가 그 동안 국내외 부문을 불문하고 중장기적인 통화증발 압력이 발생할 경우 기조적인 통화흡수 수단으로 주로 활용하여 왔던 통화안정증권의 발행잔액이 최근 급격히 증가하고 있는 점에 여실히 반영되고 있다. 특히 1998년 이후에는 대규모의 경상수지 흑자 지속에 따라 환율방어를 위한 시장개입이 확대된 결과 해외부문 통화가 급증하고 이를 중화시키기 위한 통화안정증권의 발행이 대규모로 이루어짐에 따라 1999년 9월말 현재 통화안정증권 발행잔액은 사상 최대규모로서 본원통화 잔액의 2.2배에 달하는 51조원에 이르고 있다.

그러나 통화안정증권 발행에 의존한 대규모의 불태화정책은 중장기적으로는 한계를 지니고 있다. 왜냐하면 이 방식은 준재정비용(quasi-fiscal cost) 성격을 지닌 지급할인료의 증가를 통해 중장기적으로 또다른 통화증발요인이 됨[16]으로써 장기에 걸쳐 사용할 때에는 그 효과가 크게 떨어질 뿐만 아니라 통안증권의 발행은 기본적으로 기조적인 유동성 흡수수단이라는 점에서 향후 통화정책의 운용을 더욱 경직화시킬 것으로 예상되기 때문이다. 뿐만 아니라 불태화 과정에서의 과도한 통화채권 발행은 시장금리를 상승시켜 자본이 추가적으로 유입되는 악순환을 초래할 가능성도 배제할 수 없다.[17] 또한 불태화정책의 과도한 사용은 통화정책의 대상이 되는 금융기관들의 자산운용에 제약을 주고 금융중개기능을 약화시킴으로써 통화정책의 효과를 저해하는 역기능으로도 작용할 수가 있기 때문에 이를 장기에 걸쳐 사용하는 데에는 한계가 있다 (Kahn and Reinhart, 1995). 따라서 자본유출입에 의한 통화 및 외환면에서의

---

16) 김종만(1997)은 통화안정증권 발행의 확대가 한국은행의 지급할인료 증가를 통해 자동적인 통화팽창의 요인으로 작용할 수 있음을 수치적인 예시를 통해 분석하고 있다.

17) Calvo, Leiderman and Reinhart(1993) 등은 콜롬비아, 말레이시아, 태국 등의 경우 자본유입기 동안 통화당국의 불태화정책이 실제로 내외금리차를 확대시켜 추가적인 자본유입을 초래함으로써 불태화정책의 효과가 크게 축소되었던 것으로 지적하고 있다.

충격에 대해서는 외환수급 자체를 조절하거나 재정정책과의 정책조합(policy mix)을 통해서 더 합리적인 대응을 모색하여야 할 것이다.

〔그림 5〕 **통화안정증권 발행잔액 추이**

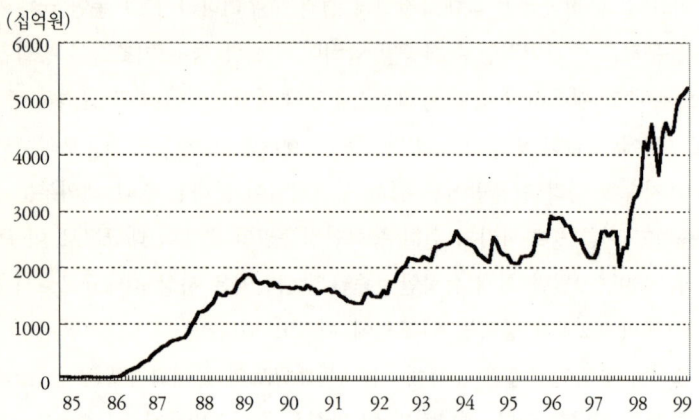

(십억원)

2. 자본유출입과 환율·금리·통화 간의 관계 분석

우리나라에서 자본유출입과 환율·금리·통화 등 주요 금융변수와의 연관성에 어떠한 변화가 있었는지를 관찰하기 위하여 분석대상기간을 1985년 1/4~1991년 4/4 및 1992년 1/4~1999년 1/4로 구분하여 Granger 인과관계 검정, 예측오차 분산분해, 충격반응분석 등을 시도해 보았다.

가. 자본수지와 환율·금리·통화 간의 Granger 인과관계 검정

먼저 자본유출입의 확대가 환율·금리·통화 등 주요 금융변수에 미치는 영향을 보기 위하여 Granger 인과관계를 분석한 결과 자본수지가 금융변수에 미치는 인과관계가 대체로 1985~1991년의 기간보다 1992~1999년 기간에 더 증대된 것으로 나타났다.

[표 5]　　자본수지 → 금리·환율·통화로의 Granger 인과관계 검정결과

인 과 관 계		분석기간	시　차				
			2	4	6	8	10
자본수지→환율		1985~91	1.52	2.50*	1.69	1.53	4.54**
		1992~99	4.17**	12.74***	5.54***	7.61***	3.92**
자본수지 →금리	자본수지→ 콜금리	1985~91	1.71	0.73	2.28*	1.89	1.64
		1992~99	4.85**	3.08**	1.56	1.29	0.71
	자본수지→ 회사채 수익률	1985~91	3.05*	3.42**	3.73**	4.05**	3.23*
		1992~99	2.67*	1.58	1.12	1.43	1.67
자본수지→통화		1985~91	0.51	0.31	0.92	1.32	0.96
		1992~99	3.85**	2.45*	1.73	1.80	1.44

주 : 1) 환율 및 통화는 전년동기대비 상승률(증가율)을 사용.

2) 모형 : $Y_t = \alpha + \sum_{i=1} \beta_i Y_{t-i} + \sum_{i=1} \gamma_i X_{t-i} + u_t$

단, Y : 환율상승률, 콜금리, 회사채 수익률, 통화(M2)증가율

X : 자본수지

3) 수치는 F-통계량으로서 ***, **, *는 각각 1%, 5%, 10%의 유의수준에서 설명변수(X) 의 시차계수가 모두 0이라는 귀무가설을 기각함을 의미.

　특히 자본수지가 환율에 미치는 인과관계는 1992년 이후에는 대체로 1% 범위 내의 유의수준에서 인과관계가 없다는 귀무가설을 기각함으로써 자본자 유화 이후 자본수지와 환율 간의 연관성이 높아졌음을 뚜렷이 보여주고 있다.

　자본수지가 금리에 미치는 인과관계는 금리변수로서 콜금리를 사용하는 경 우와 회사채 수익률을 사용하는 경우에 그 결과가 각각 다르게 나타났다. 우 선 콜금리의 경우에는 1992년 이후 인과성이 크게 높아져 약 5% 정도의 유의 수준에서 인과관계를 확인할 수 있었다. 이는 1990년대 이후 주가차익, 환차 익 등을 목적으로 한 단기자본의 이동이 커지면서 자본의 유출입이 단기금융 시장에 미치는 영향이 커진 데 기인하는 것으로 판단된다.

　그러나 회사채 수익률의 경우에는 1992년 이후가 이전에 비해 인과성이 떨 어지는 것으로 나타났는데, 이는 채권시장 개방이 상대적으로 완만하게 추진 되어 온 반면 최근 주식시장 개방이 빠르게 이루어짐으로써 과도기적으로 자 본수지의 채권금리에 대한 인과관계가 희석된 데 따른 것이 아닌가 추정된다.

자본수지의 통화(M2)[18]증가율에 대한 인과관계도 1992년 이후 인과성이 높아진 것으로 나타나 자본유출입이 중앙은행의 독자적인 통화량 조절에 상당한 제약을 줄 수 있음을 시사하고 있다.

나. 환율·금리·통화의 예측오차 분산분해

자본수지를 포함한 주요 거시경제변수가 환율·금리·통화 등에 미치는 동태적인 영향을 살펴보기 위하여 벡터자기회귀모형을 통하여 각 변수별 예측오차의 분산분해(variance decomposition)를 실시하였다([표 6]~[표 8] 참조).

먼저 환율에 대한 분산분해 결과를 보면 1991년 이전까지는 환율에 대한 예측오차의 분산 중 약 10~40%가 자본수지의 교란에 의하여 설명되고 약 40~70%가 환율 자체의 교란요인에 의해 설명되는 것으로 나타났다([표 6] 참조). 그러나 1992년 이후에는 환율에 대한 예측오차의 분산 중 자본수지의 교란에 의해 설명되는 부분이 약 60~80%로 크게 높아진 반면 환율 자체 교란이 설명하는 비중은 약 3~10% 수준으로 줄어듦으로써 자본시장 개방이 본격화된 이후 자본유출입이 환율에 미치는 영향이 강화된 것으로 분석되었다.

[표 6] 　　　　　　　　　환율에 대한 예측오차 분산분해 결과

단위 : %

분석기간	시차(분기)	자본수지	경상수지	환율상승률[1]	통화(M2)증가율
1985.1/4~ 91.4/4	2	8.78	19.56	71.45	0.21
	4	16.33	27.05	53.96	2.66
	6	31.93	19.67	44.72	3.68
	8	37.17	16.39	42.83	3.61
	10	38.93	16.01	41.55	3.51
1992.1/4~ 99.1/4	2	83.59	2.44	10.51	3.46
	4	70.27	18.37	7.68	3.68
	6	64.57	25.56	6.31	3.56
	8	66.03	25.72	3.34	4.91
	10	71.79	20.89	2.98	4.34

주 : 1) 환율상승률의 자기시차변수(own lags)들이 설명하는 기여도를 의미

---

18) 우리나라의 경우 1979년부터 1996년까지 M2를 통화정책의 중간목표로 관리해 왔던 점을 고려하여 이 글에서는 대표적인 통화량 변수로서 M2를 사용하였다.

〔표 7〕 콜금리에 대한 예측오차 분산분해 결과

단위 : %

분석기간	시차(분기)	국제금리[1]	자본수지	통화증가율	콜금리[2]
1985.1/4~ 91.4/4	2	19.87	17.53	3.65	58.95
	4	36.89	18.64	2.65	41.82
	6	36.59	21.40	6.82	35.19
	8	42.28	21.15	7.62	28.95
	10	46.54	24.46	7.08	21.92
1992.1/4~ 99.1/4	2	74.47	13.39	1.59	10.55
	4	67.19	19.96	4.02	8.83
	6	62.21	19.06	11.68	7.05
	8	60.02	21.77	11.45	6.76
	10	53.89	19.16	20.71	6.24

주 : 1) 해외금융자산에 대한 수익률로서 3개월 만기 유로달러 LIBOR에 환율상승률을 가산
　　　한 값을 사용
　　 2) 콜금리의 자기시차변수(own lags)들이 설명하는 기여도를 의미

그리고 경상수지 및 통화가 환율을 설명하는 비중은 분석대상기간에 따라
별다른 차이를 보이지 않았다.

다음으로 국제금리(환율변동을 감안한 해외금융자산의 수익률로서 [3개월
만기 유로달러 LIBOR + 환율상승률]을 사용), 자본수지, 통화 등이 금리에 주
는 설명력의 크기 변화를 살펴보기 위하여 콜금리 및 회사채 수익률에 대한
예측오차 분산분해를 실시한 결과 콜금리 및 회사채 수익률 모두 1992년 이후
에 환율변동을 감안한 국제금리에 의해 설명되는 부분이 높아진 것으로 나타
났다([표 7] 및 [표 8] 참조).

이와 같은 결과는 최근 들어 금리평가관계에 입각한 내외 금융자산간 재정
거래가 과거보다 활발해져 가고 있음을 시사하는 것으로 해석된다.

한편 자본유출입의 통화에 대한 설명력의 변화를 보기 위하여 통화(M2)증
가율에 대한 분산분해를 실시한 결과 1992년 이후 자본수지의 교란요인에 의
해 통화증가율이 설명되는 부분이 크게 높아진 것으로 나타나 앞의 Granger인
과관계 분석결과에서와 같이 중앙은행의 통화에 대한 통제력이 자본유출입에
의해 크게 제약받게 되었음을 시사하고 있다([표 9] 참조).

[표 8]　　　　　　　회사채 수익률에 대한 예측오차 분산분해 결과

단위 : %

분석기간	시차(분기)	국제금리[1]	자본수지	통화증가율	회사채 수익률[2]
1985.1/4~91.4/4	2	11.81	27.80	4.96	55.43
	4	10.04	21.36	18.43	50.17
	6	21.68	10.72	30.77	36.83
	8	20.89	10.28	31.89	36.94
	10	17.01	8.79	34.28	39.92
1992.1/4~99.1/4	2	31.44	38.35	3.06	27.15
	4	24.51	33.78	2.77	38.94
	6	24.81	37.91	9.47	27.81
	8	25.33	36.58	10.65	27.44
	10	31.11	35.87	14.91	18.11

주 : 1) 해외금융자산에 대한 수익률로서 3개월 만기 유로달러 LIBOR에 환율상승률을 가산한 값을 사용
　　 2) 회사채 수익률의 자기시차변수(own lags)들이 설명하는 기여도를 의미

[표 9]　　　　　　　통화(M2)증가율에 대한 예측오차 분산분해 결과

단위 : %

분석기간	시차(분기)	자본수지	산업생산증가율	물가상승률	통화(M2)증가율[1]
1985.1/4~91.4/4	2	40.88	0.15	8.08	50.89
	4	40.42	1.05	7.32	51.21
	6	44.63	0.96	7.04	47.37
	8	44.47	1.24	7.76	46.53
	10	44.55	1.27	8.22	45.96
1992.1/4~99.1/4	2	29.92	3.47	3.72	62.89
	4	50.01	9.22	7.34	33.43
	6	70.84	6.07	5.53	17.56
	8	76.69	6.26	5.25	11.80
	10	76.10	7.53	4.94	11.43

주 : 1) 통화(M2)증가율의 자기시차변수(own lags)들이 설명하는 기여도를 의미

다. VAR 모형에 의한 충격반응분석

자본수지 충격에 대한 주요 금융변수들의 반응을 2변수 VAR 모형에 의한 충격반응분석을 통하여 살펴보았다. 이 분석결과에서 자본수지 충격의 환율 및 통화에 대한 영향은 일관성 있는 관계가 도출되지 못하였으며, 다만 국내 금리의 반응에서는 1992년 이후 기간을 분석대상으로 할 때 해석 가능한 관계를 관찰할 수 있었는데 그 결과는 다음과 같다.

즉 자본수지가 증가할 경우 1~4분기의 시차를 두고 콜금리 또는 회사채 수익률이 하락하는 것으로 나타났는데 이는 자본유입시 유동성 증가에 따른 금리하락을 반영하는 것으로 보인다. 그러나 약 4분기 이후부터는 금리가 다시 상승하였다가 차츰 그 효과가 소멸해 가는 것으로 나타났는데 이는 해외부문 통화에 대한 중앙은행의 불태화개입의 영향으로 금리가 시차적인 영향을 받아온 데 기인하는 것으로 추정된다([그림 6] 참조).

이와 같은 결과는 자본도입으로 국내금리의 하향안정화를 기할 수 있다는 주장에 대하여 반대논리를 제공한다는 점에서 의미를 찾아볼 수 있겠다. 즉 해외자본 도입으로 단기적으로는 국내금리의 하락을 유도할 수 있겠지만 중장기적으로는 늘어난 통화가 인플레이션으로 현재화될 가능성이 있고, 이에 대응하여 중앙은행이 해외부문에서 공급된 통화를 불태화한다면 결국은 다시 국내금리의 상승으로 이어진다는 점이다. 따라서 자본도입을 통하여 금리하락을 도모하는 정책은 인플레이션을 감수하고서라도 통화증발에 의하여 금리하락을 유도하려는 것과 크게 다르지 않다고 할 수 있다. 이러한 점에서 금리의 하향안정화는 기본적으로 국내저축의 증대, 재정의 건전화 등을 통해서 이루어질 필요가 있다.

〔그림 6〕 자본수지 충격에 대한 국내금리의 반응(충격반응분석 결과)

자본수지 - 콜금리

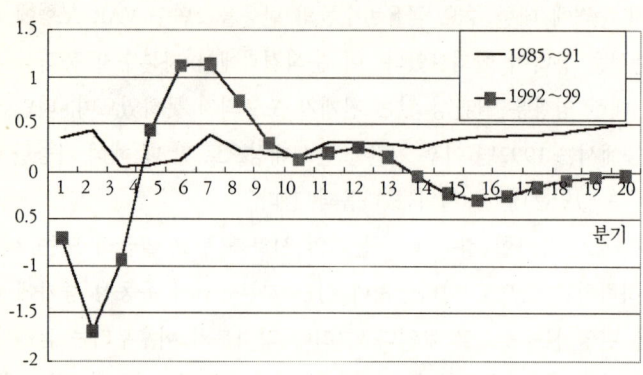

자본수지 - 회사채금리

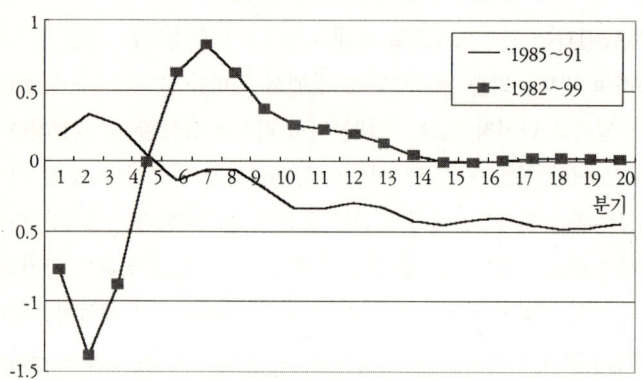

3. 금융시장과 외환시장 간의 연계성

변동환율제도 하에서 자본자유화가 확대되면 금리재정거래에 의하여 금리
와 환율 간의 연계성이 증대되므로 자본유출입을 적절히 관리하지 않으면 통
화정책목표와 환율목표 간에 상충이 발생하게 된다.

우리나라는 1990년대 들어와서 환율제도를 관리환율제도에서 시장평균환율제도로 변경(1990. 3)한 데 이어 1997년 12월에는 완전변동환율제도로 이행하는 한편 금리자유화의 시행, 콜시장 중개거래의 활성화, 채권시장 및 단기금융시장 개방 등의 조치가 급속히 이루어짐에 따라 금융시장과 외환시장 사이의 자금흐름도 활발해져 가고 있다.

외환시장과 금융시장 사이에 자금흐름이 이루어지는 경로를 살펴보면 대략 다음과 같다.[19] 첫째, 수출입 등 경상거래 또는 자본거래의 결과로 발생하는 은행간 또는 對고객 간의 외환거래를 들 수 있다. 수출입 등 대외거래의 결과 외환이 변동하게 되면 이는 통화량 변동을 통하여 금융시장에 영향을 줄 것이며, 또한 외국환은행이 대고객 외환거래 결과 외환포지션 조정거래를 행할 경우 외환시장에 영향을 주게 될 것이다. 한편 금융기관이 뱅크론 등 자본거래의 결과 외화를 원화로 바꾸는 경우에도 금융시장과 외환시장은 상호 연계성을 갖게 된다.

둘째, 외국환 은행 또는 여타 금융기관들의 자산관리(portfolio management) 목적의 외환거래를 들 수 있다. 원화지급준비금의 부족을 보전하기 위하여 또는 금리차익 또는 환차익을 얻기 위하여 금융기관 사이에 외환거래가 이루어질 경우 금융시장과 외환시장 사이에는 자금흐름이 발생하며 이와 같은 외환거래는 1997년말 변동환율제도 도입을 계기로 더욱 활발해지고 있는 것으로 추정되고 있다.[20]

셋째, 통화당국의 외환시장 개입을 들 수 있다. 통화당국이 정책목표의 달성을 위해 외환시장에 개입할 경우 금융시장과 외환시장 사이에는 자금수급의 변동을 가져와 상호 연계성을 갖게 된다.

---

19) 김규한(1994) 참조.
20) 환차익을 얻기 위한 자금거래의 결과로 나타나는 금융시장과 외환시장 간의 연계적 관계는 우리나라의 경우에도 1997년말 외환위기를 전후하여 경험한 바 있다. 당시 급격한 환율절하가 발생하는 상황에서 금융기관 및 기업들은 콜시장이나 여타 단기금융시장에서 자금을 차입하여 달러매입을 시도하였으며 그 결과 금융시장에서 단기금리가 상승하고 원화환율의 절하가 가속화되었다. 이러한 현상은 1997년 7월 태국의 외환위기시에도 헤지펀드들의 환투기에 의해 극명하게 표출되었으며 이때 태국정부는 방콕 역외금융시장에서의 일일물 대출금리를 연 1000%까지 인상하는 극단적인 조치를 취한 바 있다.

넷째, 민간(주로 대기업)이 외환시장에 직접 참가하는 외환거래를 들 수 있다. 이는 1999년 4월부터 대폭적인 외환거래 자유화를 내용으로 하는 외국환거래법이 시행됨으로써 향후 더욱 본격화될 것으로 예상되며, 이 경우에도 두 시장은 자금의 자유로운 이동을 통해 상호 연계성이 증대될 것이다.

외환 및 자본자유화의 지속적 추진에 따라 향후 둘째와 넷째의 경로를 통한 자금거래가 특히 확대될 전망이며, 이 경우 금리와 환율이 금리재정조건 하에서 밀접하게 움직일 것이다.

이하에서는 우리나라의 경우 금융시장과 외환시장이 어느 정도의 연계성을 지니고 있는지를 살펴보기 위하여 두 시장을 반영하는 가격변수인 금리와 환율 간의 상호 인과관계를 분석하여 보았다.

먼저 금리와 환율 간의 Granger 인과관계 검정 결과 우리나라의 경우 금리와 환율 간의 연계성은 아직 크지 않은 것으로 보이나 분석대상기간을 1992～1999년으로 잡을 경우 2～8개월의 시차변수를 이용한 모형에서 '환율 → 콜금리'로의 인과관계가 나타나고 있다. 이와 같은 '환율 → 콜금리'의 인과관계는 환율변동폭이 커지면서 단기적인 환차익거래가 점차 늘어나고 이에 따라 환율변동이 단기금융시장의 자금수급에 영향을 줌으로써 단기금리의 변동으로 이어지는 채널이 형성되고 있는 데 기인하는 것으로 판단된다([표 10] 참조).[21]

반면 금리가 환율에 미치는 인과관계가 아직 불확실하게 나타나고 있는 것은 우리나라의 경우 아직까지 민간이 국제금융시장에서 자금을 조달하는 경우 금리보다는 리스크 평가가 더 중요한 역할을 함에 따라 국내금리에 대한 자금유출입의 탄력도가 충분히 크지 않은 상태에 머물러 있기 때문이 아닌가 추정된다. 다만 회사채 수익률의 경우 최근 들어 '회사채 수익률 → 환율'로의 인과

---

21) 다만 실증분석 결과를 이와 같이 해석하는 데에 다소 유보적인 부분은 없지 않다고 판단된다. 예를 들어 우리나라의 경우 외환위기 전후 대외신인도 저하로 환율이 급격히 절하되는 가운데 IMF의 고금리 처방에 의하여 콜금리를 높게 유지했던 기간 중에 관찰되는 환율과 금리 간의 높은 正의 상관관계는 이론적 관계에 기초를 둔 환율과 금리 간의 인과관계로 해석하기에는 무리가 있을 것이다. 또한 환율→금리로의 인과관계가 있다고 하더라도 이는 반드시 환율-금리간 일의적인 방향으로의 인과관계를 의미하는 것은 아니다. 즉 금리평가이론을 기초로 할 때 일반적인 상황이라면 '환율상승 → 환율하락 기대 → 자본유입 → 금리하락'의 메커니즘에 의해 환율과 금리 간에 逆의 관계가 형성되겠지만, 환율상승시 추가적인 환율상승이 지속될 것으로 민간이 기대하는 경우라면 환율과 금리는 동일한 방향으로도 변동할 수 있게 된다.

[표 10]　　　　　금리와 환율간 Granger 인과관계 검정결과

(a) 분석대상기간 : 1985년 1월～1991년 12월

인 과 관 계		시　차 (개월)									
		2	4	6	8	10	12	14	16	18	20
콜금리 ⇄ 환율	콜금리→환율	1.90	1.71	1.31	1.33	1.21	1.31	1.80*	1.29	1.07	1.01
	환율→콜금리	0.15	0.40	0.56	0.44	1.24	1.29	1.00	0.74	0.95	1.13
회사채 수익률 ⇄ 환율	회사채 수익률 →환율	1.96	2.61**	1.72	1.69	1.47	1.21	1.04	1.03	0.97	0.89
	환율→회사채 수익률	0.95	2.02*	1.33	1.29	1.85*	1.65	1.46	1.50	1.40	1.49

(b) 분석대상기간 : 1992년 1월～1999년 3월

인 과 관 계		시　차 (개월)									
		2	4	6	8	10	12	14	16	18	20
콜금리 ⇄ 환율	콜금리→환율	1.87	0.85	0.65	0.79	0.65	0.35	0.50	0.45	0.92	1.01
	환율 → 콜금리	3.93**	3.20**	2.77**	1.90*	1.45	1.73*	1.37	1.39	1.22	1.44
회사채 수익률 ⇄ 환율	회사채 수익률 →환율	2.29	1.77	3.17***	1.82*	1.83*	0.96	0.87	0.63	0.62	0.82
	환율→회사채 수익률	0.60	0.95	0.78	0.69	0.95	0.85	1.17	1.30	0.87	2.01**

주 : 1) 환율은 전년동기대비 상승률을 사용
　　2) 수치는 F-통계량으로서 ***, **, *는 각각 1%, 5%, 10%의 유의수준에서 설명변수의
　　　　시차계수가 모두 0이라는 귀무가설을 기각함을 의미

관계 검정에서 유의성이 다소 높아진 것으로 나타나고 있는데, 이는 우량채권
을 중심으로 한 중장기대출에 대한 외국인들의 금리탄력도가 어느 정도 커지
고 있음을 시사한다고 볼 수 있다. 그러나 단기금리지표인 콜금리의 환율에
대한 인과관계는 유의성이 없는 것으로 나타났다. 이에 따라 앞으로 통화정책
지표금리인 콜금리를 환율안정의 정책수단으로 활용할 수 있기 위해서는 '단

기금리→장기금리→환율'의 간접적인 채널이 구축되기 위하여 장단기금융자산간 재정거래가 활발해지거나, '단기금리→환율'로의 직접적인 채널이 구축되기 위하여 단기자금시장에서의 내외금융자산간 재정거래가 좀더 활성화되어야 할 것으로 보인다.[22]

국내금리의 환율에 대한 인과성이 크지 않은 점은 최근 논의되어 온 금리인하를 통한 환율절상압력 해소 주장에 대하여 일부 시사점을 제공하고 있다. 즉 환율절상압력을 금리인하로 해결하려 할 경우에는 환율절상 압력의 차단효과는 크지 않은 대신 통화공급 확대로 오히려 인플레이션 기대심리가 확대되고 물가상승으로 경상수지가 악화될 수 있음에 유의할 필요가 있다. 따라서 통화는 오히려 안정적으로 공급하여 물가상승압력을 낮춤으로써 수출가격경쟁력을 높이는 방법이 더 효과적이라고 판단된다. 또한 환율절상압력에 대하여 금리안정으로 대처하는 경우라 하더라도 물가상승 등 부작용을 감안하여 통화공급 확대보다는 저축증대, 재정긴축, 부동산가격 안정 등을 통해 금리안정을 강구하는 것이 바람직하다고 생각된다.

또한 환율→콜금리 관계에 인과성이 있는 점은 자본유출입에 따른 환율변동이 통화정책의 효과를 교란시킬 가능성이 증대되고 있음을 시사하는 것으로서 외생적 환율변동에 대하여는 외환수급 조절대책, 부분적인 외환시장 개입 및 불태화, 재정정책 등으로 대처해 나가야 할 것이다.

---

22) 우리나라의 경우 금리→환율로의 인과관계가 유의성 있게 나타나지 않는 것은 기본적으로 자본유출입의 국내금리에 대한 탄력도가 아직 크지 않은 데 기인하는 것으로 보이나, 설령 단기자금시장에서의 내외금융자산간 재정거래가 활발해져 이 탄력도가 높아진다고 하더라도 금리정책이 환율변동에 일의적인 영향을 미칠 것인가에 대하여는 이론의 여지가 있다고 생각된다. 즉 금리를 인하하는 경우 채권시장에서는 자본유출이 발생하여 환율절상을 차단하는 효과가 나타날 수 있겠으나 주식시장에서는 장래 기업활동에 대한 낙관적인 기대가 형성됨으로써 자본이 오히려 유입되고 이에 따라 환율이 절상될 가능성을 배제할 수 없다.

V. 정책적 시사점 및 대응방향

1. 정책적 시사점

지금까지의 분석결과로부터 얻을 수 있는 몇 가지 정책적 시사점을 정리해 보면 다음과 같다.

첫째, 우리나라의 경우에도 자본자유화에 따른 자본유출입의 증가는 점차 통화정책의 독자적인 수행을 제약하는 요인으로 작용해 가고 있음을 알 수 있었다. 국제수지표상에서 볼 때 우리나라의 자본거래규모는 외국인의 국내투자, 내국인의 해외투자 모두 1990년대 이후 눈에 띄게 늘어나고 있는 것으로 나타났다. 또한 통화정책상쇄계수를 통해서 분석해 보더라도 중앙은행의 국내부문을 통한 통화공급 조절은 그 가운데 약 46%가 자본유출입을 통해 상쇄되고 있는 것으로 추정됨에 따라 향후 통화정책은 자본유출입의 영향을 충분히 고려하여 운영되어야 함을 시사하고 있다.

둘째, 불태화정책계수의 추정을 통해서 중앙은행이 해외부문으로부터 발생한 통화공급분에 대하여 국내부문에서 얼마만큼 대응해 왔는가를 살펴본 결과 추정모형의 통계적 유의성은 높지 않았으나 대체로 해외부문 통화공급의 70% 이상을 불태화를 통해 중화시켜 온 것으로 나타났다. 또한 1992년 이후만을 분석대상으로 할 경우에는 이 계수가 더욱 커진 것으로 추정되었다. 이같은 결과는 1990년대초 자본시장 개방 이후 환율변동압력에 따른 외환시장 개입 및 불태화를 적극적으로 실시해 온 데 기인하는 것으로 판단된다. 그러나 이와 같은 적극적인 불태화정책은 50조원을 웃도는 과도한 통화안정증권의 발행 등으로 결국 통화정책 운용의 경직성을 높이는 결과로 작용할 우려가 있으며, 준재정비용(quasi-fiscal cost)의 증가, 시장금리의 상승 등 부정적인 효과를 수반할 수밖에 없어 장기적인 대응수단으로는 한계가 있음을 알 수 있었다.

셋째, 자본유출입이 환율·금리·통화 등 주요 국내 금융변수에 미친 영향을 Granger 인과관계 검정, 예측오차 분산분해, 충격반응함수 등을 통해 분석한 결과를 종합해 보면, 대체로 자본유출입 또는 국제금리 등 대외적 요인이 국내 금융변수에 미치는 영향은 1990년대 이후 더욱 커지고 있는 것으로 나타났다. 또한 금융시장과 외환시장 사이의 연계성을 확인해 보기 위하여 금리와 환율 간의 인과관계를 검정해 본 결과에서는 우리나라의 경우 대체로 금리와 환율 간의 연계성은 아직 크지 않은 것으로 보이나 최근 들어 '환율→콜금리'로의 인과관계가 높아지고 있는 것으로 분석되었다. 이같은 결과들은 자본유출입에 따른 환율변동 충격이 금리, 통화 등 제반 통화정책 운용과 관련되는 정책변수들을 교란시킬 가능성을 점차 증대시켜 가고 있음을 시사하는 것으로 볼 수 있다.

넷째, 상기 인과관계 분석에서 '금리→환율'로의 인과관계는 아직 불확실한 것으로 나타났는데, 이는 최근 일부에서 제기하고 있는 콜금리 인하로 환율절상압력을 해소할 수 있다는 논리가 '금리→환율'의 인과관계가 정착되지 않은 현단계에서는 시기상조일 수 있다는 시사점을 제공하고 있다. 즉 현상황에서는 금리인하가 환율절상압력을 해소하는 쪽으로 작용하기보다는 오히려 유동성 증가로 인플레이션 기대심리를 확산시키는 부작용을 초래할 가능성이 클 수 있다는 점을 시사하고 있다.

이상의 논의를 종합해 볼 때 앞으로 대외개방의 확대와 금융·외환자유화의 진전으로 금융시장과 외환시장간 연계성이 높아지고 내외 금융자산간 대체성이 높아지면 통화정책기조의 변경을 통해 실물경제에 유효한 정책효과를 달성하기는 점점 더 어려워질 것으로 예상된다.

이에 따라 향후 통화·외환·재정정책 등은 자본유출입의 확대가 통화정책에 미치는 제반 교란요인들을 충분히 감안하여 운용하여야 할 것이며, 이를 위해 다음과 같은 대응책들을 강구할 필요가 있다.

2. 정책대응 방향

가. 통화·외환·재정정책의 적절한 조합23) 및 우선순위에 입각한 정책운용

지금까지 살펴본 바와 같이 자본유출입의 확대로 제반 정책변수가 변화하는 상황에서는 어느 한 가지 정책수단으로만 대외적 충격을 흡수하기는 거의 불가능하므로 통화·외환·재정정책간 적절한 정책조합이 절실히 요망되는데, 이를 좀더 구체적으로 살펴보면 다음과 같다.

첫째, 통화정책과 외환정책이 상호 유기적인 관계를 갖고 조화롭게 운용되어야 할 것이며, 이를 위해서는 다음과 같은 사항들이 고려되어야 할 것으로 생각된다. 우선 통화증가율, 금리수준 등 통화정책목표를 설정할 경우에는 연간 자본유출입 및 환율전망 등을 더 구체적으로 반영할 필요가 있다. 이를 위해서는 자본이동 규모 및 환율 등에 대한 전망을 기초로 하여 연간, 분기 또는 월별로 자본유출입이 통화정책에 미칠 영향의 정도를 사전에 예측한 후 국내 경제상황에 맞는 통화, 금리수준을 추산하는 작업이 필요할 것이다. 그리고 이에 기초하여 자본수급 자체의 조절규모, 외환시장개입 및 불태화 규모 등을 적절히 설정·관리할 수 있도록 통화·외환정책 간의 체계적인 연계시스템이 마련되어야 할 것이다.

또한 금융시장과 외환시장 간에 연계성이 높아지고 있는 점은 통화정책과 외환정책 간의 상충성만을 야기하는 것이 아니라 상호 각 부문에서의 충격을

---

23) 자본유출입에 대응한 통화·재정·외환정책의 운용은 통화개관표로써 전체 윤곽을 정리해 볼 수 있다. 자본유입시를 예로 들어 개별 정책수단의 가능한 활용방법을 정리하면 다음과 같다.

통화개관표 구성항목	정책대응방향
(1) 순국내자산(NDA)	
– 정부신용	– 재정긴축(정부소비지출 경감 등)
– 민간신용	– 대출억제, 유가증권매입 억제
– 기타(중앙은행보유 증권매매 등)	– 공개시장조작에 의한 증권매각 조작(불태화)
(2) 순해외자산(NFA)	
– 경상수지	– 부분적인 환율절상 수용 및 외환시장개입
– 자본수지(유입, 유출)	– 자본유입 통제
	자본수출(해외증권투자, 직접투자) 촉진

완화해 줄 수 있는 수단으로도 활용할 수 있다는 점에 주목할 필요가 있다. 예를 들어 금융시장에서 유동성이 풍부하여 인플레이션 압력이 있는 상황에서는 환율절상을 용인하는 방향으로 외환정책을 운용하여 물가상승 압력을 완화해 줄 수 있을 것이며, 지나친 환율절상 압력으로 수출가격 경쟁력이 약화되는 경우에는 통화정책을 다소 완화해 주는 정책도 검토해 볼 수 있을 것이다.

　다만, 우리나라의 경우 아직 금리로부터 환율로의 파급경로가 불확실한 상황이므로 통화정책에 의한 환율조정은 실현가능성도 크지 않을 뿐더러 물가, 경상수지 등에 부정적인 요인으로 작용할 수 있으므로 환율변동으로부터 초래되는 부담을 지나치게 통화정책에 의존하는 것은 바람직하지 않다고 본다.[24] 따라서 변동환율제도 하에서 환율은 기본적으로 시장기능에 맡겨 둠으로써 환율변동의 신축성(flexibility)을 높여 자본유출입의 영향이 환율변동에 의해 흡수되는 폭을 점차 넓혀 나가야 할 것이다.[25] 그러나 환율이 급격하게 변동하거나 기초경제여건과 일치하지 않는 방향으로 장기간 괴리되어 움직일(diverge) 우려가 있는 경우에는 금융시장이나 경상수지 등 실물경제에 미치는 충격을 감안하여 외환수급 조절, 부분적인 시장개입 및 불태화정책 등으로 대처해 나가는 것이 합리적일 것이다.

　둘째, 재정이 해외부문으로부터 발생하는 통화관리의 부담을 더 적극적으로 분담할 수 있도록 노력하여야 할 것이다. 자본유입이 과다하여 지나친 환율절상이 우려되는 경우 이를 통화정책만으로 해소하려 한다면 불태화개입

---

24) Karras(1999)에 의하면 경제개방도가 높아질수록 통화정책은 소득(output)보다는 물가(price)에 대하여 더욱더 영향력이 커지는 것으로 분석되고 있다. 즉 경제개방도가 높은 상황에서는 통화량의 증가가 자국통화의 가치하락(또는 절하기대의 상승)으로 이어지며 이것이 노동시장에서의 임금상승압력으로 작용함으로써 물가가 더욱 크게 오르게 된다. 이는 곧 개방경제의 총공급곡선이 폐쇄경제의 경우보다 더 급격(steep)해짐을 의미한다.

25) Bonser-Neal(1996)은 중앙은행의 외환시장에 대한 개입(intervention)이 반드시 환율의 변동성을 완화시켜 주는 것은 아니라고 지적하고 있다. 즉 중앙은행의 개입이 시장참가자들에게 장래의 정책방향과 경제여건의 변화 등에 대한 불확실성을 해소시켜 주는 쪽으로 작용하는 경우에는 환율변동성을 축소시킬 수 있으나, 반대로 개입규모나 개입의 동기, 장래의 정책에 대한 방향 등이 투명하게 제시되지 않은 채 개입이 실시되는 경우에는 시장참가자들이 불완전한 정보를 가지고 통화포지션(currency positions)을 바꿔 나갈 수밖에 없게 됨에 따라 오히려 환율의 변동성이 증폭될 수가 있다. Bonser-Neal이 1985~1991년중 미 연준, 독일연방은행, 일본은행의 개입정책이 환율변동성에 미친 영향을 분석한 바에 의하면 중앙은행의 외환시장 개입이 환율의 변동성 완화에 큰 효과를 주지 못했거나 오히려 변동성을 증대시킨 것으로 지적되고 있다.

(sterilized intervention)의 규모가 확대될 수밖에 없다. 이는 통안증권 발행분에 대한 이자부담을 증가시켜 중장기적으로는 또 다른 통화증발 요인이 될 뿐만 아니라 채권시장 물량압박으로 금리가 상승하는 악순환을 지속시킬 수가 있다. 이러한 경우 긴축재정정책을 실시하면 해외부문에서의 통화증가를 어느 정도 상쇄함으로써 물가안정을 유도하고 실질환율의 절상을 방지할 수 있는 등 긍정적 효과가 크다. 뿐만 아니라 총수요압력의 축소로 금리의 하향안정화에 의한 내외금리차 축소도 기할 수 있으며, 이같은 금리의 하락은 미약하나마[26] 자본유입의 속도를 조절하는 효과도 가져올 것으로 기대된다.

우리나라와 같은 신흥시장국가에서 자본자유화의 진전으로 문제가 되는 이슈는 자본유출보다는 자본유입에 따른 유동성 증가, 환율절상, 경상수지 악화 등이라고 할 수 있다. 이 경우 자본유입의 성격에 따라 그 대응책도 달라질 수 있겠는데 자본유입이 해외금리의 하락, 세계경기의 후퇴, 해당국가의 지속적인 신뢰도(sustained credibility)와는 별다른 관련이 없는 국내적 조치 등 일시적 경기적(temporary or cyclical)인 요인에 기인하는 경우에는 불태화정책이 효과적일 것이다. 그러나 자본유입이 국내 실물투자의 수익률 증대 등에 따른 직접 투자의 증가, 제도적 개혁 등 지속적인 요인에 기인하는 경우에는 불태화정책은 한계가 있을 수밖에 없고, 따라서 재정정책이 더 효과적이라고 볼 수 있다.[27] 재정긴축은 정부저축을 증가시켜 민간부문이 저축/투자갭(savings/ investment gap)의 보전에 필요한 자금을 해외저축으로부터 조달하는 부분을 축소시켜 자본유입을 부분적으로 상쇄시킴으로써 환율절상압력을 완화[28]하는 한편 총수요

---

26) 다만 앞의 분석에서와 같이 우리나라의 경우 아직 금리변화가 자본유출입의 변화를 통해 환율 변동을 가져오는 파급경로가 불확실한 점을 감안할 때 이 효과는 크지 않을 것으로 보인다.
27) 금융긴축은 중앙은행의 단기적인 판단에 의하여 탄력적으로 시행할 수 있는 반면 재정긴축은 의회에 의해 예산이 수정되어야 하는 등 상대적으로 경직성이 크다는 결점이 있는 점을 감안할 때, 유출입 시점을 사전적으로 예견하기 어려운 단기성 외자의 유입으로 인한 유동성 팽창에 대한 대응책으로는 금융긴축이 불가피하게 선택될 수밖에 없을 것이다. 그러나 외자유입이 중장기에 걸쳐 진행될 것으로 예상되는 경우에는 익년도 예산편성시 재정지출을 적절히 줄이는 대책이 고려되어야 할 것이다.
28) 다만 이와 같은 재정긴축의 환율절상압력 해소 효과에 대하여 다소 신중한 분석결과도 제시되고 있다. 예를 들어 Hakkio(1996)은 재정긴축이 정부에 의한 자금수요를 축소시켜 환율을 절하시키는 효과가 있을 수 있지만, 반대로 민간의 재정에 대한 신뢰도(fiscal credibility)가 커서 재정긴축이 지속적일 것으로 민간이 기대하는 경우에는 기대 인플레이션의 하락, 환리스크 프리미

감소로 인플레이션 압력을 줄이는 효과를 거둘 수가 있다.

자본시장 개방과정에서의 재정정책의 중요성은 동남아와 중남미의 자본자유화 과정을 비교해 볼 때 시사점을 발견할 수 있다. 즉 태국과 말레이시아 등 일부 동남아 국가들의 경우 1980년말~1990년대초 자본자유화시 통화정책인 불태화정책과 함께 긴축적인 재정정책을 적극적으로 활용하여 환율절상 및 물가상승 압력을 완화함으로써 외자유입의 부작용을 완화할 수 있었다. 반면, 1970년대 후반에서 1980년대 초에 걸쳐 자본자유화를 추진한 아르헨티나와 브라질 등 중남미 국가들은 재정의 방만한 운용이 계속됨으로써 오히려 경제의 불안정화를 심화시켰던 사례를 타산지석으로 삼아야 할 것이다.

셋째, 통화·외환·재정정책 간의 상충관계가 심각하여 상호 조화적인 운용이 어려울 경우에는 불가피하게 경제여건에 따라 정책의 우선순위(reason-able sequencing of policies)를 결정하고 이에 입각하여 정책을 운용하여야 할 것이다. 예를 들어 국내적으로는 인플레이션 압력이 높아 긴축적인 통화정책이 요구되나 대외적으로는 자본유입에 의한 환율절상으로 경상수지 적자가 확대됨으로써 환율절상압력을 해소하기 위해 통화의 신축적인 공급이 필요한 경우에는 당시의 경제여건하에서 물가와 국제수지 간의 상대적 중요성을 감안하여 우선순위에 입각한 정책운용을 실시하여야 할 것이다.

나. 시장친화적인 자본유출입 조절방안 모색

자본유출입에 의한 통화정책 효과의 교란은 통화·금리·환율·재정 등 거시경제변수의 조절을 통해서만 해결하는 데에는 한계가 있으므로 보완적인 수단으로서 외환수급을 원천적으로 조절하는 방안이 마련되어야 한다. 이같이 자본의 유출입 자체를 관리하는 미시적인 정책에 대한 논의는 주로 투기적인 단기자본의 유출입에 초점이 맞추어져 있는데, 대부분 급격한 자본유출입으로 환율이 급변동하거나 국제수지에 심각한 영향이 발생할 우려가 있는 예외적인

엄의 축소 등으로 오히려 환율이 절상될 가능성도 배제할 수 없음을 지적하고 있다.

경우에 한정하여 자본거래를 제한하는 것이 일반적이다.[29] 자본유출입 조절정책의 운용형태는 자본거래 자체를 제한하는 직접통제방법과 유출입 자금의 일정분을 중앙은행에 예치토록 하거나 세금을 부과하는 가격조정방법으로 대별되는데 이들의 특징은 다음과 같다.

먼저 자본거래 자체에 대한 직접적인 통제방법은 내국인의 해외차입, 외국인의 국내 포트폴리오 투자 및 그에 따른 투자수익 송금 등을 일부 제한하는 것으로서 주로 단기투기성자금의 유출입을 억제하기 위해 실시한다. 이와 같은 직접통제의 구체적 유형으로서는 해외차입 제한, 비거주자의 국내 증권투자 사전승인, 국내 금융기관의 비거주자대출 제한 등을 들 수 있다. 그러나 이같은 직접통제방법은 시장왜곡을 가져오고 대외신인도를 떨어뜨림으로써 중장기적으로 자본도입에 근본적인 지장을 초래하는 등 역기능이 큰 것으로 평가된다.

한편 가격조정방법은 세금이나 예치의무 부과 등을 통해 내외수익률차에 따른 이익을 흡수함으로써 자본의 유출입을 억제하는 방법으로 가변예치의무제도(variable deposit requirement system ; VDR), 한계지준제도(marginal reserve requirement), 자본거래세(financial transaction tax) 등이 있다.[30] 특히 1990년대 중반 멕시코의 외환위기를 계기로 이들 가격조정방법에 의한 미시적 정책수단에 대하여 관심이 높아졌는데 이들 조치들은 단기적인 자본거래를 전적으로 금지 또는 제한하는 것이 아니라 자금의 코스트를 높여 외자의 유출입을 조절하는 수단이라는 점에서 시장친화적(market-friendly)이며 경제여건의 변화에 대응하여 신축적으로 운용할 수 있다는 이점이 있다.[31]

---

29) 주요국의 자본유출입 조절정책 운용사례는 윤보일·박상원(1999. 5) 또는 뒤의 [부록 2] 참조.
30) ·가변예치의무제도 : 거주자의 해외차입이나 외화증권 발행에 대해 일정비율을 중앙은행에 무이자로 예치토록 하는 방법으로서 정책당국은 예치대상이나 예치비율의 조정 등을 통해 자본이동 규모를 신축적으로 조절할 수 있다.
   ·한계지준제도 : 일정한도를 초과하는 비거주자의 예금에 대해 중앙은행이 지급준비의무를 부과하는 제도로서 이 예금에 대한 금리인하를 병행 실시하는 것이 일반적이다.
   ·자본거래세 : 거주자가 해외로부터 자금을 차입할 경우 또는 비거주자가 국내증권에 투자하거나 투자원리금을 회수할 경우 일정률의 세금을 부과하는 제도이다. Tobin(1978)이 제안한 토빈세(Tobin tax), 1963~74년중 미국에서 시행된 이자평형세(interest equalization tax) 등은 자본거래세의 일종으로 분류된다.
31) Crockett(1995) 참조

이와 같은 두 가지 자본유출입 조절방식의 특성을 종합적으로 고려할 때, 이미 자본시장 개방이 상당히 진전되어 있는 우리나라 입장에서는 시장친화적인 가격통제방법의 활용방안을 강구하는 것이 합리적이라고 판단된다.[32]

우리나라는 1999년 4월 1일부터 시행된 '외국환거래법'에서 비상시 안전장치(safeguard)로서 헤지펀드 등에 의한 단기투기성자금의 유출입이 국내 금융시장의 교란을 가중시킬 우려가 있다고 판단되는 경우 한시적으로 가변예치의무제도, 한계지준제도, 외환거래세 등을 실시할 수 있도록 법적 근거를 마련한바 있다. 따라서 단기투기자본의 급격한 유출입에 따른 거시경제의 불안정화 가능성 등에 대비하여 이를 더 구체적으로 활용할 수 있는 방안을 마련해 놓아야 할 것이다.

아울러 이같은 제도적 장치의 마련 이외에도 그때그때의 상황에 적합한 외환수급 조절책을 적절히 활용할 필요가 있다. 예를 들어 최근의 경우처럼 환율절상압력이 상존하고 있는 경우에는 국내경기가 활성화되고 있는 점을 감안하여 재무구조가 개선되는 기업들을 중심으로 하여 해외직접투자를 재개토록 유도하는 방안이 고려될 수가 있다. 또한 기업 및 금융기관들이 필요로 하는 외자를 가급적 국내 외환시장에서 조달하도록 하거나 해외차입분을 조기에 상환토록 유도하는 방법, 또는 외국환은행의 해외증권투자 촉진을 위하여 중앙은행과 외국환은행간 스왑(swap)을 실시하는 방안[33] 등이 검토될 수 있

---

32) 그러나 이와 같은 시장친화적인 정책수단도 단기적으로는 어느 정도까지 과도한 외자의 유입을 억제(throwing sand in the wheels of international finance)하는 데에는 효과가 있으나 시일이 지남에 따라 경제주체들이 이들 제한조치를 회피 또는 우회(circumvent)할 수 있는 수단을 강구하기 때문에 그 효과가 점차 감소한다는 것이 단점으로 지적되고 있다(박정룡, 1996). 또한 자본이동 제한조치는 그 실현가능성에 대하여도 회의론이 없지 않다. 즉 일부 국가만이 이를 실시할 경우 단기투기자본이 제한조치를 실시하지 않는 다른 국가로 이동함으로써 투기자본의 부정적 영향을 차단하는 효과가 제대로 발휘되기 어렵다는 한계가 있는 것으로 지적된다. 뿐만 아니라 미국 등과 같이 주로 자본수출국인 선진국들과 자본수입국으로서 자본이동의 영향을 많이 받는 개도국들 사이의 이해대립도 이를 실현하기 어렵게 하는 요인이 되고 있다.

33) 최장봉(1994), Alburo(1997) 등을 참조. 중앙은행과 외국환은행간 스왑(swap)이란 중앙은행이 일정기간 후 재매입하는 것을 조건으로 외국환은행에 외환을 시한부로 매각하여 국내통화를 흡수하는 한편 금융기관이 매입한 외환은 해외금융자산(예치금, 증권투자 등)으로 운용하도록 하는 방법이다. 그러나 이 경우에도 중앙은행은 외국환은행이 스왑에 응할 수 있도록 국내외 금리차에 해당하는 보조금을 지급할 수밖에 없으며 이는 중앙은행 보유 국채매각이나 통안증권 발행 등에 의한 유동성 흡수방법과 마찬가지로 보조금만큼의 중앙은행 손실을 발생시킨다.

을 것이다.

다. 건전성 감독의 강화

앞에서 살펴본 바와 같이 자본유출입의 확대는 환율, 통화, 금리 등 경제변
수의 변화를 통해 통화정책의 거시경제적 효과를 상쇄시키는 것 외에도 외자
도입에 의존하는 과도한 대출(excessive lending) 등을 통하여 금융기관의 자금
조달 및 운용상의 리스크를 확대시켜 금융시스템의 안정성을 저해할 수가 있
다.[34] 또한 이같은 신용의 팽창은 주식, 부동산 등 자산가격의 급변동을 통해
경기변화의 속도를 가속화[35]하는 등의 부작용을 초래할 가능성도 있다. 따라
서 자본유출입에 따른 금융부문의 안정성을 확보하기 위해서는 거시경제적 측
면에서의 대응 이 외에도 금융부문에 대한 건전성 감독(prudential regulation)
의 강화가 병행되어야 할 것이다.[36]

첫째, 금융기관 경영에 대한 책임성과 투명성을 강화하여야 할 것이다. 경

다만 이 방법은 외화유입으로 초래된 유동성 과잉을 중화하는 다양한 수단을 제공한다는 점에
서 유효한 방안으로 검토될 수 있을 것이다.

[34] 금융시스템이 건전하고 효율적이며 금융시장에 대한 규제와 감독이 효과적으로 운용되고 있
는 여건하에서는 금융기관들은 자본유입으로 신용을 확대시키는 과정에서도 장래에 자본의
역유출이 발생하는 경우 받게 될 수 있는 영향(환율, 금리 리스크의 변화 등)을 합리적으로 예
상하여 이를 대출가격의 책정(pricing loans)에 반영하거나 충당금을 적절한 규모로 적립하거나
대출포트폴리오(loan portfolios)를 분산시킴으로써 리스크를 최소화하려고 노력한다. 반면 규제
및 감독체계가 불충분하여 신용배분과 은행자산·부채의 경영이 비효율적으로 운용되는 여건
하에서는 금융기관은 외자유입으로 늘어난 예금을 적절한 심사기능 없이 여신으로 운용할 것
이며, 이와 같은 신용의 증가는 금융손실(financial loss) 리스크의 증대로 이어질 가능성이 크다.
특히 갑작스러운 자본의 역유출(reversal) 위험을 안고 있는 단기자금(hot money) 유입의 경우에
는 금융기관의 자산과 부채 간의 만기불일치(maturity mismatch)로 유동성 부족에 직면할 위험
도 높아지게 된다. 이러한 리스크가 현실화되면 결국 중앙은행의 유동성 지원, 공적자금의 투
입 등 막대한 코스트가 발생한다(Khan and Reinhart, 1995 참조).

[35] 유입된 외자가 경상수지 악화나 자본의 역수출 등을 통하여 해외로 유출되지 않고 국내에 남
게 되면 통화량을 증가시켜 인플레이션의 요인이 된다. 인플레이션의 지속은 부동산, 주식 등
자산가격의 상승을 초래하며 이는 경제의 거품으로 이어질 우려가 있으며 자산가격의 붕괴로
경제의 거품이 사라지게 되면 경기침체가 장기화될 수 있다. Khan and Reinhart(1995), López-
Mejía(1999) 등은 1980~1990년대 아시아, 중남미 국가들의 자본유입기는 공통적으로 대출확대
(lending boom) 등으로 은행들의 자산규모가 현저히 증가하면서 주식, 부동산 등 자산가격의 급
등이 수반되고 이것이 경기사이클을 가속화한 하나의 요인으로 작용하였음을 지적하고 있다.

[36] Johnston and Canales-Kriljenko(1999), Johnston and Tamirisa(1998) 등 참조

영인의 자금조달 및 운용, 리스크 관리의 적합성 등에 대한 평가 및 내부통제 기능을 강화하는 한편, 시장참가자들이 충분한 정보를 가지고 금융기관의 건전성을 평가하고 이에 기초하여 시장원리에 따라 해당 금융기관 및 경영인에 대한 책임을 물을 수 있도록 회계정보시스템 등의 공시기능을 강화하여야 할 것이다. 금융기관의 건전성을 평가하기 위해서는 대체로 다음과 같은 기준을 활용할 수가 있다. ① 자산대비 자기자본비율로서 이 비율을 증대시킬수록 은행대출에 의한 민간의 투자프로젝트가 실패하더라도 은행들의 지급불능위험이 줄어들게 된다. ② 장래 손실 가능성에 대비한 대손충당금 적립수준으로서 이 적립액이 증가할수록 금융기관의 대출이 부실화되더라도 금융위기(banking crisis)로 이어질 가능성이 줄어든다. ③ 자산과 부채간 기간구조의 일치(matching the maturities)가 중요한데 은행의 경우 예금 또는 차입자금보다 대출자금의 만기가 긴 것이 일반적이라는 점에서 이를 시정해 나가는 노력이 필요하다.

둘째, 금융기관들의 주식 및 부동산 등 자산가격 위험에 대한 노출에 대하여 감독을 강화할 필요가 있다. 금융기관들이 대규모 자본도입을 일으켜 주식투자 또는 부동산 관련 대출 등으로 과도하게 자산을 운용하게 되면 자산버블이 가속화하게 되는데, 유입되었던 자본이 급작스럽게 역유출하게 되면 금융위기로 이어질 위험성이 커진다는 점에 유념해야 할 것이다.

셋째, 1997~98년중 계속되었던 아시아, 러시아, 브라질 등 일련의 세계 금융위기가 헤지펀드 등 과다채무 금융기관(highly leveraged institutions ; HLIs)에 의한 투기적 자본이동에도 상당한 원인이 있었다는 점[37]에서 국내 금융기관이나 기업들의 국제자본 도입이 이들 환투기세력의 공격에 노출되지 않도록 노력해야 할 것이다. 이를 위해서는 HLIs와 국내 금융기관과의 장외파생외환

---

37) 외환위기 발생 당시 우리나라는 외환거래에서 실수요원칙을 유지하고 있었고 원화의 국제화가 이루어지지 않은 데다 외국환은행에 대한 포지션한도 등 제도적인 규제장치가 있었기 때문에 HLIs 등의 공격은 없었던 것으로 추정된다. 당시 헤지펀드들의 국내 주식투자자금 유입규모는 미미하였고 장외 파생금융시장에서도 특별한 움직임은 없었던 것으로 파악된다. 그러나 우리나라도 1999년 4월 이후 외환거래 실수요원칙 폐지 등 외환거래의 대폭적인 자유화를 내용으로 하는 외국환거래법을 시행함에 따라 앞으로 HLIs 등의 환투기공격에 노출될 가능성은 높아졌다고 할 수 있다(이금호, 1999. 8 참조).

상품거래 등 외환거래에 대한 모니터링을 강화하는 한편, G-7, G-22,[38] IMF, ASEAN+3[39] 등 국제사회에서 논의되고 있는 단기자본이동에 대한 규제 등을 포함한 국제금융질서 개편 논의[40]에 적극 참여하여 우리의 입장이 반영될 수 있도록 하여야 하겠다.

우리나라는 1997년말 외환위기 이후 외환·자본자유화가 가속화되면서 이에 따른 부작용을 최소화할 목적으로 금융기관 및 기업에 대한 건전성규제를 강화하는 내용의 제도적 보완을 추진해 오고 있다. 우선 외국환은행의 외환영업부문에 대한 건전성규제와 관련해서 1998년 7월 외국환은행의 외화유동성비율(70% 이상) 규제 적용대상 범위를 해외현지법인, 역외계정까지 확대하고, 1999년 1월에는 잔존만기별 총외화자산 대비 외화자산·부채의 불일치(GAP)비율 규제제도를 도입하였다.

그리고 외국환은행의 거래 상대방에 대한 외환영업 건전성규제와 관련해서는 거래처별 및 국가별 종합 exposure 한도 관리제도를 도입(1998. 7)하였으며 기업의 외화부문 거래내용에 대한 공시기준도 강화하였다.[41] 이러한 감독장치

---

38) G-7국가 및 15개 신흥개도국(아르헨티나, 호주, 브라질, 중국, 홍콩, 인도, 인도네시아, 한국, 말레이시아, 멕시코, 폴란드, 러시아, 싱가포르, 남아프리카공화국, 태국).

39) 동남아지역 ASEAN 9개국 및 한국, 중국, 일본.

40) 종래 IMF 및 선진국 그룹들은 단기자본이동에 관한 규제와 관련하여 반대입장을 유지하여 왔었다. 그러나 1998년 8월 이후 홍콩·대만 및 말레이시아의 외환·자본거래에 대한 제한조치 실시 및 브라질 등 중남미 국가의 자본유출 확대에 따른 외환위기 발생 가능성 등에 따라 G-7 등 선진국 및 국제금융기구들도 실효성 있는 자본규제조치의 강구 필요성에 관심을 갖고 이에 대한 논의를 진행 중에 있다. 또한 G-22 등에서는 금융안전망(financial safety nets) 구축과 관련하여 부실금융기관에 대한 과도한 정부보증의 억제, 은행의 도덕적 해이(moral hazard) 및 역선택(adverse selection) 경감을 위한 방안, 기업의 효과적인 내부통제시스템 구축을 통한 유동성 및 외환리스크의 관리·감시 강화 등에 관하여 논의가 진행중이다(조영우·이동현, 1998 참조).

41) 외환위기 이후 외환·자본자유화에 대응한 금융기관 및 기업에 대한 건전성규제 강화 조치내역을 정리하면 다음과 같다.
   ○ 외국환은행의 외환영업부문에 대한 건전성 규제
     - 외국환은행의 외화유동성비율(70% 이상) 규제 적용대상 범위를 해외현지법인, 역외계정까지 확대(1998. 7)
     - 잔존만기별 총외화자산 대비 외화자산·부채의 불일치(GAP)비율*규제제도 도입(1999. 1)
       * (기간별 누적 외화자산－외화부채) / 총외화자산
     - 중장기 자금운용에 대한 중장기 조달의무비율 제고(50%→100%)(1999. 7)
   ○ 외국환은행의 거래상대방에 대한 외환영업 건전성규제
     - 거래처별 및 국가별 종합 exposure 한도 관리제도를 도입(1998. 7)
   ○ 기업의 외화부문 거래내역 공시 강화

들이 실효를 거두기 위해서는 제도적 보완과 함께 그 운영면에서도 관련규정이 철저히 이행되도록 경영지도를 강화하고 규정에 위배되는 경우에는 적절한 벌칙이 효과적으로 부과되어야 할 것이며, 이러한 감독운영상의 준칙이 일관성 있게 유지되어야 할 것이다.

라. 정보변수전략에 입각한 통화정책 운용의 활성화

앞서 살펴본 바와 같이 자본유출입의 확대는 통화, 금리 등 통화정책 관련 변수에 대하여 당초 통화당국의 의도와는 다른 방향으로 영향을 미칠 수 있다는 점에서 자본시장의 개방도가 커질수록 통화정책의 효과는 더욱 애매모호해진다. 이와 같은 환경하에서는 통화총량(monetary aggregates), 금리 등 통화정책의 중간지표로 사용되는 정책변수들을 사전에 정확히 예측하기도 어려울 뿐만 아니라 통화·금리·환율 등 각 변수들간 상호작용이 커지면 통화정책 중간변수와 실물변수(물가, GDP 등) 간의 관계도 점차 불안정해질 수밖에 없다.

따라서 이와 같은 현상은 향후의 통화정책이 통화량 등 특정한 중간목표를 설정하여 관리하는 방식보다는 환율 등 다양한 대내외 정보변수(information variables)를 적극적으로 활용하는 정보변수전략에 기초하여 운용하는 방식으로 전환해 나갈 필요성이 커진다는 점을 시사한다. 이와 같은 점을 고려하여 Crockett(1993)은 향후의 통화정책 운용과정은 종전과 같은 중간목표전략에 입각한 2단계 의사결정과정(2 stage decision-making procedure)으로부터 다양한 정보변수전략에 입각하여 최종목표를 직접 타겟팅하는 1단계 의사결정과정(1 stage decision-making procedure)으로 전환되어야 한다고 주장하고 있다.

마. 국가간 거시경제정책 공조노력에 적극 참여

세계자본시장이 통합화되어 감에 따라 국가간 자본이동이 크게 늘어나고

- 기업의 외화자산·부채현황, 파생금융거래 실적 등 주요 외환거래 사항을 반기별→분기별로 공시(1998. 12 개편, 2000. 1 시행)
- 사업보고서 부속명세서의 항목을 원화/외화로 구분하여 명기(1998. 7)

이에 따라 개별국가의 거시경제상황이 여타국 경제에 상호 영향을 미치는 정도가 심화되고 있다. 이와 같은 각국간 거시경제적 영향은 아시아, 러시아, 중남미 등 세계 각 지역에 걸쳐 광범위하게 전개되었던 1997~99년 중의 금융위기의 발생 및 해소과정에서 극명하게 관찰될 수 있다.

즉 태국 및 한국의 금융위기가 아시아지역에 대한 신인도를 저하시켜 이 지역으로부터의 자본유출 및 각국간 교역의 둔화, 각국 통화의 평가절하 및 인도네시아, 말레이시아의 외환위기로 이어졌고, 일본의 경기침체를 가속화하였다. 아시아 지역에 대한 신뢰의 실추는 신흥시장 전체로 파급(contagion effect)되어 금융위기가 러시아, 브라질 등으로 이어졌고, 중국이 수출감소, 금융부실화 등으로 위안화 평가절하 압력에 시달렸으며, 유럽경제 역시 아시아, 러시아 및 동구권 경제의 침체로 경기둔화가 심화되었다. 이와 같은 경제적 영향의 각국간 파급은 세계금융위기의 진행과정에서 뿐만 아니라 그 해결과정에서도 나타났는데, 대표적인 것이 1998년중 미국, 유럽 등 선진국을 중심으로 하여 실시된 여러 차례의 금리인하 공조였다. 미국 및 유럽 각국의 금리인하가 신흥시장의 주식시장 회복, 외환시장 안정, 금융위기 극복과 경제회복에 긍정적인 영향을 미쳤으며, 이는 다시 선진국 경제에도 긍정적으로 작용하였다.

이와 같은 세계경제의 상호연관성을 감안할 때 통화정책을 비롯한 각국의 경제정책은 상호 유기적인 관계를 가지고 긴밀히 공조하는 가운데 운영될 필요성이 과거보다 훨씬 더 절실해졌다고 볼 수 있다. 따라서 환율안정, 각국의 금융시장 안정 등을 위해서는 필요시 미국·일본 등 선진국 및 중국, ASEAN 등 주변국과의 정책공조가 더욱 긴요하다고 생각된다. 이와 같은 정책공조에는 환율안정을 위한 외환시장 공동개입이나 유사시 중앙은행간 긴급유동성 지원방안(예 : 긴급유동성 필요시 아시아지역 중앙은행간 SWAP 활성화) 등의 협력방안도 포함될 수 있을 것이다.

1. 외환·자본자유화 추진경과

○ 1980년대 들어 무역규모 확대 및 경제의 개방압력 증대 등 대내외 경제여건 변화
에 능동적으로 대응하기 위하여 환율제도를 종전의 고정환율제도에서 복수통화
'바스켓페그' 제도로 변경하고(1980) 외국투자전용회사를 통한 외국인의 국내증권
투자를 허용하는 한편, 경상거래에 대한 제한을 지속적으로 완화
 – 경상수지가 흑자로 전환된 1980년대 중반 이후에는 해외여행경비, 해외직접투자
 등 외환의 유출에 대한 제한도 완화하기 시작(예 : 1987년 12월 28일 해외여행기
 본경비 3천 달러→5천 달러)
 – 1988년 11월 1일 IMF 8조*국 이행
 　* IMF 8조는 경상지급에 대한 제한 철폐, 차별적인 통화조치의 철폐, 자국통화의
 　 교환성 보장 등의 의무를 규정

○ 그러나, 외환자유화가 본격적으로 추진되기 시작한 것은 1990년대 들어서이다.
 – 1990년 1월 1일 GATT 11조*국으로 이행
 　* 수출입허가제 등 수출입제한조치를 사용할 수 없도록 규정
 – 1990년 3월 12일 시장평균환율제 채택
 – 1992년 9월 1일 경상거래에 대한 규제를 '원칙규제·예외허용 체계'(positive system)
 에서 '원칙자유·예외규제 체계'(negative system)로 개편
 – 1994년 12월 '외환제도 개혁계획'을 발표하고 이에 따라 '외국환관리규정'을 개정
 (1995. 2. 13)하여 외환 및 자본거래 자유화를 본격적으로 추진
 – 해외여행경비(5천 달러→1만 달러) 및 해외이주비(세대주 10만 달러→20만 달러,
 세대원 1인당 5만 달러→10만 달러) 한도를 확대하고, 해외예금 및 신용공여를 허
 용하는 등의 자유화 조치 실시
 – 1995년 11월 외환 및 자본자유화를 조기 추진하는 '외환제도개혁 수정계획'을 발
 표하고 '외국환관리법'을 개정(1996.6.1)
 　· 경상대외거래의 지급·영수 절차 간소화(외국환은행 인증제→외국환은행 신고제)
 　· 외국환은행의 설치 및 업무를 자유화
 　· 거주자 간의 실물거래 관련 외화표시거래를 자유화
 　· 해외이주비지급 대폭확대(세대주 40만 달러, 세대원 1인당 20만 달러)
 – 1996년 12월 12일 OECD 가입

○ 1997년말 외환위기에 대응하여 외화자금 유입을 촉진하기 위한 자유화조치 실시
 – 자유변동환율제 이행(1997.12.16)

- 주식·채권·단기금융시장 개방
  - 국내상장채권에 대한 외국인투자 자유화(1997.12.22)
  - 기업어음·무역어음·상업어음 투자 자유화(1998.2.16)
  - CD·RP·표지어음 투자자유화(1998.5.25)
  - 상장주식 및 등록법인 주식투자 자유화(1998.5.25)
- 외자유입촉진과 수출기업의 자금조달 원활화를 위한 조기자유화 실시(1998.7.1)
  - 기업의 1년 이상 중장기 외화차입 및 해외증권 발행 자유화
  - 기업의 무역신용 자유화
  - 외국인의 국내투자(비상장주식·채권)와 관련된 거의 모든 외환거래를 자유화

2. 환율제도 변천추이

- 1965.3.21 이전 : 고정환율제도
- 1965.3.22 : 단일변동환율제도 채택
- 1980.2.27 : 복수통화 '바스켓페그' 제도 실시
- 환율을 'SDR바스켓'과 주요국 통화로 구성된 '독자바스켓'에 연동
- 1990.3.2 : 시장평균환율제도 시행
- 전일 기준환율의 일정범위 내에서 외환시장에서의 외환수요와 공급에 의하여 결정
- 환율변동제한폭을 점차 확대
- 1997.12.16 : 자유변동환율제도 이행
- 환율변동제한폭 폐지

환율변동제한폭 확대 추이

단위 : %

1990.3	1991.9	1992.7	1993.10	1994.11	1995.12	1997.11.20
±0.4	±0.6	±0.8	±1.0	±1.5	±2.25	±10.0

3. 현행 외환관리제도

- 정부는 1998년 6월 경상 및 자본거래를 포괄하는 모든 외환거래를 2단계에 걸쳐 전면 자유화하는 계획을 발표
- 외환거래에 대한 사전규제보다 사후보고 및 건전성 감독위주의 사후관리에 중점을 둔 외환관리체계의 구축을 목표로 함
- 제1단계 자유화조치는 1999년 4월 1일 실시되었으며, 제2단계 자유화조치는 2001년 초에 시행될 예정이며 제1단계 자유화시 유보되었던 모든 외환거래를 자유화할 계획

(제1단계 자유화조치 내용)

○ 기업 및 금융기관의 대외영업활동과 관련된 대부분의 외환거래를 자유화
 - 경상지급부문에서는 기업의 대외영업활동과 관련된 지급제한폐지(경영컨설팅 대가, 현지법인활동비 지급)
 - 지급·영수 결제방법에 대한 제한을 폐지(수출입결제방법, 상계, 제3자지급, 은행을 통하지 않는 지급·영수 등)
 - 단, 국제평화 및 공공질서 저해거래, 증여성 송금, 해외여행경비, 해외이주비 등은 계속 제한
○ 한편, 자본거래를 원칙적으로 '원칙규제·예외허용 체계'(positive system)에서 '원칙자유·예외규제 체계'(negative system)로 전환
 - 이에 따라 기업과 금융기관의 해외 부동산 및 해외직접투자, 기업의 만기 1년 이하 단기외화차입과 해외증권발행, 비거주자의 1년 이상 원화예금거래 등 대부분의 자본거래가 자유화되고 파생금융거래에 대한 실수요원칙을 폐지
○ 다만, 비거주자의 만기 1년 미만의 예금 및 신탁, 외국환업무취급기관 및 외국환중개회사를 경유하지 않는 파생금융상품거래 등은 급격한 자본유출입이 국내 경제에 미치는 부작용을 고려하여 규제대상으로 유보(negative list)

─ Negative List의 주요내용 ─

- 기업의 해외예금 및 해외신용 공여
- 비거주자의 만기 1년 미만의 예금 및 신탁
- 개인의 해외차입, 해외예금, 신용공여, 부동산투자 등
- 외국환업무취급기관 및 외국환중개회사를 경유하지 않는 파생금융상품 거래
- 거주자의 비거주자에 대한 담보제공
- 거주자 간의 대외지급수단의 매매
- 거주자의 1년 이하 단기차입 및 해외증권 발행
- 비거주자의 1년 미만의 원화증권의 발행
- 거주자와 비거주자 간의 증여(유증 포함)에 따른 자본거래

○ 자본의 급격한 유출입 등 유사시에 대비하여 가변예치의무제도(VDR), 외환집중제 등 국제규범에 부합되는 안전장치(safe-guard)를 운용할 수 있는 제도적 근거를 마련하는 한편, 외환·자본자유화 확대로 외화유출입의 변동성이 더욱 증대될 것으로 예상되는 데 따른 부작용을 최소화하기 위해 다음과 같은 보완대책을 추진
 - 외자유출입동향을 모니터링할 수 있는 외환전산망 구축
 - 국제금융센터를 설립하여 외환 및 국제금융동향 등에 대한 정보수집
 - 외환위기 조기경보시스템 개발 추진

4. 2단계 자유화(2000년말) 계획 내용

o 개인의 경상지급 자유화
  - 개인의 여행경비, 증여성 송금, 해외이주비, 교포재산반출 등 개인의 경상지급도
    자유화하여 경상지급을 완전 자유화
o 1단계에서 자유화되지 아니한 자본거래의 완전 자유화
  - 비거주자의 국내 1년 미만 예금(신탁 포함) 거래
  - 기업의 해외예금 및 신용공여, 대외채권 회수의무
  - 해외예금, 차입, 신용공여, 부동산투자 등 개인의 모든 자본거래
  - 기타 국내 증권사를 경유하지 않는 대내외 증권투자 및 외국환업무취급기관 및 외
    환중개회사를 경유하지 않는 파생금융거래 등을 모두 자유화

| 부록 2 | | 주요국의 자본유출입 조절정책 운용사례 | |

목 적	국 가[1]	운용형태	평 가
자본 유입 억제	독 일 (1970~74)	·금리 인하 ·한계지준 부과 ·가변예치의무제도 ·외국인의 국내채권 투자 사전 승인	·독일은 내외금리차 지속과 마르크화 절상기대 심리 등으로 자본의 기대수익률이 여전히 높아 규제대상이 아닌 부문으로 우회하여 자본유입 이 지속
	호 주 (1972~74 및 1977~78)	·금리 인하 ·해외차입 제한 ·가변예치의무제도	·호주는 자본유입이 어느 정도 억제되기는 하였 으나 실시시기가 적기에 이루어지지 못함에 따 라 그 효과가 반감되었다는 평가 제기
	칠 레 (1991~98)	·가변예치의무제도 ·인지세 부과	·자본유입 억제정책의 실시에도 불구하고 만성 적인 인플레이션 압력을 완화하기 위한 고금리 정책 지속으로 자본유입이 오히려 확대.
	콜롬비아 (1993~)	·가변예치의무제도	·다만 칠레는 재정긴축 등 경제안정화정책을 꾸 준히 추진한 결과 물가불안 등 자본유입 확대에 따른 부작용을 효과적으로 해소
	브 라 질 (1993~)	·해외차입 제한 ·자본거래세 부과	·자본유입 확대로 환율수준이 고평가 상태를 지 속하여 경상수지 적자 및 외채규모를 확대시킨 요인으로 작용 ·그러나 해외차입 제한조치가 단기자금을 주 대 상으로 한 결과 외채구조면에서 단기차입의 비 중이 하락
자본 유출 억제	영국·이탈리 아(1992)	·금리 인상	·영국과 이탈리아는 환율을 조기에 실세화하는 방법을 통해 자본의 급격한 유출사태를 단기간 내에 진정
	스 페 인 (1992)	·가변예치의무제도	·특히 영국은 환율방어를 포기한 즉시 저금리정 책으로 전환하여 국내경기의 활성화를 도모한 결과 자본유출사태 이후 기초경제여건이 호전
	아일랜드 (1992)	·금리 인상 ·비거주자에 대한 대 출과 일부 선물환거 래 금지	·스페인과 아일랜드는 한시적인 자본유출 제한 조치를 통해 환율절하 속도를 완만하게 유지하 면서 자본의 급격한 유출을 효과적으로 억제
	말레이시아 (1997~)	·금리 인상 ·국내증권투자 원리금 의 대외유출 제한	·말레이시아와 홍콩은 자본유출 조절정책의 실 시로 자본의 급격한 유출을 상당히 억제 ·그러나 말레이시아의 경우 자본거래에 대한 직 접적 제한조치의 시행으로 정책의 신뢰성이 낮
	홍 콩 (1997, 98)	·금리 인상 ·주식시장 개입	아지면서 외국인 직접투자 유치 등에 어려움을 겪었으며, 홍콩의 경우 정책당국의 주식시장 개 입으로 국가신용등급이 하락하는 부작용이 초래

주 : 1) 괄호 안은 자본유출입 조절정책 실시시기임.
자료 : 윤보일·박상원, 〈주요국의 자본유출입 조절정책 운용사례와 시사점〉(한국은행, 《조사통계월보》 1999년 5월호)

국제금융연구회, 《글로벌시대의 국제금융론》, 경문사, 1996.

김규한, 〈우리나라의 불태화정책계수와 통화정책상쇄계수의 추정〉, 《경제분석》, 한국은행, 1996. 2.

──, 《개방화시대의 통화 및 환율정책》, 한국은행 금융경제연구소, 1994. 7.

김영린, 〈자본자유화하에서의 거시경제정책 운용〉, 《조사통계월보》, 한국은행, 1993. 11.

김종만, 〈자본자유화와 환율, 경상수지 및 통화관리〉, 《경제분석》, 한국은행, 1997. 2.

박정룡, 〈자본자유화의 거시경제적 효과와 정책대응 방향〉, 《경제분석》, 한국은행, 1996. 5.

오호일·박상원, 〈자본자유화의 진전과 자본수지 구조변화〉, 《조사통계월보》, 한국은행, 1997. 12.

윤보일·박상원, 〈주요국의 자본유출입 조절정책 운용사례와 시사점〉, 《조사통계월보》, 한국은행, 1999. 5.

이금호, 〈신흥시장국의 자본이동 및 시사점〉, 《금융시스템 리뷰》, 한국은행, 1999. 8.

조영우·이동현, 〈최근의 국제금융시스템 개편논의와 향후 전망〉, 《조사통계월보》, 한국은행, 1998. 11.

최장봉, 《자본거래 자유화에 따른 효율적인 통화 및 자본유출입 관리》, 한국조세연구원, 1994. 2.

Alburo, Florin A., "Globalization, Capital Flows and Macroeconomic Policy Issues", *UPSE Discussion Paper*, No. 9710, University of the Philippines, December 1997.

Bonser-Neal, Catherine, "Does Central Bank Intervention Stabilize Foreign Exchange Rates?", *Economic Review*, Federal Reserve Bank of Kansas City, First Quarter 1996.

Calvo, Guidlermo A., Leiderman, Leonardo, and Reinhart, Carmen, "The Capital Inflows Problem : Concepts and Issues", *IMF Paper on Policy Analysis and Assessment*, July 1993.

Crockett, Andrew, "Monetary Policy Implications of Increased Capital Flows", *Quarterly Bulletin*, Bank of England, November 1993.

Cumby, R. E. and Obstfeld, M., "Capital Mobility and the Scope for Sterilization : Mexico in the 1970s", *NBER Working Paper Series*, No. 770, September 1981.

Frankel, Jeffrey A. and Okongwu, Chudozie, "Liberalized Portfolio Capital Inflows in Emerging Markets : Sterilization, Expectations, and the Incompleteness of Interest rate Convergence", *NBER Working Paper Series*, No. 5156, June 1995.

Fry, Maxwell J., *Money, Interest, and Banking in Economic Development*, 2nd ed., The Johns Hopkins University Press, 1995.

Hakkio, Craig, "The Effects of Budget Deficit Reduction on the Exchange Rate", *Economic*

Review, 3rd Quarter 1996.

Johnston, R. Barry and Canales-Kriljenko, Jorge Ivan, "Use of liberalization of Capital Controls : Countries' Experiences and Issues", SEACEN-IMF Seminar on Issues and Policies of Capital Account Convertibility, May 1999.

Johnston, R. Barry and Tamirisa, Natalia T., "Why Do Countries Use Capital Controls", *IMF Working Paper*, December 1998.

Kamas, Linda, "The Balance of Payments Offset to Monetary Policy : Monetarist, Portfolio Balance, and Keynesian Estimates for Mexico and Venezuela", *Journal of Money, Credit, and Banking*, Vol. 18, No. 4, November 1986.

Kanniainen, Vessa, "On Offsetting Capital Flows and Monetary Autonomy of a Small Open Economy", *Economica* 51, May 1984.

Karras, Georgios, "Openness and the Effects of Monetary Policy", *Journal of International Monetary and Finance* 18, 1999.

Khan, Mohsin S. and Reinhart, Carmen M., "Capital Flows in the APEC Region", *IMF Occasional Paper* 122, March 1995.

Kouri, Pentti J. K. and Porter, Michael G., "International Capital Flows and Portfolio Equilibrium", *Journal of Political Economy* 82(3), May/June 1974.

Laurens, Bernard and Cardoso, Jaime, "Managing Capital Flows : Lessons from the Experience of Chile", *IMF Working Paper*, December 1998.

Lopéz-Mejía, Alejandro, "Large Capital Flows : A Survey of the Causes, Consequences and Policy Responses", *IMF Working Paper*, February 1999.

Moreno, Ramon, "Intervention, Sterilization, and Monetary Control in Korea and Taiwan", *Economic Review*, No. 3, Federal Reserve Bank of San Francisco, 1996.

Poniachek, Harvey A., *Monetary Independence under Flexible Exchange Rates*, Lexington Books, 1979.

Porter, Michael G, "The Interdependence of Monetary Policy and Capital Flows in Australia", *Economic Record*, Vol. 50, No. 129, 1974.

――, "Capital Flows as an Offset to Monetary Policy : The German Experience", *IMF Staff Papers*, Vol. 19, No. 2, 1972.

Roubini, Nouriel, "Offset and Sterilization under Fixed Exchange Rates with an Optimizing Central Bank", *NBER Working Paper Series*, No. 2777, November 1988.

11 자본시장 발전과 통화정책

최원형

I. 머리말

자본시장(capital market)은 일반적으로 만기가 1년 이상인 금융자산이 거래되는 시장으로 정의되며 주식시장과 채권시장으로 구성된다. 단기금융시장(money market)이 일시적인 자금과부족을 조정하기 위한 거래가 이루어지는 시장인 데 비해 자본시장은 흑자경제주체의 저축이 적자경제주체의 장기투자 재원으로 직접 연결되는 시장이라는 점에서 경제발전에 기여하는 바가 매우 크다고 할 수 있다.

또한 자본시장은 주식, 채권 등 다양한 장기금융자산의 가격이 결정되는 시장이므로 경제주체의 장기 자본조달비용뿐만 아니라 담보자산의 가치 및 부에 영향을 미친다. 이와 같이 자본시장은 통화정책의 파급과정에서 실물부문과

---

* 이 장은 한국은행 《조사통계월보》 1999년 10월호에 실린 논문을 일부 수정·보완하여 전재한 것이다.

직접적으로 연계된 시장으로서 통화정책의 효과에 적지 않은 영향을 미칠 수 있기 때문에 통화당국으로서는 자본시장의 변화에 관심을 두어야 할 것이다.

최근 들어 우리나라의 자본시장은 시장규모가 대폭 확대되고 있을 뿐만 아니라 하부구조가 정비되고 시장이 개방되는 등 제도적 기반도 확충됨으로써 비교적 빠른 속도로 발전하는 모습을 보이고 있는데, 이러한 추세는 앞으로도 지속될 것으로 예상된다.

이러한 관점에서 이 장은 최근의 자본시장 발전이 통화지표 및 통화정책의 파급경로 등의 측면에서 통화정책에 미친 영향을 체계적으로 파악하는 데 초점을 두었다. Ⅱ절에서는 최근 자본시장에 나타나고 있는 변화의 주요 내용을 개관하고 Ⅲ절에서 이러한 변화가 통화정책에 미치는 영향을 살펴본 다음, Ⅳ절에서 주요 분석결과를 요약·정리하고 정책적 시사점을 제시하였다.

Ⅱ. 최근 자본시장 발전의 주요내용

1. 시장규모 확대

최근 자본시장에 나타나고 있는 주요 변화 가운데 괄목할 만한 사실은 시장규모가 크게 확대된 점이다.

먼저 채권시장을 보면 상장채권 발행잔액이 1998년중 약 110조원 증가하여 종전에 비해 증가규모가 확대되었는데 이는 1997년말 외환위기 발생 이후 금융산업 구조조정을 추진하는 과정에서 국채 및 구조조정 관련채권이 대규모로 발행되고 5대 그룹을 중심으로 회사채 발행이 크게 늘어난 데 기인한다.[1] 이에 따라 경상 GDP 대비 상장채권 발행잔액의 비중이 1997년 49.4%에서

---

1) 이와 함께 금융시장 안정 및 금융산업 구조조정 지원 등으로 크게 늘어난 시중유동성 조절을 위하여 통화안정증권 발행규모도 크게 늘어났다(1998년중 22조 2024억원 순증).

1998년 75.2%로 급상승하였다. 특히 국채의 경우 1999년 상반기 중에도 1998년 증가규모와 비슷한 약 11조원 증가함에 따라 전체 채권발행잔액 중에서 국채가 차지하는 비중이 1998년말 12.6%에서 1999년 6월말 현재 14.9%로 상승하였다.

채권의 유통시장도 활성화되어 거래규모(월평균, 장외거래 기준)가 1997년의 약 23조원에서 1998년 69조원, 1999년 상반기 184조원으로 대폭 확대되었다. 이에 따라 거래회전율(채권거래규모/채권발행평잔)이 1997년의 1.40에서 1998년 2.97, 1999년 상반기 6.40으로 높아졌다. 특히 1999년 상반기 중에는 금융기관들이 국채 전문딜러로 선정되기 위하여 국채거래량을 경쟁적으로 늘림으로써 국채거래규모가 급신장세를 보였다. 이에 따라 전체 채권거래 가운데 국채거래가 차지하는 비중이 1997년 6.3%, 1998년 7.6%에서 1999년 상반기 중 35.0%로 대폭 상승하였다.

〔표 1〕 상장채권 발행잔액 추이

단위 : 10억원, %

	1990	1993	1995	1997	1998	1999. 6
국 채	3,122.8	7,018.9	19,547.6	31,508.3	42,132.7	52,941.8
지방채	1,060.0	1,797.8	3,238.3	6,011.5	7,086.7	8,385.7
금융채[1]	23,613.4	28,295.3	42,197.3	79,363.6	106,101.4	104,924.8
특수채[2]	1,252.8	4,247.1	4,559.0	20,939.2	59,008.9	67,133.4
회사채	22,068.2	37,573.6	56,455.9	86,024.2	119,057.8	122,584.7
전 체(A)	51,117.3	78,932.7	125,998.0	224,116.6	334,034.3	356,240.2
A / M3	25.8	22.2	23.9	32.0	42.4	42.8
A /경상 GDP	28.6	28.4	33.4	49.4	75.2	-

주 : 1) 통화안정증권, 산업금융채권, 중소기업채권, 장기신용채권, 리스채권, 할부금융채권 등
    2) 한국통신채권, 한전채권, 토지개발채권, 중소기업진흥채권 등(1998년 이후 부실채권
       정리기금채권, 예금보험기금채권 포함)
자료 : 증권거래소, 《증권통계연보》 및 《주식》

채권거래실적 추이[1]

단위 : 10억원, %

	1990	1993	1995	1997	1998	1999. 1∼6
국 채	418.6	491.5	1,081.8	1,473.8	5,216.9	64,464.2
	(14.3)	(4.6)	(5.9)	(6.3)	(7.6)	(35.0)
지방채	72.9	231.6	527.0	572.8	966.6	2,845.0
	(2.5)	(2.2)	(2.9)	(2.5)	(1.4)	(1.5)
금융채[2]	1,504.8	3,260.7	4,377.9	4,806.0	18,278.3	39,447.5
	(51.4)	(30.8)	(23.7)	(20.7)	(26.5)	(21.4)
특수채[3]	104.7	1,197.1	2,378.9	3,091.0	6,924.1	27,478.7
	(3.6)	(11.3)	(12.9)	(13.3)	(10.0)	(14.9)
회사채	827.9	5,421.8	10,103.7	13,298.3	37,621.1	49,827.4
	(28.3)	(51.1)	(54.7)	(57.2)	(54.5)	(27.1)
전 체	2,928.8	10,602.7	18,469.2	23,241.9	69,006.9	184,062.8

주 : 1) 장외거래, 월평균 기준, 괄호 안은 전체 채권거래액에서 차지하는 비중
  2) 통화안정증권, 산업금융채권, 중소기업채권, 장기신용채권, 리스채권, 할부금융채권 등
  3) 한국통신채권, 한전채권, 토지개발채권, 중소기업진흥채권 등(1998년 이후 부실채권
    정리기금채권, 예금보험기금채권 포함)
자료 : 한국증권업협회, 《증권》

〔그림 1〕 종합주가지수 및 상장주식 시가총액 추이

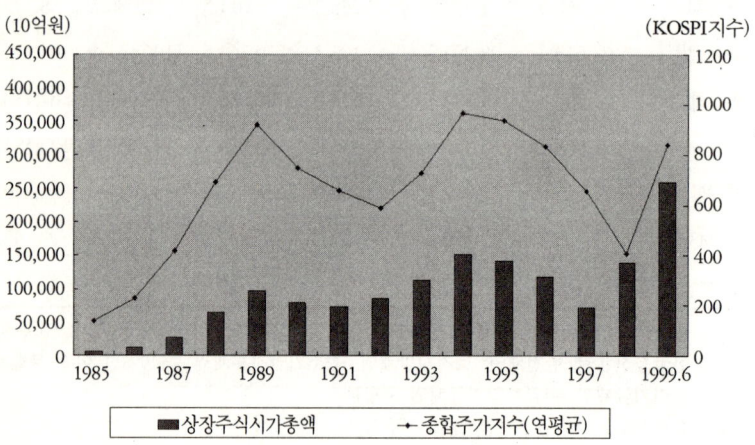

한편 주식시장은 1997년말 외환위기 이후 크게 위축되기도 하였으나 1998년 10월 이후 시장금리가 하락하고 경기회복에 대한 기대가 확산된 데 힘입어 빠른 회복세를 보임에 따라 1998년 8월말 65조원 수준까지 감소하였던 상장주식 시가총액이 1999년 6월말 현재 259조원으로 크게 늘어났다.

주식시장의 거래규모도 대폭 확대되어 일평균 주식거래량이 1997년중 4200만주 수준에서 1999년 6월중 약 2억 4천만주로 늘어났으며 일평균 거래대금 또한 1997년중 5558억원에서 1999년 6월중 3조 3739억원으로 급증하였다. 그리고 1998년 이후 주식시장을 통한 기업의 자금조달이 크게 늘어나 1990~97년중 연간 1조~4조원 수준이었던 신규상장 및 유상증자 규모가 1998년중 약 14조원, 1999년 1~6월중 약 16조원에 달하였다. 이 밖에 장외주식시장도 1998년 하반기 이후 정부의 코스닥(KOSDAQ)시장 활성화조치 등에 힘입어 급성장하는 모습을 보이고 있다.[2]

〔표 3〕 주식시장 현황

단위 : 천주, 10억원

	1990	1993	1995	1996	1997	1998	1999. 6
종합주가지수[1]	696.1	866.2	882.9	651.2	376.3	562.5	883.0
거 래 량[2]	10,866	35,130	26,130	26,571	41,525	97,716	239,620
거래대금[2]	183.7	574.0	487.8	486.8	555.8	660.4	3,373.9
신규상장 및 유상증자	1,576.2	1,255.3	2,862.9	4,266.6	1,471.3	13,860.1	15,805.8[4]
(신규상장)	422.9	115.4	644.3	2,575.2	402.6	1,456.0	1,375.2[4]
(유상증자)[3]	1,153.3	1,139.9	2,218.6	1,691.3	1,068.7	12,404.1	14,430.6[4]

주 : 1) 기간말 2) 일평균 기준 3) 신주인수권 행사, DR 발행 포함 4) 1999년 1~6월중
자료 : 증권거래소, 《증권통계연보》 및 《주식》

---

2) 1997년중 7조원대에 머물던 코스닥시장 등록주식 시가총액은 1999년 6월말 현재 25조원으로 늘어났으며 거래도 활발하게 이루어져 일평균 거래금액이 1997년중 40억원에서 1999년 6월중 2300억원으로 급증하였다.

이와 같이 주식시장의 규모가 확대된 가운데 개인투자가를 중심으로 주식시장의 저변이 확대됨에 따라 증권회사에 개설된 총 위탁계좌수가 1997년말 346만 개에서 1999년 6월말 현재 534만 개로 증가하였으며, 고객예탁금 규모도 1997년말 2조 5900억원에서 1999년 6월말 현재 8조 1500억원으로 늘어났다.

2. 제도적 기반 확충

최근 들어 자본시장 활성화를 위한 제도적 기반이 대폭 확충되고 있는데 그 핵심적인 내용으로는 하부구조 정비, 대외개방, 뮤추얼펀드 도입 및 금융증권화 진전을 들 수 있다.

가. 하부구조 정비

자본시장의 규모가 확대된 가운데 자본시장의 하부구조도 정비되었다. 먼저 채권시장에서는 1997년 10월 기채조정협의회를 통한 회사채 물량조정제도를 폐지한 데 이어 1998년 8월에는 회사채 발행시 주간사의 총액인수를 의무화함으로써 기업이 자금을 더 원활히 조달할 수 있도록 하였다.[3]

국채의 원활한 소화 및 유통시장 선진화를 위한 제도개선도 이루어졌는데 1999년 7월 국채전문딜러(primary dealer) 제도 도입에 따라 국채발행방식이 인수단 방식[4]에서 국채전문딜러 방식으로 변경되었으며 24개 금융기관이 국채전문딜러로 선정되었다. 국채전문딜러는 시장조성자(market maker)로서의 의무를 수행하여야 한다. 또한 국채에 대한 은행의 자기매매가 허용되고 국채의 종류가 단순화되었으며,[5] 수익률, 매도·매수호가 등 국채거래에 관한 실시

---

3) 그 동안은 매각되지 않은 회사채를 발행기업이 회수해야 했다.
4) 인수단 방식은 형식상으로 경쟁입찰방식을 취하고 있으나 내정금리(최고낙찰금리)가 시장실세금리보다 낮은 수준에서 정해지고 낙찰되지 않은 부분은 사전에 정한 인수비율에 따라 낙찰평균금리보다 낮은 금리로 인수단에 배정된다.
5) 1994년에는 농지채권, 농어촌발전채권, 국민주택기금채권 등이 국채관리기금으로 통합되었고 1998년 11월에는 국채관리기금채권이 국고채권으로 변경되었으며 2000년 1월에는 양곡증권이 국고채권에 통합될 예정이다.

간 공시체제도 구축되었다. 이에 따라 국채의 발행·소화·유통이 촉진되고 장기금리 지표채권으로서 국채의 기능이 높아질 것으로 기대된다.

그리고 1999년부터 신탁재산에 신규 편입되는 채권(국채, 지방채, 통안증권, 무기명장기채 제외)에 대하여 신용평가전문기관의 평가를 받도록 의무화함으로써 신용등급이 우수한 채권에 대한 수요기반을 확충하고 신용위험에 기초한 금리체계가 확립될 수 있는 기반을 조성하였다.[6] 이와 함께 채권시가평가제도의 전면적인 실시에 앞서 우선 신규펀드 편입채권에 대해 시가평가를 의무화(1998. 11)함과 아울러 기관투자가에 대한 공시의무도 강화하였다.

한편 주식시장과 관련해서는 주가가 시장상황을 더 잘 반영할 수 있도록 가격제한폭을 확대하였다.[7] 이 밖에 주가변동에 따른 위험을 효율적으로 축소 또는 제거할 수 있는 수단을 제공하는 주가지수선물시장(1996. 5)과 주가지수옵션시장(1997. 7)을 개설하였다.[8]

나. 대외개방

1997년 12월 외환위기 발생 이후 외자유치를 통한 외환시장 안정 차원에서 1996년 OECD에 제시한 자본자유화 일정[9]을 크게 앞당겨 자본시장을 전면 개방하였다.

주식시장의 경우 정부는 1992년 1월 외국인에게 상장주식에 대한 직접투자

---

6) 1998년 8월 예금자보호법 시행령 개정으로 보증보험 보증사채가 예금자보호대상에서 제외되고 금융기관도 부실발생을 우려하여 보증을 기피함에 따라 신용평가대상채권인 무보증사채의 발행이 일반화되었다(1999년 상반기 중 전체 회사채 발행액의 97.2%가 무보증사채임).

7) 가격제한폭 확대 추이 : 6% → 8%(1996. 12) → 12%(1998. 3) → 15%(1998. 12)

8) 주가지수선물거래의 경우 일평균 거래금액이 1996년중 1574억원에서 1998년중 1조 3901억원, 1999년 6월중 4조 141억원으로 크게 늘어났다.

9) 1996년 9월 OECD에 제시한 자본자유화 계획은 다음과 같다(주식시장의 경우 외국인의 상장주식 투자한도).

	1997	1998	1999	2000
주식시장	23%	26%	29%	한도폐지
채권시장	중소기업 무보증채	대기업 무보증 전환사채	대기업 무보증채	국내외 금리차 2% 이내시 완전개방

를 허용한 이후 주식투자한도를 점차 늘려 왔는데, 외환위기 직후인 1997년 12월 이 한도를 50%로 확대한 데 이어 1998년 5월에는 공공법인을 제외한 상장주식 투자한도를 완전히 폐지하였다.[10] 그리고 1998년 7월에는 증권거래소 및 코스닥시장에 상장되지 않은 주식에 대해서도 외국인의 투자를 자유화하였다. 이에 따라 외국인의 상장주식 보유잔액은 1997년말 10조원 수준에서 1998년말 약 26조원, 1999년 6월말 현재 약 54조원으로 늘어났다.

채권시장은 대내외 금리격차가 큰 데다 국내의 채권수요기반도 취약하여 주식시장에 비해서는 다소 늦게 개방되었다. 즉 정부는 1994년 외국인에 대해 중소기업이 발행한 무보증 상장전환사채의 매입을 허용한 이래 중소기업의 무보증장기채, 대기업의 무보증 상장전환사채 등으로 개방을 단계적으로 확대하여 왔으며, 1997년 12월 모든 상장채권에 대한 외국인의 투자한도를 폐지함으로써 채권시장을 전면 개방하였다. 외국인의 국내 채권투자는 1997년 12월 이후 고금리 및 환율절상에 따른 단기차익을 노리고 크게 늘어났으나 1998년 3월 이후 환율이 안정되고 금리도 낮아짐에 따라 외국인의 채권보유액이 점차 줄어드는 모습을 보이고 있다.

〔표 4〕 **외국인 주식 및 채권 보유현황**

단위 : 10억원, %

	1992	1994	1995	1997	1998	1999. 6
주식보유액	4145.1	15,401.8	16,722.9	10,358.0	25,633.4	53,744.1
	(4.9)	(10.2)	(11.9)	(14.6)	(18.6)	(21.0)
채권보유액	−	38.6	61.5	209.4	968.3	560.5
	−	(0.0)	(0.1)	(0.1)	(0.3)	(0.2)

주 : 괄호 안은 상장주식 시가총액 또는 상장채권잔액 대비 비중

한편 정부는 자본시장의 전면개방에 이어 1998년 상반기중 기업어음, 무역어음, 상업어음, CD, RP, 표지어음에 대한 외국인의 투자를 자유화하였으며, 1997년 12월과 1998년 5월 두 차례에 걸쳐 수익증권에 대한 외국인의 투자도

---

10) 공공법인(한국전력, 포항제철 등)의 주식에 대해서는 외국인의 전체 투자한도를 30%(1인당 투자한도는 3%)로 제한하고 있다.

자유화하였다.

다. 뮤추얼펀드 도입

뮤추얼펀드는 주식발행을 통해 자금을 모집하여 유가증권 등에 투자하고 그 운용수익을 주주(투자자)에게 배분하는 회사형 투자신탁으로서 1998년 9월 《증권투자회사법》 제정(1998. 12 시행)에 따라 도입되었다.

뮤추얼펀드는 도입 이후 급성장하여 1999년 9월말 현재 펀드수 60개, 모집금액 4조 6064억원에 달하고 있다. 뮤추얼펀드는 전문가에 의해 운용되고 자산운용 내역과 자산가치가 투명하게 공시되는 데다 최저판매단위가 비교적 소액이라 다수 개인투자자의 참여가 쉽기 때문에 향후 급속하게 성장할 것으로 예상된다.[11] 현재는 중도환매가 제한되는 폐쇄형 펀드만이 허용되고 있으나 앞으로 중도환매가 자유로운 개방형 펀드가 도입되면 환금성도 크게 높아질 전망이다. 특히 뮤추얼펀드는 주식투자비중이 높기 때문에 주식의 매수기반 확대를 통해 주식시장의 활성화에 크게 기여할 것으로 기대되고 있다.

〔표 5〕 뮤추얼펀드 현황

단위 : 개, 10억원

	98. 12	99. 1	3	6	9
펀 드 수	5	14	18	35	60
모집금액 (잔액)	291.0	739.1	902.2	2,883.6	4,606.4

라. 금융증권화 진전

금융증권화(securitization)는 광의의 개념으로는 금융시장에서 증권을 이용

---

11) 미국의 경우 뮤추얼펀드의 규모는 1998년 11월말 현재 전체 금융자산의 23.7%를 차지하고 있으며 동일한 성격의 영국의 Investment Trust는 1996년말 현재 전체 금융자산의 7.5%를 차지하고 있다. 우리나라의 경우는 1999년 7월말 현재 M3의 0.5% 수준이다.

한 자금조달 및 운용이 확대되는 현상을 의미하며 협의로는 금융기관이 보유하는 대출채권 등 비유동적인 자산을 매매 가능한 증권 형태로 전환하여 유동성을 부여하는 것을 의미한다. 오늘날 주요 선진국에서 관심의 대상이 되고 있는 것은 협의의 금융증권화이며 이러한 관점에서 금융증권화는 대출채권의 증권화 또는 자산의 유동화로 이해되기도 한다.

우리나라의 경우 1980년대에 들어와 증권시장을 통한 기업의 자금조달과 금융기관의 유가증권 매입이 확대되고 증권형 금융상품(투신사 수익증권, 환매조건부채권 등)에 의한 금융기관의 자금조달비중이 증가하는 등 광의의 금융증권화는 어느 정도 진전되어 왔으나 그 동안 협의의 금융증권화는 거의 진전이 없는 상태였다. 그러나 최근 들어 '자산유동화에 관한 법률'(1998. 9) 및 '주택저당채권유동화회사법'(1999. 4)이 시행되면서 협의의 금융증권화도 진전되기 시작하였다.[12]

자산유동화 현황을 보면 자동차할부채권, 리스채권, 부당산담보채권, 대출채권, 카드할부채권, 유가증권 등을 기초로 하여 사채, 출자증권, 수익증권 등 다양한 형태의 유동화증권이 발행되고 있다. 1999년 8월말 현재 9개 기관에 의해 11건, 총 1조 8338억원의 유동화증권이 발행되었는데[13] 아직 자산의 유동화가 시작단계인 데다 은행 등 금융기관의 참여도 저조하여 발행실적은 미미한 편이다.[14] 그러나 금융증권화가 금융기관의 입장에서 볼 때 대출채권 등 장기고정자산을 매각함으로써 유동성을 높이고 금리변동 위험을 피할 수 있는 이점이 있는 데다 현실적으로 성업공사와 금융기관의 경우 부실채권을, 일반 기업의 경우 과다보유 부동산을 조기에 매각할 필요가 있는 만큼 향후 유동화

---

12) 금융증권화와 관련한 대표적 금융상품으로는 주택저당채권을 기본자산으로 한 주택저당채권 담보부증권(Mortgage-Backed Securities ; MBS)과 주택저당채권 외의 부동산담보대출, 신용카드, 리스, 자동차대출 등의 대출채권을 기본자산으로 한 자산담보부증권(Asset-Backed Securities ; ABS)을 들 수 있다.

13) 성업공사(캠코미래 2차 3600억원), 우정금고(381억원), 신중앙금고(363억원)·3개사가 자산유동화계획을 등록하고 발행절차를 진행 중에 있으며 외환은행, 한국토지공사 등도 ABS 발행을 추진하고 있다.

14) 미국의 경우 ABS 및 MBS 발행시장이 크게 발달하여 1998년 9월말 현재 전체 채권시장(발행잔액 기준)의 4.8% 및 15.7%를 차지하고 있다.

증권의 발행은 계속 늘어날 것으로 전망된다.[15]

〔표 6〕 유동화증권 발행 현황
(1999년 8월말 현재)

단위 : 건, 10억원

	채 권	출자증권	수익증권	계
건 수	9	1	1	11
금 액	1,534.4	201.2	98.2	1,833.8

자료 : 금융감독원

Ⅲ. 최근의 자본시장 발전이 통화정책에 미친 영향

1. 통화지표의 유용성 저하

우리나라는 1997년부터 M2와 함께 MCT(M2＋CD＋금전신탁)에 대해서도 증가율 목표를 설정하는 복수중간목표체제를 채택하여 오다가 1997년말 외환위기 이후에는 최광의 통화지표인 M3를 일종의 중간목표[16]로 하는 통화총량관리체제의 형태를 유지하면서 환율의 움직임과 연계하여 단기금리를 중시하는 방식으로 통화정책을 운용하고 있다.

통화정책을 운용하는 데에서 통화지표의 유용성이 확보되려면 무엇보다도 통화지표와 통화정책의 최종목표 사이에 긴밀하고도 안정적인 관계(통화수요의 안정성)가 유지되고 통화당국이 공개시장조작 등 통화정책수단을 이용하여 통화지표에 효과적으로 영향을 미칠 수 있는 여건(통제가능성)이 마련되어

---

15) 1999년 9월 건설교통부, 주택은행 등이 출자한 한국주택저당채권유동화주식회사가 설립됨에 따라 주택저당채권유동화증권의 발행도 조만간 이루어질 것으로 보인다.

16) 1999년 연간 M3 증가율 목표를 경제성장률 및 물가전망 등을 토대로 13~14%로 설정한 바 있다.

야 한다. 그러나 최근의 자본시장 발전과정에서 통화수요의 안정성뿐만 아니라 통제가능성도 낮아짐에 따라 현행 통화지표의 유용성이 크게 저하되고 있는 것으로 볼 수 있다.

최근의 자본시장 발달을 배경으로 통화수요의 안정성이 저하된 원인을 살펴보면, 주식, 채권 등 장기금융자산과 통화간의 대체성이 높아짐에 따라[17] 통화량의 변동성이 증대되고 변동에 대한 예측도 어려워져 통화유통속도가 크게 불안정해진 점을 지적할 수 있다. 예를 들어 통화당국이 RP 매입 등을 통해 통화공급을 확대하고자 하는 경우 일반적으로 단기금리의 하락과 그에 따른 통화량 증가를 예상할 수 있다. 그러나 장기금융자산과 통화(예금) 간의 대체성이 높다면 단기금리 하락에 따른 장기금융자산의 상대수익률 상승으로 인해 예금의 상당부분이 장기금융자산으로 이동함에 따라 통화량은 오히려 감소할 수도 있기 때문에 통화량 변동에 대한 예측이 어려워질 것이다. 실제로 1998년 4/4분기 이후 주가가 급속히 상승하면서 금전신탁 등 통화성 금융기관 수신의 일부가 주식 및 뮤추얼펀드로 이동함에 따라 M2, MCT, M3 등 각 통화지표간 괴리가 심화된 것으로 나타났다.[18]

이와 관련하여 우리나라 통화수요의 안정성을 기간을 나누어 추정해 본 결과 [표 7]에서 보는 바와 같이 1990년대에 들어와 M2 및 M3 기준 통화수요가 1980년대에 비해 모두 불안정해졌으며 1997년말 이후에는 M3보다 M2 기준 통화수요가 불안정해진 것으로 나타났다.[19] 즉 1980년대에는 통화량과 주요 경제변수(실질 GDP, 소비자물가상승률, 3년 만기 회사채 유통수익률, M3 대비 자본시장규모) 간에 1% 유의수준에서 하나 이상의 공적분(각 변수 간의 장기안정적인 관계)이 존재하는 것으로 나타나 통화수요의 안정성이 유지되었던 것으로 보이나 1990년대에는 M2 및 M3 모두 5% 유의수준 내에서도 공

---

17) 향후 유동성을 갖춘 개방형 뮤추얼펀드가 도입되어 활성화될 경우 위와 같은 대체성은 더욱 커질 것이다.

18) 현행 통화지표 편제방법은 금융기관을 기준으로 하고 있기 때문에 뮤추얼펀드는 M3 편제대상에서 제외되어 있다.

19) 일반적인 통화수요함수를 상정하여 통화량이 주요경제변수들과 장기선형관계를 갖는 것으로 가정하고 Johansen 검정방법을 이용하여 통화수요함수의 안정성을 검정하였다. 추정시 금리 이외의 모든 변수는 계절조정한 후 자연대수값으로 변환하여 사용하였다.

적분이 존재하지 않는 것으로 나타났다. 특히 최근의 변화를 보면 M3 기준 통화수요의 경우 대체로 5% 유의수준에서 공적분이 존재하는 반면 M2 기준 통화수요는 공적분이 없는 것으로 나타났다.

[표 7]   통화수요함수의 안정성 검정결과

	1980. 1/4 ~ 1989. 4/4	1990. 1/4 ~ 1999. 1/4	1980. 1/4 ~ 1997. 4/4	1980. 1/4 ~ 1999. 1/4
M2	55.62[**]	39.46	48.71[*]	40.65
M3	62.28[**]	43.65	61.69[**]	50.90[*]

주 : 표에 나타난 수치는 검정에 사용된 likelihood ratio이며 *는 5% 유의수준, **는 1% 유의수준에서 통화량과 주요 거시경제변수 간에 공적분이 존재함을 의미한다. 이 분석에서 통화수요함수는 $M_t = a + \beta_0 y_t + \beta_1 i_t + \beta_2 \pi_t + \beta 3\,(CA/M3)_t$로 설정하였다. 여기서 M_t는 통화량, a는 상수항, y_t는 실질 GDP, i_t는 회사채 수익률, π_t는 소비자물가상승률, $(CA/M3)_t$는 M3 대비 자본시장규모(채권상장잔액에 신규주식상장 및 유상증자를 합한 금액)로 자본시장 발달 정도의 대용변수임이다.

이 밖에 자본시장 발달, 비은행권의 성장 등을 배경으로 통화당국의 통화량에 대한 통제력이 약화되는 것으로 볼 수 있는데 이는 주로 통화유통속도가 불안정해진 데다 지준부과대상에서 제외되는 비통화금융기관의 예수금 비중이 상대적으로 높아지고 있기 때문으로 판단된다. 이와 관련하여 최근의 자본시장 발전과정에서 통화당국의 주요 통화지표에 대한 통제력에 변화가 있었는지를 살펴보았다. 이를 위해 본원통화 변동분의 각 통화지표에 대한 영향력을 단순회귀분석을 통해 추정한 결과 아래 [표 8]에서 보는 바와 같이 1990년대에 들어와 M2보다 M3에 대한 통화당국의 통제력이 더욱 약화된 것으로 나타나고 있다. 즉 본원통화 변동분의 M2에 대한 영향력이 1980년대(유의수준 1%)와 1990년대(유의수준 5%) 모두 유의한 것으로 나타난 데 비해 본원통화 변동분의 M3에 대한 영향력은 1980년대에는 5% 수준에서 유의하였으나 1990년대에 들어오면서 전혀 유의하지 않게 나타나고 있다.

〔표 8〕　　　　　통화당국의 각 통화지표에 대한 통제성 추정결과

	80. 1 ~ 99. 6	80. 1 ~ 89. 12	90. 1 ~ 97. 12	90. 1 ~ 99. 6
M2	0.649 $(0.001)^{**}$	0.645 $(0.000)^{**}$	0.383 $(0.050)^{*}$	0.672 $(0.019)^{*}$
M3	0.113 (0.590)	0.503 $(0.034)^{*}$	-0.325 (0.230)	-0.022 (0.939)

주 : 표의 수치는 추정계수이며 괄호 안은 t값이다(*는 5% 유의수준, **는 1% 유의수준에서
　　 설명력이 있음을 표시). 여기서 통화당국의 각 통화지표에 대한 통제성 정도는 각 통화
　　 지표의 변화분(ΔM_t)에 대한 본원통화 변화분(ΔRB_t)의 영향력, 즉 β 추정계수의 값이
　　 유의한지의 여부로 측정하였다. 이 분석을 위해 사용한 회귀모형은 $\Delta M_t = \alpha + \beta \Delta RB_t +$
　　 $\gamma \Delta M_{t-1} + \delta (CA/M3)_t$이다.

2. 통화정책의 파급경로 변화

통화정책의 효과가 실물경제에 파급되는 과정은 일반적으로 전통적인 금리
경로[20] 외에 신용경로[21]인 은행대출경로와 대차대조표경로, 자산가격경로인
주가경로 및 환율경로 등에 의해 설명될 수 있다.

이와 같이 통화정책의 효과는 다양한 경로를 통해 실물경제에 파급되는데,
그 과정에서 장단기 금융시장의 발달 및 개방 정도 등 통화정책의 운용여건이
변하는 경우 통화정책의 파급경로별로 상대적인 유효성의 크기가 달라질 수
있다는 점에 주목할 필요가 있다. 이러한 점에 비추어 볼 때 최근 들어 발행
및 유통시장 규모가 크게 확대되고 시장의 하부구조도 정비되는 등 비교적 빠
른 속도로 성장해 가고 있는 자본시장은 통화정책의 파급경로별 유효성에 적
지 않은 변화를 초래하였을 것으로 보인다.

이하에서는 신용경로, 주가경로 및 금리경로를 중심으로 최근의 자본시장 발

---

20) 통화중시견해(money view)에 바탕을 두고 있는 금리경로는 통화의 역할만을 중시하는데, 이는
　　 자산시장에 통화와 채권만이 존재하고 여타 금융자산과 실물자산은 채권과 완전대체관계에
　　 있으며, 통화량의 변동이 총수요의 변동을 잘 설명할 수 있다는 점을 가정하고 있기 때문이다.
21) 신용중시견해(credit view)에 바탕을 두고 있는 신용경로는 현실적으로 대출자와 차입자 간에
　　 정보의 비대칭성(information asymmetry)이 존재하기 때문에 자본시장을 통한 자금조달이 쉽지
　　 않은 일부 차입자에게는 은행대출이 여타 자금조달수단과 다른 특별한 성격의 신용이며 은행
　　 의 자금조달수단들이 불완전대체관계에 있음을 중시한다.

전에 따라 예상되는 각 파급경로의 유효성 변화를 개관한 다음, 어느 경로의 유효성이 상대적으로 크게 변하였는지를 벡터자기회귀모형(Vector Autoregression Model ; VAR)의 분산분해기법을 이용하여 실증적으로 분석하였다.

가. 신용경로

신용경로는 은행대출경로(bank lending channel)와 대차대조표경로(balancesheet channel)로 크게 구분할 수 있으며, 은행대출경로는 다시 직접적인 경로와 간접적인 경로로 나누어 볼 수 있다.

직접적인 은행대출경로는 통화정책의 변경에 따라 시장금리가 변동할 경우 은행이 기업의 신용위험을 감안하여 대출이자율 등 대출조건을 변경함에 따라 은행대출에 의존적인 기업(주로 중소기업)의 자금조달이 영향을 받게 되고 그 결과 이들 기업의 투자지출 및 총수요가 변동하는 것을 상정하고 있다. 예를 들어 통화긴축으로 시장금리가 상승하면 은행의 입장에서는 조달비용 및 차주의 신용위험이 높아지므로 대출금리를 인상하거나 담보조건 등 대출조건을 강화하게 되는데, 이 과정에서 신용도와 담보력이 낮은 중소기업은 대출을 받기가 어려워짐에 따라 주로 이들 중소기업의 투자지출이 위축된다.

간접적인 은행대출경로는 통화정책의 변경으로 시장금리가 변동하는 경우 은행의 자산 간에 상대적인 수익률 격차가 발생함으로써 은행의 자산구성이 변하고 이에 따라 대출공급이 변동할 수 있음을 중시하고 있다(Keeton 1993). 특히 간접적인 은행대출경로는 직접적인 은행대출경로에 의한 통화정책의 효과를 강화시키는 역할을 하게 된다. 즉 통화긴축으로 시장금리(채권수익률)가 상승할 경우 대출금리의 조정은 일반적으로 경직적으로 이루어지기 때문에 시장금리에 비해 대출금리가 상대적으로 낮아지게 된다.[22] 그 결과 은행은 유가증권을 매입하고 대출을 줄이려는 유인을 갖게 되므로 통화긴축시 대출공급은

---

22) 채권수익률의 경우 공개시장에서 자금수급사정에 따라 신축적으로 변동하는 반면 대출금리는 기본적으로 은행과 차입자 간의 장기적인 고객관계에 의해 결정되므로 채권수익률에 비해 경직적으로 움직이게 된다. 이에 따라 확장적 통화정책을 실시할 경우 채권수익률은 바로 하락하는 반면 대출금리는 시차를 두고 채권수익률보다 소폭 하락하는 것이 일반적이다.

직접적인 은행대출경로에서 상정하는 것보다 더욱 큰 폭으로 줄어들게 된다. 한편 여기서 주목해야 할 점은 통화정책과 상관없이 감독정책의 변경 등에 의해 은행의 자산구성이 변하는 경우에도 앞에서 언급한 간접적인 은행대출경로에 의한 효과가 초래될 수 있다는 점이다.[23] 예를 들어 감독당국이 금융기관의 취약한 재무상태를 우려하여 BIS 자기자본비율에 의한 건전성감독을 강화하는 경우 은행이 BIS 자기자본비율을 충족시키기 위해 위험자산인 대출을 줄이고 국채 등 무위험 유가증권 보유를 확대하려는 유인을 갖기 때문에 대출자산의 비중이 낮아지게 된다. 이러한 과정에서 통화정책과는 상관없이 은행대출이 감소하여 기업의 투자지출이 위축되는 결과가 초래될 수 있다.

대차대조표 경로는 직·간접적인 은행대출경로와는 달리 통화정책의 효과가 기업의 재무구조에 영향을 미쳐 실물경제에 파급되는 점을 중시하고 있다. 즉 통화긴축으로 인해 시장금리가 상승하면 자산가격이 하락하고 현금흐름이 감소함으로써 기업의 담보용 순자산가치(net worth)가 낮아지게 된다. 이 경우 은행은 기업의 재무구조 악화에 따라 신용위험이 커지는 점을 감안하여 대출을 줄이게 된다. 또한 기업의 입장에서도 재무구조 악화로 인해 평상시보다 높은 리스크 프리미엄을 지불해야 하기 때문에 재고 및 투자지출을 위한 외부 자금조달을 줄이게 된다. 그 결과 기업은 당초 계획한 투자지출을 삭감하는 경향을 보이게 되며 그로 인해 총수요가 감소하게 된다.

다음으로 자본시장의 발전이 직접 및 간접적인 은행대출경로 및 대차대조표 경로에 미칠 수 있는 영향을 살펴보면 다음과 같다.

먼저 최근 자본시장에 나타나고 있는 변화를 감안할 때 장기적으로 직접적인 은행대출경로의 유효성은 낮아질 가능성이 높은 것으로 판단된다. 자본시장이 발달할수록 자본시장을 통한 기업의 자금조달이 더 용이해지고 은행은 금융겸업화 추세에 대응하여 업무영역을 확대하는 등 자금조달수단을 다양화할 수 있게 된다. 이러한 상황에서는 은행이 예금 이외의 여타 자금조달수단

---

23) Silber(1969)는 은행대출로 공급된 자금의 지출탄력도가 은행의 유가증권 매입을 통해 공급된 자금의 지출탄력도보다 높기 때문에 통화량의 변화 없이도 은행의 자산구성변화가 실물경제에 영향을 미치게 된다고 주장하였다.

을 비교적 다양하게 활용할 수 있어 통화긴축시에도 대출공급여력에 별로 영향을 받지 않는 데다 은행대출에 의존적인 기업도 은행의 대출공급이 감소하더라도 여타 대체재원을 찾기 쉬워지기 때문에 직접적인 은행대출경로를 통한 통화정책의 효과가 약화될 수 있다.[24] 그러나 이러한 시각과는 달리 자본시장의 개방 및 발전 등으로 금융시장 여건이 변화되더라도 은행과 차주(기업) 사이의 정보의 비대칭성 문제가 근본적으로 완화될 수 없는 상황에서 기업에 대한 심사 등 은행 고유의 기능은 오히려 더 체계화되고 강화될 수 있기 때문에 은행대출에 의존하는 중소기업에 대한 은행의 특별한 역할, 즉 직접적인 은행대출경로의 역할은 지속될 것이라는 상반된 견해도 제기되고 있다.[25]

반면 간접적인 은행대출경로의 경우 다음과 같은 관점에서 볼 때 그 유효성이 점차 증대될 것으로 판단된다. 첫째, 최근 채권시장의 활성화 및 뮤추얼펀드의 급속한 성장 등 자본시장의 발달로 투자대상 유가증권이 다양해지고 유동성도 높아지면 은행은 통화정책의 변경에 따른 시장금리의 변동에 대응하여 더 신축적으로 자산을 구성할 수 있게 된다. 이러한 경우 은행의 대출공급이 금리변동에 더욱 민감하게 반응할 것이다. 둘째, 최근 자본시장 발달을 배경으로 우량 대기업 중심으로 은행이탈현상이 심화되어 전통적인 예대업무를 통한 수익성 확보가 점점 어려워지는 가운데 외환위기 이후 BIS 자기자본비율 규제 등 자산건전성 감독이 강화되고 있는 상황에서 은행이 유가증권 관련업무를 확대하는 방향으로 금융중개행태를 전환해 가고 있기 때문이다.[26]

한편 대차대조표 경로와 관련하여서는 자본시장이 활성화될수록 시장금리

---

24) 통화정책의 변경이 은행의 대출공급여력에 영향을 미쳐 실물경제에 파급되기 위해서는 다음과 같은 두 가지 조건이 성립되어야 한다. 첫째, 통화당국이 은행지준금을 조절할 경우 은행의 대출공급이 변동할 수 있어야 하는데, 이는 은행의 입장에서 볼 때 은행대출금과 유가증권 및 여타 외부자금간에 불완전 대체관계가 존재하는 경우에 가능하다. 둘째, 차입자의 입장에서는 은행대출과 자본시장을 통한 자금조달수단 간에 불완전 대체관계가 존재하여야 한다. 즉 은행 대출공급이 감소할 경우 은행대출에 의존적인 기업은 자본시장으로부터 채권발행 등을 통해 자금을 조달하기가 어려울 뿐 아니라 조달비용도 높아 필요한 자금을 완전히 충당할 수 없어야 한다.

25) 김현의(1995) 참조.

26) 은행자산구성의 역할 및 우리나라 은행의 자산구성변화 추이와 원인에 관한 자세한 논의는 함정호·정용국(1999) 참조.

변동시 주식, 채권 등 자산가격이 더 민감하게 반응함에 따라 기업의 재무구조가 시장금리 변동에 노출될 가능성이 높아진 데다, 최근 기업경영의 투명성이 과거에 비해 높아짐으로써 은행의 기업신용위험에 대한 포착이 더 쉬워질 것이라는 점에서 대차대조표 경로도 그 유효성이 점차 증대될 것으로 예상된다.

나. 주가경로

주식가격을 통한 통화정책의 효과는 Tobin의 q 이론에 따른 경로와 부의 효과(wealth effect)를 통한 경로 등 크게 두 가지 경로에 의해 파악할 수 있다.

Tobin의 q 이론에 따르면 통화공급의 감소로 주가가 하락하면[27] Tobin의 q(기업의 시장가치 / 실물자본 대체비용) 값이 낮아짐에 따라 기업의 투자는 감소하고 그로 인해 생산이 줄어들게 된다. 부의 효과를 통한 경로는 주식가격 변동으로 부의 효과가 발생함에 따라 가계부문의 소비지출이 변동하는 점을 중시하고 있다. 이 경로에서는 소비지출이 실물 및 금융자산 형태의 부로 구성되는 소비자의 평생재산에 의해서 결정되며 주식을 소비자 평생재산의 주요 구성요소로 상정하고 있다. 따라서 통화공급의 감소 등에 따른 시장금리의 상승으로 주가가 하락하게 되면 평생재산이 감소함에 따라 소비지출 및 생산이 줄어들게 된다.

최근의 자본시장 변화를 고려할 때 주가경로의 유효성도 점차 높아지고 있는 것으로 판단된다. 즉 자본시장 발달에 따라 직접금융을 통한 기업의 자금조달이 더 원활해지고 있는 데다 최근 기업구조조정 과정에서 추진되고 있는 기업경영의 투명성 제고 노력 등에 힘입어 금융시장에서 기업가치에 대한 좀 더 정확한 평가가 이루어지고 있다는 점에서 기업의 투자활동과 주가의 관계가 더 밀접해질 것으로 보이기 때문이다. 또한 최근 간접투자 수단인 뮤추얼

---

27) 통화정책이 주가에 영향을 미치는 경로에 대해서는 케인지언과 통화주의자가 서로 다른 견해를 가지고 있으나 통화공급 확대시 주가가 상승한다는 데 대해서는 의견이 일치한다. 케인지언들은 통화공급이 확대되면 금리가 하락하여 주식보다 채권을 보유하려는 유인이 감소하고 이에 따라 주식수요가 증대되어 주가가 상승한다고 주장한다. 한편 통화주의자들은 통화공급이 확대되면 경제주체들이 원하는 수준 이상으로 보유하게 된 통화를 줄이기 위하여 지출을 늘리게 되는데 이 과정에서 주식수요가 증대되어 주가가 상승한다고 주장한다.

펀드의 급성장세를 배경으로 주식시장 저변인구가 확대되는 가운데, 경제주체가 보유하는 자산 중에서 주식이 차지하는 비중이 늘어남에 따라 주가변동이 소비지출에 미치는 효과도 증대될 것이다.[28]

다. 금리경로

금리경로는 통화정책의 변경이 먼저 유동성 효과를 통해 단기금리에 영향을 미치고, 그 효과가 金利裁定去來를 통해 장기금리로 파급됨에 따라 궁극적으로 실물경제활동을 변동시키는 과정을 상정하고 있다. 예를 들어 통화공급이 확대될 경우 통화보유에 따른 한계효용이 낮아짐에 따라 경제주체들이 통화 대신 이와 대체성이 높은 단기금융자산을 선호하게 되어 단기금융자산의 가격이 상승(단기금리의 하락)하게 된다. 단기금리가 낮아지면 경제주체들의 장기금융자산에 대한 수요가 증가함으로써 인플레이션 기대가 일정할 경우 실질장기금리가 하락하게 되는데, 이는 기업의 입장에서 자본비용이 감소하는 것이므로 기업의 투자가 늘어나게 된다. 물론 단기금리와 장기금리의 변동은 경제주체의 인플레이션 기대, 통화정책에 대한 신뢰 등에 따라 달라질 수 있으나 이 경로에서는 실질장기금리가 자본비용으로서 기업의 투자에 직접적인 영향을 미친다는 점을 중시하고 있다.

우리나라의 경우 1990년대에 들어오면서 금리자유화가 진전되고 자본시장이 점차 활성화되면서 과거에 비해서는 통화정책 파급과정에서 금리경로의 유효성이 점차 높아지고 있는 것으로 인식되어 왔다.[29]

최근 자본시장에 나타나고 있는 변화를 고려할 때 금리경로의 유효성은 대

---

28) 우리나라의 경우 주가와 관련하여 부의 효과가 실제로 작동하는지 여부에 대한 실증연구 결과로서 최창규(1998)는 1990년대 들어 주가변동의 소비에 대한 영향이 더욱 뚜렷하게 나타나고 있음을 보이고, 그 이유로 주식시장규모가 1970~80년대보다 훨씬 커진 데다 주식에 직접투자하거나 수익증권 등을 통해 간접투자하는 가계가 대폭 늘어난 점을 지적한 바 있다.

29) 강태수·신운(1994)은 1988년 이전에는 신용가용규모가 금리보다 실물경제활동에 더 큰 영향을 미친 것으로 나타나 은행대출경로의 유효성이 상대적으로 높았으나, 1989년 이후 금리자유화, 장단기금융시장의 발달 등에 기인하여 금리경로가 은행대출경로보다 통화정책 파급경로로서의 중요성이 증대되고 있다는 실증분석 결과를 제시한 바 있다.

체로 증대될 것으로 예상되나, 한편으로는 통화수요함수가 크게 불안정해질 경우 오히려 저하될 가능성도 배제할 수 없을 것이다. 금리경로의 유효성이 증대될 것으로 예상되는 이유로는 최근 국채 및 구조조정 관련 채권의 대량 발행, 국채전문딜러제도의 도입 등에 힘입어 장기채권시장이 활성화되기 시작하면서 장기금리의 신축성이 높아진 가운데 뮤추얼펀드, 주가지수선물 등의 도입으로 장단기 금융상품이 다양화되고 시장참가자의 금리민감도도 높아짐으로써 금리재정거래가 더 활발히 이루어질 수 있는 여건이 조성되고 있는 점을 들 수 있다.[30] 이러한 상황에서는 단기금리의 변동이 장기금융자산 및 실물자산가격에 좀더 신속하게 파급될 수 있을 것이다. 그러나 급속한 자본시장의 변화로 인해 통화량의 변동성이 증대되고 변동에 대한 예측이 어려워짐에 따라 통화유통 속도의 안정성이 저하될 경우 통화량−금리−실물변수로 이어지는 금리경로의 파급과정이 전반적으로 불안정해질 수 있다는 점에도 주목할 필요가 있다.

라. 실증분석

이하에서는 자본시장에 비교적 많은 변화가 있었던 1998년 이후 통화정책의 파급경로별 상대적 유효성에 어떠한 변화가 나타났는지를 실증적으로 분석해 보고자 하였다. 이를 위해 아래 (1)식과 같이 7개 변수로 구성된 VAR 모형의 예측오차 분산분해(variance decomposition) 기법을 이용하였다.

$$X_t = \alpha + \sum_{i=1}^{4} A_i X_{t-i} + \varepsilon_t \tag{1}$$

여기서 A_i는 정방계수행렬(square coefficient matrix), ε_t는 교란항 벡터, α는 상수항 벡터를 각각 나타낸다. X_t에 포함된 7개 변수는 실물변수로 전산업생산지수, 금리경로 대용변수로 3년만기 회사채 수익률, 직접적인 은행대

---

30) 이와 관련하여 3년만기 국채의 지표채권화, 국채만기의 장기화 추진 등에 힘입어 국채금리가 중장기 지표금리(benchmark rate)로서의 역할을 하게 되고 이를 바탕으로 장단기 금리간 기간구조가 구축되면 금리경로를 통한 통화정책의 유효성은 더 증대될 수 있다.

출경로의 대용변수로 예금은행의 원화대출금, 간접적인 은행대출경로의 대용변수로 예금은행의 보유유가증권 대비 금융자금대출금 비중, 주가경로의 대용변수로 종합주가지수, 자본시장의 발전정도를 나타내는 대용변수로 채권상장 잔액에 신규주식상장 및 유상증자 규모를 합한 금액이 총유동성(M3)에서 차지하는 비중, 그리고 통화정책 변경의 대용변수로 본원통화를 사용하였다.[31] 그리고 분기별 통계를 이용할 경우 표본수가 크게 줄어드는 점을 감안하여 월별 통계를 이용하였으며, 금리를 제외한 여타 변수에 대해서는 계절조정을 한 후 자연대수값으로 변환하여 사용하였다. 분석대상기간은 전기간(1980. 1～1999. 6)과 1997년까지의 기간(1980. 1～1997. 12)으로 나누어 추정하였다. 본 실증분석에서는 최근의 자본시장 발달이 각 파급경로의 유효성에 적지 않은 변화를 초래하였을 것이라는 판단 하에 이를 감안하기 위해 자본시장의 발전정도를 나타내는 대용변수를 포함하였으며, 아울러 통화당국의 정책변경이 일차적으로 각 파급경로에 영향을 미치는 점을 반영하기 위해 본원통화를 추가로 포함한 것이 특징이다.

　[표 9]에서는 VAR 모형의 분산분해 결과를 바탕으로 실물변수의 예측오차에 대한 파급경로별 대용변수의 설명력을 각 예측기간별로 구분하여 나타내고 있는데, 주요 특징적인 변화를 살펴보면 다음과 같다.

　먼저 간접적인 은행대출경로를 보면 실물변수의 예측오차에 대한 설명력이 18개월의 예측기간을 기준으로 볼 때 1997년 말까지의 기간 중에는 0.84～5.18% 정도였으나 1998년 이후 기간까지 포함한 경우에는 1.90～8.81%로 증가하는 것으로 나타나, 최근 들어 간접적인 은행대출경로의 유효성이 크게 증대되었음을 시사하고 있다.[32] 이는 외환위기 이후 기업의 신용위험이 높아

31) VAR 모형에서 각 변수의 순서체계(ordering)는 외생성을 기준으로 통화정책 변경 대용변수-자본시장 발전정도 대용변수-금리경로 대용변수-직접적인 은행대출경로 대용변수-간접적인 은행대출경로 대용변수-주가경로 대용변수-실물경제 대용변수로 설정하였다.

32) 이와 관련하여 김인기·강경훈(1998)은 금융자유화가 진전되기 시작한 1988년을 전후로 기간을 나누어 파급경로 변화에 관하여 실증적으로 분석한 바 있는데, 그 결과에 따르면 금융자유화기에 들어와 은행의 자금조달 수단이 다양화됨에 따라 직접적인 은행대출경로의 역할이 금융자유화기 이전에 비해 약화되고 있지만 다른 경로에 비해 유효성이 낮지 않은 것으로 나타났다. 한편 간접적인 은행대출경로의 경우 아직은 그 역할이 미미하나 향후 직접적인 은행대출경로의 역할 감소를 상쇄할 수 있을 만큼 그 역할이 증대될 것으로 보았다.

진 상황에서 BIS 자기자본비율 등 은행에 대한 건전성규제가 강화된 데다 자본시장 발달을 배경으로 투자대상 유가증권이 다양화됨에 따라 은행이 대출취급을 억제하고 유가증권투자를 확대하는 방향으로 자산구성을 변경한 데 기인하는 것으로 보인다. 한편 직접적인 은행대출경로의 경우 실물변수 예측오차에 대한 설명력에 큰 변동이 없을 뿐만 아니라, 그 크기도 매우 낮은 것으로 나타난 점에 비추어 이 경로의 역할은 전반적으로 미약한 것으로 판단된다 (1997년말 이전 기간 중 0.70~2.13% → 전기간 중 1.31~2.35%). 한편 실물변수의 예측오차에 대한 직접 및 간접적인 은행대출경로의 설명력은 약 11% 수준에 달하여 금리경로 및 주가경로보다 높은 것을 알 수 있다.

주가경로의 경우 실물변수의 예측오차에 대한 설명력이 1997년까지의 기간 중 7.59%에서 전기간 9.63%로 높아졌다. 이러한 결과는 1998년 10월 이후 주식시장의 활황을 배경으로 주가경로의 역할이 증대되고 있음을 입증하는 결과로 볼 수 있을 것이다.

한편 간접적인 은행대출경로와 주가경로의 설명력이 큰 폭으로 커짐에 따라 금리경로의 설명력은 상대적으로 낮아진 것으로 나타났다. 이러한 결과는 최근의 급속한 자본시장 변화로 인해 통화유통속도 및 통화수요가 불안정해진 점과 관련되는 것으로 판단된다.

〔표 9〕　　　　실물변수 변동에 대한 파급경로별 설명력 추정결과

단위 : %

	통화정책 파급경로	3개월	6개월	9개월	12개월	15개월	18개월
1980. 1~ 1999. 6	금리경로	1.08	2.99	5.27	7.07	8.40	9.44
	직접적인 은행대출경로	1.31	2.19	2.63	2.65	2.51	2.35
	간접적인 은행대출경로	1.90	5.80	7.40	8.14	8.54	8.81
	주가경로	1.28	3.19	4.62	6.38	8.11	9.63
1980. 1~ 1997. 12	금리경로	3.02	4.07	3.63	4.20	7.90	14.75
	직접적인 은행대출경로	0.70	0.54	0.68	1.11	1.68	2.13
	간접적인 은행대출경로	0.84	1.93	1.68	1.79	2.89	5.18
	주가경로	1.46	1.31	1.80	3.36	5.53	7.59

3. 자본이동성 증대에 따른 통화관리의 어려움 가중

외환위기 이후 자본시장이 전면 개방됨에 따라 국내외 금융시장 및 외환시장간 자금이동이 빈번해지고 상호연계성도 높아졌는데, 이와 같은 자본이동성 (capital mobility) 증대는 통화정책의 유효성을 저하시키고 통화정책의 독립적인 운용을 어렵게 하는 요인으로 작용할 수 있다.

자본이동성이 높아지면 해외부문을 통한 통화교란이 환율은 물론 통화량, 금리 등에 예상치 못한 변동을 초래함으로써 통화정책의 유효성이 저하될 수 있다. 예를 들어 통화당국이 경기상승 속도를 늦추기 위해 긴축적인 통화정책을 실시하는 경우 금리상승으로 인해 외국인의 국내투자 및 내국인의 해외자금조달이 늘어나게 되면 당초 의도한 통화긴축정책의 효과는 자본유입에 따른 해외부문의 통화공급 증가로 인해 약화될 것이다. 이와 관련하여 [그림 2]를 보면 최근 국내 및 해외부문 본원통화의 변동이 상호 반대방향으로 확대되는 것으로 나타나고 있는데, 이는 통화당국이 해외부문을 통한 통화공급을 흡수하기 위해 통화를 환수해야 하는 부담으로 인해 통화정책의 운용이 해외부문의 교란에 의해 제약되고 있음을 보여주고 있다.

〔그림 2〕　　　　　　**부문별 본원통화 공급 추이**

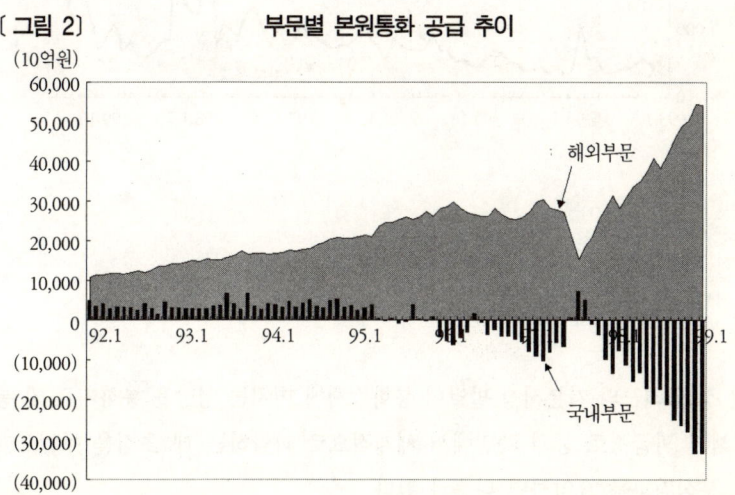

또한 자본이동성이 증대될수록 환율정책과 통화정책 간의 상충관계가 심화됨으로써 통화정책의 독립적인 운용이 제약되는 결과가 초래될 수 있다. 즉 통화정책 변경에 따른 금리변동시 자본이동성이 높을수록 자본유출입이 더욱 활발하게 이루어지고 그로 인해 명목환율의 변동성이 높아지게 된다. 이때 정책당국이 환율안정(환율정책 목표)을 위해 적극적으로 외환시장에 개입하게 되면 통화량 변동으로 인해 당초 의도한 통화정책의 목표달성은 어렵게 될 것이다. 우리나라의 경우 1997년말 이후 자본유출입이 확대되는 것으로 나타나고 있다([그림 3] 참조).

[그림 3]   **자본유출입 추이**

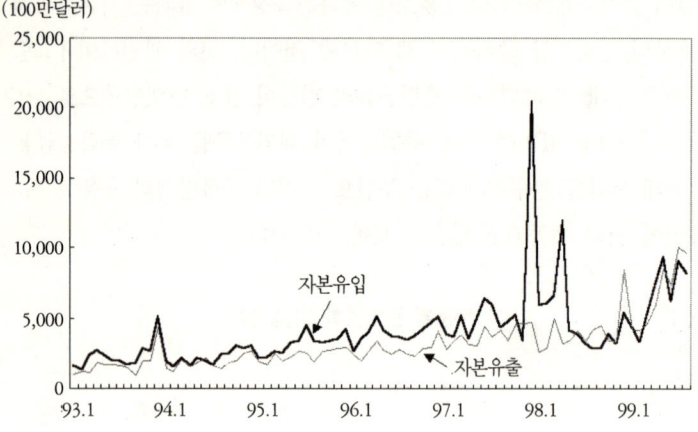

IV. 맺음말

이 장은 최근의 자본시장 발달이 통화정책에 미치는 영향을 통화지표 및 통화정책의 파급경로 등의 측면에서 체계적으로 파악하는 데 초점을 두었으며 주요 분석결과를 요약하면 다음과 같다.

첫째, 주식채권 등 장기금융자산과 통화 간에 대체성이 높아지면서 통화수요의 불안정성이 증대되고 통화량에 대한 통화당국의 통제력이 약화됨에 따라 기존 통화지표의 유용성이 크게 저하되고 있는 것으로 나타났다.

둘째, 통화정책 파급경로와 관련해서는 최근 들어 간접적인 은행대출경로와 주가경로의 유효성이 크게 증대되는 한편, 금리경로의 유효성은 상대적으로 다소 낮아지는 등 각 파급경로의 유효성에 변화가 생긴 것으로 나타났다.

구체적으로 보면 간접적인 은행대출경로의 경우 최근 들어 그 유효성이 증대된 것으로 나타나고 있다. 이는 자본시장이 발달함에 따라 투자대상 유가증권이 다양화될 뿐만 아니라 유동성도 높아지기 때문에, 은행이 금리변동에 대응하여 좀더 신축적으로 자산을 구성할 수 있게 된 데 기인하는 것으로 판단된다. 특히 최근 대기업을 중심으로 한 은행이탈현상과 은행에 대한 건전성 감독 강화의 영향으로 은행의 자산운용 중 대출금 비중이 점차 줄어들고 있는데, 이러한 추세도 은행의 자산구성에 변화를 초래함으로써 간접적인 은행대출경로의 유효성을 높인 요인이 된 것으로 보인다.

주가경로의 유효성도 점차 높아지는 추세를 보였는데, 이는 주식 등 직접금융을 통한 기업의 자금조달이 활발해지고 있는 데다 뮤추얼펀드 도입 등을 배경으로 가계가 보유하는 자산 중 주식이 차지하는 비중이 늘어남에 따라, 주가변동이 기업의 투자활동과 가계의 소비지출에 미치는 효과가 커지고 있기 때문인 것으로 볼 수 있다.

한편 금리경로의 경우에는 상대적인 유효성이 다소 낮아진 것으로 나타났다. 이러한 결과는 최근의 급속한 자본시장 변화로 통화 – 금리 – 실물변수 간의 관계, 즉 통화수요가 크게 불안정해진 점과 관련이 있는 것으로 판단된다.

셋째, 자본시장의 전면개방으로 자본이동성이 증대됨에 따라 해외부문을 통하여 통화공급에 교란이 발생하고 환율과 통화정책 간에 상충관계가 심화됨으로써 통화정책의 유효성이 저하됨은 물론 통화정책의 독립적인 운용도 제약되고 있는 것으로 보인다.

이상과 같은 분석결과를 바탕으로 다음과 같은 정책적 시사점이 도출될 수 있을 것으로 판단된다.

첫째, 최근 자본시장의 발전을 배경으로 통화유통속도가 크게 불안정해짐에 따라 M2, M3 등 기존 통화지표의 유용성이 저하되고 있는 점을 감안할 때 현행 통화지표의 개선 노력이 매우 긴요하다. 《한국은행법》 개정 이후 물가안정목표제도를 도입·운용하는 과정에서 운용목표로서 금리를 더욱 중시하고는 있으나, 중장기적인 관점에서 명목기준지표(nominal anchor)로서 통화량의 역할도 중요한 만큼 실물변수와 좀더 긴밀하고도 안정적인 관계를 갖도록 통화지표를 개선해야 할 것이다.

둘째, 최근 자본시장의 발전과정에서 통화정책의 파급경로별로 상대적 유효성의 크기가 변화하고 있는 점에 비추어, 통화정책을 운용하면서 특정 파급경로에만 관심을 기울이기보다 각 파급경로에 의한 정책효과를 종합적으로 고려할 필요가 있다. 이와 함께 급속한 금융환경의 변화로 각 파급경로에 변동이 발생할 가능성이 높은 만큼 통화당국의 입장에서 이를 정확히 파악하여 적절히 대응하는 것이 중요하다고 볼 수 있다. 이러한 관점에서 은행의 자산구성이 크게 변하거나 자산가격이 급격하게 변동할 경우에 나타날 수 있는 각 파급경로별 유효성 변화의 가능성뿐만 아니라, 그러한 상황에서 통화당국이 어떻게 대응하는 것이 적절할 것인지에 관해서도 체계적인 분석이 요망된다고 하겠다.

셋째, 자본시장 개방에 따른 자본이동성 증대로 통화관리의 어려움이 가중될 것으로 예상되는 만큼 통화·환율·재정정책을 상호 유기적으로 운용할 필요성이 높은 것으로 판단된다. 이러한 관점에서 정책당국간 협조가 원활히 이루어져야 할 것이며, 특히 과다한 자본유입으로 환율이 떨어지고 통화증발압력이 발생하는 경우 통화정책에만 의존하기보다는 재정에서도 적극적으로 역할을 분담하여야 할 것이다. 즉 해외자본이 과다 유입될 경우 중앙은행의 불태화정책(sterilization policy)에만 의존한다면 시장금리가 상승하는 등 부작용이 초래될 수 있으나, 이를 재정긴축으로 방어하게 되면 해외부문을 통한 통화증가를 어느 정도 상쇄할 수 있는 데다 금리안정도 도모할 수 있을 것이다.

끝으로 최근 들어 우리나라 자본시장이 비교적 빠른 속도로 발전하는 모습을 보이고 있으나 아직까지 지표금리가 형성되어 있지 않고 채권에 대한 시가평가도 정착되지 않은 점 등에 비추어, 시장의 하부구조가 선진국에 비해 크게 미흡한 상태이므로 앞으로도 채권유통시장을 활성화하고 채권의 만기구조를 다양화하는 등 자본시장의 육성을 위한 정책적 노력은 꾸준히 지속되어야 할 것이다.

강태수·신운, 〈통화정책의 파급경로 변화〉, 《조사통계월보》, 한국은행, 1994. 4.

김인기·강경훈, 〈은행자금중개행태의 변화가 신용경로의 역할변화에 미치는 영향〉, 《한국금융학회 정기학술대회 발표논문집》, 한국금융학회, 1998. 6.

김치호, 〈금융환경 변화와 통화정책〉, 《경제분석》 제1권 제2호, 한국은행, 1998. IV.

김현의, 〈통화정책의 파급과정에서 통화와 신용의 역할〉, 《금융경제연구》 제55호, 한국은행, 1993. 4.

──, 〈통화정책의 파급효과에 관한 새로운 시각〉, 《경제분석》 제1권 제1호, 한국은행, 1995. 5.

오정근, 〈금리스프레드와 통화정책〉, 《경제분석》 제3권 제4호, 한국은행, 1997. 11.

──, 〈물가안정목표와 금리의 파급경로〉, 《경제분석》 제4권 제4호, 한국은행, 1998. IV.

이장영, 〈채권시장 개방에 따른 파급효과와 대응방안〉, 《증권조사월보》, 증권감독원, 1998. 2.

이환석·오금화, 〈금리중시 통화정책 도입방안〉, 《경제분석》 제4권 제4호, 한국은행, 1998. IV.

조성제·강종구, 〈통화정책과 은행대출의 관계 분석〉, 《경제분석》 제4권 제4호, 한국은행, 1998. IV.

최창규, 〈주가변동이 소비에 미치는 영향〉, 《조사통계월보》, 한국은행, 1999. 4.

함정호·정용국, 〈은행자산구성 변화와 통화정책〉, 《조사통계월보》, 한국은행, 1999. 8.

황삼진·나상욱, 〈금융환경변화와 통화수요의 구조변동〉, 《조사연구자료》 90-29, 한국은행, 1990. 9.

Bernanke, Ben S. and Mark Gertler, "Inside the Black Box : The Credit Channel of Monetary Policy Transmission", *Journal of Economic Perspectives*, Vol. 9, No. 4, Fall 1995.

Bernanke, Ben S., Mark Gertler, and Simon Gilchrist, "The Financial Accelerator and the Flight to Quality", *NBER Working Paper*, No. 4787, 1996.

Campbell, John Y., "Some Lessons from the Yield Curve", *Journal of Economic Perspectives*, Vol. 9, No. 3, Summer 1995.

Chami, Ralph, Thomas F. Cosmano, and Connel Fullenkamp, "The Stock Market Channel of Monetary Policy", *IMF Working Paper* 99-22, February 1999.

Duca, John V., "Regulation, Bank Competitiveness, and Episodes of Missing Money", *Economic Review*, FRB of Dallas, Second Quarter, 1993.

Fuhrer, Jeffrey C., "Monetary Policy and the Behavior of Long-Term Real Interest Rates", *New England Economic Review*, September/October 1995.

Hayes, Simon, Chris Salmon, and Sanjay Yadav, "Equities : what can they tell us about the real economy?", *The Role of Asset Prices in the Formulation of Monetary Policy*, BIS Conference Papers Vol. 5, March 1998.

Kaufman, Henry, "Structural Changes in the Financial Markets : Economic and Policy Significance", *Economic Review*, FRB of Kansas City, Second Quarter 1994.

Keeton, William R., "The Impact of Monetary Policy on Money Lending : The Role of Securities and Large CDs", *Economic Review*, FRB of Kansas City, Second Quarter 1993.

————, "Causes of the Recent Increase In Bank Securities Holdings", *Economic Review*, FRB of Kansas City, Second Quarter 1994.

Mishkin, Frederic S., "The Channels of Monetary Transmission : Lessons for Monetary Policy", *NBER Working Paper*, No. 5464, 1996.

Meltzer, Allan H., "Monetary, Credit and Other Transmission Processes : A Monetarist Perspective", *Journal of Economic Perspectives*, Vol. 9, No. 4, Fall 1995.

Morris, Charles S. and Gordon H. Sellon, Jr., "Bank Lending and Monetary Policy : Evidence on a Credit Channel", *Economic* Review, FRB of Kansas City, Second Quarter 1995.

Pakko, Michael R. and David C. Wheelock, "Monetary Policy and Financial Market Expectations : What Did They Know It?", *Review*, FRB of St. Louis, July/August 1996.

Reinhart, Vincent Raymond, "Equity prices and monetary policy in the United States", *The Role of Asset Prices in the Formulation of Monetary Policy*, BIS Conference Papers Vol. 5, March 1998.

Roley, V. Vance and Gordon H. Sellon, Jr., "Monetary Policy Actions and Long-Term Interest Rates", *Economic Review*, FRB of Kansas City, Fourth Quarter 1995.

Silber, William L., "Monetary Channels and The Relative Importance of Money Supply and Bank Portfolios", *Journal of Finance* 24(1), March 1969.

Taylor, John B., "The Monetary Transmission Mechanism : An Empirical Framework", *Journal of Economic Perspectives*, Vol. 9, No. 4, Fall 1995.

12 은행건전성 규제감독과 통화정책

홍승제 · 함정호

I. 머리말

전통적으로 대다수 국가의 중앙은행은 '금융안정'(financial stability)과 '통화가치의 안정'(monetary stability)이라는 이중의 책무를 수행하고 있다. 1990년대에 들어 금융의 범세계화가 더욱 진전되는 가운데 선진국을 비롯한 많은 나라에서는 인플레이션율이 점차 낮아지고 있다. 또한 신흥시장국을 비롯한 몇몇 국가에서는 금융시스템의 취약 등으로 금융위기가 발생하기도 하였다.

이에 따라 대다수 중앙은행에게는 최근 들어 금융시장 안정의 책무가 더욱 중요한 정책과제로 대두되고 있다. 그러나 한편에서는 금융감독 관련기능이 중앙은행으로부터 분리되는 추세를 보이고 있다. 이러한 점에서 최근 국제결제은행(BIS) 등 국제금융기구에서는 금융감독 관련기능이 중앙은행으로부터 분리된 국가에서 중앙은행이 금융안정을 위한 책무를 보유하는 것이 무엇을 의미하는지, 중앙은행이 이러한 역할을 효과적으로 수행해 나가기 위해서는 어떠한 조건이 갖추어져 있어야 하는지 등을 중요한 정책이슈로 제기하고 있다.

최근 우리나라도 금융·외환위기 등을 경험하는 과정에서 금융부문의 부실화로 금융시장이 불안정해지면 경제 전반으로 위기가 확산될 수 있다는 사실을 알게 되었다. 뿐만 아니라 이러한 상황에서 통화정책을 효율적으로 수행하기 위해서는 금융기관의 경영여건과 시장참여자의 행태에 직접적으로 영향을 미치는 금융감독당국(금융감독위원회·금융감독원)과 중앙은행이 긴밀히 협조할 필요가 있다는 점을 인식하게 되었다.

좀더 구체적으로 살펴보면 금융산업 구조조정이 진행되는 과정에서 한국은행이 금융시장 안정 역할을 적극적으로 수행하는 데는 어려움이 있었던 것이 사실이다. 이러한 제약은 주로 금융산업 구조조정이 정부에 의해 주도되는 특별한 상황에서 비롯된 것일 수도 있으나, 어떤 면에서는 《한국은행법》 개정 이후 중앙은행의 감독기능이 실질적으로 크게 약화[1]된 데 기인하였음도 부인할 수 없다. 만일 후자처럼 금융감독관련 기능이 중앙은행으로부터 분리됨으로써 개별 금융기관과 주요 시장참여자들에 대한 정보를 효과적으로 확보하기 어렵게 된 것이 사실이라면, 이는 향후 중앙은행이 금융시장의 안정기능을 효율적으로 수행하는 데에서 커다란 제약요인으로 작용할 가능성이 높다.

주지하다시피 중앙은행은 법령의 제정이나 개정에 관한 제안권을 보유하고 미시경제정책을 수행하는 정부부처나 독립된 금융감독기구와는 달리, 일반적으로 법령이나 행정수단보다는 시장기능에 바탕을 두면서 모든 경제주체에 동시에 영향을 미치는 거시적 성격의 경제정책을 수행하는 특징이 있다. 이러한 중앙은행의 통화정책은 경제참여자들의 이해관계와 지출의사결정 등에 무차별적인 영향을 미치므로 시장참여자들과의 합리적인 관계구축을 통하여 정책

---

1) 1997년 12월 《한국은행법》의 개정법률에 따라 은행감독원이 한국은행으로부터 분리된 이후 한국은행의 은행감독정책은 과거에 비해 간접적이고 제한된 범위에서 기능하게 되었는데 개정 한은법이 한국은행에 부여하고 있는 금융기관 감독관련 주요 기능은 다음과 같다.

·금통위가 통화신용정책 수행을 위하여 필요하다고 인정하는 경우 은행 및 한국은행과 당좌예금거래약정을 체결한 자에 대하여 자료제출 요구가 가능하다(《한국은행법》 제87조).

·금통위가 통화신용정책 수행을 위하여 필요하다고 인정하는 경우 금융감독원에 대하여 구체적 범위를 정하여 금융기관에 대한 검사를 요구할 수 있으며 필요한 경우 금융감독원의 금융기관 검사에 공동으로 참여할 수 있도록 요구할 수 있다(동법 제88조 제1항).

·금융감독원에 대하여 한국은행의 요구에 의한 검사 및 공동검사 결과의 송부를 요청할 수 있으며 검사결과에 따라 금융기관에 대한 시정조치를 요청할 수 있다(동법 제88조 제2항).

효과를 의도한 대로 시현할 수 있는 정책신뢰성 확보가 무엇보다 중요하다.

우리나라와 같이 중앙은행의 금융감독관련 기능이 약화되었거나 상실된 경우에는 정책간 이해상충을 막고 신뢰성을 높이는 데에는 감독당국이 생산하는 금융감독 정보를 효율적으로 공유할 수 있는 시스템의 구축은 대단히 중요하다. 또한 중앙은행의 기본책무를 충실히 이행하기 위해서는 통화정책과 관련한 다양한 정보를 확보하고 이를 충실히 활용함으로써 경제예측 능력을 높여 나가야 할 것이다. 아울러 시장규율(market discipline)을 통한 금융시장 및 시스템의 안정성을 도모하는 과정에서 신용중개경로를 원활히 하고 영향력이 높은 시장참여자(critical player)로서 정책불확실성을 최소화해 나가야 한다.

이러한 관점에서 여기서는 1997년말 《한국은행법》 개정 이후 중앙은행이 약화된 금융감독관련 기능을 회복하여 통화정책을 좀더 효과적으로 수행하기 위해 독립기관인 금융감독당국과의 정책협조 필요성과 개별금융기관에 대한 검사감독관련 정보의 통화정책적 유용성에 대하여 살펴보았다. 그리고 통화당국과 금융감독당국이 보유하고 있는 주요 시장참여자에 대한 금융정보를 효과적으로 공유하는 체제를 구축하는 등 당국간 정책협조 강화방안을 모색하였다.

이 장의 구성은 다음과 같다. 먼저 Ⅱ절에서는 중앙은행의 통화정책을 수행함에 있어 금융감독정책과의 연관성 및 감독정보의 유용성에 대해 이론적 경험적 논의를 살펴본다. Ⅲ절에서는 주요 선진국 및 우리나라의 은행부문에 있어 건전성규제감독의 강화가 은행의 자금중개행태에 어떤 영향을 미쳤는지를 구체적인 시계열자료를 통하여 각각 실증분석한다. 한편 Ⅳ절에서는 중앙은행의 금융시장 안정 도모 및 통화정책 수행과정에서 감독당국과의 정책협조가 어떻게 이루어지고 있는지를 미국, 영국, 일본, 독일, 프랑스 및 EURO 회원국 등 주요 선진국의 예를 통하여 살펴본다. 끝으로 Ⅴ절에서는 최근 《한국은행법》 개정으로 감독기능이 사실상 상실된 이후 중앙은행이 금융감독관련 기능의 회복을 통하여 금융시장 및 개별 금융기관에 대해 정책리더십을 효과적으로 발휘하기 위해 자체 제도개선 노력과 함께 금융감독당국과의 정책협조 강화 방안을 모색한다.

II. 통화정책과 금융감독정책의 관계

1990년대에 들어서면서 금융시장의 범세계화가 급속하게 진전되고 정보기술의 발달에 따라 금융혁신이 가속화함으로써 금융시스템은 과거와는 크게 다른 모습으로 변모되고 있다.

이러한 상황에서 이 절에서는 중앙은행의 통화정책과 은행감독기능 간의 연관성에 대한 이론적 경험적 논의를 체계적으로 정리한다. 또한 은행의 건전성규제감독이 통화정책에 미치는 효과를 구체적으로 살펴보고, 이를 바탕으로 효율적인 통화정책수행을 위해서 개별 은행에 대한 재무상황 및 경영행태 등에 관한 금융정보가 얼마나 중요한지를 알아보고, 이와 관련되는 최근 실증연구를 소개한다.

1. 통화정책의 금융감독[2]기능과 연관성

역사적으로 보면 중앙은행은 정부의 재정대리인(fiscal agent)으로서 法貨를 발행하고 정부부채를 주도적으로 관리하고 재할인 또는 금리조절 등을 통해 경제 전반의 총수요를 관리할 수 있는 특별한 권한을 부여받으면서 발전하여 왔다. 이러한 특권을 보유한 대다수의 중앙은행은 지난 세기 동안 본원통화 발행과 최종대부자(lender of last resort) 기능을 갖는 유일한 기관으로서, 지급결제의 중추기능을 수행하면서 금융시스템을 안정적으로 관리할 사회적 책임과 은행에 대한 미시적 수준에서의 규제감독기능까지 보유하기에 이르렀다.

이 과정에서 중앙은행은 통화가치(물가 및 환율)의 안정과 금융안정[3]이라

---

2) 일반적으로 금융감독과 규제는 엄밀한 구분 없이 통용되고 있으나 다음과 같은 차이점이 있다. '금융감독'은 개별 금융기관의 상태나 관련법규 및 규정의 준수 여부를 감시(monitoring), 조사(inspecting), 검사(examining)하는 행위를 일컫는 반면, '금융규제'란 법테두리 내에서 개별 금융기관의 구조나 행위에 대한 특정 규제나 지침을 제정·공표하는 행위를 말한다. 이러한 금융규제감독은 i) 인플레이션 방지를 위한 적정유동성 조절(controlling the volume of liquidity), ii) 예금자 및 금융시스템을 보호하기 위한 금융기관 부도방지(preventing bank failure), iii) 시장금리하에서 신용을 제대로 배분받지 못하는 부문을 위한 신용가용성 확보(ensuring the availability of credit) 등을 목적으로 하고 있다.

는 이중책무(dual mandates)를 보유하게 되었는데 최근 20여 년 동안에는 통화가치안정보다는 금융안정에 관심이 더 많이 집중되었다. 이는 1980년대에 들어 금융위기발생의 빈도가 증가하고 위기의 파급효과 및 심각성이 점차 도를 더해 감에 따른 것이며, 부분적으로는 금융자유화와 금융혁신에 따라 금융시스템이 급속히 발달한 데 기인하고 있다. 중앙은행이 이처럼 금융안정에 큰 관심을 기울이게 된 것은 금융시장이 내재적으로 정보의 불완전성과 비대칭성, 그리고 외부효과 등의 문제를 심각하게 가지고 있다고 하는 '금융제도(시장)의 불안정성'4)에 공감을 하고 있다는 증거이기도 하다. 한편 금융안정에는 물가(통화가치)안정뿐만 아니라 통화정책 등 거시정책이 일관성 있고 투명하게 수행될 수 있는 안정적인 거시경제환경(macro-situation)이 필수적이다.

아래에서는 이러한 통화가치안정과 금융안정이라는 이중책무를 달성하기 위해 중앙은행이 수행하고 있는 전통적인 통화정책이 지급결제제도의 관리, 최종대부자 및 금융위기관리 등 여타 금융안정 기능과 어떻게 연관되어 있는지를 살펴보고자 한다.

중앙은행이 통화정책을 효과적으로 수행하기 위해서는 통화정책의 파급메커니즘, 즉 통화정책수단의 변화가 어떠한 경로를 통해 경제에 영향을 미치는지를 이해할 필요가 있다. 모든 국가에서 상이한 금융시장 구조에도 불구하고 통화정책의 파급경로상 신용경로에서는 은행이 가장 가까운 위치에 놓여 있게 마련이므로, 통화정책을 수행하는 데는 가능한 한 은행의 경영행태와 건전성 여부 등을 적기에 정확하게 파악하는 것이 무엇보다 중요하다. 예를 들면 미국은행들은 과거 대부분 경기순환국면 초기마다 미 연준의 확대통화정책에도 불구하고 재무구조를 개선하기 위해 신용공급을 억제함으로써 신용량이 오히

---

3) 금융안정은 '금융기관의 안정'과 '금융시장의 안정'으로 나누어 볼 수 있다. '금융기관 안정'이란 외부(정부나 통화당국)의 개입이나 지원 없이도 금융기관이 금융계약의무를 계속 이행할 수 있다는 높은 신뢰성을 시장이 인식하는 상태를 의미하며, '금융시장 안정'은 시장참여자들이 경제 기초여건을 반영한 가격수준에서 시장참가자들의 거래가 원활히 이루어지는 것으로, 이러한 기초여건의 변화가 없는 경우에는 단기간에 과도한 변동을 보이지 않는 상태를 말한다 (Crockett 1997 참조).

4) '금융불안정성 가설'을 주장하는 대표적인 학자로는 H. Minsky, C. Kindleberger 등이 있으며, 특히 Diamond와 Dybvig(1983)은 은행제도에 초점을 맞춰 은행이 자산변환기능 및 부분준비제도 등의 특성을 갖추고 있는 한 내재적으로 불안정할 수밖에 없음을 주장하였다.

려 줄어드는 신용경색(credit crunch) 현상을 보였던 바 있다. 그러나 미 연준은 은행에 대한 직접적인 검사감독을 실시하기 전까지는 이러한 원인을 사전에 제대로 파악할 수 없었던 것으로 알려지고 있다.[5] 반면 통화량(엄밀하게 말하면 협의의 통화량임)은 은행이 영업활동 결과 조달하는 채무 중 예금이 주종을 이루기 때문에 중앙은행은 이러한 통화공급 효과를 제대로 분석·평가하기 위해 모니터링 또는 검사감독을 통해 은행들의 예금유치활동 등 행태변화도 관찰하여야 한다.

한편 통화정책의 파급경로상 금리경로에서도 감독기능이 중요한 역할을 한다. 중앙은행이 단기정책금리 또는 대금융기관 대출금리를 조정하면 은행들은 이를 기준으로 예금 및 대출금리를 변경한다. 이 과정에서 단기정책금리와 은행의 예금 또는 대출금리 간의 스프레드는 은행의 예금유치 및 대출행태 등에 의해 크게 영향을 받을 수 있는바, 중앙은행이 금리정책에 대한 피드백을 제대로 파악하기 위해서는 은행검사과정에서 얻어지는 통찰력(the insights gained from the examination process)은 대단히 중요하다.

최근 들어 금융중개기능이 더욱 고도화됨에 따라 대다수 국가에서 통화정책의 파급효과는 통화제약(monetary restraint)은 의한 직접경로보다는 규제규율(regulatory discipline)에 의한 간접경로에 더 민감하게 반응하는 경향이 있다. 오늘날 통화당국은 적정유동성을 유지하는 데에서 직·간접의 두 가지 파급경로를 고려하고 있다.[6] 직접경로는 전통적인 파급경로로서 중앙은행이 공개시장조작 등을 통해 통화승수를 변동시켜 신용공급량에 영향을 미치는 경로인 반면, 간접경로는 금융규제감독이 금융기관의 금융행태를 변화시킴으로써 신용수급에 영향을 미치는 경로이다. 과거에는 전통적인 직접경로가 중요시되어 왔으나 오늘날에는 간접경로가 더 중요시되는 경향을 보이고 있다. 그것은 비록 공개시장조작 등으로 지급준비금이 중앙은행으로부터 풍부하게 공급(확장적 통화정책)되더라도 금융규제감독의 강화에 따라 금융기관의 자본이 규

---

5) 이와 관련된 좀더 체계적인 논의는 IMF(1997)의 중앙은행의 은행감독기능 관련 부분(Larry Promisel, Chapter 17)을 참조.

6) Dow·Rodriguez-Fuentes(1999) 참조.

제되거나, 자산건전성 분류기준이 강화되면 금융기관의 금융행태를 변화시켜 통화정책을 제약할 수 있기 때문이다.

이러한 점을 반영하여 최근에는 은행의 자산규모, 자본비율 등 포트폴리오구성(행태)변화가 통화정책 효과에 어떠한 영향을 미치는지에 대하여 많은 이론적 실증적 연구가 이루어졌다. 대표적인 연구들로는 Peek-Rosengren(1995), Kashyap-Stein(1997), Hancock-Wilcox(1998)와 Kishan-Opiela(2000) 등이 있다. 이들은 은행이 자산규모가 작고 자본비중이 낮을수록 통화정책기조의 변화에 따른 은행대출금(또는 경제활동)의 반응도가 높아진다는 사실을 입증하였다. 특히 이 중 Peek-Rosengren의 연구결과에 따르면 은행은 필요지급준비금제약(reserve requirement restraint)과 규제감독에 영향을 받는 자본금제약(capital restraint) 등 두 가지의 기본적인 경영상 제약을 받게 된다. 이 가운데 신용경색이 나타나기 쉬운 금융위기시에는 은행의 경영건전성 여부에 직접 영향을 미치는 자본금제약이 필요지준제약보다 중요하게 작용할 수 있음을 강조하였다. 또한 이 연구에 의하면 전통적인 통화신용정책에서는 은행의 필요지급준비금제약이 강조되었는데, 이는 법정지준율 또는 중앙은행 대출금리 등을 변경함으로써 지급준비금의 가격(금리)에 영향을 미쳐 은행지급준비금7) 및 지준대상예금(시중유동성)을 변동시킨다는 점이다. 반면 은행의 규제감독과 관련되어 있는 자본금제약은 통화정책효과의 변동성을 설명하는 데 매우 중요한 역할을 한다. 예컨대 본원통화공급이 확대되어도 자산대비 자기자본비율(capital-to-asset ratio)제약이 강화될 경우 은행은 자본금 부족을 이유로 대출확대가 곤란해질 수 있다. 한편 Kishan-Opiela(2000)이 미국은행을 대상으로 최근에 실증분석한 결과에 따르면 자본적정성 기준이 엄격해지는 등 건전성규제감독이 강화되면 은행은 자금중개시스템이 건전해져 전보다 통화충격에 대해 오히려 둔감해지는 것으로 나타났다. 이에 따라 중앙은행은 통화정책을 수립할 때 규제감독정책에 의한 은행의 포트폴리오 변화를 충분히 고려해야 한다고 하였다.

---

7) B. Friedman(1999)은 중앙은행의 통화정책 수행능력은 일반적으로 지급준비금 수요의 안정성과 그 크기에 달려 있다고 주장하였다. 특히 최근 들어 금융의 범세계화 및 다양한 금융상품의 도입, 자금의 조달·운용을 위한 각종 금융수단과 기법의 급속한 발전 등은 중앙은행의 전통적인 정책수단을 통한 통화정책을 크게 제약할 것으로 내다봤다.

참조 1

중앙은행의 두 가지 기본 책무

1. 통화가치 안정과 금융안정

대다수 중앙은행들은 정책의 기본목표를 통화가치안정(monetary stability)과 금융안정 (financial stability)에 두고 있다.[1] 특히 금융안정은 개별 금융기관, 금융시장 및 자산가격 등의 안정뿐만 아니라 통화가치안정 등과 상호 밀접하게 연관되어 있다.

중앙은행의 통화가치안정과 금융안정 책무에 대한 역사적 배경을 살펴보면 다음과 같다. 선진국의 경우 1960년대 중반 이후부터 1980년대 초반까지 괄목할 경제성장을 달성하는 과정에서 높은 인플레이션을 경험함으로써 중앙은행은 물가안정, 즉 통화가치의 안정을 가장 중요한 책무로 인식하게 되었다. 그러나 중앙은행제도사 측면에서 보면 중앙은행의 금융안정에 대한 책무는 통화가치의 안정에 비해 훨씬 오래된 것이었다. 일례로 미국의 경우를 보면 1907년에 은행부도 및 금융공황을 경험하면서 이러한 문제를 해결하기 위해 1913년에 미 연준이 설립되었으며 현재와 같은 연준의 통화가치안정에 대한 책무는 그 이후에 와서 이러한 금융안정 책무 위에 접목되었다. 한편 영국의 경우 19세기말까지 영란은행은 단지 최종대부자로서 역할에 충실하였다. 그러나 1850년대부터 1860년대에 걸쳐 철도부문에서의 과도한 투기버블(speculative bubble)이 나타나자 영란은행은 1890년대의 베어링스 위기 때처럼 위기확산을 억제하는 데 총력을 기울였다. 1998년 6월 《영란은행법》 개정으로 금융감독업무가 중앙은행에서 금융감독청(Financial Services Authority ; FSA)으로 이관된 후 영란은행은 금융시스템 전반에 대한 안정성(overall stability)을 도모하기 위해 내부에 금융안정위원회(Financial Stability Committee ; FSC)를 설치 운영하고 있다.

최근 들어 금융시장의 발전으로 가계 및 기업의 금융자산이 실물소득에 비해 상대적으로 빠르게 축적됨에 따라 이들 부문의 자산구성에 영향을 미치는 각종 충격들은 경제상황을 급작스럽게 변화시키는 경향을 보였다. 이에 따라 자산가격이 기초경제력 외의 여타 요인들에 의해 변동하는 경우 중앙은행은 통화가치안정과 금융안정을 일관되고 상호보완적인 목표로 다룰 필요가 있음을 인식하게 되었다.[2] 그러나 중앙은행이 금융안정을 위해 할 수 있는 최선의 방법은 대체로 화폐시장의 여건을 안정시키고 인플레이션을 낮게 유지하는 것이다. 따라서 물가안정목표의 달성은 금융시장 안정에 필요조건이 된다는 점이다.

---

1) McCallum(1995)에 따르면 중앙은행은 최종대부자로서의 금융시장안정과 거시경제안정 기능을 동시에 수행하는 데에는 현실적인 어려움이 있음을 지적하였다. 이에 대해서 Goodfriend와 King(1988)은 중앙은행이 최종대부자기능을 통해 금융시장을 안정시키려면 재할인창구를 통한 직접대출보다는 금리의 변동성을 최소화하면서 빈번한 공개시장조작을 하는 것이 더욱 효과적일 수 있다고 주장하였다.

2) Bernanke·Gertler(1999) 참조.

선·후진국을 막론하고 높은 수준의 인플레이션은 경제활동의 불확실성을 높여 대부분의 경우 금융위기의 원인으로 작용하며, 특히 급격하거나 기대하지 못한 화폐시장 여건의 변화는 금융시장 혼란의 잠재적 요인이 되기도 한다. 특히 상대가격의 변동성은 전반적인 인플레이션 수준이 높아지면서 확대되는데 이런 경우 가계, 기업(금융기관 포함) 및 정부 등 경제주체들도 자신들에게 유리한 상대가격과 불리한 상대가격을 구분하기가 어렵게 된다.

그 결과 경제참여자들은 인플레이션 압력에 반응하여 선행 또는 후행하는 개별물가의 변동으로부터 실질물가의 신호를 구분하기가 더욱 곤란해지는 등 미래의 의사결정이 어려워져 효율적인 자원배분이 이루어지지 않게 된다. 일례로 물가가 예상치 못할 정도로 불규칙하게 변화하면 금융중개기관은 자금수요자의 경제적 안정성과 금융기관의 대차대조표상의 자산가격 등에 심대한 영향을 받게 된다. 또한 높은 인플레이션은 은행의 영업활동이 불확실하게 되어 부실여신이 발생하여 은행파산의 가능성을 높일 뿐만 아니라, 장래의 합리적인 기대인플레이션 형성을 방해하여 금리의 변동성을 확대하고 실질환율, 실질금리 등 거시경제변수의 움직임을 불안정하게 함으로써 실물부문의 금융부담이 가중되어 대출이 부실해질 위험성을 높일 수 있다.

1980년대 중반 이후의 신용급증으로 세계금융시장에서는 과도한 자금수요가 발생하고 자산가치의 급격한 상승을 포함하는 인플레이션이 유발되었다. 이에 대응하여 급격한 긴축통화정책을 실시한 나라들의 경우 이자율이 급등하여 호황기 동안 쉽게 자금을 조달할 수 있었던 한계차입자들이 단기대출을 갱신하지 못하거나 자금대여조건을 지키지 못하는 사태가 발생하였으며 금융기관 보유자산 및 담보가치를 하락시켜 금융안정을 크게 저해하였다. 그러나 만일 물가가 지속적 비정상적(erratic)으로 높게 상승하게 되면 인플레이션 억제를 최종 책임지는 기관(inflation fighter)으로서 중앙은행의 신뢰가 크게 훼손될 수 있다.[3]

한편 개별 금융기관의 안정도 통화가치를 안정시키는 데에 대단히 중요한 역할을 한다. 통화신용정책이 효율적으로 수행되려면 은행시스템이 자금중개의 효율성이나 민간(예금주)의 신뢰에 부정적인 영향을 초래하지 않는 가운데 정책기조에 따라 은행의 대차대조표가 팽창되거나 수축될 수 있어야 한다. 따라서 통화정책의 목표가 무엇이든 간에 부실한 은행제도는 통화당국의 정책수립 및 집행능력뿐만 아니라 통화정책의 수행과 효과에 나쁜 영향을 미치게 된다. 예로 유동성이 부족하거나 지급능력이 없는 은행들은 그들의 지급준비금이나 대출규모를 통화정책기조에 적응시킬 수 없기 때문에 통화량이나 금리변동을 통한 통화정책효과의 전달체계는 이들 은행에 의해서 또는 금리에 대한 민감도와 낮은 예측가능성에 의해서 방해를 받을 수 있다. 이처럼 불건전한 은행시스템은 당초 의도한 통화정책효과에 불확실성을 준다는 점에서 은행산업의 건전성은 통화정책의 목표인 통화가치안정에 대단히 중요한 의미를 갖는다. 만일 부실채권이 과다하게 늘어나면 은행은 과도한 위험과 수

---

3) 그러나 미국의 대공황 직전의 1920년대와 자산가격의 이상 급등을 보이고 있는 1990년대말, 버블경제가 한창이던 일본의 1980년대를 보면 자산가격의 이상급등 현상은 인플레이션이 아주 양호하였던 시기에도 나타났다는 점에서 볼 때, 물가안정이 여러 경제적 후생을 제공하였지만 이것이 금융안정성을 반드시 보장하지는 못하였다(*The Economist*, Sep. 25th, 1999).

익을 추구하는 경향이 나타날 수 있다. 이 경우 은행경영진들로 하여금 도덕해이 및 역선택 행위를 가져오게 하여 정상적인 통화정책 파급메커니즘을 방해할 수 있다. 뿐만 아니라 일부 부실은행은 중앙은행의 최종대부자금을 지원 받게 되는 경우 물가안정을 전제로 하여 이미 설정한 신용과 통화량 증가율은 더 이상 유지되기 어려워진다. 과거의 경험을 보면 잠재적 금융불안이 광범위하게 내재된 경우 금융기관의 구조조정을 위한 수단으로 인플레이션 정책을 추구하는 경향이 있었다. 뿐만 아니라 금융시장의 경쟁격화와 만기구조의 불일치에 따른 위험이 증대됨으로써 금융기관이 일시적인 유동성 부족이나 지급불능의 상태에 빠지게 되는 등 금융시스템이 정상적으로 작동되지 않았던 예가 많았다.

2. 물가안정목표제 국가의 중앙은행 책무

영국, 캐나다, 호주, 뉴질랜드, 스웨덴, 핀란드 및 스페인 등 물가안정목표제를 채택하고 있는 국가의 중앙은행들은 대부분이 '물가안정'을 중앙은행의 최종적인 정책목적으로 중앙은행법에 규정하고 있다. 특히 뉴질랜드는 물가안정을 단일 목적으로 영국, 핀란드 및 스페인 등은 '물가안정'과 '정부정책 지원' 등을 보수 목적으로 각각 규정하고 있다. 반면 캐나다와 호주는 물가안정목표제를 채택하고 있는 국가이면서 물가안정 목적을 법상에 명시적으로 규정하지 않고 통화의 안정, 복지의 향상 등 포괄적이면서 선언적 사항을 목적으로 하고 있다.

그러나 이들 국가들 대다수는 '금융안정' 책무를 중앙은행법 목적조항에는 명시하고 있지 않으나 중앙은행법의 여타 규정 또는 타 법규 등을 통해 중앙은행의 중요한 책무 또는 기능으로 규정하고 있다. 특히 뉴질랜드는 중앙은행이 금융제도의 건전성 유지를 도모하여야 한다고 규정하고, 이에 따라 물가안정목표제 국가 중 유일하게 금융감독권이 부여되어 있다. 한편 영국 및 캐나다는 다른 법규에서 '금융안정'을 중앙은행의 책무로 규정하고 있다. 영국은 〈재무부, 영란은행 및 금융감독기구(FSA)간의 양해각서〉에서, 캐나다는 〈지급결제법〉에 의거 각각 금융시스템의 안정 또는 효율성을 제고하도록 규정하고 있다. 그리고 호주의 경우에는 〈중앙은행법〉과 〈호주준비은행과 금융감독원간의 양해각서〉에서 금융안정 책무를 규정하고」 있다.

이처럼 물가안정목표제를 채택하고 있는 대다수 국가의 중앙은행법 목적 조항에 '금융안정' 책무를 규정하지 않은 데는 다음과 같은 이유에서 비롯된 것으로 보인다. 중앙은행은 '물가안정' 목표만 달성하기 위해 통화정책을 수행하는 것을 의미하는 것은 아니므로 '물가안정' 책무는 중앙은행의 단일 정책목적이라기보다는 금융안정 기능을 포함한 여러 목표 중 가장 주된 목적 또는 기능(primary function or objective)이라는 점이다. 그리고 '금융안정'은 금융감독당국의 독점적 기능이라기보다는 중앙은행과 상호보완적으로 분담해야 할 책무이다. 왜냐하면 금융시장의 안정은 지속적인 경제성장과 물가안정 등 거시경제정책목표를 달성함에 있어 필수적인 미시적 경제여건이기도 하기 때문이다.

은행의 건성성규제감독이 통화정책효과에 미치는 영향

일반적으로 은행의 건전성규제감독(prudential regulation & supervision)은 은행간 경쟁을 제약하지 않으면서 은행경영이 안전하고 건전하게 영위될 수 있도록 하기 위한 규제로 정의된다.[1] 이러한 은행규제는 [표 1]에서 보는 바와 같이 은행도산을 사전에 방지하고자 하는 '예방적 규제'와 실제로 은행도산이 발생하는 경우 예금자 보호 및 금융제도의 안정을 도모하는 '보호적 규제'로 크게 구분된다. 예방적 규제에는 건전성규제를 비롯해 경제적 규제, 정보규제, 금융분쟁 조정 및 금융기관의 검사·제재 등이 있다. 반면 보호적 규제에는 사후적 감독권인 금융기관 제재, 예금자 보호 및 최종대부자기능 등이 있다(김홍범, 1996).

통화신용정책과 관련성이 깊은 규제감독사항으로는 크게 나누어 건전성규제감독과 금융제도의 안정성을 보호하기 위한 최종대부자기능을 들 수 있는데, 건전성규제감독의 주요 규제별 강화조치가 은행의 대차대조표 변화를 통해 통화정책효과에 어떠한 영향을 미치는지를 구체적으로 살펴보기로 한다.

건전성규제감독에는 자기자본규제,[2] 자산건전정 분류기준 강화, 유동성비율규제 및 여신관리제도 등이 있다. 이 중에서 첫째, 필요자기자본[3]을 규제하는 자본적정성(capital adequacy) 기준이 강화될 경우 은행은 일반적으로 증권화 등을 통한 대출자산의 위험구조(risk profile) 또는 자산을 재구성함으로써 규제를 회피[4]하려는 경향을 보인다. 이 과정에서 은행

---

1) 이와 관련 IMF와 BIS 등 국제금융기구들이 제시하고 있는 건전성규제감독의 포괄범위는 기관 간 다소 차이가 있다. IMF는 위험부담의 제한, 적절한 공시 및 회계제도의 구축, 부실은행의 경영제한 및 시정조치 등으로 정의하는 반면, BIS는 자기자본의 적정성, 위험관리, 편중여신, 내부통제제도 등에 관한 규제로 정의하고 있다.

2) 1999년 6월 BIS의 바젤위원회는 자기자본규제제도 개편에 관한 협의안을 발표하였다. 동 협의안은 최저자기자본, 자본적정성에 대한 감독당국의 점검 및 시장규율 등의 세 가지 요소로 구성되어 있다. 특히 이 중 일률적인 최저자기자본비율 대신 은행검사역이 은행별 경영상황을 고려하여 비표준화된 자기자본규모를 비공식적으로 계산하여 제시하는 '감독당국의 점검'(supervisory review) 요소의 중요성이 부각되고 있다.

3) 금융기관의 자기자본은 첫째, 예상하지 못한 손실을 흡수함으로써 해당기관에 대한 신뢰도를 유지시키고 해당 금융기관을 계속 기업으로 존재할 수 있도록 충격흡수장치로서의 기능을 한다. 또한 금융기관이 지급불능사태에 직면하거나 파산되는 경우 예금보험제도에서 보호해 주지 않는 비부보예금자들을 보호하는 기능과 예금보험기금과 납세자들을 보호하는 기능을 한다. 그리고 금융서비스를 제공하는 데 필요한 여러 가지의 실물자산을 획득하기 위한 자금의 원천으로서의 기능 등을 한다.

4) 자기자본규제를 회피하려는 주요한 방법으로 실무적인 면에서는 자산구성상의 경제적 위험과 자기자본비율준수에 의한 규제적 위험 간의 차이를 이용하는데 다음 네 가지가 있다. 첫째, 위험 가중치가 100%인 대출을 취급하면서 신용등급이 낮은 쪽으로 자산구성을 전환시켜 오히려 위험자산을 선택하는 형태(cherry-picking), 둘째, 비용·절감효과가 큰 일부상환청구권부 증권화(securitization with partial recourse)를 하는 형태로 은행은 대개 자산담보부증권(ABS)에 부여하는 신용보완(credit enhancement)을 통해 기초자산에 대한 위험을 사실상 보유하면서도 회계 및 감

은 대출태도를 엄격하게 하여 신용공급여건을 악화시킴으로써 신용경색(credit crunch) 현상을 유발[5])할 가능성이 있을 뿐만 아니라 기업대출보다 가계대출을 늘이는 등 은행의 대출자산의 구성을 변화시킴으로써[6]) 신용배분상 왜곡[7])을 초래할 수 있다.

둘째, 유동성비율에 대한 규제(Liquidity Requirements)가 강화되는 경우에도 신용공급이 축소될 수 있다. 통화정책을 강화할 목적으로 예금대비 최저유동자산 의무보유비율 등을 강화하게 되면[8]) 은행은 대출금 대신 국채 등 유가증권의 비중을 높여 결과적으로 대출이 제한받는 효과가 나타날 수 있다.

셋째, 자산건전성에 대한 분류기준(Asset Classification and Standards)이 강화되는 경우는 은행의 신용공급이 전반적으로 감축되는 결과가 초래될 수 있다. 예컨대 경기하강기에는 대체로 은행보유 자산가치가 부실화됨으로써 감독당국이 금융기관의 건전성 유지를 위해 대손충당금 적립 확대를 권고하는 경우[9]) 은행의 신용공급여력이 줄어들게 된다.

마지막으로 여타 건전성규제 수단으로 여신관리제도, 예대상계 조치, 구속성예금 범위에 대한 기준변경 및 감독강도 등을 들 수 있다. 차주의 부실화로 인한 채무불이행으로 부실여신이 거액화되지 않도록 편중여신관리 등 여신규제는 대출여력뿐만 아니라 대출시장의 경쟁을 제한한다. 예대상계 조치나 구속성 예금에 대한 기준강화 등[10])도 은행의 자산·부채규모를 직접 감소시킬 수 있다. 또한 금융기관 임직원(특히 여신취급담당)에 대한 감독당국의 문책강화도 대출업무태도를 더욱 보수적으로 유도함으로써 신용확대를 감소시킬 수 있다.

독상 증권화된 자산을 매각한 것으로 취급, 셋째, 다른 기관에 의한 규제자본 회피(remote origination)형태, 넷째, 간접적인 신용보완(indirect credit enhancements) 등이 있다(Jackson, 1999).

5) 미국도 1990~91년중 극심한 경기침체에서 벗어나기 위해 단기금리를 20년 만에 최저수준으로 유지하였으나 부실여신 과다에 따른 금융기관의 자본잠식과 이를 막기 위한 금융감독원의 BIS 자기자본비율 준수의무의 강화 등으로 대출공급여력이 감소되었던 적이 있다.

6) 자본의 적정성 등 규제감독이 은행의 자산구성변화에 영향을 미쳐 통화정책의 파급경로상에 변화를 줄 수 있다(Haubrich–Wachtel 1992, 함정호 외 1999).

7) 자기자본비율규제에 따른 신용증감은 이자율 기간구조에 따라 다를 수 있는데 통화량 증가가 장기금리보다 단기금리를 하락시키면 은행은 신용공급을 하지 않을 확률이 높아지는 반면 장기금리의 하락이 더 클 경우에는 신용공급을 늘리게 된다. 좀더 자세한 내용은 Thakor(1996)를 참조

8) 이와 관련 우리나라도 1999년부터 잔존만기 90일 기준 외화부채에 대한 외화자산비율을 70% 이상 유지하도록 하였으며 외화유동성비율 관리대상을 해외현지법인과 역외계정까지 포함하고 외화자산부채의 만기불일치비율 관리제도를 도입하여 시행하였다.

9) 이를 흔히 금융감독의 경기순응성(procyclicality)이라고 하는데, 즉 경기호황시에 오히려 감독을 강화해야 하지만 경기침체가 현실화되어 은행관행이 잘못된 것이 드러난 경우에만 감독을 강화하는 현상을 말한다.

10) 1997년말 금융감독원은 64대 주채무계열 기업을 제외한 모든 중견·중소기업을 대상으로 기존의 예·적금과 대출금을 상계 가능하도록 하였으며, 1999년에는 구속성예금 요건을 '여신실행일 전후 10영업일 이내에 가입한 예금 및 기존 가입예금에 질권을 설정한 예금'이라는 형식 기준에서 '여신과 관련하여 차주의 의사에 반하는 예금수취'라는 사실관계 기준으로 강화하였다.

[표 1]

은행규제감독의 일반체계

규제구분	규제목적	규제종류	규제내용	규제수단
	경제적 규제 : ○구조 규제 (한 나라의 경제구조에 적합한 금융시장구조 유지) ○자원배분 규제 (우선 지원부문에 대한 금융지원 배분) ○거시경제 규제 (총량 경제활동 규제와 독과점 등 내외 불균형 시정)	진입규제	・금융기관의 신설인가 ・금융기관의 점포설치 및 폐쇄인가 ・금융기관의 합병 및 해산인가	사전적 감독권 (인가권)
		업무영역 규제	・비은행 업무의 겸영 인가(신용카드 업무, 신탁 업무 등) ・부수 업무의 확정(증권 업무, 팩토링 업무 등) ・은행의 다른 회사에 대한 출자제한	
		신용규제	・신용한도제 ・우대금융 ・지시금융 ・이자율 규제	
예방적 규제 (금융기관 도산 방지 및 금융제도 안정성 유지를 위한 규제)		지급준비 규제	・지급준비제도	
		기타 규제	・외국환관리 규제 ・금융거래 세제	
	건전성 규제 : ○건전성 규제 (개별 금융기관의 건전 경과 금융제도 안전성에 대한 일반국민의 신뢰 유지) ○조직 규제 (금융시장조직의 기능 원활화 및 일체성 유지)	자기자본 규제	・최저자본금 규제 ・자기자본비율 규제 ・내부유보비율 규제	사전적 감독권 (규제권)
		유동성 규제	・자산 및 부채 기간 대응 ・주식 및 장기 유가증권 등에의 투자제한과 업무용 부동산 소유제한 ・비업무용 부동산 소유 금지 등	
		여신관리 및 규제	・동일차주 여신규제 ・계열기업군 여신 관리 ・부실채권 발생 예방 및 정리 지도	

규제구분	규제목적	규제종류	규제내용	규제수단
		자산건전성 분류 및 대손충당금 적립 규제	• 자산건전성 분류기준 규제 • 최저 대손충당금 적립 규제	
		예금보험제도[1]	• 예금보험제도	
		자기거래 및 이해상충 규제	• 금융기관 내부자 매출제한 • 자사발행 주식매입용 대출 금지 • 내부자의 단기금융기관 겸직 금지 • 내부자의 타영리법인 종사 금지	
	정보 규제	정보공시제도	• 재무제표 공표 등	
	금융분쟁 조정	불공정행위 규제	• 민원업무 처리 및 금융분쟁 조정	사후적 감독권 (규제권)
	금융기관 검사	임점검사 서류검사	• 정기임태 검사 및 특별검사 • 법정 보고서, 필요 자료의 징/청구, 분석	사후적 감독권 (검사권)
	금융기관 제재	시정조치	• 검사결과 비위사실에 대한 조치권 • 은행 임직원의 문책처분 요구 • 은행임원의 업무집행정지 및 해임권고	사후적 감독권 (제재권)
보호적 규제 (금융기관이 실제로 도산한 경우, 예금자보호 및 예금제도 안정성 유지를 위한 규제)	금융기관 제재	시정조치	• 금융기관설립 인가 취소 및 영업정지 • 도산 금융기관 구제(합병, 영업양도, 주식취득 등)	-
	예금자 보호	예금보호제도[1]	• 예금보험금 지급	-
	금융제도 안정성 보호	최종대부자 기능 등	• 제한인정제(중앙은행 대부) • 공개시장조작 • 공사(public pronouncement)	-

주 : 1) 예금보험제도는 사전적으로 금융안정성에 대한 일반국민의 신뢰를 높일 뿐만 아니라 사후적으로도 예금자에게 대한 보상장치가 되기도 함.

자료 : 김홍범(1996)을 기초로 편전규정의 최근 개정내용을 반영하여 재작성.

2. 통화정책상 은행감독정보의 유용성

중앙은행이 통화정책 파급경로상에 핵심이 되는 평상시 금융시장 또는 결제시스템의 안정성을 유지하고 위기시 최종대부자로서의 기능을 효과적으로 이행하기 위해서는 직·간접적으로 감독기능을 행사하거나 관련 금융감독정보를 제대로 공유하는 것이 매우 중요하다. 특히 금융시스템의 미발달로 시장규율에 의한 통화정책이 효과적으로 기능하지 못하는 현 상황을 감안할 때, 금융시장이 제대로 반영하지 못했던 금융불안정 요인을 금융감독정보 공유를 통해 사전에 파악할 수 있다는 점에서 의의가 있다.[8] 아울러 금융위기 상황이 반복적으로 발생하는 경우 중앙은행으로 하여금 급변하는 금융환경에 적합한 새로운 규제조치를 설계하고 위기징후를 사전에 탐지하여 균형있는 정책대안을 적기에 제공할 수 있도록 하는 등 위기관리능력을 확충하는 데 대단히 중요한 역할을 한다.[9]

만일 은행경영이 불건전해지면 이는 결국 지급결제제도의 일체성(integrity)을 위협하여 어느 한 은행의 유동성부족이나 지급불능이 관련 다른 은행의 결제불능(settlement failure)으로 발전함으로써 중앙은행의 대량신용공급을 불가피하게 만들기도 한다. 또한 부실대출비율이 높은 은행이 많아지면 통상 대출금리가 높고 금리스프레드가 커지는 등으로 은행산업의 탈중개화(disintermediation)이 발생함으로써 통화관리가 어려워지는 등 통화신용정책의 신호전달 체계에 혼란을 초래할 수도 있다. 결국 이러한 불건전한 은행시스템은 은행위기를 확대시키고 궁극적으로는 통화신용정책의 수행비용을 증대시키게 된다.

한편 은행경영에 대한 사전 또는 사후적인 규제규율(regulatory discipline)은

---

8) DeYoung-Flannery-Lang-Sorescu(1998)는 실증분석을 통해 미국과 같은 금융시스템이 잘 발달된 나라에서도 감독당국의 특별모니터링을 통해 얻은 은행검사결과자료에서 금융시장에 알려지지 않았던 은행의 안정성과 건전성에 관한 사적 정보가 많이 포함되어 있음을 보여주었다.

9) 1998년 10월 BIS 회원국 중앙은행 총재들은 '은행산업의 구조 및 행태변화에 따른 통화 및 감독정책적 함의'에 대한 대토론회를 가진 자리에서 금융위기를 경험하고 은행감독기능이 분리된 일부 국가의 중앙은행은 금융위기시 크게 복잡해진 금융시스템하에서 긴급유동성 공급의 급격한 확대 필요성을 확신할 만한 충분한 정보를 가지고 있지 못했었다는 사실을 강조한 바 있다(BIS 1999).

개별은행의 경영여건과 금융중개시스템의 안정성에 대단히 중요한 영향을 미치게 된다. 중앙은행이 규제감독규율의 영향을 효과적으로 파악하여 이를 활용할 경우 금융시장 및 금융기관에 대해 정책리더십을 더욱 강화할 수 있을 뿐만 아니라, 민간의 정책에 대한 신뢰를 높임으로써 결과적으로 최종대부자 기능, 즉 본원통화공급이 강제되는 기회를 줄일 수 있다. 아울러 이러한 규제규율이 시장참가자들의 합리적 선택행위를 어떻게 강제하고 있는지 등을 정확하게 파악함으로써 금융시장의 잠재적 비합리성 부분을 미리 제거하거나 시정할 수 있다.

이 밖에도 금융감독정보 공유를 통하여 금융기관의 주주와 저축자 등 이해당사자(stakeholder)에 대해 금융감독당국이 금융시장에 적절한 정책신호(policy signaling)를 전달함으로써 금융시장간 급격한 자금이전으로 인한 시장불안을 최소화할 수 있다. 이와 같이 중앙은행이 통화정책을 수행하면서 어떤 형태로든 금융감독 관련기능과의 결합을 통해 정책신뢰 또는 평판을 높일 수 있다면 통화정책에 대한 일반 국민들로부터 암묵적 계약과도 같은 합리적인 기대형성을 유도할 수 있다. 또한 금융감독정보의 공유 확대는 금융·외환위기 과정에서 보았듯이 감독당국의 규제감독 소홀로 인한 추가적인 통화관리비용 또는 재정부담(도덕해이)의 가능성을 사전에 줄여주고 자주적 정보게시를 통한 감독정보의 객관성 및 적정성 확보를 유도함으로써 통화·감독정책상 시장규율을 더욱 강화하는 데 기여한다.

그러면 중앙은행의 금융시장 안정책임과 관련하여 감독정보의 중요성을 구체적으로 살펴보기로 한다. 긴급유동성 지원은 통상 개별 금융기관을 대상으로 이루어지기 때문에 중앙은행이 이를 실행하면서 위기의 심각성 정도와 당해 금융기관의 재무건전성에 대한 판단이 뒷받침되어야 하며, 이를 위해 감독 속성을 지닌 정보가 필요하다. 왜냐하면 현실적으로 금융시장에서 얻을 수 있는 개별 금융기관에 대한 정보는 불완전할 뿐만 아니라, 특정 금융기관이 지급불능상태인지 일시적으로 유동성 부족을 겪고 있는 상태인지를 시장에서 정확히 파악하는 데에는 매우 높은 비용이 소요되기 때문이다.

중앙은행이 금융안정을 위해 최종대부자 기능을 수행하는 것이 불가피한 경우라 하더라도 개별 금융기관의 금융행태 또는 건전성 여부 등에 관한 효율적인 정보를 체계적으로 수집할 수 있는 장치가 제대로 갖추어져 있지 못할 경우가 있다. 이때에는 금융기관에 대한 건전성 분석 등 자금지원 여부를 독자적으로 판단하여 지급불능 금융기관에 대해 자금을 추가 지원하는 경우 그 비용은 시장원리에 맡겼을 때보다 더 높아져 사회 전체적으로는 비효율성이 나타날 수도 있다. 다시 말해 중앙은행이 금융기관에 대한 적정한 감시기능을 갖추지 못하면 지급불능 기관에 자금을 제공하는 잘못된 정책판단을 함으로써 결과적으로 사회적 비용을 높이게 된다. 그러므로 효과적인 통화정책 수행을 위해서는 최종대부자인 중앙은행이 문제금융기관의 자금조달·운용에 대한 충분한 정보를 시의적절하게 얻을 수 있어야 하며, 이와 같은 정보를 통해서만 대상 금융기관의 지급능력을 판별하고 담보가치를 효율적으로 평가하는 것이 가능하다. 그러므로 중앙은행은 금융위기의 발생 가능성, 부실금융기관과 일시적으로 유동성이 부족한 건전금융기관의 구별, 자금의 지원시점 및 지원규모 등을 올바르게 판단하기 위해 금융기관의 순자본규모와 이익에 관한 정보, 위험노출에 대한 자료, 대상기관의 담보가치에 대한 정보 등 경영상태를 항상 모니터링할 수 있는 기능을 보유하는 것이 바람직하다.

통화정책상 '금융감독정보의 유용성'에 대한 주요 연구사례

　최근 들어 감독정보 역할의 중요성을 강조하는 실증적 연구가 활발하게 이루어지고 있다. 그 대표적인 예로 Peek-Rosengren-Tootell(1997)은 미국은행들을 대상으로 개별 은행의 경영상태에 대한 등급판정과 관련한 내부감독정보(confidential bank supervisory information) 변수가 중앙은행의 거시경제예측력을 높이는 데 기여한다는 사실을 보여주었다.1) 아울러 중앙은행이 주요 은행감독정보를 통화정책 운용방향 결정시 활용하기 위해서는 다른 은행 감독기관에서 미 연준에 제공하는 감독정보만으로는 한계가 있으며 중앙은행이 직접 은행검사를 통해 정보를 획득할 필요가 있음도 밝혔다.

　그리고 Peek(1998)에 따르면 이러한 은행감독정보 변수가 거시경제 예측에 기여하는 정도는 경제가 정상적으로 작동하는 평상시보다는 심각한 은행위기시에 더욱 높아질 수 있다는 것이다. 또한 최근 Peek-Rosengren-Tootell(1999)은 중앙은행이 미공개 은행감독정보에 접근할 수 있어야 하고, 그 정보의 수집에 참여해야 하는 중요한 이유는 이 정보가 거시경제변수의 예측력을 향상시킬 수 있으며 그 결과 통화정책 수행보다 올바른 의사결정을 할 수 있음을 실증적으로 보였다. Berger-Davis(1998)는 시장참여자들이 은행의 경영상태에 관한 정보를 획득하는 데에서 각종 은행검사정보2)의 효과를 실증적으로 분석해 본 결과 내부감독정보가 감사(auditing)정보 및 규제감독 이행상황 등과 같은 규제규율(regulatory discipline)정보보다 시장수익률에 훨씬 크게 영향을 미칠 수 있음을 보여 주었다. 한편 Romer and Romer(1996)는 미 연준의 거시경제 예측모형에 민간예측기관들이 보유하지 못한 유용한 정보가 이용되고 있는지를 검증해 본 결과 정보의 우위성3)이 존재함을 밝혔으며, Berger-Davis(1998)는 금융감독정보를 포함한 시장참여자들이 중요하다고 인식하는 정보를 중앙은행이 충분히 확보할 경우 정보공개를 통해 시장규율을 더욱 높일 수 있음을 보

---

1) 1998년 11월 미 하버드대학에서 개최한 '동아시아의 금융위기와 한국의 구조조정' 세미나에서는 앞으로 국제적 차원에서 거시경제 예측모형을 구축할 때 금융산업의 자본충실도 등 감독정보를 명시적으로 고려해야 한다는 의견이 제시되었다.

2) 은행검사(대출의 경우 미국에서는 총대출건수의 40%를 검사함)와 관련 취득되는 정보로는 i) 회계장부의 정확성 여부와 관련된 감사정보, ii) 은행의 재무상황 등에 관한 사적 정보, iii) 감독당국의 CAMEL 등급결과처럼 은행이 받은 규제상 처우에 대한 지표인 규제규율정보 등으로 크게 구분할 수 있다.

3) 중앙은행이 사적 정보를 지닌 우월한 거래자가 되면 시장참가자들에 비해 이익을 볼 수 있으나 그 이익이 사회 전반에 반드시 이득이 되는 것은 아닌데 이는 중앙은행이 보유하는 내부정보의 공개 여부와 관련이 있다(Goodfriend 1986).

여주었다.

  이상과 같은 연구결과는 주로 미국의 은행들에 국한된 결론이긴 하지만 결국 경제상황을 평가하고 통화정책의 방향을 결정하는 데에는 은행에 대한 미공개 내부감독정보가 매우 유용함을 알 수 있다. 이는 은행부문에서 파생하는 불균형이 경제의 여타부문에서 나타나게 될 잠재적 문제에 대한 예고신호(leading signal)가 될 수 있다는 점을 시사한다. 즉 은행은 지급결제기능 수행과 함께 신용위험과 이자율위험을 조정하기 때문에 경제 전반에 관련된 문제가 가장 먼저 은행부문에서 현재화한다는 점이다.

  이 밖에도 감독정보면에서 우위성을 중앙은행이 유지한다는 것이 대단히 중요한데, 이는 좀더 미시적인 은행감독정보 관련자료가 통화정책수행에 연계되어야 바람직하다는 점을 의미하기도 한다. 다시 말해 합리적 기대가 성립하는 경제구조에서 중앙은행이 민간에 비해 우월한 감독정보를 갖게 될 경우 통화정책을 좀더 경기대응적(counter-cyclical)으로 운용하여 사회후생을 더욱 증진시킬 수 있다는 것이다. 한편 은행감독정보가 은행위기 기간이 아닌 일상적인 상황에서도 경제예측에 유용하였다는 사실은 중앙은행이 항상 이러한 감독정보를 지속적으로 수집·활용할 필요가 있음을 말해 주고 있다.

Ⅲ. 건전성규제감독 강화에 따른 은행의 금융행태 변화

1. 주요 선진국 은행

앞장에서 살펴본 바와 같이 BIS 기준 자기자본비율, 유동성자산비율 등 은행에 대한 감독당국의 경영지도기준은 은행경영의 건전성 또는 금융중개활동에 직접적인 영향을 미친다.

최근 들어 감독당국의 규제감독방식이 대차대조표상 개별항목에 대한 직접규제보다는 시장 또는 은행자율규율에 의한10) 내부위험관리시스템의 적정성을 평가하는 간접규제 방향으로 전환되고 있다. 특히 대표적인 은행의 건전성규제 가이드라인인 BIS 기준 위험가중자산대비 자기자본비율규제11)는 자본

---

10) 금융기관에 대한 규제의 중층화망은 크게 자율규제(self regulation), 시장규제(market regulation)와 정부의 공적규제(government regulation)로 나눌 수 있는데, 금융시장의 발달에 따른 각종 리스크의 증가로 자율 및 시장규율에 의한 규제가 더욱 강화되는 추세에 있다.

(→는 규제강도순)

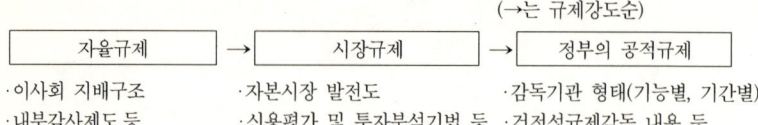

자율규제	→	시장규제	→	정부의 공적규제
·이사회 지배구조		·자본시장 발전도		·감독기관 형태(기능별, 기간별)
·내부감사제도 등		·신용평가 및 투자분석기법 등		·건전성규제감독 내용 등

향후 금융기관의 규제방법은 규제당국과 피규제자(은행)간의 관계가 직접적인 관계에서 시장규율에 의한 감시 및 은행 자체의 위험관리조직이 작동하는 간접적인 규제로 전환될 것으로 예상된다.

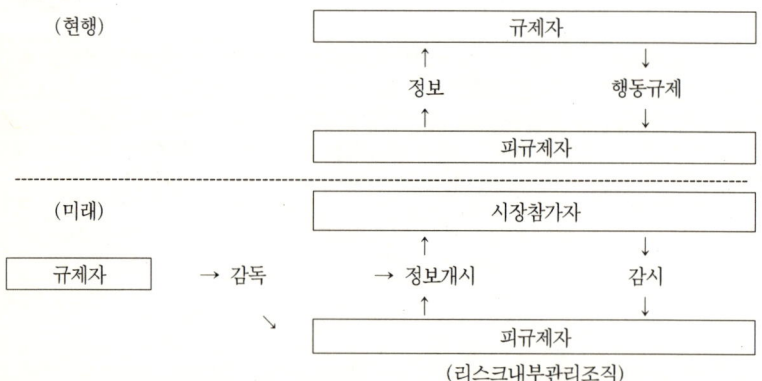

및 자산규모(또는 자산포트폴리오)를 총괄적으로 규율함으로써 은행의 자금 중개능력을 간접적으로 제약한다.

이 절에서는 이러한 BIS기준 자기자본비율에 대한 규제가 강화될 경우 은행이 어떻게 반응하는지를 분석하고자 한다. 일반적으로 자기자본비율규제에 따른 은행의 반응은 크게 분식적 반응(cosmetic response)과 실제적 반응(effective response)으로 구분할 수 있다. 먼저 분식적 반응으로는 감독규제가 강화되면 은행이 대출자산의 증권화를 통해 우량자산을 매각하는 등 운용자산에 대한 위험노출도를 높이거나 시장가치변동을 회계상에 반영하는 시기를 조절한다. 반면 실제적 반응의 경우 은행은 위험노출도를 축소하거나 자본금을 실질적으로 확충한다(Wall and Peterson, 1996).

만일 은행의 분식적 반응이 사실로 확인되는 경우 금융감독당국은 자기자본의 분식변동 부분에 대하여 추가적인 규제강화로 대응할 수 있을 것이다. 일단 자기자본에 대한 규제가 강력하게 이루어지면 은행은 대개 주식 또는 후순위채의 발행 등을 통하여 자본을 늘리든가 대출을 줄이고 주택저당담보대출 또는 단기 은행간 대출 및 국공채 등 저위험자산으로 자산재조정을 한다.[12]

미국, 영국, 독일, 프랑스 및 일본 등 주요 선진국 은행들은 나라마다 자기자본에 대한 규제감독 등이 서로 상이[13]했음에도 불구하고 [표 2]에서 보듯이 1988년 바젤협정이 도입된 이래 주요 선진국 은행의 위험가중자산대비 자기

---

11) BIS 기준 자기자본비율에 의한 건전성규제감독은 은행의 건전성을 수치로 나타냄으로써 감독당국(또는 정부)의 자의적 규제개입을 최소화함과 동시에 정보획득에 불리하기 쉬운 다수 예금자들의 자산을 보유하고 있는 금융기관들의 건전성관련 정보를 손쉽게 획득하게 함으로써 금융의 효율화 및 안정화를 도모하게 하는 감독기법이다. 그런데 이러한 BIS 기준 위험가중 자기자본비율은 현재 최저 8% 이상을 유지하도록 되어 있으나 바젤위원회가 2000년 3월말까지 모든 이해관계자의 의견을 수렴하여 신 BIS 비율에 대한 수정안을 2000년 하반기 중에 발표할 예정이다.

12) 이러한 조정행태는 경기변동 등 경제여건 및 은행의 재무상황 등에 따라 다르게 나타날 수 있는데, 은행은 호황기 때는 주식발행이나 이익증대를 통하여 자본금을 늘리는 반면 대출수요가 줄어든 불황기에는 대출을 축소하거나 위험가중치가 낮은 국공채 등 유가증권 등으로 위험구성을 재조정한다. 그렇지만 은행은 위험가중치가 낮은 유가증권의 보유비중을 확대하여 유가증권평가익 등 비이자수익이 크게 늘어나 자본금(이익잉여금)이 확충되어 대출공급여력은 더욱 높아질 수도 있다.

13) 주요국별 은행규제감독제도는 다음과 같은 차이점이 있다(1999년 기준).

자본비율은 1988년의 평균 9.3%에서 1996년에는 11.2%로 비교적 높은 상승 추세를 보였다. 이러한 선진국 은행들의 자기자본비율 상승은 은행들이 저위험자산비중을 늘였거나 대출자산의 증권화 등을 통해 위험가중자산을 줄이면서 자기자본을 꾸준히 확충하여 온 데 주로 기인한 것으로 보인다.[14]

BIS 기준 자기자본비율의 강화에 따른 은행의 반응행태 변화에 관한 최근의 대표적인 실증연구로는 BIS의 Jackson(1999)을 들 수 있다. 그의 연구에 따

	자기자본비율규제	동일인 여신한도	조기시정조치제도
미국	· BIS 비율 8% 이상 · 자기자본비율 및 레버리지 비율 각각 4% 이상	· 자기자본의 15% 이내	1991년 12월 제정된 연방예금공사개혁법에 의거 1992년 12월 도입
영국	· BIS 비율 8% 이상 · 각 은행은 자체적으로 별도의 자기자본규제를 실시	· 자기자본의 10% 이내	(미도입)
독일	· BIS 비율 8% 이상(1993년 도입) · 외국환리스크포지션의 총합이 자기자본의 42% 이내	· 자기자본의 25% 이내 · 거액여신(자기자본의 10% 초과여신) 합계는 자기자본의 8배 이내	(미도입)
프랑스	· BIS 비율 8% 이상	"	(미도입)
일본	· 해외영업점을 보유한 은행 : BIS 비율 8% 이상 · 해외영업점이 없는 은행 : 국내 기준 자기자본비율 4% 이상	· 자기자본의 30% 이내 · 동일계열에 대해서는 자기자본의 40% 이내	1997년 6월 은행법에 법적 근거를 마련하고 1998년 4월부터 시행

자료 : 한국은행, 《주요국의 은행감독제도》, 1998.

14) 1988년부터 1996년까지의 주요 선진국(G10) 은행들의 자기자본 및 위험가중자산의 증감분포를 보면 전체 은행들의 73%가 자기자본과 위험가중자산을 함께 증가시켰고, 19%는 자기자본을 증가시켰으나 위험가중자산을 감소시킨 것으로 나타났다. 총계적으로 보면 92%의 은행들이 자기자본을 증가시켰으며 24%의 은행들은 위험가중자산을 감소시킨 것으로 나타났다.

자기자본 및 위험가중자산이 자기자본비율에 정(+) 또는 부(-)로 기여한 비중
(각 수치는 1개 국가의 1년간 자료 평균기준, %)

		위험가중자산		
		+	−	계
자 본	+	73	19	92
	−	3	5	8
	계	76	24	100

자료 : P. Jackson(1999)에서 재인용.

르면 미국, 영국, 일본의 은행들은 자기자본비율규제가 강화되자 대출공급의 감소로 반응하였다. 특히 감소된 은행신용은 여타 금융기관의 신용이나 자본시장에서의 직접자금 조달로 충분히 대체되지 못했으며, 자기자본비율 규제로 기존의 높은 은행대출과 거시경제지표들 간의 상관관계가 크게 약화되었다는 점을 보여 주었다.

〔표 2〕 국별 자기자본과 위험가중자산이 BIS 자기자본비율 변화에 기여한 추이

단위 : %

	1989			1990			1991			1992		
	C	A	CR	C	A	CR	C	A	CR	C	A	CR
미국	+	+	0.2	+	+	1.3	+	+	0.6	+	-	2.0
영국	+	+	0.1	-	-	-0.1	+		0.7	+	-	-0.4
일본	+	-	-1.5	+		-0.4	-	+	-1.1	+	+	1.2
독일	+	-	0.3	+	-	-1.2	+		0.0	+		0.5
프랑스	+		0.1	+	-	-0.1	+		0.6	+	-	-0.4
5개국 평균			9.3			9.1			9.0			9.7
	1993			1994			1995			1996		
	C	A	CR	C	A	CR	C	A	CR	C	A	CR
미국	+	-	1.2	+	-	0.0	+	-	-0.5	+	-	-0.2
영국	+	-	0.8	+	+	0.8	+	-	-0.1	+	-	0.8
일본	+	+	0.4	+	-	-0.9	+		0.4	+	-	-0.2
독일	+	-	0.3	+	-	0.3	+	-	-0.2	+	-	-0.5
프랑스	+	+	0.4	-	+	0.4	-	-	-0.1	+	-	0.2
5개국 평균			10.2			10.4			10.2			11.2

주 : 1) +및 -부호는 자기자본비율(CR)의 변화에 대한 기여를 나타냄. 즉 자기자본(C) 증가
는 CR을 증가시키므로 해당 칸에+로 표시되고, 위험가중자산(A)의 증가는 CR을 감소시
키므로 -로 표시함 2) CR은 전년대비 자기자본비율 변동폭(%포인트)을 나타냄.
자료 : P. Jeckson(1999)에서 재인용.

2. 우리나라 은행

은행의 자산 및 부채 일부는 자본금대비 일정비율 이내로 규제받고 있다. 예컨대 우리나라 일반은행의 유가증권 및 업무용 부동산에 대한 투자한도는 자기자본의 60% 이내, 금융채 발행은 자기자본의 3배 이내, 동일차주에 대한 대출 및 지급보증 등 신용공여는 자기자본의 25% 이내로 각각 제한받고 있으며, 자기자본의 10%를 초과하는 거액여신의 총액한도는 자기자본의 5배 이내이다.

이와 아울러 은행은 BIS 기준 자기자본비율의 미달 정도에 따라 경영개선권고(6~8%), 경영개선조치 요구(6% 미만) 및 명령(채무가 재산을 초과하는 등 정상경영이 곤란한 경우) 등 적기시정조치를 받는다. 이 밖에도 편중여신을 억제하기 위해 동일인 및 계열기업군에 대한 여신한도를 준수하여야 하는 한편 시장참가자들에 의한 은행경영감시기능, 즉 시장규율기능을 높이기 위해 대차대조표, 손익계산서, 연결재무제표 등 자신의 경영상황 정보를 공시할 의무가 있다. 이러한 은행건전성 규제감독조치는 오늘날 어떤 형태로든 은행의 행태, 즉 금융중개행태에 심대한 영향을 미친 것으로 지적되고 있다.

아래에서는 특히 1990년대 들어 본격 도입·시행된 BIS 기준 자기자본비율이 우리나라 은행의 경영행태에 어떠한 영향을 미쳤는지를 살펴보기로 한다.

[표 3]에서 알 수 있듯이 1990년대 우리나라 일반은행의 BIS기준 자기자본비율은 외환위기가 시작된 1997년도(7.04%)를 제외하고 최근까지 기준지도비율(8%)을 상회하였으나 그 추세는 대체로 하락하는 경향을 보이고 있다.

이러한 현상은 그 동안 우리나라 은행이 여수신 확대를 통한 양적 성장을 추구하는 과정에서 대출자산의 부실화가 크게 심화되고 수익성 위주의 경영을 통한 자본금 증가(이익잉여금 또는 증자 등)가 제대로 이루어지지 않았기 때문이다. 그러나 1998년에 들어 다시 8%대로 회복한 것은 정부가 일부 부실은행의 자본확충을 지원하기 위해 대규모의 공적자금을 투입[15]한 결과이다.

---

15) 1997년 12월 이후 금융감독당국은 IMF 등과의 합의에 따라 추진되고 있는 금융산업 구조조정

[표 3] 연도별 일반은행의 BIS 자기자본비율 및 자본금·대출금비율의 변동 추이

단위 : 연평균 기준, %

	91	92	93	94	95	96	97	98	99
BIS 자기자본비율 [증감률, % p]	8.70	11.18 [2.48]	11.00 [-0.18]	10.62 [-0.38]	9.33 [-1.29]	9.14 [-0.19]	7.04 [-2.10]	8.23 [1.19]	10.83 [2.60]
자본증감률[1]	11.6	13.3 (+)	6.1 (-)	14.2 (+)	20.4 (+)	7.5 (-)	24.0 (+)	-1.9 (-)	12.7 (+)
대출증감률[1][2]	21.7	19.7 (+)	12.3 (-)	15.1 (-)	31.3 (-)	17.4 (+)	42.8 (-)	-5.9 (+)	1.9 (-)

주 : 1) 전년대비 증감률, 괄호 안은 자기자본비율 증가에 기여한 경우+, 그 반대의 경우는
    -로 표시 2) 원화+외화대출금
자료 : 금융감독원, 《은행경영통계》, 2000.

우리나라 은행의 경우 1990년대 중반 이후 BIS 기준 자기자본비율이 본격적으로 하락하는 과정에서 위험가중자산(대출금)과 자본금은 주요 선진국 은행들과는 달리 매년 거의 같은 방향으로 확대하거나 감소하는 특징을 보여 주었다. 이렇게 보면 우리나라 은행의 경우 자기자본비율 규제감독은 은행의 자금조달·운용을 일관성 있게 제약하지는 않았던 것임을 알 수 있다. 즉 외환위기가 있기 전까지는 BIS 기준 자기자본비율이 8%를 상회하고 있었고 이 비율을 꼭 지켜야 할 필요성도 크지 않았기 때문에 은행에 대한 금융감독원의 BIS 기준 자기자본비율 규제가 그다지 엄격하게 적용되지 않았음을 알 수 있다.

그러나 1997년 IMF 구제금융 지원 이후 은행의 건전성 강화를 위해 감독당국이 엄격하게 적용하기 시작한 BIS 기준 자기자본비율규제[16]는 우리나라

과정에서 1997년말 현재 BIS기준 자기자본비율이 6% 미만인 6개 은행에 대해서는 경영개선조치를 요구하고 동 비율이 6~8%인 6개 은행에 대해서는 경영개선권고 등의 조치를 내린 바 있다. 또한 1998년 4월 1일부터 금융감독당국은 감독당국의 재량여지와 온정주의를 배제하고 감독정책의 실효성을 강화하기 위해 적기시정조치 기준을 더욱 객관화하여 BIS 자기자본비율 지도기준(최소 8%) 미달 정도와 연계하여 소정의 요건에 해당될 경우 단계별 시정조치를 자동적으로 실시할 수 있게끔 의무화하였다.

16) 우리나라의 경우 BIS기준 자기자본비율제도는 1992년도에 도입되어 1993년 말에는 최소 7.25%, 1995년 말부터는 8% 이상을 유지토록 의무화하였다. 또한 IMF 구제금융 지원이 본격화된 1997년 12월에는 IMF와 '효과적 은행감독을 위한 핵심준칙'(Core Principles for Effective Banking Supervision)에 따른 최저자기자본에 대해 최소 8%를 국내은행에 의무적으로 적용하기로 합의하였다. 그러나 현재로서는 BIS 회원국의 경우 1997년 말부터 적용되고 있는 시장위험을 포함하는 신BIS 자기자본비율을 아직 적용하지 않고 있다.

은행의 행태에 커다란 영향을 미친 것으로 지적되고 있다. 1997년말 직후 1998년 상반기까지 은행의 대차대조표상 구성변화를 보면 총자산대비 대출금의 비중은 대체로 감소하고 있는 반면 위험성이 상대적으로 낮은 유가증권의 보유비중은 지속적으로 높아진 것으로 나타났다. 이처럼 일반은행들이 자산구성을 적극적으로 재조정[17]하였던 것은 금융위기로 인한 차입자들의 신용위험이 급속히 높아진 것으로 인식하였다는 점과, 공적자금 투입에 의한 자본금 확충이 이루어지는 과정에서 BIS 기준 자기자본비율의 조기달성[18]을 적극적으로 도모할 수밖에 없었다는 점에 기인한다.

[표 4]의 외환위기 전후 은행대출금의 변동 추이를 보면 1997년 4/4분기 중에는 3조 5천억 정도 감소하였으며 이러한 감소추세는 일시적으로 1998년 1/4분기 중 큰 폭으로 반등한 이후 다시 4/4분기까지 지속되었다. 특히 1998년 2/4분기 중 대출금은 은행들이 다시 상반기 결산을 앞두고 자기자본비율 관리를 위해 6월 중 여신을 회수함에 따라 큰 폭의 감소로 반전하였으며 3/4분기 중에는 5개 시중은행(대동, 동남, 동화, 경기, 충청)의 퇴출과 함께 BIS 기준 자기자본비율의 준수강화와 IMF 관리체제로 들어간 이후 기업신용리스크의 증대 및 부실여신발생시 여신담당자에 대한 문책[19] 등으로 대출태도가 더욱 엄격해짐으로써 2/4분기에 이어 위축되었다.[20]

---

17) 국공채를 중심으로 한 유가증권 보유비중의 증가는 금융산업 구조조정을 위해 정부의 재정지출이 확대되는 과정에서 은행들이 국공채를 일시적으로 많이 보유하게 되었기 때문이기도 하다.

18) 그러나 금융시장이 정상적인 경우에는 일반적으로 은행이 자기자본규제에 대응하기 위해 가장 중요하게 고려하는 것은 비용절감요인이기 때문에 자기자본을 증가시키기 위한 비용이 많이 들면 대출의 구성이나 규모를 조정하는 등 자산을 재구성하게 된다.

19) 현행 관련법으로는 은행법 제55조(임직원에 대한 제재), 상법 제399조(회사에 대한 책임) 등에 의해 처벌이 가능하며 1998년 12월 28일에 개정된 상법 403조(주주의 대표소송)로 발행주식의 100분의 1 이상을 가진 주주는 회사에 대하여 이사의 책임을 추궁할 수 있게 되었다. 그러나 1999년 9월 7일 금감위는 대우사태에 따른 기업에 대한 신용공급이 원활하지 않음에 따라 대우발행 어음에 대한 할인과 신규자금지원 등 대우여신을 취급하는 금융기관 여신담당자에게 면책특권을 부여하기로 한 바 있다.

20) 김현의(1999)는 IMF 긴급자금지원 이후의 이러한 건전성규제감독의 강화가 통화정책의 파급과정에서 은행대출경로를 통한 통화정책의 효과를 차단함으로써 은행대출시장의 신용경색(credit crunch)을 심화시킬 수 있음을 실증적으로 입증하였다.

〔표 4〕　　　　　　　　　예금은행의 대출금[1] 증감 추이

단위 : 10억원

	1997		1998				1999		
	3/4	4/4	1/4	2/4	3/4	4/4	1월	3월	5월
금융자금	7,853	-3,535	8,723	-3,727	-913	-2,439	727	4,679	5,439
신탁자금	1,451	3,790	-2,750	-3,909	-4,518	-5,166	-1,213	-1,395	-1,503
계	9,304	255	5,978	-7,636	-5,430	-7,605	-486	3,285	3,936

주 : 1) 원화대출금 기준

[표 5]에서 은행의 자산구성상 변화를 보면 주식 및 사채, 통안증권 등 유가증권의 보유비중이 1997년 4/4분기 이후 1999년 1/4분기에 걸쳐 계속 확대되고 있는 것으로 나타났다. 이러한 현상은 은행들이 기업의 높은 신용위험을 회피하기 위해 주로 5대 그룹이 발행한 회사채 및 기업어음(CP)을 대량 매입한 데다 부채비율 축소 및 자기자본 확충을 위해 유상증자를 실시한 데 기인하였다. 특히 국채 및 통안증권의 보유비중이 1998년에 들어와 크게 증가하는 추세를 보였는데, 이는 은행들이 BIS 기준 자기자본비율을 높이기 위해 위험가중치가 높은 대출을 줄이고 그와 같은 무위험자산의 운용에 더 주력한 결과이다.[21]

〔표 5〕　　　　　　　예금은행의 주요 운용자산 구성 추이

단위 : 기말기준, %

	1997		1998				1999		
	3/4	4/4	1/4	2/4	3/4	4/4	1월	2월	3월
금융자금대출	73.9	70.2	70.0	67.2	59.9	57.5	58.0	55.9	55.2
유가증권	26.1	29.8	30.0	32.8	40.1	42.5	42.0	44.2	44.8
(주식 및 사채)	(14.5)	(17.9)	(17.7)	(17.4)	(24.7)	(26.5)	(28.6)	(30.0)	(29.6)
(국공채,통안채)	(11.6)	(11.9)	(12.3)	(15.4)	(15.4)	(16.0)	(13.4)	(14.2)	(15.2)
계	100.0	100.0	100.0	100.0	100.0	100.0	100.0	100.0	100.0

---

21) 함정호 외(1999)는 최근 우리나라 은행들이 BIS 기준 자기자본비율을 적정수준 이상 유지하기 위해 위험가중치가 높은 기업대출을 줄이고 위험도가 상대적으로 낮은 유가증권 보유비중을 확대함으로써, 은행의존도가 높은 중소기업에 대한 대출이 감소되고 이에 따라 경기침체가 더욱 심화되었음을 보여주었다.

이상에서 보았듯이 BIS 기준 자기자본비율규제와 같은 은행건전성 규제감독은 은행의 자산구성(대차대조표)을 변화시키고 나아가 은행의 중개행태를 변화시킬 수 있다. 따라서 중앙은행은 통화정책 파급효과를 극대화하기 위해서는 전통적인 금리경로 외에 규제충격(regulatory shock)에 따른 신용경로상의 효과도 충분히 고려할 필요성이 있다 하겠다.

Ⅳ. 주요 선진국의 금융감독당국과 통화당국 간의 업무협조체제[22]

이 절에서는 주요 선진국의 경우 중앙은행과 은행감독당국 간의 감독정보 공유 등 업무협조체제를 살펴보기로 한다.

1997년말 현재 OECD 25개 국가 중 중앙은행에서 감독기능이 분리된 나라는 13개국, 겸하고 있는 국가는 12개국으로 거의 반반 정도였으나 최근에 들어서는 영국, 오스트레일리아, 한국 등의 예에서 보듯이 중앙은행으로부터 감독 관련기능이 분리되는 국가의 비중이 점차 늘어나는 추세이다.

현재 중앙은행이 감독권한을 법적으로 인정받아 수행하는 국가로는 미국, 법적으로 명문화된 감독권한은 없으나 사실상 감독업무를 수행하는 국가로는 독일과 프랑스, 그리고 감독권한이 없이 금융시스템의 안정유지를 위해 별도의 감시기능을 수행하고 있는 국가로는 영국을 들 수 있다. 특히 세계적으로 중앙은행제도가 잘 정비된 미국, 영국, 독일 등에서는 금융감독당국과 중앙은행간 업무협조가 상호 견제와 균형의 원리에 입각하여 잘 이루어지는 편이다.

이처럼 감독유형[23]에서 국가별 차이는 있으나 대다수 국가의 중앙은행은 여전히 어떠한 형태로든지 간에 감독시스템의 중요한 축으로 기능하고 있다.

---

22) 이와 관련해서는 한은(1998)과 금융감독원(1999) 등을 참조.
23) 은행에 대한 감독규제를 중앙은행이 전면적 아니면 부분적으로 담당하여야 하는 데는 다음과 같은 네 가지의 유형으로 나누어 볼 수 있다.

즉 금융감독당국과 중앙은행은 협의체를 운영하거나 합동검사를 실시하고 있을 뿐만 아니라 감독당국이 생산하는 각종 감독정보를 제도적 틀 속에서 상호 교환할 수 있는 정보공유체제를 갖추고 있다. 또 어떤 나라의 중앙은행은 감독정책을 심의 결정하는 데 참여하는 등 나름대로의 감독역할을 분담하고 있다.

아래에서는 주요 선진국 중앙은행의 감독당국과의 감독정보 공유 등 업무 협조체제 내용을 살펴보기로 한다.

1. 미 국

미국은 연방감독기관의 다기화에 따른 중복감독 문제를 해결하기 위해 주된 연방감독기관을 지정하여 운용하고 있다. 이러한 가운데서도 은행감독기관 간에는 여러 협의체를 운영하고 있을 뿐만 아니라 합동검사를 실시하고 있으며 각종 감독정보를 공동으로 이용하는 협조체제를 갖추고 있다.

이러한 감독기관간 견제 및 협조체제는 기능적 분할이 아닌 감독대상기관을 구분[24]하여 이루어지고 있으며, 실제 운영에서는 감독업무의 중복을 방지하기 위해 통일된 감독기준 및 절차를 마련하고 있다.[25] 이를테면 연방감독기

	통화정책	은행감독	해당 국가
유형 I	정부(재무부)와 중앙은행	정부	일본, 영국
유형 II	중앙은행	정부	호주, 캐나다, 한국
유형 III	중앙은행	정부와 중앙은행	미국, 독일
유형 IV	중앙은행	중앙은행	뉴질랜드

24) 미국의 은행감독업무 분장체계는 다음 표와 같다.

감독기관	법상 감독대상
연방준비제도(FRS)	국법은행, 연준가입 주법은행, 은행지주회사, 외국은행 지점
통화감독청(OCC)	국법은행
연방예금보험공사(FDIC)	국법은행, FDIC가입 주법은행
주정부 은행국(SBD)	주법은행, 은행지주회사

25) 1978년 연방감독기관의 검사원칙 및 기준을 통일하여 동 기관의 검사업무를 동질화하는 등 감독업무를 더 체계적이고 효율적으로 수행하기 위하여 연방금융기관검사위원회(FFIEC, FRS, OCC, FDIC, OTS, NCUA가 참여)가 설립되었다.

관과 州감독기관의 검사업무 동질화를 도모하고 기관간 감독업무의 협조를 돈독히 하기 위하여 연방금융기관검사위원회(FFIEC)에 5개 주정부 은행국 대표(임기 5년)로 구성된 州間연락위원회(State Liaison Committee)를 설치하여 운영하고 있다. 은행의 검사수검부담을 완화하기 위하여 정기검사는 주된 연방감독기관26)과 주정부 은행국(SBD)이 합동으로 실시하고 검사보고서도 공동으로 작성하여 활용한다.

이와 함께 연준이 담당하고 있는 은행지주회사 검사시에도 동 회사의 자회사인 은행에 대한 감독기관 검사보고서를 최대한 활용하며 입수한 금융기관의 재무제표 등 각종 감독정보를 토대로 현재의 경영상태를 분석·평가하고 미래의 재무상태를 예측할 수 있는 프로그램을 개발·이용하고 있다. 각 감독기관이 감독대상은행으로부터 동일한 자료를 징구할 경우에는 연방금융기관 검사위원회(FFIEC)의 조정 하에 지정된 기관이 자료처리를 주관하고, 이 정보는 각 감독기관이 구축한 개별 데이터베이스와 함께 전산망을 통해 공동으로 공유된다.27) 이 가운데 금융기관의 상시감시에 필요한 기본정보28)를 연준의 NICBI(National Information Center of Banking Information)와 연방예금보험공사(FDIC)의 IDS(Institution Directory System)에서 각각 집중 관리하고 은행감독당국은 이 정보를 공유한다.29)

---

26) FDIC의 경우 OCC 및 FRS와 합동검사도 실시하고 있으나 1994년부터 이를 극히 제한적으로 운용하고 있다.

27) 상기 자료 처리비용은 FFIEC 참가 5개 기관이 공동으로 부담한다. 한편 자료처리와 관련해서 연방예금보험공사는 업무보고서(Call Report)를 가공한 통일경영실적보고서(UBPR)를 작성하고 연방준비제도는 주택저당대출공시법(Home Mortgage Disclosure Act)과 지역사회재투자법(Community Reinvestment Act) 관련자료를 처리한다.

28) 주요 정보로는 금융기관의 조직 및 지배구조관련 정보, 분기별 은행업무보고서에 의한 금융기관 재무정보, 검사역의 검사 관련 정보 등이다.

29) 은행감독기관들이 보유하는 정보를 일반인에 대해 공개하는 절차는 '정보공개법'(Freedom of Information Act ; FOIA)에 규정되어 있다. 또한 감독당국은 일반인들을 위해 연차보고서 및 분기별보고서 등을 통해 원칙적으로 은행검사감독 결과를 제외하고는 일반 규제감독정보를 정기적으로 공개하고 있다.

2. 영 국

한편 영국의 경우 금융안정을 위한 각 금융감독기관의 책임과 업무협조에 관한 기본적인 사항은 1997년 10월 재무부, 영란은행 및 FSA(Financial Service Authority) 간에 작성된 양해각서(MOU) 교환을 통해 규정되었다.[30] 이처럼 영국은 미국과는 달리 중복감독 대신 영란은행과 FSA 그리고 재무부가 금융감독관련 기능을 각각 분담하고 있다.

영란은행은 통화정책 담당자로서 전반적인 금융시스템의 안정성을 유지할 책임을 갖고 있어 일일 금융시장 모니터링 등을 통하여 금융시스템 전반에 걸친 개괄적인 점검과 금융시스템 하부구조의 안정성을 도모한다. 만일 금융시장의 불안정이 확산될 우려가 있을 때에는 특별금융조치 등을 시행하는 등 금융부문의 효율성과 유효성을 높여줄 책임을 갖고 있다.[31]

한편 FSA는 금융기관의 인·허가 및 건전성감독, 금융시장과 지급결제시스템에 대한 감독, 국내외 금융시장의 변화에 대하여 금융기관 및 금융결제시스템들에 대한 조언 등을 한다. 반면 재무부는 금융감독체제의 확립 및 관련 입법조치 등을 담당한다.

이처럼 각 기관별 권한 및 책임이 분리되어 있어도 아래와 같이 긴밀한 업무협조체제를 갖추고 있다. 각 기관은 주요한 정책의 변경, 특히 타 기관의 업무수행에 관련이 있는 정책변경시에는 사전에 반드시 상호 협의하도록 되어 있다. 각 기관의 대표들이 참여하는 상임위원회를 구성하여 현안사항을 정례(원칙적으로 매월 1회)적으로 토의하며[32] 영란은행과 FSA는 상호이해 증진과

---

30) 1997년 5월 영국 노동당 정부는 통화정책운영에 관한 독립성을 영란은행에 부여하는 한편 다기화되어 있는 금융감독기관을 통합하는 방침을 발표한 이후 1997년 10월 28일에 감독관련 기관간 양해각서(MOU)가 교환됨과 동시에 2000년 6월 "the Financial Services and Markets Act 2000"에 의거 단일금융감독기구로 금융감독청(Financial Services Authority)이 발족되었다.

31) 1998년 6월 금융감독업무가 영란은행에서 금융감독청(FSA)으로 이관된 이후 영란은행은 금융시스템 전반에 대한 안정성을 도모하기 위해 금융안정위원회(Financial Stability Committee ; FSC)를 내부에 신설하여 운영하고 있다.

32) 영란은행과 금융감독청은 제도적으로 영란은행 부총재는 금융감독청이사회의 이사로 금융감독청의장은 영란은행 이사회의 이사로 되어 있으며 양 기관은 상호 직원파견제도를 운영하는 등 기관간 상호 업무에 간여하고 있다.

업무중복으로 인한 비효율성을 최소화하기 위해 국제감독자그룹 및 위원회 등에 공동대표자를 파견한다.

한편 정보수집 및 교환에서 영란은행과 FSA는 업무수행에 필요한 자료와 정보를 금융기관으로부터 징구하면서 양 기관은 자료의 중복징구 방지와 자료 협조체제 구축을 위하여 자료수집의 주 기관 및 교환방법 등에 관한 별도협정을 체결하고 있다.[33] 또한 금융기관의 상시감시에 필요한 기본정보는 중앙은행에서 집중관리하는 반면 FSA와 상호 필요정보를 교환·이용하는 데서는 각 기관의 업무 외에 이용되는 것을 법제정을 통해 엄격히 제한하고 있다.

이 외에도 감독기능이 FSA로 통합된 후 주요 내부감독정보가 중앙은행으로 원활하게 제공되지 않고 있다는 문제를 해결하기 위해 FSA와 영란은행은 은행감독정보시스템을 공동으로 재개발하고 있을 뿐만 아니라, 기관 상호간 직원을 파견하고 각 기관의 위원회에 해당 임원을 위원으로 참여시키는 등 업무 협조체제를 제도화하고 있다.

3. 일 본

일본의 금융감독기관간 업무협조체제를 보면 일본은행은 考査權(거래금융기관의 업무와 재산상황에 대한 실지 조사권)에 의해 감독관련 기능을 행사할 수 있다. 즉 일본은행은 통화정책의 충실한 이행여부 및 금융기관의 경영상 건전성을 위해 금융기관(일본은행에 당좌예금계정을 갖는 제1·2금융권의 금융중개기관)을 감독하며 그 고사 결과를 기재한 서류 및 기타 고사관련 자료를 금융감독청이 요청하는 경우 반드시 제출해야 한다.

반면 금융감독청은 부실금융기관 등의 도산 처리와 관련한 조치를 취하였을 경우 이를 대장성에 통보해야 하며, 예금보험기구의 부실금융기관에 대한 자금지원 여부는 금융감독청이 결정하나 지원규모가 일정액 이상일 경우에는

---

33) 또한 중앙은행은 금융감독청으로부터 은행업무보고서 수집·관리업무를 위임받아 수행하며 금융시스템의 안정성 유지 차원에서 은행경영정보를 자체적으로 분석하고 월별 은행업무보고서에 의한 금융기관 재무정보 등을 축적·관리하고 있다.

대장성과 사전협의 의무가 있으며 대장성에 대하여 금융제도의 기획·입안에 관한 의견을 펼 수 있다.

금융감독청과 일본은행은 각각 검사와 고사의 목적이 다르므로 계속 병행하되 기본적으로 협력 가능한 부분은 상호협력하고 양 기관의 중복을 피하도록 되어 있다. 특히 금융기관의 부담을 고려하여 검사대상 금융기관에 대하여 원칙적으로 상호교대로 검사를 실시한다.

한편 감독검사정보의 공유시스템은 대장성이 1986년 일본은행에 금융기관의 검사에 필요한 데이터를 공유할 수 있는 시스템(Financial Institution Database ; FID)을 개발 요청한 후 5년여가 지난 1991년 3월부터 운용되기 시작하였다. 데이터 입력과 유지는 일본은행 고사국과 전산정보국이 담당하며 동 정보는 일본은행과 대장성(독점적인 private line 소유하고 있는 대장성)이 공유하며 현재 12만 개 이상의 시계열자료가 저장되어 있다.

4. 독 일

독일은 연방금융기관감독청과 연방은행이 주축이 되어 '분업과 협력'체제[34]를 구축하고 은행감독업무를 수행하고 있으며, 그 외 사적기관인 전문회계법인과 은행연합회가 은행감독청의 위임을 받아 은행검사업무를 보조하고 있다. 특히 연방금융기관감독청은 지방조직이 없어 은행감독 수행에 필요한 대부분의 기초자료와 정보의 수집을 연방은행에 의존한다.

은행감독은 정부기관인 연방은행감독청이 맡고 통화정책은 독일연방은행이 각각 분담하는 시스템이나 정보교환 및 규정제정을 할 경우 양 기관은 반드시 협의를 갖도록 되어 있다. 반면 연방은행은 '은행법'에 의거 일정범위(보고서 징구, 임점검사 등) 내에서 독자적으로 감독업무를 담당하는 한편 감독청의 감독업무 수행을 지원한다.

---

34) 감독청이 금융규제·감독관련 일반사항(예컨대 금융기관 자기자본비율, 거액신용, 유동성 등에 관련 규정)을 제정할 경우 연방은행의 동의를 얻도록 되어 있다. 또한 감독청에는 지방조직이 없어 은행감독업무 수행에 필요한 대부분의 자료와 정보수집을 연방은행에 의존한다.

양 기관은 감독업무 수행시 중요한 관찰사항 및 확인사항을 서로 통지하고 연방은행은 통계조사에 의하여 얻은 정보를 감독청에 제공한다.[35] 감독청은 연방은행이 수집·관리하는 자료를 전산시스템으로 검색할 수 있고, 연방은행은 감독청의 매 10회 검색시마다 자료검색시점 및 검색내용의 기록을 유지하며, 연방은행은 여신업무와 관련하여 수집한 정보 및 자료를 감독청에 제공하고 새로운 자료의 제출요구에도 사전에 그 내용에 대하여 감독청의 의견을 들을 수 있다. 이 밖에도 양 기관은 검사업무 수행시 상호 긴밀한 협조체제를 유지하면서 연방은행은 대부분의 검사업무를 감독청의 위임 또는 합동검사 사항에 대해 수행한다.

5. 프랑스

프랑스의 감독기관간 규제감독 협조체제는 1945년에 제정된 신 '은행법'이 전면적으로 개정된 1984년의 '금융기관의 활동과 감독에 관한 법률'에 근거하여 수립되었다. 각종 금융규제감독에 대한 기획입안은 경제재무부(Ministère de l'Economie et des Finances)가 담당하며 프랑스은행은 정부가 결정한 각종 금융규제를 집행하고 금융기관을 실제로 관리한다.

금융규정위원회(Comitè de la Règlementation Bancaire) 위원장은 경제재무부장관이 맡는 대신 금융기관위원회(Comite dès Etablissement de Crèdit)와 금융감독위원회(Commission Bancaire)의 위원장은 프랑스은행 총재가 겸임하여 각 위원회의 의사결정에 참여함으로써 중앙은행이 실제적 금융감독의 운영기관 역할을 하고 있다. 특히 금융규제위원회와 금융기관위원회의 사무국은 공동으로 운영하며 실무작업은 프랑스은행의 금융기관부에서 담당하고 있으며, 직원 대부분은 프랑스은행에서 파견 나가 근무하고 있는 등 양 기관은 서로 밀접한 협조관계를 유지하고 있다. 반면 금융감독위원회의 사무국은 1993년

---

35) 1996년부터 은행감독정보시스템을 연방은행감독청과 중앙은행이 공동으로 개발하고 있으며 금융기관의 상시감시에 필요한 월별 은행업무보고 등 재무정보 등 기본 정보를 중앙은행에서 집중 축적관리하고 연방은행감독청은 이 정보를 공유하도록 되어 있다.

은행법 개정시 법적 근거가 마련되었으며, 실제 검사에 필요한 인력 및 수단은 프랑스은행에서 지원한다.

6. EURO 회원국

EURO 지역에서의 금융감독업무는 현재 개별 회원국가가 담당하고 있는데 이는 각국의 은행감독당국이 자국내 금융기관에 대한 정보를 제때에 입수할 수 있을 뿐만 아니라 경영활동을 모니터링하기 용이하다는 이점 때문이다. 그러나 나라마다 은행감독체계가 다르고, 특히 은행이 부실화되는 경우에 취해지는 상이한 시정조치로 인해 국가간 은행의 경쟁력이 제약될 수 있다는 문제점 등으로 EURO 지역내 은행감독당국 간의 협력체제 구축은 대단히 중요한 과제로 등장하고 있다.

EU 단일시장에 관한 법률에는 역내 금융규제감독은 회원국간 최소한의 조화(minimum harmonization)를 도모하고 각국의 금융시스템을 상호인증(mutual recognition)하는 등 감독당국간 협력 원칙이 명시되어 있으며, EU지침에 따라 개별국가는 완전 분권화된 방식으로 은행감독당국간 협력을 양해각서를 통한 쌍방협력의 형태 또는 다자간 협의체를 통해 도모하고 있다. 그 가운데 다자간 협의체로서 가장 중요한 기구로는 유럽중앙은행(ECB)제도의 정책이사회(Governing Council) 산하의 은행감독위원회36)(Banking Supervision Committee)를 들 수 있다. 이 위원회는 EURO 회원국 감독기관간 협의체로서의 기능도 수행하는데, 이때 상호 논의사항은 EU 집행위원회 및 바젤은행감독위원회에 보고되어 정책결정에 반영된다.

한편 최근 EURO 지역 회원국들은 금융의 국제화 추세를 감안 역내 금융안정을 유지하기 위해 통일된 금융감독 강화시스템 및 금융위기 재발방지체제의 구축이 필요하다는 데 인식을 같이하고 있다. 이를 반영하여 일부 전문가들은

---

36) 이 위원회는 EU 15개국의 은행감독기관과 EU 집행위원회 및 ECB 관계자 28명으로 구성되고 3개월에 한 번씩 정기회의를 개최하며 긴급사항 발생시는 임시회의 또는 서면 등을 통하여 논의한다. 또한 위원회는 은행업무발전, 은행제도의 안정성 및 거액여신관리를 각각 담당하는 3개의 소위원회를 산하에 두고 있다.

유럽중앙은행이 EURO 지역에서의 통화정책을 효과적으로 수행하고 규제감독자로서의 기능을 확보하기 위해서는 현행 '통화정책권한의 집중과 금융감독권한의 지역적 분리' 원칙은 한계가 있으므로 EURO 지역 전체 금융기관에 대한 감독권한이 유럽중앙은행에 집중될 필요성이 있다는 견해를 보이고 있다.37)

V. 중앙은행의 금융감독관련 기능 제고 방안

1. 현행 기관별 금융감독기능의 분장현황과 문제점

우리나라의 금융기관에 대한 규제감독에 관련된 업무는 한국은행법, 금융감독기구 설치에 관한 법, 예금자보호법 등 관련법률에 의거 한국은행을 비롯하여 재정경제부, 금융감독위원회, 금융감독원, 예금보험공사 등 5개 기관이 각각 분장하고 있다.

이 절에서는 금융감독관련 법안이 제·개정된 이후 이들 5개 감독당국의 감독권한 분장현황을 살펴보고 현행 제도상 문제점을 논의하고자 한다.

가. 현 황

우선 한국은행과 금융감독당국과의 관계를 보면 한국은행은 통화신용정책 수행에 필요한 경우 금융감독원에 대해 금융기관 검사를 요구하거나 금융감독원의 금융기관 검사에 공동으로 참여할 수 있도록 요구 등을 할 수 있다.38) 특히 한국은행은 금융감독위원회가 통화신용정책과 직접 관련되는 조치를 하는

---

37) 최근 *The Economist*에 따르면 Duisenberg ECB 총재와 상업은행장들은 금융기관 감독에 관한 ECB의 역할이 모호하고 책임소재가 불분명한 상황에서 금융위기가 발생할 경우 위기가 급속히 확산되는 것을 우려하여 감독기능을 ECB에 집중할 것을 주장한 바 있다.

경우 이에 이의가 있을 때에는 재의 요구도 가능하며 재정경제부와 금융감독위원회, 한국은행은 정책수행에 필요하다고 인정하는 경우 상호간에 자료를 요청할 수 있다.

한국은행 부총재는 금융감독위원회 및 예금보험공사의 운영위원회에 당연직 위원으로 각각 참석할 수 있을 뿐만 아니라 금융감독위원회 위원장은 금융통화위원회의 위원 1인을 추천하는 등 법제상으로 기관간 상호 업무협조와 견제·균형을 도모할 수 있도록 되어 있다. 아울러 실무차원에서는 경제정책의 효율적 수행을 위해 한국은행 부총재, 재경부 차관, 금융감독위원회 부위원장 등으로 구성된 고위간부급 금융정책협의회를 매월 1회 이상 개최하여 금융시장의 동향을 점검하고 개별 금융기관 관련 정보를 교환하는 한편 중요한 금융정책사항에 대해서도 협의하는 등 상시협조체제를 갖추고 있다.

한편 금융감독위원회와 재정경제부, 예금보험공사와의 관계를 보면 우선 1999년 5월 정부조직법의 개정으로 지금까지 재경부가 가지고 있었던 금융기관의 설립 또는 합병, 해산, 인가 등에 대한 권한이 금융감독위원회로 이관되었을 뿐만 아니라 재정경제부가 금융감독 관련법령을 제정 또는 개정하고자 하는 경우에는 금융감독위원회와 반드시 협의를 하도록 되어 있다. 예금보험공사는 한은과 마찬가지로 업무수행을 위해 필요하다고 인정하는 경우 금융감독당국에 대하여 예금자보호법의 부보금융기관에 대한 검사를 요청할 수 있다.

현행 금융감독당국과 한국은행, 예금보험공사 등 금융감독 관련기관들의 금융감독 전산정보에 대한 기관간 공유현황을 구체적으로 살펴보면 다음과 같다. 우선 우리나라 금융감독정보에 대한 전산화는 1997년 3월 한국은행에 의해 은행감독정보에 국한하여 추진되었으며 그 후 '은행감독정보 전산시스템'은 1998년 4월 금융감독원의 출범과 함께 금융감독원으로 이관되어 1998년 6월에 완료되었다. 이 시스템을 통한 정보는 한국은행(1998년 7월부터 제공)과 예금보험공사(1998년 9월부터 제공)에 한해 각각 1998년 7월, 9월에 공식적으로 공유되기 시작했다.

---

38) 관련법으로 《한국은행법》 제88조 1, 2, 3항 참조

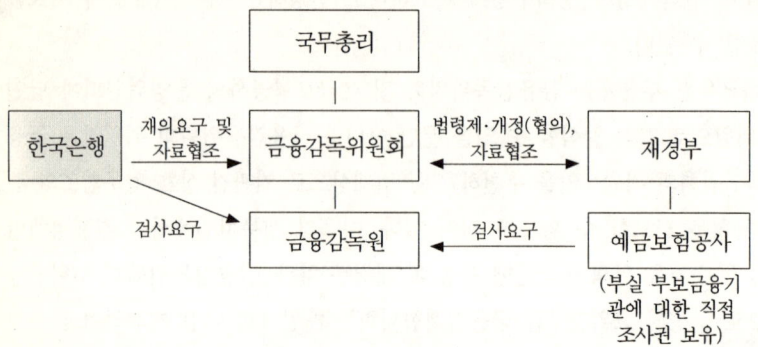

　'은행감독정보 전산시스템'은 '은행감독관리 정보시스템'과 '은행경영 정보시스템'으로 구성되며 은행감독업무의 일반정보 및 은행경영실태 파악에 필요한 각종 정보를 체계적으로 데이터베이스화한 것이다.

　그 중 '은행감독관리 정보시스템'은 금융기관 일반정보관리, 검사관리, 분쟁(민원)관리, 금융사고관리 서브시스템으로 구성되어 있으며, 이는 금융감독원의 은행감독업무 수행과 관련한 일반정보를 관리하는 시스템이다. 반면 '은행경영 정보시스템'은 각 금융기관에서 매월 또는 매분기·매반기에 전선매체로 제출하는 업무보고서 및 경영수지 관련 자료보고서(200여 종 8천여 개 항목)를 데이터베이스화한 종합 은행경영실태 분석·관리시스템이다.

나. 문제점

　현재 금융감독 관련기관간 감독영역의 불분명 등으로 인한 문제는 그다지 크게 발생하지 않고 있지만 규제감독업무를 5개 기관별로 분담하는 과정에서 기관간 감독정보의 질적 양적 차별화 및 감독권한의 집중화 현상이 두드러지게 나타나고 있다. 이러한 기관간 금융정보의 질적 차이는 기관별 감독영역 등의 차이로 인해 나타날 수밖에 없는 불가피한 현상이나 금융 및 기업부문의 구조조정이 대부분 정부 및 금융감독당국에 의해 추진된 결과이다. 그러나 더 근본적인 이유로는 감독기관간 기능분담이 감독권한과 책임의 분리로는 연결되었으나 기관간 업무협조체제의 하나인 금융감독정보 공유시스템이 제대로 구축되어 있지 못하다는 점이다. 그 결과 유관기관간 검사감독 관련 주요 감독상세정보가 제대로 공유되지 못하는 실정이다.[39] 이와 관련 1999년 7월 '대우사태'가 본격적인 금융불안정 요인으로 등장할 때 한국은행은 콜시장 등에서 금리수준, 금융권별·만기별 거래규모 등과 같은 통합자료만을 획득하고 있었을 뿐 대우계열 문제기업들의 차입기간별 부채현황 및 개별금융기관들과의 특수한 거래상황과 같은 질적 정보를 적기에 파악할 수 없었다.[40] 이는 금융감독당국이 확보한 은행감독 및 기업과 관련된 정보와 중앙은행이 독자적으로 수집한 자료와는 정보의 완전성 및 시의성 면에서 차이가 있었음을 반증하는 예이다. 현행 우리나라 금융감독 전산정보 공유시스템의 문제점으로는 다음을 들 수 있다. 첫째, 금융감독 정보시스템이 제공하는 자료범위가 은행부문에 한정되어 있을 뿐만 아니라 소유경영지배구조 형태, 위험관리능력 등 정성적 지표보다는 과거 재무제표와 같은 정량지표가 대부분이다.

둘째, 대차대조표 및 손익현황자료를 제외한 대부분의 양적 지표에 관한 과거시계열은 거의 구축되어 있지 않는 등 정보의 완성도가 대단히 낙후된 상태이다. 특히 현재 총계재항목의 약 15%에 해당하는 은행의 거액여신업체 및 자회사 현황, 이사회의결 일부사항, 해외영업상황 및 파생상품거래내역 등 주요 핵심 내부감독정보가 시의적절하게 제공되지 못하는 실정이다.

---

39) 그러나 지금까지 금융감독당국은 인터넷사이트 등을 통해 정책연구자료 및 각종 보도자료 등 감독정책방향을 홍보하고 있으나 법적 강제조항이 없어 미국과 같은 일반인들에게 규제감독 정책을 상세히 공개하는 정기적인 정책보고서(연차보고서 또는 경제백서 등)는 발간하지 않고 있다.

40) 특히 개별금융기관과 관련한 구체적인 콜거래에 관한 정보는 현재 '종합금융회사에 관한 법률'에 의거하여 설립된 자금중개회사가 독점 보유관리하고 있는데, 이 회사는 일반 금융기관과 마찬가지로 업무감독권을 갖는 금융감독위원회(또는 금융감독원)에만 상세정보를 제공하고 한국은행에는 정보제공에서 상대적으로 소극적인 것으로 알려져 있다(정운찬 2000).

2. 중앙은행의 금융감독 관련 기능강화를 위한 실천방안

가. 기본방향

1997년말 《한국은행법》 개정으로 은행에 대한 감독권한이 중앙은행에서 분리되었으나 한국은행은 통화신용정책 수행을 위하여 필요하다고 인정하는 경우 금융감독원에 대하여 구체적 범위를 정하여 금융기관에 대한 검사를 요구하고 금융감독원의 금융기관 검사에 공동으로 참여할 수 있도록 요구할 수 있다.

외환위기가 시작된 이후 한국은행은 금융시장의 안정 없이는 통화정책의 원활한 수행이 사실상 어렵다는 점을 절감하였다. 그 동안 한국은행은 은행감독권이 분리된 상황에서 정부 및 금융감독당국의 주도로 구조조정이 진행되었기 때문에 금융기관의 건전성 여부에 따른 금융시장의 불안정을 위해 적극적인 역할을 수행하기 어려웠다.

그러나 개별 금융기관이나 기업에 대한 상세한 정보를 갖고 있지 않으면 전체 금융시장의 안정을 유지하는 데 효과적인 역할을 하기 어렵다는 점에서 감독관련 기능이 분리된 중앙은행에 있어 미시적 금융감독정보의 확충은 효과적인 통화정책 수행에 대단히 중요하다. 왜냐하면 감독관련 권한을 보유하지 않은 중앙은행의 경우 다양한 감독정보를 이용하게 되면 거시경제를 더 정확하게 예측할 수 있을 뿐만 아니라 금융기관의 부실화 여부를 조기에 인지함으로써 최종대부자 비용을 크게 절약할 수 있기 때문이다. 반면 금융감독당국에도 마찬가지로 통화정책의 기조에 대한 이해와 사전인식이 무엇보다 중요하다. 왜냐하면 금융감독당국이 통화당국으로부터 금융시장 정보 및 거시경제관련 정보 등을 사전에 충분하게 파악할 수 있다면 경기변동에 따라 개별금융기관의 자산건전성에 대한 분류기준에 대한 강도를 사전에 조절함으로써 효과적인 감독정책을 수행할 수 있기 때문이다. 이처럼 금융감독정보의 공유 확대는 감독당국의 도덕해이의 가능성을 사전에 막을 뿐만 아니라, 자주적 정보게시를 통한 감독정보의 객관성 및 적정성 확보를 유도함으로써 감독정책상 시장규율을 더욱 강화하는 데 기여한다.

이러한 관점에서 한국은행은 금융시장의 안정화 도모 등 통화정책의 효율적 수행을 위해 우선 현행법상 주어진 감독권한을 최대한 행사하도록 노력하여야 한다. 뿐만 아니라 금융감독당국으로부터 외부로 공표되는 공식적인 감독정보와 함께 검사 등을 통해 수집된 주요 내부감독정보를 필요시 시의적절하게 제공받을 수 있는 관행을 확립해 나가야 한다. 이때 중앙은행도 보유하고 있는 국내외 금융시장정보와 거시경제관련 정보를 금융감독당국에게 적절히 제공할 수 있어야 한다.

아울러 한국은행은 향후 감독정보 공유체제가 어느 정도 작동된다 하더라도 감독당국이 보유하는 개별 금융기관에 대한 주요 내부정보가 효과적인 통화정책 수행을 위해 적기에 제공되기란 현실적으로 제약이 있을 수밖에 없다는 점을 염두에 두어야 할 것이다. 이에 따라 앞으로 중앙은행이 필요시 단독으로 문제금융기관을 직접 조사·검사하여 시의성 있고 신뢰성 높은 감독관련 정보가 수집될 수 있는 방향으로 관련법의 개정이 추진될 수 있도록 준비해야 할 것이다.

나. 구체적 실천방안

《한국은행법》개정 이후 중앙은행의 감독관련 기능이 실제적으로 크게 위축됨에 따라 중앙은행이 통화정책을 수행하는 데서 필요한 금융감독당국이 생산한 감독정보에 효과적으로 접근하기가 어려워졌을 뿐만 아니라, 개별 금융기관로부터 독자적으로 수집되는 정보의 질도 크게 낮아지는 문제점이 나타나고 있다. 따라서 통화정책을 효과적으로 수행하고 감독정책과의 정책상충을 막기 위해 강구할 수 있는 전략적인 방안으로는 다음과 같다.

첫째, 중앙은행은 관련법률에 지극히 제한적으로 허용된 금융감독권한, 예컨대 공동검사 요구 및 정책재의 요구권 등을 통화정책의 일관성 유지 등 정책효과를 극대화하는 방향으로 더 적극적으로 행사할 필요가 있다. 이는 금융시장이 고도로 발전되어 감에 따라 시장중심의 통화정책을 주도하기 위해 중앙은행은 주시장참여자로서의 영향력을 확보하는 것이 절대적으로 필요하기 때문이다. 또한 전산망을 통해 금융감독당국이 제공하는 공식적인 감독정보는 통화정책에 아주 긴요한 내부감독정보보다는 민간부문도 시차적으로 접근이 가능해지는 공식정보(official information) 중심으로 흘러갈 경향이 높기 때문이다.

둘째, 금융감독당국과 중앙은행은 정책수행 과정상 수집한 입체적인 정보를 상호 교환할 수 있도록 현행 시스템을 더욱 확충하여야 한다. 이를 위한 한 방안으로 영란은행의 예에서 보듯이 중앙은행이 통화가치의 안정과 금융안정의 이중책무를 효과적으로 달성하기 위해서는 금융감독당국과 감독정보 공유 확대 등 감독정책에 대한 협조절차를 포괄적으로 규정한 양해각서(MOU)를 교환할 필요가 있다.41) 양해각서는 기관의 책임성, 정책투명성, 중첩업무방지 및 정보교환의 필요성 등 4대 원칙 하에 교환되는 것이 바람직하다고 본다. 아울러 각서에 중앙은행이 최종대부자로서 물가안정목표 준수 외에도 금융안정을 위해 '금융시스템 전반의 안정성 유지'(overall stability of the financial system as a whole) 책무를 가지고 있음을 명시할 필요가 있다. 한편 공표되는 일반정보뿐만 아니라 계량화하기 어려운 일부 대외비 정보까지도 상호 원활히 공유하기 위해서는 자료교환 범위 및 시기, 용도 등을 세부적으로 정하는 등 교환된 정보의 엄격한 사후관리를 통해 자료관리에 대한 책임성을 확립할 필요가 있다. 이와 아울러 중앙은행은 통화정책 담당자로서 금융시스템의 안정성 유지를 위해 내부조직으로 금융감독위원회 위원인 부총재가 주관하는 금융안정회의(가칭)를 신설하고 개별금융기관의 건전성 상황에 대한 정보를 정기적으로 금융통화위원회에 보고한다.

셋째, 금융시장에서 비은행금융기관에 대한 비중이 크게 높아짐에 따라 한국은행은 금융당국의 비은행감독 전산정보망 구축에도 적극 참여할 필요가 있다. 이와 함께 금융감독당국의 개별 금융기관에 대한 감독정보와 중앙은행의 금융시장 정보가 효과적으로 결합하여 일반 시장참여자들에 비해 정보의 우위

---

41) 물론 이러한 전반적인 금융시장의 안정에 대한 중앙은행의 책무는 향후 한은법 개정시 중앙은행의 설립목적에 명시되는 것이 바람직하다.

성이 확보될 수 있도록 금융종합정보망(가칭)[42]을 구축하여 이를 총괄할 필요가 있다. 이와 함께 한국은행은 통화정책에 유용한 국내 및 국제금융시장 동향에 관한 정보를 선별하여 데이터베이스화하고 외국 중앙은행 및 감독기관들과의 종합적인 감독정보를 교환하는 채널을 상설화하여 감독정보를 포함한 입체적인 금융시장정보를 생산함으로써 금융정보서비스 면에서의 내실화를 도모할 필요가 있다.

넷째, 금융기관 경영실태 평가모델[43]을 더 정교화하고 대상기관도 확대하여 개별 금융기관별 평가결과에 따라 경영위험 수준별로 통화정책상 대우를 차등화[44]함으로써 금융기관의 기업가치에 대한 신호효과(signaling effect)를 작동시켜 규제규율보다는 시장규율이 조기에 정착되도록 힘써야 할 것이다.

다섯째, 금융감독당국의 감독정보와 통화당국의 금융시장 및 거시경제관련 정보가 실무자간 더욱 효과적으로 상호 교환될 수 있도록 현재 고위급으로 구성된 금융정책협의회 산하에 상설실무급 회의를 신설할 필요가 있다.[45]

끝으로 현행 한은법상 중앙은행은 "통화신용정책을 수행하는 데 필요하다고 인정되는 경우"에 한해 개별금융기관에 대한 검사를 요구할 수 있는데, 한은법이 개정된 지 2년이 지난 2000년 4월에서야 처음으로 일부 금융기관에 대해 금융감독원과의 공동검사가 실시[46]되었다. 그러나 법상 허용된 통화·감독정책 당국간 업무협조체제가 실제 운용에서 빠른 시일내 제도적으로 완전히 정착되기 위해서는 양 기관의 상호 실질적인 이해와 긴밀한 정책협조가 필수적이라고 본다. 특히 중앙은행의 금융기관에 대한 공동검사의 목적 및 범위가

---

42) 종합전산망이라 함은 한국은행의 국내 및 국제 금융시장에 대한 정보 및 국제금융센터의 외환 거래정보를 통합한 전산망을 말한다.

43) 한국은행은 최근 동향분석(Clear) 모형과 예측분석(Foresee) 모형 등 두 가지의 은행경영평가분석 모형을 개발하였다(한국은행 1999. 9).

44) 이를 활용하여 단계적으로 은행별로 총액한도대출, 외화예탁, 당좌계약 체결여부 등에 대한 결정 및 각각의 한도 및 조건을 차등 적용하는 방안 등이 있다.

45) 이와 유사한 예로 정부와 IMF는 공공부문 채권발행을 조정하고 통화관리를 용이하게 하기 위해 1998년 4/4분기 경제프로그램 합의에서 재경부, 한은 예금보험공사의 대표자가 참여하는 시장성채무위원회를 설치하여 정부와 중앙은행간 국채관리관련 정보를 제공하고 의견을 교환할 수 있는 제도적 장치를 마련한 바 있다.

46) 한은법 개정(1998.4) 이후 한빛은행을 대상으로 금융감독원과의 공동검사가 2000년 4월 28일부터 5월 27일까지 처음으로 실시되었다.

융통성 있게 해석되고 금융기관에 대한 중앙은행의 검사정보 획득과 통화정책 관련 금융정보가 감독정책에도 상호 얼마나 중요한지를 폭넓게 이해되어어야 할 것이다. 아울러 중앙은행이 시장모니터링을 통해서 획득하기 어려운 금융기관에 관련한 입체적인 정보를 금융감독당국으로부터 완전하고 시의성 있게 확보해 나가는 데는 현실적인 제약이 따를 수밖에 없다고 본다. 이에 따라 중앙은행이 이러한 한계를 극복하여 통화정책을 효과적으로 수행하기 위해서는 통화정책상 필요한 사항을 직접 조사할 수 있는 권한(가칭 금융조사권)이 행사될 수 있는 방향으로 향후 한국은행법 등 관련법의 개정이 추진되어야 할 것이다.

Ⅵ. 요약 및 결론

통화당국은 금융정책을 수행하면서 명시적인 정책목표의 수에 상관없이 통화정책파급경로상 중심에 있는 금융(특히 은행)시스템에 대한 안정과 건전화를 도모할 책무를 가지고 있다. 즉 금융감독당국의 건전성규제감독의 영향을 직접적으로 영향받는 금융시스템의 형태 변화는 지급결제시스템의 일체성(intergrity) 유지와 통화정책신호 전달체계상의 변화, 자원배분의 효율성 여부 및 금융위기시 통화당국의 위기관리비용 부담 등과 깊은 관련성을 갖고 있기 때문이다.[47]

1990년대에 들어 금융·외환위기가 자주 발생하고 그 심각성이 더욱 증대되고 선·후진국을 막론하고 금융부문이 전체 경제에서 맡고 있는 역할이 더욱 커지고 있는 점을 감안해 볼 때 중앙은행이 신뢰성 있는 금융감독정보를 충분히 확보하지 못할 경우에는 통화정책의 최종목표를 충실히 달성하기가 용이하지 않을 수 있다고 판단된다.

---

47) 마찬가지로 금융감독당국도 통화가치의 안정(monetary stability)에 관심을 갖는데 이는 금리 또는 환율변동으로 인해 금융기관의 대차대조표상 자산 또는 부채의 규모 및 건전성 정도가 크게 영향을 받기 때문이다.

1997년 12월에 중앙은행제도 및 금융감독체계의 개편과 관련한 금융 관련 법들이 제·개정됨에 따라 은행감독기능이 통합금융감독기구로 일원화되면서 한국은행은 은행에 대한 일부규제와 감독기능을 사실상 상실하게 되었다. 이에 따라 지금까지 금융산업 구조조정이 진행되는 동안 중앙은행은 과거 은행감독권을 보유하였던 기간에 비해 완전하고 정확한 금융감독정보를 적기에 충분히 활용하는 데에는 많은 어려움을 겪게 되었다.

금융위기시의 금융감독규제는 일반적으로 '기술적' 문제이면서 동시에 '정치적 논쟁'을 통하여 해결되는 속성이 있다. 1998년 통합금융감독원의 출범 이후 금융위기를 해결하는 과정에서 금융감독원의 규제감독이 反시장적인 요소가 많아지고[48) 금융감독정보의 차별화가 더욱 심화되는 등 '감독권한의 집중화' 현상이 나타나는 경향을 보였다.

이러한 경향은 경제위기에 따른 구조조정이라는 특수상황을 고려해 볼 때 어느 정도 불가피했던 것이긴 하나 '감독권한의 집중화' 문제는 금융정상화 후에도 상당기간 존속하여 높은 감독 비효율성을 초래할 뿐만 아니라, 미시정책인 감독규제정책이 거시통화정책을 제약할 것으로 예상된다.

개정된《한국은행법》이 시행된 지 2년여가 경과함에 따라 새로운 통화정책의 운영성과에 대해 평가를 받을 시점이 되었다. 지난 2년간 중앙은행의 독립성은 한은 총재가 금융통화위원회 의장을 맡고 좀더 자주적인 금리정책 결정, 낮은 물가수준 유지 및 회의의사록 공개 등 가시적인 성과를 통하여 상당부분 제고되어 왔다. 그러나 그 동안 경제위기 극복과정에서 통화정책의 영향력이 금융시장으로부터의 높은 신뢰와 중앙은행의 정책리더십을 바탕으로 제대로 발휘되어 왔는지에 대해서는 객관적인 분석 및 평가가 뒤따라야 한다고 본다. 주지하다시피 미 연준의 막강한 통화정책의 영향력은 무엇보다 시장규율이 제대로 작동하는 환경 하에서 중앙은행이 정보생산에 대한 우월적 지위를 지속적으로 유지해 나감으로써 일반국민들로부터 통화정책에 대한 중요성

---

48) 1999년 8월 감사원의 금융감독위원회에 대한 감사결과 IMF 긴급자금지원 이후 1999년 3월까지 각종 금융규제감독과 관련된 규정 제·개정 건수가 1,316개로 이 가운데 절반 이상인 674건은 위원회의 의결 없이 이루어지는 등 규제가 남발하는 양태를 보였다.

과 신뢰성을 확보한 결과이다.

이 글은 이상과 같은 문제의식에 근거하여 감독당국과의 정책협조체제 하에 중앙은행이 새로운 정보를 창출하여 정부, 국회 그리고 시장참여자들을 좀 더 객관적인 준거에 의거 설득할 수 있는 세부적인 전략방안을 모색해 보았다.

첫째, 중앙은행은 금융감독당국과의 긴밀한 정책협조체제를 정착하기 위해 금융기관에 대한 검사 또는 정책재의 요구권, 공동검사권 등을 적극적으로 활용함으로써 협조관행 및 제도정착에 총력을 기울여야 한다. 특히 중앙은행은 금융감독당국으로 하여금 통화정책을 효과적으로 수행하기 위해서는 필요시 직접검사 과정을 통해 개별금융기관에 대한 정보수집이 대단히 중요하다는 점을 인식시켜 나가야 할 것이다. 미 연준의 예에서 보듯이 중앙은행이 직접적인 검사과정을 통해 금융기관의 경영상황에 대한 정확하고 신뢰성 있는 감독정보를 시의적절하게 획득함으로써, 은행의 미래 건전성 및 행태를 제대로 예측할 수 있을 뿐만 아니라 이러한 정보는 거시정책의 예측능력을 더욱 높일 수 있기 때문이다. 이처럼 금융감독정보를 기관간 확대 공유하는 것은 종국적으로 금융감독당국의 규제감독 소홀 등 도덕해이의 가능성을 사전에 막아줄 뿐만 아니라, 감독정보의 객관성 및 적정성 확보를 유도함으로써 시장규율에 입각한 감독정책을 펼 수 있게 한다.

둘째, 중앙은행은 개별 금융기관에 대한 감독정보의 통화정책적 활용도를 더욱 높여 나가야 할 것이다. 일례로 중앙은행은 통화정책 담당자로서 금융시스템의 안정성 유지를 위해 내부조직으로 금융감독위원회 위원인 부총재가 주관하는 금융안정회의(가칭)를 신설하고, 개별 금융기관의 건전성 상황에 대한 정보를 정기적으로 금융통화위원회에 보고하도록 하여야 한다. 또한 경영실태평가모델을 선진화하여 금융기관별 경영위험 수준평가를 더욱 객관화하여 그 결과에 따라 통화정책상 대우를 차별화해 나가야 할 것이다.

셋째, 금융감독관련 기능이 중앙은행으로부터 분리된 국가의 예에서도 알 수 있듯이 당국간 단순한 관행을 통해서는 대체로 정책수행에 필요한 감독정보가 효과적으로 공유되는 데는 한계가 있다. 이에 따라 원활한 통화정책 수행에 필요한 다양한 주요 감독정보가 책임성 있게 공유되기 위해서는 법적 운영장치(legal and operating framework)가 구체적으로 설계될 필요가 있다. 특히 금융감독정보가 효과적으로 공유되기 위해서는 통화·감독정책 간의 정책상충을 줄이고 개별금융기관의 자료수집 비용을 절약할 수 있도록 감독당국에서 중앙은행으로의 단일방향으로 이루어지기보다는, 중앙은행이 보유하는 금융시장 및 향후 거시경제 예측과 관련한 다양한 정보가 상호 교환되도록 하는 방향이 바람직하다고 본다. 이와 함께 금융정책협의회 산하에 실무급회의를 신설하여 실무자간 주요 감독정보와 금융시장정보 등이 수시로 상호 교환될 수 있도록 하고 금융감독당국과의 양해각서(MOU) 체결을 통해 주요 감독정보의 공유범위, 접근권한 및 자료용도 등을 구체적으로 약정하고 단계적인 실행지침을 마련하여야 한다. 특히 각서에는 중앙은행이 최종대부자로서 물가안정목표 준수 외에도 금융안정을 위해 '금융시스템 전반의 안정성 유지' 책무를 가지고 있음을 명시할 필요가 있다.

넷째, 아직 전산시스템 개발이 완료되지 않은 비은행 감독정보망과 관련해서는 향후 통화정책에도 유용한 감독정보가 다양하게 수록될 수 있도록 시스템개발에 공동참여를 요구함으로써 감독정보공유의 중요성을 적극적으로 보여줄 필요가 있다. 이와 함께 중앙은행은 각종 시장정보와 금융감독당국의 금융기관별 주요 감독정보를 효과적으로 결합함으로써 일반 시장참여자들에 비해 정보의 우위성을 확보하기 위한 방안으로 금융종합정보망(가칭)을 구축하여 총괄할 필요가 있다.

다섯째, 현행 개정 《한국은행법》 아래에서는 한국은행이 통화신용정책 수행상 금융상황을 직접 파악할 필요가 있는 경우라 하더라도 금융기관에 대해 검사업무를 단독적으로 수행할 수 없다. 더구나 금융위기 이후 금융산업 구조조정이 주로 금융감독당국을 중심으로 이루어지면서 감독당국의 금융기관 경영상황에 관한 정보를 수집하는 능력 및 금융기관에 대한 정책파급 영향력이 중앙은행에 비해 크게 높아졌다. 이 과정에서 통화당국과 감독당국간 개별 금융기관에 대한 각종 정보가 양적 질적인 면에서 차별화(정보·비대칭성)가 더욱 심화되고 있다. 그 결과 금융감독기능이 분리된 이후 중앙은행은 통화정책을 수행함에 있어 필수적인 주요 내부감독정보가 효과적으로 수집·활용되지 못하고 있을 뿐더러 통화정책신호전달체계(특히 신용채널)상 중심에 있는 금융기관에 대한 중앙은행의 정책영향력이 크게 약화되고 있는 실정이다. 이에 따라 중앙은행은 금융감독당국간 정보교환범위를 더욱 구체화하고 통화당국 스스로도 필요시 문제 금융기관뿐만 아니라 은행·비은행금융기관에 대해 금융형태 및 재무상황 등 금융정보를 수집·조사할 수 있는 금융조사권(가칭)을 발동할 수 있도록 하는 방향으로 《한국은행법》 등 관련법 개정이 추진되어야 할 것이다.

끝으로 중앙은행이 거시경제를 더욱 정확히 예측함으로써 통화정책 수행과정에서의 불확실성을 최소화할 수 있도록 예측모형에서 감독정보 변수의 활용도를 높이고, 규제감독정책 충격(surprise regulatory shock)이 통화정책의 파급경로 또는 금융기관의 행태변화 등에 어떠한 경로로 얼마나 영향을 미치는지 등에 대해 더 구체적인 조사연구가 지속적으로 이루어져야 할 것이다. 이와 함께 중앙은행은 새롭게 확보한 개별 금융기관에 대한 감독관련 미시정보를 활용하여 시장규율에 입각한 통화정책을 효과적으로 수행해 나갈 수 있도록 축적된 금융정보를 시장에 다양하게 공개해 나가야 할 것이다.[49]

---

49) 개방적인 통화정책은 시장의 기대형성 여건을 조성하는 데 기여할 뿐만 아니라 이러한 여건형성으로 인하여 중앙은행이 스스로를 시장에서 예측 가능하게 만듦으로써 통화정책에 대한 시장의 반응을 더 정확하게 예측할 수 있다(Blinder 1999).

금융감독위원회, 《금융감독관련 주요제도 및 용어해설》, 1998. 8.

금융감독원, 《주요국의 은행상시감시제도 현황과 특징 및 시사점》, 1999. 7.

김현의, 〈외환위기 이후 신용경색현상에 대한 분석〉, 《경제분석》, 한국은행, 1999년 3/4 분기호.

김홍범, 〈중앙은행과 은행감독기능 : 은행감독의 이론과 실제를 중심으로〉, 《한국금융학회 학술발표논문집》, 1996. 6.

장 민, 〈최종대부자로서 한국은행의 은행감독권한에 관하여〉, 중앙은행연구회 발표자료, 1998. 11.

정운찬, 〈새로운 한국은행상의 정립을 위하여〉, 한은창립50주년기념토론회(새천년 한국 금융의 진로) 발표자료, 2000. 6.

최원형·이용규, 〈중앙은행의 최종대부자 기능〉, 《조사통계월보》, 한국은행, 1998. 4.

한국산업은행, 《은행산업의 Global Standard와 도입과제》, 1999. 3.

한국은행, 《주요국의 은행감독제도》, 은행부, 1998. 8.

─────, 《은행경영분석기법》, 은행국, 1999. 9.

함정호·정용국, 〈은행자산구성변화와 통화정책〉, 《조사통계월보》, 한국은행, 1999. 8.

Benston and Kaufman, "The Appropriate Role of Bank Regulation", *The Economic Journal*, 106, May 1995.

Berger, Allen and Sally M. Davis, "The Information Content of Bank Examinations", *Journal of Financial Services Research*, 1998.

Bernanke, Ben and Mark Gertler, "Monetary Policy and Asset Price Volatility", Paper for "New Challenges for Monetary Policy", sponsored by the FRB of Kansas, August 1999.

BIS, "The Monetary and Regulatory Implications of Changes in the Banking Industry", *BIS Conference paper*, Vol. 7, March 1999.

─────, "Scope of Central Bank", a Background paper for Governor's Meeting, March 1998.

Blinder, Alan, *Central Banking in Theory and Practice*, The MIT Press, 1999.

Buiter, Willem H., "Alice in Euroland", *mimeo, CEPR*, Bank of England, March 1999.

Crockett, Andrew, "Why is Financial Stability a Goal of Public Policy", *Maintaining Financial Stability in a Global Economy*, FRB Kansas City, August 1997.

Diamond, D. and D. Dybvig, "Bank Runs, Deposit Insurance, and Liquidity", *Journal of Political Economy*, June 1983.

DeYoung, Robert, Mark J. Flannery, William W. Lang, and Sorin M. Sorescu, "The

Informational Advantage of Specialized Monitors : The Case of Bank Examiners",
mimeo, April 1998.

Dowd, *The Experience of Free Banking*, London, Koutledge, 1992.

Dow, Sheila, and Carlos. Rodriguez-Fuentes, "The Political economy of monetary Policy",
The Political Economy of Central Banking, Edward Elgar Press, 1999.

Duca, John V., "Regulation, Bank Competitiveness, and Episodes of Missing Money",
FRB of Dallas, *Economic Review*, Second Quarter 1993.

————, "The World Economy Survey", *The Economist*, September 25th, 1999.

Financial Service Authority(FSA), "Memorandum of understanding between HM treasury,
the Bank of England and the Financial Service Authority", press release,
www.fsa.gov.uk, 1997.

Friedman, Benjamin M., "The Future of Monetary Policy : The Central Bank as an Army
with only a Signal Corps?", Conference paper for "Social Science and the Future,
Oxford, July 7-8, 1999.

Furlong, Frederick T., "Capital Regulation and Bank Lending", FRB of San Francisco,
Economic Review, No 3, 1992.

Gerger, Allen and Sally M. Davies, "The information Content of Bank Examinations",
Journal of Financial Services Research 14-2, 1998.

Goodfriend, M. and R. G. King, "Financial Deregulation, Monetary Policy, and Central
Banking", *FRB of Richmond Economic Review*, vol. 74(May-June), 1988.

Goodfriend, M., "Monetary Mystique : Secrecy and Central Banking", *Journal of Monetary
Economics* 17, 1986.

Goodhart, C.A.E., *The Evolution of Central Banks*, Cambridge, M.A : MIT Press, 1988.

Hancock, Diana and James A. Wilcox, "The Credit Crunch and the Availability of Credit
to Small Business," *Journal of Banking and Finance*, August 1998.

Haubrich, Joseph G. and Paul. Wachtel, "Capital Requirements and Shifts in Commercial
Bank Portfolios", *FRB of Cleveland Economic Review* 29, 3rd Quarter 1993.

Humphery, Thomas M., "Lend of Last Resort : The Concept in History", *Economic Review*,
FRB of Richimond, March/April 1998.

Larry Promisel, "Chapter 17 : Banking Supervision Around the World : The Role of the
Central Bank", IMF, *Current Legal Issues Affecting Central Banks*, Vol. 4, March 1997.

Jackson, Patricia, "Capital Requirements and Bank Behavior : The Impact of the Basle
Accord", *Basle Committee on Banking Supervision Working Paper*, No. 1, April 1999.

Kashyap, Anil K. and Jeremy C Stein, "The Role of Banks in Monetary Policy : A Survey
with Implications for the European Monetary Union.", *Economic Perspectives*, FRB of

Chicago, September/Octorber 1997.

King, Mervyn, "Challenges for Monetary Policy : New and Old", Paper for "New Challenges for Monetary Policy", sponsored by the FRB of Kansas, August 1999.

Kishan, Ruby P. and Timothy P, Opiela, "Bank Size, Bank Capital, and the Bank Lending Channel", *Journal of Money, Credit and Banking*, Vol. 32, No. 1, February 2000.

McCallum, Bennett T., "Monetary Policy Rules and Financial Stability", *Financial in a Changing Environment*, edited by the Bank of Japan, 1995.

Peek, Joe., "Does the Federal Reserve Have an Information Advantage? You can bank on it", *mimeo*, April 1998.

Peek, Rosengren and S. Eric, "Bank Lending and the Transmission of Monetary Policy", Is Bank Lending Important for the Transmission of Monetary Policy?, FRB of Boston, *Conference Series*, No. 39, June 1995.

Peek, Rosengren and Geoffrey M.B. Tootell, "Is Bank Supervision Central to Central Banking?", *The Quarterly Journal of Economics*, May 1999.

――――, "Using Bank Supervisory Data to Improve Macroecono-mic Forecasts", *New England Economic Review*, September/Octorber 1999.

Romer, Christiana D. and David H. Romer, "Federal Reserve Private Information the Behavior of Interest rates", *NBER Working Paper*, No. 5692, July 1996.

Thakor, Andean V., "Capital Requirement, Monetary Policy, and Aggregate Bank Lending : Theory and Empirical Evidence", *The Journal of Finance*, Vol. LI, No. 1, March 1996.

――――, "The World Economy Survey", *The Economist*, 25 September, 1999.

Turner, Philips, "Can Bank Regulation be used to prevent systemic financial failure during periods of macroeconomics stress?", BIS, speech address, ADBI.

Tuya, José and Lorena. Zamalloa, "Issues on Placing Banking Supervision in the Central Bank", the Sixth Seminar on Central Banking, IMF, March 1994.

Wall, Larry D. and Pamela P. Peterson, "Bank's Responses to binding Regulatory Capital Requirements", *Economic Review*, FRB of Atlanta, 3/4, 1996.

WEF, "Year in Review", www.weforum.org, 1999.

13 자산가격변동과 통화정책

홍승제·함정호

I. 머리말

미국·일본 등 선진국을 비롯한 대다수 국가들의 경우 1980년대 이후 실물부문에서의 물가상승세는 크게 진정되고 있으나 주가, 부동산가격 등 자산가격(assets prices)은 경기국면에 따라 급등락하는 모습을 보여왔다.

특히 1990년대 들어 전세계적으로 금융글로벌화의 진전과 정보통신기술의 발달 등으로 금융거래가 실물거래에 비해 빠르게 증대하는 가운데 금융운용기법이 더욱 다양화되면서 자산거래 행태가 과거에 비해 더 적극적으로 바뀌고 있다. 이 과정에서 주가나 부동산가격이 급격히 상승하여 소비나 투자지출이 과도하게 늘어나 인플레이션 압력이 높아지고 버블의 확대-소멸 과정(boom-bust cycle)이 나타남으로써 종국에는 금융중개시스템을 크게 불안정하게 만든 사례가 자주 발생하였다.

자산가격은 자산시장의 특성상 생산성 향상과 같은 기초경제력(fundamentals) 이 외에 심리적 요인 등 비기초경제력 요인(non-fundamentals)에 의해서도 영향을 크게 받으며 특히 자산가격버블이 붕괴되는 경우에는 신용경색 및 자산·부채디플레이션이 초래되어 경기심체가 장기화되기도 한다.

이러한 이유로 최근 주요 선진국에서는 자산가격의 높은 변동성에 대해 중앙은행이 어떻게 대응하는 것이 바람직한 것인지가 주요한 정책과제로 등장하고 있다. 대다수 국가의 중앙은행들은 통화금융정책 등을 통해 자산가격이 합리적으로 결정될 수 있도록 여건을 조성함으로써 버블경제 발생을 사전에 막고 금융시스템을 안정화하는 등 장기적인 거시경제성과(macroeconomic performance)를 높이는 데 정책 초점을 맞추고 있다.

한편 외환위기 직후 크게 하락하였던 우리나라의 주가 및 부동산가격은 1998년 하반기 이후 구조조정 및 금리하향화에 따른 실물경제의 회복과 함께 금융시장 안정을 위한 충분한 유동성 공급 등으로 1999년 말까지 빠른 속도로 상승한 후 2000년에 들어서면서 하락세로 반전되었다. 이 과정에서 금융권간 대규모의 자금이동과 함께 자금의 단기화 현상이 심화되면서 기업금융시장(CP 및 회사채시장 등)에서의 자금중개기능이 마비되는 등 국지적인 자금경색(credit crunch)이 나타났다.

이러한 점을 감안하여 이 장에서는 민간부문의 자산포트폴리오에서 중요한 금융자산의 하나인 주식의 가격을 중심으로 외환위기 이후 우리나라 자산시장에서의 변화를 감안하여 자산가격 안정의 통화정책적 중요성을 살펴보고 높은 변동성에 대한 통화정책적 대응방안을 모색해 보고자 한다.

이 장은 다음과 같이 구성되어 있다. 먼저 II절에서는 자산가격 변동의 통화정책적 의의와 효과를 이론적으로 정리하고 통화당국의 입장에서 주요 실천과제를 살펴본 후 III절에서는 자산가격 급변동기간중 주요 선진국(미·일)의 정책대응에 대한 실제 사례를 통해 통화정책적 시사점을 도출한다. IV절에서는 최근 우리나라의 주가 및 부동산가격의 변동 추이상 특징을 살펴본 다음 주요 경제지표들과의 관계를 실증 분석한다. 마지막으로 V절에서는 우리나라의 자산변동 추이상의 특징을 요약 정리한 후 통화정책적 측면에서의 대응방안을 모색한다.

Ⅱ. 자산가격변동의 통화정책적 의의와 효과 :
이론적·실천적 논의

1. 자산가격의 정의

자산가격은 일반적으로 해당 자산의 장래 기대수익을 할인한 가치(discounted value)로 정의된다. 효율적 시장(efficient market) 가설에 따르면 어느 시점에서 이용 가능한 모든 정보가 즉각적으로 가격결정에 영향을 주는 효율적 자산시장이 존재하고 규제에 따른 가격왜곡이 없는 경우 자산가격은 생산성과 같은 근본적인 기초경제력을 반영하게 된다. 이러한 환경 하에서는 중앙은행은 자산가격의 변동성 자체에 특별한 관심을 가질 필요가 없으며 단지 자산가격은 장래 경제상황에 관한 유용한 정보를 제공한다는 점에서만 의미를 부여한다.

그러나 실제로 각종 자산가격으로부터 유용한 '기대정보'를 추출하는 것은 현실적으로 대단히 어렵다. 그것은 기술진보 등으로 기업의 장래가치를 시장가격으로 전환하는 과정에서 필요한 투자자의 주관적인 할인율과 장래의 투자수익흐름을 정확히 측정하기가 곤란하기 때문이다. 또한 자산가격은 가격결정에서 기대요소를 많이 포함하고 있어 기초경제력 이외의 비기초경제력인 요인의 영향을 크게 받음으로써 가격의 변동성이 내생적으로 지나치게 커지는 경향을 보인다. 특히 금융자유화와 개방화의 급속한 진전에도 불구하고 금융시스템 내에 적절한 규제가 마련되지 않는 등 느슨한 금융규제감독 관행과 투자자의 군집행동, 과도한 낙관주의 및 단기주의와 같은 불합리한 투자행태 등이 존재하면 자산가격의 변동성은 더욱 확대된다. 이 밖에도 자산가격은 마크업(mark-up)에 의한 상품가격과 달리 기대요인에 의해 영향을 크게 받고 시장참여자가 장래투자에 대한 신뢰를 잃는 경우 단기간에 위험 회피적인 심리적 일탈행위(fear-induced disengagement)가 나타나는 경우가 많아 때때로 기초경제력을 크게 벗어나 움직이기도 한다.

역사적인 자산가격버블 발생사례

□ 자산시장에서의 투기적인 가격버블이 발생했던 예는 역사적으로 많이 있었다.

- 1세기경에는 도시 로마의 인접지역의 지가가 폭등한 사례를 비롯하여 튤립, 운하, 철도, 금, 은, 주식 등 여러 종류의 자산시장에서 버블이 발생하였다.

□ 대표적인 사례로 1637년 네덜란드의 튤립 球根(tulip bulb) 투기를 들 수 있는데 당시 터키로부터 수입된 구근이 급속도로 유행하면서 가격이 폭등하였다.

- 투기열기가 최고조에 달했을 때 튤립 구근 한 개 값이 무려 5,500길러(오늘날 2만 5천 파운드 해당)까지 치솟았으며 그 이후 같은 해 최고값의 10%까지 폭락하였다.
- Charles Mackay의 *Extraordinary Popular Delusions and the Madness of Crowds*(1841)라는 책에서는 한 선원이 부잣집 부엌에서 아침식사를 하던 중 실수로 3천 길더짜리 튤립 구근을 먹고 돈을 지불하지 못해 감옥에 가게 되었는데 일년 후 구근값이 폭락하자 크게 웃고 말았다는 일화를 소개하였다.

□ 또 다른 투기적 자산가격버블 사례로는 1720년 런던에 소재한 South Sea Company가 영국의 국채를 인수하는 대가로 남미 지역과의 독점교역권을 획득한 후 이 회사의 주가가 폭등한 일이 있었다.

- 남미지역의 대부분이 스페인이 장악하고 있어 South Sea Company가 금·은 광산에서 막대한 독점이윤을 거둘 수가 없었음에도 불구하고 투자자들은 동회사의 주식을 무분별하게 매입하기 시작하면서 주가는 7개월 동안 8배나 급등하였다.

□ 이 밖에도 1920년대 중반 많은 미국사람들이 플로리다 지역을 퇴직 후 최적의 휴양지로 꼽기 시작하면서 그 지역의 땅값이 천정부지로 치솟았던 적이 있으며, 1921년 여름부터 1929년 가을까지 미국의 다우존스 주가는 5배 이상이나 상승하였다.

2. 통화정책상 자산가격 안정의 중요성

통화정책상 자산가격 안정의 중요성은 자산가격이 급등과 급락을 하는 경우 금융중개시스템이 불안정해질 뿐만 아니라 그 여파가 종국적으로 실물경제 활동에 악영향을 미치기 때문이다.

이론적으로 보면 주가 및 부동산가격 등 자산가격의 변동은 여러 경로를 통해 실물경제에 영향을 미치는데 우선 자산가격 경로(asset price channel)를 들 수 있다. 이 경로상에는 투자이론에서의 Tobin-q[1]와 소비자이론에서의 부의 효과(wealth effect)가 중요한 역할을 한다. 먼저 투자이론에 따르면 주식 등 자산가격이 상승하면 기업의 시장가치가 실물자본의 대체비용보다 상대적으로 높아져(Tobin-q가 상승) 신규공장 건설 및 기계설비도입 비용이 기업의 시장가치(주가)에 비해 상대적으로 저렴하게 되면 주식발행을 통해 신규투자자금을 조달할 유인이 더욱 커진다. 만일 통화당국이 통화를 확대 공급하면 금리하락으로 인해 주가 또는 기업보유건물 및 토지가격이 상승하여 Tobin-q가 높아져 투자지출이 늘어나고 산출량이 증대된다. 반면 소비이론(Modigliani의 life-cycle가설)에 의하면 소비지출은 인적자본, 물적자본 및 금융자산형태의 부(주요 구성요소는 주식)로 이루어진 생애자원(lifetime resources)에 의해서 결정된다. 예컨대 통화공급이 확대되면 주가 및 주택·토지 가격 등이 상승하여 가계부문의 부가 늘어나 생애가용자원이 커짐으로써 소비가 늘고 산출량이 증대된다.

한편 자산가격변동은 대차대조표경로(balance sheet channel)를 통해서도 실물경제에 영향을 미칠 수 있다(F. Mishkin 1995). 신용시장(credit market)은 기본적으로 정보의 비대칭성 문제 등이 존재하는 불완전한 시장으로 재무상태(대차대조표 여건)가 양호한 차입자가 오히려 많은 신용을 공급받지 못할 수도 있다. 만일 자산가격이 상승할 경우는 경제주체들의 담보가액이 높아져 차입능력이 증대됨으로써 금융기관의 신용공급이 지속적으로 확대되는 등 자체

---

1) Tobin q=증권시장에서 평가된 기업가치/실물자본의 대체비용

존속과정(self-sustaining process)을 거치게 된다.

그러나 자산가격이 하락하는 경우에는 담보가치가 떨어질 뿐만 아니라 부채의 실질적 부담이 예상치 못한 수준으로까지 증대될 수 있다.[2] 이에 따른 차입자의 순자산가치(대차대조표 여건) 악화는 정보부족으로 인해 도덕해이와 역선택 현상을 초래함으로써 금융기관의 신용공급을 축소시키는 결과를 가져오며, 이는 결국 기업의 투자지출을 억제함으로써 산출량이 감소된다. 예컨대 주식시장의 붕괴(stock market crash)와 같은 자산가격의 급락은 기업 등 차입자의 순자산가치 하락을 가져와 역선택과 도덕해이 문제 유발뿐만 아니라 금융기관의 대차대조표여건 등을 크게 악화시킴으로써 자산·부채 디플레이션을 초래하고, 이는 종국적으로 금융불안 현상을 더욱 확산[3]시키게 된다. 이러한 결과는 때로 자산가격을 재차 하락시킴으로써 부의 감소를 가져와 총수요 또는 총공급이 더욱 위축되는 금융증폭효과(financial accelerator effects)를 야기하기도 한다(Bernanke-Gertler-Gilchrist 1999).

최근 들어 실제 통화당국이 통화정책을 운용하면서 자산가격의 변동성에 대하여 과거보다 훨씬 많은 관심을 기울이게 된 데는 첫째, 자산가격의 움직임은 예상소비자물가의 선행지표[4]가 될 수 있기 때문이다. 자산가격이 상승하면 기업의 자본조달비용이 감소하고 부가 증대됨으로써 투자 및 소비 지출이 더욱 늘어남으로써 초과수요가 증대되어 종국적으로 인플레이션율이 상승할

---

2) Davis(1995)에 따르면 이러한 현상을 자산가격-부채순환(asset price-debt cycle)이라 하며 금융규제의 완화로 금융기관간 경쟁이 심화되고 경기가 회복되는 시기에는 더욱 증폭될 수 있음을 지적하였다. 한편 Minsky(1991)는 부채가 증가하면 은행의 신용위험도 동시에 커짐으로써 금융기관의 건전성이 크게 취약해질 뿐만 아니라 부채의 성격도 초기에는 위험헤지부채(hedged debt)에서 투기적 차입(speculative finance)으로, 다음에는 폰지금융(ponzi finance)의 순으로 악화된다고 하였다.

3) F. Mishkin(1997)에 따르면 자산시장의 붕괴에 따른 금융불안정 과정은 [자산시장 붕괴 → 순자산가치 급감 → 역선택과 도덕해이 문제 악화 → 경제활동 둔화 → 은행위기 → 역선택·도덕해이 문제 악화 → 경제활동 둔화](전형적인 금융위기 경로) → [예상치 못한 물가수준 하락 → 역선택 도덕해이 문제 악화 → 경제활동 둔화](부채디플레이션 경로)로 전개된다.

4) 최근 IMF(2000)에 따르면 대다수 선진국들도 경제활동의 선행지표로서 다양한 자산가격을 활용하고 있으나 그 활용방법에는 자산가격의 종류, 자산시장의 발달 정도에 따라 다소 차이가 있는 것으로 나타났다. 또한, 주요 선진국(15개국)을 대상으로 IMF가 추정한 바에 따르면 주가는 7개국에서 경제성장률의 선행지표로서, 부동산가격은 11개국에서 산출량 갭의 선행지표로서 통계적으로 유의하였다.

것으로 예상할 수 있다.

둘째, 현행 소비자물가지수는 경제 전반의 인플레이션 압력을 측정하는 대용지표로서는 한계가 있기 때문이다. 중앙은행이 경제 전반의 인플레이션 압력을 효과적으로 예측하기 위해서는 현재의 상품 및 서비스의 소비가격뿐만 아니라 미래의 상품 서비스에 대한 청구권을 반영하는 자산가격도 통화가치5)에 영향을 미친다는 점에서 이를 물가지수에 포함시키는 것이 바람직하다. 그러나 이러한 견해에 대해서는 이견이 다양한데, 예를 들면 Goodhart(1995)는 중앙은행이 지금까지 너무 좁은 범위의 인플레이션(output price) 지표에 의존하여 왔음을 지적하고 주택이나 금융자산도 광의의 인플레이션에 포함되어야 한다고 강조하였다. 이와 함께 Stephen 외(2000)는 통화정책목표를 일반 물가수준보다는 자산가격을 포함한 종합물가(combined price)의 안정에 두는 것이 바람직하나 주가는 너무나 많은 정보가 혼재(noisy information)해 있어 주택가격만 포함해야 한다고 주장한 바 있다.

한편 일본은행(금융연구소 白塚重典 1996)은 1991년 일본의 일반물가지수에 자산가격(주가, 지가)을 반영한 동태적 균형가격지수(Dynamic Equilibrium Price Index ; DEPI)를 시산하여 실증분석을 한 바 있다. 그 결과 자산의 거래비중이 지나치게(90% 이상) 커 물가지수가 자산가격지수화되어 일반상품 및 서비스의 가격변동을 제대로 포착하기가 어려울 뿐만 아니라 실제 자산

주요국별 자산가격의 선행성에 관한 추정 결과

	주 가		부동산가격	
	경제성장률	산출량갭	경제성장률	산출량갭
미국	∨			∨
일본	∨		∨	∨
영국	∨			∨
독일				∨
프랑스				∨

주 : ∨는 실질경제성장률 및 산출량갭을 시차변수로 하여 1970~99년까지 연도별자료를 이용
　　회귀분석한 결과 선행지표인 자산가격의 계수가 유의한 결과를 보인 경우를 표시한 것
자료 : IMF(2000)에서 재인용

5) '물가안정'은 좁은 의미로 현재소비의 명목가격만을 장기적으로 안정시킨다는 것을 의미하나,
　광의로는 화폐와 상품간 교환이 서로 다른 시점 간에도 안정적이고 예측 가능하게 이루어지도
　록 하는 것이다.

(특히 부동산)가격에 대한 정확한 추계와 그 변동원인을 파악하는 것이 용이하지 않아 한계가 있음을 보여주었다.

셋째, 자산가격버블이 일단 발생하여 붕괴되면 기업·금융의 동반부실을 통하여 극심한 경기침체 또는 부채디플레이션과 같은 경제·금융상 심각한 해악이 초래될 수 있기 때문이다.

이와 같이 오늘날 중앙은행이 자산가격변동에 대해 더 많은 관심을 기울여야 한다는 데에는 공통된 인식을 하고 있으나 구체적인 통화정책적 대응방법에 대해서는 시각차가 여전히 존재한다.

미 연준을 비롯한 대다수의 중앙은행들이 지지하는 정통론에 따르면 중앙은행은 통화정책의 목표를 무엇보다 상품·서비스의 가격안정에 일차적인 목표를 두어야 한다는 것이다. 따라서 자산가격변동이 일반물가압력에 영향을 미칠 것으로 우려된다고 판단되는 경우에만 자산가격변동에 대응(이는 인플레이션 또는 디플레이션 압력을 사전에 적극적으로 조정해야 한다는 물가안정목표제의 취지에 부합)하는 것이 바람직하나 그렇다고 해서 자산가격버블을 급격하게 제거하려고 시도해서는 곤란하다는 것이다.

자산가격이 기초경제력을 장기간 크게 벗어나는(misalignment) 경우 시의적절한 사전 금리조정 등을 통해 버블발생을 조기에 억제하는 것이 바람직하다고 한 데에는 이견이 없다. 그러나 현실적으로 자산가격과 금리와의 안정관계 여부 등이 불확실하고 또 금리조정 효과도 특정 자산시장이 아닌 경제 전반에 광범위하게 미친다는 점에서 효과적이지 못할 수도 있다. 이러한 입장은 현실적으로 중앙은행이 시장에 비해 정보면에서 반드시 우월(informational advantage)하다고 할 수 없을 뿐만 아니라 자산가격 상승이 기초경제여건의 향상에 따른 것인지 아니면 투기성 거품의 형성을 나타낸 것인지를 제대로 식별해 내기란 대단히 어렵다는 점을 반영한다. 뿐만 아니라 자산가격 결정 주요 요소인 '기대요인'에 상당한 偏倚가 존재함을 감안할 때 자산가격 변동에 대응한 통화정책은 어느 정도 불확실한 상태에서 수행될 수밖에 없어 정책착오(policy misleading)를 유발할 수 있기 때문이다.

그린스펀 미 연준 의장 및 크로켓 BIS 사무총장 등은 수시로 자산가격 평가의 불확실성을 강조해 왔으며, Woodford(1999)는 중앙은행이 통화정책을 운용하면서 자산가격의 움직임에 근거한 엄격한 준칙을 적용하는 경우 자산가격과 실물경제 간의 동조화 현상이 나타나고 시장이 유도하는 대로 정책이 추수될 가능성이 높아지는 등 정책의 내생성 문제가 야기될 뿐만 아니라 안정적인 기대형성을 위한 대외기준치(external anchor)를 제공하기가 어려워질 수 있다고 주장하였다. 그렇지만 최근 《이코노미스트》(The Economist, 2000.5)는 중앙은행이 통화정책을 수행하면서 자산가격의 변동성을 충분히 감안하여야 하는데, 이 경우 단기적으로 물가안정목표(명시적이든 묵시적이든) 수준을 벗어날 수도 있겠으나[6] 장기적으로는 산출량 또는 인플레이션을 더욱 안정화시킬 수 있다고 강조하였다.

한편 IMF(2000)는 통화정책 수립시 자산가격을 반영하는 정형화된 방법은 없으나 중앙은행은 통화신용면이나 대외 또는 민간의 채권·채무면에서 갑자기 경제에 악영향을 미칠 정도로 불균형이 심화되는 것은 아닌지 유의하면서 자산가격 상승을 점검해야 한다는 다소 중립적인 입장을 표명하고 있다. 반면 화이트(B. White) BIS 통화정책국장은 금융자유화의 진전으로 통화정책과 환율 간의 연관성이 증대되는 가운데 인플레이션이 억제되어 금리 상승 폭이 줄어듦으로써 자산시장에서의 버블이 발생할 수 있음을 지적하면서 중앙은행이 이를 주목하여야 한다고 강조한다. 이 밖에도 Alchian-Klein(1973)은 자산가격이 급등하면 소비자물가와 마찬가지로 가격신호가 왜곡되어 자원의 비효율적인 배분이 초래되기 때문에 소비자물가에 자산가격을 포함해서 봐야 할 뿐만 아니라 중앙은행이 자산가격을 포함한 광의의 물가를 안정시키기 위해 노력해야 한다고 하였다.

---

6) Kent·Lowe(1997)는 만일 통화당국이 자산가격버블이 발생했다는 사실을 인지한 경우에는 실제 인플레이션율이 안정목표 수준보다 하회하는 한이 있더라도 빠른 기간내 금리인상 등을 통해 버블을 붕괴시킴으로써 자산가격버블 붕괴순환(boom-bust cycle)의 고리를 차단하는 것이 바람직하다는 점을 단순모형을 통해 이론적으로 규명하였다(자세한 내용은 '참고 2. 자산가격버블 하에서의 통화정책-Kent·Lowe 모형' 참조).

자산가격버블 하에서의 통화정책 – Kent·Lowe 모형

☐ 자산가격의 변화가 통화정책에 미치는 정책적 함의를 파악하기 위해 인플레이션과 자산가격버블 간의 관계를 식 (1)과 같이 상정한다.
  − (가정) 자산가격버블(비기초경제력에 의한 자산가격–기초경제력에 의한 자산가격)
    은 중앙은행에 의해 사전에 파악될 수 있을 뿐만 아니라 그 크기는 비기초경제여건
    에 의해 주로 영향을 받으며 인플레이션에는 비대칭적으로 正의 방향으로 영향을
    미친다. 다만 α, β 는 시간에 관계없이 고정된 계수이며 통화정책기조와는 독립적
    이다. 또한 버블이 통화금융정책에 의해 일단 소멸되면 당분간 발생하지 않는다.

$$\pi t = \alpha At + \beta Dt \, \varDelta At - Rt-1 \tag{1}$$

  단, πt는 중앙은행의 물가안정목표수준과 실제물가수준의 차이를 말하며 At는 기초경제
  여건에 의해 결정되는 자산가격과 비기초경제여건에 의해 결정되는 자산가격의 차이,
  Rt는 자연이자율과 정책금리 간의 차이, Dt는 자산가격이 하락했을 때는 1, 상승하였
  을 때는 0인 더미변수이다.

  − 자산가격이 기초경제 수준에서 벗어나 급등(α 혹은 β 계수가 커질수록)하면 장래
    에 기대되는 富의 크기도 커져 총수요(소비·투자)가 늘어나 예상 인플레이션 압력
    이 높아지게 된다. 반면 자산가격이 기초경제력 가치수준보다 낮게 떨어지면 인플
    레이션 압력이 사라질 뿐만 아니라 대차대조표조정 및 디스인플레이션과 같은 추
    가적인 긴축효과가 뒤따르게 된다.

☐ 한편 자연이자율과 통화당국의 정책금리의 차와 자산가격버블 붕괴가능성(p)과는 다
  음과 같은 선형관계가 있다고 가정한다.

$$pt = \rho + \varphi Rt, \quad 단 \varphi \geq 0 \tag{2}$$

  − 즉 자산가격의 버블붕괴확률은 정책금리의 변경(자연이자율은 단기적으로 고정)에
    의해 영향을 받는데, 예컨대 금리를 상승하면 자산거래와 관련한 거래기회비용을
    높아지고 경기가 둔화됨에 따라 자산가격버블 붕괴가능성이 높아지게 된다.
  − 이와 함께 φ 값이 클수록 자산가격버블 붕괴가능성에 대한 금리변동의 영향력이
    커지는데, 당기에 버블이 터지지 않는다면 다음 기에는 g^n비율로 커진다.[1]

$$At+1 = (1+g^*)At = gAt \tag{3}$$

  − 자산가격버블의 증가속도를 기간별로 나타내면 아래 그림과 같다.

---

1) 이 모형은 합리적 기대이론과는 상치된다. 즉 합리적 기대이론이 적용되는 상황에서는 통화정
   책에 의한 금리변동은 자산가격버블 붕괴가능성뿐만 아니라 현재의 버블 규모, 남은 버블의
   예상발생 가능성 등에 영향을 미친다.

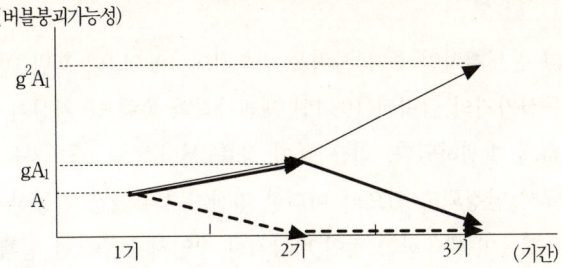

경로별 자산가격버블 증가추이

(버블붕괴가능성)

g^2A_1

gA_1
A

1기　　　　2기　　　　3기　　(기간)

— 경제활동기간은 총 3기만으로 상정하고 첫기에 중앙은행은 자산가격버블을 인지하였다고 가정한다. 또한 중앙은행은 버블소멸을 위한 수단으로는 금리정책이 유일하며, 만일 금리를 변경하게 되면 그 당시의 물가가 아닌 다음 기의 인플레이션에 영향을 미친다고 본다. 즉 중앙은행은 정책목표를 단기적인 물가수준이 아닌 중장기 물가안정에 두고 있다고 가정한다.

· 제Ⅰ경로는 3기까지도 금리인상을 통해 버블을 제어하지 않을 경우 자산가격버블이 비선형적으로 더욱 크게 확대되는 경우이고, 제Ⅱ경로는 버블 발생 다음기(제2기)에 금리를 인상함으로써 3기에 버블이 소멸되는 경우이며, 제Ⅲ경로는 1기에 버블인지와 동시에 금리를 인상하는 경우 2기때 곧바로 버블이 소멸하는 경우이다.

· 중앙은행의 물가안정목표정책은 2기와 3기의 물가가 중장기 물가변동궤적으로부터 이탈되는 정도를 최소화한다.

$$\min \ E1(\pi_2^2) \ + \ E1(\pi_3^2) \tag{4}$$

이때 만일 규제감독정책 강화로 계수 α, β 값이 작아지면 자산가격변동에 대한 통화당국의 대응강도도 그만큼 줄어들게 된다.

□ 이상의 모형분석을 통해 알 수 있는 것은 ① 자산가격버블 붕괴가 현재 금리수준과 관련이 있다면 금리인상을 통해 버블을 가급적 빨리 소멸시키는 것이 경제 전반에 미치는 악영향을 최소화할 수 있다는 점에서 바람직하다. ② 버블확산을 막기 위한 금리인상은 경제활동을 위축시켜 다음 기의 인플레이션을 중장기 물가안정목표수준 이하로 하락하게 할 수 있다. ③ 만일 버블붕괴확률(p)이 식 (2)에서 보듯이 내생적으로 결정되는 변수라 하면 예상 경제성장경로는 현재의 금리수준에도 영향을 받는다. ④자산가격버블붕괴확률이 내생적으로 결정되는 경우에는 금리인상에 따라 실물경제가 위축될 수 있는 부분을 고려하여 금리의 적정 인상폭이 외생적으로 결정되는 경우보다 작게 하는 것이 바람직하다.

3. 자산가격 변동성 확대에 따른 통화정책적 대응과제

1987년의 전세계적인 주가 하락을 비롯하여 1980년대 후반 여러 선진국들에서는 부동산가격의 급락과 1994년 채권가격의 폭락 등 자산가격 불안정 현상이 빈번하게 발생하였다. 최근 들어 상품·서비스 등 소비자물가는 대체로 낮은 수준에서 안정되고 있으나 이러한 자산가격의 높은 변동성에 대해서 어떻게 중앙은행들이 대응하는 것이 바람직한 것인지가 주요한 정책과제의 하나가 되고 있다.[7] 특히 자산가격의 정보추출 문제, 자산가격의 변동요인 및 통화정책파급경로상 자산가격의 역할 등은 자산가격 행태에 대한 통화정책적 대응과 관련한 주요한 이슈들이다.

1990년대에 들어 대다수의 선진국에서는 1~3% 내외의 낮은 인플레이션이 기록되고 채권 또는 주식시장에서의 자본이득이 크게 늘어나는 가운데 몇몇 나라에서는 환율이 변동환율제도의 채택과 함께 변동성이 커지고 있다. 이때 중앙은행이 관심을 갖는 자산은 변동성이 낮은 부동산가격에 비해 움직임이 더욱 동태적인 주가 등 금융자산가격이다.

먼저 통화정책은 자산가격의 변동에 대해 어떻게 반응해야 하는가이다. 결론적으로 말하면 이는 중앙은행이 자산가격이 함축하는 정보를 인플레이션 등 주요 거시정책목표변수 예측에 어떻게 선별하여 이용하는가에 달려 있다. 예컨대 명시적인 물가안정목표제(inflation targeting) 하에서는 자산가격은 총수요에 미치는 효과에서 고려되는데 만일 가계나 기업의 지출의사결정이 주가변동에 크게 의존하는 경우 주가가 상승하면 소비 또는 투자지출이 더 낙관적이되어 기대인플레이션이 높아질 수 있다.

아울러 자산가격의 단순한 활용만으로는 중앙은행의 경제예측상 어려움을 일거에 해결할 수는 없는데, 이는 자산가격의 변동 원인이 다양하기 때문이다. 즉 중앙은행이 자산가격을 정보변수로 활용하기 위해서는 자산가격 변동의 근

---

7) 이와 관련하여 최근의 대표적인 논의는 BIS 주관 하에 1998년 3월 각국 중앙은행들이 "The Role of Asset Prices in the Formation of Monetary policy"라는 국제회의를 통해 이루어졌다.

본원인을 제대로 규명할 수 있어야 한다. 예를 들어 주가상승이 주로 기초경제력 향상으로 인해 기업의 기대수익이 크게 높아질 것으로 예상하여 나타난 결과라면 이를 버블로 간주하여 시장개입을 하는 것은 바람직하지 않을 수 있다.

그러나 자산가격의 정보를 분석하는 데에서 현실적인 어려움으로는 다양한 자산가격정보의 상대적 중요도를 어떻게 구분할 수 있으며, 자산가격에서 추출한 정보를 어떻게 다른 거시경제변수와 결합할 수 있는가 등이다. 이와 관련해서 여러 실증분석이 시도되고는 있으나 거시경제변수와 자산가격들 간의 인과관계에 대한 정확한 이해와 모형구축 등이 완전하게 이루어지지 않은 상태이다.

한편 자산가격의 움직임이 인플레이션에 미치는 영향이 미미하더라도 통화정책이 자산가격변동에 대응할 필요가 있는데, 이는 중앙은행이 금융시스템의 안정책무가 있기 때문이다. 만일 자산가격이 기초경제력에 상응하지 않은 수준까지 급상승하는 등 투기적 버블(speculative bubble) 현상이 일단 발생하게 되면 이는 언젠가는 반드시 붕괴하게 되는데, 이 경우 담보가액이 하락하는 등 대차대조표 여건이 크게 악화되어 결국 금융시스템의 안정성을 위협하게 된다.

중앙은행은 역사적으로 자산가격의 버블이 과도한 신용 확대와 밀접하게 관련되어 있다는 점을 감안, 자산가격의 버블 형성 가능성을 면밀히 분석하고 지나친 신용공급 확대를 상시 모니터링할 필요가 있다. 그렇지만 투기적 자산가격버블이 어떻게 시작되는지, 자산가격이 기초경제력을 넘는 과도한 상승분을 어떻게 알 수 있으며, 안다고 하더라도 이를 언제, 어떤 방법을 통해 터뜨리는 것이 바람직한지 등이 여전히 어려운 정책과제로 남아 있다. 특히 자산가격버블을 수속하는 과정에서 단기적인 물가안정과 금융안정 간의 정책상충 문제가 야기될 수 있다. 즉 선제적인 버블억제정책은 단기적으로 경제활동을 당초 예상했던 바람직한 수준보다 낮게 위축시킬 수도 있는데, 이러한 비용은 금융안정을 도모하는 대가로 충분히 보상받을 수 있는 경우에 바람직할 것이다. 그러나 이러한 판단은 금융시스템이 자산가격의 하락에 얼마나 민감하게 반응하고 중앙은행이 얼마나 시의적절하게 버블을 터뜨릴 수 있는가에 달려 있다. 특히 후자의 경우, 중앙은행의 정확성 및 적극성 정도는 자산시장에 대한 정확한 정보획득 및 분석능력과 저인플레이션 기조 정착 여부 등에 의존하게 된다.

끝으로 자산가격변동을 통화정책에 반영하는 데에서 현실적인 도전으로는 금융부문의 엄청난 불균형이 누적되어 나타났던 1990년대 여러 나라의 금융위기를 보면 물가수준이 낮다는 것이 반드시 금융불안정의 위험을 줄이는 것으로 작용하지 않았다는 점이다. 다시 말해 금융부문의 불균형은 중앙은행이 당초 인플레이션목표치를 준수하기가 어려워 금리를 인상할 수밖에 없다는 점을 인지하기도 전에 나타날 수 있다는 것이다.

이 밖에 통화정책 운용방식에 따라서도 금융불안정(financial imbalance) 위험 정도와 금융위기(financial crisis) 가능성이 달라질 수 있다는 점이다. 예컨대 엄격한 준칙 또는 재량정책, 물가안정목표제 또는 통화량목표제 가운데 어떠한 통화정책 운용틀이 자산가격변동에 의한 금융불안정성 위험을 효과적으로 줄일 수 있는 전략인지를 규명하는 일이 당면과제의 하나로 등장하고 있다.

Ⅲ. 자산가격변동에 대한 주요 선진국의 정책대응과 시사점

1. 미·일의 자산가격버블 발생·확대배경과 중앙은행의 정책대응

가. 미 국

미국의 주가 등 자산가격이 역사적으로 크게 변동하였던 시기로는 1920년 대말 대공황기와 정보통신기술(IT) 발달 등에 따른 생산성 향상으로 주가가 사상 최고치를 갱신하고 지속적인 상승세를 보이고 있는 1990년대 후반 이후를 대표로 들 수 있다. 특히 1925~29년 및 1995~99년의 주가(S&P - 500) 상승률은 각각 214%, 196%로 5년 동안에 자산가격이 2배나 상승하였다.

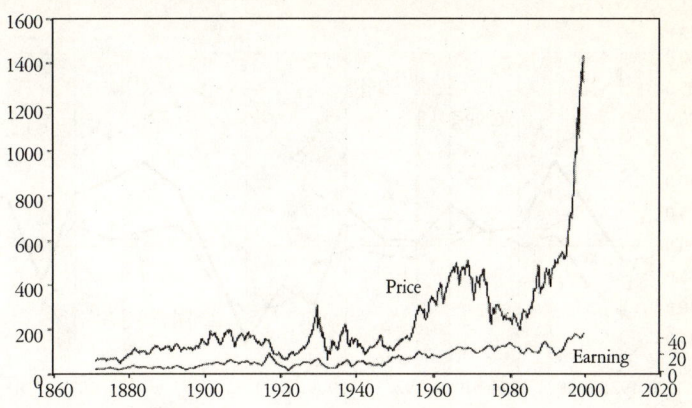

우선 1920년대말 자산가격 급등기의 경우를 보면, 1921년 8월을 저점
(S&P-500 주가지수 54.8)으로 지속적으로 상승하던 주가가 1928년 2월
(139.7)부터 1929년 9월(237.8)까지 폭등세를 보이면서 주식시장은 거의 투
기장화되었다. 이러한 주가의 급상승 배경에는 주로 제1차 세계대전 이후 도
시화 등에 의한 건설경기 활황으로 막대한 개발이익과 자본이득이 발생하여
주식과 부동산에 대한 금융기관의 투기적 대출이 급증하고, 전쟁으로 인해 일
시 채택하였던 자유변동환율제도가 금본위제도로 복귀되면서 여타 국가들로
부터 통화완화정책을 요구받게 되었기 때문이었다. 1923~29년중 은행대출
금은 31.8%나 증가한 데 비해 부동산 관련대출은 48.8% 증가하였으며, 뉴욕
시의 경우 증권회사에 대한 대출이 1923년 17억 달러에서 1929년 대폭락 직
전에는 85억 달러(4.9배)로 급증하였다. 또한 금본위제로 전환한 영국
(1925.5), 프랑스(1928.6), 오스트리아(1925.4) 등이 당시 자국통화의 고평가
로 인해 자본유입이 감소한 데다 금보유량에 비해 단기대외채무가 많아지자
미국의 금융완화정책을 절실히 기대하고 있었다. 한편 자산가격이 급격하게
상승하였던 당시 실물경제는 경제성장률과 실업률이 3~5% 수준에서 대체로
견실하였을 뿐만 아니라 물가상승압력이 거의 제로 수준(mild deflation)에 머
물고 있었다.

〔그림 2〕 　　　　　　　　 **거시경제지표 추이**

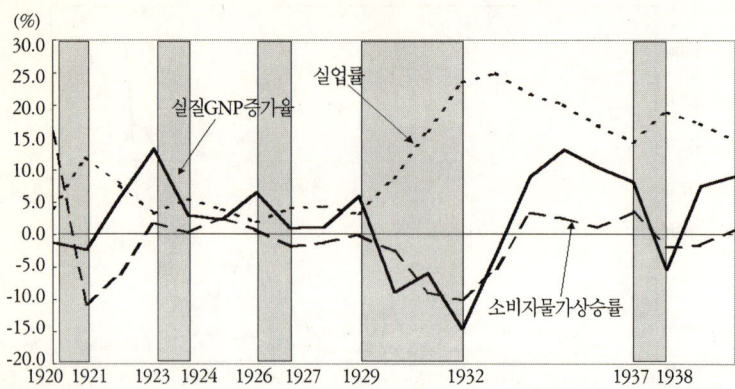

자료 : U.S. Bureau of the Census, 1965

〔그림 3〕 　　　　　 **주가지수, 재할인금리 및 콜금리 추이**

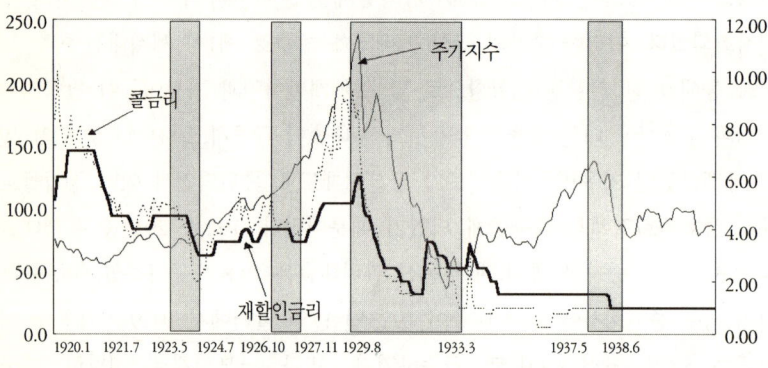

주 : 음영 부분은 경기하강기
자료 : Board of Governors of the Federal Reserve System(1943), Macaulay(1938), NBER
　　　 Macrohistory Database

　　이러한 주가 및 부동산가격의 급등이 본격화되자 미 연준은 1928년 하반기
부터 자산시장에서의 투기적 버블징조를 경고했을 뿐만 아니라 1929년 8월에
가서는 재할인율을 5%에서 5.74%로 대폭 인상하고 9월에 다시 6%로 추가

인상하는 등 금융긴축을 단행[8]함으로써 그 이후 자산가격버블이 빠르게 붕괴되는 모습을 보였다.

자산가격버블의 붕괴가 본격화된 1929～1932년 이후 미 연준의 정책대응을 보면 당시 미 연준 내부에서는 경기침체의 원인이나 처방에 대한 공감대가 제대로 이루어지지 않음에 따라 초창기에는 금융완화와 긴축정책을 반복적으로 수행하였다[자세한 내용은 '참고 3. 대공황기(1929년말～1932년말) 미 연준의 정책대응 사례'를 참조].

1920년대말 대공황기 다음으로 자산가격이 가장 크게 변동한 시기는 1990년대 후반 이후로, 1999년 말에는 주가수익률(PER)이 44를 기록하여 1929년 대공황 직전의 33보다 훨씬 높은 수준을 보이는 등 과거 150년 동안 유례를 찾아볼 수 없는 초활황세를 보였다.[9] 특히 1990년대 후반 이후 최근의 높은 주가상승세는 정보통신기술의 발달 등에 따른 신경제(new economy) 현상과 아시아 경제위기 이후 미국으로의 계속된 투자자금 유입 등[10]에 주로 기인한 것으로 보인다. 또한 지속적인 주가상승세에도 불구하고 물가가 낮은 수준에 머물고 있는 것은 부의 효과(wealth effect)로 인한 인플레이션 압력이 정보통신기술(IT)산업의 자본비용 저하와 생산성 향상(productivity gain)으로 인한 산출량 확대(supply dominance)로 인해 대부분이 상쇄되고 있기 때문이다.

이러한 1990년대 후반 이후 자산시장의 과열조짐에 대한 미 연준의 정책대응에서의 특징을 살펴보면 다음과 같다.

---

8) Cogley(1999)는 1920년대 말 미 연준이 여타 부문에서는 과열양상이 나타나지 않았음에도 불구하고 주가급등에 대해 초기에 너무 민감하게 긴축정책으로 대응(신용·대출의 급격한 축소, 재할인금리의 큰 폭 인상 등)함으로써 결국 버블을 붕괴(1929. 10. 29 'Black Tuesday' 주가대폭락)시키는 과정에서 대공황 충격이 훨씬 커졌다고 주장하였다.
9) S&P지수는 1998년 2월 2일에 1천 포인트를, 다우존스지수는 1999년 3월 29일에 1만 포인트를 각각 처음으로 상회하였다.
10) Shiller(2000)는 1990년대 후반의 미국 주가 급등배경으로 ① 세율 인하, 정보통신기술의 발달 및 폰지효과를 즐기는 높은 소비·투자성향을 지닌 시장참여자들의 등장과 같은 구조적 요소, ② 대중매체의 충동으로 인해 높아진 투기성향 등 문화적 요소, ③ 증시활황이 이어지면서 시장참여자들의 기대수익이 지속적으로 높아져 폭발적인 군집행동(herd behavior)을 하게 되는 심리적 요소 등을 지적하였다.

대공황기(1929년말~1932년말) 미 연준의 정책대응 사례

□ 1929년 10월 주가 대폭락 직후 뉴욕과 애틀랜타 지역연준은 재할인율 인하와 공개시
장조작 확대를 통한 완화적 통화정책을 주장한 반면 여타 연준은 그에 반대하는 등 연
준내 견해차이가 상당히 존재하였다.

□ 이러한 가운데 1929년 11월초 뉴욕 연준은 재할인율을 인하(6%→5%)*하는 한편 경
기침체 가능성을 우려하여 즉각적인 공개시장조작 확대의 필요성을 주장하였다.

* 뉴욕연준은 1929년 11월 이후 재할인율을 계속 인하

— 이에 따라 공개시장투자위원회*는 1929년 11월 국채 매입한도를 확대(주당 2,500만
달러→총 2억 달러)하였다.

* 공개시장투자위원회(Open Market Investment Committee)는 뉴욕연준 총재를 의장으
로 5개 연준 총재가 참여하여 1923년 구성되었는데 1930년 5월에 12개 연준이 참여
하는 공개시장정책회의(Open Market Policy Conference)로 변경되고, 1935년 8월에는
연준공개시장위원회(Federal Open Market Committee)로 변경

□ 1930년 3월말 공개시장투자위원회는 더 이상 공개시장조작을 확대할 필요성이 없는
것으로 결론을 내림으로써 완화적 정책을 중지하였으나 뉴욕 연준은 1931년 4월 공개
시장정책회의에 재할인율 인하, 공개시장조작 확대 등의 신용확대책을 건의하여 채택
토록 하였다.

— 그러나 영국의 금본위제도 포기(1931년 9월)로 인한 미국의 금 유출에 대응하여 뉴욕
연준은 1931년 10월중 재할인율을 두 차례에 걸쳐 인상(1.5%→2.5%→3.5%)하였다.

□ 1932년 2~5월중 공개시장정책회의에서 여러 차례의 공개시장조작 확대 계획이 통
과되었으나 1932년 7월 들어 다시 시카고, 보스턴 지역 연준의 반대로 공개시장조작
확대가 난항을 겪었다.

[그림 4] **미국의 주가·재할인금리 및 콜금리 추이**

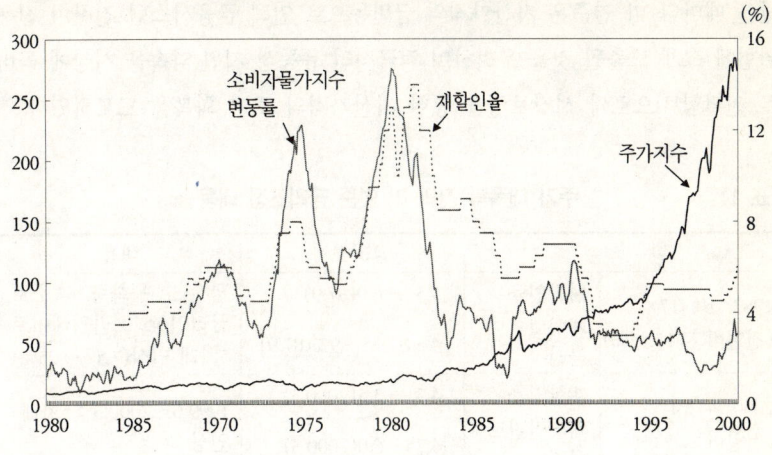

[그림 5]　　　　　　　　　**주가수익률(PER) 추이**

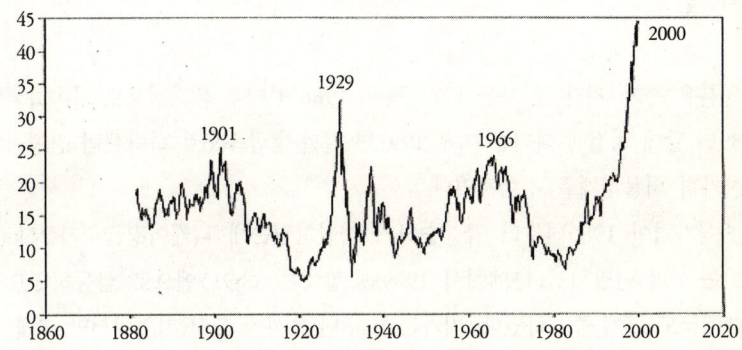

　미 연준은 자산가격 급등락에 따른 버블경제의 위험성 및 인플레이션압력 우려를 시장에 간접적으로 사전경고(cheap talks)하거나 때로는 직접적인 단기 정책금리를 선제적으로 미조정(인상)하는 방식을 택하여 왔다. 예컨대 1996년 미 연준 그린스펀 의장은 주가의 상승속도가 지나치게 빨라지자 '시장내 비정상적 과열(irrational exuberance) 현상이 존재'한다는 말로 잠재적인 자산가격 버블의 발생·확대 우려를 간접적으로 미리 경고한 바 있다. 이와 함께 1987년

10월 블랙먼데이 등 자산가격의 일시적인 폭락사태(asset price shock)가 나타났을 때마다 미 연준은 자산가격의 급변동으로 인해 금융시스템 전반이 신용위험에 크게 노출될 것을 우려하여 적극적인 유동성 지원 약속을 시장에 곧바로 전달함[11]으로써 시장보정을 통한 자산가격의 조기 회복을 도모하였다.

〔표 1〕　　　　　　주가 대폭락 전의 미 연준 금리조정 내용

		금리조정	내용
1987. 10. 17 (전일비 ▽11.35%)	재할인율 페더럴펀드 금리	5.5 → 6.0(87.9) 4~8 →5~9%(87.9)	당시는 통화량 축소로 금리인상 프라임레이트 5차례 인상(7.5→9.25%)
2000. 4. 14 (전일비 ▽5.6%)	재할인율 페더럴펀드 금리	4.5 → 5.5(2000.3) 4.75→6.0(2000.3)	1999.6~2000.3 : 5차례 인상

주 : 다우존스지수 기준이며 1929년 10월 28일의 주가는 전일대비 12.8%나 하락하였다

나. 일 본

일본은 주가·지가 등 자산가격 상승이 1986년 이후 본격적으로 가속화되어 1989년 말에 정점에 다다른 이후 1992년 말까지 급속도로 하락했던 전형적인 자산가격 버블경제를 경험하였다.

주식가격이 1986년부터 급상승하기 시작하였는데 니케이평균주가(Nikkei 225)는 1985년말 13,113엔에서 1989년 말에는 38,915엔으로 급등하였으며 거래대금도 크게 증가하였다. 지가는 1988년 초까지 도쿄 지역에서만 크게 상승하였으나 그 후 지방에까지 그 상승세가 파급되어 1988~90년의 3년간 주요 도시의 지가가 2.0~2.5배 급등하였다.

---

11) 특히 러시아의 모라토리엄 선언(1998. 8. 17) 이후 국제금융시장의 불안 심화 등으로 미국의 헤지펀드인 LTCM이 파산위기(1998. 9)에 직면하자 연준은 주식시장 등 금융시장의 피해가 확산되는 것을 우려해 14개 은행 및 투자기관으로 하여금 35억 달러의 구제금융을 제공하도록 지도한 바 있다.

	자산가격		경기	통화 (M2+CD)	거품시기
	주식가격	부동산가격			
본격 상승 시점(저점)	1986년말	1987년말	1986년 11월	1986년 4/4분기	1987
고점	1989년말	1990년말	1991년 2월	1990년 2/4분기	1990

자료 : Kunio 외(2000)에서 재인용

한편 버블경제가 본격화되기 전 거의 제로수준에 머물고 있었던 물가는 자산가격이 급상승하기 시작했던 1986년 이후 3%대로 빠르게 높아졌으며, 통화(M2+CD) 증가율도 저점이었던 1986년 4/4분기(8.3%) 이후 크게 높아져 1990년 2/4분기에 정점(13.0%)에 달하였다. 일본은행이 1985년 7월 플라자합의 이후 엔화의 급속한 강세로 인한 경기후퇴를 막기 위해 1986년 1월부터 1987년 2월까지 공정할인율을 다섯 차례에 걸쳐 5.0%에서 2.5%로 인하하였다.

이와 같은 일본의 자산가격버블의 생성·증폭 현상은 크게 금융기관의 금융행태, 정부의 정책, 심리적 요인 등 다양한 요인이 작용하였다.12) 자산가격버블을 발생·증폭시킨 메커니즘을 보면 '경제 전반에 대한 시장의 지나친 낙관적 기대'를 중심으로 다음과 같은 크게 다섯 가지 요인이 작용하였다(翁邦雄 等 2000). 자산가격의 초기버블 발생에는 은행의 공격적인 영업행태가 크게 작용하였으며, 지속적인 통화완화정책, 토지가격의 상승을 가속시킨 세제 및 규제정책, 시장규율 메커니즘의 취약 및 경제주체의 자국경제력에 대한 과도한 자신감 등은 발생된 자산가격버블을 본격적으로 증폭시킨 요인으로 작용하였다('참고 4. 일본경제의 자산가격버블 발생·확대원인' 참조).

〔표 3〕　　　　　　　　　　　　　공정할인율의 인하 추이

1986. 1. 30	3.10	4.21	11.1	1987. 2.23~89.5
5.0%→4.5%	4.5%→4.0%	4.0%→3.5%	3.5%→3.0%	3.0%→2.5%

자료 : 일본은행, 금융경제통계월보

12) 이에 대한 법 제도적인 요인 분석은 미 뉴욕대의 G. Miller(1996)을 참조.

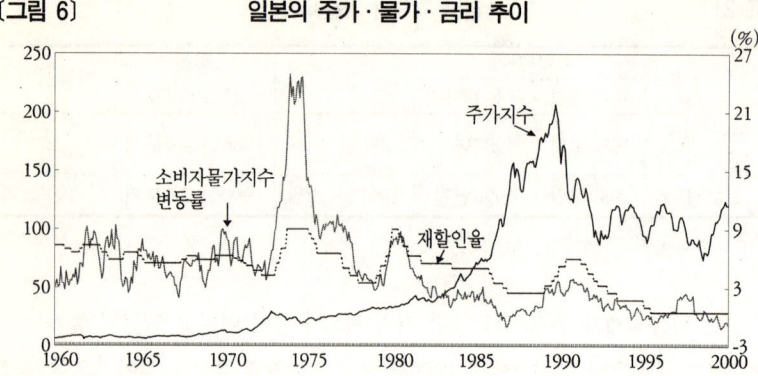

〔그림 6〕　　　　　　　**일본의 주가·물가·금리 추이**

이상에서 보듯이 주가 및 지가의 급등으로 인해 자산가격버블이 더욱 확대되고 경기과열로 인한 물가상승압력이 본격화되자 일본은행은 1989년 5월에서야 금융긴축기조로 정책을 전환하였다. 일본은행은 1989년 5월부터 1990년 8월까지 다섯 차례에 걸쳐 공정할인율을 2.5%에서 6.0%로 3.5%포인트 인상하였다. 이 같은 금융긴축의 강화와 부동산 관련 대출규제로 1990년 들어 주가가 큰 폭으로 하락하고 지가 오름세 또한 둔화되기 시작하였으며, 일본은행이 공정할인율을 두 차례 추가로 인상하자 거품은 급속도로 소멸하기 시작하였다. 특히 GDP 성장률이 1991년 3.8%에서 1992년 이후 1% 이하로 낮아지면서 실업률이 상승하고 물가(도매물가)는 하락하였다. 또한 니케이평균주가 (Nikkei 225)는 1989년말 38,915엔에서 1992년 8월에는 14,309엔으로 하락하였으며 지가도 1990년 9월을 정점으로 지속적으로 하락하였다.

일본경제의 자산가격버블 발생·확대 원인

□ 자산가격버블 발생의 초기요인으로는 크게 점진적인 금융자유화와 금융기관 간의 적극적인 영업행태를 들 수 있다.

— 일본의 상업은행들은 금융규제 완화와 수익성 저하에 따라 1987~1988년 이후 경쟁적으로 대출확대에 주력하였다.

· 증권시장을 통한 기업의 자금조달이 증가하는 가운데 은행에 대한 대기업의 자금조달 의존이 점차 줄어들자 은행은 중소기업 대출과 자산관련 대출을 적극 확대하였다.

□ 자산가격버블의 확대요인으로는

— 첫째, 플라자합의 이후의 일본은행은 불황(엔고 불황)에 대처하는 한편 선진국간 정책공조에 부응하기 위하여 1986년 이후 통화정책을 지속적으로 완화하였다.

— 둘째, 토지가격상승을 유발하는 세제와 규제를 완화하였다.

· 토지보유에 대해 상대적으로 낮은 세율을 부과한 반면 토지거래에 대하여는 높은 세율을 부과하여 토지공급이 제약되었으며 농촌지역에서는 토지이용에 대한 느슨한 규제로 인해 농업용지가 주거용도로 전환될 것이라는 기대를 갖게 하였다.

— 셋째, 기존 주거래은행 제도를 통한 은행의 기업에 대한 규율 메커니즘이 점차 약해지는 가운데 주주나 채권자에 의한 규율 메커니즘이 회계제도 및 공시제도의 취약성으로 인해 제대로 기능을 수행하지 못하였다.

— 넷째, 이러한 요인 외에 일본경제의 성과, 국제금융시장에서 일본의 역할 증대, 일본식 경영의 성공 등으로 당시 모든 경제주체에 팽배해 있던 자신감 등을 들 수 있다.

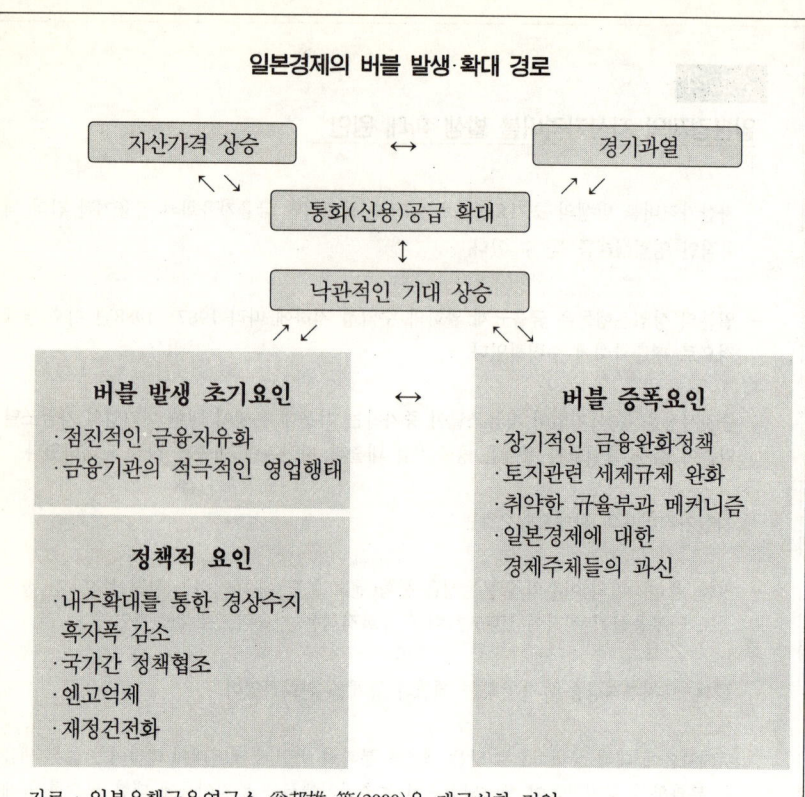

일본경제의 버블 발생·확대 경로

자산가격 상승 ↔ 경기과열

통화(신용)공급 확대

낙관적인 기대 상승

버블 발생 초기요인 ↔ **버블 증폭요인**

·점진적인 금융자유화
·금융기관의 적극적인 영업행태

·장기적인 금융완화정책
·토지관련 세제규제 완화
·취약한 규율부과 메커니즘
·일본경제에 대한
 경제주체들의 과신

정책적 요인

·내수확대를 통한 경상수지
 흑자폭 감소
·국가간 정책협조
·엔고억제
·재정건전화

자료 : 일본은행금융연구소 翁邦雄 等(2000)을 재구성한 것임

2. 정책적 시사점

1928~29년중 미국과 1989~90년중 일본에서의 자산가격버블현상은 주로 확장적 통화정책의 결과이며, 일단 자산버블이 발생하면 통화정책만으로는 대응이 충분하지 않다는 것이 일반적인 결론이다. 특히 자산가격의 상승에 따른 총수요가 증대함에도 불구하고 공급부문의 높은 생산성 향상(예컨대 미국의 신경제 New Economy)과 자본시장 개방화의 진전에 따른 해외투자자본의 유입증대 등으로 환율이 하락함으로써 인플레이션 압력이 그다지 커지지 않은 관계로 통화량의 이례적인 증가가 용인(money accommodation)되는 경우가 있었다. 1990년대 말의 미국과 1980년대 말의 일본경제의 예에서 보듯이 저인플레이션 기조 하에서 금리가 낮은 수준에서 일방향으로 장기간 머물 경우 주가 등 자산가격의 이상급등 및 과다차입 등의 현상이 나타나 기초경제력에 의한 자산가격 상승요인이 구분되기 어려워짐에 따라 버블이 더욱 확대·증폭될 수 있다. 이 밖에도 자산가격버블은 주로 신용확대 등 확장적 통화정책의 결과라는 역사적인 경험을 감안해 볼 때 단기적인 소비자물가의 움직임을 기준으로 하는 물가안정만으로는 전체 경제상황을 판단하는 데 한계가 있었다는 사실13)이다.

이와 함께 일단 생성된 자산가격버블은 반드시 붕괴되게 마련이며 버블은 일단 붕괴되기 시작하면 실물경제 및 금융시스템 등 경제 전반에 무차별적으로 악영향을 장기간 동안 미쳤다.14)

1990년대 중반 이후 지금까지 미국의 주가가 과거에 볼 수 없었던 가파른 상승세를 지속해 오는 과정에서 때때로 단기적으로 대폭적인 가격조정은 있었

---

13) Goodhart(영란은행 통화정책위원회 위원 역임, 1999)는 1980년대말 영국 부동산시장이 버블이 나타났던 것은 영란은행이 과도한 금융완화정책이나 1990년대 초의 지나친 긴축정책도 소비자물가에만 초점을 맞춘 결과였다고 주장하였다.

14) Cogley(1999)에 따르면 미 연준은 1920년대말 당시 여타 경제부문에서는 과열양상이 나타나지 않았음에도 불구하고 주가 급등을 막기 위해 초기부터 신용대출을 급격하게 축소하고 재할인금리를 큰 폭으로 인상하는 등 너무 민감하게 긴축적인 정책대응을 함으로써 대공황의 충격을 더욱 확대시켰다고 주장하였다.

으나 대공황 때와 같은 본격적인 버블붕괴는 없었다. 이는 미 연준이 효율적인 통화신용정책을 통해 높은 시장으로부터 높은 신뢰를 구축함으로써 안정적인 거시경제 성과를 달성한 결과이다. 즉 미 연준은 자산가격의 장래 움직임에 대한 불확실성에도 불구하고 자산가격이 기초경제력 향상 이상으로 높아진다고 판단될 때마다 인플레이션 상승압력 또는 과도한 금융차입(부채) 누적을 경고하면서 선제적인 단기금리 인상을 통해 적절히 자산가격버블의 발생을 통제해 왔기 때문이다. 일례로 1987년 10월 블랙먼데이와 2000년 4월 등 주가 대폭락 현상이 미국에서 나타났을 때 중앙은행이 그 동안 쌓아온 통화정책에 대한 높은 신뢰성을 바탕으로 저인플레이션 환경이 정착됨에 따라 중앙은행은 더욱 적극적인 최종대부자 기능 및 탄력적인 금융완화정책 등을 수행할 의사를 시장에 전달할 수 있음에 따라 자산가격하락에 따른 금융시스템 붕괴위험 증대 및 버블의 확산을 시장조정을 통해 단기간에 수속할 수 있었다.

한편 일본의 경우를 보면 미국과 달리 자산가격버블에 대해 다소 미온적이고 시의적절하게 정책대응하지 못한 것으로 나타났다. 1980년대 말에 본격적으로 모습을 드러낸 몇 년에 걸쳐 누적되었던 거대한 자산가격버블은 장기간 경기호황을 누릴 수 있다는 일본경제의 장점에 가려 기초경제력 이상으로 실물경기와 동반 상승하였던 자산가격에서 이상 급등한 부분이 제대로 식별되지 못하여 선제적인 정책대응이 따르지 못한 결과이다. 일본은행은 버블붕괴를 위해 뒤늦게 1990년 초부터 초긴축정책을 실시하였으나 자산가격버블 붕괴의 여파가 너무 심각해져 이를 막기 위해 1996년 이후 최근까지 초저금리정책 등 금융완화정책을 통해 경기를 활성화하고자 하였다. 그러나 그 동안 가계·기업의 부채디플레이션이 더욱 심각해지고 금융기관의 금융부실이 과도하게 누적됨에 따라 최근까지도 경기가 침체국면을 벗어나지 못하고 있는 실정이다.

이 밖에도 자산가격 상승은 일반적으로 인플레이션보다 훨씬 더 해로울 수 있으며 저물가체제 하에서라도 주가 또는 부동산가격의 급등은 향후 경제에 큰 폐해를 가져다 줄 수 있다는 점이다. 일반소비자물가에 기반을 둔 물가안정은 자산가격 급등락의 위험을 줄일 수는 있으나 역사적으로 보면 반드시 경제 및 금융안정을 보장해 주는 것은 아니었음을 알 수 있다.[15] 인플레이션이 낮은 경우에는 통화환상(money illusion)에 의해 금리수준이 실제보다 낮은 것으로 인식되기 쉬워 차입이 급증하고 고위험·고수익 자산에 대한 투자가 확대될 가능성이 있다. 이뿐만 아니라 물가가 안정된 상황에서는 대다수의 경제주체들이 경제적 도취감(economic euphoria)에 빠져 중앙은행이 금리를 인상할 이유가 없을 뿐만 아니라 고성장이 지속될 것으로 믿게 할 가능성이 커진다.

한편 미 연준의 예에서 보듯이 중앙은행이 자산가격 변동성을 완화하기 위해 금리를 비대칭적으로 조절하는 경우 투자자들의 도덕해이를 유발하는 등 문제점을 야기할 수 있는 점이다. 중앙은행이 자산가격이 상승하는 기간에는 버블발생을 방지하기 위한 금리인상에 다소 주저해 왔던 반면 자산가격 하락으로 인해 금융시장이 불안정해지면 즉시 금리를 인하하는 등 자산가격변동에 대응하는 방식이 균형적이지 못하였다. 이 같은 정책대응은 중앙은행의 의도와 달리 투자자들의 도덕해이를 유발함으로써 통화정책이 주가를 지탱해 줄 것으로 믿게 함으로써 이들이 더 큰 위험을 추구하도록 유도할 가능성이 있다.[16]

끝으로 최근에는 주요 선진국을 비롯한 대다수 나라에서 금융시장구조가 은행중심에서 자본시장중심으로 이행되면서 더욱 심화(financial deepening)되는 가운데 개인들의 연·기금 등을 통한 간접투자 비중이 더욱 확대되는 추세이다. 이에 따라 주식보유가계비중[17]이 현저하게 늘어나면서 가계부문의 대차대조표가 시장위험에 크게 노출됨으로써 높은 자산가격(주가)의 변동성은 경기진폭을 과거에 비해 크게 확대될 수 있다.

---

15) 20세기 최대의 자산가격버블이 발생했던 1920년대 미국 및 1980년대 일본의 경우 해당 기간중 인플레이션이 비교적 낮은 수준에 있었다. 이와 관련 B. White(BIS 통화정책국장)에 따르면 1920년대 미국 및 1980년대 일본의 경우 통화가치가 강세가 되어 인플레이션이 억제됨으로써 금리 상승폭이 줄어들게 되어 자산가격의 거품이 형성될 가능성이 증대될 수 있음을 지적하였다.

16) Stephen 외(2000)는 런던과 뉴욕의 주요 펀드 매니저들과 주요 경제학자들을 대상으로 미 연준의 통화정책에 대해 서베이를 실시한 결과 미 연준은 주가 상승기보다 하락기에 더 적극적으로 정책대응을 해온 것임을 보여 주었다. 한편 H. Kaufman(2000)은 이러한 미 연준의 비대칭적 정책대응은 투자자들의 태도에도 영향을 미치고 있으며, 특히 자산가격하락시 중앙은행이 실시하는 금융시장안정(가격 회복)을 위한 금융완화정책은 일종의 예금자보호제도와 유사하다고 주장하였다.

17) US Survey of Consumer Finances에 따르면 주식자산을 직간접으로 보유한 가계비중이 저·중소득층(연간수입 5만 달러 이하)을 중심으로 크게 늘어나고 있는데 1989년에는 31.6%에 불과하던 이 비중이 1998년 중에는 총가계의 절반 수준인 48.8%에 이르고 있다.

Ⅳ. 우리나라 자산가격의 변동추이상 주요 특징 및 거시경제지표와의 관계

1. 주가·부동산가격의 변동추이상 주요 특징

1990년 이후 우리나라의 주가 및 주택(매매)가격은 대체로 실물경제흐름 (경제성장률)과 금융차입 여건(은행대출금증감률)과 유사하게 변동하여 왔다. 특히 최근에는 외환위기 영향으로 1998년 상반기까지 크게 하락하였으나 그 이후 빠르게 상승하는 모습을 보였다. 우리나라 주가는 약 10년여 동안 장기 적인 상승세를 보였던 미국과 일본의 주가와는 달리 약 5년을 상승과 하락을 반복하고 있으며 주택(매매)가격은 이러한 주가 움직임에 1년 정도 후행하는 모습을 보였으나 최근 들어서는 그 기간이 크게 짧아지고 있다.

종합주가지수는 1998년 8월 23일에 최저치(291.2)를 기록한 후 2000년 1월 4일에는 최고치(1059.0)도 최저치의 3.6배나 크게 상승하였으며, 주택(매매)지수는 1998년중 전년대비 12.4%까지 하락한 이후 1999년 중에는 3.4% 상승으로 반전하였다. 그러나 2000년에 들어 경기활황세가 둔화되고 증시침체가 가속화되면서 종합주가지수(코스닥 지수)는 전년말 대비 상반기중 19.4% (37.6%)나 하락[18]하였으며, 주택(매매)가격지수는 1.2% 상승에 그쳤다.

특히 1997년말 외환위기 직후 크게 하락하였던 주가 및 부동산 자산가격은 1998년 하반기부터 급상승하였는데, 특히 1999년 중 상장주식의 월평균 거래회전율(거래량 / 평균상장주식수)은 38.9%로 외환위기 이전인 1997년(11.4%)

---

18) 특히 주식에 대한 소비자의 자산평가지수(통계청) 추이를 보면 2000년 들어 계속 낮아져 6월 에는 67.5를 나타냄으로써 1999년 12월(94.6) 대비 28.6%나 하락하였다.

소비자 자산평가지수

	99.12	2000.1	2	3	4	5	6
주식	94.6	89.8	77.2	85.2	73.3	62.2	67.5
주택	95.9	97.0	98.1	99.3	98.7	97.7	98.9

자료 : 통계청

〔그림 7〕 자산가격과 경제성장률, 은행대출금 증가율 추이

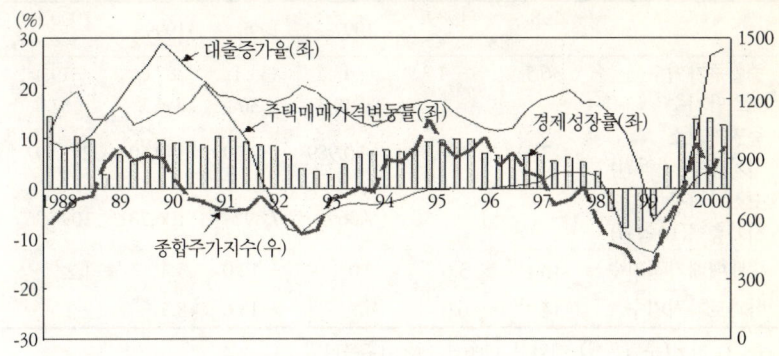

보다 3배나 급증하였다. 이러한 현상은 실물경제의 빠른 회복(기초경제력 회복)에 기인한 면도 있으나 동시에 경제 전반의 '자산가격버블 조정가능성'을 크게 높인 것으로 나타났다.

자산가격 변동과 관련이 깊은 5개 금융·실물지표의 증감률을 각각 정규화한 후 이를 산술평균하여 '자산가격버블 조정시기 판단지수'를 시산해 본 결과('참고 5. 자산가격버블 조정시기 판단지수 추이' 참조) 이 지수가 1998년 하반기부터 급속하게 상승하여 2000년 1/4분기에는 과거(1990, 92년 및 97

〔그림 8〕 주가지수, 시가총액/GDP 및 주가수익비율(PER) 추이

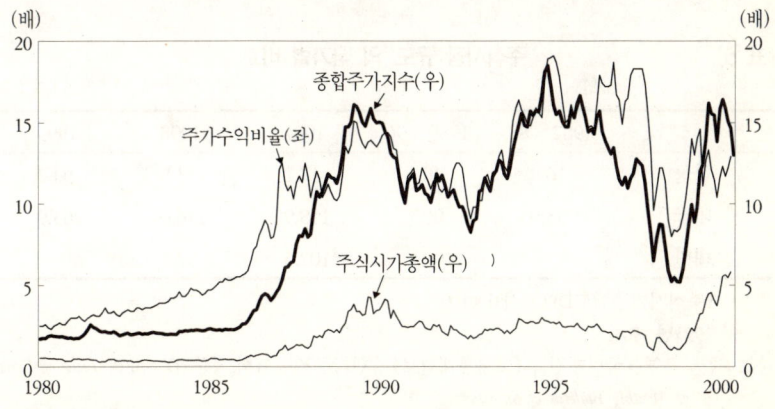

[표 4]   주가 및 주택가격 관련지표

단위 : 연평균, 전년말 대비, %

	1982 ~88	1989 ~96	1997	1998	1999	2000.1 ~6
종합주가지수	36.5	-1.3	-43.4	34.4	87.6	-19.4
코스닥지수	-	-	-18.3	-30.5	256.1	-37.6
증권거래소 시가총액(10억원)	17,317	106,841	70,989	137,799	349,504	291,597
코스닥시장 시가총액(10억원)	-	-	7,069	7,892	106,281	109,396
주택매매가격지수	10.1[1]	3.6	2.0	-12.0	3.4	1.2[2]
아파트가격지수	14.7[1]	6.0	4.7	-13.6	8.5	2.0[2]

주 : 1) 자료(주택은행) 제약상 1986년 1월 이후부터임
    2) 2000년 1~5월 실적임
자료 : 한국은행 《국민계정》, 한국증권업협회 《증권》, 주택은행 《주택금융》

년)의 정점 수준에 육박하는 것으로 나타났다. 이로써 그 동안 풍부한 유동성
으로 인해 주가 및 부동산가격이 실물경제(산업생산활동) 회복속도보다 빠르
게 상승하였음을 알 수 있다.

그러나 우리나라의 주식시장규모는 외환위기 이후 금융산업 구조조정과정
에서 자본시장이 확충되면서 양적으로 크게 성장하여 소득수준을 감안할 때
선진국 수준에 육박한 것으로 나타났다. 경상 GDP 대비 상장주식 시가총액
비율을 보면 외환위기 직전에는 17.2%에 불과하였으나 1999년에는 94.2%로

[표 5]   주식시장 규모[1]의 국가별 비교

단위 : %

	1982~88	1989~96	1997	1998	1999
한국	16.0	40.1	17.2	33.8	94.2
미국	53.9	90.7	158.9	176.0	203.9
대만	-	70.1[2]	102.5	97.3	-

주 : 1) (주식시가총액/GDP(경상))×100
    2) 1995년 수치
자료 : 한국은행 《국민계정》, 《조사통계월보》; 한국증권업협회, 《증권》; FRB, *Flow of Fund*,
    대만, *Monthly Bulletin of Statistics*

자산가격버블 조정시기 판단지수(試算)

□ 자산가격버블 조정시기 판단지수는 ① 주가의 이상 급등을 판단할 수 있는 주가수익
비율(주가시세차익증가율＋배당률)－회사채금리, ② 통화정책기조를 나타내는 M2증
감률, ③ 주식·부동산 구입재원인 가계자금대출금의 증감률, ④ 비실물부문(금융자산
투자)으로의 자금흐름을 나타내는 대용변수인 민간신용증가율과 산업생산증가율 간의
차이, ⑤ 부동산관련 대출금증감률 등을 각각 표준화한 후 평균하였다.

□ 자산가격버블 조정시기 판단지수의 추이를 보면 주가·부동산가격에 대해 2∼3분기
정도 선행하고, 그 값이 플러스를 장기간 유지(89∼90, 93∼94년중)하고 0.4∼0.5 수
준을 상회하는 경우 주가는 곧 정점에 이른 후 하락하는 모습을 보였다.

경제 전반의 자산가격버블 붕괴가능성 판단지수 추이

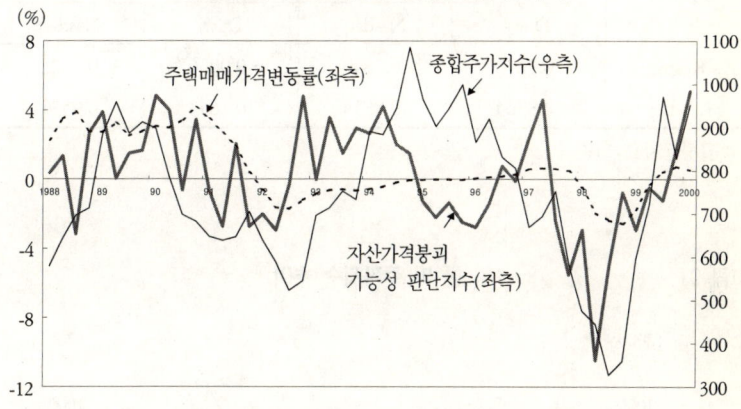

주 : 1) 각 변수의 변동성을 뚜렷이 표시하기 위해 편의상 주택매매가격 증감률은
실제값의 1/5, 버블붕괴 가능성 판단지수는 편의상 실제값의 10배로 조정하였음

미국(203.9%)이나 영국(1998 : 94.9%)보다는 작으나 일본(1998 : 65.1%), 독일(1998 : 50.9%), 프랑스(1998 : 68.5%) 등 여타 선진국보다 높은 수준으로 급상승하였다.

이와 함께 자본시장이 본격 개방된 1998년 4월 이후 우리나라 주가는 미국 주가와 매우 유사하게 움직이는 것으로 나타났다. 우리나라의 종합주가지수(Kospi)와 코스닥지수(Kosdaq)는 미국의 다우존스지수(Dowj)와 나스닥지수(Nasdaq)와의 시차상관계수가 약 0.8~0.9에 이르고 있다. 그러나 2000년 들어서면서 우리나라의 주가는 대체로 하향하는 반면 미국의 주가는 상승세를 유지하는 등 일시적으로 다소 상반된 모습을 보이고 있다.

〔표 6〕 상관계수 추이

| | 1998.4~2000.6 | | 2000.1~6 | |
	Dowj	Nasdaq	Dowj	Nasdaq
Kospi	0.9218	0.7840	−0.0036	0.6322
Kosdaq	0.8364	0.8854	−0.1643	0.9575

주 : 월평균자료 기준

〔그림 9〕 한·미 주가지수 추이

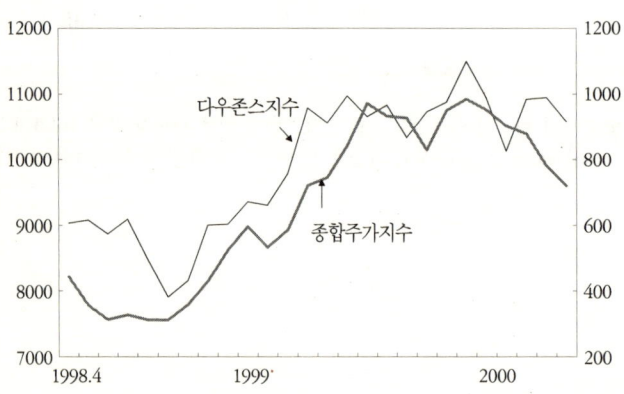

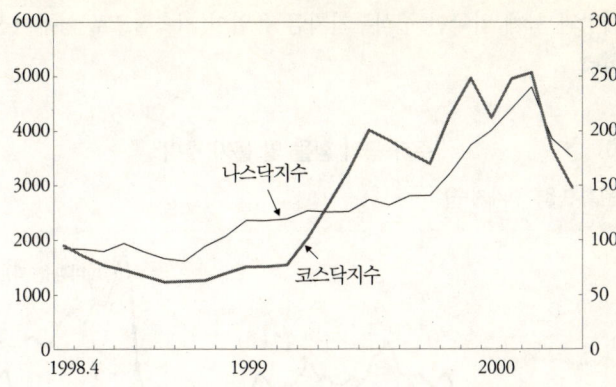

이처럼 미국 증시의 움직임이 국내 주가와 동조하면서 영향력이 증대된 데는 주로 국제 기관투자자들의 투자패턴 변화와 외국투자자들의 투자패턴을 추종하는 국내 투자자의 심리 등이 크게 작용하는 것으로 보인다.[19]

2. 주가의 금리·환율과 관계

1990년 이후 주가는 금리 및 환율과는 대체로 상반된 움직임을 보여왔다. 주가는 1998년 하반기부터 1999년 말까지 빠르게 상승하였는데, 이는 지속적인 금리인하와 구조조정 등으로 기업의 수익성이 크게 호전[20]되는 가운데 자

---

19) 동조현상을 보이는 이유를 더 구체적으로 살펴보면 첫째, 1980년대 이후 세계자본시장에서는 자유화 및 규제완화 등으로 국가간 자본이동에 대한 장벽이 상당히 제거됨에 따라 국제 기관투자자들은 전세계를 대상으로 투자포트폴리오를 구성하기 때문이다(예컨대 2000년 6월 모건스탠리 증권사는 〈아태지역투자전략보고서〉를 통해 한국주식에 대한 투자편입비중을 종래의 13.6%보다 낮은 10.6%로 재조정하기로 한 바 있다). 둘째, 외국인투자자들에 대한 국내 투자자들의 추종심리(bandwagon effect) : 국내 투자자들은 위험관리능력 및 투자기법 등이 선진화된 외국인 주식투자자들의 상대적으로 높은 투자성과를 모방하려는 심리가 있을 뿐만 아니라 투자관련 각종 정보를 실시각으로 공유할 수 있는 시스템이 개발되었기 때문이다. 셋째, 외국기관투자자들이 국내증시에서 상위 우량종목을 중심으로 거래 : 외국투자자들이 집중거래하고 있는 종목들의 보유비중이 시가총액 기준 2000년 6월말 현재 30%를 상회하고 투자대상기업이 거의 상위 10개 종목에 집중되어 종합주가지수에 미치는 영향력이 60%나 되기 때문이다.

20) 제조업경상이익률(《기업경영분석》 자료 기준)은 매출액대비 금융비용부담비율이 1998년 8.95%에서 1999년에는 6.89%로 크게 하락하는 등에 힘입어 1999년에 1.7%로 전년의 -1.8%에

본시장개방과 함께 외국인 주식투자자금 유입이 지속적으로 이루어진 데 주로
기인하였다.

〔그림 10〕　　　　　　　주가·금리·환율 및 물가 추이

(대미원화환율, 주가지수)　　　　　　　　　　　　　　　　　　(콜금리, %)

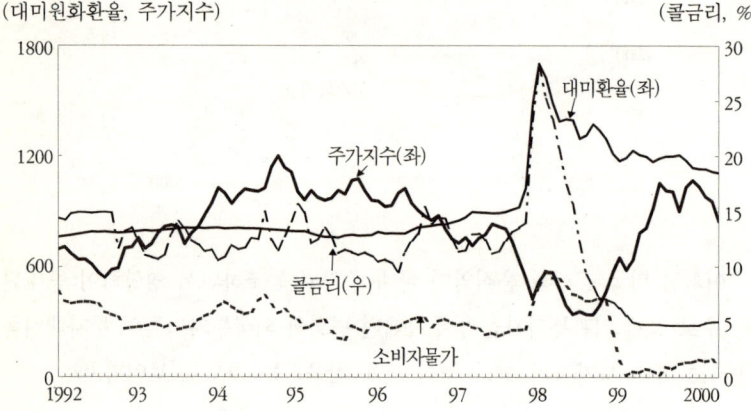

　주가수익률과 외국인주식투자 (순)증감액의 변동추이를 보면 전반적으로
매우 유사하게 움직일 뿐만 아니라 외환위기 이후부터는 주가수익률의 변동폭
(주가변동성)이 확대되면서 외국인 주식투자자금 유입규모도 함께 크게 변동
하는 모습을 보였다. 특히 외환위기 이후 금리 및 환율은 지속적으로 하락하
는 가운데 주가는 1990년대 중반 수준으로 크게 상승하는 등 상반관계가 더욱
뚜렷해졌다.

　외환위기 이후 지속적인 주가상승은 금리하락으로 주식투자예상수익률이
상승(주가수익률평가)하고 원/달러환율의 하락 기대가 지속됨(금리평가)에 따
라 주로 외국인주식투자자금 유입이 크게 늘어났기 때문이다.[21] 이는 외환위
기 이후 자본시장개방이 더욱 진전되고 경기가 빠르게 회복되는 과정에서 금
리하락 효과가 채권시장보다는 주식시장에서 더욱 크게 나타난 결과를 반증
한다.

서 증가로 반전하였다.

21) 1999년 1월~2000년 6월중 외국인주식투자(누적순매수 기준)와 환율변동과의 상관계수는
　Kospi의 경우는 0.66, Kosdaq은 0.77로 매우 높은 것으로 나타났다.

〔그림 11〕 주가수익률과 외국인주식투자

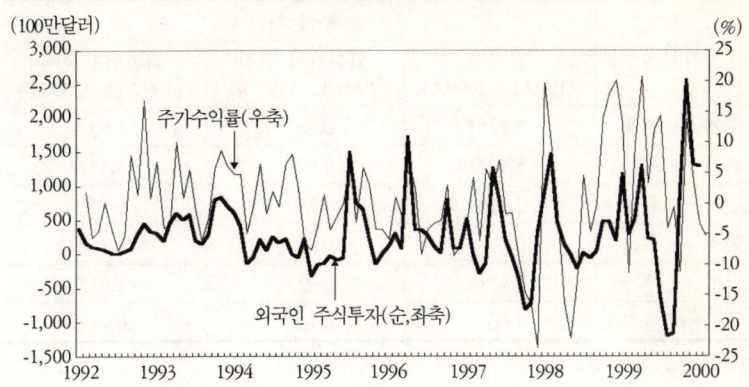

한편 자본시장개방이 본격화된 1992년 이후 주가(거래소가격)·환율(대미원화)·금리(콜금리)와의 인과관계를 살펴보면 주가가 환율과는 양방향으로, 금리와는 일방향의 관계가 있는 것으로 나타났다. 자유변동환율제가 본격적으로 실시되기 시작한 외환위기 직후부터는 환율은 금리와 함께 주가에 일방향으로 영향을 미치는 것으로 바뀌고 있다.

〔그림 12〕 금리·환율변동이 주가변동에 영향을 미치는 경로

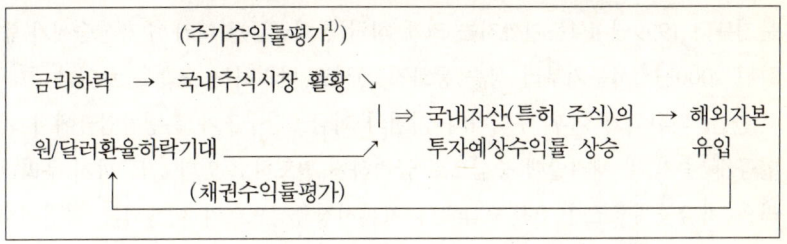

주 : 1) 주식투자수익률 = 외화자산(국외주식) 투자수익률＋예상환율변동률로 표시할 수 있음. 주식수익률평가와 관련한 논의는 Smith(1992)를 참조

〔표 7〕 　　　주가, 환율 및 금리의 그랜저 인과관계 검정(F값) 결과

인과관계	분석 기간		
	전기간 (1992.1~2000.6)	외환위기 이전 (1992.1~1997.10)	외환위기 이후 (1997.11~2000.6)
주가 → 환율	2.73**	0.66	1.85
환율 → 주가	5.52***	0.89	3.54**
금리 → 환율	2.29**	1.76	0.66
환율 → 금리	0.87	0.68	2.27*
금리 → 주가	2.87**	0.92	1.91*
주가 → 금리	1.06	0.78	0.71

주 : 1) 추정모형의 변수시차수는 6개월(2분기)로 적용
　　2) 수치는 F-통계량으로써 **, *는 각각 5%, 10%의 유의수준에서 인과관계가 없다는 귀
　　　무가설을 기각함을 의미
　　3) 추정구간은 주식시장이 개방되기 시작한 1992년 1월 이후를 대상

이와 함께 금리·환율변동에 자산가격(주가)의 변동요인을 종합적으로 감안
하여 시중유동성 수준을 판단[22])해 보면 외환위기 이후 시중유동성이 계속하여
여유 있게 공급되어 온 것으로 나타났다. 금리·환율의 변동을 가중평균한 통화
상황지수(monetary condition index ; MCI)에 주가변동요인도 함께 감안하여
종합유동성판단지수(금융상황지수, financial condition index ; FCI)를 試算['참
고 6. 금융상황지수(FCI, 試算) 추이' 참조]해 본 결과 이 지수는 1998년 1/4
분기부터 1999년 4/4분기까지는 크게 하락(통화공급)하다가 주가상승세가 둔
화된 2000년 1/4분기부터 상승(통화긴축)세로 반전하는 모습을 보였다.

한편, 외환위기 이후 우리나라 기업의 자금조달구조가 은행차입금에서 기
업공개, 증자 및 채권발행 중심으로 급격하게 변모하고 있다. 지금까지 우리나
라의 자금중개구조가 은행중심에서 자본시장중심으로의 이행되는 과정에서
주식시장의 확대가 주가, 금리 및 환율의 변동성에는 어떠한 영향을 미치는지
를 살펴보기로 한다.

---

22) 금융상황지수(FCI)의 변동을 통한 시중유동성 공급흐름을 가늠하는 기준은 만약 통화공급이
　　확대되면 단기적으로 유동성 효과에 의해 금리는 하락하는 반면 환율과 주가는 상승하는 데
　　근거한다.

금융상황지수(FCI)[1] (試算)

금융상황지수(FCI), 경제성장률 및 물가변동 추이

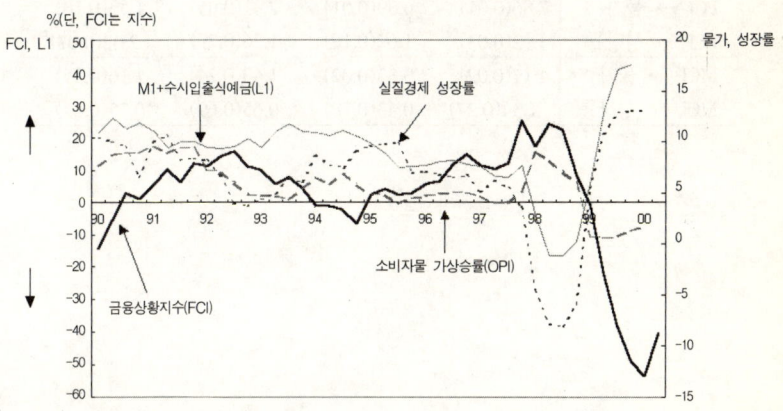

주 : [산출식] $FCI = \omega1(\overbrace{\gamma - \gamma*}^{MCI}) + \omega2(\xi - \xi*) + \omega3(\theta - \theta*)$

단 *는 기준기간(94~95년) 평균, γ : 콜금리, ξ : 실질실효환율,

θ : 주식시가(거래소＋코스닥)총액/GDP 비율임

[산출방법] 금리·환율·주가 등 각 구성항목을 자금수급이 가장 안정적이었
던 시기(실질실효환율지수가 약 100에서 머물렀던 94~95년)를 기준시점
으로 정한 후 매시점 값과의 차이를 지수화한 후 이를 가중평균하여 산출
이때 금리, 환율, 주가 각 항의 가중치(ω)는 인플레이션과 성장률에 대해
각 변수의 회귀계수를 추정하여 평균한 후 1로 표준화하여 정하였음. 금리,
환율, 주가 각각의 가중치는 $\omega1 : \omega2 : \omega3 = 0.5 : 0.2 : 0.3$임.

---

1) 금융상황지수는 미국 증권사인 골드만삭스사가 미 연준의 통화정책기조 변화를 시장참가자의
   입장에서 종합적으로 판단하기 위해 개발한 골드만삭스금융상황지표(GSFCI)를 원용한 것임
   (편제방법에 대한 자세한 내용은 W. Dudley, J. Hatzius 1999 참조).

□ 선행지수로의 금융상황지수(FCI)를 검증해보면 소비자물가 및 경제성장률과의 공적분 검정결과 장기안정관계가 있을 뿐만 아니라 이들 정책목표변수에 각각 1, 2~3분기 선행하는 것으로 나타나 정보변수로서의 활용도가 높은 것으로 나타났다.

Granger 인과관계 검정(추정구간 1985:1/4 - 2000:1/4)

	2분기	4분기	6분기	8분기
FCI → 물가	7.86(0.01)***	4.89(0.01)***	2.31(0.05)**	1.53(0.18)
FCI → 성장률	3.92(0.03)**	1.62(0.18)	1.26(0.29)	2.02(0.07)*
MCI → 물가	4.17(0.02)**	3.33(0.02)**	1.40(0.24)	1.16(0.35)
MCI → 성장률	1.34(0.27)	0.43(0.78)	0.65(0.69)	0.75(0.64)

〔그림 13〕 주식시장의 확대(1% 증가)에 따른 주가·금리·환율 변동성의 충격반응 추이

주식시가총액/GDP(SPRG) →
주가 변동(SPV), 회사채 수익률 변동(LIV), 대미원화환율 변동(EXRV)

Response to One S.D. Innovations 2 S.E.

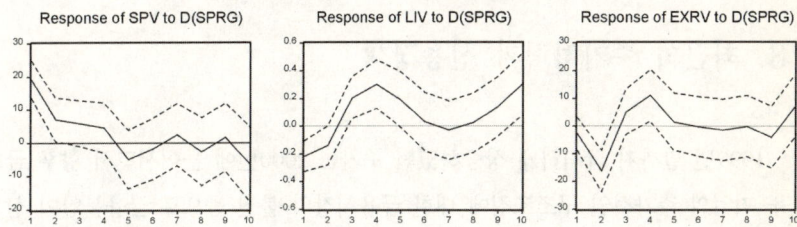

주식시장 변동(주식시가총액 / 경상 GDP) 등 금융구조 변화(SPRG)[23]가 주가변동성(SPV)뿐만 아니라 회사채 수익률의 변동성(LIV)·대미원화환율의 변동성(EXRV)에 미치는 영향을 무제약 벡터자기회귀(VAR) 모형을 통해 실증분석해 보았다. 모형내 변수순서는 금융구조변화 대용변수, 주가변동성, 금리변동성, 환율변동성 순으로 하였으며 분석기간은 1980년 1/4에서 2000년 1/4분기까지 하였다. 이때 주가, 금리 및 환율의 변동성은 종합주가지수, 회사채 수익률(3년만기) 및 환율(대미원화기준) 각각의 수준값에서 6개월 이동평균값을 차감하여 산출하였다. 그리고 단위근검정 결과에 따라[24] GDP 대비 주

---

23) 이 개념은 Demirguc-Kunt, A. and R. Levine(1999)를 참조하였다.

24)   단위근검정[1] 결과

	수 준			1차차분		
	ρ	(t-value)2)	lag(j)3)	ρ	(t-value)	lag(j)
SPRGt	-0.13	(-3.17)	3	-0.47	(-3.54)***	1
SPVt	-0.38	(-2.77)	2	-1.89	(-11.06)***	1
LIVt	-0.77	(-4.56)***	4	—	—	—
EXRVt	-0.86	(-6.23)***	1	—	—	—

주 : 1) 검정모형은 $\Delta x_t = \alpha + \beta T + \rho x_{t-1} + \sum_{i=1}^{j} \gamma_i \Delta x_{t-i} + e_t$ 임

   2) ***, **는 Mcikinnon 임계치 기준으로 각각 1%, 5% 유의수준에서 단위근이 존재하지 않음을 나타냄

   3) j는 최적시차로서 AIC(Akaike Information Criterion)에 근거하여 산출하였음

식시가비율(SPRG) 및 주가변동성(SPV)은 I(1)으로 차분하였으며 나머지 금리(LIV) 및 환율변동성(EXRV)은 I(0)로 그대로 이용하였다. VAR 모형에서의 충격반응 분석결과 주식시장 비중(SPRG)이 확대하면 주가의 변동성은 줄어드나 금리 및 환율의 변동성은 중장기적으로 커지는 것으로 나타났다.

3. 최근의 주가하락과 신용경색

1999년 말까지 급격하게 상승하였던 주가는 2000년에 들어서면서 향후 금융·기업의 추가적인 구조조정에 대한 금융시장의 불신 등으로 금융불안이 심화되면서 하락세로 반전하였다. 이처럼 주가가 하락하는 과정에서 2000년 5월 '새한그룹', '현대그룹' 등 일부 대기업의 자금사정 악화가 금융시장에 사실로 밝혀지면서 대규모의 시중여유자금이 비은행권 금융기관에서 은행권으로 이전되었다. 그 결과 금융권간 자금편재 및 자금단기화 현상이 심화되고 총유동성(M3)이 감소(LM shock)하는 가운데 일부 신용도가 낮은 대기업 및 중견기업에서 신용경색(credit crunch) 현상이 재현되었다.

결론적으로 2000년 5월부터 나타났던 신용경색 현상은 은행 및 시장참여자가 구조조정 과정에서 느끼는 불안감[25]이 증대되는 가운데 증시침체에 따른 주가(자산가격)의 하락으로 직접금융시장의 자금중개기능이 약화되면서 그동안 기업금융의 주 공급원이 되었던 증권·투신 등의 비은행금융기관 수신(시중여유자금)이 제2차 구조조정 및 경영평가 등을 앞둔 은행으로 대거 이전하는 과정에서 발생하였다.

특히 그 동안 기업부문의 꾸준한 구조조정에도 불구하고 우리나라 기업은 차입금 비중이 커 고금융비용부담구조[26]를 벗어나지 못함에 따라 금융·경영환경 변화에 대한 대응능력이 여전히 취약한 실정이었다. 이러한 점을 인식하

---

25) 금융불안으로 실적배당상품 위주의 투신관련수신(투자신탁+은행신탁)이 안전한 은행의 일반예금으로 이동함으로써 M2−M3증가율 괴리폭이 1998년 5월 이후 지속적으로 상승하여 2000년 4월에는 24.6%에 이르렀다.

26) 우리나라 제조업의 차입금의존도가 1999년에 42.8%로 미국(27.8% : 1998년 기준), 일본(33.7% : 1998년 기준)에 비해 크게 높은 것으로 나타났다.

〔그림 14〕 금융불안에 의한 주가하락이 실물경제에 미치는 파급경로

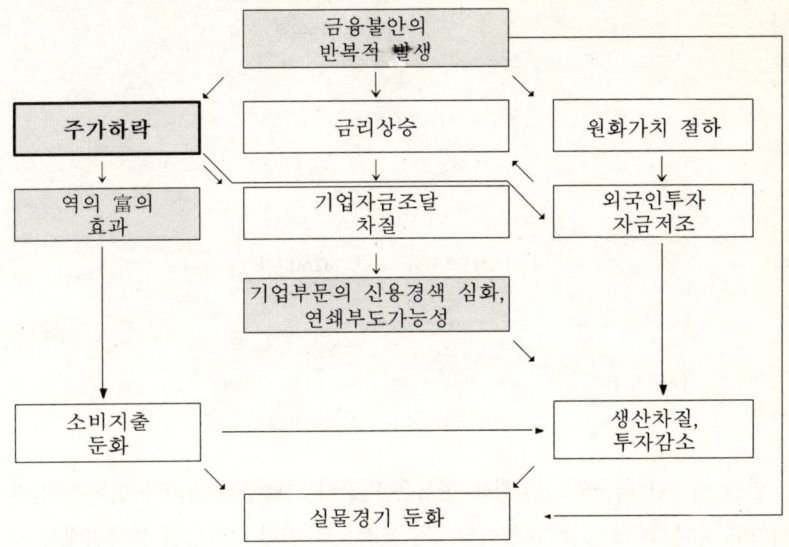

〔표 8〕 주가지수와 주식투자 관련펀드 수신증감액 추이

단위 : 억원

	1999.10	12	2000.1	2	3	4	5	6
종합주가지수[1] (80.1.4=100)	833.5	1028.1	943.9	828.4	860.9	725.4	731.9	821.2
순수[2]주식형 투자신탁	110,765	−39,731	−3,329	−13,925	−28,578	−17,889	−20,455	−38,983
(은행저축성예금)	66,069	6,400	98,860	125,077	66,719	106,631	50,543	69,595
주식형 뮤추얼펀드	1,818	8,067	2,400	3,370	−504	−8,148	−2,653	−4,439

주 : 1) 월말 기준
  2) 주식투자형펀드에서 (뉴)하이일드펀드, 후순위채권펀드 제외

고 있는 소매금융 중심의 우량은행들을 중심으로 한 상업은행들이 신용위험이 높은 일부 대기업을 비롯한 중견기업 등에 대해 보수적이고 소극적인 신용공여 자세를 견지함으로써 신용경색이 더욱 심화되었다.

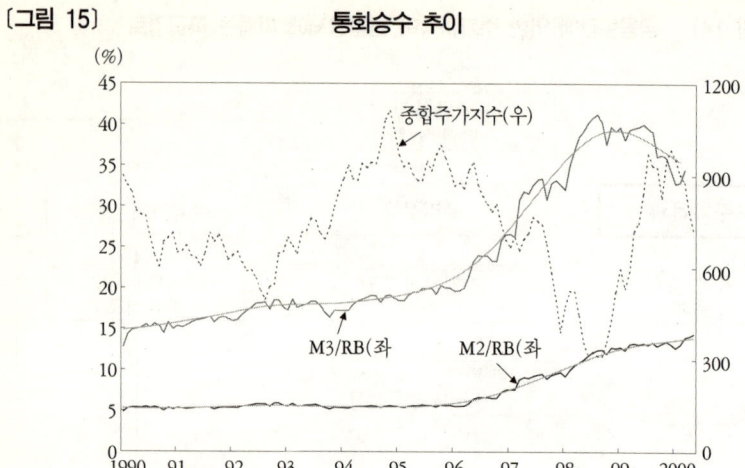

한편 이러한 최근의 신용경색 현상은 민간의 화폐수요 행태가 변화한 결과이기도 하다. 1998년 초 은행산업 구조조정으로 인해 나타났던 은행권에서 시작되었던 신용경색 현상은 M2, M3의 승수가 동시에 하락하는 과정에서 나타났으나 최근의 경우는 주가 등 자산가격의 하락으로 인해 제2금융권의 수신이 감소(flight to quality)하여 M3승수가 크게 하락하는 국면에서 나타났다.

4. 주가와 주요 실물경제지표들과의 관계

최근 우리나라의 주가는 민간소비지출(내구소비재지출 기준)과 같은 방향으로 매우 흡사하게 움직인다는 점에서 민간소비지출이 부의 효과에 의해 크게 영향을 받는 것으로 판단된다.[27]

---

27) 최근 한국은행 보도자료(2000.7)에 따르면 주가가 실질가계소비지출에 미치는 영향이 1990년대 이후가 1980년대에 비해 커졌으며, 주가 변동이 비내구재 및 서비스보다는 내구재(준내구재 포함)에 더 유의한 영향을 미치는 것으로 분석되었다('참고 7. 주가변동이 가계소비지출에 미치는 실증분석 결과' 참조).
한편, 최근 《이코노미스트》에 따르면 미국의 경우 주가 상승에 따른 부의 효과를 보면 1 $ 주가사승은 3~4센트의 민간소비저축을 늘린는 것으로 나타났다.

주가수준이 정점에 다다랐던 1999년 3/4분기 중에 민간소비지출증가율도 최고조에 이르렀으며, 그 이후 주가가 하락세를 보이자 민간소비지출 증가율도 같이 하락하는 모습을 보였다. 이 과정에서 가계부문의 금융부채(가계소비자신용)는 주가에 후행하는 모습을 보임으로써 주가가 지속적으로 하락하는 경우 소득증가를 감안한 부채부담이 더욱 가중될 것으로 예상됨에 따라 금융불안이 증폭될 가능성이 있다.

한편 주가변동이 소비, 투자 및 GDP에 미치는 영향을 분석하기 위해 무제약 벡터자기회귀(VAR) 모형내 변수순서는 인과관계에 따라 주가, 투자, 민간소비, GDP 순으로 하고, 추정기간을 1980년 1/4분기부터 2000년 1/4분기까지 하여 주가변동에 따른 충격반응함수를 추정해 보았다. 그 결과 주가변동이 민간소비, 투자, 경제성장률에 미치는 영향을 실증분석해 본 결과 주가가 하락하면 투자, 소비, GDP 증가율 순으로 하락압력이 크게 나타났다. 주가가 1% 하락하면 장기적으로 투자는 0.63%, 민간소비는 0.17%, GDP는 0.15% 정도가 각각 감소하는 것으로 나타났다.

〔그림 16〕　　　　　　　　　　　주가지수와 소비지출

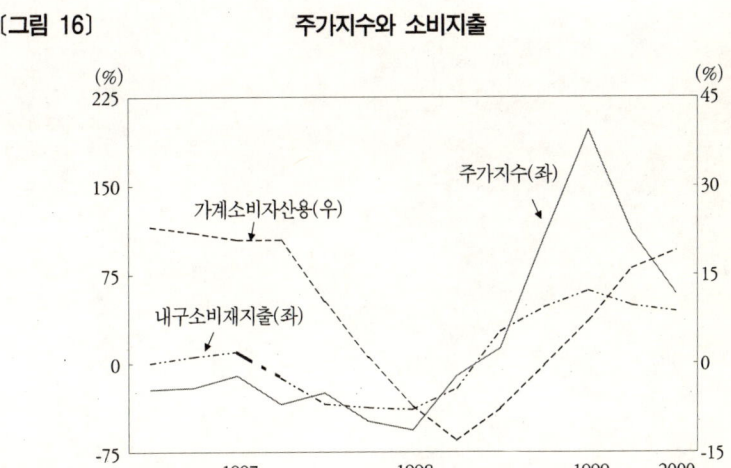

〔그림 17〕 　　　　　주가 1% 하락에 따른 충격반응 추이

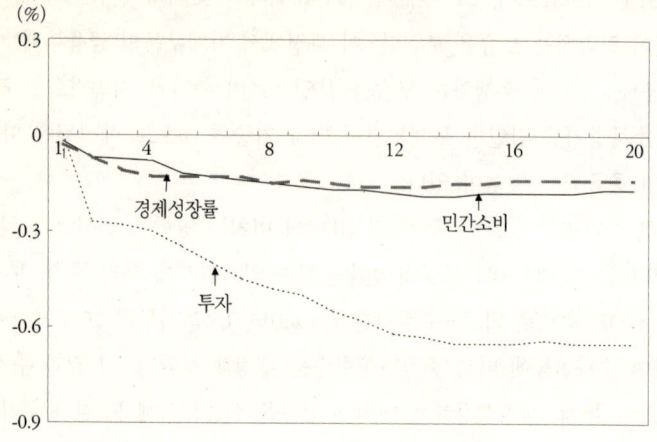

주가변동이 가계소비지출에 미치는 실증분석 결과

□ 주가변동이 민간소비에 미치는 영향을 최창규·이범호《조사통계월보》1999.4의 소비행태함수를 원용하여 분석하였다.

- 민간소비는 부의 효과를 나타내는 주가 및 주택가격 소득, 금리와 장래 소득의 불확실성을 나타낸다고 할 수 있는 인플레이션 및 실업률에 의해 결정되는 것으로 가정하여 민간소비행태식을 다음과 같이 설정하였다.

$$\Delta CP_t = \beta_0 + \beta_1 \Delta CP_{t-1} + \beta_2 \Delta Y_t + \beta_3 \Delta RCB_t + \beta_4 \Delta INF_t + \beta_5 \Delta UR_t$$
$$+ \beta_6 \Delta SPI_t + \beta_7 \Delta HSP_{t-1} + \varepsilon_t$$

단, CP : 실질가계소비지출, Y : 실질국민총소득, RCB : 실질회사채 수익률, INF : 소비자물가상승률, UR : 실업률, SPI : 종합주가지수, HSP : 주택가격지수, 이자율과 실업률을 제외한 모든 변수를 자연대수로 변환하였으며 Δ는 차분을 나타냄

- 1980년 이후의 분기자료를 이용하여 통상최소자승법(OLS)으로 상기 민간소비행태식을 1980~99, 1990~99, 1980~89년의 3구간으로 구분하여 추정하였다.
- 추정결과 자본시장 특히 주식시장이 1992년 이후 본격적으로 대외개방되는 등 양적·질적으로 크게 발전함에 따라 1990년대에 들어 주가가 80년대 중에 비해 민간소비에 미치는 영향에 더 커진 것으로 나타났다.
  ○ 1990년대 이후에는 주가가 10% 상승할 경우 가계소비는 1분기의 시차를 두고 약 0.7%포인트, 주택(매매)가격의 경우는 당기에 3.3%포인트나 각각 증가하는 것으로 나타났다.
  ○ 한편 금리상승은 소비를 둔화시키며 인플레이션과 실업률의 상승도 장래 소득에 대한 불확실성을 증대시켜 소비를 위축시키는 것으로 나타났다.

소비함수 추정결과

	1980. I ~89.IV	1990. I ~99.IV	1980. I ~99.IV
상수항	1.20(2.03*)	0.36(0.89)	0.32(0.77)
Δ소비(t-1)	0.64(4.68**)	0.53(6.10**)	0.66(7.82**)
Δ소득	0.14(1.72*)	0.39(4.33**)	0.21(2.77**)
Δ금리	−0.07(−0.53)	−0.19(−1.42)	−0.23(−1.39)
ΔCPI 상승률	−0.35(−2.23**)	−0.85(−4.11**)	−1.04(−4.83**)
Δ실업률	−0.18(−0.54)	−0.24(−0.42)	−0.43(−1.15)
Δ주가지수(t, t-1)	0.03(0.97)	0.07(2.96**)	0.05(2.31**)
Δ주택가격지수	−	0.33(3.35**)	0.28(3.32**)
$\overline{R^2}$	0.81	0.96	0.91
D.W.	2.3	2.3	1.8

주 : 1) *, **는 각각 유의수준 10%, 5%에서 계수값이 유의함을 나타냄.

V. 결론 및 정책적 시사점

1990년대에 들어서면서 전세계적으로 금융자율화가 급속하게 진전하는 가운데 주가 또는 부동산가격 등 자산가격의 변동성이 더욱 커짐에 따라 이에 대한 효과적인 정책대응 방안을 모색하는 일이 중앙은행의 중요한 정책과제로 등장하였다.

대다수 국가의 중앙은행들은 지속적인 안정성장과 낮은 물가수준을 유지하기 위해 주가 및 부동산가격 등 자산가격을 인플레이션 예측정보변수의 하나로 활용하고 있다. 이와 함께 중앙은행은 자산거래와 관련한 제도정비와 투명하고 일관성 있는 정책수행을 통해 일반투자가들이 높은 불확실성 하에서 과도한 수익률을 추구하지 않도록 유도해 나가고 있다.

미국·일본 등 선진국뿐만 아니라 금융위기를 경험한 다수의 국가가 때때로 자산가격이 이상 급등한 후 급락함에 따라 금융기관 및 기업의 대차대조표 여건이 크게 악화되어 금융부실이 확대됨으로써 금융불안이 심화되고 경기가 장기간 침체되는 현상을 경험하였다. 이러한 이유로 현재로서는 대다수 중앙은행들은 자산가격의 높은 변동성을 완화하기 위한 통화정책적 대응이 필요하다는 점에서는 견해를 같이하고 있으나 실제 정책수행상 이를 어떻게 감안하여야 하는지에 대해서는 견해가 다양하다.

최근에 국제적으로 논의되는 이와 관련한 주요 이슈들로는 첫째, 중앙은행이 자산가격변동성을 감안한 통화정책을 수행하는 경우 인플레이션, 성장 등 경제적 성과를 확실하게 개선시킬 수 있는 것인지, 둘째, 자산가격의 움직임이 장기균형궤적으로부터 얼마나 이탈(misalignment)해 있으며 자산가격버블과 어떻게 구분할 수 있는 것인지, 셋째, 어떠한 자산가격을 기존의 소비자물가지수에 포함하는 것이 바람직한 것인지, 넷째, 자산가격에는 장래소비자물가의 변동을 예측할 수 있는 유용한 정보가 얼마나 포함되어 있는지, 있다면 이를 어떻게 추출할 수 있는지 등이 있다(Stephen 외 2000).

한편 우리나라의 주가 및 부동산가격은 장기적으로 실물경제의 흐름 및 금융차입여건 변화와 유사하게 변동하고 있다. 최근에는 특히 경제가 전반적으로 외환위기 충격에서 벗어나기 시작했던 1998년 하반기부터 1999년 말까지 자산가격은 가파르게 상승해 왔는데, 이는 주로 지속적인 금리인하와 환율하락 등으로 실물경제가 빠르게 회복되고 외국인주식투자자금 유입규모가 크게 늘어난 데 영향을 받은 것으로 보인다. 특히 외환위기 이후 우리나라의 주가는 미국주가와 동조화하는 가운데 금리·환율과는 뚜렷한 상반관계를 보였다. 그리고 환율과 주가는 외국투자자들의 향후 지속적인 환율하락과 높은 투자수익률 기대 등으로 주식투자자금 유입이 크게 늘어나면서 더욱 긴밀해지고 있는 것으로 나타났다. 최근 들어 금융중개구조가 은행중심에서 자본시장중심으로 이행하는 과정에서 주식시장의 심화는 금리 및 환율의 변동성을 더욱 크게 확대시키는 것으로 나타났다.

이와 함께 외환위기 이후 1999년 말까지 주가 및 부동산가격이 단기간 동안에 급상승한 점으로 보아 경제 전반의 자산가격버블 붕괴가능성이 크게 높아졌던 것으로 판단된다. 2000년에 들어서자 확대된 버블이 조정되는 과정에서 주가(자산가격)가 하락하면서 기업금융시장에서의 자금중개기능이 크게 위축됨으로써 2000년 5월 이후에는 신용경색현상이 재현되었음을 주목할 필요가 있다. 특히 최근의 기업부문 신용경색은 금융구조조정 과정에서 종종 나타날 수 있는 현상이긴 하나 1998년초 때와 달리 주가 등 자산가격의 상승세가 꺾이면서(asset price shock) 직접금융시장에서 시작되었다는 특징이 있다.

끝으로 자산가격의 변동에 대한 중앙은행의 통화정책적 대응방안으로는 첫째, 선제적 정책대응으로 자산가격의 거품발생을 사전에 방지하여야 한다. 미국·일본 등 선진국의 예에서 보듯이 자산가격이 이상 급등한 배경에는 공통적으로 확장적 통화금융정책과 관련이 있었다는 점에서 자산가격 안정을 위해서는 중앙은행의 선제적인 정책대응이 무엇보다 중요하다. 특히 자산가격변동에 대한 통화당국의 경직적이고 때늦은 정책대응은 금융불안을 더욱 심화시킬 뿐만 아니라 경제를 종국적으로 자산가격버블 생성-붕괴과정(boom-bust cycle) 속으로 유인할 수 있다. 일단 버블경제가 나타나면 통화정책적 대응만으로는 해결이 불가능해질 뿐만 아니라 이는 금융시스템 전반을 붕괴시키는 등 경제적 악영향이 막대하므로 자산가격버블 발생을 방지하기 위한 사전적 선제적

정책대응이 대단히 중요하다.

둘째, 중앙은행은 일반물가의 움직임뿐만 아니라 자산가격의 변동에 유의할 필요가 있다는 점이다. 1990년대 들어 금융시장 개방화의 진전 등으로 대다수 국가의 물가는 낮은 수준에서 유지되는 가운데 주가, 부동산가격 등 자산가격의 변동성이 더욱 커짐에 따라 각국 중앙은행들은 이에 대한 효과적인 대응방안을 모색하는 일이 중요한 정책과제가 되고 있다. 특히 1980년대 말의 일본과 1990년대 후반 이후의 미국 경제에서 보듯이 금융의 자유화 및 범세계화의 진전 등으로 해외투자자금 유입규모가 크게 늘어나는 경우 자국통화가치가 높아짐으로써 국내물가의 상승압력이 낮게 유지되었던 예가 있다. 이러한 상황에서 중앙은행이 단기정책금리를 필요 이상 오랜 기간 동안 낮게 유지(높은 통화증가율 유지)함에 따라 민간부분의 과도한 금융차입을 유도하여 투자기대수익률을 비정상적으로 높임으로써 주가 등 자산가격을 급변동시킨 바 있다. 이에 따라 대다수 국가의 중앙은행들은 현재 물가가 낮은 수준에 머물고 있음에도 불구하고 자산가격의 높은 변동성이 미치는 경제적 악영향을 감안 소비자물가와 함께 그 움직임에 대해 함께 주시하고 있다. 그러나 아직은 중앙은행이 통화정책 수행시 자산가격변동을 어떤 방식으로 감안하여야 하는지에 대해서는 아직까지 일치된 준칙이 마련되어 있지 못한 상태이다. 이에 따라 중앙은행은 자산가격이 기초경제력을 벗어나 급등락하는 경우에는 시장에 사전경고를 하는 등 정책신호를 전달하거나 탄력적인 금리조정을 통해 대응하고 있다. 또한 일반투자가들이 자산시장에서 높은 불확실성 하에서 과도한 수익률을 추구하지 않도록 규제감독정책과의 정책조합을 도모하고 있다.[28]

셋째, 자산가격 동향에 대한 분석 및 정책활용도를 높이는 방안을 모색해

---

28) 미 연준의 경우 현재 주식시장에서의 신용거래용자거래시 개시증거금(initial margin)을 매수금액의 최저 50%로 규정 1934년(FRB Regulation T) 규정하고 있으며 필요시 동 증거금률을 변경하는 등 margin trade에 대한 조건결정 권한을 행사함으로써 주식시장의 과열 여부를 간접적으로 시장에 전달할 수 있다. 과거 FRB는 증권시장에서의 신용거래 억제 또는 활성화를 위해 낮게는 40%에서 높게는 100%까지 책정(1934~1974 중 23회 조정)하였으나 1974년 50%로 조정한 후 현재까지 이 비율을 유지하고 있다. 한편 우리나라의 경우는 원칙적으로 증권회사가 신용거래보증금률의 최저율을 자율적으로 정하되, 단 금융감독위원회가 신용거래상황의 급격한 변동이 인정되는 경우에만 별도로 정할 수 있도록 되어 있다(〈증권회사의 신용공여에 관한 규정〉 제19조 제2항).

나가야 한다. 외환위기 이후 우리나라도 일반물가는 낮은 수준에서 대체로 안정세를 보이고 있으나 자산가격의 변동성 확대는 신용경색현상을 유발하는 등 금융불안정을 야기할 뿐만 아니라 일반물가 및 소비·투자지출 등 실물경제에 악영향을 미치고 있다. 이에 따라 중앙은행은 소비자물가의 움직임과 함께 자산가격변동을 포함한 광의의 인플레이션 수준에 유의하고 자산가격을 중장기 기대인플레이션 예측을 위한 정보변수의 하나로 적극 활용해 나갈 필요가 있다. 이를 위해 중앙은행은 자산가격과 금리, 물가 등 주요 정책변수들 간의 안정적 관계여부 및 기초경제력을 감안한 자산가격의 이탈(misalignment) 정도 등을 구체적으로 파악할 수 있는 분석모형을 개발해 나가야 할 필요가 있다. 아울러 자본자유화 진전 및 정보통신기술 발달 등으로 국내 자산시장의 규모 및 가격변동성이 더욱 커지고 개인부문의 주식거래비중이 더욱 높아짐에 따라[29] 자산가격변동의 금융·실물경제에 미치는 영향이 점점 확대될 것이므로 자산가격을 통한 통화정책의 파급경로를 면밀히 점검해 나가야 할 것이다.

---

29) 개인부문의 주식거래액 비중이 약 70%에 달하며 주식투자 회전율도 2000년 상반기 일평균 78%에 달하는 등 외국인(31.6%), 기관(69.9%)에 비해 월등히 높은 편이다.

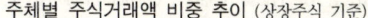

주체별 주식거래액 비중 추이 (상장주식 기준)

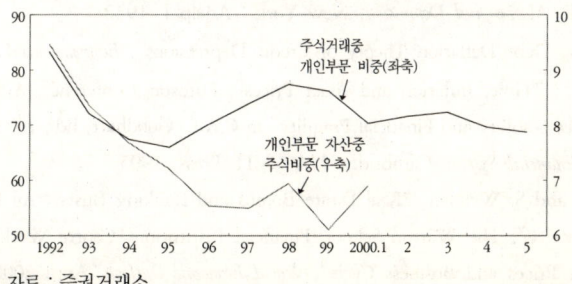

자료 : 증권거래소

최창규·이범호, 〈주가변동이 소비에 미치는 영향〉, 《조사통계월보》, 한국은행, 1999. 4.

최항규 외, 〈중앙은행의 역할－과거, 현재, 미래〉, 업무참고자료 99-7, 한국은행 조사국

한국은행, 〈최근 민간소비의 동향과 결정요인〉, 조사국 특별연구실 보도자료, 2000. 7.21

白塚重典, 〈資産價格と物價指數〉, 日本銀行金融研究所, 《金融研究》第15卷 5
　　號, 1996. 12.

翁邦雄·白川方明·白塚重典, 〈資産價格バブルと金融政策：1980年代後半の經驗
　　とその敎訓〉, *IMES Discussion Paper Series*, 日本銀行金融研究所 2000-J-11,
　　2000. 5.

Alchian, A. and B. Klein, "On a Correct Measure of Inflation", *Journal of Money, Credit and Banking*, Vol. 5, 1973.

Bernanke, B. and M. Gertler, "Monetary and Asset-Price Volatility," FRB of Kansas City *Symposium Paper*, Aug. 1999.

Bernanke, B., M. Gertler and S. Gilchrist, "The Financial Accelerator in a Quantitative Business Cycle Framework," J. B. Taylor and M. Woodford, eds., *Handbook of Macroeconomics*, Amsterdam：Forthcoming

Borio, C. E. V., N. Kennedy and S. D. Prowse, "Exploring Aggregate Asset Price Fluctuations Across Countries：Measurement, Determinants and Monetary Policy Implications," *BIS Economic Paper*, No. 40, April 1994.

Cogley, T., "Should the FED take Deliberate Steps to Deflate Asset Price Bubble," *FRBSF Economic Review*, No. 1, 1999.

Davis, E. P., *Debt, Financial Fragility and Systematic Risk*, Oxford：Oxford University Press, 1995.

Demirguc-Kunt, A. and R. Levine., "Bank-based and Market based Financial Systems：Cross-Country Comparisons," *Working Paper* 1999, World Bank.

Dudley, W. and J. Hatzius, "The Goldman Sachs Financial Condition Index：Still Accommodative After All These Years", *Global Economics Paper*, No. 26, Sep. 1999.

Fisher, I. M., *Mooms and Depression*, New York：Adelphi, 1932.

──────, "The Debt Deflation Theory of Credit Depressions", *Econometrica* I, 1933.

Goodhart, C., "Time, Inflation and Asset Prices", Eurostat Conference, Aug. 1999.

──────, "Price stability and Financial Fragility" in C.A.E. Goodhart, Ed., *The Central Bank and Financial System*, Cambridge MA：MIT Press, 1995.

Herring, R. and S. Wachter, "Real Estate Booms and Banking Busts：An International Perspective", The Warton School, Financial Institutions Centre Working Paper.

IMF, "Asset Prices and Business Cycle", *World Economic Outlook*, April 2000.

Issing, O. et al., "Asset Prices and Monetary Policy", *CEPR*, BIS(ed), 1998.

Kaminski, G. and C. Reinhart, "Banking and Balance of Payment Crises : Model and Evidence", *Working Paper*, Board of Governor of the Federal Reserve, Washington D.C.

Kaufman, Henry, *On Money and Market*, Forwarded by Paul A. Volker, McGraw-Hill Press, 2000.

Kent, C. and P. Lowe, "Asset Price Bubble and Monetary Policy", *Working Paper*, Reserve Bank of Australia, Dec. 1997.

Kunio et. al., "The asset Price Bubble and Monetary policy : Japan's Expericuce in the late 1980s and the lessons", May. 2000.

Miller G., "The Role of a Central Bank in a Bubble Economy", *Cardozo Law Review*, Vol. 18 No.3, Dec. 1996.

Minsky, H. P., "The Financial Instability Hypothesis : A Clarification", M. Feldstein (ed.), *The Risk of Economic Crisis*, Chicago : University of Chicago Press, 1991.

Mishkin. F. S., "The Causes and Propagation of Financial Instability : Lessons for Policy-makers", FRB of Kansas City, *Symposium Paper*, April 1999.

——, "Symposium on the Monetary Transmission Mechanism", *Journal of Economic Perspectives*, Fall 1995.

Mylonas, P. et al., "A Changing Financial Environment and the Implication Monetary policy", *OECD Working Paper*, No. 243, 2000.

Schwartz, A., "Real and Pseudo Financial Crises", F. Capie and G. E. Woods(eds.), *Financial Crises and the World Banking System*, London : Macmillan.

Shiller, R. J., *Irrational Exuberance*, Princeton University Press, 2000.

Smet, F. "Financial Assets Prices and Monetary Policy : Theory and Evidence", Conference paper for Monetary Policy and Inflation Targeting, Reserve Bank of Australia, 1997.

Smith, C. E., "Stock Markets and Exchange Rate : A Multi-Country Approach", *Journal of Macroeconomics* 14(4), Fall 1992.

Stephen, G. Cecchetti, H. Genberg, J. Lipsky, and Sushil B. Wadhwani, "Asset Prices and Central Bank Policy", ICBM/CEPR series of Geneva reports on the World Economy, July 2000.

The Economist, "A Survey of the World Economy-The Navigators", 25 Sep. 1999.

The Economist, "Wealthy and Wise", *The Economist*, 12 August 2000.

Woodford, M., "Non-Standard Indicators for Monetary Policy", N. Gregory Mankiw (ed.), *Monetary Policy*, University of Chicago Press.

14 정보통신기술 발전과 통화정책

함정호·홍승제

I. 머리말

지금 전세계는 정보가 중심이 되는 정보화 사회로 빠르게 이행되어 가고 있다. 특히 인터넷 등 글로벌 정보네트워크의 등장으로 누구든지 언제 어디서나 원하는 다양한 정보를 신속 정확하게 획득하고 상호 교환이 가능하게 되었다. 이러한 상황에서 세계경제는 빠르게 통합되는 가운데 나라마다 금융 및 실물경제구조가 크게 변모하고 있다. 그러나 21세기에 접어들면서 그 누구도 정보통신기술(Information Technology ; IT) 발전에 따른 경제패러다임의 변화가 얼마나 빠르게 진행될지, 그리고 어떤 형태로의 혁신이 일어날지를 정확히 예견하기가 쉽지가 않다.

정보통신기술의 발전은 금융환경을 변모시켜 중앙은행의 통화정책에도 크게 영향을 미치고 있다. 즉 IT의 급격한 발전은 중앙은행의 통화정책 수단 선택 및 목표달성 등에서 불확실성을 가중시킴으로써 통화정책의 유효성을 저해하는 상황까지 이르게 되었다. 예컨대 다양한 전자지급결제수단 및 결제시스템의 등장은 통화에 대한 정의를 어렵게 만들 뿐만 아니라 전자화폐가 기존 화폐를 대체하는 과정에서 통화수요를 불안정하게 만들고 있다. 특히 전자화폐 이용의 급속한 확산은 중앙은행의 본원통화에 대한 수요를 점진적으로 줄임으로써 금융기관 및 금융시장에 대한 중앙은행의 영향력을 크게 약화시키고 있다. 또한 결제서비스 기능에서 IT 발전은 그 동안 독점적 역할을 수행해 온 은행 이외에 비은행 민간기업들의 사적 결제시스템의 등장을 가져옴으로써 중앙은행-은행간 결제시스템의 안정성(integrity)을 위협할 뿐만 아니라 은행의 금융행태 등에 영향을 미침으로써 전통적인 통화정책 파급경로를 약화시키고 있다. 이 밖에도 정보통신기술의 발전으로 IT관련 재화나 서비스의 비중이 높아짐에 따라 일반물가 또는 산출량에 대한 정확한 측정이 더욱 어려워짐으로써 중앙은행이 물가안정이라는 정책목표를 달성하기가 쉽지 않게 되었다. 그러나 정보통신기술의 발전은 시장참여자들간 정보의 비대칭성 문제를 완화하거나 해소할 뿐만 아니라 시장모니터링을 용이하게 함으로써 금융시장내 위험을 더욱 적극적으로 분산·축소할 수 있는 환경을 제공하고 있다. 우리나라에서는 1990년대 중반 이후 금융기관간 전자자금이체가 크게 늘어나는 가운데 최근 한국형 전자화폐 개발이 추진되는 등 전자금융시대가 본격화되었다. 특히 1990년대 말에 들어서면서부터 은행을 비롯한 증권, 보험 등 대부분의 금융기관들이 본격적인 인터넷금융을 통한 금융서비스를 제공하기 시작했다.

이와 함께 실물경제에서도 1997년말 외환위기 이후 경기가 빠르게 회복되는 과정에서 정보통신기술 관련 산업(IT-induced producing or using industries)의 성장세가 현저한 모습이다. 이 과정에서 1999년 이후 고성장-저물가라는 신경제(New Economy) 현상이 일시적으로 나타나고 있다.

한국은행은 이상과 같은 IT 발전 등으로 인한 금융 및 실물부문의 급격한 환경변화를 감안하여 외환위기 발생 직후부터 통화정책 운용체계를 기존의 통화량목표제(monetary targeting)에서 물가안정목표제(inflation targeting)로 변경하여 운용하고 있다. 경제위기 이후 물가는 낮은 수준에서 안정적인 모습을 보이고 있으나 금융산업 구조조정과정에서 경제불안 요인이 반복적으로 발생할 때마다 정보통신망을 이용해 시장참여자들은 과거에 비해 더욱 적극적인 투자행태를 보임으로써 금융권간 대규모의 자금이동 현상이 빈번히 나타났다. 그때마다 각종 통화지표들간 괴리가 심화되고 통화수요가 크게 불안정해지는 모습을 보였다. 이에 따라 한국은행은 통화정책의 유효성 확보를 위해 정보변수로서의 새로운 통화지표를 개발하고 금융시장에 대한 모니터링을 강화하는 한편 금융·실물경제에 대한 IT 발전의 영향을 다각도로 분석하고 있다.

이 연구는 정보통신기술의 발전이 통화정책에 미치는 영향에 관한 주요 논의를 간략하게 개관한 다음, 우리나라의 경우 아직은 초기 단계에 머물러 있는 정보통신기술의 발전이 앞으로의 통화정책에 미치는 영향을 분석하고 통화정책의 유효성을 확보하기 위한 정책적 과제를 살펴보고자 한다. 이 연구의 구성은 다음과 같다. 먼저 Ⅱ절에서는 IT 발전과 통화정책에 관한 주요 논의를 이슈별로 정리하였다. 그리고 Ⅲ절에서는 지금까지 우리나라 전자금융의 진전 추이와 전망을 살펴본 다음 IT관련 지식기반산업의 발전 현황을 분석하였다. 마지막으로 Ⅳ절에서는 최근 IT 발전에 대응하여 통화정책의 유효성을 확보하기 위한 한국은행의 정책대응 내용과 향후 정책과제를 모색하였다.

Ⅱ. 정보통신기술(IT) 발전이 통화정책에 미치는 영향

정보통신기술의 발전으로 인해 전자지급결제수단이 얼마나 빨리, 어느 정도까지 보편화될 것인지, 또한 이러한 환경 변화가 중앙은행의 통화정책에 어떤 영향을 미칠 것인지 등에 대해 아직까지 통일된 견해는 없다. 이는 정보통신기술이 앞으로 어느 정도까지 발전할 것인지를 정확하게 예견하기 어렵고 이것이 통화정책에 미치는 영향에 대한 시각 또한 장단기적 관점에 따라 상이할 수밖에 없기 때문이다.

미 연준[1] 등을 중심으로 한 일각에서는 전자화폐는 기존 화폐와 같은 익명

---

1) 미 연준 의장인 그린스펀은 전자화폐가 점진적으로 보급될 것이나 과거 자유은행주의시대의 민간발행 화폐보다 훨씬 작은 역할을 수행할 것이라고 내다보았다. 또한 FRB Cleveland의 Jerry

성이 보장되기 어렵고 공신력도 낮기 때문에 전통적인 통화정책에 근본적인 영향을 미칠 수 없을 것2)으로 내다보고 있다. 그러나 영란은행 등에서는 전자화폐와 같은 전자결제수단의 확대·보급은 종래의 금융혁신과 비교해 볼 때 지금 당장은 통화정책운용에 그다지 이질적인 문제를 제기할 것으로 보이지는 않으나 중장기적으로는 금융·경제구조를 크게 변화시킴으로써 통화정책에 커다란 영향을 미칠 것으로 보고 있다. 특히 비은행 민간기업이 발행하는 다양한 결제수단의 보급은 단순히 금융거래 비용을 낮추거나 결제수단을 고도화시키는 데 그치지 않고 통화정책 파급경로, 금융산업구조 및 지급결제시스템뿐만 아니라 물가, 성장, 실업률 등 주요 실물경제변수에도 영향을 미칠 것으로 보인다. 이에 따라 중앙은행의 독립성 및 정책 신뢰성이 약화되고3) 전통적인 통화정책 운용체계 또한 적지 않은 변화가 예상된다.

이러한 점을 반영하여 1990년대 말부터 국제금융기구를 비롯한 학계에서는 기술혁신에 의해 은행이 제공하는 금융서비스와 대체관계에 있는 서비스가 다수의 비은행기관에 의해 제공되는 경우 전통적인 은행업의 역할이 어떻게 변화할 것인지, 법적 통용력을 가진 기존 화폐(legal money)와 경쟁할 수 있는 민간기관 발행 전자지급결제수단의 보급은 중앙은행의 전통적인 금리조절 능력을 더욱 약화시킬 것인지, 그리고 중앙은행의 미래는 어떻게 될 것인지 등이 중점적으로 논의되고 있다.4)

이 절에서는 정보통신기술의 발전이 전통적인 통화정책의 유효성에 어떠한

Jordan과 Edward Stevens(1997)는 전자화폐와 같은 통화혁신이 중앙은행 화폐에 대한 수요를 감소시킬 수 있으나 이로 인해 화폐수요에 대한 예측가능성과 통화정책의 신뢰성이 감소되는 것은 아니며 중앙은행이 최종결제기능을 수행하는 한 통화정책의 유효성은 확보될 수 있다고 주장하였다.

2) Ely(1997)는 전자화폐가 기존 다른 지급수단과 비슷하여 통화정책에 미치는 영향은 사소하다고 주장하였다. 즉 전자화폐는 카드에 가치(stored-value)를 전자적인 형태로 저장한 것에 불과한 것으로 종이 위에 가치를 저장하는 기존 화폐와 크게 다르지 않다고 보았다.

3) 영란은행 부총재 King(1999)은 전자화폐의 등장으로 중앙은행의 화폐 독점발행권이 상실되면 중앙은행의 수입이 감소되어 재정측면에서의 독립성이 저해될 수 있다고 우려하였으며, Friedman(1999)도 앞으로 25년 정도 지나면 최종결제가 중앙은행을 통할 필요 없이 민간부문에 의해 이루어질 것이므로 중앙은행은 금리조정능력을 상실하게 될 것이라고 주장하였다.

4) 최근 World Bank(2000.7)는 "Future of Monetary Policy and Banking Conference"를 개최하여 전자화폐와 전자상거래의 보급이 통화정책에 미치는 영향 등을 중점적으로 다룬 바 있다.

영향을 미칠 것이며, 이에 대해 중앙은행의 정책대응 과제는 어떠한 것인지에 대한 최근까지의 논의를 이슈별로 정리한다.

1. 전자화폐의 기존 화폐 대체

전자통신기술의 발전이 금융부문에 가져온 가장 큰 변화 가운데 하나는 전자화폐[5]의 출현을 들 수 있다. 최근 들어 전자화폐는 대다수 국가에서 상품이나 서비스 구매에 따르는 단순지급뿐만 아니라 결제기능까지도 제공할 수 있는 수준에 이르는 등 두드러진 발전 양상을 보이고 있다. 지난 수년 동안 전자통신기술의 비약적 발전으로 현재 주요 선진국[6]을 비롯한 많은 나라에서 기존의 화폐를 대체할 수 있을 만한 새로운 전자지급결제수단(전자화폐)이 개발 이용되고 있다.

이러한 변화에 대해 King(2000)은 지금보다 더 뛰어난 전산처리 능력을 가진 전자결제시스템이 개발될 경우 100년 정도 지나면 현재와 같은 형태의 중앙은행 화폐는 존재하지 않을 것이라고 주장하였다. 또한 Friedman(1999)은 예금에 기초하지 않는 전자화폐가 발행되고 전자화폐를 이용한 거래가 금융기관을 거치지 않고 직접 개인 간에 최종 결제되어 이루어진다면 미래의 전자화폐는 기존의 현금화폐를 완전히 대체할 것으로 내다보았다. 그러나 Goodhart(2000)와 Freedman(2000)은 전자화폐가 기존의 화폐를 어느 정도 대체할 것

---

5) 전자화폐(electronic money)는 전자자금이체(electronic funds transfer)와 함께 주요한 전자지급결제수단의 하나인데 전자화폐는 일반적으로 화폐가치 정보를 전자 부호화하여 저장하고 지급결제가 필요할 때 거래 상대방에게 화폐가치를 이전할 수 있는 전자장치를 말한다. 이러한 전자화폐는 크게 IC카드형과 네트워크형 전자화폐로 구분되는데 전자는 IC카드에 화폐가치를 저장하여 이를 재화나 서비스구입시 상대방에게 이전 지급하는 수단이나 후자는 인터넷과 연결된 PC에 화폐가치를 저장하여 이를 거래 상대방에게 통신망을 통해 이전하는 지급결제수단이다. 전자화폐와 전자자금이체는 예금계좌간 자금이체를 통해 최종결제가 이루어진다는 공통점이 있으나 전자화폐는 일단 화폐가치를 저장하여 거래 상대방에게 지급한 후 자금이체가 일어나고 전자자금이체는 처음부터 예금계좌간 자금이체를 통해 지급한다는 차이점이 있다.
6) 현재 미국, 영국, 프랑스, 캐나다, 한국, 일본, 홍콩 등 20여 국이 전자화폐를 개발 이용하고 있는데 특히 미국의 경우 Ely(1997)에 따르면 지금까지 발행된 전자화폐 규모가 총 유통되는 화폐의 5~7% 정도에 이르는 것으로 추정되었다.

인가는 기존 화폐들의 사용형태뿐만 아니라 법적·기술적인 문제 등과 결부되어 결정될 것이기 때문에 전자화폐가 기존 화폐에 대한 수요를 크게 변화시키지는 않을 것이라고 보고 있다.

역사적으로 볼 때 어느 시대에서나 다양한 지급결제수단들이 사용되었다. 이러한 각각의 지급결제수단들은 서로에게 비교우위가 있는 지급용도에 따라 특화되는 경향을 보였다. 따라서 전자화폐가 가까운 장래에 기존 화폐를 완전히 대체한다기보다는 오히려 다양한 결제수단과 경쟁하면서 그 특성에 따라 전문화된 형태로 사용될 것으로 보인다. 하지만 가까운 장래의 전자화폐는 신형 결제성예금과 마찬가지로 본격 이용 가능한 새로운 지급수단(부채)으로 변모할 것임은 분명하다.

한편 지급결제수단 또는 가치저장매체로서의 기능 등 기존 화폐의 제 기능을 보유하고 있는 전자화폐가 점차 기존 화폐를 대체할 것으로 예상됨에 따라 통화량에 대한 재정의와 함께 통화지표의 개선이 필요하다. 만일 전자화폐를 기존 통화량에 포함시킬 경우 결제성예금을 재원으로 발행된 전자화폐의 경우는 이미 통화량에 포함되어 있어 비은행 전자화폐발행자가 발행한 전자화폐는 반드시 고려되어야 할 것이다.[7] 그러나 각종 재화 및 서비스거래에 수반한 전자자금이체가 크게 증가하고 있는 점을 감안하여 유량(flow) 개념의 전자자금결제액을 저량(stock)인 통화량에 포함해야 하는 데는 많은 연구가 필요하다.[8]

---

7) 예컨대 미국의 경우 현재 전자자금이체(EFTS)의 진전에 따른 신금융상품을 통화량에 일부 반영하여 편제함으로써 전통적 통화량에 입각한 통화지표를 다소 보완하고 있다.

8) Solomon(1991)은 전통적 통화량에 전자매체 및 네트워크를 통한 전자화폐흐름을 반영한 유량 개념의 새로운 통화를 전통적 통화량 L에다 합쳐서 M4라는 새로운 통화지표 개발한 바 있다.

전통적 통화지표 및 전자시대의 통화지표

전통적 통화지표		전자시대의 통화지표	
M	통화	M1	M1+스마트카드 및 스마트주화 (전자적 현금대체물)
M2	M1+준통화		
M3	광의의 통화 + M2	M2	M2+소매, 소액 전자거래
L	단기의 유동성 자산 + M3	M3	M3+도매 및 거액전자거래
M4	새로운 통화(e-money)+ L	L	L+T/Bill, 외환 등 유동성자산

자료 : Solomon(1991)

2. 중앙은행의 금리조절 능력

앞 절에서 언급하였듯이 정보통신기술의 발전은 새로운 지급결제수단의 사용을 더욱 확대시킬 것으로 보인다. 특히 전자화폐는 다른 결제수단과는 달리 화폐와의 대체성이 높아[9] 통화승수 및 통화량, 통화 유통속도 등에 변화를 초래하여 전통적인 통화정책 유효성에 상당한 악영향을 미칠 것이다. 이때 전자화폐의 사용이 중앙은행의 통화정책에 미치는 영향은 전자화폐 발행권을 누가 (중앙은행, 은행 또는 민간기업 등) 보유[10]하느냐 또는 어떠한 발전단계에 있는 전자화폐를 대상으로 하느냐에 따라 다르게 나타날 수 있다.

전자화폐가 발전초기단계인 현재로서는 가치저장 기능[11]보다는 주로 지급결제수단으로 이용되는 예가 일반적이다. 지급결제수단으로서의 화폐기능을 중시하는 '토빈-보몰의 재고이론접근'에 따르면 은행에 가서 예금을 현금화하는 데 소요되는 비용과 현금수요는 정(正)의 관계에 있다. 따라서 전자화폐의

---

9) 수표, 신용카드, 전자자금이체 등의 지급결제수단은 사용후 은행에 개설된 계좌를 통해 정산이 이루어지게 되나 전자화폐의 경우는 제3자에게 가치 이전이 가능해 발행후 계속해서 유통되므로 회폐대체 정도가 여타 결제수단에 비해 매우 높은 편이다.

전자화폐, 화폐, 수표 및 직불카드간의 특성 비교

특성	전자화폐	현금화폐	수표	직불카드
한계거래비용	낮음	보통	높음	보통
직접거래에 의한 지불종료성	있음	있음	없음	없음
간접거래에 의한 지불종료성	있음	없음	없음	없음
사용자의 익명성	있음 / 없음	있음	없음	없음

자료 : Berentsen(1998)

10) 중앙은행이 전자화폐를 발행하는 경우라면 기존의 현금수요가 전자화폐로 대체되는 것이므로 본원통화를 크게 변동시키지 않으며 통화승수 및 통화량, 통화유통속도에도 큰 영향을 미치지 못할 것이다. 다만 이때에도 전자화폐의 편의성 등으로 인해 전자화폐 발행액 이상으로 현금수요가 크게 감소할 경우 통화승수 및 통화량, 통화유통속도 등에 영향을 미칠 수 있다. 그러나 은행외 민간기관이 전자화폐를 발행하는 경우에는 민간 현금보유 성향의 저하로 통화승수가 커지게 되어 통화량 증대 및 통화유통속도의 증가를 가져오게 되며 이에 상응한 통화량 조절이 이루어지지 않는 경우 물가상승을 유발할 가능성이 있다.

11) 전자화폐의 도입으로 현금통화에 대한 수요가 감소하는 상황에서도 법화인 현금통화가 가치척도의 기준으로서 역할을 할 수 있을지에 대해 Jordan & Stevens(1997)는 중앙은행이 국고업무를 수행하는 한 가능하다고 주장하였다.

보급·확대는 경제주체들이 은행을 왕복하여 예금을 현금화하는 데 소요되는 비용을 감소시킬 것이므로 현금수요가 감소된다.

전자화폐가 현금통화뿐만 아니라 나아가 기존의 결제성예금까지도 점차 대체할 경우 통화승수[12]뿐만 아니라 지급준비금 수급에도 영향을 미쳐 중앙은행의 금리조절 능력을 약화시킬 수 있다. 전자화폐가 현금통화만을 대체한다면 중앙은행의 금리조절면에 미치는 영향은 그리 크지 않을 것이나 은행의 결제성예금까지 대체하는 경우 지급준비금 수요를 감소시킬 가능성이 높다. 한편 중앙은행 주 부채항목의 하나인 현금통화가 전자화폐의 이용확대로 감소하게 되면 대차대조표 크기가 감소하여 결국 지급준비금 공급을 제약함으로써 중앙은행으로 하여금 단기금융시장 개입을 위한 재원부족을 초래하여 금리조절 능력을 저하시킨다.[13] 이에 따라 중앙은행이 단기금융시장(지준시장)에서의 금리조절 능력을 확보하기 위해 중요한 것은 지급준비금 수요의 확대와 함께 지급준비금 수요의 안정성이다. 이와 함께 앞으로 전자화폐를 발행할 민간기업들의 지급결제가 최종적으로 중앙은행 당좌예금계정을 통해 안정적으로 이루어지게 하는 데 있다.

이상에서 보듯이 정보통신기술의 발전에 따른 중앙은행의 금리조절 영향력

---

12) 이에 대해 FRB Cleveland의 Jerry Jordan과 Edward Stevens(1997)는 전자화폐와 같은 통화혁신이 중앙은행 화폐에 대한 수요를 감소시키는 경향이 있기는 하나 이로 인해 화폐수요에 대한 예측가능성과 통화정책의 신뢰성이 감소하는 것은 아니며 중앙은행이 최종결제기능을 수행하는 한 통화당국은 가격수준을 결정할 수 있다고 주장하였다. 그러나 영란은행과 BIS는 전자화폐 발행주체가 비은행 민간기업의 경우 중앙은행의 독립성 및 통화정책에 부정적인 영향을 미칠 것이라는 입장을 보였다. 한편 Selgin(1997)은 전자화폐가 현금을 대체하면 현금보유비율이 통화승수에 미치는 영향이 줄어들어 통화정책의 유효성이 오히려 증대될 수 있다는 상반된 견해를 피력하였다.

13) 이와 관련하여 Friedman(1999)은 중앙은행의 최대 부채항목인 현금이 전자화폐로 대체되어 중앙은행의 B/S규모가 크게 축소된다면 지급준비금 공급의 독점성으로 유지되어 온 중앙은행의 통화정책이 수행되기 힘들 것이라고 내다보았다. 이에 대해 Freedman(2000)과 Goodhart(2000)는 전자화폐가 아무리 광범위하게 이용된다 할지라도 현금수요를 완전히 대체할 수 없을 뿐만 아니라 완전대체라는 극단적인 상황이 발생하더라도 중앙은행은 화폐시장에서 바람직하다고 여기는 금리수준을 결정할 수 있다고 주장하였다. 또한 이들은 은행간의 차익결제가 중앙은행의 당좌계정을 통해 이루어지고, 중앙은행이 이를 예측할 수 있다면 은행간 결제자금의 과부족을 해결하는 과정에서 중앙은행은 단기금리를 조정할 수 있다고 보았다. 이와 함께 전자화폐가 기존 화폐를 완전대체한다고 해도 이윤극대화를 목적으로 하지 않는 중앙은행은 여전히 시장조성자(market maker)로서 전자화폐에 대한 수요자(ask side)와 공급자(bid side) 사이의 스프레드에서 공개시장조작을 통해 이자율을 결정할 수 있다고 주장하였다.

의 약화는 결국 법화를 독점적으로 발행함으로써 오는 중앙은행의 시뇨리지가 법화와 경쟁적인 다양한 전자결제수단을 발행하는 은행 또는 비은행 민간기업으로 이전된 데 기인한다. 이와 관련 미 연준 의장인 Greenspan(1997)과 BIS (1996)는 전자화폐의 도입으로 인해 중앙은행이 가장 관심을 가져야 할 사항으로는 '시뇨리지 감소'라고 지적하였다. 이러한 문제는 전자화폐 도입초기에는 별 문제가 되지 않으나 중앙은행 이외 은행 또는 민간기관들이 발행하는 전자화폐가 더욱 보편화되어 갈수록 통화정책 유효성이 약화됨에 따라 중앙은행은 이를 막기 위해 또 다른 수입원을 찾을 필요가 있음을 강조하였다.

3. 지급결제시스템의 안정성

미국의 CHIPS(Clearing House Interbank Payment System) network와 같은 은행간 차액결제시스템의 등장은 지급결제준비금을 최종 공급하는 중앙은행의 결제서비스 독점력을 위협하고 있다. 왜냐하면 이러한 결제시스템은 은행들로 하여금 중앙은행의 실시간 총액결제시스템을 이용함으로써 소요되는 수수료나 담보의 부담에서 벗어나게 해주기 때문이다. 그럼에도 불구하고 지금까지 은행간 결제가 대부분 중앙은행의 당좌계정을 통해 최종 결제가 이루어져 왔던 것은 은행간 채무불이행시 나타날 수 있는 지급결제시스템 붕괴에 대한 우려 때문이었다. 하지만 정보통신기술의 발전으로 인해 CHIPS와 같은 사적 결제시스템은 은행간 쌍무적인 거래방식(bilateral transfer)으로 발전할 가능성이 있다. 또한 그 동안 은행이 독점적으로 보유하고 있었던 지급결제서비스 기능을 은행뿐만 아니라 민간기업들도 본격화하게 되면[14] 중앙은행과 은행간 관계변화로 통화정책 파급경로상 불확실성이 증대되고 통화에 대한 정의가 더욱 어렵게 되는 등 통화정책의 유효성이 크게 제약을 받을 것으로 예상된다.

---

14) 전자지급결제수단(전자화폐) 발행자에 대한 각국의 규제현황(BIS 1997)
  - 미국·영국·캐나다 : 연준 및 통화감독청은 전자화폐발행자 제한에 대해 부정적이며 이들 기관에 대해 지준부과 예정
  - 독일·프랑스 : 전자화폐발행자를 은행으로 제한. 단 독일의 경우 지준부과 예정

이와 관련 Friedman(1999)은 만약 사적 결제시스템이 효율적으로 작동[15] 한다면, 은행들은 지급준비금을 중앙은행에 예치할 필요가 없어지고 중앙은행의 통화정책의 유효성도 떨어지게 될 것이라고 주장한다. 이에 대해 Freedman(2000)은 은행들은 지급결제리스크를 우려하기 때문에 여전히 중앙은행 당좌계정을 통해 최종적인 지급결제를 하려 할 것이라고 내다보았다. King(1999)도 중앙은행을 통한 결제의 종료성(finality)을 강조하며, 사적 결제제도가 존재한다 할지라도 중앙은행을 통한 결제가 여전히 중요한 위치를 차지하리라고 주장한다. 즉 중앙은행을 통한 결제는 결제리스크가 없고 최종대부자로서 중앙은행은 일상적인 결제자금 부족을 쉽게 충족시킬 수 있으며 심각한 유동성 문제도 긴급자금 지원(최종대부자 기능)을 통해 해결할 수 있다고 주장한다. 이처럼 은행들이 지급결제를 위해 중앙은행 예치금을 이용하는 것은 그것이 주는 안전성 및 편리성에 기인한다. 따라서 정보기술의 발달로 말미암아 사적 결제시스템이 광범위하게 도입된다 할지라도 여전히 최종결제는 중앙은행의 당좌계정을 통해 이루어질 것이며 최종결제가 중앙은행의 지급준비금을 통해 이루어지는 한 중앙은행은 통화정책을 수행해 나갈 수 있다고 주장한다.

4. 경제구조의 신경제화

정보통신기술의 발전으로 집약되는 디지털 경제의 출현이 과연 인플레이션 없는 고도성장을 가능케 함으로써 소위 신경제[16](New Economy)를 실현시킬 수 있을지 여부에 관한 논의는 통화정책 차원에서 중요한 함의를 내포하고 있다. 신경제 하에서는 정의 공급충격(favorable supply shock)를 통하여 생산이

---

15) Brown-David(1997)는 IT발전으로 인한 금융혁신으로 개인부문이 자산을 매우 유동적으로 보유할 수 있게 됨에 따라 유동성부족으로 인한 결제시스템의 불안정성은 크게 완화될 수 있다고 주장한다.

16) 경제의 새로운 패러다임을 의미하는 '신경제'(New Economy)는 일의적으로 명확히 정의 내리기 어려운 개념이나 일반적으로 경제구조의 영속적인 변화가 수반되어 나타나는 새로운 경제현상으로 이해되고 있다. 그러나 신경제를 규명하고자 하는 실증 분석에서는, 예컨대 고성장-저물가-저실업과 같은 경제상황의 변화가 일시적인지 아니면 구조적인지에 따라 신경제 여부를 판단하고 있다.

늘어날수록 제품가격이 하락(공급곡선의 우하향 이동)함으로써 고성장과 저물가가 동시에 실현 가능하다는 주장이 일부에서 제기되고 있다. 만일 이러한 주장이 맞다면 최근 미국의 장기호황에서 보는 바와 같이 경기가 지속적으로 상승하더라도 인플레이션을 우려할 필요가 없으며 따라서 경기상승에 대응하여 통화정책을 긴축기조로 전환할 필요가 없다는 결론에 이르게 된다.

그렇지만 정보통신기술의 발전은 총공급 측면에서 잠재생산능력을 증대시킬 것은 분명하나 인플레이션에 미치는 영향을 더욱 정확하게 파악하기 위해서는 총수요에 미치는 영향도 함께 고려할 필요가 있다.[17] 정보통신기술의 발달로 생산성이 향상되면 총공급이 증대하는 반면 총수요 면에서는 정보통신관련산업의 수익증대로 경제주체들이 미래 경제상황에 대해 낙관적인 전망을 하게 되어 보유 주가, 지가 등의 자산가치가 높아져 부의 효과(wealth effect)를 통해 소비지출이 늘어난다. 또한 정보통신기술관련 산업의 장래 투자수익률이 지속적으로 높아질 것으로 예상됨에 따라 IT 관련 산업의 투자지출이 더욱 늘어난다. 이와 같이 정보통신기술의 발달은 잠재적 공급능력이나 총수요의 움직임에 상당한 불확실성을 야기함으로써 중앙은행으로 하여금 장래 인플레이션에 대한 정확한 예측 및 중장기 물가안정이라는 정책목표 달성 등을 어렵게 할 수 있다.

III. 우리나라의 전자금융 진전과정과 전망 및 지식기반산업 발전 현황

산업혁명 이후 제3의 혁명인 인터넷의 등장과 사이버 문화의 급속한 확산에 따라 우리나라에서도 지식혁명과 디지털경제로 압축되는 사이버금융환경이 도래하였다. 인터넷 사용인구가 2000년 6월 현재로 불과 3년 만에 10배로

---

17) 한 예로 Brookes-Wahhaj(2000)의 실증연구에 따르면 정보통신기술의 발달로 전자상거래가 확대되면 단기적으로는 총공급보다 총수요가 더 빠르게 증가되는 것으로 분석되었다.

증가하였으며 컴퓨터 보급의 일반화와 인터넷 기술의 발달로 전자상거래 규모가 매년 3~4배씩 증가하고 있다. 이와 함께 기존의 은행 결제시스템도 사이버 결제시스템으로 점차 대체되고 있으며 사이버금융의 확산으로 금융권역별 핵심업무의 비중이 급격히 축소되고 있다. 이러한 상황에서 실물경제부문에서도 정보통신기술산업의 급격한 성장과 IT 관련 상품 및 서비스의 가격하락 등으로 고성장-저물가의 신경제 현상이 일부 나타나고 있다.

이 절에서는 우리나라의 이러한 전자금융의 진전 과정과 향후 전망을 개관한 다음 IT 발전에 따른 지식기반산업의 발전 동향을 살펴본다.

1. 전자금융 진전과정과 전망

(전자화폐)

우리나라는 최근에 와서 우리나라형 전자화폐 개발을 본격 추진하고 있는데 이중 우리나라 은행과 금융기관이 공동으로 개발한 IC카드형 전자화폐 K-Cash는 2000년 7월부터 서울 남부(역삼동) 지역에서 시범 운용되고 있으며, 그 성과를 보아 가며 내년부터 전국으로 확대될 예정이다. K-Cash는 카드간 가치이전을 불허하는 폐쇄형인 IC카드형 전자화폐로 발행기관은 은행 및 신용카드사로 제한되어 있고 1매당 저장한도가 20만원으로 소액이며, 가까운 장래에 네트워크형 전자화폐로 개발될 예정으로 있다. 이 밖에 Mondex, Visa 카드 등도 전자화폐사업에 진출 또는 진출예정이며 현재 30여 개의 민간정보통신업체들이 인터넷 쇼핑몰 등에서 사용할 수 있는 소액결제용 정액 선불형 카드 또는 네트워크형 전자화폐를 발행하고 있다.

이처럼 우리나라에서의 전자화폐는 아직은 보급 초기단계이어서 안전성에 대한 신뢰를 확보하지 못한 데다 신용카드,[18] ATM(automatic teller machine) 등에 비해 특별한 이점이 별로 없기 때문에 아주 작은 규모의 거래에 주로 사용되고 있다. 당분간 전자화폐는 IC카드형의 경우 교통요금, 주화거래, 신용카

---

18) 특히 신용카드는 재화 및 서비스를 구매하고 일정기간이 경과한 후 대금을 지급하는 데 비해 전자화폐는 현금거래와 같으므로 그만큼 기간 이자소득을 상실한다.

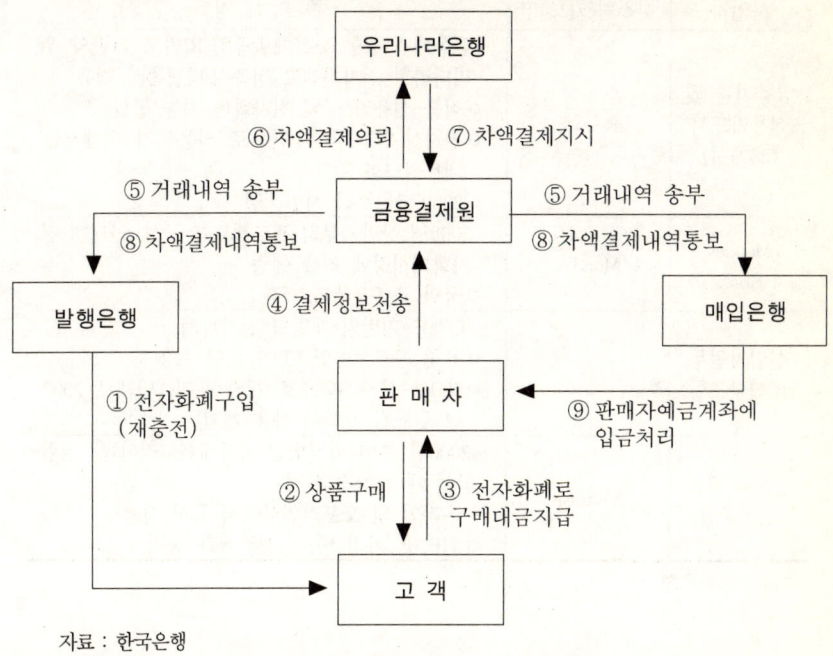

자료 : 한국은행

드를 발급 받지 못하는 청소년층 등을 중심으로 사용될 것으로 보이며 현금을 대체하는 데는 상당한 기간이 소요될 것으로 예상된다. 그러나 네트워크형은 주로 신용카드나 전자자금이체에 의해 결제되는 전자상거래 규모의 확대와 함께 그 사용이 빠른 속도로 늘어날 것으로 보인다. 다만 앞으로 더 안전하고 자신의 PC에서 충전할 수 있는 전자화폐가 개발되고 카드나 네트워크에 충전되어 있는 미사용 금액에 이자가 지급되면 사용이 늘어날 수 있을 것으로 예상되나 이 경우에도 아주 작은 규모의 거래를 제외하고는 신용카드를 대체할 수 있을지에 대해서는 의문시된다. 그러나 전자화폐가 확산되면 안전성과 유동성에 문제가 있는 어음 및 수표에 대한 지급결제 의존비율이 상대적으로 높은 우리나라의 경우 결제관행이 크게 영향을 받을 것으로 보인다.

사업자	시스템(카드)명	주요특징
금융기관 및 신용카드사 (28개사)	K-cash	– 금융기관 공동으로 개발중인 IC카드 기반의 우리나라형 전자화폐로 접촉식/비접촉시 겸용 ○ 직불·신용카드 및 전자화폐 기능 통합 ○ 전자상거래 결제수단으로 사용하기 위해서는 네트워크화 필요 ○ 2000. 3월부터 시범운영
Mondex Korea	Mondex	– 2000년 상반기부터 프로젝트를 구성, 인터넷 전자화폐시장에 진출 예정 ○ 국민·조흥은행과 제휴
산업자원부 (IC연구조합)	–	– IC카드 기반의 개방형 전자화폐 ○ 표준 프로토콜인 CEPS 모델 적용 ○ 2004년까지 3단계로 개발 추진(1단계로 2002년 월드컵 개최시 사용 계획)
Visa 및 삼성물산	Visacash	– 2000년 초에 합작법인(비자캐쉬코리아)을 설립하여 개발 착수 예정 ○ 온라인 및 오프라인상에서 동시 사용 ○ 인터넷, 가정용충전기를 통해 충전

자료 : 한국은행

(전자자금이체)

전자자금이체는 가장 먼저 실현된 非對面 금융거래로서 ATM, 인터넷 등 네트워크를 통해 예금계좌간 자금을 이체하는 지급결제수단을 말한다. 현재 우리나라는 금융기관별로 지급결제서비스가 온라인화되어 고객이 ATM 등 폐쇄형 네트워크(closed network)를 통해 동일 금융기관의 어느 점포에서나 자금이체가 가능하다. 뿐만 아니라 금융기관 공동전산결제망이 구축되어 ATM, 신용카드, 직불카드, 선불카드 등을 통해 고객이 자신의 거래 금융기관이 아닌 금융기관을 통해서도 거래도 가능하다. 또한 최근에는 전화기 및 PC를 이용하는 홈/펌뱅킹(home/firm banking)서비스뿐만 아니라 개방형 네트워크(open network)인 인터넷을 통한 거래도 가능해지기 시작하였다.

우리나라의 전자자금이체(금융기관간 이체 제외)의 이용건수와 건당 거래금액을 보면 1990년대 중반 이후 급증하는 모습을 보이고 있다. 또한 연간 이용건수는 1990년의 5500만 건에서 1999년중 11억 건으로, 건당 거래금액은

〔그림 2〕　　　　전자자금이체[1] 이용건수 및 건당 거래규모의 변동 추이

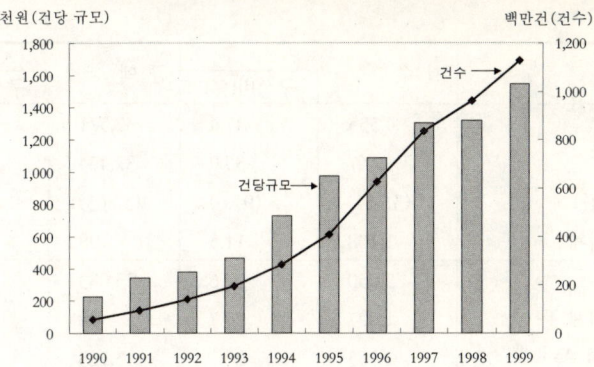

주 : 1) 자동계좌이체, 대량지급, 타행환, 현금자동인출기 공동망, ARS 서비스, 직불카드공
　　　동망, 자금관리서비스망, 지방은행 공동정보망
자료 : 한국은행

같은 기간중 22만원에서 155만원으로 증가하고 있다.

이에 따라 지급결제행태를 어음·수표, 장표지로 등의 장표결제수단과 신용
카드, 은행지로, 타행환, CD계좌이체, BOK-Wire 등의 전자결제수단으로 대
별하여 최근의 그 이용현황을 살펴보면 건수기준으로 1999년중 장표방식 비
중[19]이 47.4%이고 전자결제방식의 비중은 52.6% 수준에 이르고 있다. 이는
1995년의 장표비중 68.6%, 전자방식 31.4%에 비하면 전자지급결제의 비중이
크게 증가한 것이다.

한편 우리나라의 전자자금이체는 폐쇄형 네트워크뿐만 아니라 인터넷을 통
해서도 가능해짐에 따라 앞으로 그 이용이 더욱 빠른 속도로 늘어날 것으로
전망된다. 그런데 전자자금이체는 아직 주로 소액거래에 이용되고 있는 점에
비추어 앞으로 ATM을 이용한 거래보다 안전성 면에서는 열위에 있지만 거래
비용(시간과 수수료)면에서는 우위에 있는 인터넷에 주로 의존할 것으로 예상
된다. 온라인 소매거래(B2C)가 확산되고 인터넷의 안전성이 보강될수록 인터

---

19) 주요 선진국의 경우와 비교해 보면 우리나라의 장표비중은 미국(70.8%)을 제외한 영국(32.7%),
　　독일(4.8%), 프랑스(41.9%), 스위스(27.8%), 일본(41.5%), 벨기에(7.0%) 등 어느 나라보다도 아
　　직 높은 수준에 있다.

〔표 2〕　　　　　지급결제수단별 이용실적(1999년, 일평균 이용건수 기준)

단위 : 천건, 10억원

	건 수	구성비(%)	금 액	구성비(%)
장표방식	4,555	47.4	32,571	30.8
어음·수표	3,447	35.9	32,474	30.7
(자기앞수표)	(3,364)	(97.6)	(5,863)	(18.1)
지로일반이체	1,108	11.5	98	0.1
전자방식	5,050	52.6	73,083	69.2
지로자동이체 등	1,027	10.7	88	0.1
CD, 타행환 등	2,755	28.7	5,763	5.5
신용카드	1,264	13.2	200	0.2
BOK-Wire	5	0.1	67,032	63.4

자료 : 한국은행

넷 이용이 더욱 늘어날 것이므로 금융기관 점포 및 ATM은 점차 현금 입출금
용도로 주로 이용되고, 이에 따라 ATM 설치는 크게 늘어나지 않을 것으로 예
상된다. 그러나 기업간 거액거래(B2B)는 주로 수표 및 어음(1999년중 건당
평균금액 942만원)을 이용하고 있음에 비추어 기업간 거래에서 투명성 중시,
외상거래 감소 등 거래관행이 획기적으로 개선되고 전자상거래가 확산될 때
전자자금이체로 흡수될 수 있을 것으로 전망된다. 이 경우 금융기관과 기업이
제휴하여 기업의 상거래 관련서류와 지급결제가 실시각(real time)에 자동으로
처리되는 시스템인 금융 EDI(electronic data interchange) 서비스에 대한 수요
가 늘어날 것으로 예상된다.

(인터넷 금융중개)

우리나라에서는 최근 들어 지급결제에 이어 금융중개에도 인터넷을 통한
비대면 거래가 확산되고 있다. 은행은 예금, 대출, 신용카드 회원모집, 뮤추얼
펀드 판매 등의 서비스를 제공하고 있으며 증권회사들의 경우 인터넷을 통한
증권위탁매매가 활발히 이루어지고 있다. 또한 투자자문전문가(financial con-
sultant)가 고객과 대면하여 제공하던 투자자문서비스도 표준화하여 인터넷을

통한 서비스로 전환중이다. 한편 보험회사는 자동차보험 등 정형화된 보험상품 판매, 대출 등을 인터넷을 통해 영위하기 시작하였다.

이처럼 우리나라의 은행·증권·보험 등 기존 금융기관들 대부분은 직접 인터넷금융을 영위하고 있으며, 특히 은행의 인터넷 뱅킹은 1999년 7월 신한은행이 처음으로 도입하였고, 현재는 전 은행으로 확산되어 있으며 2000년 6월말 현재 123만 명이 인터넷 뱅킹 고객으로 등록되어 있다. 인터넷 뱅킹을 이용하는 고객들에게는 은행들이 수수료 및 예대금리를 우대하고 있다. 인터넷 뱅킹 이용실적을 보면 자금이체와 대출서비스를 기준으로 하는 경우 지금은 지점 창구업무의 약 1%에 불과하나 그 증가속도는 매우 빠른 편이다. 인터넷 뱅킹 이용고객수는 1999년말 12만 명에서 2000년 6월말에는 123만 명으로 급증하였으며 2000년 6월중 이용건수는 3월에 비해 259%나 크게 증가(483만 건→1251만 건)하였다. 특히 증권거래소 및 코스닥시장의 주식거래액중 1997년 4월부터 PC통신을 이용하여 시작한 사이버 거래의 비중[20]은 2000년 6월 중 59%에 육박하고 있다.

한편 인터넷 전문금융기관으로는 증권위탁업무를 영위하는 3개 증권회사(E*Trade Korea, 키움닷컴 및 겟모어 등)가 설립되어 있으나 은행업 및 보험업에는 인터넷 전문 금융기관[21]이 아직 법적으로 허용되지 않고 있는 상태이다.

〔그림 3〕 국내 은행 인터넷 뱅킹 고객수 추이

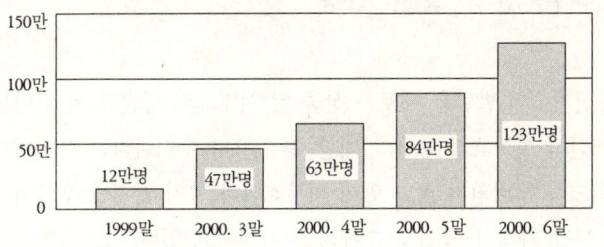

자료 : 금융감독원(FSS)

---

20) 금년 6월말 현재 국내 사이버 주식거래 비중은 미국(1999년말 현재 43%), 프랑스(15%), 캐나다(10%) 등 주요 선진국을 추월하고 있으며 계좌수도 324만 계좌로 전체의 37%에 이르고 있다.
21) 현재 대표적인 인터넷뱅킹(internet-only bank)으로는 영국의 Egg Bank(1998년 설립)와 Japan-net Bank(2000년 9월말 설립예정)가 있다.

[표 3]　　　　　　　　　　국내 인터넷 뱅킹 서비스 이용실적

단위 : 천건, 억원

	2000. 3월		2000. 6월	
	건수	금액	건수	금액
조회서비스	3,809		9,937	
자금이체	1,005	97,674	2,504	182,416
대출신청	21	1,769	83	7,188
계	4,835	99,443	12,524	189,604

자료 : 한국은행

인터넷금융의 신속성, 저렴성 등을 감안할 때 우리나라에서는 앞으로 증권
위탁매매, 예금상품판매, 소액대출 등과 같이 금융기관의 심사절차가 필요하지
않거나 간단한 금융거래는 대부분 인터넷을 통해 이루어질 것으로 예상된다.
그리고 정보통신기술의 발달로 고객별 차별화상품도 온라인을 통해 많이 거래
될 것으로 예상되며 인터넷을 통한 쌍방향 대화가 가능해지면 맞춤형 상품도
온라인을 통해 거래할 수 있을 것으로 보인다. 이와 아울러 기존 금융기관에
기반을 두는 인터넷금융(기존 금융기관의 직접 취급 또는 자회사)이 그렇지 않
은 인터넷 전문 금융기관보다 경쟁력 면에서 우위를 점할 것으로 예상된다.

2. 지식기반산업 발전 현황

정보통신기술의 발달은 새로운 상품 및 서비스의 창출과 이에 따른 IT 관련
산업의 생산성 향상효과 등을 기대할 수 있으나 우리나라는 아직 관련 인프라
및 네트워크가 정비되지 않고 있어 외부효과가 크지 않지만 생산과 수요 양면
에서 IT 산업 자체의 급성장 추세가 현저해지고 있다.

[표 4]에서 알 수 있듯이 IT생산산업을 포함한 지식기반산업(knowledge-
based industry)22)의 1991~99년중 연평균 실질성장률은 13.7%로 이 기간중

───────────────

22) OECD(1998)의 포괄범위 기준(① 첨단제조업(SIC 3845, 3825, 3522, 3382), ② 통신서비스업(SIC
7200, 9413), ③ 금융·보험·사업서비스업(8장))이다. 단 정보통신산업의 포괄범위에 대해서는

의 평균 경제성장률(5.8%)을 크게 웃돌고 있다. 특히 1999년 중에는 지식기반산업의 생산비중(명목 GDP 기준)은 21.8%로 OECD국가의 평균 수준(20.5%)에 달하고 있으나 성장기여율은 45.6%로 이 산업의 생산비중에 비해 두 배 이상에 달하고 있다. 또한 1990년대 말의 40%대 성장기여율은 1990년대 초반의 20%대 수준에 비해 거의 두 배 가까이 신장함으로써 이 부문의 급성장세를 잘 반영하고 있다. 특히 성장기여율의 변동 추이를 보면 1997년부터 급상승[23]한 것으로 나타났는데 1998년 중에는 지식기반산업 전체의 성장기여

〔표 4〕　　　　　　　　　정보통신기술관련 산업의 성장 변동 추이[1]

단위 : %, %p

	91	92	93	94	95	96	97	98	99	91~99
경제성장률	9.2	5.4	5.5	8.3	8.9	6.8	5.0	-6.7	10.7	5.8
지식기반산업	16.0	10.8	14.2	14.7	19.1	10.7	12.6	4.1	21.8	13.7
첨단제조업	5.5	3.4	15.5	23.3	36.3	12.2	26.2	19.1	45.8	20.1
통신서비스업	18.6	14.7	14.3	19.0	22.4	18.8	20.7	12.8	27.2	18.7
금융보험사업서비스업	19.3	12.4	13.9	11.5	12.9	8.5	5.2	-5.4	5.5	9.1
여타산업	8.2	4.6	4.0	7.1	6.9	5.9	3.3	-9.4	7.5	4.1
기여도(지식기반산업)	2.1	1.5	2.0	2.3	3.1	1.9	2.3	0.8	4.8	－
기여율(지식기반산업)	22.2	27.0	37.1	27.6	35.1	28.6	46.7	-12.2	45.6	－
대GDP 비중	14.7	15.6	15.9	16.6	17.9	18.0	18.1	18.7	20.5	
첨단제조업	2.8	2.8	3.1	3.6	4.4	3.8	3.8	4.4	5.4	－
통신서비스업	2.3	2.3	2.2	2.2	2.4	2.5	2.6	2.7	3.0	－
금융보험사업서비스업	9.7	10.5	10.5	10.7	11.2	11.6	11.7	11.6	12.1	－

주 : 1) 성장관련 지표는 1995년 기준년 불변가격 기준이며 비중은 명목 부가가치 기준
자료 : 한국은행

　지식기반산업에서 사무·계산·회계용기기 제조업 및 영상·음향·통신장비 제조업(반도체 포함), 통신서비스업 및 S/W와 컴퓨터 관련 서비스업을 포함하는 것으로 정의하였다.

23) 1998년 중에는 IT산업(첨단제조업+통신서비스업)을 포함한 지식기반산업 전체의 성장기여율이 일시적으로 마이너스를 기록하였으나 이는 외환위기 영향으로 전체 성장률이 마이너스(-6.7%)를 보인 데 따른 통계적 착시현상임. 즉 성장기여도 측면에서 보면 1998년중 IT를 제외한 여타 산업의 기여도는 마이너스(-8.1%)인 반면 IT산업의 기여도는 전년수준(1.7%p)과 비슷한 증가세(1.4%p)를 기록하였다.

율이 일시적으로 마이너스를 기록하였으나 이는 외환위기 영향으로 전체 성장
률이 마이너스(-6.7%)를 보인 데 따른 것이었다. 이런 점으로 보아 1990년대
초·중반부터 확대된 우리나라의 정보화 투자가 IT 자본스톡으로 축적되는 가
운데 1997년부터 본격화하기 시작하였음을 알 수 있다.

한편 [표 5]에서 보듯이 1991~99년중 소비자 정보통신관련 상품 및 서비스
가격은 상승세를 지속한 소비자물가(같은 기간중 60.5%)와는 대조적으로 32.8%
나 하락하여 전반적인 물가안정에 크게 기여하는 것으로 나타났다. 특히 1999
년에는 정보통신물가가 1.6%나 하락하여 소비자물가가 1.2% 상승에 그쳤다.

[표 5] 소비자 정보통신물가 등락률 추이

단위 : 전년대비 %

	91	92	93	94	95	96	97	98	99	91~99
CPI	9.3	6.3	4.8	6.2	4.5	4.9	4.5	7.5	0.8	60.5
정보통신물가[1]	-2.6	-0.6	-4.0	-6.1	-13.9	-3.5	-4.6	-1.2	-1.6	-32.8

주 : 1) 컴퓨터 및 주변기기, 영상음향 및 통신장비, 정보통신서비스 등 26개 품목기준
자료 : 한국은행

Ⅳ. 정보통신기술(IT) 발전이 통화정책에 미치는 영향과 정책과제

1. 전자지급결제수단의 확산에 따른 정책과제

앞 절에서 살펴보았듯이 우리나라에서는 앞으로 전자화폐와 같은 새로운
전자지급결제수단이 훨씬 다양하게 개발되어 더욱 확산될 것으로 예상된다.
그 결과 금융거래 비용의 감소와 거래위험의 증가라는 내재적 요소로 인해 현
금통화수요뿐만 아니라 금융중개행태, 금융자산구조 및 금융기관의 수익성과
금융시스템의 안정성에 적지 않은 영향을 미칠 것으로 보인다.

최근 대한상공회의소(2000)는 화폐의 유통속도 증가추세를 이용한 방법으

로 앞으로 전자화폐가 확대·통용될 경우 기존 현금통화가 대체될 규모는 2002년 1조 9천억원, 2004년 4조 3천억, 2008년에는 7조 4천억원에 달할 것으로 추정하였다. 이 경우 연간 발행되는 현금잔액 중 전자화폐가 차지하는 비율[24]은 2002년 9.9%에서 2004년 20%, 2008년에는 28.9%까지 상승하게 된다. 또한 대한상공회의소(2000)는 전자화폐 발전단계를 크게 3단계[25]로 나누어 중앙은행의 시뇨리지 감소분(화폐발행감소분×1999년중 한국은행 평균 대출금리(3%))을 추정해 본 결과 기존 화폐의 상당부분이 전자화폐로 대체되는 3단계의 경우 중앙은행의 시뇨리지 감소분이 약 3천억원 정도(현재 시뇨리지 수입의 7% 정도)인 것으로 나타났다.

이상의 추정 전망에서 알 수 있듯이 향후 우리나라에서 전자화폐의 이용확대는 앞으로 현금통화에 대한 수요를 줄일 뿐만 아니라 결제성 예금까지도 대체함으로써 통화신용정책의 유효성을 제약해 나갈 것으로 예상된다. 그러나 단기적인 시계에서 보면 전자화폐의 이용 확대로 인해 본원통화 수요가 크게 감소될 것으로 보이지는 않으나 장기적으로는 통화의 정의를 어렵게 하고 통화승수 및 유통속도 등을 더욱 불안정하게 함으로써 중앙은행의 통화정책 수행에 적지 않은 애로를 야기할 것으로 예상된다.

이에 따라 한국은행은 정보통신기술 발전에 따른 디지털금융의 확산이 통화수요 등에 미치는 영향을 면밀히 분석하고 있다. 특히 전자화폐의 보급확산으로 지급준비금에 대한 수요 창출을 통한 유동성조절효과가 의도하는 대로 나타나기 어렵다는 점을 감안하여 효과적인 통화정책수단 개발과 지준정책 개선 등에 대한 다각적인 연구가 진행중이다. 이와 아울러 비금융기업의 전자화폐 발행, 파생금융상품의 확대 등은 통화정의를 근본적으로 어렵게 한다는 점

---

24) 미국의 경우 FRB에 따르면 10$이하의 소액거래가 전자화폐로 전액 대체된다면 총 화폐발행액의 12% 정도가 감소할 것으로 예측한 바 있다.

25) 1단계 : 선불카드의 범용화로 교통·통신요금 등의 소액현금거래를 중심으로 대체

2단계 : 전자화폐에 대한 기술발달 및 제도보완으로 안전성이 크게 강화되어 일상적 현금거래, 자기앞수표, 직불카드 등을 점진적으로 대체하면서 일반적 결제수단으로 정착

3단계 : 전자화폐 사용에 대한 불확실성이 거의 해소되어 카드간 이체 및 금전대차까지 Mondex류의 개방형카드 사용이 보편화되고 나아가서는 가치저장 목적으로 보유하는 화폐까지도 상당부분 전자화폐로 대체

에서 통화지표 개편작업도 서두르고 있다.

한편 앞으로 전자금융의 확산으로 은행 이외의 비은행 민간기업들도 전자화폐를 본격적으로 발행할 수 있게 될 경우 은행과 동일한 통화창출기능을 하게 되면 중앙은행의 독점적 발권력이 크게 약화될 것으로 보인다. 또한 통화량이 일정하다고 가정할 때 전자화폐의 사용증가에 따라 현금통화 비중이 점차 감소하면 중앙은행의 부채규모는 그만큼 줄어들게 되어 중앙은행의 공개시장조절을 통한 통화량 및 금리조정기능이 약화되는 결과를 가져 올 수 있다. 이와 함께 중장기적인 관점에서 보면 전자지급결제 기술은 종래의 금융혁신과 비교할 때 전연 이질적인 문제를 금융정책운영에 제기하는 것은 아니지만 현재의 금융·경제구조를 크게 변화시킬 수 있다. 즉 전자화폐 등의 기술혁신은 단순히 금융거래 비용을 인하시켜 결제수단을 고도화하는 데 머무르지 않고 금융산업과 결제시스템, 나아가서는 실물경제변수에도 커다란 영향을 미칠 잠재적 가능성을 갖고 있다.

이러한 점을 감안하여 향후 중앙은행이 대응해야 할 정책과제로는 첫째, 전자화폐의 도입 확산에 따라서 은행산업의 구조와 지급결제시스템이 어떻게 변화하며 통화정책 파급경로 및 정책유효성 등에 미치는 영향에 관하여 심도 있는 연구가 필요하다. 또한 전자화폐의 보급 확산에 따라 통화통계가 통계로서의 신뢰성이나 정보변수로서의 유효성을 유지하기 위해서는 이에 관련된 통계의 개선 정비, 금융시장 정보 활용을 위한 환경정비 등에 관하여 더욱 포괄적이고 구체적인 검토가 필요하다.

둘째로 전자화폐 등 전자결제기술의 진전은 국내 통화권과 해외 통화권이라고 하는 국경(cross-border)의 개념을 희박하게 할 가능성을 갖고 있다. 즉, 정보의 전달·기억매체가 종이에서 전자매체로 바뀜에 따라 금융·경제활동에서의 물리적인 국경의 존재도 점차 그 의미를 상실할 가능성이 있다. 오늘날의 중앙은행제도가 국민국가라고 하는 지역적(local) 구조 하에 성립하고 있다는 점을 감안할 때, 전자화폐 등의 기술혁신과 경제의 보더리스(borderless)화에 대해서도 계속 검토해 나갈 필요가 있다.

셋째로, 통화조절기능의 제고를 위해 전자화폐를 포함한 모든 전자적 결제수단(결제성 금융상품)에 지급준비의무를 부과하고 또한 지급준비율도 모두 동일하게 적용하는 정책을 생각해 볼 수 있다.[26] 이러한 경우 지급준비수요의 안정성을 도모할 수 있을 뿐 아니라 지급준비율을 동일하게 함으로써 준비예금제도 자체가 가져올 자원배분상의 왜곡을 줄일 수 있고, 결제분야에 참여하고 있는 금융기관 간의 형평성도 확보할 수 있다. 또한 준비예금 부담을 기피하려 하는 금융기관들의 유혹을 사전 배제하기 위해서 지급준비금 부리를 실시하는 방안도 하나의 정책과제가 될 수 있다.

넷째로 위와는 달리 지급준비율을 제로(지급준비율의 폐지)로 하는 정책을 생각해 볼 수도 있다. 만일 전자화폐의 보급 후에도 중앙은행 당좌예금에 안정적인 결제수요가 계속 유지된다면 필요지급준비율을 제로로 끌어내린다 해도 통화조절의 유효성은 계속 유지할 수 있을 것이며, 아울러 지급준비제도의 존재에 따른 여러 가지 부작용이나 결점을 줄일 수 있게 된다.

다섯째, 효율적 통화관리 및 결제제도의 안정성 유지를 위해 전자화폐의 발행을 은행으로만 제한하거나 중앙은행이 직접 전자화폐를 발행하는 방안도 하나의 주요한 정책과제이다.[27] 자금거래규모가 대형화되고 거래속도도 신속하

---

26) Berentsen(1997)에 따르면 전자화폐의 도입으로 인해 통화정책 수행이 어려워질 경우 중앙은행이 선택할 수 있는 정책대응 방안으로 다음 네 가지를 소개하고 있다.
   · 법적으로 전자화폐의 사용을 제한하는 방법 : Humphrey(1996)에 의하면 전자화폐의 사용은 현금보다 1/2~1/3 정도의 사회적 비용을 절약할 수 있음에 따라 법적으로 전자화폐 사용을 금지하는 것은 정당하지 않다.
   · 중앙은행이 민간을 대신해서 전자화폐를 발행하는 방법 : 중앙은행이 나서서 전자화폐를 발행할 경우 민간부문에서 전자화폐를 개발할 유인(Incentive)을 주지 못하여 지속적인 기술혁신이 일어나기 어렵다. 따라서 중앙은행이 직접 전자화폐를 발행하기보다는 사회적 불확실성이 최소화되도록 감독하는 것이 낫다.
   · 전자화폐에 대해 높은 지준율을 부과하는 방법 : 전자화폐를 개발하고 유통시키는 발행자들에게 있어 전자화폐 발행은 Interest-free debt financing이다. 따라서 통화량을 조절하기 위해 전자화폐에 높은 지준을 부과한다면, 민간에서 전자화폐를 발행하려는 유인은 사라지게 될 것이다.
   · 전자화폐 발행으로 늘어난 통화량을 흡수하는 방법 : 현금은 중앙은행의 부채 중 가장 큰 항목임에 따라 중앙은행이 전자화폐의 발행분만큼을 현금통화로 흡수하면 민간보유 현금이 줄어들어 중앙은행의 B/S가 줄어든다. 이에 따라 정상적인 상황에서는 소규모의 시장개입만으로도 정책효과가 나타날 수 있지만, 외환시장 개입과 같이 대규모로 시장개입이 필요로 한 경우 심각한 어려움에 처할 수 있다.
27) 이러한 움직임의 일환으로 1992년 프랑스 중앙은행은 프랑스은행법(Banking Law)에 근거하여 전자화폐와 같은 범용 선불카드의 발행업무는 은행업무의 일종이므로 범용 선불카드발행자는

게 이루어지는 상황에서 전자화폐 발행기관의 부실화로 지급불능사태가 발생하게 되면 지급결제시스템이 마비될 가능성이 높으며 전통적으로 소비자 보호와 관련된 예금보험, 규제 및 감독 등 각종 법적 규제대상에서 제외되어 온 비은행기관의 경우 신뢰도의 문제와 함께 신용질서에 혼란을 야기할 우려가 있기 때문이다.

중앙은행의 전자화폐 발행에 대해서는 통화정책 또는 지급결제시스템 관리 측면에서 찬성하는 입장도 있지만 아직은 민간부문의 경쟁과 창의성 및 혁신(이노베이션) 유인을 저해한다는 이유로 반대하는 입장이 많다.28) 그렇지만 중앙은행이 전자화폐사업에 참여할 경우 민간 전자화폐의 보급에 어느 정도의 영향을 미치도록 하는 것이 바람직한가 하는 점 등에 대하여는 아직 통일된 견해가 없는 형편이다. 따라서 중앙은행의 전자화폐 발행문제에 관하여는 전자화폐의 발전추이를 보아 가면서 그 장점과 단점을 종합적으로 고려해서 신중하게 판단할 필요가 있다.

2. 금융시스템의 불안정성에 따른 정책과제

정보통신기술의 급속한 발달은 정보 전달비용과 처리비용을 획기적으로 절감시킴으로써 금융재정거래를 활성화하고 정보의 수집 및 처리를 근간으로 하는 금융기관의 업무수행에 근본적인 변화를 가져올 것으로 예상된다. 특히 금융파생상품의 발달이나 증권화의 진전 등으로 은행대출 이외에 자금조달수단이 다양화됨에 따라 신용채널에 의한 금융정책 파급경로가 약화될 것으로 보인다. 뿐만 아니라 금융거래 위험헤지가 수월해짐에 따라 경제주체들이 금리변화에 덜 민감해질 가능성이 있어 금리채널의 유효성이 저하될 수 있다.

금융기관위원회(Committee of Credit Institution)로부터 금융기관이라는 승인을 받아야 한다고 공표하였다. 유럽결제제도연구단체(Working Group on European System)도 전자지갑의 발행기관은 은행으로 한정할 것을 주장한 바 있다.

28) 현재까지 전자화폐의 개발 및 발행은 민간부문에 의해 주도되고 있는데 미국은 전자화폐 발행을 민간 자율에 맡기는 것이 창의성 및 혁신노력을 촉진할 수 있고 일반대중들에 의해 쉽게 정착될 수 있다는 입장이며, 유럽통화기구는 전자화폐 발행기관을 금융기관으로 제한하고 전자화폐 발행과 관련하여 중앙은행도 민간부문과 경쟁토록 하자는 입장이다.

IT 발전으로 다양한 정보들이 신속하게 시장에 전달되고 금융거래자들의 반응이 과거에 비해 대단히 즉각적으로 반응함에 따라 금융시장간 위험이 빠르게 전파되고 금융기관간 자금이동이 급속히 이루어질 뿐만 아니라 금융자산 가격이 일시에 편향되는 등 금융시스템의 불안정성이 크게 높아진다. 이에 따라 중앙은행은 지급결제망의 일체성(integrity)을 유지하기 위해 신속한 최종 대부자기능 등 안전망(safety net)을 더욱 확충해 나갈 필요가 있다. 만일 예기치 못한 금융불안요인이 발행하면 중앙은행은 다양한 금융정보를 분석하여 신속하게 대응함으로써 위험전파를 최소화해 나가야 한다. 이러한 점을 감안 한국은행은 지급결제시스템의 운영에서 비상대책을 마련하였을 뿐만 아니라 원화 및 외환시장에 대해 전담 상시모니터링시스템을 구축하여 운용하고 있다.

한편 정보통신기술의 발달로 중앙은행이 관심을 가지는 또 다른 이유는 중앙은행에 집중되었던 각종 금융경제관련 정보가 경제의 각 부문에 공유됨으로써 정보차별화(information advantage)를 바탕으로 한 중앙은행의 시장선도 기능이 약화될 수 있다는 점이다. 우리나라의 경우 그 동안 중앙은행과 시장 간에 정보의 비대칭성(information asymmetry)이 있었던 데다 금융시장의 발달이 미흡하고 규제도 적지 않아 중앙은행과 금융시장은 통화정책의 선도자-추종자 관계(leader-follower relationship)에 있었다. 그러나 이제는 IT발전으로 인해 대부분의 정보가 거의 동시에 공유됨에 따라 시장은 통화정책 방향 등에 대해 나름대로의 판단을 가지고 대처할 수 있게 된 데다 금융의 자유화 및 혁신 등으로 금융시장이 비약적으로 발전하면서 중앙은행과 시장은 동반자관계(partnership)로 변화하고 있다.

이러한 흐름을 인식하여 중앙은행은 금융시장이 통화정책 의도에 대해 자발적으로 따를 수 있도록 시장친화적 통화정책방식을 활용하고 시장참여자들과의 신뢰구축을 통해 통화정책 효과가 극대화될 수 있도록 노력해 나가야 할 것이다.

3. 신경제구조로의 이행에 따른 정책과제

1990년대말 이후 우리나라에서도 정보통신기술 발달로 디지털 경제가 빠르게 자리잡고 있다. 이 과정에서 거시경제적 측면에서는 고성장-저물가의 신경제(New Economy) 현상이 나타나고 있다.

최근에 들어 정보통신기술이용 산업을 중심으로 신경제의 진전현황에 대한 실증연구가 조금씩 이루어지고는 있다. 그러나 우리나라는 신경제적 구조변화의 경험이 선진국에 비해 일천할 뿐만 아니라 이를 뒷받침할 만한 통계자료가 많지 않고 분석대상기간도 짧아 신경제 발생 가능성 여부에 대한 평가를 내리는 데는 다소 한계가 있다. 그럼에도 불구하고 최근 조태식(2000)은 우리나라의 정보통신기술산업의 생산성이 경제 전반의 총요소생산성을 높이는 데 기여하고 있는지를 실증분석하였다. 그 결과 정보기술생산산업 생산성은 1990년대 말부터 크게 증대하고 있으나 IT이용 산업의 생산성은 그렇지 못한 것으로 나타났다. 이에 대한 이유로 그는 우리나라는 선진국에 비해 정보통신기술기기에 대한 투자가 본격적으로 이루어진 기간이 일천하고 인터넷, 전자상거래 등 디지털경제로의 진입이 늦었던 데 기인한 것으로 분석하였다. 한편 이종건(2000)은 1999년 이후 나타나고 있는 우리나라의 고성장-저물가 현상의 원인을 실증분석한 결과, 이는 정보통신기술의 확산을 통한 생산성 향상뿐만 아니라 경제위기를 회복하는 과정에서 경제충격에 따른 단기적인 조정반응 과정의 영향도 혼재되어 나타나고 있음을 보여주었다. 또한 외환위기 이후 물가의 하향안정 추세는 정보통신 관련 제품 및 서비스 가격의 하락 등 기술혁신 요인뿐만 아니라 개방·경쟁 요인 등에 의해 구조적 하락현상이 진전되고 있음을 보여주었다.29)

이상에서 보듯이 최근의 우리나라 경제는 정보통신생산 산업의 투자는 크

---

29) 한국은행(2000.2)에 따르면 물가에 대한 정보통신 분야의 영향을 보면 1991~99년중 연평균 생산자물가상승률(4.2%) 가운데 -0.7%p, 그리고 소비자물가상승률(6.7%) 가운데 -0.3%p 정도의 하락효과가 있는 것으로 분석되었다. 실제로 1990년대 후반에 지식기반상품 가격의 생산자물가상승률은 전체 상승률(4.2%)의 절반에도 못 미치는 2.0% 상승에 그쳤고, 특히 첨단제조업 상품과 통신서비스의 가격하락이 두드러진 것으로 분석되었다.

게 늘어나고 있으나 IT관련 인프라 및 네트워크의 미정비로 경제 전반의 생산성 향상과 이에 따른 물가하락 등 정의 간접효과는 아직 시작단계에 불과한 것으로 판단된다.

앞으로 인플레이션 및 경제성장률 등 거시경제변수에 대한 IT발전의 영향은 더욱 커질 것으로 예상된다. IT의 발전은 정의 공급충격(favorable supply shock)으로 작용하여 물가안정에 기여하는 부문도 있겠으나 생산성 향상에 따른 장래 소비 및 투자지출을 늘임으로써 물가상승 요인으로 작용할 수도 있다. 이처럼 급속한 IT의 발전은 중앙은행으로 하여금 장래 인플레이션 예측을 더욱 어렵게 할 것이므로 물가안정목표제(inflation targeting)가 조기 정착되도록 경제예측력을 높이는 등 대책을 강구해 나가야 할 것이다.

이종건, 《경제충격과 신경제적 구조변화》, 한국은행 특별연구실, 2000. 8.

전철환, 《디지털 경제의 흐름과 금융》, 한국표준협회 최고경영자 세미나 강연자료, 2000. 7.

조태식, 《정보기술산업이 생산성에 미치는 영향》, 한국은행 조사국, 2000. 10(발간예정)

탁승호, 《전자화폐의 경제적 효과》, 한국은행 포항지점, 2000. 8.

한국은행, 《정보통신물가 동향 및 물가하락 효과 분석》, 2000. 2.

─── , 《지식기반산업의 국민경제적 역할》, 경제통계국, 2000. 4.

─── , 《디지털금융의 영향과 대응과제》, 조사국, 2000. 10(발간예정)

Bank for International Settlements(BIS), "Implications for Central Banks of the Development of Electronic Money", 1996

Bank of Japan, "Forum on the Development of Electronic Payment Technologies and its Implications for Monetary Policy: Interim Report", Institute for Monetary and Economic Studies(IMES), Discussion Paper 2000-E-6, 2000

Bengtsson, I., "Two Essays on Payments, Contracts and Prices", Licentiate Dissertation, Department of Economics, Lund University(March 15), 1999

Benjamin Friedman, "The Future of Monetary Policy : The Central Bank as an Army with only a Signal Corps?", *NBER* 7420, 1999

Berentsen, A., "Digital Money and Monetary Control", www.-vwi.unibe.ch/staff, 1998

Brookes and Wahhaj, "The Shocking Economic Effects of B2B", *Goldman Sachs Global Economics Paper* no. 37, 2000

Charles Freedman, "Monetary Policy Implementation : Past, Present, and Future-Will the Advent of Electronic Money Lead to the Demise of Central Banking?", 2000

Charles Goodhart, "Can Central Banking Survive the IT Revolution?", 2000

Ely, B., "Electronic Money and Monetary Policy : Separating Fact and Fiction", in The Future of Money in the Information Age, Cato Institute's 14th Annual Monetary Conference, http://www.cato.org/moneyconf/. 1997

Humphery, D., L. Pulley and J. Vesala, "Cash, Paper and Electronic Payments: A Cross-Country Analysis", *Journal of Money, Credit and Banking*, Vol.28 No 4, Nov. 1996

Ishida, Kazuhiko, "Information Technology(IT) and Central Banks", Background Notes for Bank of Japan EMEAP High level Workshop on "Development of Information Technology and Central Banking", October 2000

John Wenninger and David Laster, "The Electronic Purse", *Current Issues in Economics and Finance* Volume 1 Number 1, April 1995

Jordan, L. and E. Stevens, "Money in the 21st Century", in The Future of Money in the Information Age, Cato Institute's 14th Annual Monetary Conference, http://

www.cato.org/moneyconf/. 1997

Greenspan, A., "Regulating Electronic Money", *Cato Online Policy Report* Vol. XIX Number 2. 1997

King, M.A., "Challenge for Monetary Policy: New and Old", *Bank of England Quarterly Bulletin* 39(4), Nov. 1999

Niskanen, W.A., "The Effects of E-Money on Monetary Policy", in The Future of Money in the Information Age, Cato Institute's 14th Annual Monetary Conference, 1997

Selgin, G., "E-Money : Friend or Foe of Monetarism", in The Future of Money in the Information Age, Cato Institute's 14th Annual Monetary Conference, 1997

Solomon, *Electronic Money Flows*, 1991

Vickers, J., "Monetary Policy and the Supply Side", Speech to the Society of Business Economists in London. March 2000

찾아보기

집필자 소개

함정호
한국은행 조사국 수석조사역(1급)
성균관대, 미국 텍사스주립대 대학원(Ph.D)
《통화금융경제》(비봉출판사, 1996)
《우리나라 통화금융경제의 이해》(비봉출
판사, 1996)
〈우리나라 금융제도의 발전방향〉(1999)

김현의
한국은행 조사국 선임조사역
고려대, 미국 오하이오주립대 대학원(Ph.D)
"Was a Credit Channel the Key Monetary Trans-
mission Mechanism Following the Recent Fi-
nancial Crisis in the Republic of Korea?"(1999)
〈우리나라 은행대출시장의 초과수요 규모
추정〉(1997)
〈통화와 인플레이션의 관계분석〉(1997)

홍승제
한국은행 조사국 조사역(3급)
고려대, 미국 캘리포니아대 대학원(M.A.)
〈건전성 규제감독과 통화정책〉(2000)
〈우리나라 적정 금리수준에 관한 연구〉
(1999)
*The Effects of Government Policy and Capital
Liberalization on Private Saving in the SEACEN
Countries* (SEACEN Centre, 1998)

장 민
한국은행 총무국 소속 조사역
서울대, 미국 미시간주립대 대학원(Ph.D)
〈새로운 적정통화지표의 모색〉(2000)
〈정보변수의 개발 및 활용〉(1999)
*The Credibility Effects of Monetary Policy and
Central Bank Independence* (1988)

임철재
한국은행 조사국 조사역
서울대
〈자본이동 확대에 따른 정책대응과 향후
정책과제〉(2000)
〈일본의 초저금리정책 종언과 정책적 시사
점〉(2000)
"Monetary Policy in the World of Increasing
Capital Flows"(2000)

오정근
한국은행 조사국 선임조사역(2급)
고려대, 영국 맨체스터대 대학원(Ph.D)
"Inflation Targeting : A New Monetary Policy
Framework in Korea"(2000)
〈IMF 협약 이후의 금융산업 발전방향〉(1998)
Financial Disintermediation and Monetary Policy
(SEACEN Centre, 1997)

최원형
한국은행 조사국 조사역(3급)
성균관대, 미국 인디애나대 대학원(M.A)
〈최근의 자본시장 발전이 통화정책에 미친
영향〉(1999)
〈중앙은행의 최종대부자 기능〉(1998)
〈은행의 건전경영을 위한 조기시정조치제
도〉(1996)

박종석
한국은행 총무국 소속 조사역
서울대, 서울대 대학원(M.A)
〈1999년중 금융·외환시장 동향과 향후 정
책과제〉(2000)
〈자본유출입 확대가 통화정책에 미치는 영
향〉(1999)
〈유동성 수준 평가방법〉(1997)